Verlag Ilona Hupe – Reisen in Zimbabwe

REISEN IN

Zimbabwe

Reisebegleiter für
Natur und Abenteuer

Ausführliche Reiseinformationen,
detaillierte Streckenbeschreibungen,
Landeskunde und aktuelle Reisetips!

Mit 51 Landkarten und Plänen,
104 hochwertigen Farbbildern
sowie 225 s/w-Fotos.

 Ilona Hupe Verlag

Die Deutsche Bibliothek – CIP-Einheitsaufnahme

Reisen in Zimbabwe : Reisebegleiter für Natur und Abenteuer ; ausführliche Reiseinformationen, detaillierte Streckenbeschreibungen, Landeskundfe und aktuelle Reisetips! / (Text: Ilona Hupe ; Manfred Vachal. Fotos: Manfred Vachal ; Jürgen Tiefenthaler). - München : Hupe, 1999
    ISBN 3-932084-20-9

Impressum

© August 1999 Ilona Hupe Verlag, München

Volkartstraße 2, D - 80634 München
Tel. 089/16783783 Fax 089/1684474
e-mail: ilona@hupeverlag.de
Internet: www.hupeverlag.de

Text: Ilona Hupe, Manfred Vachal
Fotos: Manfred Vachal, Jürgen Tiefenthaler
Karten & Grafiken: Manfred Vachal
Layout, Satz: Ilona Hupe
Lektorat: Birgit Hacker, Dr. Bettina Marquis
Druck: Grafik + Druck, München

Alle Angaben ohne Gewähr
Alle Rechte vorbehalten

Printed in Germany

ISBN 3-932084-20-9 [4280]

Inhaltsverzeichnis

Teil 1: Geschichte und Landeskunde

Geschichte

Kultur und Gesellschaft

Wirtschaft

88 FARBIGE GESAMTKARTE

Teil 2: Reisebeschreibungen

90 HARARE UND UMGEBUNG

120 DER OSTEN – DIE EASTERN HIGHLANDS

Kurz-Essays

Landkarten & Pläne

Siehe komplette Liste im Index, Seite 382

Im Buch verwendete Abkürzungen und Begriffe

(siehe auch Glossar S. 367)

P. O. Box	= Postfach
h	= Stunde / Uhrzeit
GPS	= Satellitennavigationsgerät
Gate	= Eingangstor
Game Drive	= Pirschfahrt
Fence	= Zaun (Weide- oder Büffelzaun)
Campsite	= Campingplatz
Trail	= Fuß- bzw. Wanderpfad
BSAC	= British South Africa Company
N. P.	= Nationalpark
S. A.	= Safari Area
B&B	= Bed and Breakfast (Frühstückspension)
US$	= US-Dollar
Z$	= Zimbabwe-Dollar
SAR	= Südafrikanischer Rand
US$/DZ	= Preis pro Person im DZ
US$ pro DZ	= Doppelzimmerpreis
Attendant	= Hauspersonal, Platzwart
Recreation Park	= Erholungsgelände/-park

Anstelle eines Vorworts...

Lieber Afrikafreund, lieber Leser,

in Ihren Händen liegt ein neues, umfangreiches Werk über eines der schönsten und vielseitigsten Reiseziele Afrikas. Es wurde zusammengestellt und recherchiert von langjährigen Kennern und leidenschaftlichen Freunden Zimbabwes. Wir danken Ihnen, daß Sie sich für unseren Reiseführer entschieden haben und das damit entgegengebrachte Vertrauen.

Zwei Schwerpunkte liegen uns besonders am Herzen: Zum einen detailgenaue Informationen, mit Streckenbeschreibungen, ausgezeichneten Landkarten, Adressen und hilfreichen Tips, um vor Ort bestens klar zu kommen und viele Dinge zu entdecken, die man ohne unsere Hinweise möglicherweise übersehen würde. Zum anderen durch eine ansprechende, übersichtliche Gestaltung mit diversen Kurzessays und locker eingebundenen Farbbildern, die das Land anschaulich widerspiegeln, auf das Reiseziel einzustimmen, und den Leser zu eigenen Entdeckungstouren zu inspirieren. Reisen in Zimbabwe ist spannend – seine Landschaften, die grandiose Tierwelt, die kulturellen und ökologischen Zusammenhänge. Alle dies wollen wir in unserem Reiseführer aufzeichnen.

Aktualität ist eine wichtige Voraussetzung, wenn man seine Reisen individuell gestalten möchte. Deshalb werden unsere Afrika-Reiseführer in sehr kurzen Abständen überarbeitet und vor jeder Neuauflage vor Ort intensive Nachrecherchen betrieben. Alle relevanten Änderungen und Erweiterungen veröffentlichen wir außerdem umgehend im Internet. Unsere **Homepage** www. hupeverlag.de steht dafür jederzeit zu Ihrer Verfügung.

Alle Angaben wurden mit größtmöglicher Sorgfalt vor Ort zusammengetragen und recherchiert. Preisangaben und Fahrpläne sind auf derzeit aktuellem Stand, sie können sich jedoch schnell ändern und sollten deshalb als Richtwerte angesehen werden (siehe dazu auch S. 356).

Wir hoffen, unsere Art moderner, vielseitiger Reiseführer wird Sie überzeugen, und das vorliegende Buch einen entscheidenden Beitrag leisten, für gelungene und erlebnisreiche Reisen in Zimbabwe.

Über ergänzende Anregungen, Verbesserungsvorschläge und Berichtigungen würden wir uns jederzeit freuen. Bitte schreiben Sie an:

Ilona Hupe Verlag
Volkartstraße 2
D - 80634 München

(Tel./Fax und e-mail: siehe Seite 4)   **Internet: www.hupeverlag.de**

GESCHICHTE

Von der Wiege der Menschheit...

Die Geschichte der Menschheit beginnt in Afrika

Im Ostafrikanischen Grabenbruch, dessen südliche Ausläufer bis ins heutige Zimbabwe reichen, wurden die bisher ältesten Zeugnisse menschlichen Lebens entdeckt: in der Olduwai-Schlucht in Tansania ein etwa 1,8 Mio. altes Skelett des *Homo habilis* und in Nordkenia ein ca. 1 Mio. Jahre alter *Homo erectus*. Auch auf Zimbabwes Staatsgebiet fanden die Wissenschaftler immer wieder bis zu 500 000 Jahre alte Hominiden-Knochen in der Erde.

Heute geht man davon aus, daß sich der entscheidende Evolutionsschub vom Affen zum Menschen in Afrika vollzog. 2,5 Mio. Jahre liegt es zurück, daß Affen die sicheren Urwälder verließen und erstmals wagten, in offenen Savannen zu jagen und leben. Diese erste menschenähnliche Entwicklungsstufe, der *Homo habilis*, erlernte vor ca. 1,3 Mio. Jahren, Werkzeuge für die Jagd einzusetzen und entdeckte vor rund 1 Mio. Jahren die Vorzüge des aufrechten Gehens, was ihm den Status *Homo erectus* einbrachte. Die nächsten Errungenschaften (Vergrößerung des Gehirnvolumens, Entwicklung des Identitätsbewußtseins, Nutzbarmachung des Feuers etc.) beförderten ihn vor 250 000 Jahren zum *Homo sapiens faber* und *Homo sapiens sapiens*, dem direkten Vorfahren des heutigen Menschen. Dieses phantastische Szenario soll sich im östlichen Afrika abgespielt haben, von wo aus unsere Spezies anschließend die restliche Welt eroberte.

Die Frühzeit

Die ersten Menschen streifen als Jäger und Sammler durch die afrikanische Savanne

Im Paläolithikum (50 000 bis 20 000 v. Chr.) wurde die Region des heutigen Zimbabwe von *Boskopoiden* besiedelt, einer frühen Menschengruppe des südlichen Afrikas. Werkzeugfunde aus Knochen und Stein sowie erste Felsmalereien geben im Meolithikum (ca. 10 000 v. Chr.) Aufschluß über die sog. *Wilton-Kultur*, die von der Steinzeit bis in die frühe Eisenzeit um 100 v. Chr. reichte. Die Menschen dieser Kulturstufe gelten als Vorfahren der Khoisaniden (Buschleute). Während sie zunächst als Jäger und Sammler in kleinen Gruppen oder Familienverbänden durch das weite Land streiften und unter Felsüberhängen oder in Höhlen lebten, entwickelten sie im Laufe der Jahrhunderte ein Halbnomadentum mit beginnendem Ackerbau und Kleinviehzucht, fertigten Hütten aus Holz, verarbeiteten Ton und übermittelten der Nachwelt wertvolle Zeugnisse ihres Lebens mit Hilfe Tausender Felszeichnungen.

Völkerwanderungen der Bantu

Ungefähr 300 Jahre vor unserer Zeitrechnung beschleunigten aus dem Norden einwandernde Bantu-sprachige Volksgruppen einer höheren Zivilisationsstufe die kulturelle Entwicklung. Sie brachten verbesserte landwirtschaftliche und handwerkliche Kenntnisse mit, waren in größeren Verbänden organisiert und den ansässigen, eher kleinwüchsigen Halbnomaden körperlich überlegen. Die Neuankömmlinge besiedelten bald das fruchtbare Hochland, wobei sie die Ureinwohner in unwirtliche Gegenden wie die Kalahari abdrängten. In dieser Zeit nahmen auch die Felsmalereien ab.

Das erste Jahrtausend

Die Besiedlung durch Bantu-sprechende Völker geht einher mit der beginnenden Eisenzeit, was für eine direkte Verbindung zwischen den Einwanderern und den neuen metallverarbeitenden Fertigkeiten spricht. Während der ersten Jahrhunderte n. Chr. nahm die Bevölkerung kontinuierlich zu. Es entstanden Dörfer, in denen Ziegen und Schafe gehalten wurden; daneben betrieben die Menschen einfachen Wanderhackbau (Hirse und Sorghum) zur Selbstversorgung und verarbeiteten Eisen für landwirtschaftliche Zwecke. Bereits ab dem 5. Jahrhundert setzte zögerlich ein wenig Goldhandel mit der Ostküste ein. 400 Jahre später entwickelte sich über die Küstenstädte Kilwa und Sofala reger Handel mit Indien und dem Fernen Osten, der über arabische Handelsschiffe abgewickelt wurde. Gold und Elfenbein wurden gegen feine Stoffe und Perlen getauscht. Die Einflüsse durch den außerafrikanischen Tauschhandel förderten wiederum die kulturelle Entwicklung im Landesinneren. Die neuartigen Handelsgüter weckten auf einmal Begierde, verführten zu Wohlstands- und Besitzansprüchen, wo vorher allein die Existenzerhaltung im Vordergrund gestanden hatte. Als frühes Beispiel dieser strukturellen Veränderungen gilt die in der Region des heutigen Bulawayo ab 900 n. Chr. entstandene *Leopard's Kopje Kultur*, deren Siedlungen bevorzugt auf Hügeln und Bergkuppen angelegt wurden. In dieser Phase trat erstmals das individuelle Bestreben, größtmöglichen Viehbestand zu erwirtschaften, auf. Offensichtlich verehrten die Menschen Rinder als Symbol für Wohlstand und Macht, wie Felsmalereien und Ausgrabungen, die auf zeremonielle Tierbestattungen deuten, vermuten lassen. Einhergehend mit der Aufwertung der Rinder zum Statussymbol wechselte auch die Erbfolge von der bisher matrilinearen (mütterrechtlichen) zur patrilinearen (väterrechtlichen) Ausrichtung und führte somit zu einem deutlichen gesellschaftlichen Wandel.

Zum Ende des ersten Jahrtausends hatten die Menschen im zimbabwischen Hochland eine Zivilisationsstufe erreicht, die den Vergleich mit dem damaligen Mitteleuropa kaum zu scheuen brauchte. Die Landwirtschaft war gut entwickelt und ertragreich, der Goldabbau sicherte den Handel mit fernen Zivilisationen und wurde über gut erschlossene Handelswege zu den Küstenstädten abgewickelt. Es schien nur eine Frage der Zeit, bis sich aus dieser günstigen Situation blühende Kultur- und Machtzentren entwickelten.

oben: Mahlsteine findet man in Zimbabwe an vielen Stellen; rund 6000 Felsbilder bezeugen die frühe Besiedlung des Landes

Der Handel mit Asien verändert die gesellschaftlichen Strukturen

Der Goldhandel weitet sich aus

Die Zeit der Großreiche

Kulturelle
Vielfalt
durch die
Zuwanderung
weiterer
Volksgruppen
aus dem
Norden

Während die bereits erwähnte *Leopard's Kopje Kultur* des westlichen Hochlands im 11. Jh. eine Blüte erlebte, die sich durch intensiven Handel mit arabischen Kaufleuten und ausdrucksstarke Kunstgegenstände, wie Tongefäße und Schmuckstücke ausdrückte, erfolgte eine zweite große Einwanderungswelle aus dem Norden. Die eindringenden Volksgruppen, welche heute den Kalanga und Shona zugerechnet werden, waren vermutlich aus dem Kongobecken durch Zentralafrika gewandert. Sie ließen sich im fruchtbaren, zentralen Hochland nieder, wo sie sich mit den Ansässigen assimilierten und schon bald rege an Handel und Austausch beteiligten. Keramikfunde aus dieser Epoche beeindrucken durch eine erstaunliche Vielfalt und klare stilistische Unterschiede zwischen den Volksgruppen.

Great Zimbabwe

Häuser,
Tempel und
Türme
aus Stein

Im zentralen Hochland, dem fruchtbaren Gebiet nahe umfangreicher Goldvorkommen und günstig an bestehenden Handelsrouten gelegen, wuchsen jene Kalanga-Shona-Ansiedlungen zu eigenständigen Zentren. Mit Hilfe einer zentralistischen Machtstruktur gelang einer dieser Gruppen nahe der heutigen Stadt Masvingo rasch die Bildung eines wirtschaftlich unabhängigen Staates. Geschickt nutzte sie die strategisch günstige Lage zwischen dem Produktionszentrum im Westen und den Handelsstädten an der Ostküste. Etwa ab 1100 n. Chr. wurde mit der Befestigung von Wohnsiedlungen aus Steinen begonnen, die der Kultur ihren Namen verliehen (Dzimba Dza Mabwe heißt Steinhäuser). Die größten steinernen Anlagen, heute als die Ruinen von Great Zimbabwe bekannt, zeugen von der beeindruckenden Größe, die jene noch wenig bekannte Hochkultur erlangte. Die gewaltige Anlage war Sitz des Königs, der Oberschicht und religiöses Zentrum zugleich, in der zu Spitzenzeiten bis zu 17 000 Menschen lebten. Damit war Great Zimbabwe seinerzeit die größte Stadt südlich der Sahara.

Das erste
Großreich
basiert auf der
Kontrolle der
Handelswege

Im ganzen Land entstanden unzählige weitere kleine „Zimbabwes", in denen untergeordnete Führer und Angehörige der Königsfamilie residierten, die dem König verpflichtet waren. Die Staatsmacht basierte auf der Kontrolle des Handels und den Einnahmen aus der verarbeitenden Industrie, wie der Herstellung von Tonwaren, Schmuck und Werkzeugen. Während seiner Blütezeit vom 13. bis frühen 15. Jh. beherrschte das Großreich Zimbabwe den gesamten Gold- und Elfenbeinhandel der Region. Ton- und Porzellangefäße sowie Perlen aus Indien und China belegen den wirtschaftlichen Reichtum, kunstvoll bearbeitete Plastiken und mythische Tierfiguren dokumentierten die kulturelle Entwicklung jener Epoche.

Die Hintergründe des
Niedergangs
sind noch
immer unklar

Der Niedergang des Reiches setzte recht plötzlich ab 1450 n. Chr. ein, und im 16. Jh. wurde das Zentrum schließlich endgültig verlassen. Welche Gründe zu diesem raschen Untergang geführt haben mögen, beschäftigte seit dem letzten Jahrhundert Generationen von Forschern, ohne daß die Ursachen aufgeklärt werden konnten. Eine weitgehend anerkannte Theorie besagt, daß sich die Bewohner selbst ihrer Lebensgrundlage beraubten: durch Überbevölkerung, extensive Überweidung, zügellose Abholzung der Umgebung und damit einhergehenden Wassermangel. Das jähe Ende und die vagen Überlieferungen der Hochkultur von Great Zimbabwe führten zu einer ungewöhnlichen Legendenbildung während der letzten Jahrhunderte.

Das Wenige, was der Nachwelt von Generation zu Generation überliefert worden ist, galt lange Zeit als absurd. Niemand konnte sich vorstellen, daß eine afrikanische Kultur diese mächtige Stadt aus Stein errichtet haben sollte, von deren Existenz die restliche Welt damals nicht einmal etwas ahnte. Die unbekannten Erbauer wurden spekulativ den Phöniziern zugeordnet und Great Zimbabwe galt schließlich sogar als das sagenhafte Land Ophir, wo in biblischen Zeiten Königin von Saba's legendäre Goldlagerstätten gewesen seien. Erst im 20. Jh. gelang Wissenschaftlern dank der C14-Analyse und anderer Methoden der Beweis, daß Great Zimbabwe das erste Großreich im südlichen Afrika und rein afrikanischen Ursprungs war.

oben: Ruinen von Great Zimbabwe

Nachfolgende Großreiche: Torwa, Mutapa und die Changamire-Dynastie

Nach mündlicher Überlieferung zerfiel das Great Zimbabwe Reich in der zweiten Hälfte des 15. Jh. und spaltete sich in zwei Lager. Das Kernreich im Zentrum und Nordosten wurde vom Mutapa bzw. Monomatapa-Reich absorbiert, während sich im Westen das Torwa-Reich etablierte. Beide Staaten standen fortan für Jahrhunderte im Konflikt.

Mutapa-Reich (Monomatapa-Reich)

Überlieferungen zufolge geht die Entstehung des Mutapa-Reiches auf Nyatsimba Mutota zurück, der im frühen 15. Jh. am mittleren Sambesi herrschte und sich Mwene Mutapa bzw. Monomatapa (König Mutapa, Herr der Minen, Herr der Bergwerke) nennen ließ. Dieser Titel manifestierte selbstbewußt, worauf die Macht des Staates beruhte. Nyatsimbas Sohn Matope soll das väterliche Reich durch erfolgreiche Feldzüge und Eroberungen bis nach Sofala am Indischen Ozean und im Westen bis an den Rand der Kalahari vergrößert haben. Dann festigte er sein Imperium und errichtete eine neue Hauptstadt namens Fura nahe dem heutigen Mount Darwin. Nach Matopes Tod um 1480 bestieg sein Sohn Nyahuma den Thron. Zehn Jahre später erhob sich Changa gegen den Herrscher, der manchen Quellen zufolge ein unehelicher Sohn Matopes gewesen sein soll. Changas Rebellen töteten Nyahuma und übernahmen vorübergehend die Macht im Mutapa-Staat, konnten jedoch auf Dauer nur einen Teil des Reiches, nämlich die Provinz im zentralen Hochland, halten. Changa und seine Nachfolger bezeichneten sich fortan als Changamire-Dynastie.

Im Osten beginnt die Blüte des Monomatapa-Reiches

Etwa zu der Zeit, als sich die Changamire-Dynastie vom Mutapa-Imperium abspaltete, tauchten an der ostafrikanischen Küste die ersten portugiesischen Seefahrer auf. Vasco da Gama erreichte 1502 die arabische Hafenstadt Sofala, wo er von reichen Goldvorkommen und mächtigen Staaten im Landesinneren erfuhr. 11 Jahre später sandten die Portugiesen den Händler Antonio Fernandez an den Hof des Mutapa-Staates, der erste vielversprechende Kontakte zum Mutapa-Herrscher Chikuyo knüpfte. Zunächst profitierte der Mutapa-Staat vom Handel mit Portugal. Nachdem sich die Portugiesen im heutigen Mosambik festgesetzt hatten, versuchten sie ihren Einfluß aber auch auf das Mutapa-Reich auszudehnen, indem sie z. B. Goldminen besetzten. Sie handelten den Mutapa-Herrschern Schürfrechte ab,

Die Ankunft der Portugiesen

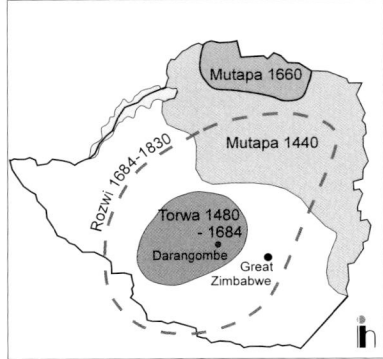

mischten sich in deren innenpolitische Entscheidungen ein, stellten eigene Streitkräfte auf und bedrängten das Mutapa-Reich zunehmend. 1561 wurde der portugiesische Missionar Silviera am Hofe des Monomatapa, der inzwischen an den Zusammenfluß der Musengezi und Utete River verlegt worden war, ermordet – ein Zeichen für die drastische Verschlechterung der Beziehungen. Das Mutapa-Reich geriet jedoch nicht nur durch den portugiesischen Druck im Osten in Bedrängnis. Da der Herrscher seinen Reichtum traditionell in Viehbestände investierte, die Region aber wegen der Tsetsefliegenplage und des Klimas für Rinderzucht wenig geeignet war, verwahrte der Monomatapa seine Rinder im gesünderen Hochland bei den

*Der Mutapa-
Staat verfällt in
Bedeutungs-
losigkeit*

tributpflichtigen Changamire. Diese Allianz zerbrach, als sich die Changamire-Dynastie, allmählich mächtig und wohlhabend geworden, von Mutapa löste und dessen Viehbestände annektierte. Daraufhin mutierte das Mutapa-Reich zwischen den beiden Fronten rasch zum schwachen Kleinstaat.

Eine neuerliche Allianz mit der Changamire-Streitmacht ermöglichte viele Jahre später – um 1693 – das endgültige Zurückdrängen portugiesischen Einflusses, doch war dies auch das Todesurteil des Mutapa-Staates, dessen verbliebene Gebiete in der Region von Dande am mittleren Sambesi von den Changamire bzw. dem Rozwi-Reich absorbiert wurden.

Torwa-Reich

*Das Torwa-
Reich
entwickelt sich
als westlicher
Gegenpol zu
Mutapa*

Mit dem Niedergang Great Zimbabwes entstand parallel zum Mutapa-Reich im westlichen Hochland ein Großreich, das heute als Khami-Empire, Torwa-Reich oder auch Königreich von Butwa bezeichnet wird. Zunächst bildete die Stadt Khami nahe dem heutigen Bulawayo das Staatszentrum der aus Great Zimbabwe geflohenen Torwa-Dynastie. Ähnlich wie dort wurde Khami aus Steinen erbaut, und die teilweise erhaltenen, reich verzierten Ruinen untermalen die enge Verwandtschaft zu Great Zimbabwe, belegen aber auch deutlich die stilistische Verfeinerung und kulturelle Weiterentwicklung der Baukunst. Die Architekten des Torwa-Reiches leiteten bereits Flüsse um, errichteten Terassenfelder und unterkellerten die Wohnanlagen. Rasch setzte materieller Wohlstand ein, der sich auf den Goldhandel und große Viehbestände stützte. Im frühen 17. Jh. wurde Khami jedoch aus noch unbekannten Gründen verlassen und die Hauptstadt in die ehemalige Sommerresidenz nach Danangombe verlegt. Wiederholte

Erbfolgestreitigkeiten schwächten das Torwa-Reich im Laufe des 17. Jh. und erschütterten seine Vormachtstellung. 1684 nutzte der erstarkte Changamire Dombo, der sich im Nordosten des Torwastaates erfolgreich etabliert hatte, dessen Führungsschwäche aus und schuf durch einen erfolgreichen Überfall neue Machtverhältnisse.

Annexion des Torwa-Reiches

Rozwi-Reich

Die neuen Changamire-Herrscher annektierten das Reich auf relativ sanfte Weise. Die Herrschaftsklasse wurde zwar ausgetauscht, die staatlichen Strukturen blieben aber weitgehend erhalten. In der Folge gelang eine Machtausweitung auf die Hälfte der heutigen Größe Zimbabwes. Das östlich gelegene Mutapa-Reich wurde zusehends bedrängt und im Zuge der Vertreibung der Portugiesen dem neuen Rozwi-Reich einverleibt.

Die Changamire übernehmen die Hauptstadt, die Kalanga-Sprache und das Brauchtum des Volkes

Während dieser Phase entwickelte sich der mythische Mwali-Kult, ein Glaube an den Gottessohn Mwali, der durch die spirituellen Kräfte von Priestern und Priesterinnen kontaktiert werden konnte. Dieser Kult wurde über Jahrhunderte gepflegt und festigte die Macht der Herrscherelite, die in enger Beziehung zu den Priestern stand. Auch im Rozwi-Reich waren die umliegenden Volksstämme tributpflichtig und unterstanden bei Selbstverwaltung der Oberhoheit des Rozwi-Königs. Wieder leiteten innenpolitische Machtkämpfe den allmählichen Niedergang ein. Die Rozwi verwickelten sich in Kriege mit auflehnenden Shona-Stämmen, verloren im Westen Gebiete an die Batswana, und konnten sich schließlich nur noch mühevoll der Ngoni- und Sotho-Überfälle aus dem Süden erwehren.

Invasionen aus dem Süden

Die als *Difaqane* oder *Mfecane* bezeichnete Epoche großer Umwälzungen und Völkerverschiebungen (ca. 1820–1840 n. Chr.) nahm ihre Anfänge bei den Zulu in Natal/Südafrika. Das Vordringen der Buren, die sich im Land der Zulu niederließen, führte zu Bevölkerungsdruck und Landknappheit. Was mit Plünderungen und Raubzügen um Vieh und Land begann, weitete sich 1818 zu einem großen Stammeskrieg der Ngoni-Zulu aus. Der grausame Herrscher Shaka Zulu, der als genialer Kampfstratege in die Geschichte einging, führte völlig neue Kriegstechniken und Waffen ein. Unter seiner Führung wurde der Zulustaat die mächtigste Militärmacht im südlichen Afrika, die sich allerdings bald aufspaltete und die ganze Region in ein blutiges Chaos stürzte. Vor diesem verheerenden Krieg flohen immer mehr Menschen nach Norden und Westen. Auf ihrer Flucht formierten sie sich zu neuen Einheiten, die Krieg und Plünderung weitertrugen. Auf diese Weise entstanden neue, militärisch starke Volksgruppen, die in den nächsten Jahrzehnten über die Shonastämme hinwegfegten.

Das "Zeitalter des Zermalmens" bringt 20 Jahre Chaos, Krieg und Zerstörung

Zu ihren ersten Opfern zählten ab 1820 die Manyika-Shona im östlichen Bergland. Sie wurden unter der Führung von Soshangane von Sotho-Ngoni-Soldaten unterworfen und 1831 in den neu gegründeten Gaza-Staat eingebunden. Im westlichen Hochland gab es gleich mehrere Invasionswellen. In den 30er Jahren des 19. Jh. wurde das Rozwi-Reich viermal von nordwärts ziehenden Ngoni- und Sothogruppen unter den Herrschern Zwangendaba und Nxaba überrannt und geplündert, konnte den Einfällen aber widerstehen und sein Staatsgefüge behaupten. Erst der Einfall der Ndebele unter Mzilikazi stürzte die Rozwi-Dynastie 1838/39.

Invasionen aus dem Süden

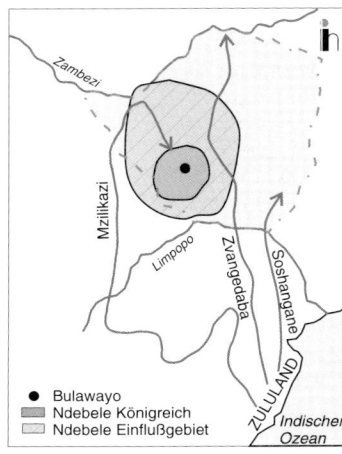

Bulawayo
Ndebele Königreich
Ndebele Einflußgebiet

Die Ndebele

Mzilikazi, geb. um 1795 als Sohn Matshobanas, dem Chief des Kumalo-Zulu-Clans, war ein angesehener General unter Shaka Zulu, fiel jedoch in Ungnade, als er sich 1822 dem Herrscher widersetzte. Mzilikazi verweigerte nach einer erfolgreichen Attacke gegen die Basuto die Auslieferung der erbeuteten Rinder an Shaka Zulu. Vor der Rache Shakas floh er zusammen mit 300 Gefolgsleuten nach Norden, ließ sich einige Jahre nieder, bevor er wegen der anhaltenden Dürre und fortwährender Bedrohung durch die Zulu bis an den Limpopo weiterzog. Unterwegs überfiel er andere Volksstämme, integrierte die Unterjochten in seine Armee und vergrößerte sein Volk auf diese Weise beträchtlich. Bald wurden die Krieger von den ansässigen Sothostämmen wegen ihrer ungewöhnlichen Waffen *Amandebele*, "die Leute mit den langen Schilden",

Die Ndebele unter Mzilikazi lassen sich im Hochland nieder

genannt. Mzilikazis Odyssee führte ihn und viele sich freiwillig anschließende Sothogruppen weiter nach Norden, um den zunehmenden Burenattacken zu entgehen. Ein Teil von Mzilikazis Streitkräften erreichte 1838 das westliche Hochland von Zimbabwe und bekämpfte die Rozwi. Währenddessen zog Mzilikazi weiter über den Sambesi nach Norden, kehrte aber wenig später zurück, formierte seine Streitkräfte neu und stürzte die Rozwi-Changamire-Dynastie. Er unterwarf die besiegten Shonastämme, machte sie tributpflichtig und ließ sich bei Inyati endgültig nieder.

Gespanntes Verhältnis zwischen Ndebele und Shona

Eine Reihe fortwährender Kriege und Feldzüge gegen die Shona festigten die neuen Landesgrenzen, bis die kampfesfreudigen Ndebele allmählich kriegsmüde wurden. Als traditionelle Viehzüchter und Soldaten waren sie vom Lebensmittelhandel mit den Shona abhängig. Eine einigermaßen friedliche Koexistenz der Volksgruppen – unterbrochen von gelegentlichen gegenseitigen Plünderungen und Raubzügen bei gleichzeitiger Anerkennung der Übermacht der Ndebele – kristallisierte sich heraus. Das Verhältnis zwischen den Volksstämmen trat jedoch in eine neue Phase, als die Ndebele zur Auffrischung ihres Volkes Shona-Kinder gegen Rinder einzutauschen begannen. Die adoptierten Kinder galten fortan als Ndebele, die rasch ihre Shona-Kultur und -Sprache ablegten und niemals wieder nach Hause zurückkehren durften. Die Ndebele-Rinder wurden dagegen nur verpachtet und blieben offiziell in Besitz der Ndebele. Dieses Ungleichverhältnis und die nachhaltige Schwächung der Shona-Gesellschaft durch den Verlust ihres Nachwuchses führten erneut zu Spannungen. Die 50er Jahre waren daher geprägt vom wachsenden Widerstand gegen die Ndebele. Ehemalige Rozwi-Herrscher versuchten, ihre verlorene Macht wiederzuerlangen, und ein langjähriger Krieg gegen die Chirumanzu-Dynastie entbrannte. In diese Zeit heftiger Kämpfe fiel der erste Besuch eines Europäers bei den Ndebele.

Erste Missionsstation in Inyati

Robert Moffat, britischer Pioniermissionar aus Kuruman, besuchte 1854 Mzilikazis königlichen Kraal, avancierte zu Mzilikazis persönlichem Vertrauten und erhielt später die Erlaubnis, in unmittelbarer Umgebung eine Missionsstation zu errichten.

Mit dem Sieg Mzilikazis über Chirumanzu im Jahre 1857 begann eine starke Zeit der Ndebele. Ihr Einflußgebiet reichte damals bis an den Oberlauf des Save Rivers, und ihr Ruf als scheinbar unbesiegbare Militärmacht war bis zu den Europäern am fernen Kap gedrungen. 1868 starb der große Stratege Mzilikazi. Zwei Jahre später, als die komplizierte Frage der Thronfolge geklärt war, trat sein 34jähriger Sohn Lobengula die Nachfolge an. Er verlegte den königlichen Kraal nach Gubulawayo (nahe der heutigen Stadt Bulawayo). Wie schon sein Vater pflegte auch Lobengula freundschaftliche Kontakte zu Europäern – Missionaren, Jägern und Händlern – die gelegentlich seine Gastfreundschaft genossen. Zwar hatte Mzilikazi bereits 1853 den Potgieter-Silkaats-Vertrag unterzeichnet, der den Buren theoretisch den Zugang zum Matabelereich zugestand, doch blieb es noch einige Jahrzehnte ruhig, bis sich der koloniale Arm – ausgelöst durch die Goldfunde bei Johannesburg und wilde Spekulationen über mögliche unentdeckte Bodenschätze – nach dem Gebiet zwischen Limpopo und Sambesi ausstreckte.

Mzilikazi festigt seine Macht

Sein Sohn Lobengula wird 1870 Thronfolger

Eindringen der Europäer

Um die politischen Ereignisse im südlichen Afrika zum Ende des 19. Jh. zu verstehen, insbesondere die Hintergründe der britischen Interventionen, ist es angebracht, den großen Strategen und Agitator Cecil John Rhodes näher zu betrachten.

Cecil Rhodes

Als 17jähriger kränkelnder Jüngling wurde er 1870 von England nach Natal auf die Farm seines älteren Bruders geschickt, wo er sehr rasch zu Kräften kam. Die Entdeckung der Diamantenfelder bei Kimberley und die damit verbundenen Chancen für einfallsreiche und risikofreudige Spekulanten ließen Cecil Rhodes zu einem der größten Gewinner jener Gründerjahre Südafrikas werden (siehe S. 26). Innerhalb kurzer Zeit schuf er das florierende Finanzimperium „De Beers Consolidated Mining Company", kontrollierte bald 2/3 der Welterzeugung an Diamanten, stieg zum mächtigsten Mann am Kap auf und wandte sich gleichzeitig der Politik zu. Als Parlamentsabgeordneter setzte er sich frühzeitig für eine Machtausweitung Großbritanniens nach Norden ein und wurde zunächst noch für seine Vision von der britischen Bahn- und Telegrafenlinie vom Kap bis nach Kairo belächelt. Doch bald veränderte sich die politische Landkarte Afrikas. Deutschland erklärte ein riesiges Gebiet im Nordwesten der britischen Kapkolonie zur Kolonie Deutsch-Südwestafrika (heute Namibia). Gleichzeitig drängten die Buren von Transvaal nach Norden. Jetzt mußte gehandelt werden, um einen Korridor zwischen den britischen Kolonien Süd- und Ostafrikas zu sichern. Cecil Rhodes, der Self-Made-Millionär mit den imperialistischen Ideen, wurde 1884 zum Finanzminister der britischen Kapkolonie ernannt. Wenig später erklärte Großbritannien – nicht zuletzt aufgrund Rhodes' Einflußnahme – die unabhängigen Batswanastaaten zum Britischen Protektorat von Betschuanaland, um deutsche und burische Kolonisten gleichermaßen an einer weiteren Expansion zu hindern. Den mächtigen Ndebelestaat und die ihm tributpflichtigen Shona-Gebiete wagte zunächst noch keine europäische Nation anzugreifen. Doch mit den spektakulären Goldfunden bei Johannesburg erinnerte man sich auch wieder der Berichte von Karl Mauch, der 1867 im Mashonaland Gold entdeckt hatte. Die

Vom kränkelnden Jüngling zum schillernden Diamanten-millionär

Cecil Rhodes und seine imperialen Pläne werden zum Schicksal für die Shona und Ndebele

Kampf und
Intrigenspiel
um den
Einfluß bei
König
Lobengula

große Gier nach den vermeintlich unermeßlichen Bodenschätzen im unbekannten Hochland nördlich des Limpopo brach Mitte der 80er Jahre
aus. Und wieder waren die Buren schneller. Schon 1887 sandten sie Piet
Grobler zu König Lobengula, der sich die Schürfrechte im Matabeleland
sicherte. Angesichts der Gefahr, das Gebiet an die Buren zu verlieren, reagierte Rhodes sofort. Mit der Unterstützung John Moffats, dessen Vater so
hohes Ansehen und Vertrauen bei Mzilikazi genossen hatte, gelang es
seinen Abgesandten tatsächlich, Lobengula nach wochenlangen Verhandlungen umzustimmen. Im Februar 1888 unterschrieb König Lobengula den
sog. 'Moffat Treaty', worin er sich verpflichtete, ohne britische Genehmigung keinerlei Abkommen mit anderen Nationen zu schließen. Wie sich
später herausstellte, war Lobengula nicht bekannt, welche Tragweite diese
Vereinbarung für die Ndebele haben sollte, und es gilt als wahrscheinlich,
daß der König, der weder lesen noch schreiben konnte, bewußt getäuscht

Lobengula
erliegt den
Versprechungen
von Rhodes'
Mittelsmännern

und sein Vertrauen mißbraucht worden war. Damit hatte Rhodes geschickt
den ersten Trumpf ausgespielt. Wenige Monate später sandte er eine zweite
Delegation zu Lobengula, um das britische Vorrecht endgültig zu manifestieren. Diesmal machte er sich den angesehenen Missionar C. D. Helm
zunutze, der Lobengula sehr nahestand. Helm übersetzte für die Unterhändler Charles Rudd, Rochford Maguire und Francis Thompson. Möglicherweise ahnte der Kirchenmann nicht, für welch ein Intrigenspiel sein
Einfluß mißbraucht wurde. Vielleicht glaubte er sogar, was er dem gicht-
kranken König erzählte, der immer wieder unter Morphium stand, das ihm
der Arzt und Freund Cecil Rhodes', Dr. Leander Starr Jameson, verabreich-
te. Es läßt sich im Nachhinein nicht beurteilen, inwieweit die Täuschung

...und
unterzeichnet
einen
verhängnis-
vollen Vertrag

Lobengulas, sein benebelter Zustand oder seine geschmeichelte Eitelkeit
zur Unterzeichnung der 'Rudd Concession' am 30. Oktober 1888 führten,
wodurch der König der Ndebele den Briten das alleinige Recht über Bodenschätze, Mineralien, deren Abbau und alle dazu notwendigen Tätigkeiten übertrug. Als Gegenleistung erhielt der König eine unbefristete
monatliche Rente von 100 Pfund sowie 1000 Gewehre mit Munition und
ein Kanonenboot auf dem Sambesi. Ahnungslos hatte Lobengula mit der
Rudd Concession das Todesurteil des Ndebelestaates unterzeichnet, die
Freiheit seines Volkes für ein paar Almosen verschachert. Als ihm wenige
Monate später die Tragweite seiner Handlung bewußt wurde, unternahm
er verzweifelte Versuche, die Verträge ungeschehen zu machen; er konnte jedoch das Rad, das nun ins Rollen geraten war, nicht mehr aufhalten.
Vor allem war er nicht den taktischen Manövern Rhodes' gewachsen.

Rhodes
gründet die
BSAC

Die Buren reagierten empört und verwiesen auf ihre älteren Abkommen mit den Ndebele. Vor der militärischen Stärke der britischen Kolonisten am Kap mußten sie sich allerdings mit Protestkundgebungen begnü-
gen. Nachdem die Buren somit erfolgreich abgedrängt waren, vollzog Cecil
Rhodes mit der Gründung der *British South Africa Company* (BSAC) den
nächsten Schachzug. In Anlehnung an die Tradition britischer Handelsge-
sellschaften in überseeischen Gebieten strebte er nun für die BSAC zur
Legitimation und Absicherung seiner Aktivitäten die Verleihung einer *Royal
Charter* an. Mit einigen Anstrengungen und weil er eine Gegendarstellung
König Lobengulas vor der britischen Krone verhinderte, erlangte Rhodes
im Herbst 1888 die königliche Auszeichnung. Für 25 Jahre wurde der
BSAC somit das alleinige Recht auf Ausbeutung der Gebiete zwischen

Betschuanaland und den portugiesischen Besitzungen zugesprochen – ein Freibrief, der lediglich die schwammige Forderung enthielt, für die Untertanen Sorge zu tragen und ihnen Religionsfreiheit zuzugestehen. Nun stand von offizieller Seite nichts mehr der Besiedlung und Annexion des Ndebelelands durch Cecil im Wege.

Einer britischen Invasion steht nichts mehr im Wege

Mit den Worten, einige Männer würden für den geplanten Abbau der Bodenschätze im Mashonaland Testlöcher bohren, ließ Rhodes den Ndebele seine erste Pionierkolonne ankündigen. Diese Beschreibung war allerdings weit untertrieben. Das eigentliche Ziel, unterwegs Befestigungsanlagen zu errichten und im Mashonaland britische Siedlungen zu gründen, wurde Lobengula verheimlicht. Zum Schutz gegen die Ndebele sollte eine mit schwerem Feldgeschütz und Maschinengewehren bewaffnete Soldateneinheit der BSAC den Treck begleiten und die Marschroute das Kernland der Ndebele weitläufig umgehen. In Juni 1890 verließ die *Pioneer Column* mit 117 Wagen, die von je 14 Ochsen gezogen wurden, die Kapkolonie. Die Kolonne dehnte sich auf 2 km Länge aus. Sie bestand aus 196 Pionieren, allesamt Abenteurer, die Rhodes mit großzügigen Versprechen angeworben hatte, einer Handvoll Prospektoren, einer Schutzmannschaft aus 500 BSAC- und Betschuanaland-Protektoratspolizisten und 1000 Mann Fußvolk (Farbige und Schwarze). Unter dem Kommando von Edward Pennefather und der Führung von Dr. Jameson und Frederick Selous erreichte die Pionierkolonne am 11. Juli 1890 das Mashonaland. Nach der Gründung von Fort Tuli errichteten die Pioniere auf der Weiterreise Fort Victoria (heute Masvingo) und Fort Charter. Am 12. September erreichte die *Pioneer Column* ihr Ziel und gründete Fort Salisbury. Einen Tag später wehte mit 21 Salutschüssen zum ersten Mal der Union Jack über Salisbury, der späteren Hauptstadt. Ohne Zwischenfälle waren die britischen Pioniere im Mashonaland einmarschiert, die mißtrauischen Ndebele und Shona hatten den Treck friedlich vorbeiziehen lassen. Den erfolgreichen Pionieren wurden jeweils die versprochenen 12 km² Landfläche und Schürfrechte zugeteilt. (Bis heute wird unter vielen Weißen Zimbabwes jener Treck als Pionierleistung besonderer Männer, als Grundstein für die Geisteshaltung der 'Rhodies' an sich glorifiziert, obwohl die meisten Pioniere schon bald wieder das Land verließen. So waren 1902 von den weit über 10 000 Siedlern in der Kolonie nur noch 29 Personen Beteiligte der Pionierkolonne.)

Die Pionierkolonne: *Die BSAC macht Ernst und marschiert mit 1700 Mann in Mashonaland ein*

Beide Volksgruppen, Ndebele wie Shona, konnten der Ankunft der ersten Siedler zunächst sogar etwas Positives abgewinnen. Die Shona versprachen sich Schutz vor den regelmäßig wiederkehrenden Überfällen der Ndebele. Die Ndebele dagegen hatten mit Sorge die zunehmende Bewaffnung der Shona während des letzten Jahrzehnts beobachtet. Es war ihnen nicht unangenehm, wenn die Shona nun ein wenig unter britische Kontrolle gerieten. Außerdem schien es ihnen geschickter, den Briten die Shona-Gebiete zu überlassen, solange sie sich dafür vom Matabeleland fernhielten.

Niemand stellt sich der Kolonne in den Weg

Diese Einschätzung änderte sich auf Seiten der Shona recht bald, denn als sich die Bodenschätze als wenig ergiebig erwiesen, begann die erste Welle massiven Landraubs durch die britischen Pioniere. Zum Schutz der Europäer wurde das Land im April 1891 zum britischen Protektorat erklärt und unter die Verwaltung der BSAC gestellt. Lobengula protestierte gegen diese Verlautbarung, die auch sein Staatsgebiet einschloß, denn de facto

Erst nach und nach wird das Ausmaß der Invasion erkannt

*Jameson und
Rhodes lauern
auf eine
Gelegenheit,
Matabeleland
anzugreifen*

war das Matabeleland ja noch eine autonome Zone. Die BSAC unter Dr. Jamesons Führung lauerte in der Folgezeit auf eine günstige Gelegenheit, sich mit einer schnellen Militäraktion auch das Matabeleland einzuverleiben. Lobengula ahnte die Gefahr und vermied jede Provokation. Im Juli 1893 beging er dennoch einen folgenschweren Fehler. Nachdem einige Shona der Bere- und Zimuto-Clans bei Fort Victoria Ndebele-Rinder gestohlen hatten, schickte Lobengula einen Vergeltungstrupp, der vor den Augen der schockierten europäischen Siedler grausame Rache an mehreren Hundert Shona verübte. Jameson und Rhodes erkannten ihre Chance: 700 BSAC-Soldaten, aufgeteilt in eine Victoria- und eine Salisbury-Kolonne, marschierten im Oktober im Matabeleland ein. Von zahlreichen Shona-Kriegern wurden sie unterstützt. Lobengula rief unterdessen 6000 Ndebelesoldaten zusammen, gab aber gleichzeitig deutliche Signale, daß er unter allen Umständen einen Krieg vermeiden wollte. Er sandte Unterhändler zu den Europäern, die von der Bechuanaland-Polizei abgefangen und getötet wurden. Die BSAC ließ den Ndebele keinen Ausweg, ihr Schicksal war längst besiegelt. Am Shangani River brach die erste großen Schlacht aus, wo zwei BSAC-Soldaten und mehrere Hundert Ndebele-Krieger ihr Leben verloren. Eine Woche später kam es zur zweiten Schlacht nahe Lobengulas Hauptsiedlung. Wieder erlitten die waffentechnisch unterlegenen Ndebele eine schwere Niederlage und flohen schließlich nach Norden. Am 4. November, kaum einen Monat nach Beginn der Invasion, wehte der Union Jack über den kokelnden Resten von Lobengulas königlichem Kraal. Rhodes

*Der besiegte
König ist zur
Kapitulation
bereit,*

ließ an dieser Stelle später ein Verwaltungsgebäude errichten. Der Feldzug sollte nach Ansicht der BSAC zur totalen Vernichtung des Matabelestaates führen, und so setzten die Soldaten den Flüchtenden nach, obwohl

*doch sein
Schicksal ist
besiegelt*

Lobengula Kapitulationsbereitschaft signalisiert hatte.

Am 3.12.1893 kam es wieder am Shangani River zu einer berühmt gewordenen Schlacht. Allan Wilson und 33 Mann einer Spähtruppe waren Lobengula und seinen restlichen Kämpfern dicht gefolgt. Der abendliche Rückweg zu ihrer Einheit wurde der Patrouille jedoch durch den Hochwasser führenden Shangani versperrt. Die Ndebele attackierten daraufhin ihre Verfolger, die bis zum letzten Mann kämpften, aber alle in dieser Nacht getötet wurden. Die Nachricht von der Tragödie der *Shangani Patrol* entsetzte die Siedler und führte zur noch rücksichtsloseren Verfolgung der Ndebele. Der körperlich und psychisch angeschlagene König Lobengula erlag im Februar 1894 bei Kamativi im dichten Busch der Hwange-Region den Pocken. Mit dem Tod des Königs wurde der Kampf gegen die Ndebele abgeschlossen. Das Fazit der Matabeleland-Invasion: 50 Weiße hatten ihr Leben verloren; die Kriegskosten beliefen sich auf 50 000 Pfund, am Ende hatte sich die Größe des BSAC-verwalteten Landes verdoppelt. Demgegenüber standen schätzungsweise 15 000 Opfer bei den Ndebele.

*Am Ende sind
die Ndebele
landlos,
verarmt und
geknechtet*

Nichtsdestotrotz wurde die Shangani-Tragödie zur Heldentat glorifiziert und fester Bestandteil rhodesischer Geschichtsschreibung. Den 34 Gefallenen wurde in den Matobo-Bergen ein Denkmal gesetzt und der Schauplatz jenes Gemetzels zum Nationalmonument erklärt. An die Tausende gefallener Ndebele erinnert dagegen kein Denkmal.

---

*rechts von oben: Nachbildung einer Ndebele-Wohnhütte in Old Bulawayo,
restaurierter Ochsenkarren und Eisenherd aus der Gründerzeit*

Als „Kriegsentschädigung" konfiszierten die Sieger 200 000 Stück Vieh aus Ndebele-Beständen, was bei den Überlebenden, die kaum noch 14 000 Stück Vieh behielten, zu völliger Verarmung führte. Auch das Land der Ndebele wurde unter den Soldaten wie eine Kriegsbeute verteilt. Innerhalb kürzester Zeit war der fruchtbare Landstrich um die bei Lobengulas ehemaligem Kraal neu gegründete Stadt Bulawayo von europäischen Farmern aufgeteilt worden. Als nach und nach geflüchtete Ndebele zurückkehrten, waren sie heimatlos oder galten als Untertanen der Farmer. Für die Rückkehrer wurden am Gwaai und am Shangani zwei Eingeborenenreservate eingerichtet, beides malaria- und tsetseverseuchte Gebiete.

Wirtschaftlich entwickelte sich die Region rasant. 1895 hatte Bulawayo bereits 1500 Einwohner. Der Aufschwung forderte Arbeitskräfte, die unter den einst so stolzen Ndebele nicht freiwillig zu bekommen waren. Mit der Einführung einer Hüttensteuer in Höhe von 10 Schillingen pro Jahr wurden die Afrikaner systematisch zur Zwangsarbeit getrieben. Landraub, Zwangsarbeit und die Konfiszierung ihrer Rinder führten bei den Ndebele zu einschneidenden Veränderungen, neben der Unterdrückung und Verelendung auch zur Verletzung ihres ausgeprägten Selbstwertgefühls. Die Europäer indes, die das gesamte Gebiet seit der Niederschlagung des Matabelelandes Rhodesien nannten, festigten ihre Vormachtstellung durch rigorose Ausbeutung der Schwarzen. Mehrfach wurden Vieherhebungen und -enteignungen durchgeführt. Drei aufeinanderfolgende Naturkatastrophen verschlimmerten die Lebensbedingungen der Shona und Ndebele derart, daß sie in ihrer Verzweiflung bald zu den Waffen griffen: Mehrere Jahre hintereinander waren Heuschreckenschwärme über das Land hereingebrochen, bei der Jahrhundertdürre im Jahr 1894 verdarb die Ernte fast vollständig, und Anfang 1896 brach eine bis dahin völlig unbekannte Katastrophe, die sich aus Somalia nach Süden ausbreitende Rinderpest, aus. Während der folgenden zwei Jahre fiel ihr der größte Teil der Rinder im südlichen Afrika

*Natur-
katastrophen
und die
Ausbeutung
der Afrikaner
nähren den
Widerstand*

zum Opfer, Schätzungen zufolge mehr als 2,5 Mio. Tiere. Für die Afrikaner brach die fremdartige Rinderseuche wie ein böser Fluch herein. Was den Ndebele bisher nicht als Kriegsbeute weggenommen worden war, wurde nun von den Weißen zwangsweise notgeschlachtet – ein Vorgehen, für das die Einheimischen kein Verständnis hatten und das zu großer Frustration führte. Unter den mittellosen Afrikanern brach eine verheerende Hungersnot aus. Die Verzweiflung richtete sich schließlich gegen die europäischen Unterdrücker. Als Dr. Jameson mit 500 BSAC-Soldaten nach Johannesburg marschierte, um bei einem von Rhodes angezettelten Aufstand den Burenstaat zu überfallen und ähnlich dem Matabeleland zu annektieren – ein Vorhaben, das allerdings platzte, als *Jameson-Raid* internationale Ächtung fand und Cecil Rhodes' politische Laufbahn jäh beendete – griffen die Ndebele genau im richtigen Augenblick zu den Waffen: Als der erste Befreiungskampf im südlichen Afrika begann, befanden sich nur 48 Polizisten in Rhodesien. Die explosive Stimmung im Land hatte die BSAC offenbar vollkommen unterschätzt.

Erster bewaffneter Volksaufstand (First Chimurenga)

*Unbemerkt
bricht der erste
Befreiungs-
kampf im
südlichen
Afrika aus*

Mitte März 1896 brach die Revolte bei Bulawayo aus. In kleinen Gruppen überfielen die Aufständischen einzelne Farmen und töteten 200 Siedler, ehe die meisten Europäer gewarnt werden konnten. Die restlichen 2000 Europäer und viele ihrer schwarzen Bediensteten flohen in die Städte Bulawayo, Mangwe und Gwelo oder suchten Unterschlupf in den Forts. Der Überraschungseffekt und die versprengten Einzelangriffe der Ndebele zeigten zunächst großen Erfolg. Nahezu schutzlos verbarrikadierten sich die Siedler in den Städten. Mehr als 10 000 Ndebele-Krieger belagerten im April Bulawayo. Ohne nennenswerte Gegenwehr hätten sie die Stadt zu diesem Zeitpunkt leicht einnehmen können, doch nutzten die Afrikaner ihren Vor-

*Die Europäer
verschanzen
sich*

teil nicht aus, sondern ließen sogar einen Fluchtweg nach Süden frei – möglicherweise wäre es ihnen lieber gewesen, die Siedler wären freiwillig dahin zurückgekehrt, woher sie Jahre zuvor gekommen waren. Je länger die Aufstand andauerte, um so konzeptionsloser wirkten die Aufständischen, und um so besser organisierte sich die britische Verteidigung. Als im Mai 3000 britische Soldaten in Rhodesien einrückten, gerieten die Ndebele schnell in die Defensive und zogen sich in die Matoboberge zurück.

*Der Aufstand
greift auf
Mashonaland
über*

Unerwartete Unterstützung erhielten die Rebellen von Seiten der Shona, die sich dem Befreiungskampf im Juni 1896 anschlossen. Ohne Vorankündigung brach der Shona-Aufstand im Hartley District beim Kaguvi Hill am Mupfure River aus. Kaguvi Hill bezeichnet eine wild zerklüftete, felsige Hügellandschaft mit zahlreichen Höhlen. Hier lag das Zentrum des Kaguvi-Kultes, der Wohnsitz des Geistes Kaguvi, der in Gestalt eines Priesters gleichen Namens große Macht ausübte. Seinen Anhängern zufolge konnte

*Nehanda war
dem Glauben
nach mit
Kaguvi
verheiratet*

er Regen herbeizaubern, Wildreichtum sichern und Menschen unverwundbar machen. Neben Kaguvi existierten einige weitere geistige Medien, von denen Nehanda das bedeutendste war. Kaguvi und Mbuya Nehanda sollten sich bald zu den wichtigsten Shona-Führungspersönlichkeiten des ersten Chimurenga entwickeln.

Unter der religiösen Führung von Kaguvi und der militärischen Macht von Chief Mashayamombe brach der Shona-Aufstand überraschend am 14.6.1896 aus. Wie ein Lauffeuer wurde die Nachricht vom Krieg mündlich von Clan zu Clan weitergetragen. Es dauerte mehr als eine Woche, bis die Neuigkeit alle Shona-Clans erreicht hatte. Die Reaktionen fielen unterschiedlich aus. Manche Gruppen schlossen sich der Rebellion an, einige schlugen sich auf die Seite der Briten, andere blieben neutral. Weil alle BSAC-Streitkräfte ins Matabeleland abgestellt worden waren, traf der Aufstand zunächst auf wenig Widerstand, und in wenigen Tagen wurden mehr als 100 Siedler getötet. Sofort beorderten die Briten ihre Streitkräfte ins Mashonaland zurück. Neben der Unterstützung durch die Budya-Shona aus Mutoko und die Manyika aus dem östlichen Hochland erhielten die Siedler auch Hilfe durch die Portugiesen aus Beira.

Guerilla-taktiken zermürben die Europäer

Wo immer Shona in den Krieg zogen, kämpften sie nur lokal auf ihrem jeweiligen Siedlungsgebiet. Weder untereinander noch mit den Ndebele kam es zu organisierten Aktionen. Diese Kriegstaktik eines unorganisierten Flächenbrandes bereitete den Briten zunächst Verdruß, führte allerdings bald zu erheblichen Engpässen in der Lebensmittelversorgung der Shona. Deren spätere Niederlage war denn auch weniger eine militärische Kapitulation als das dringende Bedürfnis, die Felder wieder zu bestellen.

Im Sommer 1896 sah sich Cecil Rhodes von einem jahrelangen Guerilla-Kleinkrieg, der die junge Kolonie wirtschaftlich in den Ruin treiben würde, bedroht. Im ganzen Land tobte der Befreiungskrieg. Im August handelte er daher einen Waffenstillstand mit den Ndebele aus und begann Friedensverhandlungen, während im Mashonaland weiterhin heftig gekämpft wurde. Mit ernsthaften Friedensbemühungen hielt Rhodes am 21.8.1896 die erste *Indaba* (wichtige Verhandlung, Diskussionsforum) mit sechs führenden Ndebele-Chiefs ab. Dieser ersten Begegnung bei Fort Usher folgten drei weitere, bei denen Rhodes meist nur von einem Übersetzer, einem Reporter und einem Freund begleitet wurde. Während dieser Begegnungen lernte Cecil Rhodes die Afrikaner als gleichberechtigte Partner kennen, zeigte ein beachtliches Maß an Zivilcourage und beide gewannen durch die konstruktive Auseinandersetzung großen Respekt vor dem Gegner. Rhodes' intensive Bemühungen um eine friedliche Lösung des Konflikts – mögen sie auch materiell und eigennützig begründet gewesen sein – gaben den Ausschlag für die Wertschätzung, die dieser Mann trotz allem bis heute in Zimbabwe genießt. Am 21.10.1896 unterzeichneten beide Seiten einen Friedensvertrag, der den Ndebele unter anderem ansatzweise Autonomie in ausgewiesenen Reservaten zuwies und die Rückgabe einiger Ländereien regelte. Im Matabeleland war der Befreiungskampf damit beendet worden.

Cecil Rhodes lenkt im Matabeleland ein, weil der BSAC der Ruin droht

Friedensver-handlungen in den Matobobergen

Brutal schlugen die Briten dagegen den Aufstand der Shona nieder. Gefangene wurden nur selten gemacht. Weil sich die Shona-Führer zum Teil auch untereinander bekriegten und häufig über keine allzu große Kampfdisziplin verfügten, konnten sie nach und nach überwältigt werden. Die Schlacht am Kaguvi Hill, wo am 24.7.1897 die als Verstecke dienenden Höhlen mit Dynamit gesprengt wurden und Chief Mashayamombe getötet wurde, gilt als das Ende des Chimurenga. Demonstrativ exekutierten die Briten einige der aufständischen Chiefs und ernannten eigenmächtig europäerfreundliche Nachfolger. Auch die geistigen Führer Kaguvi und Nehanda wurden nach einem kurzen Prozeß vor dem Kriegsgericht in Fort Salisbury gehängt. Vor ihrem Tod soll Nehanda noch den Ausbruch des zweiten Chimurenga prophezeit haben („My bones will rise again").

Der Krieg in Mashonaland wird grausam beendet

Cecil Rhodes - Portrait einer außergewöhnlichen Persönlichkeit

Cecil Rhodes wird am 05. Juli 1853 in einer Kleinstadt bei London geboren. Mit neun Geschwistern ist er ein typischer Sprößling der britischen Mittelschicht und durchlebt eine unauffällige Kindheit. Als 16jähriger wird Cecil lungenkrank, die Ärzte empfehlen einen sofortigen Klimawechsel, und so wird der Jüngling nach Südafrika geschickt, wo er sich auf der Baumwollfarm seines älteren Bruders Herbert erholen soll. Im Juni 1870 betritt er erstmals afrikanischen Boden und lebt sich rasch bei seinem Bruder ein. Die Farm läuft nicht gut, und als 1871 in Kimberley Diamanten entdeckt werden, das Diamantenfieber ausbricht und im Nu 10 000 Glücksritter nach Kimberley strömen, sind auch die beiden Rhodes-Brüder mit von der Partie. Herbert kauft drei Claims in New Rush, die sich als sehr ergiebig erweisen. Cecil handelt mit Lebensmitteln, Werkzeug, Büchern und spekuliert an der Börse. Die beiden beweisen guten Instinkt und werden wohlhabend. Privat haben sie weniger Glück. Ein Herzanfall zwingt den 19jährigen Cecil, kürzer zu treten, und wenig später verliert er seinen Bruder Herbert durch einen tödlichen Unfall während einer längeren Jagdreise. Cecil Rhodes schließt sich danach mit dem jungen Diamantenspekulanten Charles Rudd zusammen. 1873 scheinen die Diamantenfelder von Kimberley ausgelaugt zu sein und die meisten „Digger" verscherbeln ihre Claims. Rhodes und Rudd pokern hoch, sie kaufen möglichst viele Anteile auf und tatsächlich zeigt sich bald, daß in Kimberley noch immense Diamantenfelder lagern. Mit 20 Jahren hat Cecil Rhodes finanziell bereits ausgesorgt, doch anstatt den Erfolg zu genießen, treibt ihn sein Ehrgeiz zurück nach England, wo er sich mit einem Studium in Oxford den passenden Grundstock für eine politische Laufbahn erwerben will. Doch schon im ersten Semester erleidet er einen zweiten Herzanfall und seine Ärzte geben ihm nur noch wenige Monate zu leben. Rhodes unterbricht das Studium und kehrt nach Kimberley zurück, wo er sich allen Prophezeiungen zum Trotz wieder erholt. Geschickt spielt er hier um Macht und Geld, agiert mit Korruption und Intrigen und laviert sich durch mehrere Skandale. Dabei stellt er erstmals seine Kunst, Gegner zu überzeugen und „zu kaufen", unter Beweis. Zwischen 1876 und 1881 vollendet er sein Studium in Oxford, während Charles Rudd die Geschäfte in Kimberley organisiert. Nach seiner Rückkehr in Afrika wendet sich Rhodes endgültig der Politik zu und wird in Kapstadt seßhaft.

Unterdessen verursacht Rhodes einen medizinischen Skandal, und hierbei taucht erstmals der Name Dr. Leander Starr Jameson auf: Es bricht eine Pockenepidemie aus, die sich wie ein Lauffeuer in der Kapprovinz ausbreitet. Rhodes befürchtet eine Fluchtwelle Tausender Tagelöhner und Arbeiter aus Kimberley, wenn bekannt würde, daß die Seuche auch die Diamantenminen erreicht hat. Trotz besseren Wissens beharrt Rhodes darauf, daß Kimberley pockenfrei sei. Es bleibt schwer verständlich, wie es dem Spekulanten gelingt, den befreundeten, wohlhabenden Arzt Dr. Jameson dazu zu überreden, falsche Totenscheine auszustellen. Fakt ist, daß Jameson der Bitte nachkommt, alle Pockenfälle vertuscht und damit zum ersten Mal kriminelle Taten auf Rhodes' Geheiß unternimmt. Als der Skandal aufgedeckt und 1885 endlich zugegeben wird, sind hunderte Menschen unnötig an den Pocken gestorben.

Mit enormem Eifer verfolgt Rhodes seine hochgesteckten Ziele, Macht und Einfluß zu erringen. 1884 wird der Millionär Finanzminister der Kapprovinz. 1886 wird in Witwatersrand Gold entdeckt – Rhodes investiert und gründet die 'Consolidated Goldfields of South Africa'. 1887 kämpft Rhodes mit Barney Barnato um das Monopol im Diamantengeschäft – und beherrscht bald weltweit den Diamantenhandel. Zur selben Zeit beginnt er, seine ehrgeizigen Pläne, das britische Einflußgebiet auszuweiten und eine Bahnlinie vom Kap bis Kairo zu errichten, mit Nachdruck zu forcieren. Er intrigiert und manipuliert, macht potentielle Gegner durch finanzielle Geschenke mundtot und bereitet sorgsam den Boden für den geplanten Expansionskurs. Mit dem Moffat Treaty und der Rudd Concession setzt er 1888 den ersten Fuß ins Matabeleland. Die weiteren, spannenden Geschehnisse bis zum Einmarsch der Pionierkolonne in die spätere Kolonie Rhodesien sind nur nachzuvollziehen, wenn man Rhodes' durchdachtes Pokerspiel, seine mitreißende Ausstrahlung und seine tiefe Überzeugung, daß jeder Mann seinen Preis habe, berücksichtigt. Die wenigen, die Rhodes nicht kaufen kann, überzeugt er als Visionär. In wenigen Monaten beseitigt er alle Widerstände gegen seinen Invasionsplan. Es gelingt ihm, der britischen Krone eine Royal Charter abzuschwatzen, obwohl die Königin und Mitarbeiter des Auswärtigen Amtes Rhodes mißtrauen. Basierend lediglich auf der Bereitschaft des Ndebelekönigs Lobengula, den Briten mäßigen Abbau von Bodenschätzen in seinem Land zu genehmigen, stellt die britische Krone schließlich einen Freibrief zur Eroberung und Inbesitznahme des souveränen Gebietes aus. Noch wenige Monate zuvor hat sich die britische Königin in einem Schreiben an den Ndebelekönig Lobengula besorgt gezeigt, zu viel Macht in die Hände eines einzelnen (britischen) Handelspartners zu legen. Jetzt berechtigt sie denselben Mann, vor dem sie gewarnt hatte, das riesige, autarke Königreich auszubeuten, zu kolonisieren und zu regieren.

Die Folgen sind bekannt – Rhodes, inzwischen zum Premierminister der Kapprovinz aufgestiegen, gründet die BSAC (British South Africa Company) und läßt die Pionierkolonne ins Mashonaland einmarschieren. Finanziell verausgabt er sich dabei, dafür steht er jetzt auf dem Höhepunkt seiner Macht. Rhodes regiert über ein 1 143 000 km² großes Gebiet (fünfmal so groß wie sein Mutterland). Auch den Überfall auf das Matabeleland plant Rhodes von langer Hand und verkauft den Kriegszug im heimatlichen empörten England als Akt der Notwehr. Er versteht es, die Presse für sich einzunehmen und bestimmt so die öffentliche Meinung. Nach der Vernichtung des Ndebelestaates läßt sich Rhodes als Held und Imperator feiern. Fast scheint es, alles verwandle sich zu Gold, was Cecil Rhodes anpackt, da wendet sich sein Schicksal plötzlich. Vom Erfolg verwöhnt verliert er den Sinn für die Realität, als er mit einigen Verschwörern den Plan ausheckt, mit einem Blitzüberfall unter Dr. Jamesons Kommando den Burenstaat unter Paul Krüger zu annektieren. Wieder fungiert Rhodes als Drahtzieher im Hintergrund, spricht sich heimlich mit dem britischen Kolonialminister Chamberlain ab und stellt eine Kampftruppe zusammen. Doch diesmal entgleiten ihm die Zügel, er kann die unterschiedlichen Verschwörer nicht einigen und sieht sich gezwungen, den Überfall im letzten Moment abzublasen. Doch Jameson, der mit der kampfbereiten Truppe im Landesinneren ausharrt, erreicht das Telegramm von Cecil Rhodes nicht, und er überfällt den Burenstaat weisungsgemäß zum verabredeten Zeitpunkt. Der glücklose Jameson wird von den Buren-Streitkräften schon empfangen, weil die Sache inzwischen durchgesickert ist, und muß nach verlustreichem Kampf kapitulieren. Der Fall ist ein internationaler Skandal, eine Blamage für Großbritannien, der Ruin für Cecil Rhodes. Er muß sofort alle politischen Ämter niederlegen, während der britische Minister Chamberlain in London seine Unschuld zu beteuern versucht und jede Mitwisserschaft abstreitet. Doch Rhodes übernimmt auch jetzt nicht die Verantwortung, sondern überläßt es seinem Freund Jameson, für die Tat geradezustehen. Jameson wird als alleiniger Initiator des Überfalls in England zu einer kurzen Haftstrafe verurteilt, wodurch Cecil Rhodes seine Königliche Charter

retten kann. Als politisch geächteter Privatmann, der von der Macht und dem Schicksalsspielen nicht lassen kann, engagiert er sich anschließend im Matabeleaufstand. In den Matobobergen handelt er mit den aufständischen Ndebele einen Friedensvertrag aus und verschafft sich dabei den Ruf eines mutigen Friedensstifters. Es ist das erste Mal in seinem Leben, daß er etwas wirklich Gutes tut. Nicht, daß er nach seinen Rückschlägen etwa geläutert wäre – sein Engagement für den Frieden deckt sich zufällig mit seinen Privatinteressen, denn der BSAC droht der finanzielle Ruin, je länger der Aufstand andauert. Außerdem bereichert sich der Patriarch bei den Verhandlungen recht geschickt und nennt anschließend in Rhodesien riesige Ländereien sein eigen. Eine charakterliche Wendung bleibt dagegen aus, und den Shona-Aufstand läßt Rhodes anschließend brutal und rücksichtslos niederschlagen.

Gesundheitlich wirkt Cecil Rhodes nach den turbulenten 90er Jahren schwer angeschlagen. Der Raubbau, den er in all den Jahren mit seinem zeitlebens von Lungen- und Herzproblemen geschwächten Körper betrieben hat, rächt sich nun. Geistig ist er voller Elan, doch sein Körper verfällt von Tag zu Tag. Die letzten Wochen verbringt er zurückgezogen in seinem Landhaus bei Kapstadt. Am 26. März 1902 stirbt er. Dr. Jameson, der alte Kamerad und Begleiter, der ihm so viele Steine aus dem Feuer geholt und sich dabei immer wieder strafbar gemacht hat, ist in der letzten Stunde bei ihm. Später wird Jameson erzählen, Rhodes letzte Worte lauteten „So little done. So much to do." Doch Vertraute Jamesons berichten, dieser habe sich die Worte selbst erdacht, um die 'Legende Rhodes' gebührend zu untermauern.

Vieles an Cecil Rhodes' Persönlichkeit bleibt unverständlich, so z. B. seine Einstellung zu Frauen. Das weibliche Geschlecht scheint für ihn nicht zu existieren. Niemals läßt er sich auf Affären oder Bekanntschaften ein, nur jugendliche Männer dürfen in seinem Haushalt arbeiten, und verheirateten Genossen bleibt die Karriere verwehrt. Er selbst wendet auch nie rohe Gewalt an und gilt sogar als wehleidig, während er skrupellos Tausende Menschen seinen ehrgeizigen Zielen opfert. Er glaubt an Ehre und Moral, und verrät doch seinen engsten Freund Dr. Jameson nach dem Jameson Raid. Er wird einer der reichsten Männer seiner Zeit, und trotzdem scheint Geld für ihn immer nur das Mittel zum Zweck zu sein. Er mobilisiert die Massen, liebt es, im Rampenlicht zu stehen, und hat zeitlebens doch nur sehr wenige Vertraute. Er betrügt die Ndebele, mißbraucht ihr Vertrauen und kolonisiert sie gewaltsam, und dennoch wird er nach seinem Tode von ihnen verehrt. Trotz all dieser negativen geschichtlichen Fakten, die heute im Zusammenhang mit Cecil Rhodes bekannt sind, wird sein Ansehen erstaunlicherweise noch immer hochgehalten – im südlichen Afrika wie auch in Großbritannien, wo die Universität Oxford sog. „Cecil Rhodes-Stipendien" vergibt.

Festigung der Vorherrschaft der Weißen

Nach dem Ende des ersten Chimurenga (Volksaufstands) förderte die BSAC eine rasche Besiedlung Rhodesiens und überschrieb Neuankömmlingen große Landflächen. Die Eisenbahn, die Bulawayo ab 1897 mit den britischen Besitzungen am Kap verband, spielte eine tragende Rolle bei der Erschließung des Landes. Tausende Siedler, Farmer und Händler zogen nach Rhodesien, machten sich seßhaft und gründeten neue Ortschaften. Die Ndebele und Shona wurden dabei in abgelegene Reservate ausgegrenzt. 1898 erwarb die BSAC das nördlich des Sambesi im heutigen Westsambia liegende Barotseland, und zur Unterscheidung der Gebiete wurden sie ab 1899 in Nord- und Südrhodesien umbenannt. Im gleichen Jahr brach zwischen Großbritannien und den Burenstaaten der Burenkrieg aus, in den auch südrhodesische Truppen involviert waren und der 1902 mit dem britischen Sieg endete. Zur selben Zeit verankerten die Weißen in Südrhodesien die Bevormundung und Diskriminierung der schwarzen Bevölkerung in ihrer Rechtsprechung. Der 'Masters and Servants Act' von 1901 schrieb die Benachteiligung schwarzer Arbeiter fest, denen fortan untersagt war, einen zugewiesenen Arbeitsplatz von sich aus zu kündigen. Auch die Gründung politischer Vereinigungen oder Gewerkschaften wurde den Afrikanern verboten. Um die unterdrückte Bevölkerung noch stärker an ihre weißen Arbeitgeber zu binden, beschlossen die knapp 12 000 Europäer im Land, 1904 die Hüttensteuer auf 20 Schillinge pro Jahr zu verdoppeln, außerdem mußte diese Gebühr fortan mit Bargeld bezahlt werden.

Die Weißen verankern ihre Vorherrschaft mit zahlreichen diskriminierenden Gesetzen

1910 kam es zur Gründung der Südafrikanischen Union. Unter den weißen Farmern Südrhodesiens wurden erste Stimmen laut, sich von der BSAC-Verwaltung zu lösen, vielleicht sogar einen Anschluß an die Südafrikanische Union anzustreben. Die Royal Charter, die Königin Victoria der BSAC 1889 für ein Vierteljahrhundert verliehen hatte, lief 1914 aus. Obwohl die erwarteten großen Gewinne in Südrhodesien ausgeblieben waren, betrugen allein die Verwaltungseinnahmen der BSAC rund das 20fache der Verwaltungskosten (z. B. 1909: 10 626 172,00 Brit. Pfund Einnahmen bei 553 041,00 Pfund Kosten). Die BSAC ersuchte daher um eine Verlängerung der Charter für weitere 10 Jahre, die vom Mutterland auch gewährt wurde. Doch die Spannungen zwischen der BSAC und Siedlern, die sich nicht länger bevormunden lassen wollten, wuchsen an. Es wurde offenkundig, daß sich die Handelsgesellschaft aus Südrhodesien zurückziehen mußte. 1922 kam es daher zu einem Referendum, in dem die weißen Siedler über die Zukunft des Landes abstimmen durften. Sie stimmten mehrheitlich gegen einen Anschluß an Südafrika und entschieden sich für die Selbstverwaltung innerhalb eines Kolonialsystems. Die ca. 900 000 schwarzen Einwohner Südrhodesiens waren dabei nicht nach ihrer Meinung gefragt worden. Großbritannien zahlte der BSAC eine stattliche Summe Ablöse, um die Handelsgesellschaft für ihren hohen Verwaltungsaufwand zu entschädigen. 1923 wurde Südrhodesien offiziell zu einer britischen Kolonie mit dem Status einer Dominion ernannt. Erster Premierminister war Sir Charles Coghlan, ein Rechtsanwalt, der bereits seit vielen Jahren gegen die BSAC-Verwaltung eintrat.

Politische Situation zu Beginn des 20. Jh.

Rhodesien wird britische Kolonie

Weiterhin wurden die Rechte der Schwarzen beschnitten. Seit 1927 berechtigte z. B. der 'African Affairs Act' die Kolonialverwaltung, Chiefs der afrikanischen Volksgruppen nach eigenem Ermessen zu ernennen bzw.

Bilder links: verwitterte Grabschrift in Fort Rixon, Pongo Memorial

Gesetze zum Manifestieren der Apartheid (unvollständig)

Jahr	Gesetz	Beabsichtigte Folgen für die Afrikaner
1894	Einführung der Hüttensteuer	Zwang zur Lohnarbeit
1901	Native Marriage Ordinance (Ehegebühr)	Zwang zur Bargeldbeschaffung
1901	Masters and Servants Ordinance	Disziplinierung von Arbeitern
1902	Paßgesetz	Einschränkung der persönlichen Freiheit
1908	Private Locations Ordinance	Landraub
1909	Einführung von Landrente auf BSAC-Land	Zwang zur Bargeldbeschaffung
1911	Kaffir Beer Ordinance	Beschränkung afrikanischen Handels
1911	Native Labour Regulations Ordinance	Rekrutierung von Arbeitern
1912	Einführung der Hundesteuer	Zwang zur Bargeldbeschaffung
1916	Native Adultery Punishment Ordinance	Zwang zur Bargeldbeschaffung
1927	African Affairs Act	Beschränkung der Selbstverwaltung
1930	Land Apportionment Act	Landraub
1931	Cattle Ley Acts	Beschränkung afrikanischen Handels
1931	Maize Control Acts	Beschränkung afrikanischen Handels
1943	Compulsory Native Labour Act	Einschränkung der persönlichen Freiheit
1951	Land Husbandry Act	Beschränkung afrikanischen Handels und Zwang zur Bargeldbeschaffung

oben: Gesetze und Erlasse sichern die ungleichen Machtverhältnisse in Rhodesien

abzusetzen. Zu dieser Zeit veränderte sich die Einstellung der Afrikaner den Europäern gegenüber. Fast 40 Jahre nach Ankunft der ersten Siedler konnten sich die meisten Afrikaner nicht mehr an eine Zeit ohne Weiße erinnern. Ihre Bestrebungen zielten daher immer weniger darauf ab, wieder Zustände wie vor Ankunft der Europäer zu erreichen, als vielmehr an der wirtschaftlichen Entwicklung und dem gesellschaftlichen Leben der Kolonie gleichberechtigt teilzuhaben. Schwarze Arbeiter formierten sich zu einer ersten Arbeitervereinigung, die – unterstützt von den Kirchen in Südrhodesien – schlechte Arbeitsbedingungen und niedrige Löhne anprangerte. Doch anstelle einer Verbesserung folgten in den 30er Jahren weitere Diskriminierungen gegen die schwarze Bevölkerung. Der 'Land Apportionment Act' von 1930 verankerte die strikte Landverteilung, durch die den 52 000 Weißen knapp 51 % der fruchtbaren Landflächen zugesprochen wurden, wogegen die 1,2 Mio. Schwarzen nur 22,4 % der Landesflächen in überwiegend unwirtlichen, trockenen Reservaten erhielten. 1934 wurden die Arbeitsgesetze erneut verschärft und zwei Jahre später das verhaßte Paßgesetz eingeführt – jeder männliche Afrikaner ab 16 Jahren mußte stets einen Paß bei sich tragen, der seinen Namen, die Herkunft und den Arbeitsplatz auswies. Im Lande reisen durften Afrikaner nur mehr mit einem Berechtigungsschein. Zuwiderhandelnden drohte Zwangsarbeit. Damit sollte die strikte Rassentrennung, wie sie die Regierung des seit 1933 amtierenden Premierministers Godfrey Huggins vorsah, für alle Lebens- und Arbeitsbereiche durchgesetzt werden.

Townships und Native Reserves

Nach dem Zweiten Weltkrieg begannen die Rhodesier mit der Ausweisung von sog. *Townships*. Die Städte waren während der letzten Jahrzehnte stark angewachsen, und die Weißen fühlten sich in direkter Nachbarschaft so vieler Schwarzer unwohl. Seit 1946 wiesen sie für die Arbeiterfamilien isolierte neue Wohngebiete an der Stadtperipherie aus, sie schufen also städtische Reservate. Als man erkannte, daß für die Zukunft dringend gebildetere Arbeiter benötigt würden, gestand die Regierung den Schwarzen erstmals staatliche Schulen zu. Zur Verschärfung der diskriminierenden Gesetze verkündete die weiße Regierung 1951 den 'Land Husbandry Act', der jeder afrikanischen Familie nur mehr 3,2 ha landwirtschaftliche Fläche und sehr begrenzte Stückzahlen an Vieh genehmigte. Das neue Gesetz löste eine verheerende Landflucht aus, rund eine halbe Million Menschen strömten in den nächsten Jahren aus Furcht vor Verarmung in die Städte, um sich als billige Lohnarbeiter zu verdingen. Als Stadtbewohner wiederum wurde ihnen jeglicher Landbesitz untersagt, und sie waren somit vollkommen mittellos und zur Lohnarbeit selbst unter entwürdigenden Umständen gezwungen.

Die neuen Gesetze mischen sich in alle Lebensbereiche ein

Politisches Erwachen der schwarzen Bevölkerung

Die rigiden Bedingungen ermöglichten es den Afrikanern nur sehr zögernd, politische Interessen zu bündeln. Eine erste gewerkschaftsähnliche Vereinigung, die *Rhodesian Bantu Voter's Association,* war schon 1922 unter der Führung des Lehrers Twala zustande gekommen, hatte aber keinerlei Reformen anstoßen können. Kaum besser erging es dem *Bantu Congress* in den 30er Jahren. Während des Zweiten Weltkriegs, als Schwarze gleichberechtigt mit den Weißen an die Front ziehen mußten, erwachte auch das afrikanische Nationalbewußtsein auf breiter Basis. Die Frustration der Arbeiter in den neu geschaffenen Townships entlud sich im April 1948, als die Eisenbahngewerkschaft einen ersten landesweiten Streik ausrief. Die Festsetzung von Mindestarbeitslöhnen war ein kleiner Erfolg, den diese Protestaktion verbuchen konnte.

Erste afrikanische Zusammenschlüsse

Auch in den benachbarten britischen Kolonien brodelte es. Überall forderten die Schwarzen Mitbestimmung und Gleichberechtigung. Um die Region politisch zu stabilisieren und ihr wirtschaftliche Impulse zu verleihen, vereinigte Großbritannien 1953 auf Drängen der weißen Siedler die Kolonien Njassaland, Nord- und Südrhodesien zur Zentralafrikanischen Föderation. Dieser Zusammenschluß war gegen den Willen der schwarzen Bevölkerungsmehrheit in den Kolonien durchgeführt worden, die der Föderation mißtrauisch und ablehnend gegenüberstand. Zur Hauptstadt und dem Sitz des Parlaments wurde Salisbury ernannt. Der neue Premierminister hieß Garfield Todd, ein liberaler, etwas grobschlächtiger Pfarrer, der vorsichtige Reformen im Bildungs- und Arbeitsbereich einleitete. Gleichzeitig radikalisierte sich der afrikanische Widerstand. Die Jugendbewegung *City Youth League* weitete sich auf das ganze Land und verschmolz 1957 unter dem engagierten Wortführer Joshua Nkomo zum ANC (*African National Council*). Selbstbewußt trugen die Schwarzen nun ihre Forderungen vor. Sie setzten große Hoffnungen in die Regierung Todd, wurden allerdings jäh enttäuscht, als Todd wegen seines gemäßigten Führungsstils 1958 aus eigenen Reihen gestürzt und durch Edgar Whitehead ersetzt wurde. Mit Schrecken und einem deutlichen Ruck nach rechts hatten die weißen Rhodesier auf das erstarkende afrikanische Nationalbewußtsein reagiert und forderten hartes Durchgreifen gegen die Unruhestifter. Whitehead erklärte den Ausnahmezustand, verbot den ANC und ließ etwa 500 Aktive und Sympathisanten verhaften. Joshua Nkomo entging der Verhaftung, weil er sich im Ausland aufhielt.

Zentralafrikanische Föderation

Joshua Nkomo gründet den ANC

Der ANC wird verboten

Als Nachfolgepartei des aufgelösten ANC gründete Joshua Nkomo 1960 zusammen mit Robert Mugabe, Ndabaningi Sithole und Leopold Takawira die *National Democratic Party* (NDP), die neben der rechtlichen Gleichstellung das Wahlrecht für Schwarze und eine neue Verfassung forderte. Es kam zu Streiks, Demonstrationen und 1961 auf Betreiben Großbritanniens, das zwischen beiden Parteien zu vermitteln versuchte, zur ersten Londoner Verfassungskonferenz, an der Joshua Nkomo teilnahm. Nkomo schlug die angebotenen 15 der 65 Parlamentssitze ab, was zum einen zum Verbot der NDP führte und zum anderen dazu, daß die neue Verfassung zwar in Kraft trat, von Anfang an aber auf sehr schwachen Füßen stand. Die geringen Zugeständnisse an die Afrikaner, die diese Verfassung enthielt, gingen den Weißen bereits zu weit und waren den Schwarzen zu wenig.

Nach der Auflösung der NDP folgte die sofortige Gründung der *Zimbabwe African People's Union* (ZAPU), die nun deutlich offensiver und radikaler auftrat. Sabotageakte und Boykottaufrufe für die Parlamentswahlen im Dezember 1962 führten auch diesmal sehr bald zum Verbot der Partei (im September 1962). Nkomo ging daraufhin ins Exil, seine Mitstreiter in den Untergrund. Die meisten der kaum 10 % wahlberechtigten Schwarzen folgten dem Wahlboykott. Die konservative, rassistisch orientierte *Rhodesian Front* der Weißen errang einen deutlichen Wahlsieg und stellte damit den neuen Premierminister Winston Field. Einerseits amnestierte Field politische Gefangene und lockerte die Rassentrennung in bestimmten Bereichen, andererseits unterstrich seine Partei ihre Weigerung, den Schwarzen völlige Gleichstellung zuzubilligen. Die Opposition geriet darüber in einen inneren Konflikt, der die ZAPU schließlich spaltete. Während Nkomo für einen gemäßigten Freiheitskampf mit internationaler Unterstützung eintrat, und sich daher immer häufiger im Ausland aufhielt, lösten sich die kämpferischen und aggressiveren Führer Sithole, Mugabe, Malianga und Takawira von der ZAPU und gründeten die *Zimbabwe African National Union* (ZANU). Beide Oppositionsparteien bekannten sich zum Leninismus und forderten eine Mehrheitsregierung für Südrhodesien, versuchten diese Ziele aber auf unterschiedliche Weise zu erreichen.

Die Zentralafrikanische Föderation brach zum Jahreswechsel 1963/64 auseinander – zu ungleich waren die ökonomischen Voraussetzungen der drei Kolonien, zu wenig glichen sich ihre Interessen. Der frische Wind der Unabhängigkeitsbewegung, der Anfang der 60er Jahre über Afrika hinwegfegte und zahlreiche junge afrikanische Staaten schuf, hatte auch die Föderation ergriffen. Nordrhodesien wurde schon wenige Monate nach dem Auflösen der Föderation von Großbritannien in die Unabhängigkeit entlassen (als Republik Sambia) und Njassaland rief 1966 ebenfalls die unabhängige Republik Malawi aus. Allein Südrhodesien wurde wieder zur Kronkolonie zurückgestuft, denn Großbritannien forderte eine afrikanische Regierungsbeteiligung als Voraussetzung für eine künftige Unabhängigkeit. Dazu war jedoch die Rhodesian Front (RF) nicht bereit. Empört über die Londoner Forderungen und mit dem Rücken zur Wand versuchten die Rhodesier die Vorherrschaft der Weißen, die mit Ausnahme von Südafrika ringsum bröckelte, in ihrem Land zu erhalten. Die Fronten verhärteten sich zusehends. ZANU und ZAPU nahmen Kontakte zu China und der UdSSR auf und schickten erstmals Befreiungskämpfer zur militärischen Ausbildung ins Ausland. Gleichzeitig erstarkten bei den weißen Rhodesiern die radikalen Rechtskonservativen, die den um Konsens mit Großbritannien bemühten Premierminister Field im April 1964 absetzten. Der neue Mann an der Spitze war Ian Douglas Smith, ein Farmer aus Selukwe und ehemaliger Air-Force-Pilot, der für seine unversöhnliche Haltung bekannt war. London prangerte die Sturheit der weißen Rhodesier an. Smith und die RF schürten unter den Rhodesiern nun ihrerseits die Stimmung gegen das britische Mutterland und verbaten sich weitere Einmischung aus London. Als Reaktion auf die beginnende Radikalisierung des afrikanischen Widerstands verbot die Regierung im August 1964 die Parteien ZANU und ZAPU. Diesmal wanderten etliche Aktivisten, darunter auch Joshua Nkomo und Robert Mugabe, ins Gefängnis. Wer der Polizei entwischte, ging in den Untergrund. Smith und die Rhodesian Front waren auf Erfolgskurs: die führenden Freiheitskämpfer waren inhaftiert, im Mai 1965 gewann die Partei triumphal die vorgezogenen Wahlen, im November verhängte Smith den Ausnahmezustand und am 11.11.1965 erklärte sich Südrhodesien einseitig für unabhängig. Diese *United Declaration of Independence* galt völkerrechtlich, nachdem die Zustimmung Großbritanniens fehlte, als offene Rebellion. Harold Wilson, der britische Premierminister, dem die Zügel in Rhodesien endgültig entglitten waren, zögerte unentschlossen und wagte nicht, sich den Rebellen zu widersetzen. Lediglich zur Verhängung eines Wirtschaftsembargos konnte er sich durchringen. Mit Unterstützung der UNO, die sich wenig später den Sanktionen anschloß, sollte der Rebellenstaat, wo 250 000 Weiße rund 4 Mio. Schwarze diskriminierten, zur Einsicht gezwungen werden.

Was die Wirtschaftssanktionen anbelangte, so führten diese in Rhodesien sogar zu einem unbeabsichtigten Wirtschaftsboom, weil die noch unter weißer Herrschaft stehenden Nachbarländer Portugiesisch-Mosambik und Südafrika das neue Regime offen unterstützten. Nachdem offenkundig wurde, daß die internationale Staatengemeinschaft wenig Druck auf Rhodesien ausüben konnte oder wollte, brach im Frühjahr 1966 der zweite bewaffnete Befreiungskampf aus.

Bewaffneter Befreiungskampf (Second Chimurenga)

Die Schlacht von Chinhoyi am 28. April 1966 wird bis heute als *Chimurenga Day*, den Beginn des Befreiungskriegs, gefeiert. Nach diesem Gefecht zwischen militanten Kräften der ZANU und der rhodesischen Armee brachen im ganzen Land Guerillaaktionen und Kämpfe aus. In den ersten Jahren waren die rhodesischen Streitkräfte den Befreiungskämpfern überlegen. Die Gewaltanschläge wurden zunächst noch nicht von der Masse der schwarzen Bevölkerung unterstützt, sondern es handelte sich zumeist um Einzelaktionen, die außerhalb der Landesgrenzen geplant wurden. Beide Untergrundparteien, die ZANU und die ZAPU, hatten je einen militärischen Flügel ausgebildet, die mit klassischen Guerillataktiken, wie sie die Männer in sozialistischen Trainingslagern in Tansania trainiert hatten, gegen die rhodesische Armee vorgingen. ZANLA nannte sich der militärische Arm der ZANU, der teilweise in Portugiesisch-Mosambik stationiert war und von der mosambikanischen Untergrundbewegung FRELIMO Beistand erhielt. Die Kampftruppe der ZAPU hieß ZIPRA. Sie wurde von der Volksrepublik

In Rhodesien verhärten sich die Fronten

Nkomo und Mugabe werden inhaftiert

UDI: Rhodesien erklärt sich einseitig für unabhängig

UNO-Sanktionen bleiben fruchtlos

Schlacht von Chinhoyi

Offener Befreiungskrieg

Shurugwi (damals Selukwe), Heimatort des rhodesischen Premiermini- sters Smith

Das Kolonial- regime verschärft seine radikale Haltung

China unterstützt und operierte von Basiscamps in Sambia aus. Zwischen Rhodesien und Großbritannien kam es 1966 und 1968 durch Gesprächs- verhandlungen zu einer vorsichtigen Annäherung, welche die rhodesische Regierung unter Smith zur abermaligen Änderung und Rechtsradikalisierung ihrer Verfassung und 1970 zur Ausrufung der Republik Rhodesien nutzte. Während die schwarze Bevölkerungsmehrheit mit dem Slogan *„No Independence before Majority Rule"* gegen die neue Verfassung und die Republik protestierte, wurden die wirtschaftlichen Sanktionen längst von den meisten Handelspartnern Rhodesiens unterlaufen. Eine Gesetzesän- derung zur Bodenverteilung, die den 280 000 Weißen die gleiche Land- fläche wie den mehr als 6 Millionen Afrikanern zusicherte, offenbarte die Verschlechterung der Rechte von Schwarzen und brachte der Regierung sogar Kritik aus den eigenen Reihen und seitens der Kirche ein. Wieder kam es zu Verhandlungen zwischen der mittlerweile konservativen Regie-

Die UNO setzt auf Verhandlungen

rung Londons und Premierminister Smith; die UNO beriet über eine Ver- schärfung und Ausweitung der Sanktionen, die allerdings nicht durchge- setzt wurden. Eine Kommission wurde in London gebildet, deren Aufgabe darin bestand, Vertreter der unterschiedlichen Volksgruppen Rhodesiens an den Verhandlungstisch zu bringen. Die inhaftierten schwarzen Politiker vertrat dabei der Methodistenbischof Abel Muzorewa als Vorsitzender des *African National Council* (der Name sollte bewußt an den in Südafrika ver- botenen ANC erinnern). Im Herbst 1971 kam ein anglo-rhodesischer Vor- schlag unter erheblichen Zugeständnissen Großbritanniens zustande, der den stufenweisen Übergang zu einer Mehrheitsregierung unter Ian Smith

Ablehnung des anglo- rhodesischen Vorschlags einigt das afrikanischen Volk

vorsah. Doch nun zeigten die Afrikaner, deren unterschiedliche politische Gruppierungen seit Jahren zerstritten waren, eine bemerkenswerte Ein- heit. Landesweit brachen Massendemonstrationen gegen den britischen Vorschlag und das Smith-Regime aus, unübersehbar verweigerte das Volk seine Bereitschaft, auf die ausgehandelten Bedingungen einzugehen. Wäh- rend Muzorewa auch nach dem Mißlingen der jüngsten Verhandlungen weiterhin auf Gesprächsbereitschaft setzte, nahm der bewaffnete Befrei- ungskampf an Härte zu.

*Bronzerelief,
Hero's Acre:
Das Volk zieht
in den Krieg*

Auch die Einmischung und militärische Unterstützung von außen verstärkten sich. Die rhodesische Armee erhielt Unterstützung aus Südafrika und
England, die sozialistischen Staaten UdSSR und China und teilweise auch
die UNO waren dagegen auf Seiten der Befreiungskämpfer involviert. Der
Buschkrieg tobte in den Randgebieten Rhodesiens, während das zentrale
Hochland und die von weißen Siedlern dominierte Landesmitte noch fest
in rhodesischer Hand blieb. Als immer deutlicher wurde, daß Smith's star-
re Haltung nicht mit Verhandlungen zu bewegen war, nahm der Bürgerkrieg zusehends schrecklichere Ausmaße an. Die Rebellen, die von ihren
Camps in den Nachbarländern für gezielte, meist nächtliche Einzelaktionen
nach Rhodesien einfielen, wo sie Sabotageakte und Terroranschläge verübten, nötigten mit aufputschenden Aufrufen die einfache Landbevölkerung
zur aktiven Unterstützung. Bald dienten Tausende Frauen und Kinder dem
Befreiungskampf als Spione und Nachrichtenübermittler oder zur Organisation des Versorgungsnachschubs. Zur Mobilisierung der Shona setzte
die ZANU geschickt das Gedenken an Nehanda, dem geistigen Medium
im ersten Chimurenga, ein. Zivilisten, die sich den Rebellen entgegenstell-
ten oder neutral verhielten, wurden mit dem Tode bedroht. Gleichzeitig
geriet die Zivilbevölkerung nun ins Schußfeld der rhodesischen Streitkräfte.
Brutal ging die Armee gegen vermeintliche Sympathisanten vor. Um die
Zusammenarbeit zwischen Guerillatruppen und der Landbevölkerung zu
unterbinden bzw. die Zivilisten abzuschrecken, verhängte die Regierung
Kollektivstrafen gegen das Volk. Hunderttausende wurden in den 70er
Jahren in schwer bewachte Lager zwangsumgesiedelt und vielen Repres-
salien ausgesetzt. Der geringste Verdacht der Kooperation mit den Rebellen konnte zur Exekution führen. Mit geheimen Einsätzen der Terroreinheit
Selous Scouts, die getarnt als Guerillakämpfer grausame Überfälle gegen
die Zivilbevölkerung verübte, versuchte Smith die Befreiungskämpfer bei
den Zivilisten in Mißkredit zu bringen. Da auch dem sambischen Staat
aktive Unterstützung der Guerilla unterstellt wurde, schloß Rhodesien 1973
für 5 Jahre die Grenze zu Sambia. Doch allmählich wendete sich das Blatt
und Ian Smith wurde in die Enge getrieben. Die enormen Verteidigungskosten

*In ganzen Land
tobt der
Buschkrieg*

*Frauen und
Kinder
beteiligen sich*

*Terror gegen
die Zivil-
bevölkerung*

*Smith gerät
ins politische
Abseits*

Der Druck auf das Kolonialregime nimmt zu

machten sich bemerkbar und die rhodesische Armee mußte an den Fronten immer häufiger Niederlagen einstecken. Außenpolitisch war das Regime isoliert und massivem Druck ausgesetzt. Smith mußte schließlich an den Verhandlungstisch zurückkehren und führende Oppositionspolitiker, wie Nkomo, Sithole und Mugabe, aus der Haft entlassen. Im Dezember 1974 vereinigten diese Männer ihre Parteien in Sambias Hauptstadt Lusaka unter der Führung von Abel Muzorewa zu einem erweiterten ANC, der ihre Position bei internationalen Verhandlungen vertreten sollte. Die Verbindung stand von Anfang an unter einem ungünstigen Stern, weil Muzorewa, der sich zu Gesprächen mit Ian Smith bereit erklärte, bei seinen radikaleren Mitstreitern keine Akzeptanz fand. Zwar hatten sie alle ein gemeinsames Ziel, doch über den Weg dorthin waren die Oppositionsführer seit Jahren zerstritten.

Mosambik wird unabhängig

Herbert Chitepo, der Vorsitzende der ZANU, fand bei einem Bombenanschlag in Lusaka im März 1975 den Tod. Einen Monat später führte ein überraschender Staatsstreich in Portugal zur Unabhängigkeit der portugiesischen Kolonien Angola und Mosambik. Rhodesien hatte damit einen wichtigen Verbündeten verloren, und die in mosambikanischen Buschcamps

und Smith verliert dadurch einen wichtigen Partner

untergeschlüpften Freiheitskämpfer konnten nun entlang der gesamten Grenze operieren. Der bedrängte Smith erklärte sich schließlich zu neuen und abermals erfolglosen Verhandlungsgesprächen bereit, die am 25. August 1975 auf der Victoria-Falls-Brücke im Niemandsland zwischen Rhodesien und Sambia, im Privatwaggon des sambischen Präsidenten Kenneth Kaunda stattfanden. Beteiligt waren diesmal Ian Smith, Abel Muzorewa und der südafrikanische Präsident Vorster. Zu diesem Zeitpunkt hatte Muzorewa jedoch längst den Rückhalt seiner Gesinnungsgenossen verloren. Joshua Nkomo splittete sich vom ANC ab, während Robert Mugabe dem alternden Sithole die ZANU-Führung abnahm. Die Interventionen des Südafrikaners Vorster lagen in der zunehmenden Gefahr begründet, durch den Krieg in Rhodesien selbst in den Sog eines Befreiungskrieges zu gelangen. Nach dem Wegfall des Verbündeten Portugiesisch-Mosambik war Rhodesiens Abhängigkeit gegenüber Südafrika gewachsen. Ausgerechnet dieser letzte Gesinnungsgenosse fiel Smith nun in den Rücken, indem er für Rhodesien die Beendigung der Rassendiskriminierung forderte, um sie im eigenen Land zu retten. Dennoch blieb Ian Smith eisern. Als Mosambik im März 1976 seine Grenzen zu Rhodesien schloß, griff die rhodesische Armee den jungen Staat an. Angesichts dieser Eskalation und der damit verbundenen Gefahr eines Flächenbrandes für die ganze Region schaltete sich Henry Kissinger, damaliger Außenminister der USA, in die Verhandlungen ein; und Südafrika stoppte seine Öl- und Waffenlieferungen an Rhodesien. Kissingers Mission führte die Beteiligten im Herbst 1976 zur Genfer Konferenz zusammen. Dort begegneten sich vier Gruppierungen: die rhodesische Regierung, der ANC unter Muzorewa, Sithole mit seiner abgespaltenen ZANU sowie die neu gegründete *Patriotic Front* (PF), ein Zusammenschluß der ZANU und ZAPU, den Joshua Nkomo und Robert Mugabe arrangiert hatten. Smith's Delegierte und die Patriotic Front zeigten sich kompromißlos und unversöhnlich, die Gespräche waren daher von vornherein zum Scheitern verurteilt. Die Genfer Konferenz wurde schließlich ergebnislos abgebrochen, was den Bürgerkrieg in Rhodesien erneut aufflammen ließ. Immer mehr schwarze Zivilisten schlossen sich nun den Rebellen an. Längst waren Krieg und Gewalt auch ins zentrale Hochland und in die großen Städte getragen worden.

Der Konflikt steht im Brennpunkt internationalen Interesses

Bis Ende 1977 flüchten 80 000 Menschen vor dem Krieg nach Botswana und Mosambik

Auf dem beschwerlichen Weg in die Unabhängigkeit

Allmählich kämpfte die Regierung Smith um ihr politisches Überleben. Rechtsradikale Rhodesier spalteten sich aus der Regierungspartei ab, der größere Teil der europäischen Bevölkerung drängte jedoch zum Einlenken und einer versöhnlichen Politik. Smith kündigte eine "Interne Lösung" an und versuchte, die zerstrittenen afrikanischen Parteien gegeneinander auszuspielen. Mit den gemäßigten Oppositionsführern Muzorewa (ANC, der sich jetzt UANC nannte) und Sithole (ZANU) schloß er einen Pakt, der neben Zugeständnissen an die Schwarzen auch deutliche Vorteile für die Weißen enthielt, und der am 3. März 1978 unterzeichnet wurde. Dem Vertrag zufolge sollten den gemäßigten Afrikanern 72 der 100 Sitze im Parlament zustehen, die 28 Sitze für Weiße allerdings für 10 Jahre festgesetzt und mit einer Sperrminorität gegen Verfassungsänderungen ausgestattet werden. In den wichtigen, entscheidungstragenden Funktionen sollten Weiße bleiben. Dieses ausgehandelte Modell einer internen Lösung sollte durch die nächsten Wahlen im Frühjahr 1979 bestätigt werden. Die Rebellen wurden mit einem Amnestieangebot zur Kapitulation aufgefordert.

Die "Interne Lösung" als Rettungsanker für die Weißen

Die Patriotic Front und ihre Guerillakämpfer, die bereits den größten Teil des Landes kontrollierten, zeigten keinerlei Ambitionen, sich auf einen „faulen Deal" mit der Regierung einzulassen. Statt dessen riefen sie die Bevölkerung zum totalen Widerstand auf und verschärften ihre Militäraktionen. Die Zahl der Untergrundkämpfer wurde mittlerweile auf 35 000 geschätzt, und immer mehr Menschen (angeblich bis zu 150 000) flüchteten vor dem Krieg aus dem Land. Neben den hungernden, notleidenden Schwarzen kehrten verstärkt nun auch Weiße Rhodesien den Rücken.

Die Befreiungskämpfer lehnen einhellig ab

Die reichlich manipulierten Wahlen vom April 1979 bestätigten in Anbetracht mangelnder Alternativen die aus der internen Lösung hervorgegangene Mehrheitsregierung. Muzorewa wurde zum ersten schwarzen Premierminister von Zimbabwe-Rhodesien ernannt, Smith und seine Siedlerpartei RF behielten aber die Macht in ihren Händen. Weder die Rebellen noch die UNO erkannten die neue Regierung an. Auch die internationalen Sanktionen wurden daher nicht gelockert. Bei der schwarzen Bevölkerung und den Rebellen galten die afrikanischen Regierungsvertreter als Marionettenpolitiker. Die schwache Regierung rächte sich, indem sie die Zivilisten als vermeintliche Handlanger der Rebellen terrorisierte. Moralisch und wirtschaftlich stand das Land an seinem Tiefpunkt.

Smith führt Wahlen durch, die nicht anerkannt werden

Das schien nun auch Großbritannien zu begreifen, wo im Mai 1979 mit Margaret Thatcher die Konservativen an die Regierung kamen und die „Interne Lösung" scharf verurteilten. Unter massivem Druck führte Großbritannien im September 1979 Muzorewa und Smith auf der einen, Nkomo und Mugabe auf der anderen Seite im Londoner Lancaster House an den Gesprächstisch. Nur schleppend brachte der britische Außenminister Lord Carrington die zähen Verhandlungen voran. Während Muzorewa und Smith allmählich zur Nachgiebigkeit gezwungen wurden, zeigte sich insbesondere Robert Mugabe als kompromißlos und sehr siegessicher. Erst der verstärkte Einfluß Sambias, Südafrikas und Mosambiks auf die Patriotic Front brachte Mugabe zum Einlenken. So konnte nach vielen Jahren Bürgerkrieg am 21.12.1979 in London mit der Unterzeichnung des Lancaster-House-Friedensabkommens endlich der Weg für freie Wahlen und eine friedliche Zukunft geebnet werden.

Großbritannien zwingt die Parteien zu neuen Gesprächen

Gemäß der Vereinbarung kehrte Rhodesien bis zu den Wahlen in den Status einer Kronkolonie zurück. Die ausgehandelte Verfassung gewährte den Weißen (3% der Bevölkerung) eine ganze Reihe von Garantien, wie z. B. für 7 Jahre 20 der 100 Parlamentssitze, ehe sie durch Mehrheitsbeschluß abgewählt werden konnten. Für Verfassungsänderungen sollte eine Sperrminorität für 10 Jahre bestehen. Auch eine Änderung des Bodenrechts, sprich die notwendige Landenteignung der Weißen, sollte frühestens nach 10 Jahren möglich werden.

oben:
Überlebens-
große Statuen
vor dem
Construction
House in
Harare

Der Waffenstillstand am 31.12.1979 und die anschließende Amnestie für die Rebellen gestaltete sich zum Jubelfest für die geschundene Bevölkerung. Robert Mugabe wurde als Held und Friedensstifter gefeiert. 40 000 Todesopfer hatte der Befreiungskrieg gefordert, weit über 100 000 Menschen waren kriegsversehrt, und das Land war wirtschaftlich ruiniert. „Nicht in 1000 Jahren wird es in Rhodesien eine Mehrheitsregierung geben", hatte Ian Smith beteuert. Er hatte sich getäuscht.

Erste
freie
Wahlen

Die ersten freien Wahlen des Landes fanden Ende Februar 1980 statt. Neben Ian Smith und seiner Rhodesien Front traten die gemäßigte UANC unter Bischof Muzorewa, die eigenständige ZANU-Gruppe unter Sithole, Robert Mugabes linksgerichtete ZANU PF und Joshua Nkomos ZAPU PF an. Die Patriotic Front als gemeinsame Partei von Nkomo und Mugabe war schon wieder aufgelöst, beide Parteien signalisierten nur noch durch das Anhängen des „PF" an ihre Namen den Bezug zur ehemaligen Patriotic Front.

Wahlsieg der
ZANU

Die Wahlen verliefen ruhig. Internationale Wahlbeobachter und zahlreiche Journalisten sicherten den fairen Ablauf. Die Wahlbeteiligung lag mit über 93 % sehr hoch. Der überragende Sieg ging mit 62,9 % und 57 Parlamentssitzen an Robert Mugabe und seine ZANU. Zweitstärkste Partei wurde Joshua Nkomos ZAPU mit 24,1 %, was 20 Parlamentssitzen entsprach. Zum großen Verlierer wurden Abel Muzorewa und die UANC, die für ihre Kooperation mit dem Smith-Regime bestraft wurden und mit 8,2 % der Stimmen nur 3 Parlamentssitze erringen konnten. Sithole und seine ZANU gingen sogar leer aus.

Robert
Mugabe wird
erster Präsident
Zimbabwes

Das Wahlergebnis entsetzte die weißen Rhodesier, denn sie hatten auf eine Koalition mit der gemäßigten UANC gehofft. Statt dessen siegte Robert Mugabe, der bislang unversöhnliche, sozialistische Rebellenführer. Mit bangen Gefühlen und großen Sorgen erlebten die weißen Rhodesier im April 1980 die ausgelassenen Unabhängigkeitsfeiern, die Ernennung des Methodistenpfarrers Canaan S. Banana zum Staatspräsidenten und die Ausrufung der unabhängigen Republik Zimbabwe.

Die Republik Zimbabwe

Doch kam vieles anders, als die Weißen befürchtet hatten. Premierminister Robert Gabriel Mugabe reichte den Europäern in seinem Land die Hand zur Versöhnung. Zum Amtsantritt überraschte er alle mit den Worten: "Wenn ich Euch gestern als Feind bekämpft habe, so habt Ihr mich heute als Freund. Wenn Ihr mich gestern gehaßt habt, so könnt Ihr heute nicht die Liebe ausschlagen, die Euch an mich und mich an Euch bindet." Die Schrecken während des zweiten Chimurenga sollten Vergangenheit bleiben, statt Sühne sollte eine gemeinsame Zukunft aufgebaut werden. Er zeigte sich weder hitzköpfig oder linksradikal, wie ihm zunächst unterstellt wurde, sondern weise und versöhnlich. 1924 war er in Kutama als Shona-Angehöriger geboren worden, hatte in Südafrika studiert, als Grundschullehrer gearbeitet und sich lange bei Kenneth Kaunda in Sambia und Kwame Nkrumah in Ghana aufgehalten. Diese beiden Staatsmänner hatten sein politisches Denken beeinflußt; wie seine Vorbilder war Mugabe schließlich, als er die Staatsmacht in den Händen hielt, auf Frieden und Konsens bedacht.

Mugabe reicht den Weißen die Hand zur Versöhnung

Pragmatisch setzte er diese Vorstellungen bei der Regierungsbildung um. Er ernannte zwei weiße Minister für Landwirtschaft, Handel und Industrie, berief seinen Kontrahenten Joshua Nkomo zum Innenminister sowie einige andere ZAPU-Politiker in sein Kabinett. Zu Mugabes ersten Schritten nach der Amtsübernahme zählte die Zusammenführung der unterschiedlichen Rebellentruppen zu einer funktionierenden Armee und die Sorge für die Kriegsveteranen. Grundpfeiler seiner Politik sollten außerdem eine kostenlose Schulbildung für alle sowie die kostenfreie Gesundheitsversorgung für Arme und Mittellose werden.

"Bildung für alle" als Grundpfeiler der Politik

Der Wegfall der Wirtschaftssanktionen und kräftige Finanzspritzen aus dem Ausland gewährten dem jungen Staat raschen wirtschaftlichen Aufschwung. Mugabe suchte das Vertrauen ausländischer Investoren, indem er trotz seiner sozialistischen Überzeugung auf linksradikale Umwälzungen oder marktfeindliche Reformen verzichtete. Gerade wegen ihrer wirtschaftlichen Bedeutung wollte Mugabe die europäischen Siedler im Land behalten. Außenpolitisch blieb Zimbabwe nicht paktgebunden, trat innerhalb des südlichen Afrika gern als Vermittler zwischen den Fronten auf und unterstützte finanziell den südafrikanischen ANC. Zimbabwe trat dem Commonwealth, der UNO, der OAU und dem SADCC bei, und unterzeichnete außerdem das GATT-Handelsabkommen.

Vorsichtiger Aufschwung

Doch der Aufschwung hielt nicht allzu lange an, denn Dürrejahre reduzierten die Ernteerträge und eine weltweite Rezession brachte bald die Talfahrt für Zimbabwes Wirtschaft. Einhergehend mit dieser Entwicklung entzweiten sich Mugabe und Nkomo wieder einmal und brachten damit die nationale Einheit in Gefahr. 1982 spitzen sich ihre Meinungsverschiedenheiten zur innenpolitischen Krise zu. Im Matabeleland, der Hochburg der ZAPU, wurden größere Waffenlager auf ZAPU-nahestehenden Farmen entdeckt. Die ZANU-Regierung wertete diese Funde als das Aufdecken eines Putschversuchs, Nkomo und die zwei anderen ZAPU-Minister verloren bei einer eiligen Kabinettsumbildung ihre Posten und Nkomo ging vorübergehend ins Exil nach London. Mehrere ZAPU-Offiziere wurden verhaftet oder tauchten mit ihren Soldaten in den Untergrund ab, von wo aus sie dem Staat Tribalismus vorwarfen und vereinzelt Überfälle verübten. Schnell waren die

Dürren und innenpolitische Querelen

alten Wunden wieder aufgerissen und ZANU und ZAPU tief verfeindet. Im Matabeleland verübten beiden Seiten Massaker an der weißen und schwarzen Bevölkerung, selbst unbeteiligte Touristen wurden nicht verschont. Die Shona-Militärtruppen der Regierung zeigten brutales und rücksichtsloses Vorgehen gegen die Ndebele, weil sie sie kollektiv als Sympathisanten der ZAPU-Rebellen betrachteten. Durch Terror und Folter sollten sie zur Auslieferung der Aufständischen gezwungen werden. Besonders blutrünstig ging die 5. Brigade gegen sog. 'Dissidenten' vor. Im Westen Zimbabwes drohte nur drei Jahre nach der Unabhängigkeit erneut ein Bürgerkrieg. Internationale Empörung und das sofortige Einfrieren aller Entwicklungshilfegelder brachten Mugabe einen immensen Imageverlust. Zusätzlich spitzte sich die Lage durch Interventionen des rassistischen Südafrika zu, dem Mugabe unterstellte, die Unruhen zu unterstützen. Mugabe entging nur knapp einem Attentat. Zahlreiche Zivilisten wurden ohne Anklage verhaftet, auch Bischof Muzorewa gehörte zu den Opfern der Säuberungswelle.

Dennoch wurden 1985 die anstehenden Wahlen durchgeführt und Robert Mugabe in seinem Amt bestätigt. Allerdings zeigte das Wahlergebnis deutlich den großen Zustrom, den die ZAPU im Matabeleland erhielt. Mugabe erkannte, daß er die ZAPU als zweite Kraft im Land akzeptieren mußte und traf sich mit Nkomo zu Vernunftsgesprächen, um eine weitere Eskalation des Konflikts zu verhindern. Als die Koalitionsverhandlungen ergebnislos blieben, betrieb die Regierung wieder eine brutale Verfolgungspolitik, jedoch ohne der ZAPU-Rebellen Herr werden zu können. Als politische Lösung des Konflikts strebte Mugabe mittelfristig die Vereinigung von ZANU und ZAPU und die Schaffung eines Einparteiensystems an. Inwieweit er die Unruhen im Matabeleland auf das Konto der ZAPU-Führung schrieb, um sie unter Druck zu setzen oder ob die Oppositionspartei tatsächlich für die marodierenden Rebellen und die blutigen Zustände verantwortlich war, läßt sich nicht eindeutig klären. Immerhin kam es ab 1986 zu einer vorsichtigen Annäherung beider Parteien, freilich immer wieder unterbrochen von gegenseitigen Gewaltaktionen. Im September bekam Mugabe als Gastgeber der Gipfelkonferenz der Blockfreien Staaten und künftiger Präsident derselben Gelegenheit, sein internationales Image ein wenig aufzupolieren. Gleichzeitig verdüsterte sich aber sein Verhältnis zu den USA, weil er die amerikanische Politik gegenüber Südafrika anprangerte.

Das Jahr 1987 brachte größere Veränderungen. Der politische Einfluß der weißen Rhodesier verringerte sich beträchtlich, als die verfassungsmäßige 7jährige Reservierung von 20 Parlamentssitzen für Weiße auslief und per Mehrheitsbeschluß vom Abgeordnetenhaus auch nicht mehr erneuert wurde. Um weiterhin im Parlament vertreten sein zu können, traten nun einige weiße Politiker der ZANU bei. Mit einer weiteren Verfassungsänderung Ende Oktober 1987 führte Mugabe ein Präsidialsystem ein, welches ihm künftig als Staatspräsident volle Exekutivgewalt zugestand. Damit hatte er seine Macht erheblich ausgeweitet; er konnte z. B. Parlamentsbeschlüsse aufheben, eigenmächtig Gesetze erlassen etc. De facto regierte Mugabe fortan autokratisch. Im Dezember 1987 vereinbarten Nkomo und Mugabe den Zusammenschluß von ZANU und ZAPU, der eine generelle Amnestie für alle zur Aufgabe bereiten Dissidenten folgte. 112 Rebellen legten daraufhin ihre Waffen nieder. Nkomo wurde zum Vizepräsident der neu gebildeten ZANU ernannt. In Zimbabwe kehrte endlich wieder Frieden ein.

Innenpolitisch blieb es nicht lange ruhig. Die persönliche Bereicherung mancher Regierungsmitglieder schürte den Volkszorn schon seit Jahren. 1988 ließen die Studenten ihrem Unmut über Eigennutz und Vetternwirtschaft freien Lauf, demonstrierten und mobilisierten die Massen. Mugabe ließ die Studentenaufmärsche im September 1988 brutal niederknüppeln. Der Aufruhr gipfelte 1989 in der Aufdeckung der sog. 'Willowvale-Affäre': Der Fahrzeughersteller *Willowvale Motor Industries* hatte jahrelang Autos, für die damals wie zu DDR-Zeiten sehr lange Wartezeiten üblich waren, zum vielfachen ihres offiziellen Preises unter der Hand verkauft. Verschiedene Politiker in hohen Positionen waren darin verwickelt. Die Affäre führte zu einem eklatanten Skandal. Mugabe distanzierte sich als überzeugter Sozialist vom Machtmißbrauch in eigenen Reihen und berief eine Untersuchungskommission zur Aufklärung der Anschuldigung. Dabei ahnte er wohl nicht, welche Kreise die Vetternwirtschaft bereits zog. Fünf Minister, die der illegalen Bereicherung überführt wurden, mußten schließlich entlassen werden. Einer von ihnen, ein langjähriger Mitstreiter Mugabes, Maurice Nyagumbo, beging Selbstmord. Dennoch blieben die richterlichen Strafen weit hinter den Vorstellungen des empörten Volkes zurück.

In Zusammenhang mit den Korruptionsenthüllungen geriet ein Mann ins Rampenlicht, der seine Laufbahn als Weggefährte Mugabes begonnen hatte, sich aber nun als kritische Stimme des Volkes verstand und die Regierung offen anprangerte. Edgar Tekere war wegen seiner verbalen Attacken schon im Oktober 1988 aus der ZANU ausgeschlossen worden und gründete im April 1989 die Oppositionspartei *Zimbabwe Unity Movement* (ZUM). Allein die Gegnerschaft zur Regierung führte Tekere viele Anhänger zu, obwohl die Partei neben ihrer Anti-Korruptions-Kampagne kein erkennbares Programm aufstellte. Bei den Präsidentschaftswahlen vom März 1990 konnte Tekeres Partei 16% der Stimmen und damit 2 Parlamentssitze ergattern. Somit hatte Mugabe sein Ziel vom Einparteienstaat faktisch nicht erreicht, wenn er auch erneut deutlich im Amt bestätigt worden war.

Außenpolitisch glänzte Mugabe in diesen Jahren: Das Ende des Apartheidregimes in Südafrika bescherte der Region einen wirtschaftlichen und touristischen Boom. Die Commonwealth-Konferenz im Oktober 1991 wurde in Harare abgehalten, wodurch Queen Elizabeth II. erstmals den jungen Staat Zimbabwe besuchte. Doch während sich Mugabe als galanter Gastgeber profilierte, war die Polizei in der Hauptstadt damit beschäftigt, Studentenunruhen einzudämmen. Denn innenpolitisch konnte Mugabe bei weitem nicht soviel Erfolg verbuchen. Die Demokratisierungswelle der frühen 90er Jahre, die in vielen afrikanischen Ländern zu einem Generationswechsel in den Regierungen führte, traf auch in Zimbabwe auf fruchtbaren Boden. Das Volk empfand die Versprechungen des ehemaligen Freiheitskämpfers Mugabe als Seifenblasen, die Regierungspartei wirkte selbstgefällig, verkrustet und schien die hohen Ziele des Unabhängigkeitskampfes – Land und Bildung für alle – zugunsten des persönlichen Wohlstands zu vergessen. Eine verheerende Jahrhundertdürre, die in den Jahren 1991/92 das südliche Afrika heimsuchte, wurde besonders für Zimbabwe zur nationalen Katastrophe. Auf weiten Strecken verdurstete das Vieh, die Ernteschäden führten zu Hungersnot und Landflucht, die Hoffnung auf bescheidenen Wohlstand kehrte sich für Tausende in den Schrecken von Armut und Not. Verstärkt durch diese frustrierende Situation trat die Unzufriedenheit offen zutage. Viele

Studenten organisieren Protestmärsche und Anti-Korruptions-Demonstrationen

Die Presse deckt die 'Willowvale-Affäre' auf

Edgar Tekere gründet Oppositionspartei

Mugabe präsentiert sich der Welt als moderner Staatsmann, wird im Land aber zunehmend unpopulär

Rund 5000
Weiße besitzen
noch immer
den größten
Teil des
fruchtbaren
Landes

Menschen forderten vorgezogene Neuwahlen. Mugabe reagierte darauf mit einer Regierungsumbildung im Juli 1992. Gleichzeitig leitete er erste Zwangsenteignungen von weißem Farmland ein. Von den 160 000 vorgesehenen afrikanischen Familien hatten bisher nur 52 000 Familien Land zugewiesen bekommen. Die längst fällige Bodenreform, auf die die schwarze Bevölkerung seit der Unabhängigkeit wartete, sollte endlich in Angriff genommen werden. Auf die Ankündigungen der Regierung reagierten nun die etwa 5000 weißen Farmer mit der Drohung, das Land gegebenenfalls zu verlassen und Zimbabwe in einem wirtschaftlich völlig desolaten Zustand zurückzulassen. Mugabe saß in der Zwickmühle. Seine Bemühungen, die heikle Frage der Landrückgabe einvernehmlich zu klären, d. h. anstelle von Zwangsenteignungen den Farmern finanziellen Ausgleich anzubieten, führten trotz aller Verhandlungen zu wenig erkennbaren Ergebnissen. Auch mehrten sich die Vorwürfe, die politische Elite bereichere sich an enteigneten Grundstücken.

Rigide Spar-
maßnahmen
werden der
Regierung
aufgedrückt

Druck bekam die Regierung auch von Seiten der Weltbank und des IWF, weil die Verschuldung Zimbabwes, nicht zuletzt wegen der während der Dürrejahre notwendigen Nahrungsmittelimporte, auf zwei Drittel des Bruttoinlandproduktes angestiegen war. Der IWF drückte dem jungen Staat ein Strukturanpassungsprojekt auf, welches die staatlichen Programme gegen die hohe Arbeitslosigkeit und zur Entwicklung der ländlichen Regionen bremste. Sparmaßnahmen im sozialen Bereich, wie die Wiedereinführung von Schulgeld, steigende Arbeitslosigkeit und hohe Inflationsraten waren die Folgen. Seiner zunehmenden Unpopularität begegnete der Präsident mit drastischen Maßnahmen zur Kontrolle der Medien. Obwohl er seine Idee vom Einparteienstaat nicht hatte durchsetzen können, nahm das politische Leben Zimbabwes immer stärker diese Züge an. Es entwickelte sich keine nennenswerte Opposition. Die ZANU und Robert Mugabe gewannen daher auch im April 1995 die Wahlen mit einem deutlichen Vorsprung (118 von 120 Sitzen), doch zeigten die Wähler anhand der niedrigen Wahlbeteiligung ihre Politikverdrossenheit. Diese allgemeine Frustration legte sich auf die politische und wirtschaftliche Entwicklung der nächsten Jahre. Viele fühlten sich von der eigenen Regierung betrogen, Investoren hielten sich wegen der unberechenbaren Enteignungspolitik Mugabes zurück. In weiten Kreisen der Bevölkerung breitete sich das Gefühl aus, Robert Mugabe stehe der weiteren Entwicklung Zimbabwes, seinem Weg in das neue Jahrtausend, im Wege. Doch der Präsident, offensichtlich in die Macht verliebt, zeigt keinerlei Abschiedsgedanken. Seitdem stagniert die Entwicklung des Landes. Der noch immer offene Konflikt der Landreform liefert viel Zündstoff. Die schwarze Landbevölkerung, die vergebens auf das Einlösen der Versprechen wartet, fühlt sich von der Regierung hintergangen, insbesondere weil enteignete Ländereien oftmals in den Besitz von Kapitalgesellschaften übergehen, an denen hochrangige Politiker beteiligt sind. Die weißen Landbesitzer sind brüskiert, weil es nicht zu einem Dialog kommt, sondern Enteignungen ohne Vorankündigung und ohne nachvollziehbare Begründung durchgeführt werden. Die Unruhen und Streikaktionen, die seit 1997 im ganzen Land immer wieder nach neuen Preissteigerungen ausbrechen, läßt das autokratische Staatsoberhaupt gewaltsam beenden. Frischen Zündstoff lieferte 1998 auch die Entsendung von militärischen Truppen in die Republik Kongo, die das Land ein Vermögen – man spricht von 1 Mio. US$ pro Tag – kosteten.

Despotisch
und
machtverliebt
regiert der
angeschlagene
Präsident

Mugabes
Einmischung
in die Kongo-
Krise verstärkt
die Inflation
dramatisch

KULTUR UND GESELLSCHAFT

Die Bevölkerung von Zimbabwe

Allgemeines

Hochrechnungen zufolge, die von einer durchschnittlichen Wachstumsrate von jährlich 3,3 % ausgehen, hat sich die Bevölkerungszahl Zimbabwes seit der Volkszählung von 1992 (10,4 Mio. Bürger) auf über 13 Mio. Menschen erhöht. Pro km² entspricht das etwa 30 Einwohnern. Das hohe Bevölkerungswachstum stellt ein ernstzunehmendes Problem dar. Nach Vorausschätzungen der Vereinten Nationen wird die Bevölkerung bis zum Jahr 2010 auf etwa 17 Mio. Menschen ansteigen, bis 2025 gar auf knapp 23 Mio. Einwohner. Hauptursachen hierfür sind der deutliche Rückgang der Kindersterblichkeit und das Ansteigen der Lebenserwartung (Frauen 57,7 Jahre, Männer 54,4 Jahre). Dabei ist die Bevölkerungsdichte sehr unausgewogen. Parallel zum agrarwirtschaftlichen Potential ergibt sich ein starkes Ost-West-Gefälle. Am dichtesten ist die Provinz Manicaland besiedelt (42,2 Einwohner/km²), am dünnsten Matabeleland Nord und Süd (8,5 bzw. 10,9 Einw./km²). Zimbabwe hat einen leichten Frauenüberschuß, der besonders deutlich wird in ländlichen Regionen, wo das Geschlechterverhältnis durch die Abwanderung vieler Männer zu den Arbeitsplätzen in Städten und Ballungszentren bis zu 7:10 auseinanderklafft. Afrikatypisch ist der hohe Anteil der jungen Bevölkerung an der Gesamtbevölkerung: 45 % sind jünger als 15 Jahre, 2,7 % älter als 64 Jahre. Daraus ergibt sich ein sehr hoher Gesamtlastquotient von 90 zu 100; d. h. auf 100 Bürger im erwerbsfähigen Alter kommen 90 Versorgungsabhängige.

Fast die Hälfte der Bevölkerung sind Kinder

Ethnische Gruppen

Shona

Stärkste Volksgemeinschaft bilden mit 76% die **Shona**. Fälschlich werden die Shona meist als ethnische Bantu-Einheit verstanden, tatsächlich aber handelte es sich ursprünglich um eine Vielzahl unabhängiger, lose verwandter Kleingruppen. Die Ndebele und später auch die Briten betrachteten die Shona-Volksstämme als kulturelle Einheit, im Selbstverständnis der Shona verinnerlichte sich diese Einstellung aber erst im 20 Jh. Unterschiedliche Dialekte und kulturelle Besonderheiten zwischen den verschiedenen Gruppen, wie Kalanga, Korekore, Ndau und Manyika, sind noch immer stark ausgeprägt. Traditionell betreiben die Shona gemischten Ackerbau mit Viehzucht und zeichnen sich durch kunsthandwerkliche und musische Begabung aus. Von den kolonialen Eroberern wurden sie gerne als kulturlose, schwache Einfaltspinsel diffamiert, die durch die Ndebele-Üergriffe vom Exodus bedroht seien und dringend der Segnungen der Kolonialherrschaft bedurften. Zwar waren die Shona den Ndebele kriegstechnisch unterlegen, doch beweisen zeitgenössische Überlieferungen, daß sie sich durchaus erfolgreich zur Wehr zu setzen verstanden und durch Verhandlungsgeschick und Diplomatie behaupteten.

Ein Volk von Bauern, Hirten, Künstlern und Musikern

Ndebele

Zweitgrößte Ethnie sind die **Ndebele**. Sie machen etwa 18% der Gesamtbevölkerung des Landes aus und bevölkern seit ihrem Feldzug in den 1830ern hauptsächlich die südwestlichen Landesteile (Matabeleland und Bulawayo). König Mzilikazi und seine kampferprobten Soldaten brachten aus dem Zululand moderne Kriegstechniken und Waffen mit, wodurch sie

oben:
Fröhliche
Kinder in
Mount Darwin

ihren neuen Nachbarn gegenüber überlegen waren. Kurz vor der Ankunft der ersten Europäer auf dem heutigen Staatsgebiet Zimbabwes hatten die Ndebele einen machtvollen, zentral regierten Staat geschaffen. Als ein Volk von Soldaten und Viehzüchtern, das wenig Ackerbau betrieb, waren sie auf Nahrungsmittelversorgung durch unterjochte Volksgruppen angewiesen, die sie häufig durch Tributforderungen und Beutezüge erzwangen. Den-noch waren die Ndebele keineswegs die gottlosen, brutalen Barbaren, als

Selbstbewußte
Viehzüchter

die sie die ersten europäischen Berichterstatter beschrieben. Die Ausma-lung von Ndebele-Greueltaten diente der moralischen Rechtfertigung für eine rücksichtslose Kolonialpolitik. Den Ndebele kam ihr schreckliches Image nicht ungelegen, denn sie hofften auf eine abschreckende Wirkung und genossen den Ruf als furchtlose Krieger (siehe Geschichte).

Weitere
Volksgruppen

3,5 % der Gesamtbevölkerung bilden **afrikanische Minderheiten**, wie Tonga, Sotho, Hlengwe, und Vendao, die meist in grenznahen Randgebie-ten siedeln. Die Tonga bilden die größte ethnische Minderheit, sie besiedeln schon seit der Eisenzeit Flußniederungen, wie den Sambesi und den Limpopo (siehe S. 299).

Europäer,
Inder und
Farbige

Der Anteil der **Europäer** an der Gesamtbevölkerung sank von knapp 5 % vor der Unabhängigkeit auf deutlich unter 2 % (ca. 150 000 Einwohner). Drei Viertel der Europäer leben in den zentralen und östlichen Städten des Landes. Noch geringer fällt mit ca. 30 000 Bürgern die Anzahl der **Asiaten** aus, von denen die meisten indischer Herkunft sind. Sie dominieren vor allem im Handel und Transportwesen. In ähnlicher Größenordnung sind „Coloureds", **Mischlinge** aus weiß-schwarzen Beziehungen, vertreten.

Sprachen

Die offizielle Amtssprache ist Englisch, das in den Schulen gelehrt und weitgehend verstanden wird. Für die afrikanische Bevölkerung ist sie allerdings immer nur Zweitsprache. Die untereinander dominierenden Verkehrs- und Umgangssprachen bilden Chi-Shona bei den Shona (mit zahlreichen Untergruppen und Dialekten) und Si-Ndebele bei den Ndebele. Die beiden Sprachen sind aufgrund ihrer unterschiedlichen Herkunft nicht miteinander verwandt, Si-Ndebele weist sogar Klicklaute der Khoisaniden-Sprachen auf. Bei den afrikanischen Minderheiten spricht jedes Volk eine eigene Sprache.

Drei Viertel der Einwohner sprechen Chi-Shona

Religion

In Zimbabwe ist die Religionsfreiheit verfassungsrechtlich garantiert. Über die Religionszugehörigkeit liegen nur vage Zahlen vor. Demnach bekennt sich etwa die Hälfte der Bürger zum Christentum, das hier mit fast 150 verschiedenen Glaubensgemeinschaften, wie der Anglikanischen Kirche, den Methodisten, Baptisten, Presbyterianern und freien afrikanischen Kirchen, vertreten ist. Während der größte Teil der Europäer der Anglikanischen Kirche angehört, ist bei der afrikanischen Bevölkerung die Anhängerschaft der Katholischen Kirche am stärksten (etwa 1 Mio. Menschen). Dies liegt zum Teil darin begründet, daß die Katholische Kirche während der Unabhängigkeitskrieges am stärksten Stellung gegen die diskriminierende Kolonialregierung bezog. Damals wurde einzelne katholische Missionare und Priester sogar des Landes verwiesen oder verhaftet. Ein hoher Teil der Bevölkerung sind Animisten, d. h. Anhänger von Naturreligionen, der Lehre von der Beseeltheit aller Dinge und Wesen. Typische Merkmale des afrikanischen Animismus meinen eine komplizierte Ahnmythologie, der Glaube an die Wiedergeburt, Monotheismus und die Unterwerfung des Individuums unter die Gemeinschaft. Viele der afrikanischen Christen verbinden christliche und animistische Glaubenselemente zu einer Mischform. In geringem Maße findet man Juden, Hinduisten und Anhänger des Islam, deren Zentrum Kwekwe bildet.

Animismus und Christentum werden oft miteinander verwoben

Gesundheitswesen

Nach der Unabhängigkeit widmete die Regierung der Gesundheitspolitik besonderes Augenmerk, um möglichst rasch das bestehende, kolonial geprägte Ungleichverhältnis der medizinischen Versorgung auszugleichen. Schwerpunkte bildeten die Verbesserung der ländlichen Versorgungslücken, der Ausbau von Präventivmaßnahmen und die medizinische Versorgung aller Einkommensschichten. Deshalb wurde zunächst die Kostenbeteiligung bei Geringverdienern ausgesetzt, Anfang der 90er Jahre durch die rigiden Sparmaßnahmen allerdings wieder eingeführt.

Gesundheitspolitik wird groß geschrieben

Mehrere hundert Gesundheitszentren stellen vor allem in den ländlichen Regionen die unterste Ebene der medizinischen Versorgung (Familienplanung, Vorsorgeuntersuchungen, Früherkennungsmaßnahmen) dar. Hier können fast alle Landbewohner erreicht werden. Viele dieser Gesundheitsposten sind mobil und besuchen regelmäßig abgelegene Dörfer. Eine wichtige Ergänzung der mehr als 800 Kliniken und Krankenhäuser bilden die über 100 medizinischen Missionsstationen. Die Ärztedichte weist noch immer deutliche Unterschiede zwischen Stadt und Land auf.

Die aktuelle Situation

*Sinkende
Kinder-
sterblichkeit*

Schwangerschaftsbetreuung, Kinderernährungs- und Impfprogramme haben die Säuglingssterblichkeit seit der Unabhängigkeit deutlich verringert (Zimbabwe: 6,7 %, BRD: 0,7 %). Gleichzeitig ist die durchschnittliche Lebenserwartung gestiegen (Zimbabwe: 56 Jahre, BRD: 76 Jahre). Ein wichtiges Ziel ist die hygienische Aufklärung breiter Bevölkerungsschichten, denn viele Erkrankungen entstehen durch Fehlverhalten oder mangelnde Hygiene, z. B. bei der Trinkwasserversorgung.

*Aids,
die Seuche
unserer Zeit*

Aids gestaltet sich auch in Zimbabwe zum größten medizinischen Problem unserer Zeit. Fachleute gehen von 7 bis 8 % HIV-Trägern in der Gesamtbevölkerung aus; und vor allem in den großen Städten breitet sich die Krankheit weiter aus. Zimbabwe zählte 1985 zu den ersten Ländern der Welt, die Routinetests bei Blutkonserven einführten. Außerdem betreibt die Regierung eine intensive Präventionspolitik.

*Wertvolle
Kenntnisse der
traditionellen
Heilkunde*

Das **traditionelle Heilwesen** ist zu Recht tief in der afrikanischen Kultur verwurzelt. 80 % der schwarzen Bevölkerung Zimbabwes konsultiert im Krankheitsfall trotz moderner medizinischer Einrichtungen zuerst oder parallel einen traditionellen Heiler. Ursache dafür ist die tief verankerte Überzeugung, daß Krankheiten soziale und spirituelle Wurzeln haben, und der traditionelle Heiler, *Nganga* oder *N'anga* genannt, die zur Genesung erforderliche Verbindung zur spirituellen Welt aufnehmen kann.

*Selbst
hochgiftige
Pflanzen
werden für die
Heilung
eingesetzt*

Die Basis der traditionellen Heilkunde bilden Naturprodukte, wie Wildfrüchte, Samen, Rinden, Schildkrötenpanzer, Schlangenhäute, Raupen und Wurzeln. Rund 500 verschiedene, einheimische Pflanzen werden in der Naturmedizin verwendet, wovon 10 % giftig sind. Das wertvolle Wissen um die Wirkung der einzelnen Bestandteile und um die Zusammensetzung und Zubereitung einer Medizin hat sich seit Jahrhunderten von Generation zu Generation übertragen. Lange Zeit wurden die traditionellen Heiler von der westlichen Welt als primitive Medizinmänner und Scharlatane verurteilt, doch mittlerweile hat man viele Parallelen zur modernen Medizin erkannt. Die gleichen Naturextrakte werden in hochtechnisierten Laboratorien erforscht und ein Großteil unserer Arzneien basieren auf Wildpflanzen oder tierischen Produkten bzw. auf den Erkenntnissen, die aus der Erforschung solcher Produkte gewonnen werden konnten.

*Die Heiler
behandeln
mehr als nur
die Symptome*

Die traditionellen Heiler genießen ein großes Vertrauen in der Bevölkerung, da sie in der dörflichen Gemeinschaft integriert leben und über großes Einfühlungsvermögen in die Gedankenwelt ihrer Patienten verfügen. Sie fungieren neben der Heilkunst immer auch als Ratgeber für alle Lebensfragen. Der Vorbeugung von Krankheiten messen sie ebensoviel Bedeutung bei wie der Symptom-Behandlung. Sicherlich können diese Mediziner nur leichte chirurgische Eingriffe vornehmen und gefährliche Verletzungen oder schwere Erkrankungen nicht behandeln. Sie können daher die Hospitäler und Krankenstationen nicht ersetzen, stellen aber eine wertvolle Bereicherung in der medizinischen Versorgung dar. Seit 1980 genießt die Naturheilkunde staatliche Förderung und Akzeptanz. Der Berufstand wird durch die „Zimbabwe National Traditional Healers Association" (Zinatha) kontrolliert und vertreten. Der Verband weist mittlerweile 24 000 Mitglieder auf und betreibt eine eigene Medizinpflanzenforschung.

*rechts: Ndebele-Bildnis aus Serima Mission,
typisches Schild einer Schule, Bushaltestelle im Communal Land*

Bildung und Schulwesen

Während der Kolonialzeit war das Bildungswesen einseitig und unzureichend ausgebaut. 100 % der europäischen, aber nur 42 % der afrikanischen Kinder besuchten 1980 eine Schule. Den Bedürfnissen der Kolonialherren, die ein Heer schlecht gebildeter, billiger Hilfsarbeiter benötigten, wurde dieses System gerecht, denn es schloß die afrikanische Mehrheit von Führungspositionen aus. Bildung für alle war daher das erklärte Ziel der Regierung nach der Unabhängigkeit Zimbabwes. Die Analphabetenquote von über 60 % sollte als wichtiger Beitrag zur Entwicklung der Volkswirtschaft reduziert und allen Bürgern, egal welcher Hautfarbe und Herkunft, eine Schulbildung ermöglicht werden. Für dieses hochgesteckte Ziel stellte der junge Staat 10 % seines Bruttosozialproduktes zur Verfügung; investierte in die Bildung seiner Bürger mehr als jeder andere Staat der Welt. Doch schon Mitte der 80er Jahre zeigten sich die Schwachstellen dieser Bildungspolitik. Der enorme Schülerandrang konnte mit den vorhandenen Lehrern nicht mehr bewältigt werden. Tausende schlecht ausgebildete Hilfslehrer mußten eingesetzt werden, wodurch zwangsläufig die Qualität vernachlässigt wurde. Von den rund 200 000 Schulabgängern pro Jahr konnten nur 10 % eine Ausbildungsstätte finden, weil der Arbeitskräftebedarf nicht in der gleichen Weise wuchs. Bald sah sich der Staat einer Flut gebildeter, aber arbeitsloser Jugendlicher gegenüber (von 1980 bis 1993 stieg die Zahl der Grundschüler von 1,24 Mio. auf 2,38 Mio.). Die Sparmaßnahmen der 90er Jahre führten schließlich wieder zu Einführung der Schulgebühren und damit zum Absinken der hohen Einschulungsrate.

Die anfallenden Kosten für Schuluniformen, Unterrichtsmaterial, Schulspeisung und Schulgebühren stellen für die meisten Familien eine hohe finanzielle Belastung dar. Auf dem Land fällt gleichzeitig die wichtige Arbeitskraft des Kindes aus. Wenn man sich vor Augen führt, daß viele Familien 5, 6 oder mehr Kinder haben, wird verständlich, welch große Anstrengungen die Familien aufbringen müssen, und warum oftmals nicht alle Kinder zur Schule geschickt werden können.

Das moderne Schulwesen orientiert sich noch immer am englischen Unterrichtsmodell. Es beginnt mit einer siebenjährigen Grundschulzeit (*Primary School*). Während der ersten beiden Jahre wird in der jeweiligen Muttersprache unterrichtet, ab der 3. Klasse in Englisch. An die Primary School schließt die *Secondary School* an, welche in zwei aufeinander aufbauende Level unterteilt ist. Nach diesem Abschluß ist der Absolvent zum Besuch einer Universität berechtigt. Im Bereich der Erwachsenenbildung werden Abendkurse und Weiterbildungsprogramme angeboten.

Gesellschaftliche Traditionen

Die Großfamilie

Ein Leben in der Gemeinschaft

Die afrikanische Großfamilie ist sozusagen der Mittelpunkt der Gesellschaft. Hier werden Sozialfälle abgefangen und moralische Werte gelebt. Man identifiziert sich über die Familie, und die soziale Gemeinschaft bildet die wichtigste Institution. Familiäre Isolation wird als Horror und Schmach empfunden und unter allen Umständen vermieden. So entsteht eine Verbindlichkeit, die den Einzelnen in eine feste, der Familie und dem "Clan" verpflichtete Rolle zwingt, ihm aber auch den Schutz und die Fürsorge derselben gewährt. Diese lebenslange Wechselbeziehung bestimmt alles private und öffentliche Handeln; sie zieht sich durch Politik und Wirtschaft, und ist die Ursache für mancherlei scheinbar unverständliche afrikanische Wesenszüge.

Die Rolle des Chief

Die Geschicke eines Volkes hängen davon ab, wie diplomatisch, weise und umsichtig der Chief handelt

Die traditionelle politische Struktur beruht auf dem sog. *Chieftainship*, einer Einrichtung, die sich nur schwer beschreiben läßt. Jedes Volk hat mehrere Chiefs, die über verschiedene Regionen regieren. Ein Chief ist weit mehr als ein Dorfvorsteher, aber weniger als ein König. Er genießt enormen Respekt und Verehrung in seinem Volk, kann aber auch abgewählt werden, wenn seine Beschlüsse zu despotisch, unbefriedigend oder ungerecht werden. Seine Aufgaben sind vielfältig, im Grunde ist er eine Art Schiedsrichter für alle Alltagsprobleme und gemeinschaftlichen Entscheidungen, und Hüter von Gesetz, Ordnung und Moral. Verteilung von Landflächen, Scheidungen, Streitigkeiten, Wohnungswechsel, Kriminaldelikte – alles wird vom Chief geregelt und dann bedingungslos akzeptiert. Damit ein Chief richtige und faire Entscheidungen treffen kann, läßt er sich von Beratern, die häufig zu den ältesten und gebildeten Männern im Dorf zählen, unterstützen. In ländlichen Regionen ist die Macht der Chiefs noch weitgehend erhalten, während sie in Ballungszentren allmählich aufweicht.

Die Rolle der Frau

Die Rolle der Frau hat sich durch die Begegnung mit den Europäern verändert

Vor Ankunft der Weißen waren die Dorfgemeinschaften durch Großfamilien mit klarer geschlechtsspezifischer Arbeitsaufteilung geprägt. Den Männern oblag die Jagd, das Roden der Felder, der Haus- und Zäunebau. Die Frauen waren verantwortlich für das Sammeln wilder Früchte und Wurzeln, das Hacken, Jäten und Ernten, Holzsammeln, Wasserholen, Kochen und die Kindererziehung. Somit leisteten die Männer die periodisch anfallenden schweren Arbeiten, während die Frauen die alltäglichen, zeitraubenden Tätigkeiten ausübten. Hilfe erhielten sie durch die Kinder, welche auf jüngere Geschwister aufpaßten, Mais stampften, Wasser holten und Holz sammelten.

Frauen als alleiniger Familienvorstand

Als sich im letzten Jahrhundert die Siedler und Minengesellschaften niederließen, brauchten sie schon bald Arbeitskräfte. Weil die Afrikaner zunächst wenig Interesse an der Lohnarbeit zeigten, wurden sie durch die Einführung von Kopf- und Hüttensteuern dazu genötigt; was gravierende Auswirkungen auf das Familienleben hatte. Von nun an mußte ein Großteil der Männer für Monate oder Jahre in den Minen, städtischen Zentren oder auf Großfarmen der Lohnarbeit nachgehen, während die Frauen mit versorgungsabhängigen Kindern und Alten zurückblieben. Dadurch wurden sie zum alleine verantwortlichen Haushaltsvorstand.

Während des Unabhängigkeitskrieges standen die Frauen aktiv und mutig ihren Männern zur Seite. Sie waren für den Unterschlupf und die Versorgung der Untergrundkämpfer verantwortlich, machten Botengänge und wurden oftmals zu Opfern der rhodesischen Armee. Im jahrelangen Kampf waren sie gleichberechtigt, nach der Unabhängigkeit kamen aber wieder die eingefahrenen Verhaltensmuster durch. In mancher Hinsicht hat sich die Rolle der Frauen heute sogar noch verschlechtert, denn durch den Schulbesuch verlieren sie auch die Unterstützung der größeren Kinder. Zudem hat die technische Modernisierung der Männerarbeit Erleichterungen verschafft und traditionelle männliche Bereiche, wie die Jagd oder die Kriegführung, abgeschafft. Dagegen haben sich einige typisch weibliche Tätigkeiten erschwert. Allein durch die zunehmende Abholzung, Überweidung und Versteppung ganzer Landstriche werden immer mehr Energie und Zeit für die tägliche Feuerholz- und Trinkwasserbeschaffung erforderlich. So obliegt den Frauen heute deutlich mehr als die Hälfte der Arbeit. Doch trotz der Mehrbelastung bei allen Haushalts- und Familienangelegenheiten bestimmen die Frauen die afrikanischen Märkte. Sie nähen und verkaufen Kleidungsstücke, flechten Matten, kochen in kleinen Garküchen oder verkaufen die Überschüsse aus der eigenen landwirtschaftlichen Produktion. Sie treten allerdings fast ausschließlich als sog. Kleinhändler auf und haben, selbst wenn sie sich organisieren und gemeinschaftlich agieren, kaum eine Chance auf größere Absatzmärkte oder Expansion. Durch die geschlechtsspezifischen Zwänge werden sie weitgehend am Zugang zu Informationen, Ausbildung, Hilfeleistungen und Technologien gehindert. So können sie nur mit ihrer eigenen Arbeitskraft und nicht allzu produktiv wirtschaften. Die finanziellen Erträge fließen meist dem Ehemann zu, der darüber verfügen kann. Diese Benachteiligung versuchen die Frauen in Zimbabwe, die seit dem Befreiungskrieg selbstbewußter geworden sind, durch Solidargemeinschaften und Frauenorganisationen abzubauen. Sie fordern allmählich ihr Recht auf Mitbestimmung in fast allen öffentlichen und kulturelle Bereichen.

Bis in die 50er Jahre fanden fast nur Männer einen Arbeitsplatz, heute besetzen Frauen 40 % der bezahlten Arbeitsplätze

Frauen fordern allmählich ihre Rechte

Brautwahl und Eheschließung

Nach traditionellem Muster ist es üblich, daß die eheliche Verbindung zweier Menschen durch die Verwandtschaft ausgehandelt wird. Der Bräutigam muß der Familie seiner Braut einen Brautpreis bezahlen, der meist in Form von Rindern und Bargeld beglichen wird. Sobald ein Mädchen verheiratet ist, verliert es seine eigene familiäre Zugehörigkeit und gilt von nun an als ein untergeordnetes Familienmitglied der angeheirateten Familie. Die Frau ist dem Ehemann untertan und verfügt über keinen eigenen Besitz. Der Brautpreis für die Brauteltern entspricht daher einer Art Ablöse für die geleisteten Investitionen in ihre Tochter, und dient auch dem Zwecke, eine spätere Scheidung zu erschweren, denn dann müssen die Brauteltern den Brautpreis zurückzahlen. Je mehr Kinder die Frau geboren hat (und die alle dem Mann zugeordnet werden), um so niedriger fallen die Rückzahlungen an den Ehemann aus. Bei kinderlosen Ehen ist der komplette Betrag fällig.

Auf dem Land ist auch Polygamie verbreitet

Die Ehe gilt in der afrikanischen Gesellschaft weniger als Liebesbeweis, denn als eine sachlich durchdachte Verbindung zweier Familien. Dementsprechend wird sie arrangiert und angesehen, wobei heute in zunehmendem Maße die jungen Leute selbst entscheiden wollen, wen sie heiraten.

Vernunft geht vor Gefühl

Kultur

Kunsthandwerk

Naturprodukte bilden meist die Basis

Die Produkte des traditionellen Kunsthandwerks sind meist praktischer Art, wie geflochtene Schlaf- oder Begrenzungsmatten, hölzerne Wanderstöcke und Sitzhocker, baumwollene Webarbeiten, Tontöpfe sowie Schuhe, Gürtel und Taschen aus Leder. Afrikanisches Werkzeug, wie Äxte und Hakken, scheint oft simpel zu sein, es beeindruckt im täglichen Gebrauch um so mehr. Neben diesen Produkten für den täglichen Bedarf werden für kulturelle Zwecke Kleider gewebt, Tanzmasken und Figuren geschnitzt und Musikinstrumente gefertigt. Das Rohmaterial des traditionellen Kunsthandwerks bilden natürliche, meist pflanzliche Produkte. Heutzutage werden allerdings auch moderne Abfallprodukte, wie Gummi und Draht, phantasievoll eingebunden. Traditionell arbeiten Männer mit Holz, Stein und Metall, Frauen dagegen mit Ton, Stoff und Schilf.

In der traditionellen Metallverarbeitung waren Goldschmuck und schmiedeeiserne Gegenstände verbreitet. Getöpfert wird meist noch in jahrtausendalter Tradition ohne Töpferscheibe und Brennofen. Die Korbwaren sind regional sehr unterschiedlich, zeichnen sich aber immer durch eine bemerkenswerte Stabilität aus. Als Material dienen eingeweichte und gekochte Palmgräser und Schilfrohr. Unterschiedliche Färbung erhalten die Gräser durch den Sud aus Wurzeln, Pilzen, Blut, Kuhdung, Lehm. Das Flechten ist eine reine Frauentätigkeit. Muster entstehen durch die Verwendung unterschiedlich gefärbter Gräser. Insbesondere die künstlerische Ausdruckskraft der Shona hat in verschiedenen Bereichen eigene Stilrichtungen hervorgebracht. Hier ist neben der Malerei vor allem die Steinbildhauerei zu nennen.

Shona-Steinskulpturen

Einige Shona-Bildhauer zählen Fachleute zu den 'Top Ten' der Welt

Die moderne Steinbildhauerei der Shona wird heute zu den weltweit besten Bildhauerstilen gerechnet. Dabei existiert diese Kunstform erst seit den 60er Jahren. 1962 eröffnete die erste Bildhauerwerkstatt in der National Gallery von Harare, vier Jahre später gründete Tom Blomefield das Künstlerdorf Tengenenge. An diesen Stätten reiften die bildhauerischen Fähigkeiten der Künstler, die zuerst mit unterschiedlichen Materialien arbeiteten, sich aber sehr bald dem Serpentin- und Granitgestein verschrieben.

Meisterwerke in Ausdruck und Form

Das künstlerische Talent der Steinbildhauer war beachtlich, Männer wie Henry Munyaradzi, Bernard Matemera, Boira Meteki, Nicholas Mukomberanwa und die Künstlerfamilie Takawira schufen in Kürze einen ausdrucksstarken Steinkunststil, der weltweite Beachtung fand. Die Motive der Kunstwerke bilden häufig stilisierte Gesichter, verschlungene Mensch-Tier-Figuren, Fabelwesen. Immer stehen die dargestellten Figuren in einer speziellen Beziehung zueinander, meist tragen die Werke hintergründige Namen. Stilistisch sind alle Ausdrucksformen von naiv bis surrealistisch möglich, naturalistisch wird seltener dargestellt.

Bilder rechts: Felsmalereien der Murewa Cave, Skulptur in Chapungu

Dem Touristen begegnen Steinskulpturen in Zimbabwe quasi auf Schritt und Tritt. Leider haben sich viele Trittbrettfahrer an den Ruhm der Skulpturenbildhauer angehängt, die nun den Markt mit mittelmäßigen Figuren überschwemmen. Im Sommer 1997 fand übrigens in München eine vielbeachtete Shona-Skulpturenausstellung statt.

Felsbildkunst

Zimbabwe zählt zu den Ländern mit der größten Dichte an Felsmalereien der Welt, rund 6000 verschiedene Bilder wurden bislang entdeckt. Man findet sie im ganzen Land auf blankliegendem Granitgestein. Meist wurden die Zeichnungen unter regengeschützten Felsüberhängen angebracht, manche auch in Felsspalten und Kuppelhöhlen. Im Zimbabwe finden sich fast ausschließlich Bilder, weil das harte Gestein für Felsgravuren (z. B. Giraffe Petroglyph bei Beitbridge) ungeeignet war. Die feinen Zeichnungen wurden mit extrem haltbaren Farben in ocker, gelb, rot, weiß und schwarz aufgetragen und sind zwischen 2000 und 20 000 Jahre alt (späte Steinzeit). Viele Bilder sind Kompositionen aus einer Vielzahl einzelner Darstellungen. Jagdszenen und Tiere bilden die häufigsten Motive, nur selten sind Pflanzen und Insekten erkennbar. Über die Bedeutung der Zeichnungen kursieren viele Spekulationen. Man nimmt an, daß vielen Tieren eine mystische Bedeutung beigemessen wurde. Demnach soll das Giraffenmuster z. B. ein Symbol für Gewitter gewesen sein, das Kudu Potenz darstellen, und die "Blitzschlange" den einsetzenden, lebenswichtigen Regen symbolisieren. Die bedeutendsten Felsbildstätten liegen in den Matobo-Bergen sowie bei Murewa, Mutoko und Rusape (Diana's Vow).

Musik und Tanz

Bei afrikanischen Völkern haben Musik und Tanz eine große kulturelle Bedeutung. Sie gehören zum Leben wie Essen und Trinken, dienen religiösen und profanen Zwecken, sind Lebenselexier und Ausdruck ungebändigter Vitalität. Den meisten Tänzen liegen spirituelle Motive zugrunde, wie das Hoffen auf Regen, Dank für eine gute Ernte, Zurschaustellung militärischer Stärke oder das Abwenden eines Unheils. Durch Tanzen können Menschen in Trance fallen, und auf diese Weise in Kontakt zu den Ahnen treten. Fast immer ist ein Wechselspiel zwischen Tänzern und Trommlern spürbar, eine Spannung, die bis zum Schluß nicht abreißt.

Musikinstrumente werden fast nur von Männern gespielt und sind meist Perkussions- und Saiteninstrumente, seltener Blasinstrumente. Eine zentrale Rolle spielen Trommeln aller Art, das Nationalinstrument ist jedoch die Mbira. Dieses Fingerklavier der Shona wird hierzulande seit mehr als 1000 Jahren gespielt. Das kleine Instrument besteht aus 8 bis 12 Metalltasten, die in unterschiedlicher Länge über einem hölzernen Klangkörper angebracht sind und mit dem Daumen gezupft werden. Die Mbira gilt als Medium zur Kontaktaufnahme mit den Ahnen und war den Kolonialherren immer suspekt. Während des Befreiungskrieges wurde allein der Besitz einer Mbira mitunter mit dem Tod geahndet. Das zweite typische Musikinstrument ist die Marimba. Hier dienen Kürbisse als Resonanzkörper, über denen Klangstäbe angebracht sind, die mit Stöckchen angeschlagen werden.

Aus Südafrika wurde der Jive importiert und zusammen mit zentralafrikanischen Rhythmen und eigenen musikalischen Traditionen in jüngerer Zeit zu einem neuen, modernen Musikstil entwickelt. Zimbabwes größte Popstars, die auch international bekannt geworden sind, heißen Thomas Mapfumo (der „Löwe von Zimbabwe") und Oliver Mutukudzi. Beide rütteln die Gesellschaft durch zeitkritische Texte auf, Mapfumo löste mit dem brisanten Song „Corruption" 1985 sogar eine Parlamentsdebatte aus.

oben:
Tonga-Trommel

Literatur

Wie überall in Schwarzafrika kannten die Menschen auch hier traditionell nur die mündliche Überlieferung von Erzählungen und Geschichten (Oralliteratur). Erst seit der europäischen Kolonisierung entwickelte sich eine eigene Schrift-Literatur. Der erste Buchverlag, Mambo Press, wurde 1958 in Gwelo/Gweru eröffnet. Seit den 50er Jahren verlegte die katholische Gesellschaft auch Werke afrikanischer Schriftsteller in ihren Muttersprachen. Themen jener Zeit waren Veränderungen der Gesellschaft, das dörfliche Leben und Widersprüche zwischen Tradition und Moderne. Erst in den 70er Jahren entstanden Werke mit brisantem, politischem Inhalt. Zimbabwes bekanntester Romanschriftsteller ist der 1956 geborene Chenjerai Hove (Knochen, Schattenlicht). Yvonne Vera, eine junge Akademikerin, zählt zu den ersten Frauen, die als Schriftstellerin anerkannt wurden. Sie schreibt in einem offenen, zeitkritischen Stil (Seelen im Exil). In diesem Zusammenhang verdient auch Doris Lessing, geb. 1919, genannt zu werden, die als Britin ihre Kindheit im damaligen Rhodesien verbrachte und zu den wenigen weißen Regimekritikern zählte. Viele ihrer Werke befassen sich mit dem Siedlerleben der Kolonialzeit und zeichnen ein einfühlsames Bild von der schwierigen Situation der unterdrückten Afrikaner. Die international bekannte Doris Lessing lebt seit 1949 im Londoner Exil und galt im alten Rhodesien als "unerwünschte Person".

In Harare findet jedes Jahr im August die größte Buchmesse Afrikas statt

WIRTSCHAFT

Allgemeiner Überblick

Als das Land 1980 nach rund 15jährigem Bürgerkrieg unabhängig wurde, erbte Zimbabwe von der Kolonialregierung 800 Millionen US$ Auslandsschulden, die sich durch die hohen Kriegskosten angesammelt hatten. Der sozialistische Eifer, mit dem die Regierung Mugabe an die Arbeit ging, wurde aber auch durch die kapitalistischen Gegebenheiten im Land gebremst. Noch immer befanden sich 60 % der kommerziell nutzbaren Landfläche im Besitz von Weißen, die sowohl den Handel als auch den Export kontrollierten. Eine radikale sozialistische Neuausrichtung, wie sie der verarmten schwarzen Bevölkerungsmehrheit versprochen worden war, hätte die heimische Wirtschaft vermutlich ruiniert. Also leitete die neue Regierung schrittweise Veränderungen ein. Sie investierte intensiv in die Bereiche Bildung und Gesundheitswesen, setzte staatliche Mindestlöhne fest und startete die Landumverteilung durch Rückkauf von "weißem" Farmland. Durch die versöhnliche Haltung Mugabes gegenüber den weißen Rhodesiern und durch seinen ausgeprägten Pragmatismus gelang ihm zunächst der Spagat – die weiße Wirtschaftsmacht konnte mit großen Zugeständnissen im Land gehalten werden, und die schwarze Bevölkerung übte sich weiterhin in Geduld. Doch nach vielversprechendem Start mußte der junge Staat mehrere unverschuldete Rückschläge hinnehmen. Am härtesten trafen die wirtschaftliche Entwicklung vier kurz aufeinanderfolgende Dürreperioden, welche die üblichen Überschußernten vernichteten und zu Nahrungsmittelimporten zwangen. Verheerende Folgen hatte der Ausbruch des Bürgerkriegs in Mosambik, lagen hier doch Zimbabwes wichtigste Häfen für den Welthandel. Um den Handelsweg von Mutare nach Beira freizuhalten, sah sich die Regierung gezwungen, den sog. "Beira-Corridor" durch das Militär zu sichern. Zwischen 1985 und 1992 fraß dieses Unternehmen täglich 1 Mio. US$ aus der Haushaltskasse.

Hochverschuldet geht die neue Regierung an den Start

Größter Haushaltsposten der 80er Jahre ist der Bildungsetat

So geriet der Staat nur 10 Jahre nach seiner Unabhängigkeit in eine prekäre Situation. Die Auslandsschulden waren auf 4 Milliarden US$ angestiegen (2/3 des Bruttoinlandprodukts), eine neue, katastrophale Jahrhundertdürre kündigte sich an, und wegen des angestiegenen Sozialprodukts wurden Zimbabwe von der Weltbank zinslose Kredite versagt. Das Land galt nämlich als ein „Entwicklungsland mittleren Einkommens" und war daher nicht zu zinslosen Krediten berechtigt. Gleichzeitig war der Zehnjahresschutz der Weißen vor Landenteignung abgelaufen und die landhungrige Bevölkerung erwartete die versprochene Landumverteilung, vor der die Regierung jedoch zurückschreckte, um die weißen Arbeitgeber im Land zu halten. So schlitterte die Regierung in die Krise. Die Dürre von 1990–1992 entpuppte sich als Jahrhundertkatastrophe für das südliche Afrika. Zimbabwes Mais- und Zuckerexporte fielen komplett aus, die Wasserversorgung brach zusammen, eine nationale Hungersnot konnte nur durch teure Nahrungsmittelimporte verhindert werden. Unter dem Druck von Wirtschaftsunternehmen, der unzufriedenen Bevölkerung und dem IWF/Weltbank erklärte sich die Regierung zu einem rigiden Kurswechsel und strikter Sparpolitik bereit. Im Klartext bedeutete dies: Liberalisierung der Wirtschaft durch den Abbau von

Die Wirtschaftskrise zwingt zu massiven Sparmaßnahmen

Verheerende Dürrekatastrohen

Mindestlohnsätzen und Subventionen (z. B. bei Agrarprodukten), Marktöffnung durch die Freigabe des Kapitaltransfers, Abbau von Schutzzöllen und Bürokratie. Die Folgen waren drastisch. Die Arbeitslosigkeit stieg auf über 40 %, während die Realeinkommen bei steigenden Preisen sanken. Schulgeld und die Kostenbeteiligung für die medizinische Versorgung wurden wieder eingeführt. Für die Industrie bedeutete die Abwertung des Zimbabwe-Dollar freilich eine Verbesserung der Exportchancen. Und die Regierung erhielt, nachdem sie sich so „zugänglich" gezeigt hatte, auch wieder Kredite von der Weltbank zugeteilt. Dabei schien es kaum eine Rolle zu spielen, daß Zimbabwe seine Schulden nicht abbaute, sondern weiter steigerte.

Aus der wirtschaftlichen Krise von Anfang der 90er Jahre hat sich die Regierung mit einigen Blessuren herausgewunden, doch auf die Füße kam der Staat auch danach nicht. Reformen, die von allen Bevölkerungsschichten des Landes gefordert werden, sind nicht einmal ansatzweise erkennbar. Ausländische Investitionen werden einerseits gefördert, aber gleichzeitig durch angedrohte Enteignungen und Verstaatlichungen abgeschreckt. Die Inflation, die seit 1994 deutlichen Schwankungen ausgesetzt ist, schnellt ständig weiter nach oben. Die Einkommenslücke zwischen Arm und Reich klafft immer deutlicher auseinander, zunehmend geraten auch die weißen Bürger des Landes in Bedrängnis.

Landwirtschaft

Das Land gehört dank seines leistungsfähigen Agrarsektors zu den wenigen Nahrungsmittelselbstversorgern Afrikas. Charakteristisch ist die aus der Kolonialzeit resultierende Aufteilung in moderne, hochtechnisierte Großfarmen und zum Teil rückständige Kleinbetriebe. Die landwirtschaftlichen Erträge sind witterungsbedingt großen Schwankungen ausgesetzt. So liegen die jährlichen Erträge etwa bei Mais, der wichtigsten Ernährungs-

Bilder links von oben:
Strohbündel zum Dachdecken, Weinkellerei
Mukuyu, künstliche Bewässerung der
Großfarmen, Tabakernte im Hochland

grundlage der afrikanischen Bevölkerung, zwischen 0,4 t/ha in Dürrejahren und über 2 t/ha nach einer guten Regenzeit. Generell bietet das Land jedoch gute Voraussetzungen für eine vielseitige Landwirtschaft. Ein Drittel des Landes kann intensiv genutzt werden (im Zentrum und Osten), ein zweites Drittel eignet sich noch bedingt zur Landwirtschaft (Middleveld), während rund 30 % nur für die Vieh- oder Wildtierwirtschaft geeignet sind. In den regenreichen Hochlagen, die 2 % des Landes ausmachen, findet eine spezialisierte Landwirtschaft, mit Tee- und Kaffeepflanzungen sowie Waldwirtschaft, statt.

Exportanbauprodukte, wie Tabak, Baumwolle, Zucker, Tee und Kaffee, heißen "Cash Crops"

Es werden vier Arten von landwirtschaftlichen Nutzflächen unterschieden:
• Großfarmen: Rund 40 % des Landes, vorwiegend in den ertragreichen Regionen gelegen, sind kommerzielles Farmland, das unter knapp 5000 Großfarmen aufgeteilt ist. Man findet diese meist in weißer Hand befindlichen Betriebe vor allem im zentralen Hochland und den Eastern Highlands.
• Kleinfarmen: Etwa 4 % des Landes bilden die durchschnittlichen 125 ha großen Kleinfarmen. Sie liegen auf ehemaligem *African Purchase Land*, Gebieten, in denen Afrikaner zur Kolonialzeit Land erwerben durften.
• Communal Land Areas: Die früheren *Tribal Trust Lands* machen 42 % des Landes aus. Hier leben etwa 5 Mio. Menschen, ihre familieneigenen Felder sind durchschnittlich nur 23 ha groß. Während der Kolonialzeit wurden der schwarzen Landbevölkerung vor allem dürregefährdete Gebiete mit schlechten Böden zugewiesen.
• Resettlement Areas: Seit 1980 kauft die Regierung landwirtschaftliche Nutzflächen von Großfarmern zurück, um diese für Umsiedlungszwecke freizugeben. Dabei werden den Familien jeweils rund 5 ha Land zugeteilt.

Tabak ist die zweitwichtigste Devisenquelle des Landes

Landverteilung – ein komplexes Problem

Das Problem der Landverteilung in Zimbabwe gleicht einer alten Wunde, die nicht heilen will. Während des Unabhängigkeitskampfes wurde die Landfrage zum Thema Nr. 1. Damals besaßen etwa 6700 weiße Farmer (damals 5 % der Bevölkerung) fast 60 % des Landes, während die afrikanische Mehrheit in Tribal Trust Lands abgeschoben worden war – ländlichen Regionen, die sich gegenüber dem weißen Farmland durch mindere Bodenqualität, eine schlechte Verkehrsanbindung und Wassermangel auszeichneten. Daß dieses Ungleichgewicht in einem demokratischen Staat nicht bestehen bleiben konnte, war klar. Doch um die Weißen und ihre Wirtschaftsmacht im Land zu halten, sah sich Robert Mugabe zu dem Zugeständnis gezwungen, den weißen Großgrundbesitzern einen zehnjährigen Schutz vor Landenteignung zu gewähren. Bis dahin durfte die Regierung für ihr Landentschädigungsprogramm nur Land kaufen, welches die Farmer freiwillig abtraten. Das wiederum taten nicht allzu viele, und so konnten von den vorgesehenen 160 000 Familien nur 52 000 umgesiedelt werden. 1990 lief die Schonfrist für die weißen Großgrundbesitzer aus. Nun wurden die Forderungen des Volkes lauter. Doch die Regierung verstrickte sich in zähe Verhandlungen und Skandale, als einzelne Minister der persönlichen Bereicherung verdächtigt wurden, und vollzog einige willkürliche, bei den Weißen äußerst unpopuläre Landenteignungen. Die Weißen, die sich ihrer wirtschaftlichen Macht durchaus bewußt waren, setzten die Regierung ihrerseits unter Druck. Die rund 4500 verbliebenen Großfarmer besitzen heute noch immer drei Viertel des fruchtbaren Landes und beschäftigen etwa 300 000 Arbeiter (zusammen mit deren Familienangehörigen sind demnach mindestens 1 Mio. Menschen von den weißen Farmern lohnabhängig). Bisher ist es nicht gelungen, beide Seiten zu fairen Gesprächen an einen Tisch zu bekommen. Das Thema wird also noch eine Weile brisant bleiben.

Forstwirtschaft

Fast die Hälfte der Landesfläche gilt als bewaldet. Intensive Aufforstungen mit Eukalyptus, Nadelbäumen und einheimischen Hartholzgewächsen seit den 40er Jahren sichern dem Staat heute die Selbstversorgung mit Holz, aber auch Exporteinnahmen durch den Verkauf von Edelhölzern für den Möbelbau. Größter Landbesitzer ist die staatliche *Forestry Commission*, die 11 Mio. ha Staatsforst kontrolliert und daraus jährlich ca. 100 000 t Hartholz, wie Mukwa, Msasa und Teakholz, entnimmt. Problematisch ist der hohe Holzverbrauch für die Energieversorgung (Brennholz) in Communal Areas, der mehr als drei Viertel des gesamten Holzeinschlags ausmacht. Nutzholzgewinnung macht dagegen nur 22 % der jährlichen Einschlagmenge aus. Erosionsschäden durch Abholzung und Überweidung zählen zu den größten Problemfaktoren, insbesondere in den Communal Lands, wo teilweise bis zu 40 Tonnen Erde pro ha jährlich weggeschwemmt werden. Busch- und Waldbrände stellen eine ernstzunehmende Gefahr gerade der regenarmen, ökologisch empfindlichen Regionen des Lowveld und Zambezi Valley dar. Bei einem Buschbrand in den trockensten Monaten sterben bis zu drei Viertel aller Bäume bis 3 m Höhe ab.

Viehwirtschaft & Fischerei

Viehzucht findet einerseits in kommerzieller Form auf Großfarmen als auch im kleinen Stil für den eigenen Bedarf statt. Es wird von der afrikanischen Bevölkerung verhältnismäßig wenig Rindfleisch verzehrt, denn Rinder gelten als Prestigeobjekt und werden eher zur Milchversorgung gehalten. Dennoch befinden sich zwei Drittel der etwa 5 Mio. Rinder des Landes in Communal Lands, was als Indiz für den hohen Symbolwert des Rindes angesehen werden kann. In den Dörfern werden außerdem Schweine, Ziegen und Hühner gehalten. Moderne Farmbetriebe praktizieren häufig eine kombinierte Viehwirtschaft mit Rinderzucht und Wildtieren.

Als Binnenland spielt die Fischerei eine eher untergeordnete Rolle, obwohl Fische in der einseitigen Ernährung der Bevölkerung eine willkommene Proteinquelle darstellen. In den Gewässern sind 122 Fischarten heimisch, wovon 30 Arten gezielt eingeführt wurden (Kapenta, Brassen, Forellen). Etwa 20 000 bis 30 000 t Fisch werden jährlich gefangen, 90 % davon allein aus dem Karibasee. Den Löwenanteil nehmen dabei die Kapentafische ein, eine Sardinenart, die an der Luft getrocknet wird.

Bergbau

Der Bergbau gilt mit 60 000 Arbeitsplätzen als wichtiger Arbeitgeber und größte Devisenquelle des Landes. Rund 40 verschiedene Mineralien, für die es einen entsprechenden Markt gäbe, lagern in Zimbabwe. Vor allem der Great Dyke ist extrem mineralhaltig. Die größte Bedeutung kommt mit etwa 46 % des Gesamtvolumens dem Goldabbau zu, der allerdings auf absehbare Zeit erschöpft sein wird. Die Asbestmengen, die bei Zvishavane und Filabusi abgebaut werden, reichen noch für mehrere Jahrhunderte, ebenfalls die Chromerzlager (Shurugwi), von denen Zimbabwe die zweitgrößten Reserven der Welt besitzt. Bei Bindura wird Nickel gefördert, Kohle vor allem in Hwange, obwohl im Land noch riesige, bisher unbeachtete Kohlevorkommen vermutet werden. In zunehmendem Maße wird Steinkohle abgebaut und überwiegend im eigenen Land verbraucht. Weitere bedeutende Bergbauerzeugnisse sind Eisenerz, Silber, Kobalt und Kupfer.

Die meisten Mineralien liegen im Great Dyke

Gold, Asbest und Kohle

Industrie und Handel

Zimbabwe wurde schon frühzeitig durch die britischen Kolonialherren industrialisiert. Während der Zeit der UDI (einseitigen Unabhängigkeitserklärung Rhodesiens) von 1965 bis 1979 erließ die Kolonialregierung einen Importbann gegenüber allen Gütern, die auch das Land selbst herstellen konnte. Diese Politik begünstigte den Ausbau des industriellen Gewerbes. Schwerpunkt des verarbeitenden Gewerbes bildet die Metall- und Schwerindustrie. In den letzten Jahren zeichnete sich eine Stagnation der erfolgreichen Industriegeschichte Zimbabwes ab, nicht zuletzt, weil viele Maschinen und Anlagen überaltet sind und mit hohem Aufwand ersetzt werden müssen.

Deutschland bezieht aus Zimbabwe Tabak, Eisen, Stahl und Fleisch

Beim Außenhandel setzte nach der rigiden und bürokratischen Handelspolitik der 80er Jahre seit 1990 eine Liberalisierung ein, die sich positiv auf die internationalen Handelsbeziehungen auswirkte. Die wichtigsten Einfuhrwarengruppen sind Maschinenbauerzeugnisse, Fahrzeuge und chemische Erzeugnisse. Unter den Ausfuhrerartikeln rangieren Bergbauerzeugnisse und Tabak an den obersten Stellen. Wichtigster Handelspartner ist Südafrika, mit großem Abstand gefolgt von Großbritannien, den USA, Japan, Deutschland und andere EU-Länder.

Wasser und Energie

Zimbabwe besitzt keine natürlichen Seen. Dem hat man mit einer Vielzahl von Staudämmen Abhilfe geschaffen. Weil die Energieversorgung fast ausschließlich auf Wasserkraft beruht, führten die Dürreperioden der letzten 20 Jahre regelmäßig zu Engpässen bei der Stromversorgung. Wichtigste Energiequellen sind das Wasserkraftwerk am Karibasee und das Kohlekraftwerk in Hwange. Eine Äthanolfabrik bei Triangle verwandelt das Abfallprodukt bei der Zuckergewinnung in Kraftstoff.

Im Zambezi Valley wird nach Erdöl geforscht

Verkehr und Transport

Als Binnenland kämpft Zimbabwe mit der Problematik langer und teurer Transportwege sowie der Abhängigkeit von den Nachbarstaaten (Südafrika, Mosambik). Besonders heikel wurde die Situation, als in Mosambik der Bürgerkrieg ausbrach und die bedeutenden Transportwege Harare-Beira und Harare-Maputo (Bahn) ausfielen. Damals mußte Zimbabwe mit enormen finanziellen Anstrengungen den "Beira-Corridor" freihalten. Innerhalb

Bilder links: Kaufladen im Communal Land, Goldmine in Penhalonga, Birchenough Bridge

*Land-
klassifikation
in Zimbabwe*

*Commercial
Land,
das Farmland
für Weiße,
liegt in den
fruchtbaren
Regionen*

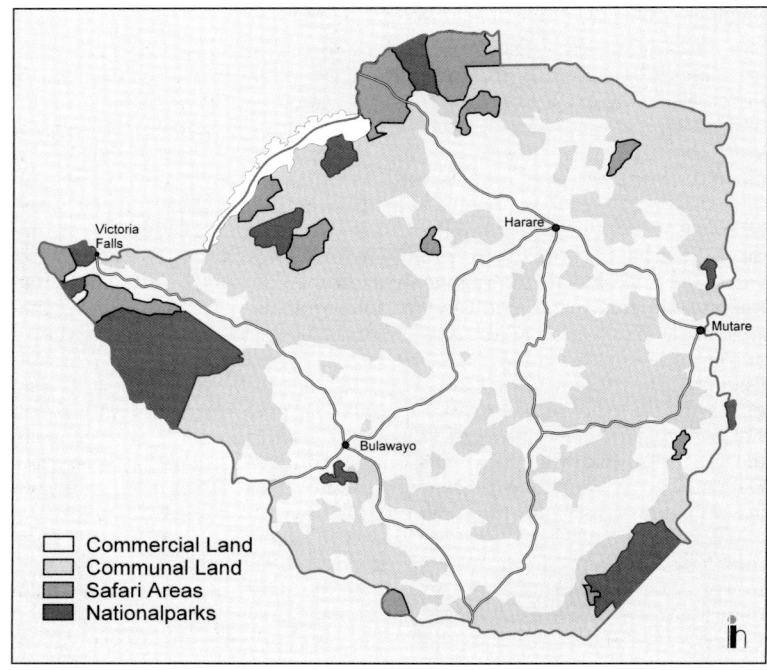

Victoria
Falls

Harare

Mutare

Bulawayo

☐ Commercial Land
☐ Communal Land
▨ Safari Areas
▨ Nationalparks

*Wildgebiete
liegen fast
immer in land-
wirtschaftlich
ungünstigen
Tiefland-
regionen*

*Gut ausgebaute
Verkehrswege*

des Landes wurden die Verkehrswege vorbildlich ausgebaut. Das Straßen-
und Eisenbahnnetz verbindet alle bedeutenden Wirtschafts- und Ballungszentren. Von den knapp 90 000 Straßenkilometern sind etwa 15 %
geteert und 55 % zu Allwetter-Schotterstraßen ausgebaut.

Neben der nationalen Fluggesellschaft Air Zimbabwe bedient der Privat-
anbieter Zimbabwe Express Airlines das Binnenflugnetz. Zimbabwe verfügt
über drei internationale Flughäfen (Harare, Bulawayo, Victoria Falls), mehrere
nationale Flughäfen und etwa 170 private Landeplätze für Kleinflugzeuge.

Tourismus

*Vom
Tourismus
verspricht
man sich
10 %ige
Zuwachsraten*

Zahlreiche touristische Sehenswürdigkeiten und eine gut funktionierende
Infrastruktur stellen die Basis für die große Beliebtheit Zimbabwes als Reiseland. Von großem Vorteil ist die Tatsache, daß man das Land ganzjährig
bereisen kann. Landesweit sind Bemühungen erkennbar, den Tourismussektor auszubauen. Man möchte dabei Formen des Massentourismus vermeiden, und den exklusiven Safaritourismus sowie den Individual- und
Binnentourismus fördern. Derzeit kommen etwa 2 Mio. Besucher pro Jahr
nach Zimbabwe, darunter ca. 50 000–60 000 Deutsche. Viele Besucher
halten sich jedoch nur für ca. zwei Tage im Land auf, um im Anschluß an
eine Rundreise im südlichen Afrika die Viktoriafälle zu besuchen.

Schätzungsweise 100 000 Arbeitsplätze hat der Tourismus im Land geschaffen. 1997 beliefen sich die Einnahmen aus dem Tourismus auf 3,5
Milliarden Zimbabwe-Dollar.

Naturschutz und Wildlife Management in Zimbabwe

Fast 13 % der Landesfläche wurden als Schutzgebiete ausgewiesen. Darunter fallen 11 Nationalparks, 17 Safari Areas (Jagdgebiete), 14 Botanical Reserves, 3 Botanical Gardens, 5 Game Sanctuaries (Wildschutzgebiete) und 12 Recreational Areas (Erholungsgebiete). Die Safarigebiete im Zambezi Valley haben eine Sonderrolle, denn hier wird seit den frühen 80er Jahren eine Mischung aus Jagd- und Phototourismus (Kanufahrten) betrieben.

Natur- und Umweltschutz sind keine Erfindung unseres Jahrhunderts. Die Ndebele kannten z. B. ein königliches Jagdgebiet (Hwange-Area), wo nur der König jagen durfte. Das Zusammenleben zwischen Mensch und Tier war in der vorkolonialen Vergangenheit überhaupt wenig belastet. Erst internationale Handelswege und Landknappheit infolge von Zuwanderung und Ausbau der Landwirtschaft führten zu einem Mißverhältnis. Dabei sind durchaus in hohem Maße die Europäer für die Ausrottung vieler Tiere in weiten Regionen Afrikas verantwortlich. In den ersten Jahrzehnten der Kolonie galt es als schick, Wildtiere aller Art zu jagen. Die europäischen Kinder übten sich im Schießen, indem sie auf Vögel zielten. Hyänenhunde wurden bis in die 70er Jahre von den Farmern erschossen, sobald sie entdeckt wurden. Erst spät setzte hier eine Entwicklung ein, die heute als afrikanisches Vorbild in Sachen Naturschutz und Wildlife Management bezeichnet wird.

Blicken wir zurück in die 60er Jahre: Rhodesien war strikt geteilt in kommerzielles Farmland (Europäer), Tribal Trust Land (Afrikaner) und Wildschutzgebiete unter staatlicher Aufsicht. Per Gesetz gehörte das Wild allein dem Staat, kein Farmer hatte Anspruch auf die Wildtiere, die auf seinem Grund lebten. Dies war eigentlich zum Schutz der Tiere gedacht, führte aber de facto zum Gegenteil, denn für die Farmer waren Wildtiere wertlose, lästige Geschöpfe. Wollte man der heimischen Tierwelt eine Zukunft auch außerhalb von Zoos und einzelnen Nationalparks sichern, war ein Umdenken dringend geboten. Damals setzte sich die Überzeugung durch (auf der schließlich auch das Campfire Project der 80er und 90er Jahre basiert), daß Wildtieren ein wirtschaftlich meßbarer Stellenwert beigemessen werden sollte, der den Bestand dann ganz von allein sichert. Mit dem *Parks and Wildlife Act* von 1975 ging der Wildbestand in das Eigentum des Landbesitzers über. Dieser Schritt hatte weitreichende Folgen. *Game Farming* und *Game Ranching* galten als neue Zauberwörter, und in kürzester Zeit stellten viele Farmer ihre Produktion um.

> Als wertvollstes Tier beim Game Ranching hat sich ausgerechnet der **Büffel** erwiesen, der von den Rinderfarmern als potentieller Überträger von Seuchen besonders stark bekämpft worden war. Seine kurzen Fortpflanzungszyklen, der geringe Platzbedarf und die problemlose Haltung auch gemeinsam mit anderen Nutztieren ließ seinen Wert beträchtlich steigern. Moderne Farmer fordern inzwischen eine Rückbesinnung der Landwirte auf heimische Rinderarten, wie den Büffel, anstelle der Zucht europäischer Rinder, die empfindlicher sind und gleichzeitig massive Schäden an Böden und Vegetation anrichten.

Tierschutz durch ökonomische Nutzung gilt als Hoffnungsträger, der selbst in Zusammenhang mit der Nashorntragödie ins Spiel gebracht wird. Manche Experten glauben, daß offizieller Handel mit gefragten Tierprodukten, wie Elfenbein und dem Horn von Rhinos, den Bestand der Tiere sichere, wenn sie erst in Farmen entsprechend gezüchtet würden. Dies mag kaum den engagierten, uneigennützigen Tierschützer überzeugen, andererseits

Bestimmte Tierarten, wie Hammerkopf und Chamäleon, wurden früher durch religiöse Gebote geschützt

Umdenken in Sachen Tierschutz durch Nutzung der Wildtiere

Siehe Essays auf den Seiten 192 und 213!

Game Farmen sind kleiner und bieten Reiten und Wandersafaris an; in den riesigen Game Ranches werden Wildtiere gezüchtet und Jagdsafaris veranstaltet

Die Story vom Gepard und Leopard

lassen sich für das Argument tatsächlich praktische Beispiele, wie das Nilkrokodil, anführen. Manches spricht dafür, daß der Schutz vor kommerzieller Nutzung Tierarten eher schadet, als ihr Überleben zu sichern. Ein Beispiel: Als vom Aussterben bedrohte Tierart wurde der Gepard in Zimbabwe frühzeitig unter Schutz gestellt. Nicht so der Leopard, ein wendiger Einzelgänger, der überall im Land verbreitet ist. Doch trotz des Schutzgesetzes wurden allein während der Dürrejahre 1982/83 über 400 Geparde von Farmern getötet. Die Wildschutzbehörde ordnete daraufhin eine landesweite Untersuchung an, das Ergebnis war äußerst aufschlußreich. Seit der Gepard zu 100% geschützt war, lehnten ihn die Farmer ab und sahen in der Raubkatze nur noch einen potentiellen Killer ihrer Rinder. Nicht so bei den Leoparden, obwohl sie ebenfalls gelegentlich Nutztiere reißen. Leoparden standen auf der Sympathieskala der Farmer ganz weit oben, schließlich zahlten die ausländischen Jagdkunden enorme Beträge für die Aussicht, eine der gefleckten Großkatzen zu schießen (was allerdings nicht häufig vorkam, weil Leoparden schwer zu entdecken sind). So erwies sich der Gepardenschutz als unerwarteter Rückschlag, und gibt den Befürwortern der kommerziellen Nutzungstheorie recht.

Überweidung oft schädlicher als Wilderei

Für das Verschwinden bestimmter Tierarten aus einzelnen Landesregionen ist nur in den wenigsten Fällen die Jagd oder Wilderei verantwortlich. Viel massiver wirken sich die Folgen von Überweidung und Vegetationswechsel aus. Unbemerkt verändert sich dabei der natürliche Pflanzenwuchs, verschwinden viele Grasarten, während andere sich ausbreiten. Daraufhin gehen empfindliche Grasfresser, wie Pferde-, Rappen-, Halbmond- und Kuhantilopen, zurück, und sog. „Allesfresser" vermehren sich rasch (z. B. in den Midlands, wo Impala und Kudus zusammen mit Nutztieren leben).

CITES und der Elfenbeinhandel

Vom Kampf um das Elfenbein

1989 wurde der afrikanische Elefant vom Washingtoner Artenschutzabkommen auf Appendix 1 gesetzt, um den in vielen Ländern vom Aussterben bedrohten Dickhäuter zu schützen und den Elfenbeinhandel zu unterbinden. In Zimbabwe, einem Land mit jahrhundertelanger Tradition im Elfenbeinhandel, geringer Wilderei und gesicherter Elefantenpopulation, zeigten die Menschen wenig Verständnis für den weltweiten Bann. Zusammen mit Nachbarländern, wie Namibia, Botswana und Sambia, forderte Zimbabwe bald schon die Rückstufung des Elefanten. Sicherlich vor allem aus kommerziellen Beweggründen, denn in den nächsten Jahren sammelten sich allein in Zimbabwe 40 Tonnen Elfenbein an, die in Lagerhallen verkümmerten. Als Beweis für ihr bisheriges verantwortungsvolles Wildlife Management führen die Befürworter des Elfenbeinhandels Zahlen an: Zwischen

In Zimbabwe sind Elefanten nicht gefährdet

1960 und 1991 wurden in Zimbabwe etwa 46 000 Elefanten durch Jagd und Culling-Aktionen getötet. Dennoch ist der Bestand an Elefanten weiter angestiegen. 1982 waren etwa 50 000 Elefanten im Land, bei einer Zählung 1995 angeblich 75 000 Tiere. Das entspricht 10 % aller afrikanischer Elefanten auf nur 2 % ihrer natürlichen Heimat. Auf der CITES-Konferenz am 19.06.1997 in Harare wurde der Elefant schließlich auf Appendix 2 zurückgestuft und den Staaten Namibia, Botswana und Zimbabwe gestattet, ab 1999 einmalig 59,1 Tonnen Elfenbein an Japan zu liefern (davon 20 t aus Zimbabwe).

Safari Hunting

Die Nationalparkbehörde setzt alljährlich die Abschußquoten für Wildtiere in Safari Areas fest. In der Regel werden 0,5 % der Elefanten, 2% der Büffel, Wasserböcke, Zebras und Elenantilopen sowie 8 % der Raubkatzen einer Region zum Abschuß freigegeben. Safari Hunting ist ein höchst lukratives Geschäft für den Staat und die beteiligten Jäger. Allein die Tagesgebühr, die den Hobbyjägern in Safari Areas von der Nationalparkbehörde in Rechnung gestellt wird, beläuft sich auf etwa 2000 US$. Darin sind noch nicht die Kosten für den Professional Hunter und die Kopfgelder für geschossene Wildtiere enthalten. So kommen z. B. für einen Kudubock noch rund 700 US$, für eine Hyäne etwa 300 US$ und für einen Elefanten 6000 US$ hinzu. Nach diesen Zahlen genießt die Behörde sehr hohe Einkünfte. Dennoch fehlt es in den Nationalparks an allen Ecken und Enden. Wege werden nicht mehr ordentlich repariert, Bohrlöcher für die Wildtiere versiegen, Wildhüter werden schlecht bezahlt. Korruption geistert durch alle Ebenen.

Unter Appendix 1 werden vom Aussterben bedrohte Tier- und Pflanzenarten, wie Nashorn, Gepard, Löffelhund und Palmfarne, erfaßt. Appendix 2 bezeichnet Tier- und Pflanzenarten, die nicht unmittelbar vom Aussterben bedroht, deren Bestand aber weltweit gefährdet ist (z. B. Flußpferde, Otter, Paviane und Baumfarne). Bei diesen Arten ist streng kontrollierter Handel erlaubt. Appendix 3 schützt schließlich Spezies, die in bestimmten Regionen gefährdet sind; in dieser Gruppe findet man z. B. Stachelschweine, Marabus und Rappenantilopen.

Was Appendix 1 bis 3 bedeutet

Campfire

Hinter dem einprägsamen Begriff Campfire verbirgt sich das *Communal Area's Management Programm for Indigenous Resources*. Angelpunkt der Idee waren die hohen Einnahmen durch den (Jagd-)Tourismus, an dem bislang ausschließlich der Staat und die privaten Agenturen verdient hatten. Um diese Einkünfte gerechter zu verteilen, aber auch mit der Absicht, die schwarze Bevölkerung für den Erhalt ihrer natürlichen Ressourcen, in erster Linie der Wildbestände, zu sensibilisieren, wurden Anfang der 80er Jahre erste Großprojekte gestartet. Die „Operation WINDFALL" in der Chirisa Safari Area gilt als Vorläufer von Campfire. Damals wurden 755 „überschüssige" Elefanten durch Culling getötet und verwertet sowie mehrere Jagdsafaris durchgeführt. Die ansässigen Gemeinden erhielten daraufhin erstmals eine Beteiligung an den Einnahmen (rund 620 000 US$). Den

Das Volk sollte an den hohen Jagdeinnahmen teilhaben

Oben: Hinweisschilder im Mana Pools N. P.

Erste Erfahrungen

Durchbruch brachten die nachfolgenden Projekte in Nyaminyami (in der Umgebung des Matusadona N.P.) und Mahenye (zwischen dem Gonarezhou N. P. und Mosambik). Beide Regionen waren unterentwickelte, verarmte und sehr wildreiche Gebiete, in denen die Bauern Wildtiere als Nahrungskonkurrenten ansahen und Wilderei weitverbreitet war. Clive Stockil, ein Professional Hunter, der bei Mahenye großgeworden war, jagte mit seinen Klienten Elefanten, Büffel und Nyala im Communal Land. Für die Zusage, die Wilderei einzustellen, erhielten die Anwohner das Fleisch der geschossenen Tiere und die eingenommenen Trophäengebühren. Schon im gleichen Jahr konnte ein deutlicher Rückgang der illegalen Jagd verzeichnet werden.

Der Campfire-Gedanke wurde auch auf Nachbarstaaten übertragen

Innerhalb kurzer Zeit wurde Campfire zu einer nationalen Bewegung. 1993 waren schon 12 Distrikte an Campfire-Projekten beteiligt, und 5,5 % der Bevölkerung profitierten von dem Programm. Die Verteilung der Gelder sieht folgendermaßen aus: Die erzielten Einnahmen aus dem Jagdtourismus teilen sich die privaten Agenturen und die ansässigen Gemeinden zu gleichen Teilen. Von diesem Posten treten die Gemeinden 15 % an der Staat sowie 35 % an die Nationalparkbehörde ab, die zuständig für die Erhaltung der Wege, Wildzäune etc. ist. Das verbliebene Geld kommt Gemeindeprojekten, wie Schulen, Brunnen und Krankenstationen zugute. Auf diese Weise werden die Menschen unmittelbar an der kommerziellen Nutzung ihrer Ressourcen beteiligt. Ihr Lebensstandard steigt, und das Verhältnis zur Natur verbessert, weil Wildtiere nun ein wertvolles Kapital bilden. Wilderei wird nicht mehr toleriert, sondern von der Gemeinde geahndet. Insbesondere die Einstellung zu Elefanten hat sich deutlich verbessert. Die sentimentalen Gefühle der Touristen sind den afrikanischen Landbewohnern nach wie vor fremd, doch gibt ihnen Campfire nun die Möglichkeit, Frieden mit den Dickhäutern zu schließen. Bauern, deren Felder von Elefanten geplündert werden, erhalten aus dem Gemeindetopf finanzielle Erstattung, was einer notleidenden Familie mehr bringt, als belehrende Worte von wohlmeinenden Tierschützern.

Neue Projekte und Ideen zugunsten der Dorfgemeinschaften

Der Schlüssel zum Erfolg von Campfire liegt sicherlich in der ertragreichen Großwildjagd. 1995 erwirtschafteten die Projekte ca. 1 Mio. US$, wovon 90 % aus den Jagdsafaris eingenommen wurden. Dennoch entstehen allmählich auch Einzelprojekte wie in der Maruvadonha Wilderness Area und dem Sunungukai Camp, wo der Wander- und Kulturtourismus angesprochen werden, und auch Luxuslodges beteiligen sich verstärkt an den Projekten (z. B. Gorges Lodge und Chizarira Wilderness Lodge).

Tsetsefliegen-Kampagnen

Vom hartnäckigen Kampf gegen das Insekt

Im tropischen Afrika sind zweierlei Arten der Tsetsefliege verbreitet (*Glossina morsitans morsitans* und *Glossina pallidipes*), die während ihrer ein- bis zweimonatigen Lebenszeit alle drei bis vier Tage mehr als das eigene Körpergewicht an fremdem Blut saugen. Die Überträger schwerer Krankheiten auf Mensch und Tier finden ihre Opfer auf visuellem Wege (dunkle Farben, Bewegung). Seit Beginn der Kolonialzeit wurden immense Anstrengungen unternommen, den Biestern Herr zu werden. Dabei ging man freilich nicht gerade zimperlich mit der Natur um. Zwischen 1919 und 1961 praktizierte Südrhodesien das sog. „Tsetse Game Hunting". Gemäß der These, daß die Insekten aussterben würden, wenn man ihre Blutopfer tötete, wurden in diesen Jahren in den Tsetsegebieten 659 334 Wildtiere getötet, vor allem Warzen- und Wildschweine, Schirrantilopen, Kudus, Elefanten, Büffel, aber auch 374 Spitzmaulnashörner. Doch trotz der jahrelangen Massaker blieb der gewünschte Erfolg aus, denn die Fliegen stellten sich sehr flexibel auf die jeweils vorhandenen Wildtiere um. Nun rodete man riesige Flächen der natürlichen Wälder, doch wieder zeigte sich die Fliege hartnäckiger. Inzwischen umschloß man infizierte Gebiete, wie im Zambezi Valley, großflächig mit „Tsetse Fences", an den Straßen wurden Schranken und Kontrollposten stationiert, die alle durchfahrenden Fahrzeuge nach Tsetsefliegen untersuchen mußten. Auf diese Weise sollte die Plage wenigstens räumlich begrenzt bleiben. In den 60er und 70er Jahren sagten die Behörden den Tsetsefliegen schließlich mit chemischen Mitteln den Kampf an. Erst spritzte man weitflächig Dieldrin, dann DDT und Endosulphan. Zwar vernichteten die Insektizide die Tsetsefliegen, doch gleichzeitig auch Vögel, Reptilien und kleine Säugetiere. Dieser massive Rundumschlag konnte nicht die Lösung sein.

Der Durchbruch im Kampf gegen das Insekt gelang im Mai 1981 auf einer kleinen Insel im Karibasee bei einem Feldversuch an 11 000 gezüchteten Tsetsefliegen. Der zimbabwische Forscher Dr. Vale und sein Team hatten eine völlig neue Art der Bekämpfung entwickelt: Schwarzblaue Stoffe, an beweglichen Metallrahmen befestigt, werden mit einem Insektizid imprägniert. An dem Rahmengestell hängt eine Flasche mit einer Acetonlösung, die einen Lockduft ausströmt. Geruch und Bewegung des Netzes locken die Fliegen an, und sobald sie auf dem Stoff landen, kommen sie mit dem tödlichen Insektizid in Kontakt. In vielen Gebieten konnten die Tsetsefliegen mit dieser wirksamen, billigen und ökologisch vertretbaren Lösung völlig ausgerottet werden. Doch mit dem Sieg über die Insektenplage wurde eine neue Gefahr heraufbeschworen, denn seit die Fliegen verschwinden, drängen Menschen in die einst den Wildtieren vorbehaltenen Regionen.

*Bilder: Tsetsefliegen-Barriere
auf der Strecke nach Bumi Hills,
modernes Tsetsefliegengestell*

NATUR UND TIERWELT

Zimbabwe ist ein Paradies für Botaniker, Ornithologen und Biologen. Dank der unterschiedlichen Landschaftsformen und Lebensräume konnte sich hier eine unglaubliche Artenvielfalt entwickeln. So wurden inzwischen rund 5200 verschiedene Pflanzen registriert (im Vergleich: Großbritannien 1800 Arten). Darunter befinden sich allein 1180 verschiedene Bäume, 560 unterschiedliche Gräser, 600 Sukkulenten, wozu die Aloen und Euphorbien gezählt werden, und sogar 330 verschiedene Orchideen. Über 100 dieser Pflanzen kommen nur innerhalb Zimbabwes vor. Eine Sonderstellung haben in diesem Zusammenhang der Great Dyke, wo 20 endemische Arten vorkommen, und die Chimanimani Mountains mit über 40 nur dort vertretenen Spezies.

Aufgesprungene Samenkapsel des Falschen Mopane

Die vorherrschenden Vegetationsformen sind **Miombowälder**, das sind regengrüne, laubabwerfende Brachystegia-Wälder mit auffallend schöner Verfärbung der Blätter und einer außergewöhnlichen Pflanzenvielfalt, und in tieferen, regenärmeren Regionen **Mopanebuschwälder**, welche vor allem die Sandböden Westzimbabwes bedecken. Daneben kommen im Tiefland Trocken- und Mischwaldlandschaften mit Akazien, Combretum und Terminaliaarten vor, ebenso Strauch- und Dornbuschsavannen, Graslandschaften sowie tropische Bergwälder in den Eastern Highlands.

Der Miombowald

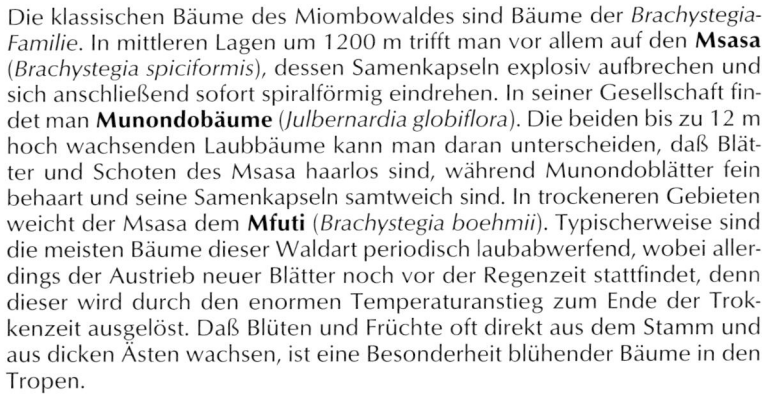

Die klassischen Bäume des Miombowaldes sind Bäume der *Brachystegia-Familie*. In mittleren Lagen um 1200 m trifft man vor allem auf den **Msasa** (*Brachystegia spiciformis*), dessen Samenkapseln explosiv aufbrechen und sich anschließend sofort spiralförmig eindrehen. In seiner Gesellschaft findet man **Munondobäume** (*Julbernardia globiflora*). Die beiden bis zu 12 m hoch wachsenden Laubbäume kann man daran unterscheiden, daß Blätter und Schoten des Msasa haarlos sind, während Munondoblätter fein behaart und seine Samenkapseln samtweich sind. In trockeneren Gebieten weicht der Msasa dem **Mfuti** (*Brachystegia boehmii*). Typischerweise sind die meisten Bäume dieser Waldart periodisch laubabwerfend, wobei allerdings der Austrieb neuer Blätter noch vor der Regenzeit stattfindet, denn dieser wird durch den enormen Temperaturanstieg zum Ende der Trockenzeit ausgelöst. Daß Blüten und Früchte oft direkt aus dem Stamm und aus dicken Ästen wachsen, ist eine Besonderheit blühender Bäume in den Tropen.

Der Mopanewald

Blatt des Mopane (oben) und des Falschen Mopane (darunter) im Vergleich

Mopanewälder sind die vorherrschende Vegetationsform in den regenarmen Gebieten Westzimbabwes. Sie unterscheiden sich deutlich von anderem Bewuchs. Die Böden sind sandig oder lehmig-weiß und nur spärlich mit Gras bewachsen; in der Trockenzeit sind Mopanewälder oft abgebrannt und schattenlos. Das Zirpen unzähliger Zikaden und einzelne Termitenhügel prägen ihre Atmosphäre. Ihr dominantester Baum **Mopane** (*Colophospermum mopane*) gab der Waldart ihren Namen. Mopane kann bei günstigen Bedingungen bis zu 18 m hoch wachsen, bleibt aber bei schlechten Böden oft nur ein Busch (Mopane verträgt sogar schlechte, alkalische Böden). Er läßt sich leicht an seinen schmetterlingsförmigen Blättern erkennen, an denen man zu bestimmten Jahreszeiten sog. Mopaneraupen *Gonimbrasia Belina* findet. Viele Afrikaner sammeln diese Würmer, rösten und verzehren sie als wichtige Proteinquelle in der sonst recht einseitigen Ernährung (siehe S. 69). **Falscher Mopane** (*Guibourtia coleosperma*) ist ein sehr ähnlicher, allerdings weniger häufiger Baum mit rosa-weißem Stamm. Typisch sind auch die lila blühenden **Teakholzbäume** (*Baikiaea plurijuga*), die ein besonders hartes, begehrtes Holz aufweisen. Der Zimbabwe-Teakbaum blüht lila und ist ein attraktiver, schattenspendender Baum. Ein weiterer Vertreter des Mopanewaldes in Kalahari-Randzonen ist die **Afrikanische Kastanie** (*Sterculia africana*). Ihre pelzige Fruchtkapsel hat Ähnlichkeit mit der des Baobabs.

Die Bergwälder der Eastern Highlands

An den Hängen der Eastern Highlands ist aufgrund der hohen Luftfeuchtigkeit eine äußerst vielfältige Vegetation heimisch. Die verbliebenen immergrünen Bergurwälder stehen heute unter Schutz. Hier wachsen gigantische, bis zu 60 m hohe **Mahagonibäume** (*Khaya nyasica*), unterschiedliche **Feigenarten** und **Bergzedern**. Im geschützten Unterholz entfalten sich **Orchideen**, Farne, Flechten und Moose. **Palmfarne** (*Cycadaceae*) zählen zu den ältesten Pflanzen der Welt und wachsen seit mindestens 200 Mio. Jahren in wenigen, ausgewählten Regionen. Die Bestände in den Eastern Highlands sind streng geschützt. 8 verschiedene **Proteen** sind hier heimisch, wovon die meisten zwischen April und Juli blühen.

Die großflächigen, seit den 40er Jahren kommerziell angelegten Forste bilden inzwischen eine eigene Vegetationsform der Eastern Highlands. Hier sind vor allem Pinien, Kiefern und **Eukalyptus** zu nennen. Lange Zeit als extrem schnell wachsender Wunderbaum verehrt, befürchtet man nun, daß Eukalyptus die Grundwasserreserven zu stark belasten könnte.

Bilder rechts:
Typischer Miombowald,
Frangipaniblüte, Palmfarn

Baobab mit Blättern

Samenfrucht des Mukwabaumes

Trockenwälder und Savannen der Niedrigzonen

Die trockenen Niederungen mit sandigen Böden und sehr hohen Temperaturen im Lowveld und dem Zambezi-Valley weisen eine spezielle Vegetation auf. Der **Farbkätzchenstrauch** *(Dichrostachys cinerea)* ist ein akazienähnlicher Busch, der als Indikator für überweidete Böden angesehen wird, weil er eine typische Sekundärpflanze ist. Er läßt sich leicht an seinen Samenhülsen erkennen, die wie verschlungene Knäuel am Busch hängen. **Fächerpalmen** (*Hyphaene petersiana*) wachsen auf Sandböden und in Regionen mit salzhaltigem Grundwasser. Eine weitverbreitete Unterart am Sambesi ist die 'Vegetable Ivory'-Palme *Hyphaene benguellensis*. Bis zu 2000 runde Früchte trägt eine einzelne Palme, die erst zwei Jahre reifen und nach weiteren zwei Jahren abfallen. Diese Früchte sind ein begehrtes Elefanten- und Affenfutter, wobei die Tiere zugleich als Samenverteiler dienen. Als Souvenirartikel werden die Früchte aufgesammelt und halbiert, denn ihr hartes, weißes Inneres erinnert an Elfenbein. Zu den Akazien der trockenen Niedrigzonen zählt die auffällige **Ringelhülsenakazie** *(Acacia tortilis).* Sie wird bis zu 20 m hoch, hat eingeringelte Samenhülsen und gehört zu den Schirmakazien. **Pod Mahogany** *(Afzelia quanzensis)* ist ein weiterer großer, schattenspendender Baum der Tieflagen. Seine mahagonifarbenen Baumkapseln, die bis zu 10x17 cm groß werden, sind ein beliebtes Andenken. Bei günstigen Bedingungen kann er bis zu 35 m hoch wachsen. Der markanteste Baum dieser Zonen ist allerdings der **Baobab**. Der berühmteste Baum Afrikas, der Baobab oder Affenbrotbaum *(Adansonia digitata),* zählt zu den Wollbäumen und kommt nur in niedrig-heißen Regionen in Afrika vor. Dieser ungewöhnliche Baum gilt als extrem vital und zäh, manche Exemplare werden bis zu 3000 Jahre alt. Sein massiger Stamm ist ein Wasserspeicher, der in Trockenzeiten von Elefanten angezapft wird. Er hat große, weiße Blüten, die nur für etwa zwei Tage im Oktober/November blühen, und ovale, samtige Früchte, die soviel Vitamin C enthalten, wie kaum eine andere Pflanze. Der Baobab wird fast vollständig verwertet, selbst seine jungen Blätter sind wie Spinat gekocht eßbar. Unzählige Legenden und Mythen befassen sich mit dem Baobab, und in den afrikanischen Kulturen wird der Baobab meist sehr verehrt.

Links: Papierrinden-Albizia

Rechts: Fruchtkapseln der Raffiapalme

Bilder von links: Schirmakazie, Fieberbaum, unten rechts: Blüte des Farbkätzchenstrauchs, Akazienschote

Akazien, Albizia und Combretum

Akazien bevorzugen offene Waldlandschaften in überwiegend trockenen Regionen, und sind daher vor allem in mittleren und niederen Regionen des Landes vertreten. Weil diese Hülsenfrüchtler den Stickstoff aus der Luft wie einen Dünger nützen, wachsen sie auch noch auf sehr verkarsteten Böden. Von den fast 800 verschiedenen Akazien der Welt sind über 40 in Zimbabwe heimisch. Recht auffällig ist z. B. die **Papierrindenakazie** (*Acacia sieberana*), deren hellfarbige Rinde sich wie Papierfetzen abschält. Ihre Samenhülsen sind ein begehrtes Futter für Elefanten, Büffel, Antilopen und Rinder. Noch markanter ist der von unzähligen Noppen und Warzen übersäte Stamm der **Knopfdornakazie** (*Acacia nigrescens*). Der Baum bleibt oft monatelang ohne Blätter und gilt als Indikator für gutes Weideland (siehe S. 69). **Apfelringakazien** (*Acacia albida,* auch Winterdorn und Anabaum genannt) werden bis zu 20 m hohe Bäume, wachsen besonders an Flußufern in tiefliegenden Gebieten (Mana Pools, Busi Camp im Chizarira N. P.) und bilden ein begehrtes Viehfutter. Denn bei ihr treiben im zimbabwischen Winter die frischen Blätter, wenn alle anderen Bäume kahl sind. Für den Nahrungszyklus der Wildtiere haben sie daher eine besondere Bedeutung. Seit einiger Zeit laufen kommerzielle Aufforstungsprojekte mit dieser Akazie, weil sie den Boden deutlich weniger als z. B. Eukalyptus belastet und besseres Feuerholz bietet. Die bizarren **Fieberbäume** (*Acacia xanthophloea*) findet man vor allem weit im Süden, am Limpopo, Runde und Save. Ihre gelben Stämme heben sich während der blätterlosen Trockenzeit besonders stark hervor. Fieberbaum heißt diese attraktive Akazie, weil im letzten Jahrhundert irrtümlich vermutet wurde, der Baum sei Auslöser der Malaria.

Die Bäume der weit verbreiteten Albizia-Familie werden leicht mit Akazien verwechselt, doch man kann sie daran unterscheiden, daß nur Akazien Dornen haben. Häufig kommt die **Bitteralbizia** vor (*Albizia amara*), die als ein recht zuverlässiger Indikator für Tsetsefliegen gilt. Am auffälligsten ist die **Papierrindenalbizia** (*Albizia tanganyicensis*), deren weiße Rinde sich wie bei der gleichnamigen Akazie permanent abschält.

Weitverbreitet, vor allem um Bulawayo, sind die afrikanischen **Weiden**. Sie sind Langfadengewächse der *Combretum-Familie*, deren Früchte vier Flügel haben und in gelben, grünen, braun und violetten Farben vorkommen. Typisch sind Kudubusch (*Combretum apiculatum*) und Rostbraune Buschweide (*Combretum hereoense*).

Besondere Pflanzen

Größeres Glück braucht man, um ein Exemplar der **Holzbanane** *(Entandrophragma caudatum)* zu entdecken. Sie wächst an den Ufern von Flüssen und Stauseen auf steinigem Grund, wie z. B. im Hwange Nationalpark. Ihre Fruchtkapseln hängen wie geschälte Bananen am Baum, wenn sie aufspringen.

Wegen seiner großen runden Samenfrucht relativ leicht zu identifizieren ist der **Mukwa** *(Pterocarpus angolensis)*. Die haarige Kugel hat außen herum einen weichen, wellenförmigen Flügelring von etwa 3 cm Breite. Diese Früchte hängen oft monatelang am Baum. Wenn man den Mukwa anschneidet, tritt eine blutähnliche Flüssigkeit aus, die zum Färben verwendet wird, weshalb der Baum auch Blutholz genannt wird. Er ist sehr feuerresistent und bietet hervorragendes Holz für Kanus und Paddel. Ein Sud aus seinen Wurzeln soll gegen Malaria wirken. Mukwabäume sind in Zimbabwe vor allem im Middleveld weitverbreitet.

Besondere Erwähnung verdient auch der **Regenbaum** *(Lonchocarpus capassa)*. Der mittelgroße, weitverbreitete Baum steht gerne an Flußläufen. Seinen Namen erhielt der Baum, weil er gelegentlich in der Trockenzeit zu regnen scheint. Dafür verantwortlich ist allerdings ein kleines Insekt *(Ptyelus grossus)*, das auf diesen Bäumen lebt. Um sich vor der starken Sonneneinstrahlung zu schützen, muß sich die Zikade selbst mit sog. 'Kuckucksspucke' bedecken. Dazu saugt sie die Rinde an, produziert Spucke und scheidet sogleich fast reines Wasser aus, welches dann vom Baum zu tropfen scheint.

Bilder links: Eisenholz im südöstlichen Lowveld und Palmfarnzapfen in den Eastern Highlands

Aus diesen Eiern (oben) schlüpft die Mopaneraupe (unten)

Viel Unsinn ist über den **Marulabaum** *(Sclerocarya birrea)* berichtet worden, dessen Früchte viermal mehr Vitamin C als Orangen enthalten, und die im überreifen Zustand zum Gären neigen. Eine Überdosis solcher Früchte kann daher durchaus unangenehme Nebenwirkungen auslösen, jedoch nicht, wie in einem berühmten Tierfilm dargestellt, zur Massentrunkenheit unter Affen, Elefanten, Warzenschweinen und Antilopen führen! In Südafrika wird aus Marulafrüchten ein wohlschmeckender Likör gewonnen.

Zu den ungewöhnlichsten Bäumen zählt zweifellos der **Leberwurstbaum** *(Kigelia africana)*, der häufig an Flußufern im Zambezi-Valley und im Lowveld anzutreffen ist. Seine Früchte werden bis zu 1 m lang und bis zu 10 kg schwer, da sie sehr viel Wasser enthalten. Sie hängen wie Leberwürste von den Zweigen herab. Im unreifen Zustand sind sie giftig, später werden sie allerdings zum Bierbrauen verwendet. Während Hungersnöten wurden die Früchte auch gegessen, ansonsten sind sie ein beliebtes Futter für Mangusten, Hippos, Paviane u.s.w. Die dunkelroten, trompetenförmigen Blüten (der Baum gehört zu den Trompetenbaumgewächsen) verströmen abends einen unangenehmen Duft, der Fledermäuse zum Bestäuben anlockt.

Unter den 600 **Sukkulenten** des Landes sind 30 verschiedene **Aloenarten** vertreten sowie eine Vielzahl unterschiedlicher Wolfsmilchgewächse (Euphorbien). Häufigster Vertreter ist die Kandelabereuphorbie *Euphorbia candelabrum*. Sie wird bis zu 10 m hoch und blüht in der Regenzeit gelbgrün. Unter den blühenden Kleingewächsen sei die **Flammenlilie** *(Gloriosa superba)* erwähnt, Zimbabwes Nationalblume, die zu Beginn der Regenzeit leuchtend rot und orange blüht, den Rest des Jahres aber recht unscheinbar ist. In den Städten fallen unter den zahlreichen Zierbäumen vor allem die großen **Jacarandabäume** *(Jacaranda acutifolia)* auf, die im September/Oktober wunderschön blau-lila blühen.

Die Früchte der 20 verschiedenen Feigenbäume in Zimbabwe sind eßbar

Bilder oben: Leberwurstbaum und Stamm der Knopfdornakazie

Die Tierwelt in Zimbabwe

Afrikas
einmalige
Artenvielfalt

Die Vielfalt der Tierwelt in Afrika, insbesondere die der Vögel und Säugetiere, ist auf der Welt einzigartig. 270 verschiedene Säugetiere leben in Zimbabwe, etwa 664 Vogelarten,135 verschiedene Reptilien und 50 000 Insekten. Für viele Besucher stellt dieser Artenreichtum verständlicherweise auch das Hauptmotiv ihrer Reise dar.

Pflanzenfresser, Raubtiere und Primaten

Fachliche
Gliederung
der Säugetiere

Die Säugetiere werden allgemein in Pflanzenfresser, Fleischfresser und Herrentiere unterteilt. Die meisten Pflanzenfresser, wie Böcke und Antilopen, sind tagaktive Herdentiere, wobei sich das Weiden und Fressen meist auf die kühleren Stunden beschränkt. An bedeckten Tagen und in mondhellen Nächten sind die Tiere aktiver und bei starker Bejagung können sie sich sogar zu reinen Nachttieren entwickeln. Die Pflanzenfresser werden in verschiedene Untergruppen gegliedert: Paarhufer (Giraffen, Schweine, Flußpferde, Ducker, Böcke, Kleinantilopen, Rinder), Unpaarhufer (Zebras, Nashörner), Schliefer, Rüsseltiere, Schuppentiere, Röhrenzähner, Hasen- und Nagetiere.

Die Raubtiere werden in Katzen (Geparde, Panther- und Ginsterkatzen), Schleichkatzen, Hunde, Marder und Hyänen unterteilt. Die Katzen sind überwiegend scheue, nachtaktive Einzelgänger. Löwen bilden eine Ausnahme, denn sie leben und jagen als Rudel, wie auch Hyänen und Hyänenhunde.

Die dritte große Gruppe bilden die Primaten, die auch als Herrentiere bezeichnet werden. In Zimbabwe sind aus dieser Gruppe einige Hundsaffen (Meerkatzen, Paviane) und Halbaffen bzw. Loris (Galagos) vertreten.

Elefant (Elephant)　　　*Loxodonta africana*

Elefanten
haben einst in
ganz Afrika bis
5000 m Höhe
gelebt

Größtes Landsäugetier der Welt und das Symbol für Afrika schlechthin ist der Elefant. Er kann bis zu 4 m groß und 5000 bis 6000 kg schwer werden. Allein sein Herz wiegt schon 25 kg! Sein Rüssel wird 2 m und jeder Stoßzahn bis 3,5 m lang und 30 kg schwer. Aufgrund des enormen Futter- und Wasserbedarfs (300 l Wasser und 100–200 kg Grünzeug pro Tag) wandern sie bis zu 500 km weit entlang uralter 'Elefantenpfade'. Diese ausgedehnten Wanderungen sind in Zimbabwe nur noch den Regionen Zambezi-Valley, Hwange Nationalpark und südöstlichen Lowveld möglich.

Rechts:
Aufmerksame
Giraffe,
Fußabdruck
des Elefanten,
"Begrüßung"
eines Dick-
häuters

Ein Elefant wird nach 22 Monaten Tragezeit geboren und wiegt bei seiner Geburt bereits 90 kg. Mit 10–12 Jahren wird er geschlechtsreif, interessanterweise aber bei starker Überpopulation erst viele Jahre später. Eine Elefantenkuh bringt in ihrem Leben etwa 10 Kälber zur Welt. Außer dem Menschen haben Elefanten keine natürlichen Feinde und können bis zu 60 Jahre alt werden. Das wichtigste Körperteil ist der Rüssel. Mit ihm atmet und riecht er, und er benützt ihn zum Trinken, Greifen und Schlagen. Elefanten hören und riechen ausgezeichnet, das Sehvermögen ist nur mittelmäßig, wobei sie in der Dämmerung besser sehen als im Tageslicht. Elefanten baden gerne. Anschließend suhlen sie sich im Schlamm oder bespritzen sich mit viel Staub, den sie später an Bäumen oder Termitenhügeln abreiben. Dieser Vorgang schützt die Haut vor Austrocknung. Beim Fressen gehen die Tiere sehr verschwenderisch mit ihrer Umgebung um. Um an Zweige und Blätter zu gelangen, werden Bäume oft entwurzelt oder abgebrochen.

Das beeindruckendste an den friedlichen Dickhäutern ist ihr ausgeprägtes Sozialverhalten. Die weiblichen Tiere und alle Jungtiere leben in geschlossenen Familienverbänden. Zumeist bilden mehrere Generationen von Müttern und Töchtern eine geschlossene Herde, die von einer erfahrenen, alten Leitkuh angeführt wird. In jungen Jahren bleiben auch die Bullen in kleinen, lockeren Gruppen zusammen, und sie treffen die weiblichen Herden nur zur Paarung. Alte Bullen werden Einzelgänger. Elefanten sind auffallend friedlich, liebevoll und umsorgend zueinander. Ihre Familienbande sind eng und bleiben lebenslang bestehen. Sie trauern um verletzte oder getötete Artgenossen, halten manchmal Totenwache und decken dann den Körper des toten Tieres mit Zweigen ab. Dieses Verhalten ist sogar schon gegenüber verletzten Menschen aufgetreten. Eine Leitkuh muß besonders erfahren und weise sein, denn sie muß wissen, wo z.B. in Dürrezeiten nach Wasser gegraben werden kann, welche Pfade sicher sind, wo Gefahren lauern und wie sich die Familie dann verhalten soll.

Elefanten haben eine relativ deutliche Körpersprache. Aggression, Angriffslust und Erregung, wie sie z. B. bei Streß und während der „Musth" (sexuelle Stimulation der Bullen) auftreten können, zeigen sich durch ein feuchtes Sekret, welches aus Drüsen an den Schläfen austritt.

Giraffe (Giraffe) *Giraffa camelopardalis*
Das höchste Lebewesen der Welt gibt es nur in Afrika, und dort bereits seit 10 Mio. Jahren. Giraffen leben in Busch- und Baumsavannen, Miombo-Waldlandschaften und ganz besonders gern in Akazienwäldern. Im Zimbabwe begegnet man ihnen besonders im Hwange N. P. und am Lake Kyle, dagegen leben keine Giraffen im Zambezi-Valley .

Nach etwa 440 Tagen Tragezeit wird ein 70 kg schweres Jungtier geboren, das bereits nach einer Stunde laufen können muß. Die Mutter-Kind-Beziehung ist nur sehr locker. Eine ausgewachsene Giraffe (etwa ab 10 Jahren) hat wenig Feinde. Sie verteidigt sich gegen Angreifer mit gezielten Hufschlägen. Schutzlos und gefährdet ist sie allerdings während des Trinkens, weshalb sie oft sehr lange zögert, bis sie sich zum Wasser niederbeugt. Sie trinkt bis zu 50 Liter und kann damit eine ganze Woche auskommen. Die durchschnittlich 4–5 Stunden Schlaf pro Tag verbringt eine Giraffe teilweise im Stehen und nur, wenn sie sich sicher fühlt, im Liegen. Giraffen wachsen über 5 Meter hoch und werden bis zu 800 kg schwer. Sie können über einen Kilometer weit sehen und dabei auch Farben unterscheiden. Hängen die Ohren einer Giraffe nach unten, ist sie entspannt. Aufstehende Ohren signalisieren Aufmerksamkeit.

Warzenschwein (Warthog)

Phacochoerus aethiopicus

Warzenschweine leben in ganz Afrika südliche der Sahara in offenen Grasflächen und lichten Savannen. Sie meiden dichten Wald oder felsige Steilhänge. Innerhalb des Familienverbands leben sie standorttreu in festen Wohn- und Schlafhöhlen. Das Weibchen wirft 2–4 Jungtiere, die 4 Monate gesäugt werden und bereits nach einer Woche der Mutter ins Freie folgen. Sie können bis zu 18 Jahre alt werden. Gerne suhlen sie in Wasser- oder Schlammlöchern. Ihr Sehvermögen ist ausgezeichnet und ihren Feinden (Löwe, Leopard) entkommen sie meist durch Flucht. Die bis zu 150 kg schweren Tiere verteidigen ihre Familie mutig mit den unteren Eckzähnen (Hauern). Normalerweise meiden sie menschliche Siedlungen, doch in manchen Regionen, wie Victoria Falls, Mana Pools und dem Robins Camp, spezialisieren sich Warzenschweine regelrecht auf die tägliche Inspektion von Campingplatz-Mülltonnen.

Flußpferd (Hippo) *Hippopotamus amphibius*

Flußpferde leben in trägen Gewässern mit flachen Uferstellen und Sandbänken bei einer Wassertemperatur von 18–35°C und manchmal sogar
im Meer. In Zimbabwe leben sie vor allem im Sambesi, dem Karibasee
und seinen kleineren Zuflüssen.

Flußpferde kann man vor allem im Sambesi beobachten

Hippos haben eine nackte Haut mit vielen Schleimdrüsen und an den
Füßen Ansätze von Schwimmhäuten. Gewöhnlich tauchen sie 2–5 Minuten, doch können sie in Ausnahmesituationen bis zu 15 Minuten unter
Wasser bleiben. Die meiste Zeit verbringen sie träge im Wasser oder
ruhend auf den Sandbänken und am Ufer. Hippos verhalten sich relativ
laut, sie schnauben, brüllen und wiehern. Das Maulaufreißen ist ein Zeichen der Aggression. Der Lebensraum ist in strikte Territorien eingeteilt,
die von der jeweiligen Gruppe streng verteidigt werden. Dazu zählen auch
der Uferbereich und die fest ausgetretenen Wechsel (markierte Trampel-
pfade). Abends verlassen die Flußpferde das Wasser entlang dieser Wechsel, um an Land zu fressen. Pro Mahlzeit vertilgen sie bis zu 60 kg Gräser.
Ihr Hauptfeind ist der Mensch. Nur gelegentlich werden einzelne Hippos
von Löwen angefallen oder Jungtiere von Krokodilen erlegt.

Bilder links: Hippo nachts beim Grasen, Warzenschwein

Flußpferde gehen eher grob miteinander um. Die Rangkämpfe der
geschlechtsreifen Männchen verlaufen nicht selten brutal. Die Tiere versuchen dabei, dem Gegner die Vorderfüße zu brechen, was den Hungertod
zur Folge hat. Dringt ein Männchen unerlaubt in das Territorium der Mutter-
und Jungtiere ein, wird es mit Gewalt vertrieben. Man vermutet, daß die
recht rohe und grobe mütterliche Erziehung die Kleinen auf das kämpferische Leben vorbereiten soll. Hippos werden bis zu 4 Tonnen schwer und
können 45 Jahre alt werden. Sie gelten als das für den Menschen gefähr-
lichste Tier in Afrika.

Rüde Erziehung und strenge Territorien

Ducker und Bleichböckchen

Die Angewohnheit, bei Störung mit gesenktem Kopf fortzuschleichen, verlieh dem Ducker seinen Namen. Die Tiere halten sich in schützendem
Dickicht oder Gehölz auf, sind ortstreu, bei Bejagung nachtaktiv und können bis zu 12 Jahre alt werden. Sie fressen neben Blättern auch Kleintiere
und Bodenvögel (Perlhühner). Kronen- bzw. Steppenducker (Common
Duiker, *Cephalophus grimmia*) sind sehr kampflustige Kleinantilopen, und
in Zimbabwes Naturparks und selbst auf Farmland weitverbreitet. Blauducker (Blue Duiker, *Cephalophus monticola*) sind dagegen auf die Bergwälder der Eastern Highlands beschränkt.

Scheue Waldbewohner, die man selten zu Gesicht bekommt

Das Bleichböckchen (Oribi, *Ourebia ourebi*) lebt in offenen Grassavannen mit niedrigem Bewuchs. Bei Störung oder Gefahr duckt es sich
zunächst, um dann plötzlich mit einem pfiffartigen Laut aufzuspringen und
davonzurennen.

Klippspringer (Klippspringer) *Oreotragus oreotragus*

Mit kleinen Hufen, die an einen Ballettänzer denken lassen, hat sich dieser
Bock hervorragend an sein Terrain, die felsigen, zerklüfteten Berglandschaften, angepaßt. In der Regel bleiben die männlichen Tiere etwas
kleiner als die Weibchen; dafür tragen sie kurze, gerade Hörner. Klippspringer treten meist paarweise auf, und man vermutet, daß die Tiere
lebenslang in Einehe leben.

Im steinigen Bergland fühlen sich Klippspringer wohl

Die Böcke wurden in verschiedene Unterfamilien gegliedert (Wald-, Pferde- und Ried- oder Wasserböcke). **Waldböcke** sind scheue Waldbewohner mit weißen Abzeichen auf dem Rumpf (Linien oder Punkte). Sie haben gute Augen, Ohren und Nasen und können über 2 Meter weit springen. Zu dieser Gattung zählen:

Schirrantilope (Bushbuck) *Tragelaphus scriptus*

Die rehartige Schirrantilope ist in den Riedgräsern und Galeriewäldern nahe Gewässern beheimatet. Sie lebt überwiegend als Einzelgänger, oft aber in Gesellschaft von Pavianen oder Meerkatzen und ist sehr ortstreu. Bei Gefahr verteidigt sie sich mutig und gilt als guter Schwimmer und Springer. Ihr größter Feind ist der Leopard.

Nyala (Nyala) *Tragelaphus angasi*

Das Nyala lebt in Kleingruppen in Wassernähe und ist durch seine quer über den Rumpf verlaufenden weißen Streifen eine imposante Erscheinung. Die einzigen Regionen Zimbabwes, wo man Nyalas entdecken kann, sind der Gonarezhou N. P. und Mana Pools.

Bilder oben: magere Pferdeantilope und prächtige Rappenantilope

Kudu (Kudu) *Tragelaphus strepsiceros*

Kudus haben feine, weiße Linien über dem Rücken, die Männchen haben weit geschraubte Hörner. Sie leben in kleinen Gruppen in Akazienwäldern und in steinigem Berg- und Buschland. Bei Gefahr fliehen Kudus frühzeitig und springen dabei über 2,5 m hoch. Wenn sie in Bedrängnis geraten, verteidigen sie sich jedoch nicht. Auch außerhalb der Nationalparks sind Kudus in Zimbabwes Farmland weitverbreitet, man findet sie hier häufig in Gesellschaft von Impala.

Elenantilope (Eland) *Tragelaphus oryx*

Diese rindergroße Antilope ist der größte Waldbock Afrikas und wird bis zu 1000 kg schwer. Sie lebt in offenen Savannen, ist scheu, meidet Menschen, verteidigt sich bei Gefahr aber sehr mutig (siehe auch S. 156).

Pferdeböcke

Pferdeböcke sind pferdegroße Antilopen mit langen bogenförmigen oder locker geschraubten Hörnern, die in offenen Buschwäldern verbreitet sind:

Pferdeantilope (Roan Antelope) *Hippotragus aquinus*

Pferdeantilopen leben in kleinen Gruppen in Galeriewäldern. Die bis zu 300 kg schweren Tiere suchen häufig die Gesellschaft von Zebras, Büffeln oder Gnus. Bei Gefahr greifen sie notfalls sogar selbst den Angreifer an.

Rappenantilope (Sable Antelope) *Hippotragus niger*

Die dunklen Rappenantilopen haben ein fast schwarzes Fell. Durch ihre langen, säbelartig gebogenen Hörner wirken sie ausgesprochen majestätisch. Sie kommen in fast allen Nationalparks des Landes vor.

Ried- und Wasserböcke sind etwa hirschgroße Schwemmlandbewohner, die nur in Wassernähe anzutreffen sind (z. B. der Großriedbock *Redunca arun dinun*).

Wasserbock (Waterbuck) *Kobus ellipsiprymnus* Der Wasserbock befindet sich immer in der Nähe von Gewässern, um bei Gefahr dorthin zu fliehen. Im allgemeinen wird er von Raubkatzen verschont, solange ausreichend anderes Wild vorhanden ist, denn sein Fleisch ist faserig, zäh und riecht nach Moschus. Ein auffälliges Erkennungszeichen des Wasserbocks ist sein von einem weißen Kreis umrahmter Spiegel.

Zur Familie der **Kuhantilopen** zählen die neugierige Leier- oder Halbmondantilope (Tsessebe, *Damaliscus lunatus),* und Lichtenstein's Kuhantilope (Lichtenstein's Hartebeest, *Alcelaphus caama).* Während der Bestand an Tsessebe gesichert ist, gilt die Lichtenstein's Kuhantilope als seltenstes Säugetier Zimbabwes (1995 waren nicht einmal mehr 50 Tiere bekannt, seither werden sie auf Privatfarmen gezüchtet).

Weißbart- oder Streifengnu (Blue Wildebeest) *Connochaetes taurinus* Auch Gnus zählen zu den Kuhantilopen. Sie leben in lockeren Großherden in offenen Savannen. Gnus fressen nur Gräser bis 10 cm Höhe, daher glaubt man, daß Buschbrände für ihr Überleben notwendig sind. Ihr größter Feind sind Löwen. Um die Überlebenschance der Jungtiere zu erhöhen, finden alle Geburten innerhalb eines Monats statt. Nach der Geburt müssen die Neugeborenen bereits nach 3–5 Minuten aufstehen und den Muttertieren folgen können.

Bilder oben: Wasserbock und Leierantilope/ Tsessebe

Impala oder Schwarzfersenantilope (Impala) *Aepyceros melampus* Das Impala gilt als eigene Gattung unter den Paarhufern. Die etwa hirschgroße Antilope lebt in geselligen, großen Herden und hält sich gerne in Gesellschaft von anderen Huftieren auf. Sie ist sehr ortstreu und bevorzugt Mopane- und Miombowälder. Ihr Sehvermögen ist schlecht, dafür riecht und hört sie ausgezeichnet. Auf der Flucht kann ein Impala bis zu 60 km/h schnell laufen und dabei bis 3 m hohe und 10 m weite Orientierungssprünge machen.

Impala

Kaffernbüffel (Buffalo) *Syncerus caffer* Die Familie der Echtrinder wird im südlichen Afrika durch die Kaffernbüffel vertreten. Die 800 kg schweren Tiere leben überwiegend in geschlossenen Herden in Wäldern, Savannen und Grassteppen, immer jedoch in Wassernähe (Matusadona N. P., Hwange N. P., Gonarezhou N. P.). Büffel sehen und hören schlecht. Ihr Hauptfeind ist der Löwe. Bei einem Angriff verteidigen sich Büffel allerdings mutig und nicht selten wird dabei der Löwe verletzt oder sogar getötet.

Echtrinder

Zebras bevorzugen Gras- und Savannen- landschaften

Zur Gruppe der Unpaarhufer zählen die beiden Untergruppen Einhufer (Zebras) und Nashörner.

Einhufer Equidae

Steppenzebra (Zebra) *Hippotigris*

Das Steppenzebra ist im östlichen und südliche Afrika weit verbreitet und in zahlreiche Unterarten gegliedert, wie das Selousezebra im Osten des Landes, und das Chapmanzebra in Westzimbabwe. Zebras werden bis zu 350 kg schwer und leben in engen, harmonischen Familienverbänden. Sie gesellen sich gerne zu anderen Huftieren, wie Giraffen und Gnus. Ihr Gehör ist sehr gut, das Seh- und Riechvermögen dafür schwächer. Ihr typischer Laut ist ein pferdeähnliches Wiehern. Neugeborene Fohlen erkennen ihre Mutter erst nach mehreren Tagen, bis dahin zeigen sie eine angeborene Nachfolgereaktion. Aus diesem Grund verjagen die Mütter in den ersten Tagen alle anderen Tiere aus der Nähe des Fohlens.

Nashörner Rhinocerotidae

Nashorn (Rhino)

Die Nashörner werden in die beiden Arten Spitzmaulnashorn (Black Rhino, *Diceros bicornis*) und Breitmaulnashorn (White Rhino, *Ceratotherium simum*) unterteilt. Die beiden friedlichen, plumpen Pflanzenfresser sehen sehr schlecht, können aber mehrere Kilometer weit hören und riechen. Es sind gemütliche Zeitgenossen, die allen Konfrontationen lieber aus dem Weg gehen. Ist aber die Fluchtdistanz überschritten oder das Nashorn irritiert, kann es zu kraftvollen Angriffen oder Scheinangriffen kommen. Dabei senkt es den Kopf, schnaubt und prescht mit enormer Geschwindigkeit (über 50 km/h) auf sein Ziel los. Die Tiere fressen sehr unterschiedliche, nahrhafte Blätter und Gräser. Dabei können sie auch Pflanzen verdauen, die für den Menschen hochgiftig sind.

Bis zur Jahrhundertwende waren Nashörner im ganzen Land verbreitet, um 1960 aber überall außer dem Zambezi-Valley und der Chipinge-Area ausgerottet. Damals begann die Wiedereinführung von Nashörnern in

Breitmaul-
nashorn
im Cecil Kop
Nature Reserve
in Mutare

Breitmaul-
nashörner sind
die einzigen
Säugetiere
Zimbabwes,
die ausgerottet
wurden und
wieder
eingeführt
werden
mußten

verschiedene Nationalparks. 10 Jahre später führte der Ölboom zum wirtschaftlichen Aufschwung der arabischen Staaten und damit zur verstärkten Nachfrage nach schicken Dolchgriffen, die traditionell aus dem Horn der Nashörner gefertigt werden. Zusammen mit den Käufern aus Ostasien, die das Horn für ein Arzneimittel gegen Impotenz halten, schufen die Händler rasch einen internationalen Markt für die Tierhörner. Damit begann die Ausrottung der meisten Nashornbestände Afrikas. Wegen des Bürgerkriegs blieb Zimbabwe in den 70er Jahren von der verheerenden Wilderei verschont. Doch ab 1984, als die Nashörner in den Nachbarländern praktisch ausgerottet waren, machten die Wilderer Jagd auf Zimbabwes 1700 Rhinos im Zambezi-Valley. Der Staat reagierte mit der „Operation Stronghold" und sagte den Wilderern den Kampf an. Zwischen 1985 und 1988 wurden über 100 Wilderer getötet oder gefangen genommen, aber auch ca. 600 Nashörnern gewildert. Schließlich siedelte die Behörde fast alle Nashörner aus dem Zambezi-Valley in sichere Landesregionen um. Seither hat sich die Nashornwilderei deutlich entschärft, doch das Ausmaß ist für den Tierbestand verheerend. 1970 hatten noch etwa 65 000 Spitzmaulnashörner in Afrika gelebt, heute sind kaum 4500 übrig geblieben. Davon lebt ungefähr die Hälfte in Zimbabwe, und das Zambezi-Valley gilt als einzige Region Afrikas mit mehr als 500 Rhinos.

*Kampf gegen
die Wilderei*

Schliefer (Rock Dassie)

Heterohyrax brucei , Procavia capensis
Die possierlichen, kaninchenartigen Huftiere mit den runden Ohren und kurzen Beinen erinnern ein wenig an übergroße Meerschweinchen. Sie sind neugierige, wendige Pflanzenfresser, die praktisch alle Felslandschaften Zimbabwes besiedeln (Steppen- und Klippschliefer).

Raubtiere

Löwe (Lion) *Panthera leo*

Der „König der Tiere" ruht träge bis zu 20 Stunden am Tag. Als einzige Katzenart lebt er in Familienrudeln. Allerdings beweist er wenig Familiensinn, denn nach einem Riß fressen immer zuerst die männlichen Tiere, dann die Weibchen und zuletzt die Jungtiere. In Extremfällen verhungert der Nachwuchs bei Futtermangel, auch Kannibalismus kommt vor. Im Durchschnitt überlebt nur jedes zweite Löwenkind die ersten Lebensjahre.

Löwen werden bis zu 200 kg schwer und können sehr gut schwimmen und klettern. Ihr Brüllen ist bis zu 8 km weit hörbar. Außer in dichten Wäldern sind Löwen praktisch überall lebensfähig, doch wurden sie in Zimbabwe außerhalb der Wildschutzgebiete ausgerottet. Ihre Jagdmethode besteht aus vorsichtigem Anschleichen, dann folgt ein kurzer, schneller Ansprung (bis 65 km/h) und das Töten der Beute durch Kehlbiß oder Genickbruch. Sie fressen bevorzugt die Eingeweide der Beutetiere. Löwen haben keine natürlichen Feinde und können bis zu 30 Jahre alt werden. Es kann allerdings passieren, daß sie von mutigen Beutetieren getötet (aufgespießt) werden. Verletzte Löwen greifen mitunter auch Menschen an.

Nach etwa 100 Tagen Tragezeit wirft eine Löwin 1–6 Junge, die ein halbes Jahr gesäugt werden. Nach 2 Jahren ist der Nachwuchs jagdfähig und nach 5–6 Jahren ausgewachsen

Leopard (Leopard) *Panthera pardus*

Die muskulöse und geschmeidige Pantherkatze wird nur etwa 85 kg schwer. Sie ist ein scheuer Einzelgänger, der seine erlegte Beute auf Bäume schleppt, um sie nach und nach zu verzehren. Leoparden sind sehr gewandt in steinigem, steilen Gelände und gute Schwimmer. Sie sind im ganzen Land noch weit verbreitet.

Zahlreiche Leoparden leben in ganz Zimbabwe

Gepard (Cheetah) *Acinonyx jubatus*

Der Gepard hat eine windhundartige Gestalt mit sehr langen, dünnen Beinen und einem kleinen Kopf. Er wird nur etwa 60 kg schwer, lebt als Einzelgänger und weicht Begegnungen mit Artgenossen aus. Da der Gepard von Natur aus friedfertig ist, kann er leicht domestiziert werden. Er bewohnt offene Landschaften bis in 2000 Meter Höhe, ist aber in ganz Afrika vom Aussterben bedroht. Etwa die Hälfte der Jungtiere wird von anderen Raubtieren gefressen. Der natürliche Bestand in Zimbabwe ist mit ca. 500 Tieren relativ niedrig, weil das Land wenige für Geparde geeignete Landschaftsräume aufweist.

Eine Weltrekordleistung stellt der Gepard bei der Jagd auf: Er schleicht sich zunächst an die Beute heran und legt dann die letzten hundert Meter in einem atemberaubenden Sprint zurück. Dabei kann er einen halben Kilometer mit 80 km/h zurücklegen, erreicht Spitzengeschwindigkeiten von 110 km/h und macht über 7 Meter weite Sprünge!

Geparde verabscheuen Aas und kehren niemals zu ihrem Riß zurück

Schabrackenschakal (Black-Backed Jackal) *Canis mesomelas*

Schakale sind kleine, fuchsähnliche Jäger, die niedrig bewachsene Savannen bewohnen. Die nachtaktiven Tiere ernähren sich hauptsächlich von Aas, Früchten, Vögeln und Kriechtieren. Sie zeigen ein ängstliches Verhalten und verteidigen sich nur schwach. Schakale gehen eine Lebensehe ein und ziehen die Jungen gemeinsam auf. Sie können etwa 10–12 Jahre alt werden.

Schakale ziehen ihren Nachwuchs in Erdhöhlen auf

Bilder links von oben: Löwin, Löffelhund, Hyänenhund/Wild Dog, Gepard, Hyäne, Schabrackenschakel

Löffelhund (Bat Eared Fox) *Otocyon megalotis*

Tagsüber ruhen Löffelhunde, nachts gehen sie auf Jagd

Die fuchsartigen, großohrigen Löffelhunde leben paarweise in Lebensehe in sandigen Buschsavannen, wie der Region um das Main Camp im Hwange Nationalpark. Die 3 bis 4 Jungtiere werden in einem Erdbau aufgezogen. Sie ernähren sich von Kleintieren, Bodenvögeln, Eiern, aber auch Früchten und Wurzeln. Dank ihres feinen Gehörs vermögen sie sogar Termiten im Erdinnern zu hören.

Hyänenhund / Afrikanischer Wildhund
(Wild Dog, Hunting Dog, Painted Dog) *Lycaon pictus*

Wild Dogs haben eine fast 100 %ige Erfolgsquote bei der Jagd

Extrem soziales Verhalten

Hyänenhunde haben ein auffallendes Äußeres: Schmaler Körper, lange, dünne Beine, große und rundliche Ohren, auffallend geflecktes Fell in den Farbvariationen weiß, gelb, braun und schwarz. Jedes Tier weist eine andere Färbung auf, nur am Schwanzende sind alle weiß. Hyänenhunde leben in riesigen Revieren als Rudel, sie sind nicht mit Hunden verwandt. Sie jagen Großwild, wie Kudus, Impala und Ducker, gemeinsam in einer Hetz- oder Rennjagd mit Geschwindigkeiten bis zu 55 km/h. Dabei sind sie extrem erfolgreiche Jäger und leben in sehr engem Sozialgefüge miteinander. Nur ein Paar pro Rudel bekommt Junge, die von der ganzen Gruppe versorgt und aufgezogen werden. Verletzte Rudeltiere werden ebenfalls von den anderen versorgt. Die Welpen werden allerdings häufig von Löwen getötet, außerdem gilt der Mensch noch immer als Feind Nr. 1. Deswegen ist der Bestand heute überall in Afrika akut gefährdet. Von den ca. 3000 verbliebenen Tieren leben rund 700 in Zimbabwe (vor allem im Gonarezhou N. P., der Save Conservancy und dem Hwange N. P., wo das Painted Dog Research gute Arbeit leistet).

Hyäne (Hyaena)

Hyänen sind in manchen Camps typische nächtliche Besucher

Tüpfelhyänen (Spotted Hyaena, *Crocuta Crocuta*) leben in Rudeln mit etwa 20 Tieren, im Gegensatz zu den einzelgängerischen Braunen Hyänen (Brown Hyaena, *Hyaena brunnea*), die in Zimbabwe nur sehr vereinzelt in der Region Hwange und Kazuma Pan vorkommen. Vor einem Angriff oder Beutezug hört man oft das typische Heulen der Tüpfelhyänen: ein 2–3 Sekunden andauernder gezogener Heulton, der bis zu 15 mal wiederholt wird. Das schaurige Gelächter, das gelegentlich zu hören ist, ist ein Angstruf der Tüpfelhyänen. Sie sind beim Fressen nicht gerade wählerisch. Die Beute wird mit Haut, Haaren und Knochen verschlungen, Aas und selbst tote Artgenossen werden nicht verschmäht. In manchen Nationalparkcamps sind Hyänen typische nächtliche Besucher, die in den Abfalltonnen nach Nahrungsresten suchen, den Menschen gegenüber aber scheu und ungefährlich sind.

Mangusten

Weitere in Zimbabwe vorkommende Raubkatzen sind u. a. die Großfleckginsterkatze, die afrikanische Zibetkatze und der Serval. Die Mangusten (Mungos) sind weitverbreitete Fleischfresser, die als sog. *Pharaonenratte* auch im südlichen Europa vorkommen.

Bilder rechts von oben:
Chamäleon, kleiner Frosch, Rüsselmaus,
Krokodilschnauze, Leopardenschildkröte, Rennspinne

Primaten

Steppenpavian (Baboon) *Papio cynocephalus*

Paviane schlafen nachts auf Bäumen und entfernen sich tagsüber nur 1–2 km vom Schlafplatz

Die am Boden lebenden Paviane gliedern sich in zahlreiche Unterarten, in Zimbabwe ist der Große Tschakma verbreitet. Paviane leben in großen Gruppen von 20 bis 80 Tieren und bevorzugen offene Landschaften, Savannen, Galeriewälder und felsiges Gelände. Die Männchen können bis zu 50 kg schwer und über einen Meter groß werden und sind ausgesprochen mutig und kampflustig. Sie greifen einen Feind als geschlossene Horde an und sind für Raubtiere dadurch nicht ungefährlich. Die größte Gefahr droht ihnen durch Leoparden, aber auch Krokodile, Pythonschlangen, Hyänenhunde und Löwen zählen zu ihren Feinden. Paviane sind Allesfresser. Alte Männchen fressen gelegentlich sogar Jungtiere aus der eigenen Horde.

Grünmeerkatze (Vervet Monkey) *Cercopithecus cynosurus*

Fröhliche Grünmeerkatzen sind in vielen Nationalparks verbreitet

Diese knapp 8 kg schweren, munteren und neugierigen Gesellen (siehe Bild S. 83) leben in Trupps bis 60 Tieren und sind tagaktiv. Sie bewegen sich am Boden und auf Bäumen gleichermaßen, fliehen bei Gefahr aber in die Bäume. Sie haben lange, dünne Schwänze und bläuliche Hoden. Meerkatzen sind ausgezeichnete Schwimmer, Springer und wahre Kletterkünstler. Anderen Horden gegenüber verhalten sie sich feindselig. In manchen Nationalparks haben sie sich zu forschen Plagegeistern entwickelt, die geschickt Lebensmittel aus den Camps stehlen.

Blaue Meerkatze / Samangoaffe (Blue Monkey) *Cercopithecus mitis*

Samangoaffen in den Eastern Highlands

Diese auch Diademmeerkatze genannte Art kommt in Zimbabwe nur in den Bergwäldern der Eastern Highlands vor. Sie ist deutlich größer und dunkler gefärbt als Grünmeerkatzen (männliche Tiere werden bis zu 1,3 m groß). In Trupps bis 30 Tiere leben die Tiere sehr scheu und zurückgezogen, halten sich meist in Baumwipfeln und nur wenig am Boden auf. Man entdeckt sie gewöhnlich nur im Chirinda Forest, Bvumba Botanical Garden und dem Honde Valley.

Steppengalago (Bushbaby) *Galago senegalensis*

Galagos sind nur schwer zu entdecken

Galagos sind kaum je zu sehen, da sie tagsüber eingerollt auf Bäumen schlafen und nur abends aktiv werden. Man erkennt sie an ihrem lauten, kleinkinderartigen Geschrei. Durch Wald- und Buschbrände werden immer wieder schlafende Galagos getötet.

Kaltblüter und Reptilien

Nilkrokodil *Crocodylus niloticus*

Die Meister im "reglos auf der Lauer liegen"

Krokodile besiedeln die warmen Zonen der Erde seit rund 200 Mio. Jahre und gehören damit zu den ältesten Lebewesen der Welt. Von ursprünglich 108 verschiedenen Arten haben bis heute 22 überlebt. In Afrika ist das besonders große, bis 6 m lange Nilkrokodil beheimatet. Die bis zu 700 kg schwere Echse ist mit knöchernen Hautschilden gepanzert.

Bilder rechts: Grünmeerkatze, Krokodile

Das Krokodil lebt in Gewässern mit flachen Uferstellen und Sandbänken. Seiner Beute lauert es oft stundenlang im seichten Uferbereich auf. Hat es sein Opfer entdeckt, gleitet es unbemerkt heran, stößt mit unglaublicher

Energie aus dem Wasser und schnappt zu. Dann versucht es, die Beute unter Wasser zu ziehen und zu ertränken. Krokodile können nicht kauen. Durch Umherwirbeln um die eigene Achse reißen sie die Beute in Stücke, die sie herunterschlingen.

Zur Familie der Echsen zählt auch der bis zu 2 m große **Nilwaran** (*Varanus niloticus*), der ein äußerst flinker Jäger ist, Menschen allerdings ausweicht und als nicht gefährlich gilt. Er ernährt sich bevorzugt von Eiern und Jungvögeln der am Boden brütenden Vogelarten.

Chamäleon

Die Echse mit den Klammerfüßen kann ihre Augen unabhängig voneinander frei bewegen. Sie zählt zu den Wurmzünglern, da sie ihre Beute mit der blitzschnell herausschnellenden langen Zunge ergreift. Ein Chamäleon kann sich nicht verteidigen, seine Überlebensstrategie besteht aus perfekter Tarnung. Dazu verfügt es neben den bedächtigen, wippenden Bewegungen über die einmalige Fähigkeit, seine Körperfarbe der jeweiligen Umgebung anzupassen. Ein Chamäleon im Gebüsch zu entdecken, ist fast unmöglich. Sehr viel leichter sieht man es, wenn es eine Straße überquert.

Schlangen

Von den 76 verschiedenen Schlangen in Zimbabwe ist nur ein geringer Teil gefährlich giftig. Dazu zählen vor allem die Ägyptische Kobra, die Boomslang, die sehr flinke Schwarze und die Grüne Mamba sowie die Puffotter. Zu den ungiftigen Riesenschlangen gehört der mehrere Meter lange Felsenpython. Er tötet seine Beute (Hühner und bis zu 25 kg schwere Antilopen), indem er sie umschlingt und erdrückt.

Schlangen haben Körper ohne Gliedmaßen und eine von Schuppen bedeckte Haut. Ihr Rachen, die Speiseröhre und der Magen sind weit dehnbar, um die Beute vollständig verschlingen zu können. Sie sind meist scheu und weichen dem Menschen aus. Geräusche und das Vibrieren des Bodens schrecken sie auf, und sie ziehen sich – wenn möglich – meist sogleich zurück. Eine gefährliche Ausnahme bildet allerdings die hochgiftige Puffotter (*Bitis arietans*). Sie ist sehr träge, bewegt sich nur langsam und wird daher leicht übersehen.

Vögel in Zimbabwe

Greifvögel und andere Fleischfresser

In Zimbabwe kommen 47 verschiedene Greifvögel vor, wie Geier, Habichte, Bussarde, Milane und Falken. Der auffälligste Adler und ein Sinnbild Afrikas ist der Schreiseeadler (*Cuncuma vocifer*). Kopf, Brust, Rücken und Schwanz sind weiß, Bauch und Schultern braun, und die Flügel schwarz. Charakteristisch und eindringlich ist sein möwenartiger, weittragender Schrei, den er auch während des Fluges ausstößt. Schreiseeadler werden etwa 75 cm groß und leben paarweise an den Flüssen im Zambezi-Valley und Lowveld. Der Gaukler (*Terathopius ecaudatus*) ist ein sehr hoch fliegender, mittelgroßer, schwarzer Adler. Schnabel und Füße sind rot, die weiße Unterseite der Flügel ist beim Flug deutlich zu sehen. Kampfadler (*Polemaetus bellicosus*) ernähren sich von Affen, Schliefern und kleinen Antilopen. Sie sind typische Greifvögel in Nationalparks. Ihr Federkleid ist weiß mit dunklen Flecken und einem dunklen Kopf. In den Matobo-Bergen brütet die weltgrößte Population der Felsenadler (*Aquila verauxii*). Der Schmarotzermilan (*Milvus migrans parasitus*) mit dem gegabelten Schwanz und dem gelben Schnabel trägt diesen Namen, weil er mit steilem Sturzflug nicht nur Beutetiere, sondern auch Lebensmittel aus den Lodges und Dörfern stiehlt. Er hält sich nur während der Sommermonate in Zimbabwe auf. Ein auffälliger Bodenvogel ist der langbeinige, blaßgraue Sekretärsvogel (*Sagittarius serpentarios*), der mit würdevollem Gang über die Grassavannen Westzimbabwes schreitet (z. B. im Hwange N. P.). Augurbussarde (*Buteo augur*) sind typisch für die Bergregionen der Eastern Highlands.

Bilder linke Seite:
Graulärmvogel, Klunkerkranich,
Bilder rechte Seite:
Gabelracke, Senegalkiebitz

Wasservögel, Watvögel und Vögel im Uferbereich

Tümpel, Uferzonen und Flußläufe sind Tummelplätze für viele verschiedene Vogelarten. An den Gewässern leben dunkle, langhalsige Kormorane, die schwimmend und tauchend Fische erbeuten. Sehr ähnlich, aber größer ist der Afrikanische Schlangenhalsvogel (*Anhinga rufa*), der tief im Wasser schwimmt und – wie eine Schlange – nur den Kopf herausstreckt. Der Hammerkopf (*Scopus umbretta*), der die größten Nester unter den afrikanischen Vögeln baut, trägt diesen Namen, weil sein Kopf dem Umriß eines Hammers ähnelt. Außerdem sind Reiher weitverbreitet. Im Flug unterscheiden sie sich deutlich von Kranichen und Störchen, denn sie fliegen nicht mit ausgestreckten Hälsen, sondern mit zurückgezogenem Kopf. Aus ihrer Familie sind Graureiher (*Ardea cinera*), Schwarzkopfreiher (*Ardea melanocephala*) und die bis zu 1,5 m großen Goliathreiher (*Ardea goliath*) verbreitet. Bei Großwild und Rindern sieht man häufig die nur 50 cm großen, weißgelblichen Kuhreiher (*Bubulcus ibis*). Auffällig durch seinen rotschwarz-gelben Schnabel ist der bis zu 1,65 m große Sattelstorch (*Ephippiohynchus senegalensis*), den man besonders häufig am Karibasee entdeckt. Der Abdim- oder Regenstorch (*Ciconia abdimii*) ist ein Zugvogel, der sich etwa von Oktober bis März in Zimbabwe aufhält und überall auf den Äckern nach Insekten pickt. Zu den lautesten Vogelarten mit teilweise recht anhaltendem Geschrei zählen Ibisse, Kiebitze, Regenpfeifer und Gänse. Kronenkraniche (*Balearica regulorum*) gehen eine lebenslange Einehe ein und beziehen je Vogelpaar ein Revier mit 1,5 km² Radius. Ihre Brut verteidigen die anmutigen, großen Vögel mutig selbst gegen Löwen. Der olivgraue Hagedasch-Ibis (*Bostrychia hagedasch*) zeichnet sich dagegen durch sein charakteristisches, eindringliches Schreien aus, das besonders abends zur Dämmerung weithin zu hören ist. Unter den Watvögeln sind neben Stelzenläufern und Wasserläufern auch Schnepfen, die vielfach nur periodisch als Zugvögel auftreten, typisch.

Baum- und Waldvögel

In den Bäumen und Wäldern lebt eine Vielzahl unterschiedlicher Vogel-arten. Bart- und Mausvögel sind typische Baumvögel, wie auch Spechte, Kuckucksvögel und Nashornvögel. Diese sind relativ groß, haben einen auffälligen, gebogenen Schnabel und zeigen ein eigenwilliges Brutverhalten: Das Weibchen mauert sich zum Brüten in die Nesthöhle ein und wird durch eine kleine Öffnung vom Männchen gefüttert. Manche Nashornvogel-mütter bleiben sogar in der Höhle, bis die Jungvögel ausfliegen. Im ganzen Land verbreitet ist der Grautoko (*Tockus nasutus*); in trockenen Mopane-wäldern, nicht jedoch im Südosten des Landes, lebt der Rotschnabeltoko (*Tockus erythrorhynchus*), während man Gelbschnabeltokos (*Tockus flavirostris*) in Westzimbabwe und dem Zambezi-Valley findet. Kaffernhorn-raben (*Bucorvus cafer*) sind die größten afrikanischen Nashornvögel. Diese über 1 m großen Bodenbewohner sind schwarz gefiedert mit roten Gesicht. Eine andere afrikanische Waldvogelfamilie sind die Turakos oder Lärm-vögel. Der unscheinbarste ist der Graulärmvogel (*Corythaixoides concolor*, siehe vorige Seite), der wegen seines lauten Geschreis jeden Eindringling verrät und den englische Namen 'Go-away-Bird' trägt. Er lebt in trockenem Busch und Akazienwäldern. Eine besondere Stellung nehmen die Berg-urwälder der Eastern Highlands ein, in denen neben Turakos, Bartvögeln und Nektarvögeln auch der sehr seltene Swynnertonrötel (*Swynnertonia swynnertoni*) sowie die endemischen Arten Selinda-Feinsänger (*Apalis Chirindensis*) und Roberts-Prinie (*Oreophilais robertsi*) vorkommen.

Sonstige typische Vögel

Afrikas markantester Vogel ist zugleich der größte der Welt – der flugunfähige Strauß (*Struthio camelus*). Freilebend kommt er vor allem im Westen des Landes vor, außerdem gibt es inzwischen etliche Straußenzuchtfarmen. Ungewöhnlich ist das Brutverhalten des bis zu 2 m großen Vogels, denn Strauße benützen ein gemeinschaftliches Nest. Nachts brütet das Familien-oberhaupt, tagsüber seine Haupthenne. Alle Nebenhennen legen ihre Eier ebenfalls in dieses Nest, um sie ausbrüten zu lassen. So faßt ein Nest manch-mal bis zu 100 Straußeneier, von denen jedes einzelne so groß ist wie 24 Hühnereier. Der größte flugfähige Vogel der Welt ist die bis zu 1,5 m große Riesentrappe (*Ardeotis kori*), die in Zimbabwe allerdings nur im Nordwe-sten, dem Kazuma Pan N. P. und um das Robins Camp auftritt.

Zu den häufigsten afrikanischen Vögeln gehört der recht zutrauliche Graubülbül (*Pycnonotus barbatus*), aber auch Stare sind sehr weit verbreitet. Der Lappenstar (*Creatophora cinerea*) ist ein geselliger Savannen- und Weidelandbewohner, während der Mevesglanzstar (*Lamprotornis mevesii*) Mopanewälder bevorzugt. In den Nationalparks sieht man häufig den Rotschnabel-Madenhacker (*Buphagus erythrorhynchus*) auf Großwild, wie Büffel und Kudus, sitzen, denn er ernährt sich von Zecken und Parasiten.

Schildraben (*Corvus albus*) sind Müllfresser, die häufig bei menschlichen Siedlungen und Camps leben. Sie werden etwa 45 cm groß und sind schwarz gefiedert, mit weißer Brust und einem weißen Halsband.

Sehr vielfältig und mitunter schwer zu identifizieren sind die unterschied-lichen Webervögel. In trockenen Mopanewäldern und Dornbusch-landschaften sind u. a. Büffelweber (*Bubalornis albirostris*) und Mahaliweber (*Plocepasser mahali*) häufig anzutreffen.

*Wachsame
Riesentrappe*

Bezaubernd sehen die schlanken, leuchtend gefärbten afrikanischen Bienen-fresser aus, wie z. B. der scharlachrote Karminspint (*Merops nubicoides*). Während der Regenzeit brütet der Zugvogel in großen Kolonien gerne in sandigen Steilufern der Flüsse in Niedrigzonen. Ein weiterer, höchst attraktiver afrikanischer Migrant ist der Paradiesschnäpper (*Terpsiphone viridis*). Ein prächtiges Gefieder haben auch die mittelgroßen Gabelracken (*Coracias caudata*), die meist einzeln oder paarweise auf trockenen Zweigen oder Stromleitungen sitzen (siehe Bild vorige Seite).

*Der leichteste
Vogel
Zimbabwes,
Grey Penduline,
wiegt nur 6
Gramm*

Die Nachtaktiven

Eulen, Uhus und Käuze gehören zu den Jägern mit nächtlicher Lebensweise. Sie haben meist Hakenschnäbel, große Köpfe und direkt nach vorne blickende Augen. Ihr Flug ist geräuschlos und der Blick starr. Weite Verbreitung finden Schleiereulen (*Tyto alba*), Zwergohreulen (*Otus senegalensis*) und Fleckenuhus (*Bubo africanus*). Entlang des Sambesi und im Lowveld sind Fischeulen (*Scotopelia peli*) häufig. In Trocken- und Buschsavannen ist der Perlkauz (*Glaucidium perlatum*) manchmal auch am Tage zu sehen.

Diese Beschreibungen können nur als ein kleiner Einblick in die faszinierende Vogelvielfalt des Landes gelten. In Anbetracht der Fülle an Arten sei jedem Vogelfreund die Investition in ein gutes Fernglas und ein informatives Vogelkundebuch (siehe Literaturliste) empfohlen.

Info

87

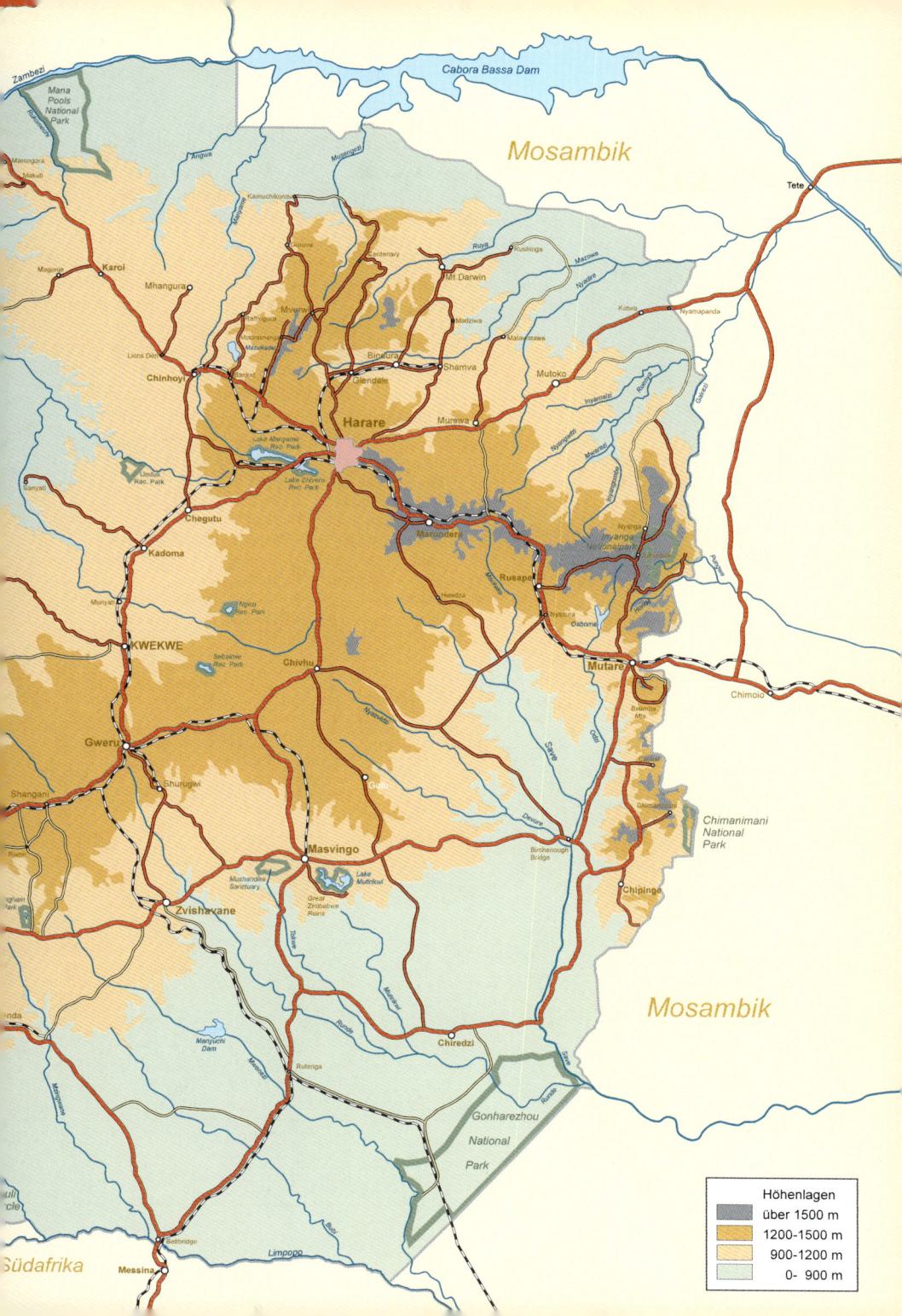

HARARE UND UMGEBUNG

Kariba
Harare
Vic-Falls
Mutare
Bulaw.
Masv.

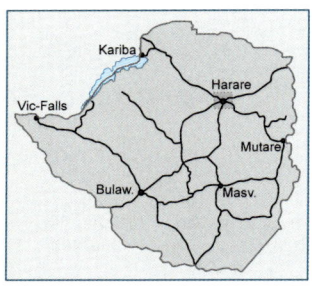

Für die meisten Besucher stellt Harare die erste Begegnung mit Zimbabwe dar, und es mag viele verwundern, daß die Hauptstadt so wenig 'afrikanisch' anmutet. Aufgeräumt, gepflegt und übersichtlich wirkt Harare, wie eine Stadt, die *Big Business* und braven Landhausstil miteinander verbindet. Die Skyline des Zentrums unterstreicht mit ihren eleganten Hochhäusern und modernen Glasfassaden die wirtschaftliche Bedeutung Harares. Doch außerhalb des geschäftigen Innenstadtbereichs scheinen die Viertel (*Suburbs* und *Townships*) noch nach alter Kolonialistentradition aufgeteilt zu sein – einerseits die ansprechenden,

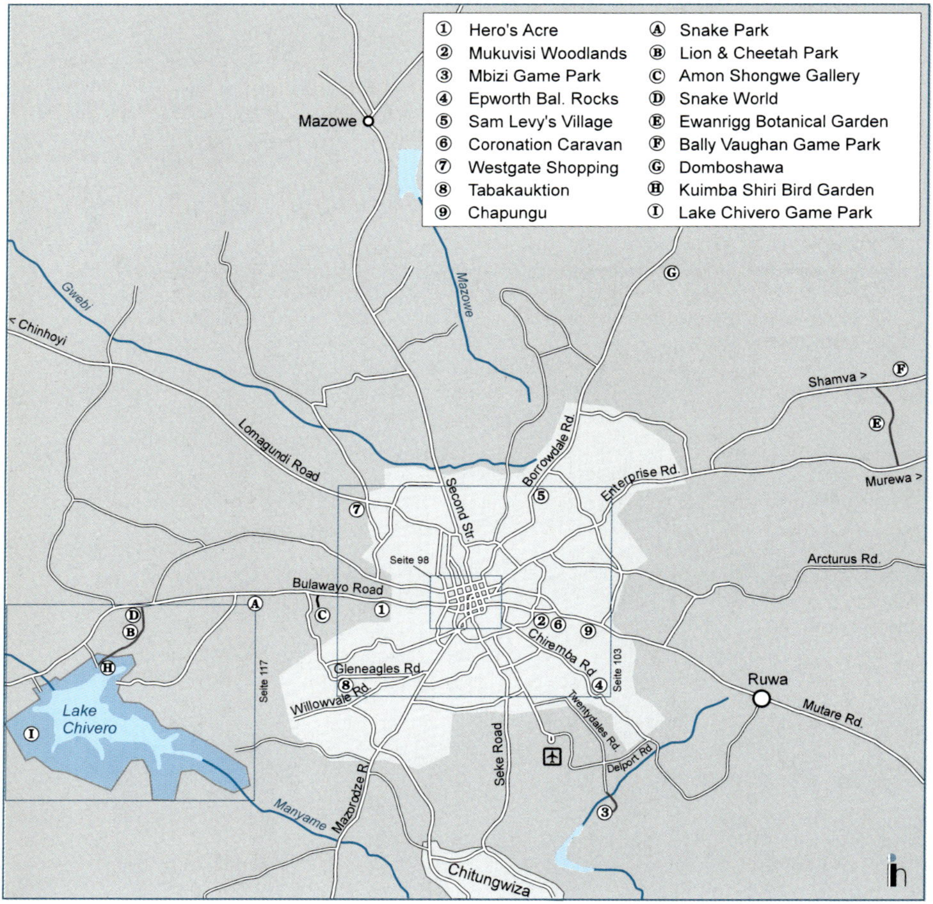

① Hero's Acre
② Mukuvisi Woodlands
③ Mbizi Game Park
④ Epworth Bal. Rocks
⑤ Sam Levy's Village
⑥ Coronation Caravan
⑦ Westgate Shopping
⑧ Tabakauktion
⑨ Chapungu
Ⓐ Snake Park
Ⓑ Lion & Cheetah Park
Ⓒ Amon Shongwe Gallery
Ⓓ Snake World
Ⓔ Ewanrigg Botanical Garden
Ⓕ Bally Vaughan Game Park
Ⓖ Domboshawa
Ⓗ Kuimba Shiri Bird Garden
Ⓘ Lake Chivero Game Park
Mazowe
Mazowe
Gwebi
< Chinhoyi
Shamva >
Murewa >
Lomagundi Road
Second Str.
Borrowdale Rd.
Enterprise Rd.
Arcturus Rd.
Seite 98
Bulawayo Road
Chiremba Rd.
Seite 103
Gleneagles Rd.
Willowvale Rd.
Seite 117
Lake Chivero
Twentydales Rd.
Delport Rd.
Seke Road
Mazorodze R.
Manyame
Chitungwiza
Ruwa
Mutare Rd.

verkehrsberuhigten Villenviertel mit Parkanlagen, großen, blühenden Gärten und hohen Schutzzäunen, andererseits enge, dicht aneinandergereihte Quartiere für die schwarze Bevölkerungsmehrheit. Nach Einbruch der Dunkelheit wirkt auch Harare, wie die meisten afrikanischen Großstädte, leer und ausgestorben. Dabei ist das Nachtleben sogar relativ gut entwickelt. Jedoch flaniert man hier nicht abends in der Stadt; die Nachtschwärmer suchen gezielt per Auto oder Taxi Restaurants, Nachtclubs und Kinos auf.

Nur noch 20 % der Einwohner Harares sind Weiße

Das Klima ist sehr angenehm, im Juni und Juli sogar recht frisch mit Nächten unter 0° C. Die Stadt scheint von der Natur verwöhnt, in den Gärten blüht es das ganze Jahr über. Ihren großzügigen Parkanlagen und dem tropischen Flair verdankt Harare den Beinamen „Garden City", wegen ihres angenehmen Klimas wird sie auch „Sunshine City" gepriesen. Am schönsten ist Harare zur Zeit der Jacarandablüte im September und Oktober, wenn sich über viele Straßenzüge ein zarter, blau-violetter Teppich ausbreitet.

Harare liegt in gesunder Höhe auf 1470 m und gilt als malariafrei

Stadtgeschichte

Die Geschichte der Landeshauptstadt begann am 12. September 1890, als die Pionierkolonne nach monatelanger Reise eine fruchtbare Hochebene erreichte. Colonel Pennefather war als Kommandant der Siedlertruppe mit einigen Männern vorausgeritten und beschloß beim Anblick des saftigen Tals am Mukuvisi River, diese Stelle als Basis für die künftige Hauptstadt der Kolonie zu nehmen. Freilich war das Gebiet nicht unbesiedelt. Ursprünglich hatte hier der Harava-Volksstamm unter Chief Mbare gelebt, doch waren die Havara von Chief Gutsas Volk vertrieben worden, das sich daraufhin selbst hier niederließ. Die forschen Siedler kümmerte das wenig, und schon am nächsten Morgen stießen die Pioniere einen langen Fahnenmast in die Erde, hißten den Union Jack und feuerten 21 Schuß Salut. Damit hatten sie von diesem Gebiet Besitz ergriffen. Anschießend errichteten sie ein Fort um die Fahnenstange (an dieser Stelle befindet sich heute der African Unity Square), welches sie nach dem amtierenden britischen Premierminister Lord Salisbury benannten. Die ersten Hütten der Siedler entstanden am Fuße des Kopje-Berghügels an der Pioneer Street (heute Kaguvi Street) sowie beim Fort. Dadurch entwickelten sich zunächst zwei voneinander getrennte Siedlungen. Schon im ersten Jahr wurde die Euphorie der Neuankömmlinge deutlich abgeschwächt. Das 'sanfte Flußtal' erwies sich nämlich in der Regenzeit als überschwemmter Sumpf, der die beiden Siedlungen durchzog. Malaria und Schwarzwasserfieber brachen aus, eine Rattenplage tyrannisierte die Truppe. Es zeigte sich, daß das Gelände ungünstig gewählt war und mühsam trockengelegt werden mußte. Die Lebensmittelversorgung brach zusammen, das verheißene Gold hatte auch niemand gefunden, und es herrschte wegen der rohen Lebensbedingungen Frauenverbot. Als Cecil Rhodes im Oktober 1891 erstmals sein erobertes Land und Fort Salisbury besuchte, traf er auf eine demoralisierte Truppe in desolatem Zustand. Er versprach Verbesserungen, ließ als erstes Alkohol einführen und wenig später Frauen nachkommen – Nonnen, Prostituierte und Siedlerfrauen. Nachdem Gold- und Diamantenfunde ausblieben, mußten sich die Siedler der Landwirtschaft zuwenden. Sie nahmen sich ohne Skrupel das Land der Shona und legten mühevoll Felder an. Mit den ersten Ernten verbesserten sich bald die Nahrungsmittelversorgung, und im Jahr 1892 gab es schon

Stadtgründung im September 1890

Bilder folgende Seiten: Moderne Einkaufszentren, Bürogebäude, Bildhauer bei der Arbeit

mehrere Läden in der Manica Road (heute Robert Mugabe Road). Gleichzeitig eröffneten das erste Hotel, eine kleine Bankfiliale und eine Schule für die zehn ansässigen europäischen Kinder. Auch eine Zeitung wurde gedruckt, 'Mashonaland Herald', der Vorläufer des 'The Herald'. Der Überfall auf das Matabeleland und die anschließende Gründung Bulawayos schwächten Salisburys Position vorübergehend, denn viele Siedler ließen sich nun im Matabeleland nieder, wo die BSAC großzügig das Land der Ndebele verteilte. Obwohl Cecil Rhodes versicherte, Salisbury solle die Hauptstadt der Kolonie bleiben, stand die Ansiedlung doch für viele Jahre im Schatten ihrer jüngeren Schwester.

Der bewaffnete Shona-Aufstand von 1896 (Erster Chimurenga) traf das beschauliche Siedlerleben vollkommen unerwartet. Dabei hatten die Europäer den Widerstand durch zügellosen Landraub und zunehmende Verordnungen zur Zwangsarbeit regelrecht herausgefordert. Sechs Wochen lang belagerten die Aufständischen Salisbury, während sich die Siedler im städtischen Gefängnis verbarrikadierten. Hilfe erhielten sie schließlich von anrückenden britischen Truppen, die den Shona-Aufstand brutal niederschlugen. Nach dieser Zeit festigten die Europäer ihre Vorherrschaft und bauten die städtische Infrastruktur kontinuierlich aus. 1899 erhielt Salisbury Bahnanschluß von Beira am indischen Ozean, drei Jahre später folgte die Verbindung mit Bulawayo.

Im selben Jahr wurde Salisbury offiziell zur Hauptstadt Südrhodesiens ernannt. 4000 Einwohner zählte die Stadt damals. Elektrische Straßenbeleuchtung und eine gesicherte Trinkwasserversorgung erhielten die Bürger durch die Stauung des Mukuvisi zum Cleveland Dam im Jahre 1913. Als Südrhodesien 1923 in eine britische Kronkolonie überging, wurde Salisbury zum Regierungssitz ernannt, und zwölf Jahre später wurden ihr auch die Stadtrechte vergeben. Der Zweite Weltkrieg führte Salisbury einen rasanten wirtschaftlichen Aufschwung zu. Hier war ein bedeutendes Ausbildungszentrum für Air Force Piloten stationiert. Viele dieser Piloten blieben auch nach dem Kriegsende in Salisbury, zusätzlich setzte ein massiver Zustrom kriegsmüder Emigranten aus dem zerbombten Europa ein. Die gewachsene Bedeutung der Stadt verdeutlichte sich 1953, als Salisbury zur Hauptstadt der frischgebackenen Zentralafrikanischen Föderation ernannt wurde. In den nächsten Jahren siedelten sich hier bedeutende Wirtschaftsunternehmen an. Kontinuierlich baute Salisbury seine Stellung als Verkehrsknoten, Finanz-, Geschäfts- und landwirtschaftlichem Zentrum aus. Direkt nach der Unabhängigkeit Zimbabwes vollzog die Regierung am 22.04.1980 die Umbenennung des Stadtnamens in Harare, anlehnend an das Volk, welches hier ursprünglich gelebt hatte. Mittlerweile zählt Harare ungefähr 2 Mio. Einwohner. Seit April 1996 besteht eine Städtepartnerschaft mit München.

Oben:
Stadtwappen
von Harare,
Werbung für
Chibuku-
Maisbier

Das eigentliche
Zentrum

Siehe
Stadtpläne
von Harare,
Seite 98
und 103

Info!

Orientierung

Harares Stadtgebiet wuchert regelrecht nach allen Richtungen; ehemalige Vororte sind längst mit der City zusammengewachsen. Dabei unterscheiden sich die einzelnen Stadtviertel immer noch danach, zu welchem Zweck sie ursprünglich angelegt wurden. Die Europäer haben sich traditionell im Norden und Nordosten niedergelassen, in wohlklingenden Wohnvierteln wie *Highlands, Mount Pleasant, Borrowdale* und *Greendale*. Zögerlich ziehen heute Schwarze, die zu Wohlstand gekommen sind, in diese Gegenden. Die Townships für Schwarze waren ursprünglich jeweils für bestimmte Berufsgruppen angelegt worden, z. B. *Rugare Township* für die Bahnarbeiter, und *Highfield, Glen Norah, Kambuzuma* und *Mufakose* (alle im Südwesten der Stadt gelegen) für die Industriearbeiter. Servants, die Hausangestellten, wurden dagegen in *Tafara, Mabvuku* und *Dzivaresekwa* untergebracht, drei kleine Townships am Rande der Stadt. Daneben gibt es noch die klassischen, wenig attraktiven Industriegebiete *Workington, Southerton* und *Willowvale*, die sich südwestlich vom Stadtzentrum und dem Kopje anschließen. In direkter Nachbarschaft liegt das bunte Viertel *Mbare* an der Stelle, wo vor mehr als Einhundert Jahren das Dorf der Harava stand. *Chitungwiza* ist dagegen eine eigene, mehrere Hunderttausend Einwohner zählende Stadt südlich von Harare, eine Domäne der schwarzen Arbeiter, die sicherlich auch eines Tages mit der Hauptstadt zusammenwächst.

Der Innenstadtbereich Harares wird im Süden vom Berghügel Kopje und der Bahnlinie, im Osten von der Enterprise Road, im Norden von der Josiah Tongogara Avenue und im Westen von der Prince Edward Road begrenzt. Das eigentliche Geschäftszentrum läßt sich allerdings auf die Region zwischen Samora Machel Ave., Forth Street, Robert Mugabe Ave. und Julius Nyerere Way begrenzen. In diesem Bereich befinden sich auch die meisten Ladenzeilen und Safariagenturen. Das Herz Harares bildet der belebte African Unity Square, nicht weit entfernt liegt die Fußgängerzone *The Mall* in der First Street.

Betrachtet man den Innenstadtplan genauer, kann man noch deutlich erkennen, wie einst am Kopje und beim heutigen African Unity Square getrennte Siedlungen wuchsen. An der Nahtstelle, wo beide Siedlungen schließlich zusammentrafen, findet man heute versetzt verlaufende Straßenzüge in dem sonst sehr geometrischen Linienmuster. Als Orientierungshilfe dient die Einteilung der von Norden nach Süden verlaufenden Straßen in *Streets* mit Nummern von 1 bis 10, wogegen die quer von Westen nach Osten verlaufenden Straßen *Avenues* heißen (einzige Ausnahme: Robert Mugabe Road).

Die Baker Avenue wurde vor einigen Jahren – wie viele andere Straßen bereits direkt nach der Unabhängigkeit – umbenannt und heißt jetzt Nelson Mandela Avenue. Auf einigen Stadtplänen taucht noch der alte Name auf.

Sehenswertes in Harare

African Unity Square

Das pulsierende Herz Harares, der African Unity Square, ist ein geschichtsträchtiger Platz. An dieser Stelle hatten die Pioniere am 13. September 1890 feierlich den Union Jack gehißt und Fort Salisbury gegründet. In seinem Umkreis entstanden die ersten Wohn- und Geschäftshäuser der Siedlung. Mit den Jahren hat sich das Bild des Platzes (früher Cecil Square) deutlich verändert. Im Zentrum stehen ein Springbrunnen und ein bronzenes Denkmal inmitten des begrünten Platzes, zu den Straßen hin, wurden schattenspendende Jacarandabäume gepflanzt. Besonders zur Mittagszeit füllt sich der African Unity Square mit Büroangestellten und Schülern, die auf der Wiese rasten. Straßenhändler haben ihre Waren an den Fußwegen ausgebreitet und auf der Südseite, vor dem eleganten Meikles Hotel, ist der farbenprächtige Blumenmarkt untergebracht. Leider wurde der alte Kolonialbau des traditionsreichen Hotels in den 60er Jahren abgerissen und durch einen eher phantasielosen Neubau ersetzt, in dessen unmittelbarer Umgebung sich etliche Souvenirläden etabliert haben. Schräg gegenüber dem Hoteleingang, an der Westseite des Platzes, befindet sich in einem unscheinbaren Häuschen die Touristeninformation. Die gegenüberliegende Straßenseite, an der 2nd St./Ecke G. Silundika Ave., dominiert das mächtige *Herald House*. Im Eingangsbereich des Verlagshauses erinnern riesige, nostalgische Schreibmaschinen an die Anfänge der größten Tageszeitung Zimbabwes, die bereits 1891 von Mr. Fairbridge unter dem Namen *Mashonaland Herald* ins Leben gerufen wurde. Auf der Nordseite des African Unity Square schließen zwei weitere Sehenswürdigkeiten den rechteckigen Platz ab, die anglikanische Kirche und das Parlamentsgebäude.

Wo einst Fort Salisbury stand, befindet sich heute der lebendige African Unity Square

Tourist Office

Anglican Cathedral

Der Grundstein der "St. Mary and all Saints Cathedral", der ältesten und größten Kirche der Stadt, wurde 1913 dort gelegt, wo einst die Pioniere ihre erste kleine Kapelle errichtet hatten. Nur das aus Zigarrenkisten gefertigte Altarkreuz ist von diesem historischen Gotteshaus erhalten geblieben, welches heute in der St. George Kapelle im Inneren der Kirche aufbewahrt wird. 50 Jahre Bauzeit waren bis zur Fertigstellung der anglikanischen Kirche und des Glockenturms nötig. Der mächtige, dunkle Steinbau wird heute längst von den umliegenden modernen Hochhäusern überragt. Von innen überrascht die Kirche durch ihre rosafarbenen Seitenwände und die türkisfarbene Deckenbemalung, die sich gegen die grauen, schlichten Steinsäulen und hölzernen Deckenbalken spannungsreich abheben.

Sehen Sie sich die Anglican Cathedral auch von innen an

Parliament of Zimbabwe

Das große Eckgebäude rechts der anglikanischen Kirche hat eine wechselvolle Geschichte. 1895 sollte hier ein Hotel entstehen, doch ging den Bauherren bald das Geld aus. Als im darauffolgenden Jahr der Shona-Aufstand losbrach, diente der Rohbau vorübergehend als Militärbaracke. Mit dem endgültigen Bankrott der Besitzer ging das Gebäude an die BSAC über. Die Handelsgesellschaft wollte zuerst ein Postamt daraus machen, bestimmte es aber 1899 zu einem Verwaltungsgebäude. Dabei blieb es, bis sich die BSAC 1923 aus Südrhodesien zurückziehen mußte. Die Kolonie erlangte

Ehrwürdiges Parlamentsgebäude

GIANTS PLAYGROUND
MONUMENT FORMATION
THE NUNS CAPS
BAFFLE ROCK
THE ALOE
THE EGG ROCK
AMPHITHEATRE

nun Selbstverwaltung, und seither tagt hier das Parlament. Das Haus ist immer wieder umgebaut worden, seine heutige Außenfassade erhielt es jedoch schon 1938. Wer Interesse hat, einer Parlamentssitzung beizuwohnen, darf in angemessener Bekleidung (für Herren besteht Krawattenzwang) zur Zuschauertribüne, die durch eine Glaswand vom Sitzungssaal getrennt ist. Die Debatten werden in englischer Sprache übertragen. An sitzungsfreien Tagen kann man auch an einer Führung durch das Parlament teilnehmen (Infos unter Tel. 14-729722).

Besuch beim Parlament von Zimbabwe

The Mall Fußgängerzone

Vom African Unity Square ist es nur ein Häuserblock bis zur First Street, der autofreien Einkaufsmeile Harares. Ein buntes Gemisch aus Straßenmusikanten und 'Fliegenden Händlern', Schnellrestaurants und Boutiken, Bettlern, Eisverkäufern und Zeitungsjungen erwartet den Besucher. Seinen Status als Einkaufsparadies hat die Mall allerdings längst gegen die modernen Shopping Centres, wie Westgate und Sam Levy's, eingebüßt.

Harares kleine Fußgängerzone

Robert Mugabe Road

Im Süden endet die Fußgängerzone direkt an der Robert Mugabe Road. An dieser ältesten Geschäftsstraße Harares, vor der Unabhängigkeit Manica Road genannt, stehen noch viele Zeugnisse der frühen Kolonialzeit. Am besten folgt man ihr von der First Street in westlicher Richtung. Hier zeigt sich eine bunte Mischung allerlei Baustile; stehen postkoloniale, nüchterne Betonbauten neben zweistöckigen Häusern aus den 20er Jahren, und man findet liebevoll Restauriertes neben vernachlässigten, baufälligen Häusern. Viele der kolonialen Überbleibsel haben verspielte Veranden, schmiedeeiserne Balkone und Säulenarkaden. Da sieht man viktorianische Architektur und barocke Einflüsse, Elemente aus Jugendstil und Art Deco, Holzkonstruktionen und den Kapstädter Landhausstil. Dabei ist die Straße keineswegs museumshaft, sondern sehr belebt, laut und mit modernen Bürokomplexen durchmischt. Man muß die architektonischen Besonderheiten also schon aufmerksam wahrnehmen. So stehen z. B. gleich an der Ecke zur First Street das ehrwürdige *Standard Chartered* Bankgebäude von 1911 und ein paar Meter weiter der Waffenladen *Fereday & Sons*, dessen Fassade mit Säulen und Veranda, wie auch das Interieur, seit 1923 unverändert erhalten sind. Auch das *Union Building* von 1910, etwas weiter entlang der Straße, ist beachtenswert.

Koloniales und architektonische Abwechslung

Spaziergang durch die unterschiedlichen Epochen der Stadt

Zweigt man an der großen Kreuzung rechts in den Julius Nyerere Way ein, erreicht man einen Häuserblock später auf der linken Straßenseite das Town House.

Weiter zum Town House

Town House

Auf den Tag genau 40 Jahre nach der Stadtgründung wurde der Grundstein für dieses Rathaus gelegt (1930). Der selbstbewußte, freundliche Baustil zeugt von der damals herrschenden Lebenseinstellung, dem zufriedenen Selbstverständnis der Kolonie. Breite Steintreppen führen zum Eingang hinauf, den zwei schlanke Säulen flankieren. Vor dem Eingang wurde eine kleine Grünfläche angelegt, und 1950 dort eine hübsche Blumenuhr eingepflanzt.

Bilder links:
Epworth Balancing Rocks im Südosten der Stadt

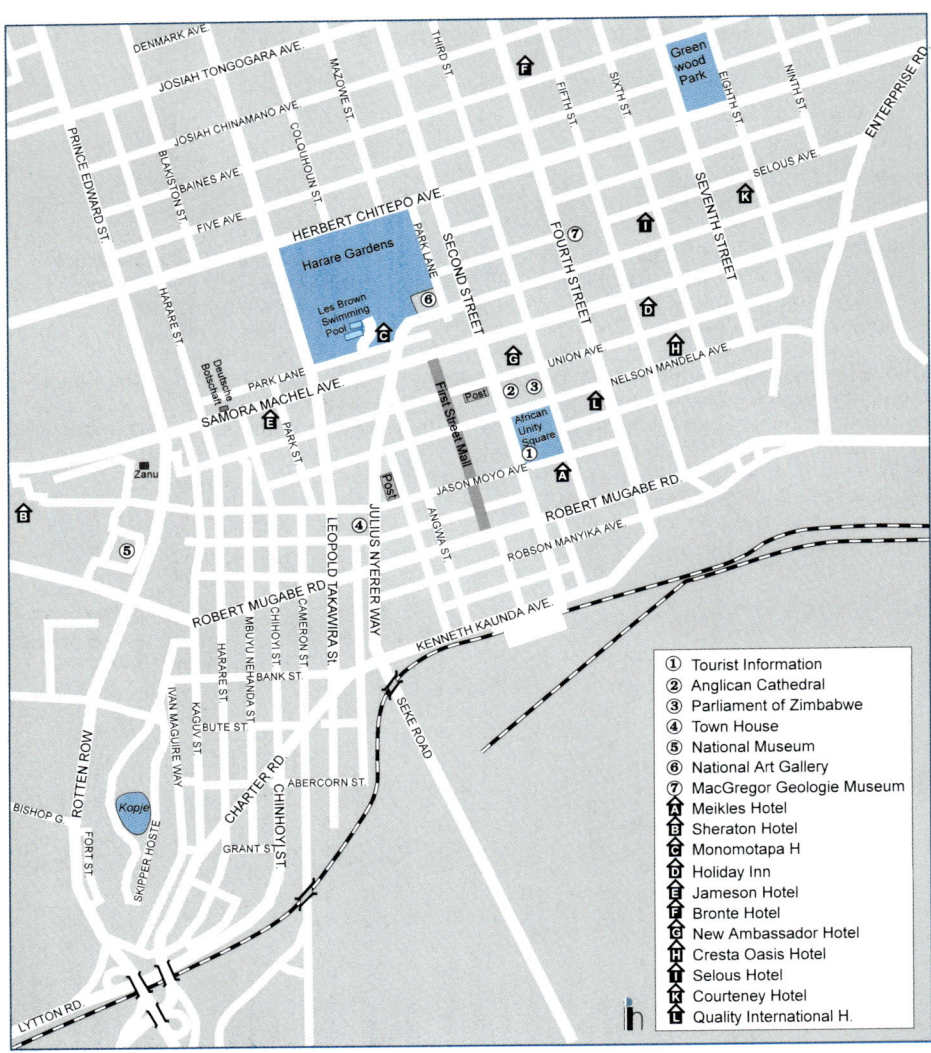

① Tourist Information
② Anglican Cathedral
③ Parliament of Zimbabwe
④ Town House
⑤ National Museum
⑥ National Art Gallery
⑦ MacGregor Geologie Museum
Ⓐ Meikles Hotel
Ⓑ Sheraton Hotel
Ⓒ Monomotapa H.
Ⓓ Holiday Inn
Ⓔ Jameson Hotel
Ⓕ Bronte Hotel
Ⓖ New Ambassador Hotel
Ⓗ Cresta Oasis Hotel
Ⓘ Selous Hotel
Ⓙ Courteney Hotel
Ⓚ Quality International H.

Innenstadtplan von Harare

Südwestlich des Town House gelangt man in die Region, wo 1890 zu Füßen des Kopje die ersten Siedlerbehausungen entstanden. Je näher man dem Kopje kommt, um so afrikanischer wird die Atmosphäre. Die vielen Läden sind kleiner, und ihr Kundenkreis sind eher die afrikanische Mittelschicht und Asiaten. Auch hier findet man wieder besondere Kolonialbauten. An der Mbuyu Nehanda Street, zwischen Bank Street und Bute Street, wurde die alte Markthalle von 1894 aufwendig restauriert. Sie gilt als zweitältestes Gebäude Harares, steht heute unter Denkmalschutz und beherbergt einen Gemüsemarkt. An der Robert Mugabe Road zwischen Kaguvi und Harare Street steht das älteste noch erhaltene Hotel der Stadt, das Queens Hotel.

Das Queens Hotel wurde 1899 erbaut

Von hier aus ist es nicht mehr allzu weit bis zum Nationalmuseum. Man folgt der Robert Mugabe Road bis über die breite Rotton Row und zweigt kurz danach rechts in den Willoughby Crescent ein.

National Museum of Human Sciences & Civic Centre

Das Nationalmuseum (früher Victoria Museum, Tel. 14-707202) liegt auf dem Gelände des Civic Centre am Willoughby Crescent. Im Vergleich mit dem Nationalmuseum von Bulawayo ist die hiesige Sammlung zwar etwas dürftig, doch lohnt sich ein Besuch schon wegen der bemerkenswerten archäologischen und Fossiliensammlungen. Weitere Schwerpunkte liegen in den Bereichen Evolutions- und Kolonialgeschichte, außerdem gibt es eine naturkundliche Ausstellung. Öffnungszeiten: Täglich von 09.00– 17.00 h, der Eintritt beträgt 2 US$.

Neben dem Museum ist die Stadtbücherei untergebracht

Westlich des Civic Centers schließt sich übrigens, jenseits vom Sheraton Hotel und dem Konferenzzentrum, das städtische Messegelände an, auf dem u. a. im August jeden Jahres die vielbeachtete Landwirtschaftsausstellung stattfindet. Es liegt im Stadtteil Belvedere, auf dem sich früher der Flugplatz befunden hatte. Daran erinnern noch einige Straßenzüge mit Namen wie Cessna, Concorde oder Boeing. Die ehemalige Landebahn wird heute als Straße benutzt. Inzwischen hat sich Belvedere zu einem indischen Wohnviertel entwickelt, hier befinden sich auch ein islamisches Zentrum und ein Hindutempel.

Messegelände im Stadtteil Belvedere

Für den Rückweg ins Zentrum bietet sich die Samora Machel Avenue an. Die Kreuzung zur Rotton Row wird von einem modernen, ungewöhnlichen Hochhaus geprägt, dessen Ähnlichkeit zu den landesweit beliebten Maisbier-Behältern den Volksmund zur Bezeichnung 'Chibuku House' inspirierte. Dabei handelt es sich hierbei um das Hauptquartier der Regierungspartei ZANU-PF.

Chibuku-House an der Samora Machel Avenue

Man folgt der breiten Samora Machel Avenue stadteinwärts, vorbei an den Botschaftsgebäuden Deutschlands, Österreichs, Nigerias und Schwedens. An der Kreuzung zum Julius Nyerere Way, der mit einer eleganten Palmenreihe bepflanzt wurde, biegt man links zum Monomatapa Hotel ab. Versteckt zwischen den imposanten dunklen Gebäuden und Hochhäusern liegt auf der linken Seite die zierliche weiße, presbyterianische Kirche. Direkt dahinter thront das mächtige, im Halbbogen erbaute Monomatapa Hotel. Es grenzt an die grüne Oase der Stadt, Harare Gardens.

Rückweg ins Zentrum

Harare Gardens

Die 16 ha große, nahezu quadratische Parkanlage verströmt Ruhe und Frische inmitten des Zentrums. Hierher kommen tagsüber unzählige Besucher zum Ausruhen, Picknicken und Schlendern. Der größte Teil des Parks besteht aus grünen Wiesen und lockerem Buschwerk, ein kleinerer Bereich wurde als botanischer Garten angelegt, in dem man herrlich zwischen tropischen Pflanzen spazieren gehen kann. Ein Gartenlokal bietet Snacks und Getränke, und die Kleinsten können auf dem Spielplatz toben. Die Freilichtbühne wird vor allem an Wochenenden benützt, wenn Hunderte Müßiggänger den Park besuchen. Im Les Brown Stadtbad, das sich links vom Monomatapa Hotel auf dem Gelände anschließt, findet man nach einem anstrengenden Tag Erfrischung. Nach Einbruch der Dunkelheit sollte man den Park allerdings aus Sicherheitsgründen dringend meiden.

Die städtische Parkanlage wird tagsüber viel besucht

National Art Gallery of Zimbabwe

Die Kunst-galerie von Harare genießt einen ausge-zeichneten Ruf

Die 1957 eröffnete Nationalgalerie hat sich im Laufe der Jahre zu einer der bedeutendsten Kunstgalerien im südlichen Afrika gemausert und verdient unbedingt einen Besuch. In dem eher schmucklosen Bau am Rande der Harare Gardens werden zeitgenössische Gemälde afrikanischer und europäischer Künstler dauerhaft ausgestellt, außerdem finden ständig variierende Wanderausstellungen, z. T. auch von Nachwuchskünstlern, statt. Im Freiluft-innenhof werden zahlreiche Shona-Skulpturen ausgestellt. Eine Exhibition traditionellen afrikanischen Kunsthandwerks mit Exponaten aus vielen Ländern des Kontinents rundet die Sammlung ab. Ein eigener Verkaufsraum bietet eine große Auswahl kunsthandwerklicher Artikel, aber auch Publikationen und Kunstpostkarten zu fairen Preisen an. Adresse: 20 Julius Nyerere Way/Ecke Park Lane, Tel. 14-704666. Öffnungszeiten: dienstags bis sonntags von 09.00–17.00 h, montags geschlossen. Der Eintritt beträgt ca. 1 US$.

Von der Galerie zum Geologie-museum

Von der Nationalgalerie ist es nur ein Katzensprung zur Kreuzung der Second Street und Central Avenue. Hier steht das denkmalgeschützte *Cecil House*, das 1901 erbaut und in den letzten Jahren liebevoll restauriert worden ist. Das stuckverzierte, viktorianische Gebäude wird allabendlich angestrahlt und schmückt eine Briefmarke Zimbabwes. Zwei Straßen weiter entlang der Central Avenue gelangt man zur 4th Street, wo sich das Geologie-museum befindet.

MacGregor Geologie Museum

Versteckt zwischen zwei großen Bürogebäuden in der 4th Street (im Maufe Building auf Höhe der Selous Ave.) liegt das kleine Geologiemuseum des *Department of Mines*. Es beherbergt eine umfangreiche Ausstellung heimischer Gesteinsarten und Mineralien, auf Landkarten sind die genauen Fundorte eingezeichnet. Öffnungszeiten: Montags bis freitags von 09.00–12.00 h und 14.00–16.00 h. Der Eintritt ist frei.

Auf dem Rückweg zum African Unity Square sollte man sich noch *The Stables*, das älteste erhaltene Gebäude Harares ansehen. Es wurde 1892 erbaut und befindet sich in der Samora Machel Avenue zwischen der 3rd und der 4th Street.

Kopje

Sehenswertes in der Peripherie

Aussichtspunkt mit ewigem Feuer

Von der höchsten Erhebung der Stadt genießt man einen ausgezeichneten Ausblick über die Stadt, besonders am späten Nachmittag, wenn die untergehende Sonne die moderne Skyline der Innenstadt bestrahlt. Die Zufahrt auf den Berghügel erfolgt über die Rotten Row oder die Bank Street in den Skipper Hoste Drive. An der höchsten Stelle, wo sich heute der Toposcope Aussichtspunkt befindet, fiel am 12. September 1890 Colonel Pennefathers Entscheidung zur Stadtgründung. Zwei Jahre später hat man hier ein Verteidigungsfort errichtet, welches allerdings nie benutzt wurde, und von dem heute noch klägliche Mauerreste erhalten sind. Während der Kolonialzeit wurden am Toposcope Markierungen angebracht, die dem Betrachter anzeigen, in welcher Richtung und Entfernung geographische Besonderheiten oder koloniale Errungenschaften liegen. Seit dem 18. April 1980, dem Unabhängigkeitstag Zimbabwes, wacht eine Bronzeschale mit 'Ewigem Feuer' auf dem Kopje.

Mbare Musika

Der größte städtische Markt strömt vielleicht noch am ehesten das afrikanische Flair aus, das man in Harare so oft vermißt. Hier drängt sich alles auf engstem Raum, und wie ein Geschwür breitet sich dieser Riesenmarkt immer weiter aus. Tausende Gerüche und Geräusche bombardieren den Besucher. Es dudeln afrikanische Rhythmen aus Kassettenrecordern, dazwischen rufen Händler, hupen Sammeltaxis an den Straßenrändern, reden Souvenirhändler auf Touristen ein. Mbare Market ist teilweise überdacht und bietet so ziemlich alles, was man sich vorstellen kann. Gebrauchsartikel, Metallwaren, Second Hand Kleidung, Töpfe, Obst und Gemüse, Fleisch, Arzneimittel, Zeitschriften und Schulhefte, Lampen, Fahrradersatzteile und vieles mehr. Auf kleinen Blechöfen kochen Frauen *Sadza* und braten Maiskolben. Was auf Fremde meist einen sehr exotischen Eindruck macht, veranschaulicht jedoch die Problematik vieler Arbeitsloser, die in der Großstadt vergeblich einen Job suchen, und sich nun mit Kleinhandel über Wasser halten.

Anreise: Der Markt liegt im afrikanischen Viertel Mbare zwischen der Chaminuka Street und der Harare Road South (neben dem Rufar Stadium). Per Bus erreicht man ihn vom Busbahnhof an der Angwa Street zwischen South Ave. und Robson Manyika Ave. Ein Besuch des Mbare Marktes ist Programminhalt der meisten Stadtrundfahrten. Der Markt findet täglich von 06.00-18.00h statt.

Ausufernder Stadtmarkt

Bei einem Besuch des Marktes ist Vorsicht vor Langfingern geboten!

Hero's Acre

Ein Denkmal für die gefallenen Helden des Befreiungskampfes sollte es werden. Nach 90 Jahren Kolonialgeschichte, in denen die Weißen ihren Helden so viele Denkmäler gesetzt hatten, sollte das afrikanische Volk auch eine Gedenkstätte erhalten – größer, pompöser und gewaltiger als alle anderen zuvor. Man überließ die Planung den streng sozialistischen Nordkoreanern, die dem Heldendenkmal einen entsprechenden Stempel aufdrückten. Schade, denn gerade in Zimbabwe hätte man doch auf einheimische Künstler zurückgreifen und ein wahrhaft einmaliges Kunstdenkmal schaffen können. So aber wirkt die Anlage nicht wie ein afrikanisches, volksnahes Denkmal, sondern wie das Monument einer politischen Weltanschauung.

Trotz der volkseigenen Kreativität ließ man das Denkmal von Nordkoreanern gestalten

Denkmal für die afrikanischen Helden der jungen Nation

Hero's Acre befindet sich etwa 5 km westlich der Stadt auf einem Hügel mit weitem Ausblick über Harare. Direkt an der Abzweigung von der Bulawayo Road wacht ein Militärposten an der Zufahrt (in dem Gebäude ist eine Militärausstellung der jüngeren Landesgeschichte untergebracht). In Begleitung eines freundlichen und auskunftsfreudigen Soldaten fährt man zum Monument hinauf. Es wird von einem 40 m hohen Obelisk dominiert, an dessen Spitze die 'Ewige Flamme' brennt. Zu beiden Seiten schließen sich riesige Bronzereliefs an, die auf je drei Tafeln kriegerische Szenen der Landesgeschichte darstellen. In deren Mitte stehen drei gewaltige Bronzefiguren, zwei Männer und eine Frau in kämpferischer Pose, vor dem Grabmal des unbekannten Soldaten. Hier sieht man eine gewisse Mischarchitektur. Die sozialistischen Motive werden mit kulturhistorischen Elementen, wie der Vogelfigur von Great Zimbabwe und Mauerwerk, das an die Ruinen erinnert, ergänzt. Das Denkmal wird von einem steinernen Amphitheater umschlossen, das bei den gelegentlichen Versammlungen und Gedenkfeiern vielen Tausend Menschen Platz bietet. Auf Hero's Acre wurden bisher etwa 60 Menschen bestattet, die dem jungen Staat ehrenhaft gedient haben. Unter ihnen finden sich viele Aktivisten aus dem blutigen Befreiungskrieg, deren Namen auch Touristen geläufig sind, weil nach ihnen wichtige Straßenzüge benannt wurden, z. B. Herbert Chitepo, George Silundika und Josiah Tongogara.

Touristen soll der Besuch von Hero's Acre künftig erleichtert werden

Früher konnte man Hero's Acre nur besuchen, wenn man sich vorher eine Erlaubnis beim *Ministry of Information* in Harare besorgt hatte (Nelson Mandela Ave. im Liquenda House, wo auch das Immigration Office untergebracht ist). Touristen erhielten die Genehmigung zwar ohne Schwierigkeiten, doch zeigte sich bald, daß diese Regelung für Kurzzeitbesucher sehr unpraktisch war. Daher wurde diese Anweisung gelockert, und es ist geplant, sie ganz aufzuheben. Zutritt und Führung (auch durch das Militärmuseum) sind gratis. Anreise per Bus: Irgendein Bus Richtung Norton, den man am Militärposten verläßt.

Tabakauktionen

Besuch bei der größten Tabakauktion der Welt

Die Luft ist von beißendem Tabakgeruch geschwängert, unverständlicher Singsang hallt von einem Menschengewühl zwischen endlosen Ballen Tabak herüber, alle paar Sekunden setzt sich die Gruppe in Bewegung, gebannte Anspannung auf den Gesichtern der Männer, ab und zu ein Nicken, ein Handschlag, jemand kritzelt schnelle Notizen auf kleine Zettel, während der Mann in der Mitte nicht nachläßt mit seinem immerwährenden Sprechgesang – die meisten Besucher sind fasziniert von dem Schauspiel einer Tabakauktion. Das eingespielte Ritual, mit dem der Auktionator in Sekundenschnelle (pro 100-kg-Tabakballen ca. 5 Sekunden) den Tabak versteigert, macht den Eindruck eines perfekten Chaos, in dem nur Insider durchblicken. Doch die Eile ist geboten, schließlich wechseln hier täglich rund 18 000 Tabakballen ihren Besitzer. Sozusagen berufstypisch ist der monotone Singsang, mit dem jeder Auktionator seine Ware anbietet, und den Ungeübte kaum verstehen. Ein Geschäft läuft hier übrigens ähnlich wie an der Diamantenbörse noch mit Handschlag und mündlicher Zusage, die meisten Händler und Auktionsleiter kennen sich sowieso seit vielen Jahren. Die Tradition der Tabakauktionen reicht hier bis 1936 zurück.

Tabak ist die zweitwichtigste Devisenquelle des Landes

In Harare gibt es drei Auktionshäuser, zwei in der Gleneagles Road im Stadtteil Willowvale (BMZ und TSF), das dritte in der Masvingo Road

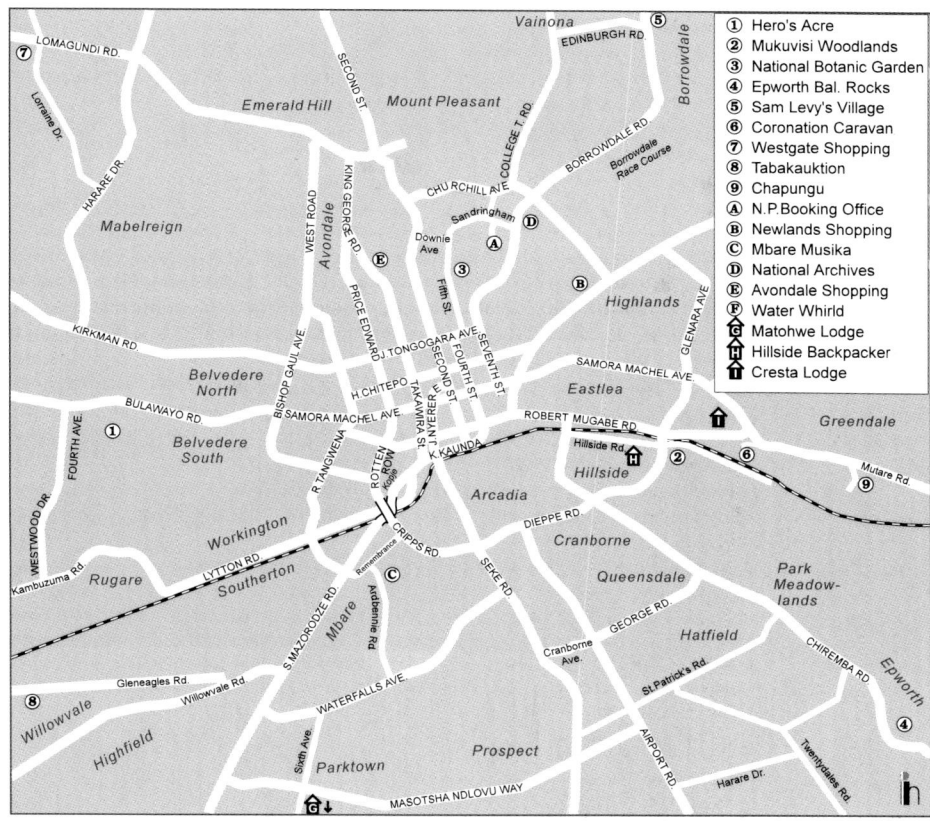

Stadtplan von Harare: Zentrum und angrenzende Stadtteile in der Peripherie

① Hero's Acre
② Mukuvisi Woodlands
③ National Botanic Garden
④ Epworth Bal. Rocks
⑤ Sam Levy's Village
⑥ Coronation Caravan
⑦ Westgate Shopping
⑧ Tabakauktion
⑨ Chapungu
Ⓐ N.P.Booking Office
Ⓑ Newlands Shopping
Ⓒ Mbare Musika
Ⓓ National Archives
Ⓔ Avondale Shopping
Ⓕ Water Whirld
Ⓖ Matohwe Lodge
Ⓗ Hillside Backpacker
Ⓣ Cresta Lodge

(BOKA). Das mit Abstand größte und zugleich auf Besucher eingestellte Auktionshaus ist TSF. Erst 1986 wurde diese 6 Mio. US$ teure, weltgrößte Tabakauktionshalle eröffnet, in der moderne Förderbänder die riesigen Tabakballen durch die langen Reihen befördern. Auch in der Umgebung von TSF dreht sich alles um Tabak und Baumwolle, überall haben sich hier Händler und Verarbeiter dieser Produkte niedergelassen.

Die Saison für Tabakauktionen beginnt je nach Erntezeit im März/April und dauert bis September. Versteigert wird täglich von 07.30–12.00 h. Man ist hier auf fachfremde Besucher eingestellt, und fast täglich sind Touristengruppen anwesend. Erfrischung und Erholung von dem beißenden Tabakgeruch bietet eine Cafeteria. Wenn man sich vorher anmeldet, sind auch spezielle Führungen möglich (Tel. 14-68921, 68939), unter dieser Nummer erfährt man auch, ob Tabakauktionen stattfinden. **Anreise**: Vom Stadtzentrum entlang der Simon Mazorodze Road nach Süden in Richtung Masvingo fahren, rechts in die Willowvale Road abbiegen und an der ersten Kreuzung wieder rechts in die Gleneagles Road einbiegen. Nach knapp 2 km liegt die große Auktionshalle auf der linken Seite. Mit öffentlichen Verkehrsmitteln ist es nur schwer, bis hierher zu gelangen, besser läßt man sich von einem Taxi hinfahren. Man kann einen Besuch der Auktionen auch als organisierten Ausflug bei den örtlichen Reiseanbietern buchen.

Mukuvisi Woodlands

Angenehmer Naturpark mit Wildtieren und Gartenlokal fast im Herzen der Stadt

Haben Sie Lust, mitten in Harare zwischen Zebras und Giraffen zu reiten? Dem städtischen Treiben, Menschenmassen und Verkehr zu entfliehen und zwischen Volieren im Grünen zu schlendern? Nur 5 km vom Stadtzentrum finden Sie diese Oase, ein 265 ha großes, naturbelassenes Waldgebiet, verwaltet von der Wildlife Society of Zimbabwe, das als Naherholungsziel, Bildungs- und Forschungszentrum dient. Ein 110ha großer Teil des Geländes wurde als Wildpark ausgewiesen, der u. a. Elenantilopen, Zebras, Giraffen, Kudus, Strauße, Warzenschweine, Gnus und Elefantenwaisen beherbergt. In dieses Gehege dürfen Besucher in Begleitung eines Wildhüters vordringen, entweder bei einer Reitsafari oder zu Fuß. Der übrige Teil steht Tagesgästen frei zur Verfügung. Hier wurden Fußwege entlang einiger Krokodil- oder Schildkrötentümpel, durch eine große Voliere und zu einer Aussichtsplattform angelegt. Verschiedene Schautafeln informieren über die Tiere und ökologische Zusammenhänge. Ein Gartenlokal mit Spielplatz und mehrere Grillplätze laden zum Verweilen ein. Am Eingang befindet sich neben den Büros der Wildlife Society und Zambezi Society ein interessanter Wildlife Shop, in dem neben üblichen Andenken auch einschlägige Literatur und Kartenmaterial erhältlich ist. Als gemütliche Erholungspause während eines Harareaufenthalts also durchaus empfehlenswert.

Die Reitausflüge sind sehr beliebt, Vorreservieren ist dringend zu empfehlen!

Adresse: Mukuvisi Woodlands, Glenara Ave. South, P.O.Box HG996, Harare. Tel. 14-747152, 747111. Mukuvisi Woodlands liegt in Hillside, der Eingang mit sicherer Parkgelegenheit befindet sich an der Transtobac Road, die parallel zur Mutare Road verläuft und von der Glenara Ave. South abzweigt. Öffnungszeiten: Täglich von 06.00–18.00 h, der Eintritt beträgt ca. 2 US$. Reitsafaris: täglich um 08.30 h und 15.00 h (ca. 10 US$), geführte Buschwanderungen täglich um 14.30 h (ca. 5 US$/2 Std.).

National Botanical Gardens

Der Botanische Garten ist frei zugänglich

4 km nördlich des Zentrums liegt die grüne Lunge Harares, der fast 60 ha große Botanische Garten. Schon 1902 wurde das Gelände als städtisches Erholungsgebiet ausgewiesen und 60 Jahre später zum National Botanical Gardens erhoben. Mit Hilfe von Wasserläufen und anderer Bewässerungsmaßnahmen legte man in den nächsten Jahren unterschiedliche Vegetationszonen an und schuf künstlich die Lebensbedingungen für die verschiedenen Pflanzen. Hier findet der Besucher quasi alle in Zimbabwe vorkommenden Vegetationsformen, vom trockenen Lowveld zum Highveld, von der Strauchsavanne zum Tropenwald, dazu unzählige Kakteen, Blumen, Aloen. Die meisten der 750 verschiedenen Baumarten Zimbabwes sind

Hier begegnen dem Besucher fast alle Vegetationszonen des Landes

vertreten, doch auch viele Pflanzen anderer Erdteile haben hier ein Plätzchen gefunden. Nahe dem Parkplatz steht das Herbarium, ein Forschungszentrum, das Besuchern nicht zugänglich ist. Dafür lädt ein Tea Garden zum Erholen ein. Der Botanische Garten ist frei zugänglich. Die Parkanlage wird von den Einheimischen tagsüber viel besucht, sollte nach Einbruch der Dunkelheit aber gemieden werden. Auf dem Gelände befindet sich übrigens auch das Reservierungsbüro der Nationalparkbehörde (Borrowdale Road/Ecke Sandringham Drive).

Anreise: Entlang der 2nd Street nach Norden fahren und rechts in die Downie Ave. einbiegen, die Straße führt direkt zum Parkplatz und Herbarium, die Strecke ist ausgeschildert. Vorsicht: Der Parkplatz gilt als unsicher!

National Archives

Eine Fundgrube für Geschichtsinteressierte tut sich im 1935 gegründeten Nationalarchiv auf, wo unzählige Dokumente und Zeugnisse der Vergangenheit verwahrt sind. Mehr als 40 000 Bücher, Fotos, Zeitungsartikel, Postkarten, Briefmarken und Münzen haben sich hier angesammelt. In der Beit Trust Gallery begegnet dem Besucher eine dokumentarische Ausstellung aus der kolonialen Gründerzeit mit Fotografien und Gemälden. Man darf im Lesesaal schmökern, hier können sogar alte Handelsbücher der BSAC eingesehen werden.

National Archives, Tel. 14-792741. Öffnungszeiten: Montags bis freitags von 08.00-16.30h, samstags von 08.00-12.00h. Der Zutritt ist frei. Wer sich Notizen machen möchte, darf nur Bleistifte benutzen. **Anreise:** Das Nationalarchiv liegt in direkter Nähe zum Botanischen Garten an der Borrowdale Road/Ecke Ruth Taylor Road. Achtung: Die Chancellor Avenue, die den Straßenabschnitt zwischen 7th St. und Borrowdale Road bildet, führt am Präsidentenamtssitz vorbei und ist täglich von 18.00-06.00h für Fahrzeuge gesperrt. Wer das Verbot mißachtet, riskiert von den Wachsoldaten beschossen zu werden!

Chapungu Skulpture Garden

Ein Besuch dieses Skulpturengartens sei auch denjenigen empfohlen, die bislang glaubten, sie könnten sich für Steinbildhauerei nicht erwärmen. Auf dem 5 ha großen Gartengelände sind rund 500 Exponate namhafter Shona-Künstler ausgestellt. Während des Rundgangs durch den weitläufigen Garten wird man vollkommen in Ruhe gelassen, kann einzelne Figuren in Ruhe betrachten und den Künstlern bei den verschiedenen Arbeitsschritten zusehen. Hier sieht auch der Laie deutlich den Unterschied zur sog. *Airport Art*, den schnell gefertigten Souvenirartikeln, die zu Tausenden überall in Zimbabwe feilgeboten werden. Die hiesigen Skulpturen haben Ausdruck und künstlerische Sprache. Rasch kann man unterschiedliche Arbeitsweisen der verschiedenen Künstler entdecken, erkennt schon am Stil der Skulptur ihren Meister. Fast alle Exponate stehen zum Verkauf, doch verströmt Chapungu viel mehr das Flair einer Kunstausstellung denn eines Ladens. Wenn Tengenenge die Keimzelle der Shona-Bildhauerkunst ist, so ist Chapungu wohl die Meisterschule. Die Organisatoren von Chapungu haben dem Skulpturengarten zu internationalem Ruf verholfen und mehrere Gastausstellungen in Europa, z. B. 1997 in München, geleitet. Das ehemalige Farmhaus wurde zu einer Galerie umgewandelt, in der die wertvollsten, meist unverkäuflichen Stücke und Fotografien berühmter Künstler untergebracht sind. Hier befindet sich auch ein kleines Gartenlokal. An den Wochenendnachmittagen um 15.00 h treten außerdem traditionelle Musiker auf.

Chapungu Village, Doon Estate, 1 Harrow Road, Beverley East, Msasa. Tel. 14-487113, 486648. **Anreise:** Etwa 8 km stadtauswärts in Richtung Mutare fahren, rechts in die Felice Ave. einbiegen, die gleich in die Harrow Road übergeht. Deutlich ausgeschildert, bewachte Parkmöglichkeit. Per Bus: Ab dem Rezende-Busbahnhof in Richtung Greendale fahren. Öffnungszeiten: Montags bis freitags von 08.30–16.30 h, am Wochenende von 09.00–16.30 h. Der Eintritt beträgt knapp 1 US$.

Epworth Balancing Rocks

Balancierende Granitblöcke und versteckte Felszeichnungen

Erodierte Granitblöcke, die in der flachen Landschaft zu ungewöhnlichen, riesigen Skulpturen aufeinander geschichtet liegen, sind eine weitverbreitete Besonderheit Zimbabwes. In Epworth findet man auf engem Raum eine ganze Reihe dieser merkwürdigen Steingebilde. Die bekannteste Formation nennt sich "Flying Boat Formation" und ziert die Zwei-Dollarnote Zimbabwes. Hier liegen die Granitbrocken scheinbar so labil übereinander, daß man das Gefühl hat, sie könnten jeden Augenblick umstürzen. Ein weiteres ungewöhnliches Gebilde ist der Egg Rock mit seinem nahezu runden Kugelstein. Die Stimmung dieser skurrilen Landschaft fängt man am besten morgens oder spätnachmittags ein. Die Rinder des sehr nahen Dorfes weiden gerne zwischen den Granitblöcken. Meist kommen Kinder angelaufen, wenn sie Besucher bei den Balancing Rocks entdecken. Sie zeigen Ihnen bereitwillig einige kleinere Felszeichnungen an den Steinen.

Siehe Farbbilder auf Seite 96!

Anreise: Man verläßt das Stadtzentrum in Richtung Mutare auf der Robert Mugabe Road, biegt rechts in Richtung Epworth Mission in die Chiramba Road ein. Nach etwa 10 km liegt der Eingang direkt an der linken Straßenseite. Der Zugang ist täglich von 08.00–18.00 h geöffnet, der Eintritt beträgt 2 US$. Auf dem Gelände, das man auch mit dem Auto befahren kann, stehen einige Picknickplätze zur Verfügung. Mit öffentlichem Bus: Epworth Bus nehmen ab dem Busbahnhof an der 4th Street/Ecke Speke Ave. und am Eingangsgatter aussteigen.

Der Zugang liegt direkt an der Straße nach Epworth

Restaurants, Bars & Cafes

In kulinarischer Hinsicht ist die Auswahl in Harare ausgesprochen groß und vielseitig. Vom preiswerten Schnellimbiß bis zum eleganten Restaurant ist praktisch alles geboten. Internationale Küche, italienische, chinesische, indische, portugiesische und afrikanische Lokale sind weitverbreitet.

Die großen Hotels der Stadt bieten in der Regel ausgezeichnete Restaurants und Bars. Beliebt sind das Mittagsbuffet im Sheraton Hotel (hier gibt es auch ein Sushi Restaurant) und die Brasserie im Monomatapa Hotel. Auch im Meikles Hotel werden im Restaurant Pavillon Mittagsbuffets angeboten, sowie französische Küche im Restaurant Bagatelle. Eine kleine Auswahl:

- **Ramambo Lodge:** Touristisches Restaurant im Safari-Outfit mit Marimba-Band und Verkaufsgalerie, im 1. Stock des BB House, Samora Machel Ave./Ecke L. Takawira Street. Tel. 14-775345, Fax 14-775335. Hier gibt es sehr viele Wildgerichte.
- **The Manchurian:** Mongolisches Barbecue, Donnerstags Seafood, 2nd Street Extension Shopping Centre, Tel. 14-336166.
- **The Penthouse:,** Im 6. Stock des Selous Hotel. Guter Ausblick, abends mit Pianomusik.
- **The Lido:** Zentrales Lokal (vegetarische Gerichte), Union Ave. zw. First und Angwa Street.
- **Italian Bakery:** Avondale Shopping Centre, lebhafter Treffpunkt bei Pizza und Cakes.
- **Akropolis Taverna:** Griechische Küche, Avondale Shopping Centre. Tel. 14-339181.
- **Tipperary's:** Steakhouse & Irish Pub, Fife Ave./Ecke L. Takawira Ave., Tel. 14-722210.
- **Chatters:** Beliebtes Restaurant bei der Cresta Lodge. Tel. 14-487154.
- **Mayur:** Indische Küche, 118 Harare Street. Tel. 14-796304, Fax 14-734809.
- **Tawanda:** Trad. afrikanische Küche in der 5th St./Ecke Selous Ave., Tel. 14-730003.
- **Taj Mahal:** Indisch & Seafood, 88 Robert Mugabe Road, Tel. 700207.
- **Solo's Nite Club:** Afrik. Lifemusik. Jason Moyo Ave./Ecke Harare Street. Tel. 14-794088.
- **Bizarre Bar:** Abendkneipe am Kamfinsa Shopping Centre, Arcturus Road. Tel. 14-498344.
- **Internet Cafe:** Blue Bridge, Eastgate. Tel. 14-758194.
- **Kunstcafe:** Cafe und Galerie, 1 Rocklands Road, Hatfield, Tel./Fax 14-572803.

Mbizi Game Park & Lodge

In der Nähe des Flughafens liegt am Zusammenfluß von Manyame und Ruwa River dieser kleine private Wildpark, der sowohl als Tagesausflugsziel als auch um Übernachtungsgäste wirbt, die in ansprechenden, gemauerten Rondavels untergebracht werden. Zu den Annehmlichkeiten zählen ein freundliches Gartenlokal und ein erfrischender Felsenpool. Im umzäunten Wildgehege leben Giraffen, Zebras und verschiedene Antilopen. Das Freizeitangebot ist vor allem sportlich ausgelegt, so wird Reiten, Mountain Biking, Klettern und Kanufahren angeboten, ebenso geführte Pirschwanderungen und Fischen. Alternativ kann man sich per Geländewagen durch den Park fahren lassen, wo es mehrere Felszeichnungen und Balancing Rocks zu erkunden gibt.

Pivater Wildpark mit großem Aktivitätenprogramm und Bungalows

Mbizi Game Park, P. O. Box UA 358, Union Ave., Harare, Tel. 14-700676, Fax 14-700812. **Preise**: Eintritt für Tagesbesucher ca. 5 US$, Boots- und Kanufahrten, Reiten, Mountain Biking Game Drives und Game Walks jeweils ca. 5 US$/Std., Rondavel mit Dinner, B&B für 90 US$ p. P., auch Transfers können arrangiert werden. Täglich außer dienstags geöffnet. **Anreise**: Der Game Park liegt 22 km südlich von Harare. Die gut ausg eschilderte Zufahrt erfolgt zunächst über die Airport Road und umfährt anschließend das Flugplatzgelände. Die Strecke führt entlang der *Twentydales Road* durch Tabakfelder bis an den Ruwa River. 1 km nach der Ruwabrücke erreicht man den Eingang.

Der Mbizi Game Park ist mit öffentlichen Verkehrsmitteln kaum zu erreichen

Bus Terminals und Busverbindungen

Städtische Verbindungen: Für Kurzstrecken innerhalb Harares und der Vororte gibt es zwei Busbahnhöfe. In die nördlichen Stadtteile und Suburbs fahren die Busse am Rezende-Hauptterminus an der Rezende Street zwischen Nelson Mandela Avenue und Jason Moyo Avenue. Die südlichen Strecken werden ab dem Busbahnhof in der Angwa Street/Ecke Robert Manyika Avenue bedient. Auskunfts-Tel. 14-726570 (vom Büro in der Rezende Street).

Fernverbindungen: Einfache Überlandbusse, das Hauptverkehrsmittel der schwarzen Bevölkerung, fahren beim Mbare Musika ab. Expreßreisebusse sind schneller, bequemer und fahren meist von jeweiligen Büro des Unternehmens ab:

- **Blue Arrow Coaches:** Chester House, Speke Avenue zwischen 3rd und 4th Street, Tel. 14-729514, Fax 14-729572 (hier sind auch die Abfahrten). Tägliche komfortable Busverbindungen nach Masvingo, Johannesburg, Bulawayo mit Anschluß nach Victoria Falls sowie mehrmals wöchentlich nach Kariba und Mutare.
- **Greyhound:** Fernstreckenbusse nach Johannesburg via Masvingo. Reservierung und Abfahrt beim Blue Arrow Office in der Speke Ave., Tel. 14-729514.
- **Translux Express:** Jason Moyo Ave., Hungwe House, Tel. 14-704876, Fax 14-725247. Südafrikanische Busgesellschaft mit der Strecke Johannesburg - Harare - Lusaka.
- **Ajay Motorways:** Travel Centre, Jason Moyo Ave., Tel. 14-703421 sowie im Zambia House, Union Avenue/Ecke Julius Nyerere Way. Tel. 14-780375. Tägliche Verbindungen nach Bulawayo mit Haltestops in Chegutu, Kadoma, Kwekwe und Gweru. Die Abfahrtstelle ist beim Monomatapa Hotel.
- **Express Motorways:** Nelson Mandela Ave./Ecke Rezende Street, Tel. 14-720392. Tägliche Verbindungen nach Bulawayo, Mutare und Kariba, mehrmals wöchentlich nach Masvingo, Johannesburg und Gaborone.

Weitere Informationen zu den Fernstreckenbussen siehe Infoteil, Seite 362.

Oldtimer sieht man noch häufig auf Zimbabwes Straßen

Airlines

- **Air Zimbabwe:**. Eastgate Bldg., Jason Moyo Ave./Ecke 3rd St., Tel. 14-794481, Fax 14-796039.
- **South African Airways:** Takura House, 67 Union Ave., Tel. 14-738922.
- **British Airways:** Jason Moyo Ave., 5th Floor, Southampton Life Centre. Tel. 14-759171, Fax 14-756670.
- **Air Namibia:** Landela House, 29 Mazowe St., Tel. 14-732094, Fax 14-732095.
- **KLM:** 2nd St./Ecke Union Ave., Tel. 14-705690, Fax 14-706559.
- **SABENA:** Landela House, 29 Mazowe St., Tel. 14-732094, Fax 14-732095.
- **Swiss Air:** Landela House, 29 Mazowe St., Tel. 14-704411.
- **Air Malawi:** Samora Machel Ave./Ecke Julius Nyerere Way, Throgmorton House. Tel. 14-752563.
- **United Air Services:** Charter- und Rundflüge innerhalb Zimbabwes in Kleinflugzeugen. Tel. 14-302076, Fax 14-780936.

Mietwagen-agenturen

- **AVIS:** 5 Samora Machel Ave. (Tel. 14-575431) sowie am Meikles Hotel (Tel.14-795655) und am Flughafen (Tel. 14-575431).
- **Elite Car Rental:** 95 Belvedere Road (Tel. 14-738325) und am Flughafen (Tel. 14-575411).
- **Southern Car Hire:** 28 George Ave., Msasa. Tel. 14-720026.
- **Europcar Interrent:** 19 Samora Machel Ave. (Tel. 14-752559), am Flughafen (Tel. 14-575592) sowie im Sheraton Hotel (Tel. 14-729771).
- **HERTZ:.** Hauptbüro: Beverley Court/Nelson Mandela Ave. (Tel. 14-706039) sowie am Meikles Hotel (Tel. 14-795655), Zweigstellen auch im Monomatapa Hotel (Tel. 14-704501) und am Flughafen (Tel. 14-575206).
- **Transit Car & Truck Hire Ltd.:** 80 George Silundika Ave./Ecke 6th St., Tel. 14-706919.
- **Parkend Cars:** 140 Samora Machel Ave. (gegenüber Holiday Inn), Tel. 14-707632, Fax 14-707635.
- **Skys Car-Rental:** 136 Samora Machel Ave. (gegenüber Holiday Inn), Tel. 14-707361, Fax 14-738460.
- **Fleet Car & Truck Hire:** 111 Lomagundi Road, Tel 14-339119.
- **Truck & Car Hire Ltd.:** Nelson Mandela Ave./Ecke 5th Street., Tel./Fax 14-721259.
- **Premier Car Rental:** Jason Moyo Ave. zwischen 3rd und 4th Street, Tel. 14-722198.
- **Rent-a-Camper:** P. O. Box H226, Hatfield, Tel. 14-780396, Fax 14-774752. Vermietung von Wohnmobilen.

Eine große Auswahl an Souvenirläden findet man in der Fußgängerzone (The Mall) sowie in einem 500 m Umkreis um das Meikles Hotel. Harare bietet eine reiche Auswahl an Läden mit Bekleidungs- und Lederwaren, insbesondere Safaribekleidung aller Art (decken Sie sich vor einer Safari hier ein). Einige der größeren Läden:

Einkaufen in Harare

- **Elephant's Walk:** 67B Speke Avenue, Tel. 14-702375.
- **Jairos Jiri:** Kunsthandwerk, teilweise von Behinderten gefertigt. Samora Machel Ave., gegenüber der Nationalgalerie. Tel. 14-734370.
- **ZIMBA:** Kunsthandwerkliche Kooperative (Korb-, Leder- und Töpferwaren etc.), Parkade Arcade in der Samora Machel Ave., Tel. 14-707201.
- **Amon Shongwe Art & Craft Centre:** an der Cold Comfort Farm, 13 km westlich von Harare an der Bulawayo Road gelegen. Allerlei Kunsthandwerk, das in der Umgebung gefertigt wird. Tel. 14-210252.
- **Chrystal's Country:** Lomagundi Road, 14 km in Richtung Kariba. Edelsteinfabrik mit Verkaufsraum, Tea Garden, Verkauf von Farmprodukten. Täglich geöffnet.
- **Zuva Tapestries:** 25 Dublin Road, Emerald Hill (zu erreichen über die 2nd Street Extension und The Chase, beschildert). Tel. 14-336400. Frauenkooperative zur Herstellung von gewebten Wandteppichen, man kann den Künstlerinnen bei der Arbeit zusehen. Montags bis samstags von 09.00–17.00 h geöffnet.
- **Dendera Gallery:** 65 Speke Ave. zwischen 1st und 2nd St., Tel. 14-725666. Große Auswahl an Kunsthandwerk.
- **The Handicraft Centre:** Grant St./Ecke Chinhoyi St., Tel. 14-721816.

Souvenirs, Kunsthandwerk und Safaribekleidung

- **Matombo Gallery:** Skulpturengarten an der Airport Road (gut ausgeschildert) sowie ein Laden im Zimre Centre in der Leopold Takawira Street/Ecke Union Ave. Täglich geöffnet. Tel. 14-772982 (Laden) und 473085 (Skulpturengarten).
- **Nhukutuku Sculpture Village:** 18135 Griffin Rd., Hunhill (nahe Nationalarchiv), Tel./Fax 14-745474. Täglich von 09.00–18.00 h geöffnet.

Auch in Chapungu, der Nationalgalerie (siehe Sehenswertes in Harare) und in der Nyati Gallery wird Kunsthandwerkliches verkauft (siehe Ausflug Lake Chiwero).

Shona-Steinskulpturen

- **Westgate Shopping Centre:** Größtes und modernstes Shopping-Center der Stadt mit über 150 Läden, 4 Kinos, 10 Restaurants und sicheren Parkplätzen. In Bluff Hill im Nordwesten der Stadt an der Lomagundi Road. Täglich ganztags geöffnet.
- **Sam Levy's Village:** Borrowdale (Borrowdale Road stadtauswärts fahren, liegt nach ca. 9 km direkt an der rechten Straßenseite). Ansprechendes Einkaufszentrum mit über 140 Läden.
- **Karigamombe Shopping Centre:** Sehr zentral an der Samora Machel Ave./Ecke First Street, gemischte Läden, jedoch weniger gute Auswahl bei Lebensmitteln.
- **Avondale Shopping Centre:** King George Rd., kurz vor der Argyle Rd.-Abzweigung.
- **Kamfinsa Shopping Centre:** Greendale. Liegt an der Einmündung der Rhodesville Avenue in die Arcturus Road.
- **Newland Shopping Centre:** Newlands, Enterprise Rd., relativ nah beim Zentrum.

Einkaufszentren

- **Campingbedarf** (Zelte, Stühle, Kisten, Geschirr, Besteck etc.) vermieten *T & J Hire Services*, Waterfalls, Tel. 14-664288 und *Travelquip*, Julius Nyerere Way/Ecke Nelson Mandela Ave., Tel. 14-721567. *Feredey & Sons* in der R. Mugabe Rd. (zwischen First und Angwa St.) verkauft Campingartikel und Campinggasflaschen.

Campingbedarf

- **Kingstons:** Jason Moyo Ave./Ecke African Unity Square. Sehr große Auswahl.
- **Grassroots:** 100 J. Moyo Ave. zw. 3rd u.4th Str., gut sortiert, viele politische Bücher.
- **Book Centre:** 16 G. Silundika Ave./Ecke First Street, viel afrikanische Literatur.
- **Mambo Press:** Speke Ave. zwischen First und 2nd Street. Große Auswahl.

Bücher

- Autofirmen aller Art, z. B. Reifenhändler Tire Treads findet man in der Masvingo Road südlich der Willowvale-Kreuzung.
- Audi & VW: FCM Motors, Zufahrt über Coventry stadtauswärts nach Workington fahren, dort links in die Bristol Road einbiegen, Nr. 15 (Tel. 14-759580).

Kfz-Bedarf

Hotels, Lodges und Pensionen in Harare

Bitte beachten Sie unsere Hinweise zu den Hotelpreisen auf Seite 356!

Hotels der oberen Preisklasse:
- **Meikles Hotel:** Jason Moyo Ave., P. O. Box 594, Harare. Tel. 14-795655, Fax 14-707754. Traditionsreiches Luxushotel im Stadtzentrum mit 326 Zimmern, mehreren Bars, Restaurants und Sauna, das 1915 eröffnet und mehrmals umgebaut wurde. Gediegene Atmosphäre, für höchste Ansprüche. Preise: B&B inkl. *Early Morning Tea* ab 230 US$ pro DZ und 200 US$/EZ.
- **Sheraton Hotel:** Pennefather Ave., P. O. Box 3033, Tel. 14-772633, Fax 14-774648. Elegantes Luxushotel etwas außerhalb des Zentrums mit Tennisplatz und Pool. Preise: ca. 230 US$ pro DZ und 210 US$/EZ.
- **Holiday Inn Crowne Plaza (Monomatapa Hotel):** 54 Park Lane, Tel. 14-704501, Fax 14-791920. Großes Hotel, dessen geschwungene Architektur ein Wahrzeichen von Harare ist. 225 Zimmer, die oberen Stockwerke bieten eine herrliche Aussicht über Harare. Zentral, neben den Harare Gardens. Preise: ca. 200 US$ pro DZ und 160 US$/EZ.
- **Holiday Inn Harare:** 5th Street/Ecke Samora Machel Ave., Tel. 14-795611, Fax 14-735695. Klassischer Holiday Inn-Stil, freundlich, aber etwas steril. Preise: B&B ca. 75 US$/DZ und 130 US$/EZ.
- **Jameson Hotel:** Samora Machel Ave./Ecke Park Street. P. O. Box 2833, Harare. Tel. 14-774112, Fax 14-774119. Freundliches, modernes Firstclasshotel mit 123 Zimmern der Best Western/ Cresta Hotelgruppe. Preise: ca. 150 US$ pro DZ und 125 US$/EZ.

Mittlere Preisklasse:
- **New Ambassador Hotel:** 88 Union Ave., Tel. 14-733775, Fax 14-708125. Rainbow-Hotelgruppe. 72 Zimmer der gehobenen Mittelklasse, beliebt bei Geschäftsreisenden, sehr zentral gelegen. Preise: B&B ca. 120 US$ pro DZ und 100 US$/EZ.
- **Cresta Lodge:** Samora Machel Ave./Ecke Robert Mugabe Rd., Tel. 14-487006, Fax 14-487009.Freundliches Mittelklassehotel am Stadtrand im typischen Stil der Cresta-Hotelkette. Preise: Ca. 100 US$ pro DZ und 80 US$/EZ ohne Frühstück. Shuttle-Service ins Zentrum.
- **Cresta Oasis Hotel:** 124 Nelson Mandela Ave., P. O. Box 1541, Harare. Tel. 14-704217, Fax 14-790865. Best Western Hotelgruppe. Freundliches, kleineres Mittelklassehotel. Preise: Ca. 100 US$ pro DZ und 75 US$/EZ.
- **Bronte Hotel:** 132 Baines Avenue, Tel. 14-796631, Fax 14-721429. Ehrwürdiger Kolonialbau im Stil der Kapprovinz mit dem besonderen afrikanischen Flair. Grüne, schattige Oase im Innenhof, klein, beschaulich und elegant. Ein sehr beliebtes und angenehmes Hotel in Harare. Preise: ca. 90 US$ pro DZ und 70 US$/EZ.
- **Barker's Lodge:** 1 Msasa Lane, Kambanji. Tel. 14-499081, Fax 14-499065. Exklusive Unterkünfte in ehemaligem Privathaus, gutes Restaurant. Preise: ca. 90 US$ pro DZ und 80 US$/EZ.
- **Selous Hotel:** Selous Ave./Ecke 6th St., Tel. 14-727940, Fax 14-727885. Etwas schmucklose Anlage mit einfachen, sauberen Zimmern. Preise: B&B ca. 40 US$ pro DZ.
- **Courteney Hotel:** 8th Street/Ecke Selous Ave., Tel. 14-704400, Fax 14-708709. Mittelklassehotel mit gutem Restaurant, Preise: ca. 80 US$ pro DZ und 60 US$/EZ.
- **Quality International Hotel:** Nelson Mandela Ave./Ecke 4th Street, Tel. 14-794460, Fax 14-722894. Preise: B&B ca. 100 US$ pro DZ und 80 US$/EZ.

Preiswerte Hotels/Unterkünfte:
- **Kopje View Lodge:** 33 Fort Road, Kopje, Tel. 14-720396. Backpackerunterkunft an der vielbefahrenen Rotton Row. Freundlich, aber etwas gedrängt und laut. Mit Mehrbett- oder Doppelzimmern, Eine Küche steht zur Selbstversorgung, ein paar m² stehen auch für kleine Zelte zur Verfügung. Preise: Ca. 5 US$ p. P., Camping ca. 2 US$.
- **Hillside Backpackers Lodge:** 71 Hillside Road, Tel. 14-747961. Stilvolles, altes Kolonialgebäude mit schattigem Garten in Hillside. Sehr lebendig, viel besucht, abends lange Barbetrieb, Selbstversorgung, es wird aber auch Essen angeboten. Mehrbettzimmer p. P. ca. 5 US$, Camping ca 2 US$.
- **Backpackers Lodge:** Tel. 14-5074115, Rund 20 km südlich der Stadt sehr ruhig neben dem Mbizi Game Park gelegen, mit großem (Camping-) Garten und Pool. Viele Vögel in der Gegend. Mit großem Aufenthaltsraum, Billiardtisch. Täglich Transfers in die Stadt. Preise: Mehrbettzimmer oder A-Frame-Hütten ca. 4 US$ p. P., größere Steinchalets etwas teurer, Camping ca. 2 US$. Abendessen wird angeboten. Anreise wie zum Mbizi Game Park, jedoch nach der Ruwabrücke links abbiegen. Nicht motorisierte Gäste werden mehrmals täglich im Café Lido aufgesammelt.
- **Russel Hotel:** 116 Baines Ave., Tel. 791894. Einfache Mittelklasse B&B ca. 25 US$ p. P.

- **Paw Paw Lodge:** 262 Herbert Chitepo Ave. zwischen 5th und 6th Street. Tel. 14-724337. Kleine Backpackerunterkunft an der vielbefahrenen Chitepo Ave. Preise: ca. 4 US$ p. P.
- **Earlside Hotel:** 5th Street/Ecke Selous Ave., Tel. 14-730003. Sehr einfaches Hotel, für allein-reisende Frauen weniger geeignet. B&B ca. 20 US$ p. P.
- **Terreskane Hotel:** Tel. 14-707031, Fax 14-790231. Sehr einfach. Preise: ca. 25 US$ p. P.
- **Palm Rock Villa:** 39 Selous Ave., Tel. 14-700691. Einfaches Gästehaus mit überwiegend jünge-rem Publikum. Preise: Ca. ca. 12 US$/DZ und 15 US$/EZ.
- **Executive Hotel:** 126 Samora Machel Ave./Ecke 4th Street. Tel./Fax 14-792803. Einfacheres, unruhiges Hotel. Preise: B&B ca. 30 US$ pro DZ und 20 US$/EZ.

Gästehäuser / Frühstückspensionen:
- **Malindi Bed & Breakfast:** 19 Alfred Road, Greendale, Harare. Tel. 14-495889. Gästehaus im Osten Harares mit Zimmern oder Cottages und Pool. Preise: B&B ca. 25 US$/DZ und 30 US$/EZ.
- **Matohwe Lodge:** Thorn Rd./Ecke Furze Rd., Parktown Waterfalls, Harare. Tel. 14-614638, Fax 14-781017. Familiäres Gästehaus, schöner Garten, Pool, gute Küche. Preise: ca. 30 US$ p. P.
- **Jacaranda Lodges:** 41 Selous Ave., Harare. Tel. 14-700408. Einfache Pension mit Zimmern zur Selbstversorgung.

Jugendherberge:
- **Harare Youth Hostel:** 6 Josiah Chinamano Ave., Tel. 14-796436. Nur von 07.30–10.00 h und 17.00–22.00 h offen, sehr einfache Unterkünfte, relativ zentral und ruhig gelegen. Gepäck nicht unbeaufsichtigt zurücklassen, sondern im Büro unterstellen.

Unterkünfte außerhalb von Harare
Ruwa (an der Straße nach Mutare):
- **Landela Lodge:** Landela Safaris, 29 Mazowe Street, Harare. Tel. 14-732332, Fax 14-708119. Elegantes ehemaliges Farmhaus in Ruwa, ca. 30 km von Harare an der Straße nach Mutare. Gepflegte Anlage, exzellenter Service, man hört hier allerdings die nahe Hauptstraße. Aktivitäten: Reiten, Pirschfahrten und Wanderungen in einem nahegelegenen Wildpark, Golfspielen. All-Inclusive-Preise: ca. 150 US$/DZ und 220 US$/EZ (inklusive Getränke).
- **Setanga Lodge:** P. O. Box 175, Ruwa. Tel/Fax 173-2381. Privathaus mit Anbau, Pool und einigen halbzahmen Tieren, wie Pfau, Ducker und Perlhühner. Familiäre, freundliche Atmosphäre. Preise: B&B ca. 70 US$ pro DZ und 50 US$/EZ. Abendessen ca. 11 US$ (inklusive Tischwein).

Südwestlich von Harare (an der Straße nach Bulawayo):
- **Lake Chivero**: Hotels, Lodges und Campingplätze am Lake Chivero siehe Seite 119.
- **Pamuzinda Safari Lodge:** Tel. 14-333581, Fax 14-333584. Ausgesprochen geschmackvolle 'Safarilodge' in einem privaten Wildgebiet (viele Elefanten) mit 12 riedgedeckten Bungalows. Luxusausstattung, gepflegtes Ambiente für hohe Ansprüche, gute Küche. Im Programm sind Pirschfahrten, Kanutouren, Reiten. All-Inclusive-Preise: ca. 180 US$/DZ und 220 US$/EZ.
- **Mwena Game Park & Lodge**: P. O. Box 35, Selous, Tel./Fax 162-8270. Privater Wildpark mit Gartenlokal, Pool, Picknickplätzen und Chalets 80 km von Harare entfernt bei Selous gelegen. Man wirbt außerdem um Tagesbesucher (Eintritt 7 US$). Reiten, Wandersafaris, Oldtimerfahrten und Nachtpirschfahrten werden arrangiert. Preise: Ca. 80 US$ bei Vollpension.

Im Norden und Osten von Harare:
- **Thetford Country House Hotel:** Runwild, P. O. Box 6485, Harare. Tel. 14-795841, Fax 14-795845. Exklusiv eingerichtetes Landhaus mit Blick über das Mazowetal im Norden von Harare. Ruhige Lage, nur wenige Zimmer, kleiner Wildpark, sehr gepflegtes Ambiente. Preise: Halbpension ab 75 US$/DZ und 110 US$/EZ, All-Inclusive ab 150 US$/DZ und 210 US$/EZ.
- **Imba Matombo Guest Lodge:** 3 Albert Glen Close, Glen Lorne. Tel. 14-499013, Fax 14-499071. Auf einem Hügel mit weitem Blick in die felsige Landschaft gelegene Luxuslodge ca. 15 km nordöstlich von Harare. Riedgedeckte Bungalows mit großem Pool und Sauna. Preise: B&B ab 120 US$/DZ und 160 US$/EZ.
- **Mwanga Lodge:** siehe Ausflug 2 zum Bally Vaughan Game Sanctuary, Seite 115.

Südlich von Harare (nahe Flughafen):
- **Mbizi Game Park & Lodge:** siehe Ausflug Mbizi Game Park, Seite 107.
- **Skyline Hotel:** Simon Mazorodze Road, Tel. 14-67588. 20 km südlich von Harare an der Straße nach Masvingo gelegenes, einfaches Hotel.

Wichtige Adressen von A bis Z

AA Die Automobile Association befindet sich im Fanum House in der Samora Machel Avenue. Tel. 14-752779, Fax 14-752522. Öffnungszeiten: Montag bis Freitag von 08.00–12.00 h und 13.15–16.30 h, samstags von 08.00–11.00 h.

Bahnhof Der Hauptbahnhof liegt in der Kenneth Kaunda Ave./Ecke 2nd Street, Tel. 14-700011(Auskunft und Reservierung). Es bestehen tägliche Nachtverbindungen nach Mutare und Bulawayo.

Banken & Geldwechsel In der Innenstadt sind alle Banken Zimbabwes vertreten, außerdem gibt es an vielen Stellen der Stadt sowie in den Hotels Wechselstuben. Die Gebühren sind sehr verschieden (siehe auch Seite 371).

Botschaften
- **Deutschland:** 14 Samora Machel Ave., Tel. 14-731955.
- **Österreich:** New Shell House, Samora Machel Ave., Tel. 14-702921/752414.
- **Schweiz:** 9 Lanark Road, Belgravia. Tel. 14-703997.
- **Mosambik:** 152 Herbert Chitepo Ave., Tel. 14-790837.
- **Sambia:** Zambia House, Union Ave., Tel. 14-790851.
- **Südafrika:** Bake Ave./Ecke Angwa Street, Tel. 14-753147. Visastelle: Newlands Shopping Centre, Highlands, Tel. 14-776712.
- **Namibia:** 31A Lincoln Road, Avondale. Tel. 14-47930/722113.
- **Botswana:** 22 Phillips Ave., Belgravia. Tel. 14-729551.
- **Malawi:** 42-44 Harare Street. Tel. 14-752137.
- **Tansania:** 23 Baines Ave., Tel. 14-724173/721870.

Camping
- **Coronation Camping Ground:** Großer städtischer Campingplatz an der östlichen Stadtausfahrt (6 km vom Zentrum). Relativ laut, da zwischen der Bahnlinie und der Fernstraße nach Mutare gelegen. Kleiner Kiosk vorhanden. Es werden auch neuwertige Chalets vermietet (mit Küche und Bad). Camping ca. 2 US$ p. P., Chalets komplett ca. 30 US$. Tel. 14-486398.

Außerdem besteht Campinggelegenheit bei einigen der Backpackerunterkünften, so z. B. bei der Hillside Backpackers Lodge (schattig, recht zentral, sicherer Platz). Empfehlenswert ist der Campingplatz bei der Backpackers Lodge rund 20 km südlich der Stadt (folgen Sie der Anreise zum Mbizi Game Park; 1 km vor dem Eingang bzw. direkt nach der Ruwa-Brücke, wo der Teer endet, geht es links zur Lodge). Hier steht man in völliger Ruhe auf grüner Wiese am Ruwa River (viele Vögel, Pool). Die täglich angebotenen Transfers in die Stadt sind außerdem eine gute Möglichkeit, den Gefahren eines Autoaufbruchs in Harare zu entgehen.

Fahrräder Verleih von Farrädern und Mountain Bikes: Bush Trackers: 4th Street/Ecke Baines Ave. (beim Bronte Hotel), Tel. 14-796631.

Flughafen Ca. 12 km südlich der Stadt, zu erreichen über die Airport Road, Tel. 14-575242. Der Internationale Flughafen von Harare bildet ein wichtiges Drehkreuz und wird von zahlreichen Fluggesellschaften angeflogen. Im regionalen Bereich bietet Air Zimbabwe ein breites Streckennetz (täglich nach Bulawayo, Hwange, Kariba, Victoria Falls und Johannesburg, mehrmals wöchentlich nach Lilongwe, Lusaka, Mauritius und Nairobi). Ein zweiter Flughafen, der Charles Prince Airport Mount Hampden, befindet sich nordwestlich der Stadt. Hier sind vorwiegend Sportflieger und Charterfluggesellschaften stationiert, z. B. Falcon Air.

Von und zum Stadtbüro von Air Zimbabwe (3rd Street, beim Meikles Hotel) verkehren tagsüber stündlich Transferbusse von Air Zimbabwe (ca. 3 US$). *Hotelink* (Tel. 14-736787) bietet Transfers ab 5 US$. Taxis zum Flughafen kosten ca. 10 US$.

Gepäckaufbewahrung Gegen eine kleine Gebühr kann man zu den entsprechenden Bürozeiten Gepäck bei Air Zimbabwe, Jason Moyo Ave./Ecke 3rd St. aufgeben. Außerdem gibt es eine Gepäckaufbewahrung beim Bahnhof.

Nelson Mandela Ave., zwischen First und 2nd Street gelegen, im 7. Stock des Linquenda Buildings (für Visaangelegenheiten). Besucherzeiten: Montags bis freitags von 08.00–12.00 h und 14.00–16.00 h.

Immigration Office

Reservierungsbüro in Harare von Kariba Ferries: P. O. Box 578, Masvingo Road, Harare. Tel. 14-65476 und 14-67661, Fax 14-67660.

Karibafähre

- **Harare Central Hospital:** (Tel. 14-64695) in der Lobengula Road im Stadtteil Southerton,
- **Parirenyatwa Hospital:** (Tel. 14-794411) in der Josiah Tongogara Ave./Ecke Mazowe Street.
- **Avenues Clinic:** Baines Ave./Ecke Mazowe Street.

Krankenhaus

Im *Surveyors General Office* im Electra House an der Samora Machel Avenue (gegenüber dem Monomatapa Hotel) werden erstklassige Landkarten (Straßenkarten, Stadtpläne, Nationalparkkarten etc.) verkauft. Öffnungszeiten: Montags bis freitags von 08.00–16.00 h.

Landkarten

Central Booking Office, Borrowdale Road/Ecke Sandringham Drive, P.O.Box 8151, Causeway, Harare. Tel. 14-792782-9, 792731, 706077, 706078, Fax 726089. Hier werden die Reservierung für alle Nationalparks des Landes getätigt. Öffnungszeiten: Montags bis freitags von 07.45–16.15 h. (Siehe auch Seite 364).

Nationalpark-büro

Tel 14-733033 und 700101. Notruf: Tel. 14-734513 oder 14-99.

Polizei

Das Hauptpostamt an der Inez Terrace, zwischen Jason Moyo Ave. und Nelson Mandela Ave., hat montags bis freitags von 08.30–16.00 h und samstags von 08.30–11.30 h geöffnet (Tel. 14-794491). Von hier aus kann man auch Telefaxe und Telexe versenden.

Post

Stadtrundfahrten und Ausflüge in die Umgebung, Mietwagen, Safari-Rundreisen, Reservierung von Fähren, Bussen, Flügen etc. arrangieren z. B.:
- **The Travel Company:** Travel Centre, J. Moyo Ave./Ecke 3rd Str. Tel. 14-727461.
- **World Travel Bureau:** Beverley Court, 100 Nelson Mandela Ave., Tel. 14-702831, Fax 14-728743.
- **Tourism Services Zimbabwe:** 101 Union Ave., Tel. 14-733766, Fax 14-733770.
- **Katunga Travel:** Christian Hoppe, 17 Amby Drive, Greendale. Tel./Fax 14-487659. Deutschsprachige Reiseagentur, hier kann man auch voll ausgestattete Allradfahrzeuge mieten.
- **Lisma Tours & Safaris:** Kodak House, 86 Samora Machel Ave., Tel./Fax 14-727339. Verschiedene Tagesausflüge ab Harare und Mietwagen.
- **Connemara Tours:** Kathrine Court, 103 Nelson Mandela Ave., Tel./Fax 14-704866. Hier steht u. a. auch eine *Cultural Tour* auf dem Programm.
- **Shearwater Adventures:** Karigamombe Centre, Samora Machel Ave., Tel. 14-735712. Wildwasserfahrten, Kanutouren.
- **UTC:** 4 Park Street, Tel. 14-793701, Fax 14-749968.
- **ZORORO:** Renate Ahrens, 1 Allan Wilson Ave., Belgravia, Harare. Tel. 14-729216, Fax 14-730292. Deutschsprachige Reisevermittlung.

Reise-agenturen

Das Angebot an halb- oder ganztägigen Ausflügen ist recht vielseitig. Beliebte Halbtagestouren sind z. B. Stadtrundfahrten, Besuche von Tabakauktionen, Mukuvisi Woodlands und Larvon Bird Gardens (je ca. 30–40 US$), ganztägig finden Ausflüge zum Lake Chivero, nach Tengenenge oder zu den Felszeichnungen der Umgebung statt (etwa 60–80 US$). Auch Tagestouren nach Great Zimbabwe und Nyanga werden angeboten, sind aber wegen der großen Entfernungen kaum zu empfehlen. Für Hobbyornithologen bietet *On Safari International* speziell geführte halb- und ganztägige "Trips for Birdwatchers" an, z. B. zum Cleveland Damm, Lake Chivero, Mukuvisi Woodlands oder zum Marlborough Vlei (Tel. 14-487703).

Pauschal-ausflüge

Taxis

Rixi Taxi (Tel. 14-753080), A1 Taxi (Tel. 14-722989 und 706996), Creamline (Tel. 14-703333). Vorsicht: Bei anderen Taxigesellschaften ist es vereinzelt zu nächtlichen Raubüberfällen gekommen, wenn die Fahrer Touristen bewußt etwas abseits des Ziels aussteigen ließen.

Die Taxis fahren mit Taxameter und sind vor allen größeren Hotels stationiert. Die Preise können aber auch ausgehandelt werden, besonders bei weiteren Strekken oder wenn der Taxifahrer zwischendurch warten soll.

Touristeninformation

Das Büro der Touristeninformation befindet sich direkt am African Unity Square, Tel. 14-705085. Öffnungszeiten: Montags bis freitags von 08.00–12.00 h und 13.00–16.00 h, samstags von 08.00–12.00 h. Hilfreich sind die monatlich erscheinenden Infohefte über Harare (*What's on in Harare*), die bei der Touristeninformation gratis ausliegen. Allgemeine Informationen über Zimbabwe erteilt auch die *Zimbabwe Tourist Development Corporation* im Tourism House, 4th Street/Ecke Jason Moyo Ave., Tel. 14-706511/793666/705085.

Vergnügen

• **Putt-Putt:** Minigolfplatz und *Fun Centre* in der Samora Machel Avenue East, täglich von 08.00 bis Sonnenuntergang geöffnet. Tel. 14-722242.
• **Water Whirld:** Tel. 14-723632. Feuchter Freizeitspaß für Familien mit zwei Wasserrutschen, neben Putt-Putt gelegen. Eintritt ca. 2 US$.

Pferderennen, Golfplätze und Schwimmbäder

In den Harare Gardens befindet sich ein großes städtisches Schwimmbad, das während der warmen Monate ganztägig öffnet. Sonntagvormittags finden meistens Pferderennen an der Rennbahn in Borrowdale statt, ein bei allen Bevölkerungsschichten beliebter Volkssport. Ganz nach britischem Vorbild sind die Rennen ein wichtiges Ereignis für die 'Society', bei der leidenschaftlich gewettet wird. Außerdem gibt es in der Umgebung Harares mehrere ausgezeichnete Golfplätze. Sportliche Ereignisse und Abendveranstaltungsprogramme werden übrigens täglich im *Herald* angekündigt.

Warnung!

Die Kriminalitätsrate von Harare ist in den letzten Jahren leider alarmierend angestiegen. Besonders häufig richten sich die Übergriffe gegen Touristen. Autoaufbrüche, Raubüberfälle und Trickdiebstähle sind die klassischen Methoden, mit denen ahnungslose Touristen ausgeraubt werden. Die beste Vorbeugung ist, nicht so leicht als Tourist erkennbar zu sein, also z. B. ohne Kamera durch die Stadt zu schlendern. Verwenden Sie keine Handtasche, sondern einen Tagesrucksack, den man nicht so leicht entwenden kann. Geld und Ausweispapiere sollten direkt am Körper getragen werden. In den sehr einfachen, preiswerten Hotels sollte man sein Gepäck nicht unbeaufsichtigt zurücklassen. Nach Einbruch der Dunkelheit Spaziergänge meiden, mit dem Taxi fahren. Für Autofahrer: Autoaufbrüche sind eine ständige Gefahr bei Fahrzeugen mit ausländischem Nummernschild oder wenn viel Gepäck transportiert wird.

Autofahrer sollten besonders vorsichtig sein

Parken Sie daher nur auf sicheren Parkplätzen, dazu zählen vor allem bewachte Privatparkplätze und Hotelparkplätze. Die bewachten öffentlichen Parkplätze, z. B. beim Hauptpostamt oder neben dem Monomatapa Hotel, sind nicht verläßlich. Wenn die Parksituation nicht geklärt ist, sollte immer eine Person im Wagen zurückbleiben. Außerdem haben sich einige Kriminelle auf die aus Südeuropa bekannte Variante spezialisiert, dem Opfer einen Reifen aufzustechen, um wenig später unschuldsvoll Hilfe beim Reifenwechsel anzubieten. Im nächsten Augenblick tauchen zwei, drei weitere Gestalten auf und das Gepäck bekommt augenblicklich Füße! Daher gilt: Bei plötzlich "Platten" im Großraum Harare immer an einen versuchten Raubüberfall denken, Fenster und Türen schließen und möglichst schnell zu einer Tankstelle fahren. Bitte beachten Sie auch den Hinweis zu den Taxis.

Nächtliche Straßensperre

Bitte beachten Sie, daß die Chancellor Avenue (zwischen 7th Street und Borrowdale Road) am Wohn- und Amtssitz des Staatspräsidenten vorbeiführt und für Fahrzeuge täglich von 18.00–06.00 h gesperrt ist. Die Wachsoldaten haben Schießbefehl, falls sich ein Fahrzeug nicht an die Sperrzeit hält. Zwar stellt das Militär Straßensperren auf, doch können die auch schon mal übersehen werden.

Ausflüge in die Umgebung

Ausflug 1: Ewanrigg National Botanical Gardens

Rund 40 km östlich von Harare liegt ein Kleinod, das bei Botanikern Weltruhm erlangt hat. Es geht um Aloen: Basil Christian, der Farmer, der sich 1891 hier niederließ, pflanzte einige dieser schwer kultivierbaren Gewächse vor sein Haus, um die Aussicht zu verschönern. Schon im nächsten Jahr blühten die Aloen und inspirierten den Blumenfreund, größere Pflanzungen anzulegen. Die Aloen gediehen prächtig. Christian erweiterte den Garten mit Teichen, kleinen Wasserläufen und pflanzte Kakteen, Fuchsien, Begonien und Baumfarne. Wegen seiner erfolgreichen Aloen- und Baumfarnzucht wurde die Ewanrigg Farm allmählich berühmt. 1936 benannte man sogar eine Aloenart nach Basil Christian, der inzwischen als Autorität in Sachen Aloenzucht angesehen wurde. Nach seinem Tod 1950 vermachte der Hobbygärtner dem Staat das 3 km² große Farmgelände. Im naturbelassenen Brachystegiawald und dem bepflanzten Garten wurden Lehrpfade angelegt, ein Kräutergarten gepflanzt, und Grill- und Picknickplätze sowie Sanitäreinrichtungen gebaut. Wer zur Aloenblüte (Ende Juni bis Anfang August) in Harare verweilt, sollte sich die Aloenpracht von Ewanrigg nicht entgehen lassen, wenn mehr als 60 verschiedene Arten in gelben, roten oder orangenen Farbtönen blühen. Im September und Oktober schließt sich die Blütezeit der üppigen Fuchsien- und Begonienpflanzungen an.

Anreise: Man verläßt Harare auf der Enterprise Road. Bei KM 35,5 zweigt links die 3 km lange, beschilderte Zufahrt ab. Alternativ erreicht man den Botanischen Garten auch über die Shamva Road. Der Park ist täglich von 08.00–18.00 h geöffnet, es werden die gängigen Nationalparkgebühren berechnet. Leider besteht hier keine Möglichkeit zu campieren.

Ausflug 2: Bally Vaughan Game Park & Mwanga Lodge

Wer der geschäftigen Großstadt für ein paar Stunden entfliehen möchte, dem sei der Ausflug in das private, rund 600 ha große Bally Vaughan Vogel- und Wildschutzgebiet ca. 40 km östlich von Harare ans Herz gelegt. Als Tagesbesucher kann man die Tiergehege, Volieren und das gemütliche Gartenrestaurant besuchen. In großen Gehegen werden viele heimische Tierarten gehalten, wie Wildschweine, Galagos, Geparde, Löwen, Leoparden, Stachelschweine und eine Pythonschlange. Besonders originell werden die Gäste im Duck&Goose Gartenlokal unterhalten. Heilige Ibisse, Hühner und Gänse sind hier auf den Geschmack menschlicher Kost gekommen und betteln um Pommes

Tip: Kehren Sie doch nach dem Besuch von Ewanrigg zum Mittagessen im Gartenlokal von Bally Vaughan ein!

Frites oder Gemüse. Sie sind so zutraulich, daß sie sich von Hand füttern lassen und vom Tisch stibitzen, wenn man nicht aufpaßt.. An Wochenenden ist hier oft viel los, und sonntagmittags bietet das Restaurant ein beliebtes Lunch Buffet für rund 12 US$ an. Zusätzlich gibt es hier eine Luxuslodge im eigenen Wildpark, in dem Elefantenritte und Kanufahrten unternommen werden. In diesen Bereich dringt man aber nur mit einer entsprechenden Buchung vor. Die Besitzer McIntosh ziehen immer wieder Tierwaisen, wie kleine Löwen oder Geparde auf, und Übernachtungsgäste haben Gelegenheit, zu vielen Tieren in Kontakt zu kommen.

Bally Vaughan Game Park & Mwanga Lodge, Robin und Kathie McIntosh, P. O. Box HG 886, Highlands, Harare. Tel. 174-431, Fax 174-430 oder in Harare Tel. 14.-786521, Fax 14-746212. Täglich außer montags von 09.00–17.00 h geöffnet, der Eintritt beträgt ca. 2 US$. Es werden für ca. 50 US$ Tagesprogramme angeboten, die den Besuch des Game Parks und der Tiergehege, eine Kanufahrt, Elefantenreiten und das Mittagessen beinhalten. Treffpunkt: 09.00 h morgens an der Rezeption, keine Anmeldung erforderlich. Für die Übernachtung in der Mwanga Lodge werden ca. 150 US$/DZ und 190 US$/EZ berechnet (All-Inclusive). Die Lodge besteht aus sechs großen Bungalows, die um ein Wasserloch gruppiert sind (zum Schutz der Blumen gegen die gefräßigen Elenantilopen wurden die Bungalows inzwischen eingezäunt). **Anreise:** Etwa 40 km von Harare; der Eingang mit Parkplatz liegt bei KM 20,5 entlang der Shamva-Road direkt an der Straße.

Ausflug 3: Felszeichnungen in Domboshawa und Ngomakurira

Beliebter Halbtagesausflug an den Wochenenden

Über die Borrowdale Road verläßt man Harare in nordöstlicher Richtung. Vorbei an der Rennbahn und dem Einkaufszentrum Sam Levy's Village läßt man allmählich die Vororte hinter sich und gelangt in eine leicht hügelige Landschaft. Nach 30 km Fahrt zweigt nach rechts der beschilderte Weg zur Domboshawa Cave ab (1 km). Am Parkplatz befinden sich ein kleines Feldmuseum und ein Kiosk. Hier beginnt der etwa 10 Min. dauernde, leichte Aufstieg auf den mächtigen Walrücken-Granitfelsen und zum Felsüberhang auf der anderen Seite des Hügels. Der Überhang weist mehrere Tierdarstellungen, wie die Umrißzeichnungen eines Nashorns, Kudus und Gnus sowie einige tanzende menschliche Figuren auf, die jedoch teilweise schwer beschädigt bzw. verunstaltet wurden. Dafür entschädigt der weite Ausblick über die idyllische, sanft gewellte Landschaft, den man von der Höhle aus genießt. Auffällig sind hier die gelbbraunen Flechten an den Granitblöcken. Am schönsten ist die Stimmung kurz vor Sonnenuntergang.

Eindrucksvolle Jagdszenen auf Stein

Für die Weiterfahrt nach Ngomakurira kehrt man zur Teerstraße zurück und folgt ihr weitere 11 km (der Teer endet nach 6 km und es geht auf guter Schotterpiste weiter). Ein Schild weist an der Sasa Road rechts zu den nahegelegenen Felszeichnungen. Vom Parkplatz führt ein mit grünen Pfeilen markierter Pfad in rund 25 Minuten den Berg hinauf. Der Aufstieg ist teilweise steil und rutschig, dafür wird man am Ziel mit Felszeichnungen belohnt, die zu den schönsten in Zimbabwe zählen. Obwohl die Felszeichnungen von Ngomakurira Wind und Wetter ausgesetzt sind, blieben sie über die Jahrhunderte erstaunlich gut erhalten. Die Künstler haben eine lebendige Szenerie auf den Fels gemalt, mit riesigen Elefanten, Antilopen sowie Jägern, die unter Fächerpalmen lagern und Zebras verfolgen.

Anreise mit öffentlichen Verkehrsmitteln: Die Busse nach Bindura über Chinamora fahren an beiden Abzweigungen vorbei. Man muß von hier aus jeweils 1 bis 1,5 km laufen. Die Busse starten am Mbare Market mit Haltestops in der 7th Street. An der Domboshawa Cave werden 2 US$ Eintritt berechnet.

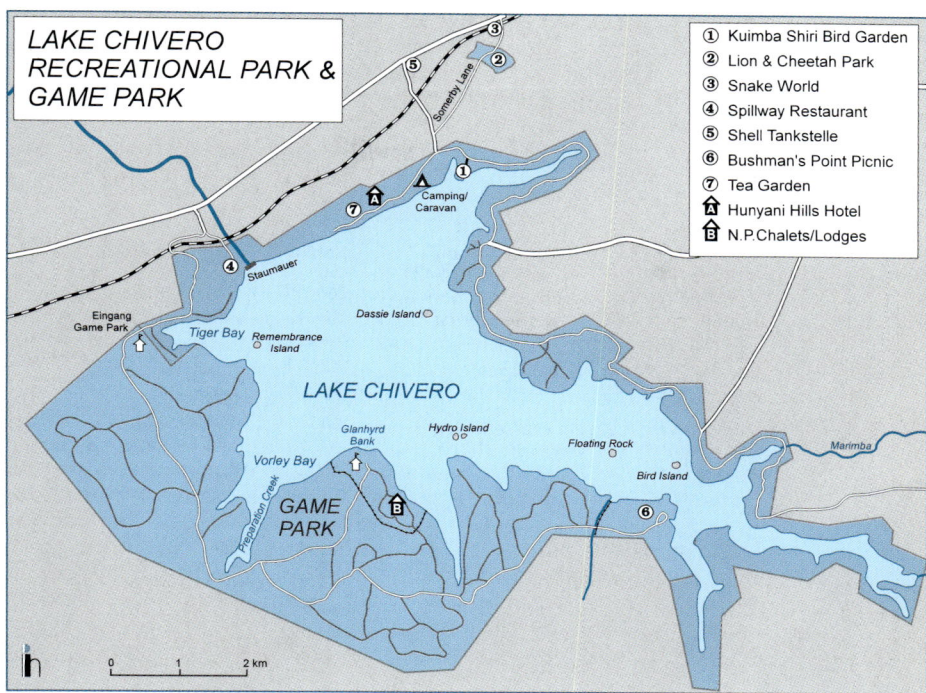

LAKE CHIVERO
RECREATIONAL PARK &
GAME PARK

① Kuimba Shiri Bird Garden
② Lion & Cheetah Park
③ Snake World
④ Spillway Restaurant
⑤ Shell Tankstelle
⑥ Bushman's Point Picnic
⑦ Tea Garden
Ⓐ Hunyani Hills Hotel
Ⓑ N.P.Chalets/Lodges

Ausflug 4: Fahrt an den Lake Chivero

Schon auf der Zufahrt zum See liegen mehrere Sehenswürdigkeiten

Dieser Ausflug führt zu Harares beliebtestem Naherholungsziel mit einer ganzen Reihe unterschiedlicher Sehenswürdigkeiten – Tier- und Schlangenparks, einer Voliere, einer handwerklichen Kooperative und zu den touristischen Angeboten am Chiverosee. Man verläßt Harare entlang der Samora Machel Ave. West in Richtung Gweru, fährt an Hero's Acre vorbei und trifft bereits nach 10 km an die Abzweigung zur Cold Comford Farm.

Kooperative mit Verkaufsladen

Auf dem Farmgelände werden in einer einheimischen Arbeitsgemeinschaft Hühner und Rosen gezüchtet, Metall und Holz verarbeitet sowie Landwirtschaft betrieben. 1965 hatte ein anglikanischer Missionar diese erfolgreiche Kooperative ins Leben gerufen. Ein heute bedeutender Wirtschaftszweig ist die Teppichweberei der Frauen. In der Amon Shonge Gallery stehen die Farmprodukte und kunsthandwerkliche Erzeugnisse anderer Kooperativen zum Verkauf. Öffnungszeiten: Montags bis freitags von 08.00–18.00 h geöffnet, am Wochenende hat nur die Verkaufsgalerie offen von 10.00–16.00 h. (Tel. 14-703251 und 703228).

Snake Park

Der Park ist täglich ganztags geöffnet, der Eintritt ist gering

Wenige Kilometer weiter entlang der Bulawayo Road liegt links hinter einer Tankstelle der kleine Schlangenpark. Der Wärter holt von Zeit zu Zeit eines der Reptilien heraus und genießt es sichtlich, damit die Besucher zu beeindrucken. Unter den ca. 30 Exemplaren sind gefährliche Schlangenarten, wie Boomslang, Puffotter und Ägyptische Kobra. In der Mitte des Rundgangs döst ein träges Krokodil zwischen Schildkröten in einem Becken.

Fahrt von Harare zum Lake Chivero

Auf der Weiterfahrt passiert man die frühere Zufahrt zum Larvon Bird Garden (der Vogelpark ist an den Chiverosee umgezogen und heißt jetzt Kuimba Shiri) und erhält bei Kilometerstein 18 Gelegenheit zu einem Abstecher zum Nyati Skulpturengarten (täglich ganztags geöffnet, hier kann man den Künstlern bei der Arbeit zusehen). 6 km weiter liegen:

Snake World und Lion & Cheetah Park

Schlangenpark und Wildgehege

Der neue große Schlangenpark stiehlt dem alteingesessenen Snake Park die Schau – das Gebäude ist farbenfroh und auffällig bemalt, Flugblätter werden verteilt, den Besuchern Pythonschlangen um den Hals gelegt und Chamäleone auf die Schultern gesetzt. Dazu erfährt man auch hier allerlei Interessantes über die so gefürchteten Reptilien. Der Schlangenpark ist täglich von 08.30–07.00 h geöffnet, der Eintritt beträgt ca. 2 US$ p. P.

Die Geschichte des Lion & Cheetah Park reicht über 30 Jahre zurück, als der Farmer Bristow hier ein Schutzgebiet für verwaiste Wildtiere einrichteten. Von dieser Bestimmung hat der Park inzwischen viel verloren, er scheint nun doch eher ein Vergnügungspark für Städter zu sein. Ein Teil des Geländes, in dem kleinere Antilopen untergebracht sind, steht zum Spazierengehen zur Verfügung (mit Gartenlokal und Andenkenladen). Der andere Teil, in dem sich die Gehege der Wildkatzen befinden, bleibt Autofahrern vorbehalten. Neben verschiedenen Antilopenarten findet man hier Elefanten, Löwen, Leoparden, Geparde und eine Riesenschildkröte von den Galápagosinseln, angeblich 250 Jahre alt, die zwischen den Besuchern herumläuft. Doch auch ein Schimpanse lebt hier – an einer Eisenkette angekettet. Der Park ist täglich von 08.30–17.00 h geöffnet, der Eintritt beträgt ca. 13 US$ pro Fahrzeug (bei beliebig vielen Insassen).

Lake Chivero

Vom Wasserreservoir zum Freizeitgelände

Zur Trinkwasserversorgung der Hauptstadt wurde 1952 der Hunyani River zu einem großen See aufgestaut, den man nach dem ehemaligen Richter Robert McIllwaine benannte. An seinen Ufern entwickelte sich rasch eine freizeitorientierte Infrastruktur mit Angel- und Segelclubs, einem Hotel und Campingplätzen. Am Südufer zäunte man einen 16 km² großen, staatlich geschützten Wildpark ein. Nach der Unabhängigkeit erhielten Fluß und Stausee neue Namen – Manyame River und Lake Chivero.

Überseetouristen auf Entdeckungsreise durch Zimbabwe teilen selten die Begeisterung der sonnenhungrigen Städter, die an den Wochenenden in Scharen an den See strömen, um sich beim Segeln und Angeln zu amüsieren (der See ist mit Bilharziose infiziert und Heimat Hunderter Krokodile, also nicht zum Baden geeignet). An den überfüllten Sport- und Yachtclubs, Lokalen und Picknickplätzen wird die gesellschaftliche Trennung zwischen

Naherholungsziel für die (weißen) Städter

weißer und schwarzer Hautfarbe deutlich – hier bleiben die Weißen noch unter sich. Unter der Woche wirkt die Atmosphäre am Lake Chivero dagegen so verlassen, wie die Adria in der Nebensaison. Dennoch stellen die verschiedenen Übernachtungsmöglichkeiten am See eine Alternative zu Harare dar, und insbesondere der Game Park und der Vogelgarten sind besuchenswert.

Es bestehen verschiedene Zufahrten an den See. 28 km westlich von Harare zweigt die Straße zum kommerziell entwickelten Nordufer ab. Nach wenigen Kilometern gelangt man zur Uferstraße, hier geht es links zum vielleicht interessantesten Ziel am See, dem Vogelpark.

Übernachtungsmöglichkeiten am Lake Chivero
- **Harare Safari Lodge:** Tel. 14-2260083, Fax 14-790447. Exklusive Bungalowanlage im südafrikanischen Stil mit Pool, Reitgelegenheit, Bootstrips, Restaurant. Einsam gelegen (die Zufahrt zweigt beim ehemaligen Larvon Bird Garden von der Bulawayo Rd. ab). Tagesbesucher: 3 US$ Eintritt.
- **Hunyani Hills Hotel:** Tel. 162-2236. Traditionsreiches, aber leider etwas heruntergewirtschaftes Hotel leicht erhöht in reizvoller Lage am Nordufer. Preise: B&B ca. 25 US$ p. P.
- **Marimba Camping Ground:** Auf dem Grundstück der Marimba Angling Society darf man campen (ca. 1 US$), viele Dauercamper, gedämpfte Atmosphäre.
- **Kuimba Shiri:** (ehemals Admiral's Cabin). Tel. 162-2309. Einfache, ältere Chalets am Ufer, auf der Wiese darf man zelten. Preise: Chalets ca. 20 US$ p. P., Camping ca. 1 US$. Einfache Einrichtungen.
- **National Parks Campsite:** Unterhalb des Hunyani Hills Hotel liegt direkt am Ufer unter schattigen Msasabäumen der staatliche Campingplatz (ca. 2 US$). Kein Wachpersonal, etwas vernachlässigt.
- **Nationalparklodges im Game Park:** Saubere, sehr preiswerte Bungalows der Nationalparkbehörde, mit Küche, Bad, Kühlschrank und Herd. Ruhige Lage inmitten des Wildparks, kein Kiosk oder Restaurant vorhanden, Gäste müssen sich an die Parköffnungszeiten halten. Tel. 14-2329.

Kuimba Shiri Bird Garden

Auf das Gelände der ehemaligen Admiral's Cabin Bungalowanlage ist der frühere Vogelgarten *Larvon Bird Gardens* umgezogen und zu ansprechenden Vogelgehegen ausgebaut worden. Gegen ca. 3 US$ Eintritt wird den Besuchern Zugang zu den etwa 1000 Vögeln in Freigehegen und Volieren gewährt, eine ausgezeichnete Möglichkeit, sich mit der Vogelwelt im südlichen Afrika vertraut zu machen (Kamera nicht vergessen). Der Vogelpark ist täglich von 10.00–17.00 h geöffnet, an Wochenenden ist meist sehr viel los. Auf dem Gelände befinden sich außerdem ein großes Gartenlokal mit Spielplatz und Bootsverleih, ältere Chalets und einfache Campinggelegenheit. Adresse: Kuimba Shiri Bird Gardens, P.O.Box 5018, Tel. 162-2309.

Lake Chivero Game Park

Der 16 km² große, eingezäunte Wildpark beherbergt neben Breitmaulnashörnern, Giraffen, Zebras, Kudus, Straßen, Wasserböcken, Tsessebe, Leoparden und vielen anderen Wildtieren auch einige gut erhaltene Felsmalereien. Am *Bushman Point* am äußersten Südende des Parks darf man aussteigen und zu den Felszeichnungen (eine rote Schlange tötet einen Elefanten, Menschen fällen einen Baum) wandern, hier wurden auch Picknickplätze angelegt. Alle anderen Felsbilder sind nur mit Scout erreichbar. Die Landschaft ist leicht hügelig, es wechseln sich Grassavannen, Granitfelsrücken, Akazien- und Msasawälder ab. Der Wildpark ist täglich von 06.00–18.00 h zugänglich und ganzjährig geöffnet. Beim Parkbüro werden sehr beliebte Reitsafaris angeboten.

Zudem gilt auch der **Lake Manyame** (ehemals Lake Robertson) als Erholungsgebiet. Neben der Dammauer in der Nähe der Ortschaft Darwendale hat die Nationalparkbehörde einen Campingplatz eingerichtet. Er liegt jedoch nicht besonders schön und wird fast ausschließlich von einheimischen Hobbyfischern besucht. Man kann hier zu Fuß über die mächtige Staumauer laufen.

Oben:
Gartenlokal
beim Vogelpark

Im Game Park
wird der
übliche
Nationalpark-
eintritt
berechnet

Lake
Manyame
Recreational
Park

DER OSTEN – DIE EASTERN HIGHLANDS

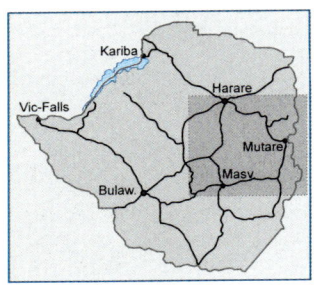

Der Osten des Landes wartet mit einer mehr als 300 km langen, abwechslungsreichen Bergwelt, bezaubernden Wasserfällen und fruchtbaren Gebirgstälern auf. Ausgedehnte Wälder bedecken die teilweise zerklüfteten Berge, Nebel und Kühle bilden einen deutlichen klimatischen Kontrast zum Umland. Immer wieder wird der abgegriffene Slogan vom Schwarzwald Afrikas bemüht, doch kann dieses Klischee der Region keineswegs gerecht werden – zeugen hier doch uralte Steinruinen von vergangenen Kulturen, und Tee- und Kaffeeplantagen versetzen den Besucher in eine tropisch-exotische Welt.

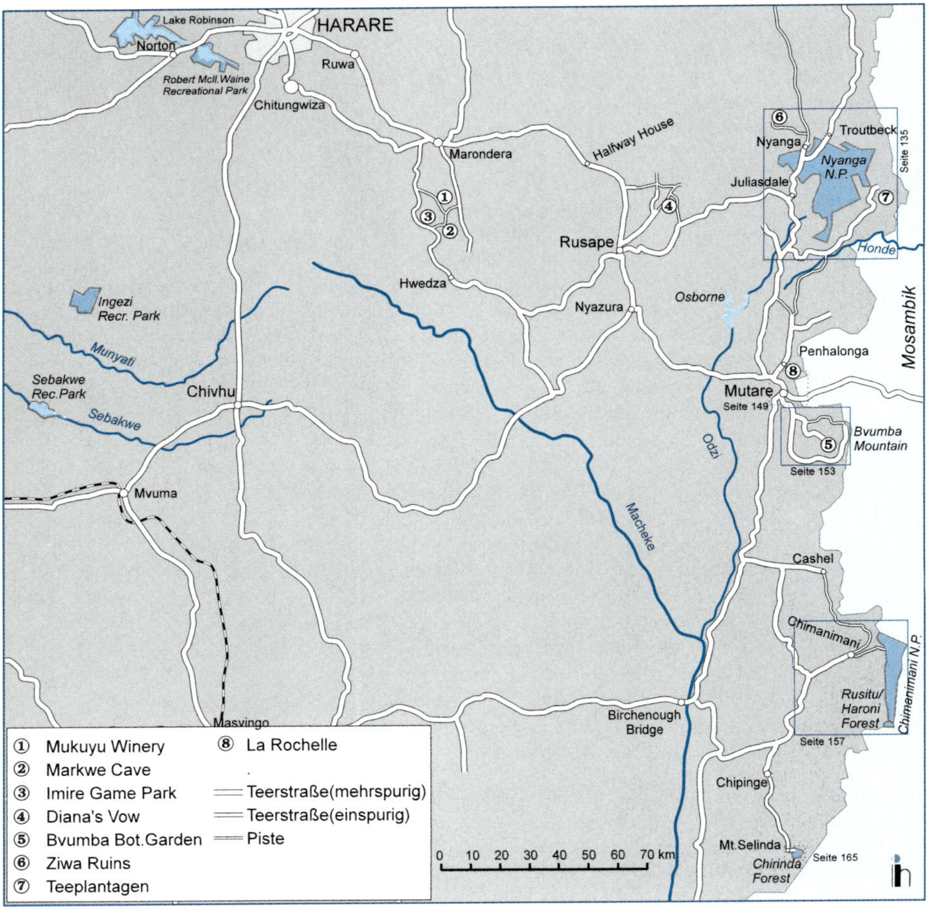

① Mukuyu Winery
② Markwe Cave
③ Imire Game Park
④ Diana's Vow
⑤ Bvumba Bot.Garden
⑥ Ziwa Ruins
⑦ Teeplantagen
⑧ La Rochelle

Teerstraße(mehrspurig)
Teerstraße(einspurig)
Piste

0 10 20 30 40 50 60 70 km

Von Harare in die Eastern Highlands und nach Mutare

Die gut ausgebaute Straße führt durch hügeliges, äußerst fruchtbares Farmland. Erste Ortschaft ist nach etwa 20 km das kleine **Ruwa,** wo der Country Club nahe dem Golfplatz zu einer kleinen Einkehr einlädt. Hier ist auch die große Wurstfabrik *Oscars,* die ihre beliebten, abgepackten Wurstwaren im ganzen Land vertreibt. Auf der Weiterfahrt steigt das Land an bis Marondera, der mit 1662 m höchstgelegenen Stadt des Landes.

Rühriger Vorort mit Touristenunterkünften (siehe S. 111), Läden und einer Töpferei

Marondera

Die etwa 25 000 Einwohner zählende Stadt liegt 74 km östlich von Harare auf einer Wasserscheide inmitten sehr fruchtbaren Landes. Neben intensiver Landwirtschaft und Rinderzucht ist Marondera auch das wichtigste Weinanbaugebiet Zimbabwes. Die gemütliche Kleinstadt, damals Marandellas genannt, geht aus einer 1893 am Ruzawi River eingerichteten Raststation an der Wegkreuzung zwischen Fort Charter, Salisbury und Umtali hervor. Nach der Unabhängigkeit erhielt die Stadt ihren jetzigen Namen nach einem Chief, der bis zur Okkupation durch die Weißen hier regiert hatte. In Marondera prägen die kolonialen Bauten das ländliche Stadtbild, die Atmosphäre ist geruhsam, und wird noch immer von den weißen Großfarmern beeinflußt.

Interessant ist Marondera vor allem wegen der Sehenswürdigkeiten in der Umgebung der Stadt

---

Unterkünfte in Marondera

- **„20/19"-Chalets & Campsite:** Am Ortseingang wurden Selbstversorger-Chalets (ca. 25 US$) und Campingplätze (ca. 3 US$ p. P.) eingerichtet, ein Restaurant und eine Video Game Bar befinden sich ebenfalls auf dem Gelände.
- **Marondera Hotel:** P. O. Box 6, Marondera. Tel. 179-24005, Fax 179-24259. Alteingesessenes Hotel in der Ash Road/Ecke 4rt Street. Restaurants, Bar, Pool.

Wer in Marondera übernachten möchte, sollte aber vielleicht gleich bis KM 82 weiterfahren (8 km östlich von Marondera) und sich im beliebten Malwatte Farm House einquartieren.

- **Malwatte Farm House:** P. O. Box 23, Marondera. Tel. 179-23239, Fax 179-20309. Liebenswertes, persönlich geführtes Hotel im kolonialen Farmhausstil (B&B ca. 30 US$), Campingwiese (ca. 3 US$), einem ausgezeichneten, gemütlichen Restaurant und Gartenlokal. Auf dem Gelände werden als Haustiere zierliche weiße Hühner gehalten, eine chinesische Rasse, nicht gerade nützlich, aber hübsch anzusehen. Es besteht Reitgelegenheit (mit Reitschule). In kalten Nächten kann man am Himmel einen hell orangenen Lichtschein sehen, wenn in der Umgebung die zahlreichen Hopfenfelder mit Heizlampen bestrahlt werden. Malwatte ist ein viel besuchter Zwischenstopp, um für einen Drink einzukehren und die angeschlossenen, im maurischen Stil gebauten Läden zu besuchen, in denen Kunsthandwerk, landwirtschaftliche Produkte, Wandteppiche, Seidenartikel, Campingbedarf, Bekleidung und Bücher angeboten werden (täglich von 08.00–17.00 h). Interessenten können von hier aus auch eine Seidenfabrik besuchen.

Gosho Park Nature Reserve

Das ehemalige Farmgelände wurde von der Peterhouse Natural History Society als kleines Schutzgebiet ausgewiesen, in dem Besucher durch den dichten Miombowald wandern, an kleinen Dämmen picknicken und Felsmalereien entdecken können. Der Park wird zu Lehrzwecken häufig von Schulklassen besucht. Ruhige Unterkünfte gewähren die einfachen Schutzhütten und Campingplätze (ca. 1 US$ p. P., für Camping bzw. für Unterkunft in der Schutzhütte). Der Eintritt beträgt ca. 2 US$ pro Fahrzeug.

Kleiner Naturpark mit Campinggelegenheit

Abstecher: Mukuyu Winery, Markwe Cave und Imire Game Park

Interessanter Ausflug nach Süden

Biegen Sie 3 km vor Marondera in die Watershed Road (Richtung Wedza) und folgen Sie nach 2,7 km an der Gabelung der Beschilderung links in die Bridge Road. Nach 17 km auf einspuriger Teerstraße durch riesige Tabakfelder liegt die Abzweigung zur Mukuyu Winery (15 km Piste).

Mukuyu Winery

Da die Weinkellerei nur vormittags besichtigt werden kann, sollten Sie zuerst dorthin fahren

Die Mukuyu Weinkellerei hat sich dank europäischer Berater trotz des keineswegs optimalen Klimas zum Erzeuger ordentlicher, landesweit bekannter Weine gemausert. Insbesondere Weißweine, wie Bin 16, Pinotage und Symphony, haben eine beachtliche Güte. Die Mukuyu Winery (benannt nach der Wilden Kapfeige) produziert pro Jahr gut 1,5 Mio. Liter Wein, der teilweise aus der Umgebung stammt, aber auch aus anderen Landesteilen zugekauft wird. Interessierte Besucher erhalten eine kostenlose, freundliche Führung mit anschließender Weinprobe, zudem kann man hier die Weine – noch preiswerter als im Supermarkt – erstehen.

Adresse: Mukuyu Winery, P. O. Box 278, Marondera. Besuchszeiten: Montags bis donnerstags von 06.00–16.30 h, freitags von 06.00–13.00 h, am Wochenende nach telefonischer Vereinbarung (Tel. 179-24501). Alternativ kann man von Marondera über die Ruzawi Road (am Country Club und Bus Terminus vorbei) zur Weinkellerei fahren. Bei dieser 31 km langen Zufahrt sind nur die letzten 7 km nicht geteert.

Weiterfahrt in Richtung Wedza

35 km südlich der Harare-Marondera-Straße führt die Straße direkt am Imire Game Park vorbei. Unmittelbar dahinter zweigt links die Markwe Road zur Markwe Cave auf der Tabakfarm Swanson's Estate ab (3 km).

Markwe Cave

Unter dem langen Tierfries wurden in zwei Stollen Shona-Chiefs bestattet

Über einen kurzen, steilen Pfad erreicht man vom Parkplatz aus die Höhle mit den ausgezeichnet erhaltenen Felsmalereien. Vor allem Tiere und Menschen wurden dargestellt. Die Fachwelt glaubt, es hier mit einem Regentanz bzw. einer Regenzeremonie zu tun zu haben. Diese Interpretation ergibt sich aus dem vermuteten Zusammenhang von toten Tieren, einer roten Blitzschlange und einem „Wolkenelefant" (als Elefantenumriß gezeichnet).

Da die Felszeichnungen auf Privatgrundstück liegen, werden Besucher gebeten, sich beim Farmhaus, an dem die Zufahrt unmittelbar vorbei führt, in das Visitor Book einzutragen und die Besuche auf die Zeit von 08.00–16.30 h zu beschränken.

Imire Game Park & Lodge

Kurios: Hier lebt eine Elefantenkuh, die sich für das Oberhaupt der Büffelherde hält, und alle heranwachsenden Bullen als potentielle Konkurrenten tötet

Die 45 km² große Imire Game Ranch, eine ehemalige Tabakfarm, gestaltete das Ehepaar Travers 1972 zur Game Ranch um. Seit 1987 beherbergt Imire Spitzmaulnashörner aus dem Zambezi-Valley. Besucher können hier die berühmten „Big Five" – Elefanten, Büffel, Löwen (in Gehegen), Leoparden und Spitzmaulnashörner – und eine ganze Reihe kleinerer Säugetiere, Antilopen und Flußpferde antreffen. Regelmäßig werden in Imire verletzte oder verwaiste Tiere, wie Elefanten und Nashörner, liebevoll aufgezogen; viele Tiere können später wieder in die Freiheit entlassen werden. Tagesbesucher (mit Voranmeldung) sind ebenso willkommen wie Übernachtungsgäste der Sable Lodge. Auf dem Programm stehen Pirschfahrten, Elefantenritte, Buschwanderungen, Ochsenwagensafaris, Reiten und Ausflüge in die Umgebung.

Info & Reservierung: Central Booking Office, 48 Samora Machel Ave., Harare. Tel. 14-733391, Fax 14-731856, oder direkt: Tel. 122-2257, Fax 122-354. Preise: Sable Lodge ca. 80 US$ (All-Inclusive), Elefantenritte ca. 25 US$, Tagesbesuche mit Pirschfahrten und Verpflegung ca. 35 US$, Transfers auf Anfrage.

Weiterfahrt von Marondera nach Mutare

Die Straße führt durch Tabakfelder und Buschland-schaften bis Macheke, einer kleinen Ortschaft mit einfachem Hotel und vielen malerischen Felsblöcken in der Umgebung. Erst bei KM-Stein 130 lohnt sich kurz vor Headlands eine Pause beim Halfway House.

- **Halfway House:** P. O. Box 206, Headlands. Tel. 125-82355. Weinkeller, Restaurant, Ladenzeile und Motel im restau-rierten Gebäude kapholländischen Baustils. Die Läden sind täglich von 07.00–17.00 h geöffnet, Bar & Restaurant bis 21.00 h. Hier kann man vorzügliche „homemade" Farm-produkte (Tip für Selbstversorger!), Weine, Antiquitäten und Kunsthandwerk erstehen. Im Gartencafè gibt's frischen Kuchen und britische Spezialitäten. Die Zimmer des Motels (ca. 35 US$ pro Zimmer) liegen gleich gegenüber einem kleinen Wildpark mit Löwengehegen.

- **Chifuti Lodge:** Wakefield Estate, P. O. Box 99, Headlands. Tel. 125-82383. Ca. 25 km südlich vom Halfway House (beschildert) werden auf dem Gelände einer Tabak- und Straußenfarm mit eigenem Wildpark Chalets angeboten (All-Inclusive-Preise: ca. 90 US$ p. P.).

Nach der Kleinstadt Headlands, die vor allem wegen der Weya-Frauenkooperative bekannt wurde, kommt allmählich die Bergkulisse der Eastern Highlands ins Blickfeld und die Straße führt hinab nach Rusape.

Rusape

Rund 10 000 Menschen leben in diesem kleinen, landwirtschaftlichen Zentrum, in dem vor allem der Tabakbau und die Verarbeitung und Abfüllung von Obst und Gemüse aus den Eastern Highlands eine Rolle spielen.

- **Crocodile Motel:** Tel. 125-2404, Rusape. 4 km vor dem Ortseingang gelegene Mittelklasseanlage. Einfach, aber freundlich und mit nettem Pool und Garten. Preise: B&B ca. 30 US$/DZ und 40 US$/EZ.
- **Balfour Hotel:** Tel. 125-2945, Rusape. Alter Kolonialbau in Ortsmitte mit lebhaftem Ambiente. Einfach. Preise: B&B ca. 20 US$/DZ, 25 US$/EZ.
- **Caravan Park:** Städtischer Campingplatz ca. 10 km süd-lich von Rusape am Staudamm. Eigentlich ein hübscher Platz, aber die Sanitäreinrichtungen sind verschlossen, und einen Aufseher gibt es offensichtlich auch nicht mehr.

Rusape liegt an einer bedeutsamen Gabelung, denn hier zweigt die A 14 nach Juliasdale und Nyanga von der Hauptstraße nach Mutare ab. Beide Strek-ken werden nachfolgend beschrieben.

Bilder rechts:
Imposante Wolkenstimmung über Mukuyu-Reben,
Halfway House, Felszeichnungen und
Shona-Grabstollen in der Markwe Cave

Fahrt von Rusape nach Mutare (93 km)

Nyazura und Odzi

Die Direktverbindung nach Mutare führt nun durch eine typische Middleveld-Vegetation. In **Nyazura** zweigt eine breit ausgebaute Teerstraße nach Dorowa und Buhera ab, über die man durch eine hügelige Landschaft in die Midlands oder nach Masvingo fahren kann. Für Touristen ist diese Strecke jedoch eher unbedeutend, da sie viele Sehenswürdigkeiten umgeht.

Gute 30 km vor Mutare liegt auf 945 m, dem niedrigsten Punkt dieser Gesamtstrecke, die kleine Bahnstation **Odzi**. In dieser landwirtschaftlich geprägten Region sind einige Touristenunterkünfte entstanden.

- **Musangano Lodge:** Fam. Eggert, Mine Road, Odzi. P. O. Box 1036. Tel. 120-42267, Fax 120-42263. Liebevoll eingerichtete und persönlich geführte Lodge mit großen Bungalows, Restaurant und Pool unter deutscher Leitung (hier paaren sich afrikanischer Stil und die sprichwörtliche deutsche Gründlichkeit). Wahlweise zur Selbstversorgung oder mit Restaurantbesuch. Die engagierten Besitzer haben für ihre Gäste auch so manchen Tip für ungewöhnliche Ausflüge in die Umgebung. Preise: Chalets mit Dinner, B&B ca. 50 US$, B&B ca. 40 US$ p. P., EZ-Zuschlag ca. 15 US$, Ferienhäuser ca. 80 US$ für 2 Personen.
- **Mount Mwenje Lodge:** P. O. Box 159, Odzi. Tel. 120-4243, Fax 120-4234. Luxuslodge im Stil eines Safaricamps, die Zufahrt zweigt bei KM 225 ab. Dinner, B&B ca. 150 US$/DZ, 190 US$/EZ.
- **Drifters:** P. O. Box 1646, Mutare. Tel. 120-62964, Fax 120-62930. Einfache Backpackerunterkünfte und Campingplatz mit Pool, jedoch leider direkt an der vielbefahrenen Straße. Jeden Freitagabend steigt hier eine „Pizzapartie". Preise: ca. 10 US$/Chalet, 2 US$/Camping.
- **Mapor Estates:** P. O. Box 98, Odzi. Tel. 120-43013. Bei der Abzweigung zum Ort Odzi einbiegen, nach 21 km in Richtung Marange gelangt man zur Mapor Estates Tabakfarm (beschildert). Hier stehen Cottages und ein Campingplatz zur Verfügung, mit Grillplätzen, Pool und Kiosk. Wer Ruhe sucht, ist hier gut aufgehoben, man kann wandern, klettern, reiten und die Farm besichtigen.

Von Odzi nach Mutare über den Christmas Pass

11 km vor Mutare zweigt die A 15 nach Juliasdale, Nyanga und Troutbeck ab, und ein paar Kilometer weiter, auf Höhe des Christmas Pass Hotels, auch die Straße nach Penhalonga. Gleich danach steigt die Straße zum 1280 m hohen Christmas Pass an (so benannt, weil am Weihnachtstag 1890 ein britischer Erkundungstrupp hier nächtigte) und gibt einen herrlichen Ausblick auf Mutare frei. In Serpentinen schlängelt sich die Straße anschließend in Zimbabwes viertgrößte, sympathische Stadt hinab (siehe S. 145).

Weiterfahrt von Rusape nach Juliasdale (A 14, 77 km)

Von Rusape in die Eastern Highlands

Entlang der Straße von Rusape nach Juliasdale mehren sich die Verkaufsstände für Farmprodukte aus den fruchtbaren Regionen der Eastern Highlands. Die Straße führt direkt in die immer höher werdenden Berge. Nach 29 km empfiehlt sich der Abstecher zu außergewöhnlichen Felsmalereien.

Diana's Vow

Sehr sehenswert!

Das fesselnde Gebilde aus Menschen, Tieren und Figuren am Felsüberhang von Diana's Vow gilt als bedeutendste Felsmalerei Zimbabwes. Die Zeichnungen haben eine eigenwillige, magische Ausstrahlung; sie regen die Phantasie an, ohne sich zu erklären. Die zentrale Figur der ungewöhnlich farbigen Bilder ist eine liegende Riesengestalt mit einer Antilopenmaske, um die sich unzählige kleine Menschen- und Tierfiguren reihen. Früher glaubten Forscher, wie Leo Frobenius, darin einen sterbenden König mit edlem Gewand zu erkennen. Heute geht man jedoch davon aus, hier einem Regenmythos zu begegnen. Demnach sei die liegende Gestalt ein Regenzauberer, der von Menschen und Tieren im Trancezustand umringt ist. Unterstützt wird diese These von Wasserbeuteln und Wasservögeln, die moderne Forscher in der Zeichnung entdecken. Also ein Freudentanz wegen einsetzenden Regens? Was aber hat wohl die merkwürdige Gestalt zu bedeuten, die schräg unterhalb unseres Regenzauberers in auffällig ähnlicher Stellung liegt? In gewisser Weise muten die eigenwilligen Figuren sogar ägyptisch an. Leider sind weite Bereiche der Malerei dem Wetter schutzlos ausgesetzt und daher verwaschen. Nur die geschützten Stellen offenbaren noch das grandiose Kunstwerk unbekannter Vorfahren.

Die Felszeichnungen wurden nach der Farm von Rhys Fairbridge benannt, der der Legende nach einmal unbewaffnet im Busch einem prächtigen Kudubullen begegnet war. Der leidenschaftliche Jäger soll damals voller Ingrimm gelobt haben, nie wieder ohne Schußwaffe aus dem Haus zu gehen (Vow heißt Gelübde).

Anreise: Biegen Sie bei KM 29 links in die Constanze Road ein. Nach 12,5 km biegen Sie links in die Silver Bow Road. 100 m weiter geht es wieder links durch ein Gatter, und 500 m weiter erreicht man den Parkplatz. Zum Felsüberhang läuft man nur noch ein paar Schritte. Der gesamte Weg ist ausgeschildert.

Pink Elephants

Von Diana's Vow ist es nicht mehr weit zu den Pink Elephants Felszeichnungen, die wegen ihrer naturalistischen Darstellung ohne kompliziert zu deutende Sinnhaftigkeit bestechen. Die rötlichen Elefanten wirken außerordentlich lebendig, der Künstler bewies ein sehr gutes Auge für die Bewegungen seiner Motive. Zu erreichen sind die Pink Elephants, wenn man von Diana's Vow entlang der Silver Bow Road die 100 m zurück und darüber hinaus 3,5 km weiterfährt. Dort geht es an einer Abzweigung links zum 2 km entfernten Parkplatz neben einer Farm. Der Aufstieg zu den Felsbildern ist kurz, aber steil.

Bild oben:
Detailgetreue Zeichnung von Diana's Vow
im Museum an den Ziwa Ruins
Darunter: Felsüberhang mit den Pink Elephants

Auf der Weiterfahrt nach Juliasdale beginnen wenig später die ersten Ferienanlagen und Hotels der Eastern Highlands. Auf 1760 m Höhe liegt links zunächst das Brondesbury Park Hotel, später folgen Ferienhäuser und das stilvolle Pine Tree Inn, wo man gut einkehren kann. Etwa 12 km vor Juliasdale lädt außerdem die Adventureland Holiday Farm mit Spielplätzen und Kanufahrten zum Verweilen ein.

Juliasdale

Die 2000 m hoch gelegene Ortschaft verdankt ihre Bedeutung dem Tourismus und der größten Obstplantage des Landes, Claremont Orchards. An der Straße zwischen Mutare und Nyanga gelegen, gilt Juliasdale als typischer Ausgangspunkt für Touren in die Eastern Highlands. Hier befinden sich das Kasinohotel Montclair, eine einfache Backpackerunterkunft, ein Supermarkt und zwei Tankstellen.

Neben der BP-Garage ist in einem kleinen Holzgebäude das Buchungsbüro von Far & Wide (P. O. Box 14, Juliasdale. Tel./Fax 129-3011) untergebracht. Im Angebot sind Rafting (ab 70 US$) und Kajakfahrten (ab 40 US$) im Pungwe River, Mountain Biking, Klettern und Bergwandertouren. Far & Wide unterhält ein rustikales Wilderness Camp im Mtarazi Nationalpark (1 km vom Honde View Point entfernt, ca. 15 US$ p. P., Camping ca. 5 US$).

Unterkünfte rund um Juliasdale

- **Brondesbury Park Hotel:** P/Bag 8070, Rusape. Tel. 129-3413. Direkt an der Straße ca. 23 km vor Juliasdale gelegen, mit Forellenteich und Golfplatz. Alteingesessenes Hotel, ein wenig vernachlässigt, aber liebenswürdig. Preise: Dinner, B&B ca. 60 US$/DZ und 100 US$/EZ. Auf der Wiese neben dem Hotel darf man kostenlos campen.
- **Punch Rock Cottages:** P. O. Box 30, Juliasdale. Tel. 129-224424. Beliebte Ferienhäuser in traumhafter Lage, ca. 7 km vor Juliasdale. Ca. 50 US$/Chalet.
- **Pine Tree Inn:** P. O. Box 1, Juliasdale. Tel. 129-225916, Fax 129-2388. Ca. 6 km vor Juliasdale. Altenglisches, sehr idyllisches Hotel mit herrlichem Garten. Preise: Dinner, Bed & Breakfast ca. 50 US$/DZ und 60 US$/EZ.
- **Montclair Hotel:** Zimbabwe-Sun-Hotel. P. O. Box 10, Juliasdale. Tel. 129-2441, Fax 129-2447. Mondänes Hotel mit Kasino und Golfplatz in Juliasdale. Preise: B&B ca. 60 US$/DZ und 90 US$/EZ. Sonntags mit Mittagsbuffet.
- **Camp & Cabin:** P. O. Box 99, Juliasdale. Tel. 129-2202. Campingwiese (ca. 3 US$) und einfache Schlafhütten (ca. 6 US$) in Juliasdale.

Bilder von oben:
Steinkirche in Nyanga, im Troutbeck Inn,
Nyangombe Falls, Nyangombe Campsite

Von Juliasdale nach Nyanga (19 km) und Troutbeck (ca. 30 km)

Entlang der A 15 windet sich die Straße in breiten Kurven mit schöner Aussicht nach Norden. Kurz vor der Abzweigung zum Inn on the Rupurara verkauft ein Straßenkiosk frische Forellen, Shona-Skulpturen, Rosensetzlinge sowie Obst und Gemüse der Saison. Beiderseits der Straße sieht man auf riesigen Feldern und Äckern die berühmten Obstplantagen der Eastern Highlands. Den Hintergrund bilden die hohen Berge und Pinienforste. Nach 11 km zweigt rechts die Zufahrt in den Nyanga Nationalpark ab, kurz danach geht es auf der Höhe des Nyangombe Campingplatzes links zu den Nyangombe Falls.

Frische Forellen sind eine Spezialität der Eastern Highlands

Nyangombe Falls

Der vor allem zum Wandern beliebte Abstecher führt zunächst am Udu Damm und einigen Nationalpark-Ferienhäusern vorbei und endet nach 6 km an den Wasserfällen. Über steile Felsbrocken stürzt der Bach in mehreren Kaskaden fast 30 m tief. Ein schmaler Pfad führt neben dem Wasserfall hinab (Vorsicht: glitschig!).

Nyanga

Idyllisch und friedlich liegt die Siedlung auf 1860 m von hohen Bergen umrahmt. In der Ortsmitte stehen kurz vor dem freundlichen Village Inn Hotel viele Steinhäuser mit gepflegten Gärten. Neben der schmucken Steinkirche wurde ein Touristen-Informationsbüro eingerichtet (Montags bis freitags von 09.00–13.00 h und 14.00–16.30 h, samstags von 09.00–11.30 h, Tel. 129-8435). Wochentags (08.00–16.00 h) lohnt sich der Besuch der Zuwa Weavers, einer Frauenkooperative, die Wandteppiche webt und von der Werkstatt aus verkauft. In der Nähe des Bus Terminus im Nyamuka Township werden im Craft Village kunsthandwerkliche Souvenirs feilgeboten. Einkehren kann man in Nyanga im Blue Zoo Tea Garden oder etwas stilvoller im Village Inn.

Unterkünfte in Nyanga siehe Seite 130!

Nyahokwe Ruins und Ziwa Ruins

Der Ausflug zu den nördlich von Nyanga liegenden Ruinenstätten Nyahokwe und Ziwa eignet sich besonders für Schlechtwettertage, denn die Ruinen liegen im deutlich regenärmeren Middleveld auf 1300 m – oft hängen feuchte Wolken über den Eastern Highlands, während es nur wenige Kilometer weiter bei den Ruinen freundlich und sonnig ist).

Tip für Regentage!

Fahren Sie etwa 5 km auf der breiten Schotterstraße von Nyanga nach Norden in Richtung Ruwangwe. Die Abzweigung nach links zu den Ruinenstätten ist deutlich ausgeschildert. 7 km weiter liegen rechts an einem Hang die Nyahokwe Ruins. Die Ruinen nahe dem Parkplatz, mit Getreidespeicher, Viehkraal und Resten von Feldterrassen, sind nur ein Teil der ehemaligen Wohnanlage. Über einen steilen Pfad, der ohne Führer leicht übersehen werden kann, erklimmt man den Berghang und gelangt schließlich in den vermuteten Wohnbereich eines Herrschers. Mauerreste, Vertiefungen, angelegte Wege und Gräben lassen erahnen, wie dieser Königskraal einmal ausgesehen haben mag. Von hier oben genießt man zudem eine grandiose Aussicht.

Nyahokwe Ruinen

Ziwa ist die bedeutendste und größte Ruinenstätte der Eastern Highlands

Zu den Ziwa Ruins fährt man noch 8 km weiter. An dieser riesigen Anlage (Eintritt 2 US$, täglich von 08.00–17.00 h zugänglich) ist ein Wärter von National Monuments stationiert. Neben dem großen Parkplatz werden im archäologischen Feldmuseum Fundstücke und Zeugnisse der Nyanga- und Ziwa-Kultur ausgestellt, außerdem gibt es eine Nachbildung der Diana's Vow Felszeichnungen, und Karten mit eingezeichneten Ruinenstätten informieren über die vielfältigen Fundstellen im Land. Doch beeindruckender als das Museum sind die Ruinen selbst, vielmehr ihre ungeheure Ausdehnung. Soweit das Auge reicht, ist alles mit kleinen Steinmauern übersät. Laufen Sie durch das Labyrinth aus Mauerwerk bis zum Hügel, weil hier die höchsten Mauern mit Eingängen und Fensterlöchern erhalten sind.

Die Ausmaße sind gewaltig

Über die Menschen, die im 17. Jh. diese sich über mehr als 50 km² ausdehnende Anlage errichteten, und deren Kultur im 18. Jh. eine Blüte erlebte, kursieren bisher nur Vermutungen. Möglicherweise handelte es sich um einen Manyika-Volksstamm, der sich die komplizierten Kenntnisse von Terrassenbau, Kanalisation und Bewässerungsgräben angeeignet hatte. Auch scheint die Gesamtanlage nicht gleichzeitig entstanden und bewohnt worden zu sein; denkbar ist, daß die Menschen in regelmäßigen Zeitabständen, wenn nämlich das im Wanderfeldbau bestellte Ackerland ausgelaugt war, weiterzogen. Auf diese Weise könnte die Anlage im Laufe vieler Generationen ihre ungewöhnlichen Ausmaße erhalten haben.

Lange Zeit wurden die Ruinen Van Nierek Ruins genannt, nach dem Buren, der die Anlage 1905 dem Archäologen Randall McIver zeigte. Den heutigen Namen erhielt die Stätte nach dem Mount Ziwa, an dessen Hängen sie liegt.

Troutbeck, Connemara Lakes und World's View

Unterkünfte in Troutbeck siehe S. 130!

Auf der Fahrt nach Troutbeck durchquert man einen Ausläufer des Nyanga Nationalparks. 14 km lang zieht sich die Teerstraße mit ausladenden Schleifen immer höher in die Berge, gibt grandiose Ausblicke frei und erreicht schließlich auf rund 2000 m Höhe kurz vor dem Dorf Troutbeck das berühmteste Hotel der Eastern Highlands.

Seit den 50er Jahren gilt bei den Einheimischen das Troutbeck Inn mit seinem stillen, tiefgründigen Stausee und dem höchstgelegenen Golfplatz Afrikas als Inbegriff für Stil, Luxus und britisches Ambiente. Das prasselnde Kaminfeuer in der Lounge wird niemals gelöscht, livrierte, afrikanische Kellner bedienen schweigsam ihre überwiegend weiße Klientel, die hier vor allen Dingen ausspannen, der afrikanischen Hitze und dem Staub entfliehen und dabei Reiten, Fischen und Golfen will. Seit das legendäre Hotel von der Zimbabwe-Sun-Hotelgruppe übernommen wurde, hat es zwar ein wenig von seinem Charme eingebüßt und muß nun anstelle der „feinen Gesellschaft" Gruppenreisende aus aller Welt aufnehmen, dafür können nun auch Durchreisende problemlos das gepflegte Gartenrestaurant besuchen und dabei die Atmosphäre genießen.

Tip!
Reisen Sie mit ausreichenden Zimbabwe-Dollar in die Eastern Highlands, denn hier herrscht notorischer Klein- und Bargeldmangel

Frisch gestärkt macht man sich dann auf die Rundfahrt zu den Connemara Lakes, die 1 km vor dem Hotel abzweigt. Der ca. 17 km lange Rundkurs führt durch eine künstlich geschaffene Landschaft. Über die grünen Wiesen des Golfplatzes gelangt man in dichte, Ende der 40er Jahre auf kahlem Moorland angepflanzte Pinienwälder. Der Weg umrundet die drei vom Tsanga Stream gespeisten Stauseen, die Colonel McIlwaine, der auch das Troutbeck Inn erbaute, angelegt und nach der irischen Region Connemara benannt hat. Auf halber Strecke sind zwei Aussichtspunkte, World's View und Eagles View, ausgeschildert. Hier bricht der etwa 2100 m hohe Bergrücken steil in die dicht besiedelte Middleveld-Ebene hinab. Bei klarer Sicht ist der Ausblick durchaus atemberaubend. Auf der Rundfahrt gibt es einige Picknickplätze. Die frische Kühle und der Geruch von Harzen, Kiefern und Moosen, begeistern vor allem die weiße Bevölkerung des Landes. Nebel, schwere Wolken und Regenfälle erfrischen die Erholungssuchenden eher, als daß sie sich vom Wetter beeinträchtigt fühlen. So wird denn auch bei Nieselregen tapfer in Troutbeck Golf gespielt.

Wer Lust hat, in dieser frischen Umgebung zu reiten, wendet sich an *Troutbeck Inn Riding Stables* an der Abzweigung zum World's View (ca. 7 US$/Std.).

Die kleine Siedlung Troutbeck bietet neben einer Tankstelle und Andenkenläden auch einen Supermarkt mit Bäckerei. Fährt man die Teerstraße weiter nach Norden, wird es wieder deutlich einsamer. Nach ca. 10 km zweigt nach links ein Weg zu den Ezulwini Ferienhäusern und der *Nyamoro Diary Farm* ab, wo man wochentags frische Milchprodukte einkaufen und in einem kleinen Café einkehren kann. Anschließend fällt die Straße merklich ab und schlängelt sich mit herrlichen Ausblicken in das deutlich tiefer gelegene Communal Land hinab (siehe auch S. 352).

Bilder: Bilck auf Nyanga, Nyahokwe Ruins, Ziwa Ruins

Unterkünfte rund um Nyanga

- **Village Inn:** P. O. Box 19, Nyanga. Tel. 129-8336, Fax 129-8335. Sympathisches Mittelklassehotel in einem alten, kapholländischen Gebäude. Gepflegtes Restaurant. Preise: Dinner, B&B ca. 40 US$/DZ und 50 US$/EZ.
- **Angler's Rest:** P. O. Box 102, Nyanga. Tel. 129-8436. Ferienzimmer, Selbstversorger-Apartments und Campinggelegenheit unter Jacarandabäumen 3 km nördlich von Nyanga. Preise: ca. 7 US$/ p. P. im Mehrbettzimmer, 40 US$/Apartment zur Selbstversorgung, 3 US$/Camping.
- **Inn on Rupurara:** P. O. Box 337, Juliasdale. Tel. 129-3021, Fax 129-3025. Neuere Hotelanlage, ruhig und idyllisch, an der Straße zwischen Juliasdale und Nyanga mit 17 Lodges, Pool, Sauna, Restaurant. Preise: Dinner, B&B ca. 55 US$/DZ und 65 US$/EZ.

Unterkünfte rund um Troutbeck

- **Troutbeck Inn:** P/Bag 2000, Nyanga. Edelste Adresse der Region mit breitem Angebot: Tennis, Reiten, Fischen, Pool, Wandern, Bowling, Bootfahrten etc. (siehe auch Beschreibung S. 128). Tel. 129-8305, Fax 129-8474. Preise: B&B ca. 90 US$/DZ und 130 US$/EZ.
- **Ezulwini Holiday Farm:** P. O. Box 12, Troutbeck. Tel. 129-861121. Ferienhäuser zur Selbstversorgung auf einer Farm, 12 km nördlich von Troutbeck einsam und ruhig gelegen.
- **Kafukuto Chalets:** c/o: Stand 702, Brig Atif Road, Mount Pleasant, Harare. Tel./Fax 14-301214. Einfache traditionelle Chalets zur Selbstversorgung oder mit Verpflegung sowie Campinggelegenheit im weitgehend unerschlossenen Hinterland, ca. 67 km nördlich von Troutbeck an der Straße nach Ruwangwa ausgeschildert (28 km Piste). Hier stehen kulturelle Begegnungen, wie Dorfbesuche, im Vordergrund, außerdem werden Wandertouren, Fischen und Ausflugsfahrten angeboten. Preise: Chalets ca. 20 US$ p. P., Camping ca. 5 US$.

Unterkünfte im Nyanga Nationalpark: Private Hotels & Ferienhäuser

- **Rhodes Nyanga Hotel:** P/Bag 2056, Nyanga. Traditionsreiches Hotel, ehemals Cecil Rhodes' Farmhaus, inzwischen von der Rainbow-Hotelgruppe übernommen. Vor dem ehrwürdigen Kolonialgebäude breitet sich ein liebevoll angelegter Blumengarten aus, hinter dem Haus befinden sich die Zimmer und Rondawel. Preise: B&B ab 90 US$/DZ und 100 US$/EZ.
- **Nyazengu Nature Reserve:** 128 Upper East Road, Avondale Harare. Tel. 14-303518, Fax 14-339679. Ferienhäuser zur Selbstversorgung auf Privatland am Mount Inyangani. Allradzufahrt. Preise: Cottages ab 40 US$, Camping ca. 3 US$.
- **Far & Wide Mountain Wilderness Camp:** Einfaches Buschcamp im dichten Wald für max. 32 Personen. Von hier aus werden zwischen November und Mai Raftingtouren in der Pungwe Gorge angeboten. Info & Buchung siehe Juliasdale.

Camping & Ferienhäuser der Nationalparkbehörde   (siehe auch S. 364)

- **Nyangwe (früher Mare) Dam Lodges:** 16 Ferienhäuser für 3 bis 6 Personen. Voll ausgestattet, mit Kaminofen zum Heizen, Holzofen zum Kochen, elektrischem Licht. Weil diese Ferienhäuser abgelegen sind, ist es hier besonders beschaulich und gemütlich.
- **Nyanga (früher Rhodes) Dam Lodges:** 8 Ferienhäuser mit kompletter Ausstattung zur Selbstversorgung (Kaminofen zum Heizen, Elektroofen zum Kochen, elektrisches Licht).
- **Udu Dam Cottages:** Ferienhäuser am ruhigen Udu Damm (außerhalb des Parks). Bootsverleih.
- **Pungwe Drift Cottages:** Ferienhäuser, einsam und sehr idyllisch im Südteil des Parks am Pungwe River gelegen. Nach heftigen Regenfällen evtl. nur per Allrad erreichbar.
- **Mare Caravan Park:** Der im dichten Pinienwald eingebettete Wohnwagenpark im Nationalpark ist ausschließlich Caravans vorbehalten (Zelten ist verboten).
- **Nyangombe Campsite:** Dieser Nationalpark-Campingplatz liegt im dichten Pinienhain direkt an der Straße nach Nyanga und ist besonders beliebt, weil hier nur die Übernachtung, aber kein NP-Eintritt berechnet wird. Allerdings ist es leider auf diesem Platz mehrfach zu nächtlichen Raubüberfällen gekommen, wenn nur ein oder zwei Einheiten campieren. Man sollte hier deshalb nur dann übernachten, wenn der Platz wirklich gut besucht ist (was häufig der Fall ist).
- **Mtarazi Falls Campsite:** Kleiner, sehr idyllischer Campingplatz mit 5 versteckten Stellplätzen, heißen Duschen und einem Unterstand gegen den hier besonders typischen Nieselregen. Einsam, sehr wildreich (Samangoaffen, Blauducker, Kudus und Leoparden).

Nyanga Mountains Nationalpark

Dieser Nationalpark in den Eastern Highlands ist ein erklärter Liebling der "Rhodies", der europäischstämmigen Einwohner Zimbabwes, die mit der nordischen Landschaft heimatliche Gefühle verbinden. Schon Cecil Rhodes verliebte sich stante pedes in die Berglandschaft, als er sie erstmals besuchte, und kaufte augenblicklich 330 km² Land – das Gebiet, welches heute größtenteils als Nationalpark geschützt wird.

Der Park liegt zwischen 880 und knapp 2600 m Höhe, durchschnittlich jedoch auf erfrischenden 2000–2300 m. Die 314 km² des Nyanga Nationalparks ergeben zusammen mit dem direkt anschließenden kleinen Mtarazi Falls Nationalpark den 339 km² großen Nyanga Mountains Nationalpark. Die Gebirgsregion aus altem Vulkangestein ist das Quellgebiet bedeutender Flüsse, wie Pungwe, Mtarazi und Odzi. Weite Bereiche des Nationalparks sind heute mit riesigen Aufforstungen bedeckt. Klare Stauseen mit reichem Forellenbestand, schattige, ausgedehnte Nadelwälder, durchsetzt mit schroffen Granitfelsen und nackten Plateaus prägen die landschaftlichen Eindrücke. Dazwischen finden sich Proteen, Aloen, Moose und wild blühende Lilien, Orchideen und Gladiolen.

Kühle Bergregionen mit dichten Wäldern

Klassisches afrikanisches Großwild ist hier kaum vertreten. Zwar leben die seltenen Blauducker, Klippspringer, Riedböcke, Kudus und auch Samangoaffen in den dichten Wäldern, doch ist es eher Zufall, eines der scheuen Tiere aufzustöbern. Die Vogelwelt ist vielseitiger, kann aber nicht mit den Bvumba Mountains oder dem Chirinda Forest konkurrieren. Schwerpunkt des Nyanga Nationalparks stellen somit die historischen Stätten und der Erholungswert der immergrünen, frischen Berglandschaft dar.

Tiere im Nationalpark

Sehenswertes zwischen Haupteingang und Mount Inyangani

Lassen Sie uns die Rundfahrt mit einem Besuch des Rhodes Nyanga Hotels beginnen. Im Garten dieses kolonialen Gebäudes, dem ehemaligen Farmhaus von Cecil Rhodes, kann man sich bei einer Tasse guten Tees herrlich einstimmen, außerdem lohnt sich ein Besuch des kleinen **Museums**, welches im ehemaligen Reitstall untergebracht wurde. Neben Gegenständen aus Rhodes' Nachlaß sind vor allem historische Fotos und die alten Landkarten interessant, in denen frühere Handelswege verzeichnet sind.

Das Museum ist Di bis So von 09.00– 13.00 h und 14.30–17.30 h geöffnet, Eintritt: 2 US$

Fahren Sie nun zurück, um an der Parkschranke in den Nationalpark einzureisen. Immer geradeaus gelangt man nach kurzer Fahrt an den Nyangombe River und den Badepool mit feinem Sandstrand, den der kleine Fluß hier bildet. Bei sonnigem Wetter kommen viele Besucher zum Baden und Picknicken an den klaren, bilharziosefreien Pool, das Wasser ist allerdings eiskalt. Die weiterführende Piste (leider in schlechtem Zustand) endet nach 6 km am **Chawomera Fort**, einer Ruinenstätte der Nyanga-Kultur.

Vom Badepool führt ein Fußweg zum Nyangombe Campsite

Wieder auf der Hauptpiste, die an den Ferienhäusern und der Parkverwaltung am Nyanga Dam (früher Rhodes Dam) vorbei führt, erreichen Sie die Abzweigung zu den rekonstruierten **Pit Structures**. Als Pit Structures werden die für die Nyanga-Region spezifischen Wohngehöfte bezeichnet, deren eigentümliche, runde Vertiefungen Generationen von Forscher beschäftigten. Etwa seit dem 16. Jh. begannen die Menschen dieser Region, in der Mitte ihrer familiären Wohnanlage nahezu runde, 2–3 m tiefe Gruben mit durchschnittlich 6 m Durchmesser auszuheben. Diese Vertiefungen waren

Besuch der Pit Structures

mit senkrechten Steinwänden ausgekleidet und verfügten über eine Drainage. Alle diese Gruben, von denen Tausende gefunden wurden, befanden sich inmitten einer großem Plattform zwischen den typischen Getreide- und Wohnhütten. Über die Bedeutung der Vertiefungen kursieren allerlei Spekulationen. Im letzten Jahrhundert wurde die Ansicht vertreten, die Gruben seien Sklaven-zwinger gewesen. Der Deutsche Carl Peters ver-suchte damit sogar zu begründen, daß hier einst Semiten herrschten, welche die Einheimischen versklavten, und u. a. auch Great Zimbabwe erbauten. Später hieß es, die Gruben seien Zu-fluchtsstätten für Frauen und Kinder gewesen, andere glaubten darin Behälter zum Goldwaschen zu erkennen oder sogar ein Fruchtbarkeitssymbol. Heute sind die Gelehrten davon überzeugt, daß in den Vertiefungen lediglich ein fleißiges Bauern-volk sein Vieh hütete. Durch einen unterirdischen Zugang (Tunnel) in der Wohnhütte des Familien-oberhaupts sollen kleinere Nutztiere, wie Hühner und Ziegen, abends in die Grube geschubst wor-den sein, um das Vieh nachts vor Diebstahl und Raubtieren zu schützen. Als wertvollstes Gut waren die Viehgehege der Mittelpunkt einer Wohnanlage. Zum besseren Verständnis der Pit Structures im Großraum Nyanga wurde hier ein solches Gehöft nachgestellt (geringer Eintritt).

Auf der Weiterfahrt, vorbei an den Pferdeställen (Ponys ausreiten möglich, ca. 20 US$/2 Std.), erreicht man eine Weggabelung. Hier beginnt der eigentliche Rundweg. Wir halten uns links. Die landschaftlich reizvolle Strecke gewährt bei klarer Sicht schon einen Blick auf Zimbabwes höchsten Berg, den Mount Inyangani (2593 m). Unterwegs besteht die Möglichkeit, zu den knapp 2 km entfernten **Nyamuziwa Falls** zu fahren, allerdings ist die Zufahrt steinig und beschwerlich. Ein kleiner Pfad führt vom Parkplatz zum Aussichtspunkt, wo man den Fluß über steile Kaskaden in eine schmale Klamm stürzen sieht.

Einige Kilometer später ist die Zufahrt zum **Mount Inyangani** ausgeschildert (1 km). Auf dieser Zufahrt zweigt eine Piste nach Troutbeck ab (12,5 km). Zum Parkplatz am Fuße des Mount Inyangani zu fahren, lohnt sich eigentlich nur, wenn man dort wandern möchte. Die Besteigung des Berges ist nicht besonders anspruchsvoll, bitte beachten Sie aber unbedingt die entsprechenden Sicherheitstips (S. 138).

Bilder linke Seite: Ferienidylle am Nyangwe Dam,
bunter Schmetterling,
nachgestellte Pit Structures,
Bilder rechte Seite: Nebelschwaden im Erin Forest,
kleiner Junge an der Bushaltestelle in Juliasdale

Über eine einfache, ca. 6 km lange Piste (bei Regen mit Allrad zu befahren) kann man von hier aus ins **Nyazengu Nature Reserve** fahren, einem privaten Schutzgebiet inmitten des Nationalparks. Hier besteht ein Netz an schönen Waldwanderwegen (geringe Eintrittsgebühr, man bekommt eine Wanderkarte ausgehändigt). Ferienhäuser im Reservat: siehe Unterkunft im Nationalpark.

Auf dem Circular Drive kommt nach einigen Kilometern rechts der idyllische, kleine Stausee Lake Gulliver in Sicht, der besonders bei Anglern beliebt ist. Wenig später liegen am **Nyangwe Dam** (früher Mare Dam) hölzerne, gemütliche Ferienhäuser. Hier wird im *Nyanga Trout Research Centre* Forellenzucht betrieben. Besucher können die Zucht von sonntags bis freitags nachmittags besichtigen.

Kurz danach lohnt sich der Abstecher zu den Ruinen von **Fort Nyangwe**, dem besterhaltenen Fort der Nyanga-Kultur, das außerdem einen weiten Rundblick auf die kleinen Stauseen und bewaldeten Berge der Umgebung freigibt. Seit dem 16. Jh. hatten die Bewohner auf Hügeln und Bergen unzählige Fortanlagen in Sichtweite zueinander errichtet. Diese Forts boten keine Wasserversorgung, daher geht man davon aus, daß sie nicht permanent bewohnt wurden, sondern vermutlich als Ausguck oder bei Bedarf als Verteidigungsanlage dienten. Dafür sprechen auch die „Schießscharten“, kleine viereckige Maueröffnungen (in Nyangwe sind über 50 solcher Löcher zu sehen). Über die Erbauer der Forts, wie auch der Pit Structures, herrscht in der Fachwelt noch immer Unklarheit. Sena, Tonga oder Manyika-Volksstämme werden als Urheber der Ruinenstätten und Wohnanlagen auf insgesamt 6000 km² Fläche vermutet.

Scenic Route mit Pungwe Falls und Mtarazi Falls

Die Panoramastrecke führt am Rhodes Nyanga Hotel vorbei nach Süden, steigt dabei auf rund 1900 m Höhe an, und verläuft zunächst durch den dichten Pinienwald des Erin Forest. Die Strecke ist wenig befahren, nur gelegentlich begegnet man Ausflüglern oder Forstarbeitern. Bei Nebel wirken die dichten Wälder regelrecht gespenstisch. Ca. 9 km nach Beginn der Scenic Road gabelt sich der Weg. Rechts geht es über die Placefell Road nach Juliasdale, wir bleiben auf der linken Spur. 10 km weiter, man hat zu diesem Zeitpunkt den Erin Forst wieder verlassen und durchfährt eine abwechslungsreiche Berglandschaft, zweigt links die Zufahrt zur Pungwe Drift und den gleichnamigen Ferienhäusern ab. Hier muß man zuerst beim Parkaufseher ein Eintrittsticket vorweisen oder lösen. Dann kann man zu den Ferienhäusern weiterfahren, von wo aus sich herrliche Wanderwege entlang des Pungwe River, z. B. bis an die Pungwe Falls, anbieten.

Bilder oben:
Nadelwälder bilden inzwischen eine eigene Vegetationsform der Eastern Highlands; für Zimbabwe sehr typische Einrichtung zum Aufheizen des Duschwassers auf Campingplätzen

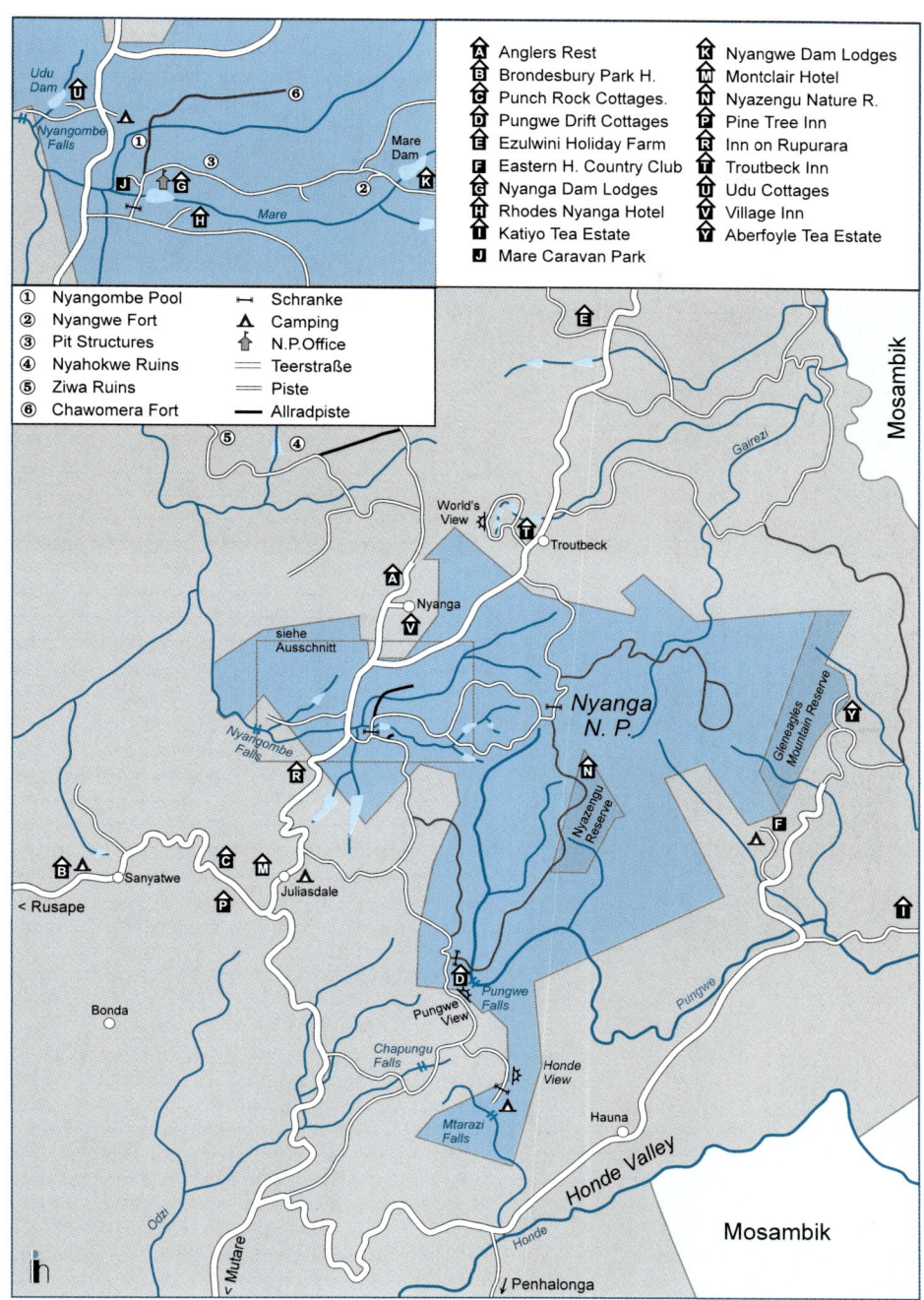

Anglers Rest
Brondesbury Park H.
Punch Rock Cottages.
Pungwe Drift Cottages
Ezulwini Holiday Farm
Eastern H. Country Club
Nyanga Dam Lodges
Rhodes Nyanga Hotel
Katiyo Tea Estate
Mare Caravan Park
Nyangwe Dam Lodges
Montclair Hotel
Nyazengu Nature R.
Pine Tree Inn
Inn on Rupurara
Troutbeck Inn
Udu Cottages
Village Inn
Aberfoyle Tea Estate

① Nyangombe Pool
② Nyangwe Fort
③ Pit Structures
④ Nyahokwe Ruins
⑤ Ziwa Ruins
⑥ Chawomera Fort

Schranke
Camping
N.P.Office
Teerstraße
Piste
Allradpiste

Weiter entlang der Scenic Road liegt nahe der Abzweigung der Brackenridge Road der Pungwe View Point. Von diesem Aussichtspunkt hat man bei klarem Wetter einen guten Ausblick auf die tiefen Pungwe Falls, die hier spektakulär in die Pungwe Schlucht stürzen.

3 km weiter beginnt die 7 km lange Stichstraße zu den Mtarazi Falls. Der Weg fällt ständig ab. An den Far & Wide Cottages vorbei geht es links zum Honde View, einem Aussichtspunkt am Steilrand der Bergkante. Hier fällt das Gebirge schlagartig mehrere Hundert Meter fast senkrecht in den tiefen Taleinschnitt des Honde Valley und läuft allmählich nach Mosambik hin aus.

Mtarazi Falls

Die Stichstraße endet kurz nach der Parkschranke beim Mtarazi Campsite. Von hier aus muß man etwa 700 m bis an die Abbruchkante des Berges laufen. Der Pfad führt durch hohes Gras, an Wildblumen und Flechten vorbei und durch Farngestrüpp. Unmittelbar an der steil abfallenden Felswand, wo der schmale Mtarazi River in freiem Fall in die Tiefe stürzt, endet der Pfad. Die Aussicht ist zweifellos schwindelerregend. Unterhalb der Felswand verschwindet der Wasserfall im Urwald, noch tiefer läuft der Bergwald in das fruchtbare, intensiv bebaute Honde Valley aus.

Westlich der Mtarazi Falls schwillt in der feuch-teren Jahreszeit der Muchururu an und bildet einen kleineren, parallelen Wasserfall.

Kuriosum: Die Höhe der Mtarazi Falls nennen alle Quellen mit 762 m, doch ist dies definitiv übertrieben. Manche Quellen verwenden die Umschreibung „fällt in mehreren Kaskaden", andere schreiben gar von „762 m freiem Fall". Aber sowohl Detailkarten, in de-nen die Höhenlinien der Region eingezeichnet sind, als auch eine Höhenmessung an der Fallkante und im Honde Valley widerlegen diese Angabe und lassen nur ca. 300 m freien Fall vermuten. Die Mtarazi Falls sind zwar die höchsten Wasserfälle Zimbabwes, aber 762 m hoch sind sie nicht. Möglicherweise wurden vor lan-ger Zeit 762 engl. Feet gemessen (1 ft. = 30,48 cm), und die Maßeinheit versehentlich später vertauscht?

Zurück beim Parkplatz kann man eine Picknick-pause beim kleinen, idyllischen Campsite einle-gen oder einen zweistündigen Marsch ins Honde Valley unternehmen. Für den Rückweg fährt man zunächst die 7 km lange Stichstraße zurück und biegt links in die Brackenridge Road ein. Nach 6 km trifft man erneut auf eine Gabelung. Rechts geht es über die Nyakupinga Road zur Teerstraße zwischen Mutare und Juliasdale, links dagegen ins Honde Valley.

Bilder links: Impressionen der Eastern Highlands; rechts: Einfahrt in das Honde Valley, Mtarazi Falls

Tips & Infos für den Nyanga Nationalpark

- **Besteigung des Mount Inyangani**: Den höchsten Berg des Landes zu besteigen, erfordert keine alpinen Fähigkeiten, dennoch kann die Wanderung wegen der berüchtigten Wetterkapriolen schnell gefährlich werden. Meist ist der Gipfel sowieso in Wolken gehüllt, und bei schlechter Sicht besteht die Gefahr, sich zu verlaufen. Daher hat die Nationalparkbehörde strikte Warnhinweise ausgesprochen: Man sollte nur bei stabilen Wetteraussichten und niemals allein hinaufsteigen. Die Bergtour (450 Höhenmeter) erfordert mindestens 3 Stunden, nach 14.30 h darf deshalb nicht mehr aufgebrochen werden. Zur eigenen Sicherheit sollten Wanderer vorher im Parkbüro Bescheid geben und sich hinterher zurückmelden. Warme Kleidung und eine Wasserflasche einpacken!
- **Eintritt:** Es werden die üblichen Nationalparkgebühren für Eintritt, Camping und Ferienhäuser berechnet. An vier strategisch günstigen Stellen im Park wurden Parkschranken eingerichtet: Kurz vor dem Mare Caravan Park am Rhodes Dam, zwischen Troutbeck und Mount Inyangani sowie vor den Wasserfällen Pungwe und Mtarazi. Der einmalige Eintritt deckt alle Bereiche ab. Das Rhodes Nyanga Hotel & Museum kann man ohne Eintrittsgebühren besuchen.
- **Fischen:** Die Eastern Highlands und der Nyanga Nationalpark im besonderen sind ein Dorado für passionierte Angler. Vor allem Fliegenfischen nach Regenbogen-, Braunen und amerikanischen Bachforellen wird hier praktiziert. Fast alle Dämme und viele der klaren Bäche werden außerhalb der Laichzeit zum Fischen freigegeben, Lizenzen vergibt die Parkbehörde vor Ort (sehr preiswert). Als beste Zeit gelten die Regenmonate von Januar bis April.
- **Info:** Nyanga National Park, The Tourist Officer, P/Bag 2050, Nyanga. Tel. 129-8274 und 8384, Fax 129-8778. Die Ferienhäuser im Nationalpark sind sehr beliebt, und werden wegen ihres guten Preisleistungsverhältnisses bevorzugt von Einheimischen reserviert. Man sollte also möglichst vorab eine Reservierung tätigen (telefonisch genügt), vor allem während der Ferienmonate, an Weihnachten und zu Ostern. Zwar kann man die Unterkünfte auch in Harare buchen, doch werden die Reservierungen dieses Nationalparks von der Parkverwaltung in Nyanga geregelt.
- **Kleidung:** Warme Kleidung und Regenschutz sollte man ganzjährig dabei haben.
- **Reisezeit:** Der Nationalpark läßt sich ganzjährig bereisen, Hochsaison sind die Schulferienzeiten, Weihnachten und Ostern. Die trockensten Monate liegen zwischen Mai und Oktober, wobei es in dieser Zeit trotzdem regnen kann. Von Juni bis Anfang August sind die Nächte sehr frisch.
- **Spezialitäten:** „Nyanga Trout", Forellen aus der Nyanga-Region, sind schmackhaft und werden an vielen Kiosken angeboten (Filets und ganze Fische). Je nach Saison kann man sich hier mit frischen Nektarinen, Äpfeln, Birnen, Pfirsichen, Pflaumen und Aprikosen versorgen.
- **Straßenzustand:** Alle Pisten im Nationalpark sollte man nach oder während starker Regenfälle nur mit Vorsicht befahren, weil steile oder kurvige Passagen rutschig werden können. Ohne Allrad verzichtet man bei sehr nasser Straße besser auf den Scenic Drive.

Weiterfahrt nach Mutare

24 km südlich von Juliasdale zweigt die Teerstraße ins Hondetal ab

Zwar führt die gut ausgebaute A 15 von Juliasdale in 85 km zügig nach Mutare, doch wäre es schade, diese Strecke in einem Rutsch durchzufahren. Haben Sie Lust auf pittoreske afrikanische Dörfer in einem tropisch blühenden, fruchtbaren Tal, und möchten Sie eine Teeplantage aus der Nähe sehen? Dann sollten Sie nicht auf den Abstecher ins Honde Valley verzichten.

Honde Valley

Sehr empfehlenswert!

Das Honde Valley ist wohl das reizvollste Tal der Eastern Highlands. Kaum zweigt man auf die Stichstraße ins Hondetal, gerät man in eine völlig veränderte Umgebung. Wo soeben noch dunkle Forste, Pinien und Eukalyptus vorherrschten, taucht man nun in ein buntes, fast klischeehaft afrikanisches Bild aus unzähligen kleinen Feldern an den Hängen, einfachen Lehmhütten und vielen fröhlichen Menschen. Vom Beginn des Tals schlängelt sich die Straße innerhalb der ersten 20 km von 1400 m auf 850 Höhenmeter hinab. Mit jeder Kurve der Teerstraße öffnet sich dem Betrachter ein neuer Blick auf liebliche Felder, üppige Pflanzen und malerische Dörfer.

Verschwunden sind die europäisch geführten Großfarmen mit Bewässerungsanlagen und landwirtschaftlichen Maschinen. Zunächst geht es an Kaffeesträuchern und Bananenstauden, Mais-, Hirse- und Cassavafeldern vorbei. Auf der linken Seite offenbart sich ein grandioser Ausblick auf die Mtarazi Falls (und je nach Jahreszeit links daneben die Muchururu bzw. Chirikuuzi Falls). Nach 22,5 km überquert man auf einer kleinen Steinbrücke den Mtarazi River.

Das Honde Valley ist Afrika pur: tropisch, fruchtbar und sehr lebendig

An dieser Stelle drängt sich wieder die Frage nach der tatsächlichen Höhe der Mtarazi Falls auf. Man befindet sich jetzt auf 820 m Höhe. Die Oberkante der Mtarazi Falls liegt bei 1600 m. Nach den offiziellen Höhenangaben von 762 m für den Wasserfall müßte er also bis fast auf die Höhe der Brücke hinabstürzen. Tatsächlich aber trifft er schon nach deutlich weniger als der Hälfte auf dem Berghang auf.

10 km weiter liegt Hauna, das größte Dorf im Tal, ein landwirtschaftliches Zentrum mit Tankstelle, kleinem Laden und Busverbindung nach Mutare. Kurz danach überquert man einen unscheinbaren Höhenzug. Eigentlich müßte es ab hier Pungwe Valley heißen, denn von Norden drängt nun der Pungwe River ins Tal, dem sich die Straße bald nähert. Der reißende Gebirgsbach kommt hier im Tal etwas zur Ruhe und gilt als idealer Fluß für Kajak- und Kanufahrten (Far & Wide, siehe Juliasdale). Eine weitere Besonderheit sind die Hängebrücken über dem Pungwe. Etwa bei KM-Stein 39 passiert man die erste (langsam fahren, damit man sie nicht übersieht). 1 km weiter, gegenüber dem *Zvimbwere Trading Store*, spannt sich die zweite über den Fluß. Die schönste und besterhaltene Hängebrücke erreicht man bei KM-Stein 42. Die Brücken werden von den Einheimischen regelmäßig benutzt; probieren Sie doch einmal aus, ob Sie schwindelfrei sind!

Sehenswerte Hängebrücken über dem Pungwe River

Auf einmal verändert sich die Umgebung. Die bunten Felder weichen zurück und machen leuchtend grünen Teeplantagen Platz. Hier schließen sich zur mosambikanischen Grenze hin die größten Teefelder des Landes an. Die Tea Estates Eastern Highlands und Aberfoyle sind seit den 40er Jahren kommerziell erfolgreiche Großplantagen. Katiyo Estate entstand dagegen erst viel später als ARDA-Projekt, einem Zusammenschluß vieler afrikanischer Kleinfarmer. Die niedrige Höhenlage mit sehr feuchtem Klima begünstigt den Teeanbau im Honde Valley. Allerdings können hier keine Spitzenernten, wie in Kenia, erreicht werden, weil Zimbabwe im Gegensatz zu den meist in Äquatornähe liegenden Teeproduzenten statt zwei nur eine Regenzeit pro Jahr hat. Die zimbabwischen Tees sind dunkel, kräftig und am besten mit Milch zu trinken. Auf dem internationalen Markt finden sie meist Verwendung bei Mischtees, sie werden auch häufig zu Teebeuteln verarbeitet.

Die fast 1000 t Tee, die allein in Katiyo jährlich geerntet werden, wachsen auf 500 einzelnen Familienfeldern

Die Hauptstraße überquert dagegen bald den Pungwe River und erreicht 3 km weiter inmitten riesiger Teefelder die Zufahrt zum Eastern Highlands Tea Estate, dem größten Teeproduzenten des Landes. Fast 5 km lang schlängelt sich die Erdstraße durch endlose Teefelder den Berghang hinauf. Man folgt der Beschilderung zum „Club", fährt am Workshop und dem Kiosk vorbei, wo man Tee kaufen und eine Besichtigungstour durch die Teefabrik organisieren kann (ganzjährig, denn

Bei KM 47,5 zweigt die Zufahrt zum Katiyo Tea Estate und Club House ab. Interessierte Besucher sind willkommen, um sich die Plantage anzusehen und im Club einzukehren. ARDA Katiyo Estate: P. O. Box 344, Mutare. Tel. 128-392, Fax 128-394. Einfaches Gästehaus mit Chalets und Campinggelegenheit im Club des Katiyo Tea Estate. Der Katiyo Club liegt niedriger als die beiden anderen, nicht weit oberhalb des Pungwe River.

die neuen Bewässerungsanlagen ermöglichen eine ganzjährige Ernte). Am Ende der Auffahrt liegt über den Teefeldern mit herrlichem Panoramablick der Eastern Highlands Country Club auf 1000 m Höhe.

Country Clubs sind britische Tradition, sie verkörpern in ländlichen Regionen das gesellschaftliche Leben, und sind Treffpunkt und Vergnügungsstätte der Farmer, Siedler, Großgrundbesitzer. Freilich hat sich in den letzten Jahrzehnten viel verändert. Längst sind die Country Clubs nicht mehr den Weißen vorbehalten, doch hält sich der Anteil schwarzer Mitglieder in Grenzen und zu wenig junge Leute drängen nach. In den meisten Country Clubs des Landes wird es immer stiller, daher besinnt man sich neuerdings auf Touristen, um den ehrwürdigen, oft ein wenig altschicken Clubs frisches Leben einzuhauchen, und bietet preiswerte, sympathische Übernachtungsmöglichkeit. Der Eastern Highlands Country Club mit seinen verbliebenen 10 Mitgliedern macht auf diese Weise sogar Gewinn. Auf der Wiese des gepflegten Gartens wird Camping angeboten, wer kein eigenes Zelt hat, kann in einem der neuen, aber sehr einfachen Holzchalets wohnen. Bad, Küchenbenutzung und Swimmingpool sind frei. In der gut bestückten Bar liegt ein fast 35 Jahre altes, gebundenes Gästebuch aus. Der Stolz des Clubs ist ein riesiger Snookertisch aus Edelholz, von dem 1895 nur drei Exemplare gefertigt wurden. Seit 1952 ist der bestens erhaltene Tisch im Land und steht heute unter der Obhut des Country Clubs. Man bemüht sich, die Geschichte des wertvollen Tisches zu lüften, was dadurch erschwert wird, daß die Plakette des Herstellers während des Unabhängigkeitskrieges gestohlen worden ist. Direkt hinter dem Clubhaus beginnen die Bergurwälder. Halten Sie bei Sonnenuntergang nach den Samangoaffen Ausschau, die

abends die Baumkronen nahe dem Clubgebäude als Schlafplätze aufsuchen! Adresse: P/Bag R 7676, Mutare. Tel. 128-251. Preise: Camping ca. 3 US$, Chalet ca. 6 US$ p. P.

Fährt man vom Eastern Highlands Estate weiter, endet der Teer nach 10 km an der Schranke des Aberfoyle Tea Estates (beachten Sie den Griff der Schranke, er besteht aus einem ausrangierten Motorblock!). Nun geht es auf rötlicher Erdstraße wieder durch grüne Teefelder. Nach 2 km liegt an einer Weggabelung die Aberfoyle Primary School, eine Grundschule für die Kinder der Teepflücker. Nach links geht es zum Country Club, wogegen der andere Weg, fälschlich mit „Mutare" ausgeschildert, zwischen Nyanga Nationalpark und der Grenze zu Mosambik nach Troutbeck führt (Allradpiste durch malerisches Communal Land). Der 800 m hoch gelegene, große Aberfoyle Country Club bietet ein Restaurant mit gepflegter Bar, Golf- und Tennisplatz sowie 10 geräumige Zimmer im Stil eines Motels. Im nahegelegenen Gleneagles Mountain Reserve führen Wanderwege durch den Wald zu einsamen Wasserfällen, außerdem können auch hier Führungen durch das Tea Estate arrangiert werden. Adresse: P/Bag 7680, Mutare. Tel. 128-384/231/266, Fax 128-278 sowie in Harare Tel. 14-708239. Preise: Dinner, B&B ca. 35 US$/DZ und 50 US$/EZ.

Aberfoyle ist der Umkehrpunkt im Hondetal (ca. 70 km von der A 15 entfernt). Für die Weiterfahrt in Richtung Penhalonga bietet sich eine Panoramaabkürzung an (Piste, nach heftigen Regenfällen besser nur mit Allrad befahren).

Bilder linke Seite: Fröhlicher Teepflücker, Hängebrücke über den Pungwe, Teeernte in Aberfoyle
Bilder rechte Seite: Teeplantage, die "dritte" Hängebrücke

Vom Honde Valley nach Penhalonga

*Direkt-
verbindung auf
einsamer Piste*

Biegen Sie westlich der Hondebrücke bei KM 22,5 in die Odzani Road
ein. Die Schotterstraße zieht rasch die Berge hinauf, führt an den breiten,
in mehreren Kaskaden fallenden Duru Falls vorbei in eine buschige Landschaft, die offensichtlich deutlich weniger Regenfälle als das Honde Valley
erhält. Noch für mehrere Kilometer, bis zu einem 1500 m hohen Plateau,
kann man die fernen Mtarazi Falls erkennen, dann erklimmt die einsame
Piste über 1700 m hohe Berge und führt durch kühle Eukalyptus- und Pinien-
pflanzungen. Nach 35 km trifft man auf die Teerstraße zwischen Watsomba

Odzani Falls

und Penhalonga. 3 km entlang dieser Teerstraße weist rechts ein Weg zu
den Odzani Falls. Baumaßnahmen und eine Kläranlage machen den Wasserfall allerdings unattraktiv. Fahren Sie weiter in Richtung Penhalonga.

*Kanadische
Landschaft und
Forstwirtschaft
in Staplefort*

Kurz danach geht es links zum kleinen **Lake Alexander** (6 km) und dem
175 ha großen **Smallbridge Dam** (9 km). Ein Abstecher an diese stillen
Seen mutet wie ein Ausflug nach Kanada an. Die eisigen Gewässer, umrahmt von riesigen Nadelwäldern, sind ein beliebtes Naherholungsziel der
Städter während der warmen Jahreszeit. Die Region wird von der Holzwirtschaft geprägt, deren Zentrum die kleine Siedlung Stapleford ist. Am
Smallbridge Dam bietet die Eastern Angling Society einsame Campinggelegenheit direkt am Stausee (ca. 2 US$, heiße Duschen vorhanden). Wem
es nicht zu kalt ist, kann in den 1500 m hoch gelegenen Seen auch baden.

Penhalonga

*Besuch einer
Goldmine*

Auf den restlichen 13 km nach Penhalonga windet sich die Straße nun steil
durch große Forstgebiete hinab auf 1150 m Höhe. Den Ortseingang markiert das große Firmenemblem der Redwing Mine, Zimbabwes ältester
Goldmine. Mit Voranmeldung beim Underground Manager, Tel. 120-
22343, kann man die Mine und die Schächte besichtigen.

*In Penhalonga
trifft man
überall auf
Zeugnisse
aus der
Gründerzeit*

Neben einigen kleineren Läden, einem einfachen, schattigen Caravan Park
und dem Country Club bietet Penhalonga ein buntes Kaleidoskop der
Besiedlungsgeschichte. Um die Jahrhundertwende hatten sich hier bereits
viele britische Siedler niedergelassen, die überwiegend vom Goldabbau lebten. 1906 wurde die anglikanische „Church of St. Michael's and all Angels",
aus Eisen-Holz-Konstruktion, erbaut. Die kleine Kirche steht unter Denkmalschutz, denn sie gilt als zweitälteste noch erhaltene Kirche des Landes. Man
findet sie etwas zurückversetzt, links neben dem Post Office.

*Das Nurses
Memorial
erinnert an
drei mutige
Kranken-
schwestern im
ausklingenden
19. Jh.*

Das Nurses Memorial wurde als hübscher Garten mit Gedenkstein angelegt, und erinnert an drei außergewöhnliche Krankenschwestern. Die
mutigen Damen waren im Mai 1891 von England nach Beira gefahren und
reisten dann per Dampfschiff den Pungwe flußaufwärts. Bei Mpanda's Kraal
gingen sie von Bord und setzten ihre Reise zu Fuß fort. 200 km marschierten die unerschrockenen Ladies durch die Wildnis. 14 Tage später hatten
sie ihr Ziel erreicht und eröffneten schon am nächsten Morgen am Sabi
Ophir Hill das erste Hospital des Landes. Nicht weit entfernt steht noch
der alte Indaba Tree, von dem es heißt, daß Chief Mutasa, der vor der
britischen Kolonisation regierte, hier politische Verhandlungen zu führen
pflegte. Zufahrt: Kurz vor dem Ortsschild am Ortsende in Richtung Mutare
links in die Crawford Road einbiegen. Die Piste führt eine Anhöhe hinauf
und endet beim Memorial. Auf der restlichen Strecke nach Mutare lohnt
sich ein Besuch in La Rochelle.

La Rochelle

La Rochelle geht auf die wohlhabenden britischen Eheleute Stephen und Virginia Courtauld zurück, die sich Ende der 40er Jahre im Imbeza Valley niederließen und dem Traum hingaben, ein Anwesen zu errichten, welches an das 'Chateau des La Rochelle' in Besitz der französischen Vorfahren Stephen Courtaulds erinnern sollte. Ihre feudale Residenz verschönerten die Eheleute alsbald mit einem botanischen Garten besonderer Klasse. Anschließend finanzierten sie mehrere Schulen, das Theater von Mutare, die National Art Gallery in Harare und sogar eine Klinik am Malawisee. Nach ihrem Tod vermachte das kinderlose Ehepaar das Anwesen dem Staat.

Viele Jahre lang führte La Rochelle nun ein Schattendasein unter der Verwaltung des National Trust. Als 1996 die erfahrenen Hoteliers Mike und Lyn Wickstead das verstaubte Anwesen aufmöbelten, entpuppte es sich rasch wieder als liebenswertes Kleinod. Mittlerweile zählt La Rochelle zu den begehrtesten Hotels der Region, bietet einen idyllischen Campingplatz und Sieben-Gänge-Menüs bei Kerzenlicht!

Der Besuch des Botanischen Gartens kostet einen geringen Eintritt, für Hotel- und Campinggäste ist er frei. Seine Vielfalt mit über 350 Baumarten, kleinen Bachläufen und einer Orchideenzucht ist sehenswert. Eine Besonderheit ist der Blindenlehrpfad, der durch den botanischen Garten führt.

• **La Rochelle Hotel:** Fa. Wickstead, P. O. Box 34, Penhalonga. Tel./ Fax 120-22250. Ehemaliges Privathaus, in dem jedes Zimmer unterschiedlich eingerichtet ist. Preise: Dinner, B&B ab 40 US$, Camping ca. 2 US$. Zusätzlich einfache Unterkunft in Chalets zur Selbstversorgung ab 15 US$. Preiswertes und nostalgisches Restaurant mit Kerzenschein und sanfter Hintergrundmusik. Pool. Sehr freundlicher, persönlicher Service. Der Campingplatz liegt zwischen hohen Bäumen auf einer frischen Wiese. Gute Sanitäreinrichtungen.

Bilder von oben:
Zugang zum Nurses Memorial,
La Rochelle Hotel umringt von blühenden
Pflanzen, "Church of St. Michael's and all
Angels" in Penhalonga

Mutare

Mutare ist wohl die schönstgelegene Stadt des Landes, in der es das ganze Jahr über prachtvoll blüht. Breite Straßen und geruhsamer Verkehr machen es leicht, sich zurechtzufinden. Die Stadt wird der Länge nach von der Robert Mugabe Avenue durchschnitten. Quer dazu verläuft die Haupteinkaufsstraße Herbert Chitepo Avenue. Hier befinden sich große Supermärkte, Restaurants, Banken und im Kaufhaus Meikles eine günstige Wechselstube. Gleich gegenüber lohnt sich ein Besuch der freundlichen Touristeninformation.

Bilder links: im Bvumba Botanical Garden

Die Hauptstadt der Provinz Manicaland hat im wahrsten Sinne des Wortes eine bewegte Geschichte. Zu Weihnachten 1890 tauchten einige Männer der Pionierkolonne, die erst wenige Monate zuvor Salisbury gegründet hatten, auf. Sie trafen auf Chief Mutasa, den mächtigen Herrscher der Manyika-Dynastie, und auf portugiesische Händler. Die Briten gründeten Fort Hill und erkannten rasch den Wert dieser goldreichen Region. Viele Goldgräber ließen sich hier nieder. Wassermangel und die Tatsache, daß die Digger quasi ganz Fort Hill auf der Suche nach Gold umgruben, veranlaßte die BSAC schon im nächsten Jahr, die erste Siedlung aufzugeben und an den Umtali River umzuziehen. Briten und Portugiesen gerieten bald in Rivalität, die Chief Mutasa eine Zeit lang für sein Volk zu nutzen wußte. Doch mit dem britisch-portugiesischen Grenzabkommen, welches freilich die Afrikaner nicht berücksichtigte, wurde die Landesteilung in einen britischen und einen portugiesischen Teil manifestiert. Allerdings fiel dem Abkommen gemäß die gesamte Region des heutigen Manicalands den Portugiesen zu. Erst die Interventionen Cecil Rhodes', der verstärkt Burentrecks und britische Siedler in die Region schickte, ermöglichte die schleichende Gebietseinnahme durch die BSAC.

In der kleinen Siedlung am Umtali River erstellte die BSAC Verwaltungsgebäude, eine Polizeistation und wies rund 300 Siedlergrundstücke aus. Bald gab es eine Bäckerei, eine Bank, eine Kirche und ein Krankenhaus. Niemand ahnte, daß die Siedlung schon fünf Jahre später wieder aufgegeben werden würde. Denn als 1896 die Bahnlinie von Beira nach Salisbury vermessen wurde, stellte sich heraus, daß der Berg Cecil Kop hätte untertunnelt werden müssen, um die damalige Ortschaft Umtali zu erreichen. Also wählte man kurzerhand die billigere Lösung, zerlegte die Häuser der Siedler und baute sie neben den Bahnschienen unverdrossen wieder zusammen. Nur acht Jahre nach Ankunft der Briten genoß Umtali nach zweimaligem Standortwechsel nun eine hervorragende Verkehrsanbindung und blühte schnell auf. Zwischen 1899 und 1919 verkehrte in Umtali als einziger Stadt der Kolonie zwischen Bahnhof und Zentrum eine von Ochsen und Mulis gezogene Straßenbahn. Das verlassene Old Umtali verkaufte die BSAC an amerikanische Methodisten, die hier noch immer missionieren.

Seine Randlage hat die Stadtentwicklung später jedoch wieder gebremst. Während des Befreiungskrieges litt die Region unter den Greueln, die beide Seiten – die rhodesische Armee und die in Mosambik stationierten Freiheitskämpfer – verübten. Nach der Unabhängigkeit Zimbabwes brach dafür der Bürgerkrieg im benachbarten Mosambik aus und Mutare lag wieder an einer Sackgasse. Nur mit enormem Aufwand konnte die zimbabwische Armee den sog. „Beira Corridor", den Weg zum Hafen Beira, freihalten. Seit der Befriedung Mosambiks hat die Region viele illegale Zuwanderer von dort zu bewältigen, die in ihrer Heimat keine Zukunft sehen.

Sehenswürdigkeiten in Mutare

Tip!

Cecil Kop Nature Reserve

Anfang der 80er Jahre richtete die Wildlife Society das 15 km² große, in drei eigenständige Bereiche geteilte Cecil Kop Naturreservat ein. Man sicherte das Gelände mit Elektrozäunen ab und ließ Wildtiere darin aussetzen, vor allem Giraffen, Elen-, Rappen- und Nyalaantilopen, Impala, Kudus, Zebras, Gnus, aber auch Krokodile, Elefanten und Breitmaulnashörner. Anschließend folgten infrastrukturelle Einrichtungen, wie Picknickplätze, ein Kiosk mit Tea Garden, Aussichtsplattformen und ein hübscher Campingplatz, der inzwischen leider wieder geschlossen wurde.

Plattform mit täglicher Elefanten- und Nashornfütterung

Tiger's Kloof heißt der zentrale Teil, der mit seiner Aussichtsplattform am Wasserloch, wo jeden Nachmittag um 16.30 h Elefanten und Rhinos gefüttert werden, besonders viele Besucher anlockt. Hier kann man Picknick machen, Grillen und im Tea Garden einkehren. Zum Eingang gelangt man über die Herbert Chitepo Road (beschildert, ca. 3 km vom Zentrum).

Die Wege verlaufen hier direkt an der Grenze zu Mosambik

Östlich davon schließt sich Thomson's Vlei an, dessen Zugang am Tangwana Drive liegt (beschildert). Viele Besucher werden schon am Eingang von neugierigen Straußen begrüßt. Hier stehen verschiedene Pirschfahrten im dichten Busch und auf den Gipfel des Cecil Kop zur Auswahl (7 km). Diese Fahrt empfiehlt sich besonders am Spätnachmittag, denn vom Umkehrpunkt am ca. 1600 m hohen Berggipfel genießt man einen spektakulären Ausblick. In Thomson's Vlei bestehen zudem gute Chancen, Blauducker, Schirrantilopen, Mangusten, Paviane und Samangoaffen aufzuspüren. Als jüngste Region wurde die Wilderness Area dem Reservat angegliedert. Dieser noch unentwickelte Bereich liegt zwischen Tiger's Kloof und dem Christmas Pass. Der Eintritt beträgt für alle Regionen einmalig rund 3 US$ p. P., wer eine Pirschfahrt im Thomson's Vlei unternimmt, zahlt zusätzlich ca. 1 US$ pro Fahrzeug.

Wahrzeichen Mutares

Cross Kopje

Über die Verlängerung des Tangwena Drives kann man bis zum Cross Kopje fahren. Das 10 m hohe Steinkreuz, zum Gedenken an die afrikanischen Gefallenen des 1. Weltkriegs auf einem Berghügel am Stadtrand errichtet, gilt als Wahrzeichen der Stadt. Das Kreuz wird nachts angestrahlt.

Zur Blütezeit sehr sehenswert!

Main Park & Aloe Garden

Am Sakubvabach im Südwesten Mutares liegt Mutares städtische Parkanlage. Hier lohnt sich vor allem zur Blütezeit zwischen Juni und Anfang August ein Besuch des Aloegartens. Rund 10 000 Aloen in über 200 verschiedenen Arten und seltene Palmfarne kann man hier bewundern.

Utopia House Museum

Das Gebäude wurde 1897 von Rhys Fairbridge erbaut, der im Zuge der Eisenbahnverlegung die Vermessung der heutigen Stadt Mutare vornahm. Sein Sohn Kingsley wurde später als Dichter und Poet berühmt. Das Haus zählt heute zu den ältesten Gebäuden Mutares und wurde liebevoll restauriert. Im Innern kann man sich ein Bild davon machen, wie die Europäer um die Jahrhundertwende in Rhodesien lebten. Das Museum ist jedoch nur samstags und sonntags von 14.30–16.30 h geöffnet und befindet sich am Jason Moyo Drive. Tel. 120-61100, geringer Eintritt.

Bilder rechts: Straußenbesuch und Aussichtspunkt in Thomson's Vlei

Mutare Museum

Im städtischen Museum haben sich seit seiner Gründung in den 50er Jahren allerlei Dinge angesammelt, die einen Besuch lohnen. Kulturgeschichte bildet den Schwerpunkt, und so erfährt der Besucher so manches über die vergangene Ziwa- und Nyanga-Kultur, über die Anfänge der Kolonisation, die sog. „Gold Belt Route", und steht schließlich nach dem Besuch der umfangreichen Waffensammlung in der *Transport Gallery* einem Sammelsurium kolonialer Transportmittel gegenüber. Die naturkundliche Abteilung mit Gesteinen, Pflanzen und Tieren nimmt sich dagegen eher schmal aus. Das Museum ist täglich von 09.00–17.00 h geöffnet (Tel. 120-63630), der Eintritt beträgt 2 US$.

Murahwa Hill Nature Reserve

Das kleine Naturschutzgebiet unter Verwaltung des Zimbabwe National Trust ist kaum mehr, als ein Stadtpark, in dem man wandern und dabei nach Vögeln, Schmetterlingen und Affen Ausschau halten kann. Hier befinden sich auch einige Felszeichnungen und die Reste eines alten Maynikadorfes. Der kostenlose Zugang erfolgt vom Magamba Drive, der Parkplatz ist allerdings unbewacht.

Hotels / Unterkünfte in Mutare

- **Wise Owl Motel:** P. O. Box 588, Mutare. Tel. 120-64643, Fax 120-62995. Einfache, ältere Mittelklasseanlage. Preise: B&B ca. 40 US$/DZ und 50 US$/EZ.
- **Eastgate Hotel:** S. Mazorodze Rd./Ecke Aerodrome Road, Mutare. Tel./Fax 120-65769. Wohnanlage, für Kurzzeitreisende weniger geeignet.
- **Christmas Pass Hotel:** P. O. Box 841, Mutare. Tel. 120-63818. Älteres Mittelklassehotel ca. 5 km vor der Stadt am Fuße des Christmas Pass gelegen. Preise: B&B ca. 50 US$/DZ und 65 US$/EZ.
- **Valley Lodge:** Beira Road, P. O. Box 1437, Mutare. Tel./Fax 120-62868. Geräumige Bungalows der gehobenen Mittelklasse an der Straße nach Mosambik gelegen. Das Fantails Restaurant genießt einen ausgezeichneten Ruf. Preise: B&B ca. 50 US$/DZ und 60 US$/EZ.
- **Holiday Inn:** Tel. 120-64431, Fax 120-64466. (Ehemals Manica Hotel). Aerodrome Road/Ecke 3rd Street. Preise: B&B ca. 65 US$/DZ und 110 US$/EZ.
- **Borders Home:** Jason Moyo Drive, Mutare. Tel. 120-63346. Sehr ruhig gelegene Backpackerunterkunft, zu erreichen über die Tird/Atlanta Street.
- **Whichway Cottage:** Park Street, wo sich die Straßen nach Beira und Bvumba gabeln. Backpackerunterkunft, Zelten im Garten möglich. Preise: ca. 5 US$ p. P.
- **Anne Bruce:** 4th Street. Mutare. Tel. 120-63569. Familiäre Backpackerpension. Ca. 5 US$ p. P.
- **Utopia Country House:** P. O. Box 1594, 13 Robert Mugabe Way, Mutare, Tel. 120-66065. Einfaches Gästehaus mit B&B und Selbstversorgung. Preise: ca. 15 US$ p. P.
- **Camping:** Der städtische Campingplatz liegt am Christmas Pass. Die Nähe zur verkehrsreichen Hauptstraße gleicht der Platz mit einem Panoramablick auf Mutare aus. Ca. 2 US$ p. P.

Eine interessante Alternative zur Stadtübernachtung sind die verschiedenen, meist reizvolleren Hotels und Gästehäuser in Bvumba, beim La Rochelle Botanical Garden und in Odzi.

Bilder von oben:
Zollhaus von Mutare,
Herbert Chitepo Avenue,
St. Andrew's Church

Informationen von A bis Z

AA

Die Automobil Association befindet sich im Fanum House an der Robert Mugabe Ave., Tel. 120-4422. ADAC-Mitglieder erhalten hier kostenloses Kartenmaterial über die Parks der Eastern Highlands.

Ausreise nach Mosambik

Die Grenze nach Mosambik liegt nur 8 km von Mutare entfernt. Touristenvisa sind allerdings bisher nicht in Mutare erhältlich, sondern ausschließlich in Harare.

Bahnhof

Es bestehen tägliche Nachtverbindungen von und nach Harare. Tel. Für Info & Reservierung 120-62801/62835.

Banken & Geldwechsel

Banken und Wechselstuben findet man in der Herbert Chitepo Avenue.

Bus

Es gibt zwei Busbahnhöfe. Der eine befindet sich zwischen Herbert Chitepo und Tembwe Street, der andere im Sakubva Township. Express Motor Ways bietet tägliche Fahrten nach Harare, Masvingo und Chimanimani (Abfahrten vor dem Holiday Inn. Tel. 120-63343). Blue Arrow fährt mehrmals wöchentlich von und nach Harare (ca. 4 Std., ca. 25 US$, Abfahrten am Holiday Inn). Siehe S. 362

Einkaufen

Der TNT Supermarkt an der Herbert Chitepo Ave./Ecke 3rd Street hat täglich 24 Stunden lang geöffnet. Fotobedarf, Campingartikel und -gas gibt es im Kaufhaus Meikles in der gleichen Straße.

Immigration

Visaangelegenheiten erledigt man in der Robert Mugabe Ave., Tel. 120-62322.

Krankenhaus

General Hospital, Robert Mugabe Ave., Mutare. Tel. 120-64321.

Mietwagen

• **Europcar:** Grants Service Station, 1 Josiah Tongogara Road/Ecke Rob. Mugabe Ave., Mutare. Tel. 120-62304, Fax 120-62367.
• **Hertz:** Holiday Inn, Tel. 120-64431, Fax 120-64784

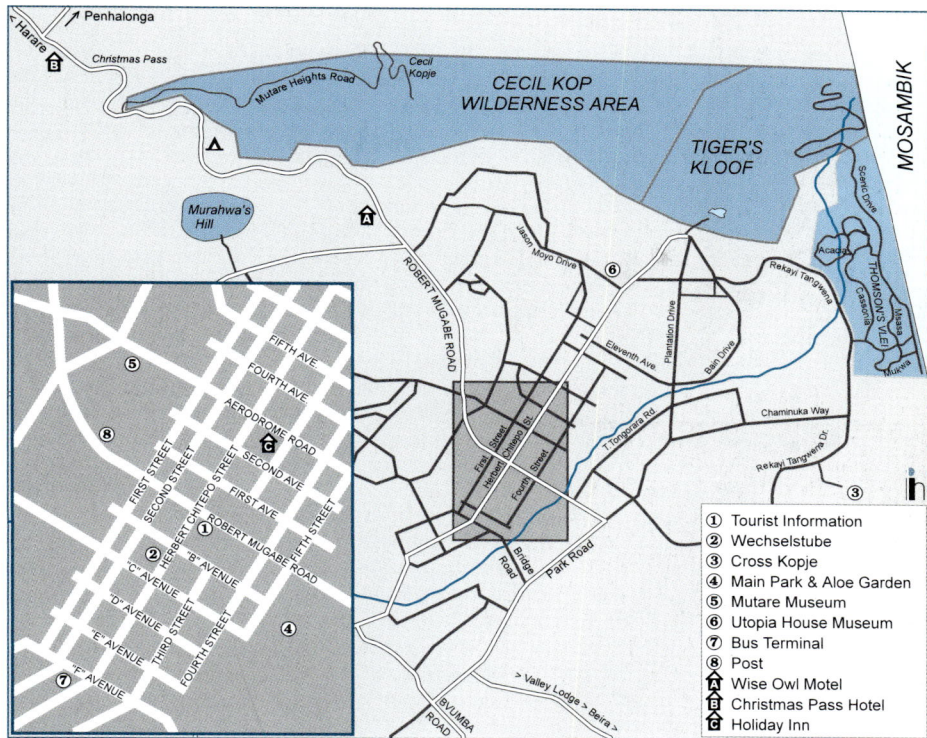

① Tourist Information
② Wechselstube
③ Cross Kopje
④ Main Park & Aloe Garden
⑤ Mutare Museum
⑥ Utopia House Museum
⑦ Bus Terminal
⑧ Post
Ⓐ Wise Owl Motel
Ⓑ Christmas Pass Hotel
Ⓒ Holiday Inn

Post

Das Hauptpostamt liegt an der Robert Mugabe Ave., ist aber meist hoffnungslos überfüllt.

Reiseagenturen

- **Tsoka Holiday Camp & Tours:** Ed Katso, P. O. Box 893, Mutare. Tel. 120-81893. Tagesausflüge in die Umgebung (ab 50 US$) und Stadtrundfahrten (ca. 30 US$).
- **Vimbiso Touring Company:** P. O. Box 521, Mutare. Tel. 120-60595, Fax 120-64238. Stadtrundfahrten, Ausflüge in die Umgebung, Dorfbesuche etc.
- **UTC:** Holiday Inn, Mutare. Tel./Fax 120-64784. Landesweit tätiger Reiseveranstalter.
- **ChiVuNya:** Herbert Chitepo Street, Mutare. Tel./Fax 120-65165. Mike Maccoy bietet unter dem Namen *Mherepere Tour* einen Besuch der umliegenden Kleindörfer mit Einführung in verschiedene Entwicklungsprojekte an (ca. 20 US$).

Taxi

Blue Star Taxis können unter Tel. 120-63344 angefordert werden.

Touristeninformation

Info!

Die freundliche und hilfreiche Touristeninformation (Manicaland Public Association) befindet sich zentral am Market Square, Tel. 120-64711. Öffnungszeiten: montags - freitags von 08.30–12.45 h und 14.00–16.00 h. Hier liegt der monatlich erscheinende „Mountain Digest" für Touristen aus.

Mutares Innenstadt hat nicht allzu viel zu bieten, man findet sich hier rasch zurecht

149

Bvumba Mountain

Die Briten nannten die Berge Vumba. Sie wurden nach der Unabhängig- keit jedoch in Bvumba umbenannt

Weniger als 30 km südlich von Mutare thronen die berühmten Nebelberge, wie Bvumba Mountains übersetzt bedeutet. Diese eigenwilligen Berge mit ihrem ungeheuren klimatischen Wechselspiel zählen mit Nyanga und Aberfoyle zu den feuchtesten Gebieten des Landes (über 1400 mm Regen/ Jahr) und prägen einen faszinierenden Lebensraum. In tieferen Lagen und Taleinschnitten liegen fruchtbare Äcker. Die Höhenlagen sind dagegen be- vorzugte Zweitwohnsitze und Feriendomizile der "Rhodies". Diese Mischung aus steilen Bergstraßen, immergrünen Bergurwäldern, grandiosen Aussichts- plätzen, einem herrlichen Botanischen Garten, den versteckt liegenden, hübschen Ferienhäuschen und der speziellen, von Wind, Nebel und Sonne bestimmten Stimmung macht Bvumbas unverwechselbaren Reiz aus.

Auffahrt von Mutare nach Bvumba

Alter Site Ruins und der Prince of Wales Aussichtspunkt

Schon die steile, kurvenreiche Auffahrt auf guter Teerstraße ist eine genuß- volle Panoramastrecke, bei der man ungefähr 700 Höhenmeter bewältigt. Unterwegs laden viele Parkbuchten und Verkaufsläden zum Anhalten ein. Schon nach gut 2 km Fahrt weist links ein Schild zur Alter Site Ausgrabungs- stätte. Es ist für Laien auf dem Gelände nicht viel zu erkennen, außerdem ist der Platz durch allerlei Unrat verschmutzt. Dennoch handelt es sich hierbei um eine bedeutende Ruinenstätte, in der der Goldgräber Andrews 1905 mehr als 100 verschiedene Tier- und Menschenfiguren entdeckte (die leider alle in einem Londoner Museum unter Ausschluß der Öffent- lichkeit lagern). Aufgrund der ungewöhnlichen Funde vermutet man, daß diese Stätte als eine Art Schrein oder Altar benutzt worden sein mag.
2 km weiter erreicht man den „Prince of Wales Aussichtspunkt" und genießt einen weiten Ausblick in die mosambikanische Tiefebene. Nach ein paar ausgedehnten Kurven und 1 km Fahrt liegt links das elegante Hotel *Inn on the Vumba* mit dem *Vumba Inn Shoppe*, einem freundlichen, kleinen Laden (hier gibt es täglich außer mittwochs von 08.00–17.00 h die Spezialitäten der Region). Während sich die Straße nun im Schlängelkurs den Berg hinauf-

Nebelnässe tritt häufig morgens auf

zieht, an den Läden von Vumba Gateway Gardens und der Abzweigung ins Essex Valley vorbei, steigt die Chance, in dichte Nebelschwaden zu geraten. 15 km von Mutare liegt auf 1590 m Höhe Cloudlands, wohl nach den dichten Wolken benannt, die so gerne hier festhängen. Bei freier Sicht bietet der Aussichtspunkt einen guten Rundblick über Mutare und Umgebung.
An der Tom Hulley Road-Abzweigung ins Burma Valley können Wander- freunde über einen 6,5 km langen, steilen Aufstieg den höchsten Gipfel Bvumbas, den 1911 m hohen Castle Beacon, erklimmen. Auf der Weiter- fahrt durchquert man anschließend das Bunga Forest Botanical Reserve, das zum Schutz des natürlichen Bergregenwalds eingerichtet wurde, und erreicht bald danach den Eingang zum Botanischen Garten.

Botanischer Garten

Der Botanische Garten liegt nur 25 km von Mutare entfernt

Der Garten verdankt seine Entstehung dem britischen Geschäftsmann Fred Taylor, der in den 20er Jahren an dieser Stelle ein Wochenenddomizil namens Manchester Farm einrichtete. Seine Frau hatte eine Leidenschaft für Blumen und Pflanzen, und mit der Zeit formte sie aus dem Grundstück ein botanisches Kunstwerk. Seit den 40er Jahren gewährten die Eheleute Besuchern Zutritt zu dem längst berühmten Garten. Nach dem Tod von

Mrs. Taylor verkaufte der Witwer einen Teil seiner Farm an die Nationalparkbehörde. Heute steht neben dem Botanischen Garten und dem direkt angrenzenden Botanical Reserve auch das Bunga Forest Botanical Reserve unter staatlichem Schutz. Während der Botanische Garten mit einem dichten Wegenetz, Campingplätzen, Pool und einem kleinen Teehaus ausgestattet wurde, sind die beiden Waldschutzgebiete bis auf schmale Wanderpfade unerschlossen und dienen dem Schutz des ursprünglichen Waldes. Die schmalen Fußwege im Botanischen Garten führen durch unterschiedliche Landschaftstypen, mal durch eine liebliche Parklandschaft mit kleinen Bächen und Holzbrücken, Seerosenteichen und Parkbänken, dann wieder durch dichten Urwald mit riesigen Bäumen, an denen Lianen ranken. Die Vielfalt an sommer-, winter- und frühjahrsblühenden Pflanzen ist so groß und ausgewogen, daß es ganzjährig im Garten blüht. Es gibt Rosenbeete, Begonien, Fuchsien und Proteen. Vier verschiedene, unter Naturschutz gestellte Baumfarne (Cyathea Familie) wachsen in Bvumba, außerdem die noch selteneren Palmfarne (Cycadaceae). Zu den farbenprächtigen Exoten im Botanischen Garten zählen Aloen, Azaleen, Palmen und Orchideen. Doch trotz all der Pflanzenpracht sollte man auch nach den vielen, farbenprächtigen Waldvögeln, den 200 verschiedenen, bunten Schmetterlingen und den scheuen Samangoaffen Ausschau halten. Samangoaffen sehen Meerkatzen ähnlich, sind aber viel größer und haben ein dunkles Rücken- und weißes Brustfell. Im Botanischen Garten sind die seltenen Tiere relativ leicht zu entdecken, vor allem, wenn sie mit tiefem, hustendem Geschrei durch die Baumwipfel schwingen. Zu den ganz Glücklichen können Sie sich zählen, wenn Sie einen Blauducker entdecken. Die nur bis 4 kg schweren Antilopen sind extrem scheu und kommen in Zimbabwe außerhalb der Eastern Highlands nirgends mehr vor.

Im Herzen der Gartenanlage befindet sich das Tea House und bietet täglich von 10.00–16.30 h Snacks und Getränke. Ein Caravan Park und ein Campsite mit Swimmingpool runden das touristische Angebot ab. Weil der Campingplatz deutlich niedriger und windgeschützt liegt, ist er bei schlechtem Wetter dem Caravan Park vorzuziehen. Eintritt und Übernachtungspreise entsprechen den üblichen Nationalparkgebühren.

Inmitten des Gartens liegt ein idyllischer Campingplatz

Proteen sind die ältesten blühenden Pflanzen der Welt

Samangoaffen turnen in den Baumwipfeln herum

Info

Rundfahrt: Burma Valley und Essex Valley (70 km)

Mit eigenem Fahrzeug und einem halben Tag Muße bietet sich die Rundfahrt um die Bvumba Mountains an. Wählt man die Tour im Uhrzeigersinn, beginnt die Rundfahrt in der Essex Road (Richtung Eden Lodge). Nach 2 km wird die Teerstraße für ca. 21 km zu einer guten Allwetterpiste, die bei trockenem Wetter keinen Allrad erfordert. Ab dem Burma Valley geht es wieder auf einer schmalen Teerstraße weiter.

Die Straße windet sich zunächst kurvenreich durch große Aufforstungen. Nach 20 km bietet sich ein Besuch der Käserei Crake Valley Farm an, wo der legendäre Vumba Cheese hergestellt wird (Führungen mit Kostproben sind für ca. 1 US$ Eintritt montags bis samstags von 10.00–12.00 h und 14.00–17.00 h möglich). Wenig später mündet die Piste in die Teerstraße und knickt nach Süden in das Burma Valley ab. Sofort wechselt die Landschaft. Bananenplantagen, Kaffee- und Tabakfelder und Mangobäume überziehen die sanfte Hügellandschaft, Baumwolle, tropische Früchte – alles scheint in diesem regenreichen, frostfreien Tal mit Leichtigkeit zu gedeihen.

Vom fruchtbaren Burma Valley ins ausgedörrte Communal Land

Drei Burenfamilien, die 1918 Melsetter (heute Chimanimani) verlassen hatten, waren die ersten Siedler im Burma Valley. Allein am Bau der Zufahrt ins Tal schufteten sie damals drei Jahre. Doch die Mühen lohnten sich, zählt das Burma Valley heute doch zu den fruchtbarsten Regionen des ganzen Landes.

Nach abwechslungsreicher Fahrt durch das Tal steigt die Straße auf einen Bergrücken an, überquert diesen und gibt den Blick frei auf das ausgelaugte, überbevölkerte Zimunya Communal Land. Kaum deutlicher können dem Besucher die verheerenden Folgen der rigiden Landverteilung der Kolonialregierung vor Augen geführt werden.

Hotels, Camping & Ferienhäuser in Bvumba

- **Inn on the Vumba:** P. O. Box 524, Mutare. Tel. 120-67449, Fax 120-60722. Gehobene Mittelklasse mit sehr gediegener, britischer Atmosphäre. Elegantes Restaurant, schöne, weite Aussicht und Pool. Ideale Lage in Stadtnähe, aber dennoch ruhig. Preise: ca. 30 US$/DZ und 50 US$/EZ.
- **Coulemborg Cottages:** P. O. Box 1717, Mutare, Tel. 120-66755. Sehr heimelig, voll ausgestattete Ferienhäuser für bis zu 4 Personen etwa auf halbem Weg zwischen Mutare und Bvumba. Idyllisch im Wald gelegen. Preise: ab 20 US$ p. P.
- **Seldom Seen Cottages:** P. O. Box 441, Mutare. Tel. 120-215115. Seldom Seen genießt fast schon den Ruf eines privaten Vogelschutzgebietes, hier kommen Ornithologen voll auf ihre Kosten. Zum Programm gehören von Experten geführte 'Bird Walks'. Übernachtungspreise ab ca. 15 US$ p. P.
- **Cloud Seven:** P. O. Box 1111, Lauranceville Road, Mutare. Tel. 120-66810 und 64711, Fax 120-67728. Nahe dem White Horse Hotel gelegene Cottages zur Selbstversorgung mit Pool.
- **White Horse Inn:** P. O. Box 3193, Mutare. Tel. 120-60138, Fax 120-60325. Im dichten Wald gelegenes, landesweit bekanntes und sehr persönlich geführtes Mittelklassehotel. Hervorragendes Restaurant mit großer Auswahl an Wildgerichten. Pool, britisches Ambiente. Preise: B&B ca. 40 US$/DZ und 55 US$/EZ.
- **The Paddocks:** P. O. Box 3038, Paulington, Mutare. Tel. 120-50149. Ferienhäuser zur Selbstversorgung nahe dem White Horse Inn. Preise: ca. 18 US$ p. P.
- **Eden Lodge:** P. O. Box 881, Freshwater Road, Mutare. Tel. 120-62000 und 210717, Fax 120-62001. Sehr einsam gelegene Bungalowanlage. Die Atmosphäre wirkt vornehm gedämpft, zu empfehlen für Reisende, die Ruhe suchen und unter sich bleiben wollen. Preise: B&B ca. 50 US$/DZ und 60 US$/EZ.
- **Forest Hills Luxery Chalets:** Tel. 120-62911. Direkt neben dem Eingang zum Botanischen Garten wurden diese neuen zweistöckigen Ferienhäuser in herrlicher Lage erbaut. Geräumig (bis zu 5 Personen haben Platz) und ansprechend eingerichtet. Preise: Pro Cottage ca. 45 US$ wochentags, freitags und samstags ca. 10 US$ teurer.
- **Cloud Castle Estate:** Backpackerunterkunft links neben dem Eingang zum Botanischen Garten mit freundlichem „Coffee Shoppe". Preise: ca. 6 US$ p. P., auch Zelten möglich.
- **Leopard Rock Hotel:** P. O. Box 1322, Mutare. Tel. 120-60015, Fax 120-61165 sowie Tel. 14-791483, Fax 14-791484 (Harare). Laut Eigenwerbung „one of the few very special places in the world", in dem schon die britische Königsfamilie einschließlich Prinzessin Diana abgestiegen ist. 1946 erbaut und Anfang der 90er Jahre grundlegend renoviert. Seither strotzt es vor Lüster und Samt. Mit Kasino, großem Golfplatz, Restaurants, Bars, Flutlichttennis, Billard, Pool, Reiten etc. Preise: ab 140 US$/DZ und 200 US$/EZ.
- **The Castle:** P/Bag V7401, Mutare. Tel. 120-210320 und 66726. Exklusive mittelalterliche und sehr gediegene Herberge für mindestens 4 und max. 8 Gäste. Der ehemalige Geheimtip hat sich als Quartier der besonderen Art herumgesprochen und ist längst über Monate im Voraus ausgebucht. Dinner, B&B ab ca. 90 US$. Wein und Bier bringt man selbst mit, denn The Castle ist nicht lizensiert.
- **Ardroy Guest House:** P. O. Box 3150, Paulington, Mutare. Tel. 120-65622, Fax 120-63743. Preiswerte Backpackerunterkunft im Essex Valley. Preise: B&B ab 15 US$. (Essex Road, bei KM 17,5 links, beschildert).
- **Camping im Botanischen Garten:** siehe vorige Seite

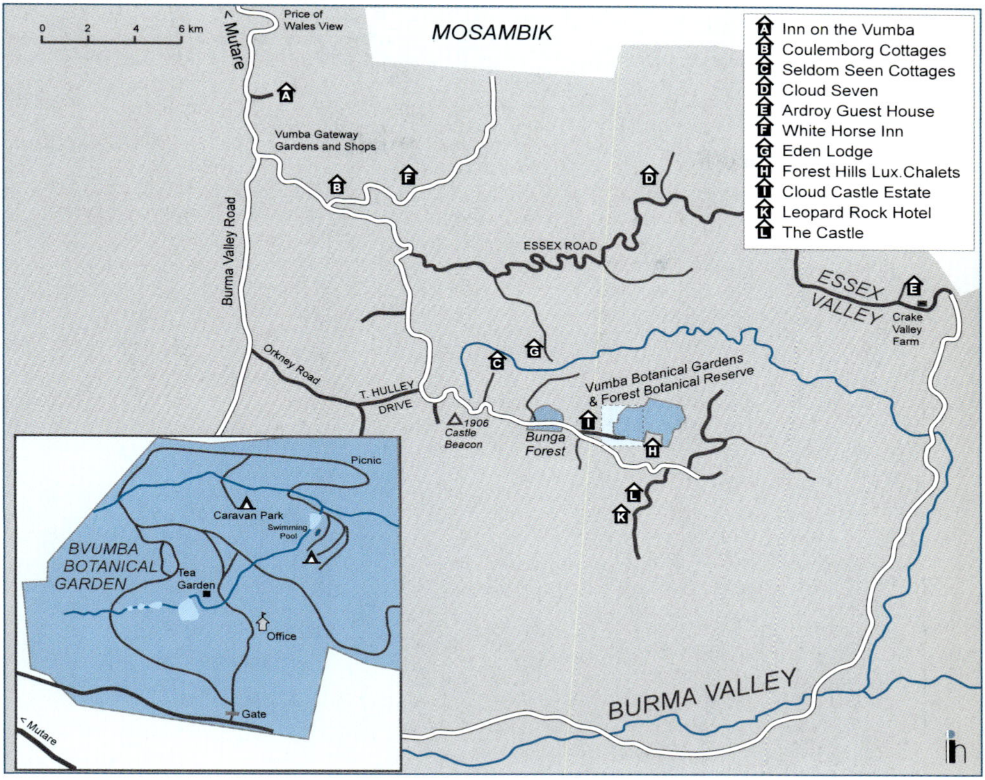

Map

0 2 4 6 km

Price of Wales View

< Mutare

MOSAMBIK

Vumba Gateway Gardens and Shops

Burma Valley Road

Orkney Road

T. HULLEY DRIVE

ESSEX ROAD

ESSEX VALLEY

Crake Valley Farm

1906 Castle Beacon

Bunga Forest

Vumba Botanical Gardens & Forest Botanical Reserve

BURMA VALLEY

Legend:
- A Inn on the Vumba
- B Coulemborg Cottages
- C Seldom Seen Cottages
- D Cloud Seven
- E Ardroy Guest House
- F White Horse Inn
- G Eden Lodge
- H Forest Hills Lux.Chalets
- I Cloud Castle Estate
- K Leopard Rock Hotel
- L The Castle

Inset:

BVUMBA BOTANICAL GARDEN

Picnic

Caravan Park

Swimming Pool

Tea Garden

Office

Gate

< Mutare

Das Leopard Rock Hotel

Bvumbas berühmtestes und stolzestes Hotel nahm seine Anfänge als Gästehaus namens Mbiga, welches die Farmersfrau Anne Seymour-Smith eröffnete, während ihr Gatte im 2. Weltkrieg diente. Lesley Seymour-Smith kehrte als Kriegsversehrter zurück und gab seine ursprüngliche Beschäftigung als Goldsucher und Apfelzüchter schnell auf. Nach den guten Erfahrungen mit der Pension seiner Frau, reifte der Entschluß, ein richtiges Hotel zu bauen. Ein schottischer Architekt, zufällig Gast im Mbiga Guest House, zeichnete den Plan, und italienische Kriegsgefangene wurden zum Bau des neuen Hotels herangezogen. 1946 eröffnete am Hang des Chinyakwaremba-Berges das luxuriöse Leopard

Rock Hotel, in dem 1953 sogar Königin Elisabeth II. abstieg. Das Ehepaar Seymour-Smith, ließ sich von den Kriegsgefangenen nahe ihrem mondänen Hotel eine neue, angemessene Bleibe in dichtem Wald am Berghang errichten, eben jenes burgähnliche Gemäuer, welches heute Castle Guest House heißt.

Tips & Infos zu Bvumba

- **Spezialitäten:** Probieren Sie doch einmal die berühmten Spezialitäten Bvumbas, wie selbstgemachte Marmeladen, eingelegte Früchte, süßsaure Bohnen, Tamarillensaft (schmeckt am besten gekühlt und verdünnt mit Wasser) und Kräuter aller Art. Am berühmtesten ist natürlich der herzhafte Vumba-Cheese, den es in verschiedenen Geschmacksrichtungen gibt: "Pepperoni" ist mit grünen Pepperoni gewürzter Vumbakäse, "Alpine" heißt die weich-würzige, gesalzene Bergkäseart, "garlic" ist mit Knoblauch versetzt, "Fine Herbs" dagegen mit Kräutern, und schließlich gibt es noch "original", die weiche, ungesalzene Grundform.
- **Bird Walks:** Vogelkundliche Wanderungen mit erstklassiger Führung von Peter Mwadziwana kann man bei den Seldomseen Cottages reservieren (ca. 8 US$), wo die Besitzer wissenschaftliche Vogelzählungen durchführen und viele Vögel zu Forschungszwecken beringt werden.
- **Reiten:** Colin Campbell-Morrison, Tel. 120-210310 und 210315. Ca. 3 km nach dem Leopard Rock Hotel so ziemlich am Ende der Straße. Pro Stunde ca. 6 US$. Ebenso werden Reitausflüge beim HIVU-Vumba-Basket-Shoppe offeriert.
- **Klima & Wetter:** Man sagt, die Regenzeit setze in Bvumba ab Mitte November ein und dauere bis Mitte März (im Januar und Februar muß quasi täglich mit Regen gerechnet werden). Wer jedoch davon ausgeht, außerhalb der Regenzeit Bvumba immerzu mit herrlich blauem Himmel zu erleben, hat weit gefehlt. Nun kann nämlich der sog. „Guti", ein spezieller Feuchtnebel mit sanftem Nieselregen, innerhalb kürzester Zeit die Berge in Wolken hüllen. Während der kalten Jahreszeit von Juni bis August mag das Thermometer nachts schon mal auf 1–2 C° fallen, tagsüber ist es jedoch angenehm warm. Als Monate mit niedrigster Regenwahrscheinlichkeit gelten August bis Oktober. Dennoch – niemand sollte von der Jahreszeit einen Besuch Bvumbas abhängig machen, denn gerade hier schlägt das Wetter so manche überraschenden Kapriolen. Und bei Regen gibt es schließlich gemütliche Kaminfeuer in den Ferienhäusern, während draußen die Nebelschwaden vorbeiziehen – ganz wie Zuhause, wären da nicht die tropischen Wälder und Blumen!
- **Kleidung:** Hier empfehlen sich Regenschutz, praktisches, unempfindliches Schuhwerk und in der kalten Jahreszeit einige warme Kleidungsstücke.
- **Versorgung:** Grundnahrungsmittel besorgt man am besten schon in Mutare, obwohl einige Läden, wie Naro Moru und Vumba Inn Shoppe Lebensmittel anbieten.
- **Anreise ohne Pkw:** Es bestehen unregelmäßige Busverbindung von Mutare nach Bvumba sowie ins Essex Valley und Burma Valley. Taxis bieten ihren Service an, und wegen des hohen Besucheraufkommens ist Trampen relativ problemlos möglich.
- **Sicherheit:** Leider sind vereinzelt Autos der Spaziergänger aufgebrochen worden, und die Touristeninformation rät Ausländern von einsamen Wanderungen in den Waldreservaten ab.
- **Info & Reservierung:** National Botanical Gardens, The Warden, P/Bag V7472, Mutare. Tel. 120-212722 und 81293.

Von Mutare nach Chimanimani

Von den Bergen und kühlen Höhen um Mutare geht es nun rasant hinab ins Lowveld

Die Strecke bietet krasse landschaftliche Gegensätze und immer wieder grandiose Aussichten auf die Bergkette im Osten. 67 km nach Mutare erreicht man Wengezi Junction, das bereits im schwülen Tiefland nahe dem Odzi River liegt. Auf der Weiterfahrt in Richtung Chimanimani steigt die Strecke wieder an und führt direkt auf die mächtigen Berge zu. 13 km weiter muß man sich an der Gabelung nach Cashel entscheiden, ob man über die 70 km lange Teerstraße nach Chimanimani fahren möchte oder die längere Scenic Road über Cashel wählt (79 km).

Seit 1908 diente diese Panoramapiste als Verbindungsstrecke zwischen Mutare und Chimanimani, erst 1955 wurde sie von der neuen Teerstraße abgelöst. Seither wird sie nur noch wenig befahren, hauptsächlich von „Genußfahrern", die die längere Anfahrt nicht scheuen zugunsten einem der schönsten Streckenabschnitte, die Zimbabwe zu bieten hat (Allrad nicht notwendig, nach anhaltenden Regenfällen jedoch dringend anzuraten).

Man fährt zunächst nach **Cashel**. Die kleine Siedlung mit den riesigen Jacarandabäumen liegt in einem schmalen Taleinschnitt im Schatten des Black Mountain. Daß dieses verschlafene Nest im ganzen Land bekannt ist, liegt an den weit verbreiteten Konservendosen der Marke „Cashel Valley", in denen Obst und Gemüse abgefüllt werden. Gleich hinter dem Ort endet der Teer. Die Piste führt nun durch das enge Tal des Tandai River. Durch dichte, alte Bergwälder und an kleinen Wasserfällen vorbei zieht der Weg die einsamen Berge hinauf. Dann erreicht man auf etwa 1400 m das Tandai Forest Land mit ausgedehnten Aufforstungen und einem Holzarbeiter-Compound. Die Straße erklimmt einen weiteren Bergsattel (hier besteht 6 km entfernt Campinggelegenheit in Hendriksdal) und verläßt das Forstgebiet. Es geht weiter durch eine grandiose, natürliche Bergszenerie zwischen 1700 und 1800 m Höhe. Mit weit ausholenden Kurven nähert man sich dem 2144 m hohen Musapa Mountain. Die Vegetation ist beeindruckend – dichter natürlicher Baumbestand mit langen Flechten an den Ästen, Wilden Proteen, Faurea-Arten, Wildblumen, dazwischen offene Grassavannentäler und malerische Schirmakazien. Auf dem letzten Drittel der 64 km langen Erdstraße fällt der Weg allmählich wieder auf ca. 1200 m ab und durchquert den Martin Forest. Die Wildheit der Natur ist hier gebändigt, endlose Pinienforste haben sich über die Berghügel ausgebreitet. Man begegnet Holztransportern, Waldarbeitern und den ersten Farmen, während man sich den schroffen Chimanimanibergen nähert.

Scenic Road von Cashel nach Chimanimani

Umvumvumvu River nahe Cashel

Chimanimani

Das magisch klingende Chimanimani ist ein Shona-Ausdruck und bedeutet "im Gänsemarsch gehen". Dies bezieht sich auf die schmale Schlucht des Musapaflusses am mosambikanisch-zimbabwischen Grenzverlauf beim 'Corner', der hier so schmal wird, daß Menschen die Paßenge nur im Gänsemarsch bezwingen können.

Von der Herkunft des Namens

Die Gründung Chimanimanis geht auf südafrikanische Auswanderer zurück. Um die Grenze zu Portugiesisch-Mosambik abzusichern, hatte Cecil Rhodes die Ansiedlung von Buren in Manyika- und Gazaland gefördert. Thomas Moodie, ein Bure aus dem Oranje-Freistaat, führte 1893 den ersten Siedlertreck (Moodie's Trek) in die Eastern Highlands. Zwei Jahre später zogen einige Familien dieses Trecks hierher und gründeten Melsetter. Die Siedlung führte jahrzehntelang ein ruhiges Dasein und hinkte der Landesentwicklung immer ein wenig hinterher. Erst 1972 wurde Melsetter an das Stromnetz angeschlossen, zehn Jahre später der Name geändert. Wirtschaftliche Bedeutung erlangt die Region durch intensive Holzwirtschaft und der damit einhergehenden Entwicklung der Möbelindustrie und des Transportwesens. Der Tourismus gilt als willkommenes Zubrot. Die Ortschaft wirkt trotz ihrer 20 000 Einwohner noch immer klein, überschaubar und durch ihre Kiefern, Fichten und Eukalyptusbäume wenig afrikanisch. In Ortsmitte befindet sich das Touristenbüro, neben der Tankstelle ist ein Souvenirladen.

Chimanimani wurde von Buren gegründet

Auf 1550 m liegt der Ort in einer eindrucksvollen Berglandschaft und blickt – an klaren Tagen – direkt auf die mächtigen, bis über 2400 m hohen Chimanimani Mountains, dem Hauptanziehungspunkt für Touristen. Doch auch in der näheren Umgebung von Chimanimani bieten sich ausgiebige Wanderungen an, die man ohne bergsteigerische Talente bewältigen kann.

Der Reiz Chimanimanis liegt in seiner Umgebung

- **Chimanimani Hotel:** P. O. Box 5, Chimanimani. Tel. 126-511, Fax 126-2515. Das alteingesessene Hotel wurde von der Rainbow-Hotelgruppe übernommen. 35 Zimmer mit Pool, Minigolf, Bar und Restaurant. Preise: B&B ca. 60 US$/DZ und 80 US$/EZ. Im Garten wird Camping angeboten.
- **Country Club:** P. O. Box 53, Chimanimani. Tel. 126-2266. Sehr einfache Mehrbettzimmer und Holzhütten (ca. 15 US$ p. P.) mit Gemeinschaftsküche und Bad sowie Camping für Wohnwagen oder Wohnmobile (ca. 5 US$ pro Fahrzeug).
- **Heaven Mountain Lodge:** P. O. Box 621, Chimanimani. Tel. 126-2701. Lebhafte Backpacker-unterkunft mit Campingwiese. Preise: Mehrbettzimmer ca. 5 US$/Bett, A-Frame-Hütten ca. 10 US$ p. P., Camping ca. 3 US$.
- **Frog & Fern Cottages:** P. O. Box 75, Chimanimani, Tel. 126-2840, Fax 126-2294. Sehr beliebte und ansprechende Bungalows nahe dem Eland Sanctuary. Voll ausgestattet, Reiten möglich, immer frühzeitig ausgebucht. Preise: B&B ca. 30 US$ p. P., Selbstversorgung ca. 25 US$.
- **Moriah Cottage:** Mrs. Demblon, P. O. Box 1, Tel. 126-2595, Fax 126-2884. Geräumiges Ferienhaus am Ortsende in Richtung Cashel. Hübscher Ausblick. Preise: B&B ca. 30 US$ p. P., Selbstversorgung ca. 25 US$.
- **Mawenje Lodge:** P. O. Box 160, Chimanimani. Tel. 126-25449, Fax 126-2886. 13 km von Chimanimani auf dem Charleswood Estate in Richtung des Nationalparks. Die Luxuslodge liegt einsam am Haroni River. Zu den angebotenen Aktivitäten zählen Wandern, Bird Watching, Reiten, Farmbesuche. All-Inclusive-Preise: ca. 120 US$ p. P.
- **Camping:** Campinggelegenheit im Ort bieten das Chimanimani Hotel (ca. 3 US$), die Heaven Lodge (grüne Wiese, tolle Aussicht, jugendliche Atmosphäre, ca. 3 US$), der Country Club (keine Zelte zugelassen, ca. 5 US$ pro Fahrzeug) sowie etwas außerhalb an den Bridal Veil Falls und am Base Camp des Chimanimani Nationalparks (je ca. 2 US$).

Bridal Veil Falls

Die 5 km lange Zufahrt ist ab Chimanimani beschildert

Die Briten fühlten sich beim Anblick des in vielen, sich nach unten verbreiternden Kaskaden hinabstürzenden Wasserfalls an einen Brautschleier (bridal veil) erinnert. Tatsächlich strahlt der fast 50 m hohe Fall etwas Anmutiges und Zierliches aus. Das Wasser fängt sich unterhalb des Falls in einem kleinen Pool und fließt anschließend als schmaler Bach weiter. Hier stehen idyllische Picknick- und Campingplätze zur Verfügung. Für den Besuch des Wasserfalls wird der gleiche Eintritt wie für Nationalparks berechnet.

Eland Sanctuary

Elenantilopen werden bis zu 2 m groß und 600 kg schwer

Elenantilopen waren einst weit verbreitet in den Eastern Highlands und zählen zu den wenigen Antilopen, denen es gelang, ihre Nahrung von natürlichen Waldpflanzen auf das einseitige Angebot der Nutzwälder (Kiefern, Pinien und Eukalyptus) umzustellen. Sie gelten daher als Schädlinge, obwohl man gleichzeitig stolz darauf ist, noch einen gesunden Bestand der in den meisten Regionen Afrikas bedrohten Tierart zu besitzen. 1970 wurde deshalb dieses 18 km² große Areal als Schutzgebiet ausgewiesen. Im dichten Buschwald leben neben der weltweit größten Antilopenart auch Wasserböcke, Zebras und Klippspringer. Besucher dürfen zwischen Sonnenauf- und -untergang Pirschfahrten unternehmen. Eintritt ca. 5 US$.

Tessa's Pool

Siehe Bild auf Seite 159!

Auf dem Gelände der Outward Bound School, einer international wirkenden Organisation, die zur Selbstfindung und Persönlichkeitsbildung eine Art Überlebenstraining anbietet, stürzt der Haroni River von einem etwa 20 m hohen Felsen in einen tiefen, klaren Pool. Inmitten einer üppigen, tropischen Vegetation mit Palmen lädt das frische, kalte Wasser geradezu zum Schwimmen ein. Anfahrt: Der Zufahrt zum Chimanimani Nationalpark

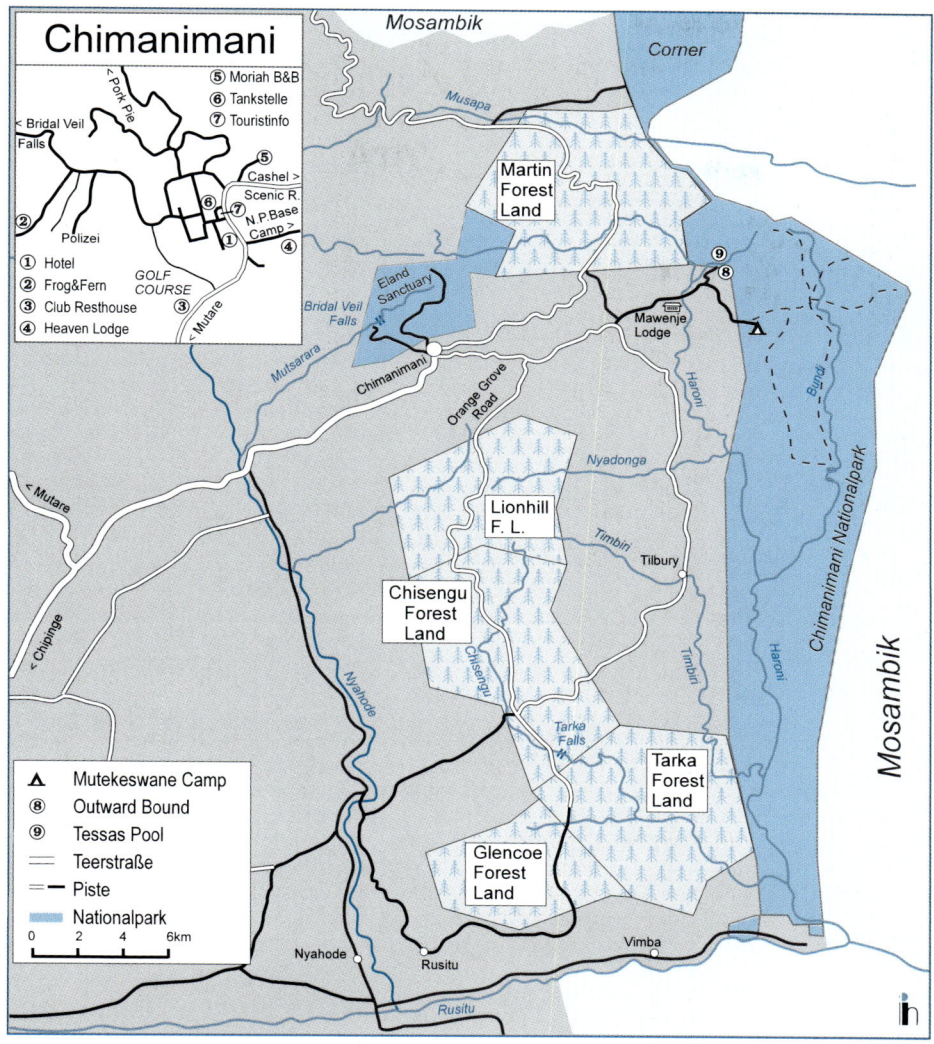

Chimanimani

⑤ Moriah B&B
⑥ Tankstelle
⑦ Touristinfo

① Hotel
② Frog&Fern
③ Club Resthouse
④ Heaven Lodge

▲ Mutekeswane Camp
⑧ Outward Bound
⑨ Tessas Pool
═ Teerstraße
═▬ Piste
▬ Nationalpark

0   2   4   6km

folgen, nach 13,5 km weist ein Schild nach links. 1,6 km weiter endet der Weg am Parkplatz mit Picknickplätzen rund 700 m vor dem Badepool. Tessa's Pool ist für Besucher nur von 09.00–16.00 h zugänglich, wenn Kurse stattfinden ist der Zutritt verboten. Camping wird nicht gestattet.

Beim Touristenbüro sind die sehr nützlichen „Milkmaps" erhältlich, in denen ein- bis mehrstündige Rundwege, z. B. zum Nyamzure Mountain, genannt Pork Pie, beschrieben werden. Wer lieber durch die einsame Berglandschaft reitet, kann Pony Trails für ca. 15 US$ bei der Touristeninformation reservieren (Tel. 126-2294).

Tip
zum Wandern und Reiten

157

Chimanimani Nationalpark

Eldorado für geübte Wanderer und Kletterfreaks

Der 171 km² große Nationalpark ist ein Paradies für Wanderer und Bergsteiger, denen sich nach dem beschwerlichen Aufstieg die Schönheit dieser einsamen Gebirgslandschaft erschließt, ohne sie, wie in den europäischen Alpen, mit unzähligen, von Gondeln heraufbeförderten Ausflüglern teilen zu müssen. Das Naturerlebnis und die körperliche Herausforderung beim Wandern, Bergsteigen oder Klettern stehen hier an oberster Stelle. Der Nationalpark ist vollkommen naturbelassen. Es wurden keine Straßen angelegt, lediglich mit Steinen markierte, unbefestigte Pfade durchziehen die urwüchsige Landschaft. Einziges menschliches Bauwerk ist die Schutzhütte für Wanderer.

Anreise

Ausgewaschene Zufahrt zum Basiscamp

Die ersten 9 km von Chimanimani folgen der Tilbury Road, dann zweigt man der Beschilderung folgend nach links auf eine unscheinbare Piste, die zuerst über eine Kaffeeplantage führt (Charleswood Farm) und danach in die Berge ansteigt. Hier ist die Erdstraße schwierig zu befahren (hohe Bodenfreiheit erforderlich, nach Regenfällen Allrad). In einer Senke überquert man den Haroni River, gleich danach liegt rechts die Mawenje Lodge. Knapp 5 km seit Verlassen der Tilbury Road gelangt man an eine Weggabelung. Links geht es zur Outward Bound School und Tessa's Pool, rechts dagegen zum ca. 2,5 km entfernten Mutekeswane Base Camp und Wildhütercamp hinauf, wo die steile, steinige und ausgewaschene Straße endet. Von hier aus geht es nur mehr über steile, unbefestigte Wanderwege weiter in die Bergwelt. Ohne eigenem Fahrzeug: Die Heaven Lodge organisiert täglich um 08.00 h einen Transfer zum Basiscamp und sammelt gegen 17.00 h die Leute wieder ein.

Info

Das Mutekeswane Basiscamp

Stachelschweine und Eulen besuchen nachts gelegentlich das Basiscamp

Vor der imposanten Bergkulisse liegt das Basiscamp auf 1300 m Höhe unter hübschen Msasabäumen. Der Campingplatz bietet terrassierte Stellplätze mit Grillvorrichtungen. Die Sanitäranlagen verfügen über heiße Duschen, allerdings ohne nächtliche Beleuchtung (Taschenlampe mitbringen). Nebenan sind das Wildhütercamp, wo man die Gebühren entrichtet und seine Touren anmeldet, und ein kleiner Laden, der einfache Lebensmittel und Getränke verkauft (täglich von 06.00–18.00 h). In der Regel übernachtet man vor dem Aufstieg in die Berge hier im Camp.

Geologie

Drei längsverlaufende Höhenzüge bilden die Chimanimani-Bergkette

Bilder rechts: Beschilderung kurz vor dem Basiscamp, Tessa's Pool

Die schroffen, bis zu 2438 m hohen Chimanimani Mountains sind ein Ausläufer des Ostafrikanischen Grabenbruchs und fallen nach Süden steil und abrupt in das Lowveld ab. Sie bestehen aus hellem, weichen Quarzit- und Sandstein, weshalb sie im Gegensatz zu den nördlichen Bergen der Eastern Highlands auffallend zerklüftet sind. Geologisch betrachtet handelt es sich um drei parallele Höhenzüge in N-S-Richtung. Der erste Bergrücken liegt zwischen dem Ort Chimanimani und dem Basiscamp und wird auf der Zufahrt zum Nationalpark überquert. Der zweite, viel steilere Kamm muß beim Anstieg ins Hochtal des Bundi River bewältigt werden. Nach Osten bildet schließlich die dritte Gebirgskette die Grenze zu Mosambik. Hier liegen die höchsten Berggipfel der Region: Mount Binga (2438 m), Mount Mawhenge (2399 m) und Mount Domba (2215 m).

Pflanzen und Tiere

Das steile, nach Süden und Osten von Flachland umgebene Gebirge wirkt wie eine Wettergrenze. Den feuchten Luftmassen, die sich über dem Indischen Ozean bilden und verstärkt über den Bergen abregnen, verdanken die Chimanimani Mountains ihre ungewöhnlich artenreiche Vegetation. Allein 40 der rund 100 in Zimbabwe endemischen Pflanzen wachsen hier. Dichte Bergwälder in den Hanglagen und offenes Grasland im Hochtal bilden die typische Vegetation. Seltene Farne (Baum- und Palmfarne), Berghibiskus, Orchideen und Aloen sind heimisch, wie auch Zedern, Gelbholz und Bergakazien. Die geschützte Umgebung bietet auch vielen Wildtieren sicheren Lebensraum, obwohl man Blauducker und Elenantilopen nur in seltenen Glücksfällen zu sehen bekommt. Häufiger sind Begegnungen mit Schirrantilopen, Klippspringern und Rappenantilopen.

Der Aufstieg zur Schutzhütte

Drei verschiedene Aufstiegsrouten, die alle unbefestigt und vage markiert sind, stehen zur Auswahl:

• **Bailey's Folly:** Die kürzeste und beliebteste Route führt direkt vom Basiscamp hinauf. Steinhäufchen markieren von Zeit zu Zeit den Weg. Rechnen Sie für den Aufstieg, bei dem 490 Höhenmeter bewältigt werden, mit 3 Stunden. Für die teilweise steilen Passagen entschädigt eine eindrucksvolle Vegetation mit Baumproteen, Msasabäumen voller Flechten, allerlei Wildblumen und Moosen. Die weite Aussicht ist spektakulär.

• **Hadange River Track:** Dieser Weg beginnt bei der Outward Bound School und ist bei Regen oft unpassierbar. Er ist eine beliebte Abstiegsroute, weil man damit ein Bad in Tessa's Pool verbinden kann (ca. 4 Std.).

• **Banana Grove Track:** Der einfachste, aber weitaus längste Aufstieg führt weit südlich über Banana Grove zur Schutzhütte (ca. 6 Stunden).

Am Kreuzpunkt der Wanderrouten liegt im Bundi Valley auf 1630 m Höhe die **Berghütte**. Hier ist ein Attendant stationiert, der die Hütte sauber hält. 18 Schlafmatratzen in drei Räumen können an Wanderer vergeben werden, Toiletten und eine Kaltwasserdusche stehen zur Verfügung. Die Gaskocher, Tische und Bänke dürfen auch von Tagesgästen benutzt werden. Die Schutzhütte ist ein idealer Ausgangspunkt, um von hier aus Tageswanderungen innerhalb des Parks zu unternehmen. Sie ist selten voll belegt, weil viele Wanderer die Einsamkeit des Wildcampens dem Matratzenlager vorziehen. Bei Schlechtwettereinbruch zieht es dann aber doch viele Wanderer in den Schutz der Berghütte. Überall im Park darf man wildcampen (kein Lagerfeuer, alle Abfälle mitnehmen), besonders beliebt sind schützende Höhlen und Felsüberhänge.

Wanderungen im Nationalpark

Die meisten Wanderungen im Hochtal stellen nur leichte bis mittlere Anforderungen

Nachdem man mit dem Aufstieg in das Bundi Hochtal den anstrengendsten Teil geschafft hat, sind alle anderen Wanderungen leichter zu bewältigen. Oft wandert man ohne große Steigungen. Auf einer etwa dreistündigen Wanderung nach Norden gelangt man an der **North Cave** vorbei (etwa 30 Min. von der Berghütte entfernt, mit Blick auf einen Wasserfall und die fernen Berggipfel ein beliebter Übernachtungsplatz) zum **Mount Peza** (2179 m). Eine andere beliebte Route führt von der Schutzhütte in gut 2 Stunden zum **Skeleton Pass**, der eine weite Aussicht nach Mosambik, an klaren Tagen sogar bis zum Indischen Ozean, gewährt. Außerdem ist eine Wanderung zur **Red Wall Cave** möglich (ca. 45 Min. von der Schutzhütte entfernt, schöner Übernachtungsplatz). Viele Besucher wählen den dreistündigen Aufstieg auf den Gipfel des höchsten Berges, **Mount Binga** (2438 m), der strenggenommen schon in Mosambik liegt. Von hier aus kann man den hohen Martin-Wasserfall in Mosambik sehen. Unterhalb des Gipfels eignet sich eine Wiese zum Campen. Eine eher gemütliche Wanderung entlang dem klaren Gebirgsbach Bundi führt in 3–4 Stunden zu den **Southern Lakes**, einigen Badetümpeln in einer Schleife des Bundi. Auf dem Weg dorthin kommt man an **Digby's Falls** und den gleichnamigen Wasserfall und Badepool vorbei, und wenig später an der **Peter's House Cave** (Übernachtungsgelegenheit)

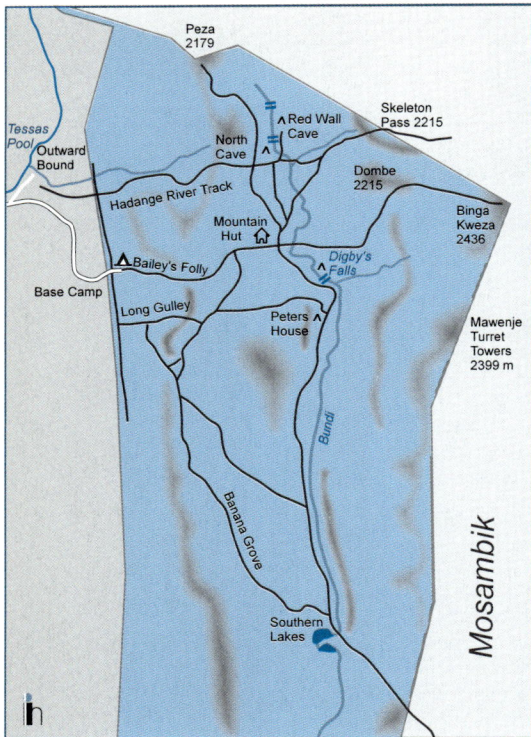

Verirrt in den Bergen...

Vor einigen Jahren fand hier eine spektakuläre Rettungsaktion statt. Drei deutsche Touristen waren für eine Tageswanderung vom Basiscamp aufgebrochen, kamen jedoch abends nicht zurück. Auch am nächsten Tag blieben sie verschollen. Sie waren nur mit leichter Sommerkleidung und einer Mittagsbrotzeit aufgebrochen, ihr Gepäck war in einem Hotel zurückgeblieben, der Rückflug nach Deutschland sollte in wenigen Tagen erfolgen. Bald war klar, daß den Wanderern etwas zugestoßen war. Am dritten Tag wurde ein Rettungshubschrauber angefordert. Klare Sicht ermöglichte einen Suchflug über der unwegsamen Haroni Gorge, wo man die Vermißten vermutete. Nach stundenlangem, ergebnislosem Suchen wollte der Pilot enttäuscht aufgeben, da entdeckte er auf einem Felsen die völlig erschöpften Touristen. Alle drei befanden sich in relativ gutem Zustand. Sie waren unbemerkt von ihrer Wanderroute abgekommen und hatten sich bald hoffnungslos verirrt. Der Pilot staunte nicht schlecht, weil die Verirrten immer noch eine magere Notration aus dem Lunch Paket aufgespart hatten!

mit kleinem Wasserfall. Südlich der Southern Lakes wandern nur noch wenige, hier steigt die Gefahr, den Weg zu verlieren und sich zu verlaufen. Ein 8 km langer Pfad, der teilweise durch Mosambik führt, bezwingt den 1893 m hohen Paß The Saddle. Noch weiter südlich liegt die unberührte Haroni Gorge, eine wildromantische, aber reichlich unzugängliche Schlucht.

Meiden Sie die Grenze zu Mosambik!

Tips & Infos für den Chimanimani Nationalpark

· **Info & Preise:** Eintrittsgebühren siehe S. 364. Camping kostet hier jedoch das Doppelte des üblichen Satzes, auch bei Wildcampen in den Höhlen. Die Schutzhütte kostet pro Nacht ca. 10 US$, Vorausbuchung nicht notwendig. Adresse: Chimanimani National Park, P/Bag 2063, Tel. 126-555.

Nur gut vorbereitet und ausgerüstet sollte man sich auf den Weg in die Berge machen

· **Reisezeit & Klima:** Beste Wandersaison sind die Monate von Juli bis September. Ab Ende September nimmt der Nebel zu, zwischen Mitte November und Ende März herrscht heftige Regenzeit. Typisch ist ein dichter Nieselnebel in den frühen Morgenstunden beim Basiscamp, der meistens wieder aufklart. In den Bergen besteht die Gefahr sehr schneller Wetterwechsel und Temperaturstürze. Daher unbedingt die aktuellen Wettervorhersagen beim Officer im Basiscamp erfragen, bevor man sich auf den Weg macht!

· **Ausrüstung:** Mitzubringen sind: Leichter Rucksack, Schlafsack, warme Kleidung, Regenschutz, Taschenlampe, Wasserflasche, Sonnenhut, Erstehilfeset, ordentliche Wanderschuhe, Verpflegung, evtl. Kochutensilien und ein Kompaß oder GPS. Das Wasser der Gebirgsbäche ist trinkbar.

· **Warnungen:** Eine Wanderung in die Chimanimani Mountains ist kein Sonntagsausflug. Vor dem Start muß man sich bei den Rangern im Basiscamp abmelden. Wandern Sie nicht allein, sondern zumindest zu zweit, und laufen Sie nicht bei Nebel und Regen, wegen der Gefahr sich zu verlaufen bzw. auf glitschigen Steinen abzurutschen. Der südliche Teil des Parks ist deutlich unwegsamer und einsamer als der Norden. Die internationale Grenze ist nur durch sehr wenige Schilder gekennzeichnet. Es ist gefährlich, nach Mosambik zu wandern, denn in der Vergangenheit sind schon mehrere Unfälle mit Tretminen passiert. Abfälle müssen mitgenommen und später entsorgt werden, im Park dürfen keine Lagerfeuer gemacht werden.

Wichtige Tips und Hilfe erhält man bei den Wildhütern im Basiscamp

· **Wanderungen mit Führer:** Wer lieber in Gesellschaft eines erfahrenen Bergführers wandern möchte, erhält entsprechende Infos bei der Touristeninformation im Ort.

· **Fischen:** Mit einer Lizenz darf man im Bundi River nach Forellen fischen.

The Corner

Die kleine Ausbuchtung an der Grenze zu Mosambik nördlich der Chimanimaniberge wurde erst vor wenigen Jahren dem Nationalpark angegliedert und ist mit diesem nur durch einen schmalen Streifen entlang der internationalen Grenze verbunden. Man gelangt in den noch völlig unerschlossenen „Corner" genannten Teil über die Cashel Scenic Route (noch vor der Farm von T. Steyn rechts zum Chikukwa Business Centre abbiegen und geradeaus bis an den Msapa River fahren, für die Zufahrt ist allerdings Allrad erforderlich). Hier schlängelt sich in unberührter Wildnis der Msapa River durch eine schmale Enge, die dem Chimanimani-Distrikt seinen Namen verlieh. Wandern und Wildcamping sind erlaubt.

Oben: Moodie's Grab auf dem Weg nach Chipinge

Von Chimanimani nach Chipinge und dem Chirinda Forest

Durch dichte, einsame Nadelwälder, nur von einfachen Arbeitersiedlungen und Sägewerken unterbrochen, gelangt man nach 20 km zu Skyline Junction, wo es links nach Chipinge weitergeht. Zunächst klettert die Straße auf einen 1720 m hohen Paß, um anschließend langsam ins Middleveld abzusteigen.

Abstecher

Haroni & Rusitu Botanical Reserves

32 km südlich von Skyline Junction zweigt eine Piste zu den Waldschutzgebieten Haroni Forest und Rusitu Forest ab. Die beiden kleinen Naturschutzgebiete liegen südlich der Chimanimani Mountains nahe der Grenze zu Mosambik auf nur mehr 300–400 m Höhe. An den beiden Flüssen Rusitu und Haroni stehen die Reste alter Urwaldbestände unter Schutz, in denen auch viele seltene Waldvögel Zuflucht suchen. Neben dieser Zufahrt existieren auch Wege ab Chimanimani (Infos im Tourist Office von Chimanimani oder bei der Wildlife Society in Chipinge).

Einsame Urwaldreste unter staatlichem Schutz

Leben und Werk von Thomas Moodie, der Buren in ihre neue Heimat in die Eastern Highlands führte

Wenig später liegt links der Straße auf dem Gelände der Waterfalls Farm das denkmalgeschützte Grab von **Thomas Moodie**. Thomas Moodie hatte 1892 einen Siedlertreck aus Transvaal angeführt, und war mit 37 Männern, 31 Frauen und 17 Ochsenkarren gestartet. Monate vergingen, ehe die Truppe überhaupt Fort Victoria (heute Masvingo) erreichte. Den meisten Auswanderern war die Lust vergangen, die beschwerliche Fahrt fortzusetzen. Sie trennten sich und ließen sich zum größten Teil bei Enkeldoorn (heute Chivhu) nieder. Mit den verbliebenen 14 Männern, 4 Frauen, 3 Kindern und 7 Wagen vollendete Moodie seine insgesamt neunmonatige Odyssee. Dabei standen dem Treck noch etliche Abenteuer und Rückschläge bevor – am Moodie's Pass mußten die Männer tagelang schuften, um den Berg zu überqueren, später folgten die gefährliche Durchquerung des Save River, Krankheiten, Pferdeseuchen etc. Als Thomas Moodie eines Tages im Januar 1893 die grünen, saftigen Bergwiesen der Eastern

Highlands entdeckte, wußte er, daß er sein 'gelobtes Land' gefunden hatte. Er gründete daraufhin mehrere kleine Ansiedlungen, und gab allen den gleichen Namen Melsetter (heute Cashel, Chimanimani und Chipinge).

Chipinge

66 km südlich von Chimanimani erreicht man die Kleinstadt Chipinge. Trotz seiner wirtschaftlichen Bedeutung als landwirtschaftliches Zentrum einer überaus fruchtbaren Region ist Chipinge ein verschlafenes Nest geblieben. 1924 wurde hier der erste Tee Rhodesiens angebaut, woraus sich später die Tanganda Tea Company entwickelte, die heute größter Teeproduzent des Landes ist. Erst die hiesigen Erfolge führten in den 40er Jahren zum Teeanbau im Honde und Burma Valley. Seit 1950 werden um Chipinge auch intensiv Kaffee, Macadamianüsse und Tabak angebaut.

Landwirtschaftliches Zentrum ohne touristische Bedeutung

- **Chipinge Hotel:** P. O. Box 27, Chipinge. Tel. 127-2226. Koloniales, eher einfaches Stadthotel. Preise: B&B ca. 30 US$/DZ und 40 US$/EZ.
- **Caravan Park:** Städtischer Platz am kleinen Staudamm, Richtung Mount Selinda. Ca. 2 US$ p. P.
- **Kiledo Lodge:** P. O. Box 11, Chipinge. Tel. 127-237416, Fax 127-2944. Die ansprechende Bungalowanlage inmitten bewaldeter Berghänge ist ein Paradies für Natur- und Vogelfreunde. Die 18 km lange Zufahrt zweigt 4 km südlich von Chipinge ab. Preise: Dinner, Bed & Breakfast ca. 55 US$/DZ und 65 US$/EZ.

Unterkünfte

Chirinda Forest

32 km südlich von Chipinge liegt ein wenig besuchtes, aber höchst beeindruckendes Kleinod, der Chirinda Forest am Mount Selinda. Hierbei handelt es sich um den südlichsten erhaltenen subtropischen Regenwald Afrikas. Richtig definiert ist er ein Nebelurwald mittlerer Höhenlage. Diese Waldart fand ursprünglich stärkere Ausbreitung in den Eastern Highlands, doch waren genau die fruchtbaren, regenreichen Gebiete mittlerer Höhen das bevorzugte Agrarland der europäischen Siedler. Stück für Stück wurden die Urwälder abgeholzt und zu Kaffeeplantagen und Äckern umgepflügt. Wie eine Insel ist die botanische Schatzkammer Chirinda Forest inmitten der fruchtbaren Agrarlandschaft erhalten geblieben.

Sehr sehenswert!

Südlichster subtropischer Regenwald Afrikas

Das Schutzgebiet umfaßt 950 ha, wovon zwei Drittel mit Nebelurwald bedeckt sind. Seine Entstehung verdankt der Urwald der geographischen Lage und den Klimaverhältnissen. Mount Selinda ist eine 1234 m hohe Erhebung mit zwei Berghügeln. Die Umgebung liegt auf etwa 1000 m Höhe und fällt flach zum Indischen Ozean hin ab. Keine andere Bodenerhebung liegt zwischen Mount Selinda und der 400 km entfernten Meeresküste. Auf diese Weise wirkt der Berg wie eine Wettergrenze. Feuchte, schwere Luftmassen werden vom Indischen Ozean direkt an den Mount Selinda getrieben, wo sie sich heftig abregnen (durchschnittlich 1466 mm/Jahr). Am Abhang des Berges, etwa auf 1100 m Höhe, konnte sich so ein immergrüner Nebelwald entfalten.

Von der Entstehung des Nebelwalds

Viele seiner Pflanzen und Tiere kommen sonst nirgendwo in Zimbabwe vor, einige wenige sind sogar endemisch. Mehr als 100 verschiedene Baumarten sind vertreten, darunter afrikanische Mahagonibäume, Feigen, Eisenholz, aber auch Farne, Lianen, Orchideen und Moose. Morgens und abends turnen die seltenen Samangoaffen in den Baumwipfeln und stoßen bizarre Schreie aus. Die meisten anderen Tiere sind dagegen unauffällig und verhalten sich meist sehr still. Zu ihnen zählen verschiedene Chamäleone,

Einzigartiger Naturraum auf kleiner Fläche

Streifenmangusten, Blau- und Steppenducker und das Pinselohrschwein. Selbst Leoparden durchstreifen gelegentlich den dichten Urwald. 80 verschiedene tropische Schmetterlinge kann man im Chirinda Forest entdecken, wovon jedoch nur ein einziger, *Mimacrea neokoton*, endemisch ist. 1907 stieß man hier auf den kleinen Chirinda Waldfrosch (*Stephopaedes anotis*), der ansonsten nur noch in einem nahegelegenen Waldstück in Mosambik entdeckt werden konnte. Selbst wenn man keinen der äußerst seltenen Waldvögel, Samangoaffen oder Schmetterlinge aufspürt, wird allein der dichte, dumpfige Wald mit seinen uralten, gigantischen Riesenbäumen begeistern.

Orientierung

Seit 1889 führt die amerikanische Missionsstation ein Hospital am Mount Selinda. Der alte Nebelwald liegt gleich daneben und ist gut ausgeschildert. Sobald man von der Teerstraße zum Campingplatz hin in den Wald einbiegt, umschließen Baumriesen, Lianen und ein schier undurchdringlicher, feuchter Urwald den Besucher. Selbst bei Tage dringt nur Dämmerlicht bis auf den Grund des Waldes. Eingefangen in diesem nahezu unheimlichen Wald führt die Erdpiste in eine Senke hinab. Hier wurden in windgeschützter Lage von der Forestry Commission hübsche Holzchalets und Campingplätze errichtet. Vom Platz aus kann man ausgedehnte Wanderungen im Wald unternehmen, den Affenschreien lauschen und das Swynnerton Memorial besuchen.

Erforschung und Erhaltung des Chirinda Forest sind eng mit Charles Swynnerton verbunden, einem britischen Wissenschaftler und Insektenkundler. Als junger Mann gelangte Swynnerton als Farmverwalter auf die Gungunyana Farm, zu der der Wald damals gehörte. Während der 19 Jahre, die er hier verbrachte, ging er akribisch seiner Leidenschaft, nach unbekannten Pflanzen und Tieren zu forschen, nach. Er entdeckte dabei

---

*Oben: Big Tree, der größte Baum Zimbabwes,
Kochgelegenheit im Chirinda Forest Camp*

verschiedene, bis dahin unbekannte Arten, die nach ihm benannt wurden (Brauner Mahagonibaum, der Vogel Swynnerton's Robin, der Swynnerton's Squirrel u. a.). 1919 nahm Swynnerton in Tanganyika den Posten des ersten Game Warden des Landes an und wurde dort Direktor des Tsetseforschungsprojekts. 1938 kam er bei einem Flugzeugunglück ums Leben. Ein Memorial wurde später zu seinem Gedenken im Chirinda Forest errichtet.

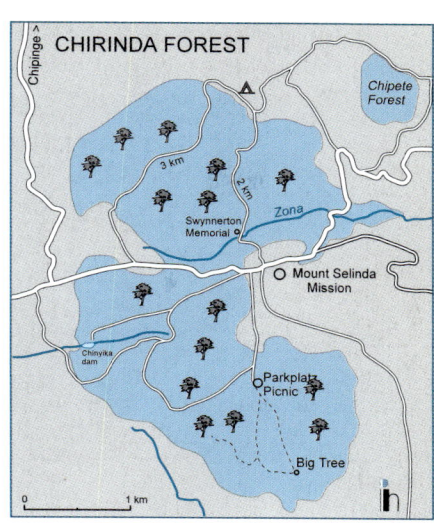

Zum berühmtesten Teil des Waldes, dem Big Tree und Valley of the Giants, gelangt man dagegen über eine Piste auf der gegenüberliegenden Seite der Teerstraße. Die Fahrspur endet am Parkplatz (keine Wertsachen zurücklassen, da hier schon vereinzelt Autos aufgebrochen wurden). Ein Fußweg führt zu den gigantischen Baumriesen hinab. Etwa 300 Exemplare sind erhalten geblieben.

Big Tree

1920 wurde der Big Tree, ein Roter Mahagonibaum (*Khaya nyasica*), erstmals vermessen. Damals wurden eine Höhe von 64,3 m, an der Basis ein Durchmesser von 4,9 m sowie 15,39 m Umfang erfaßt. 19 Jahre später konnten nur noch 58,8 m Höhe gemessen werden, und in den folgenden Jahren verrieten erste Anzeichen, daß der Baumriese allmählich abstirbt. Pilze breiteten sich am Stamm aus und bis 1976 hatte der Baum Teile seiner Rinde abgestoßen. Bis 1986 war seine Gesamthöhe auf 54 m gesunken, der Durchmesser betrug nun dafür 5,25 m. Bislang ist es nicht gelungen, das Alter dieses größten Baumes Zimbabwes zu errechnen. Big Tree ist aller Wahrscheinlichkeit nach zwischen 1000 und 2000 Jahre alt. Der Sterbeprozeß erfolgt sehr langsam und ist für den Laien nicht wahrnehmbar.

Im Valley of the Giants stehen die größten Bäume Zimbabwes

Unterkunft

Drei hölzerne Chalets zur Selbstversorgung (Kochgelegenheit, keine Kühlschränke) bieten jeweils Platz für 4 Personen und kosten ca. 12 US$ p. P., Camping auf der Wiese ca. 2 US$. Überdachte Picknick- und Grillplätze schützen gegen den häufigen Regen, auch heiße Duschen stehen zur Verfügung. Info & Reservierung: Ngungunyana Research Partol, P. O. Box 6, Mount Selinda. Tel. 127-224116 oder Muguzo Forest Research Station, P. O. Box 59, Chimanimani, Tel. 126-24841.

Camping und Chalets zur Selbstversorgung

Literaturtip

„Chirinda Forest - A Visitor's Guide" heißt ein sehr informatives Handbuch der Forestry Commission.

Von Chipinge ins Lowveld

Rasche Fahrt nach Chiredzi

Die Strecke führt zunächst nach Tanganda Junction, wobei sie ständig an Höhe verliert. Erste Baobabs deuten an, daß man in wärmere Zonen gelangt. Ignorieren Sie in Tanganda Junction die Abzweigung nach Birchenough Bridge, und fahren Sie geradeaus weiter.

Geschichtlicher Rückblick

Diese Region wurde in der Kolonialzeit auch Gazaland genannt. Der Ausdruck bezeichnet das Shangaan-Reich, welches vor der Ankunft der britischen Siedler hier existierte. Cecil Rhodes errang von Chief Mutasa eine Konzession für die Ausbeutung der Bodenschätze im nördlichen Gazaland. Damit hatte er die Portugiesen, unter deren Einfluß Gazaland seit Jahrhunderten stand, ausgespielt. Zwischen 1892 und 1895 ließ Rhodes neun Siedlertrecks aus Transvaal ins nördliche Gazaland, die Region von Chipinge bis Cashel, ziehen, um die Buren geschickt als Pufferzone zwischen den britischen Besitzungen und den mißtrauischen Portugiesen anzusiedeln und gleichzeitig die Position der afrikanischen Herrscher zu schwächen. Innerhalb weniger Jahre geriet Gazaland so vollständig in rhodesische Hände.

Der Save mündet nach langer Reise durch den östlichen Landesteil Zimbabwes in den Indischen Ozean

Die Straße führt nun zuerst entlang der Chipinga Safari Area und später durch Communal Land. Die gesamte Strecke ist dünn, aber gleichmäßig besiedelt und flacht deutlich ab. Bald sind auch die Berge im Hintergrund ganz verschwunden. Die Vegetation wird zunehmend trockener, die Böden steinig, es dominieren Baobabs, Euphorbien, Combretum- und Dornbüsche. Am Straßenrand sitzen gelegentlich Kinder, die Baobabfrüchte verkaufen wollen, deren faseriges Fruchtfleisch sehr nahrhaft ist und gerne zu einer dicken Suppe verkocht wird. Es herrscht nur wenig Verkehr, viele Einheimische sind mit Eselkarren unterwegs. Manchmal erhascht man einen Blick auf den trägen, sandigen Save River (sprich: sawe). 112 km nach Tanganda Junction überspannt die Jack Quinton Brücke den Save, 56 km weiter liegt Chiredzi (siehe Beschreibung des Lowvelds).

Von Mutare nach Masvingo auf der A 9 (299 km)

Heiße Thermalquelle im Land der Baobabs

Fahren Sie zunächst von Mutare bis Wengezi Junction wie vorab beschrieben (67 km). 19 km weiter südlich liegt das Wellness-Resort Hotsprings. Hier speist eine heiße, sodiumreiche Mineralquelle einen einfachen Swimmingpool. Das Wasser gilt als besonders heilsam bei Rheuma und Arthritis. Als Tagesbesucher bezahlt man ca. 2 US$ Eintritt, das Heißwasser verschafft allerdings nur wenig Abkühlung an heißen Tagen.

• **Hotsprings Mineral Spa:** P. O. Box 190, Nyanyadzi. Tel. 126-2367, Fax 126-2328. Mehrere ansprechende Ziegelchalets mit hübschem Panorama an einem kleinen Damm (viele Webervögel). Gute Küche, Aromatherapie, Schönheitswochen, Fußreflexzonenmassage. Preise: Vollpension ca. 50 US$/DZ und 65 US$/EZ.

Auf der Weiterfahrt nach Birchenough Bridge (40 km) prägen trockene Böden und riesige, knorrige Baobabs die Landschaft. Im Hintergrund zeichnen sich schwach die Chimanimani Mountains ab.

Birchenough Bridge

Schon von weitem hebt sich die 70 m hohe, silbrig glänzende Stahlbogenbrücke von der flachen Landschaft ab. Sie überspannt mit 378 m Gesamtlänge den breiten Save River. Der Konstrukteur, Sir Ralph Freeman, setzte mit dem Bau der Birchenough Bridge gleichsam seinem eigenen in

Birchenough Bridge, im Hintergrund die Eastern Highlands

Sydney geschaffenen Vorbild (Sydney Harbour Bridge) ein afrikanisches Denkmal. Finanziert hat das Meisterwerk der Beit Trust, Namensgeber war Sir Henry Birchenough, der damalige Präsident der BSAC. Seine Asche ruht in einem der Stahlpfeiler.

Die eher verschlafene Ortschaft Birchenough Bridge liegt am Westufer des Save River auf nur 500 Höhenmeter. Sie bietet einfache Versorgungsmöglichkeiten, Tankstellen und Unterkünfte.

Unterkünfte in Bichenough Bridge

- **Enda Guest House:** P. O. Box 152, Birchenough Bridge, Tel. 124-8221. Einfaches, freundliches Gästehaus ca. 2 km vom Ort entfernt (ab dem Post Office ausgeschildert). Restaurant, Camping möglich.
- **Mapari Rest Resort:** „The Stop-In", P. O. Box 352, Mutare, Tel. 120-62671 und 124-8218. Neue Ferienanlage mit Mittelklassechalets, Restaurant und Campingplatz zwischen Baobabs 12 km westlich der Brücke nahe der Straße. Als Zwischenstopp oder Übernachtungsplatz entlang der einsamen Strecke durchaus empfehlenswert (ist auch ein typischer Haltepunkt bei Rundreisegruppen). Chalets ca. 20 US$/2 Personen, Camping ca. 2 US$. Auf dem Gelände der 230 km² großen Mapari Ranch werden außerdem die Buschcamps Sabi River und Devuli nahe dem Save River vermietet (Selbstversorgung, einfach und preiswert).

Restliche Strecke bis Masvingo

Von Birchenough Bridge liegt Masvingo noch 174 km entfernt. Der größte Teil dieser Strecke ist eintönig. Landschaftliche Abwechslung bietet die Überquerung des Moodie's Pass', so benannt nach Thomas Moodie und seinem Burentreck, der 1893 den Areman Hill mit Ochsenkarren überqueren mußte. Vier Tage lang schufteten die Männer und Frauen, gruben Furten aus und mußten sogar einige Sprengungen vornehmen, um den Berg zu bewältigen. Die heutige Straße folgt noch dem alten Weg der Buren.

DER SÜDEN — DAS LOWVELD

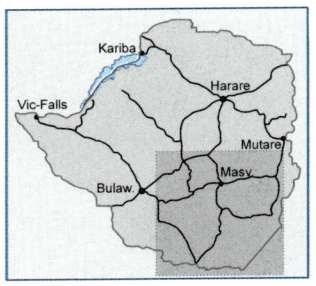

Klimatisch und landschaftlich könnte der Kontrast kaum krasser sein, als wenn man aus dem zentralen Hochland, vielleicht sogar von den immergrünen Eastern Highlands, in das südliche Lowveld reist. Hier geht das hügelige Land allmählich in eine weite, trockene Tiefebene mit einsamen Buschsavannen und ausgewaschenen Flußbetten über. Höhepunkte dieser Region sind die wildromantische, herbe und einsame Wildnis im Gonarezhou Nationalpark und die beeindruckenden Ruinen von Great Zimbabwe, der größten afrikanischen Ruinenanlage südlich der Sahara.

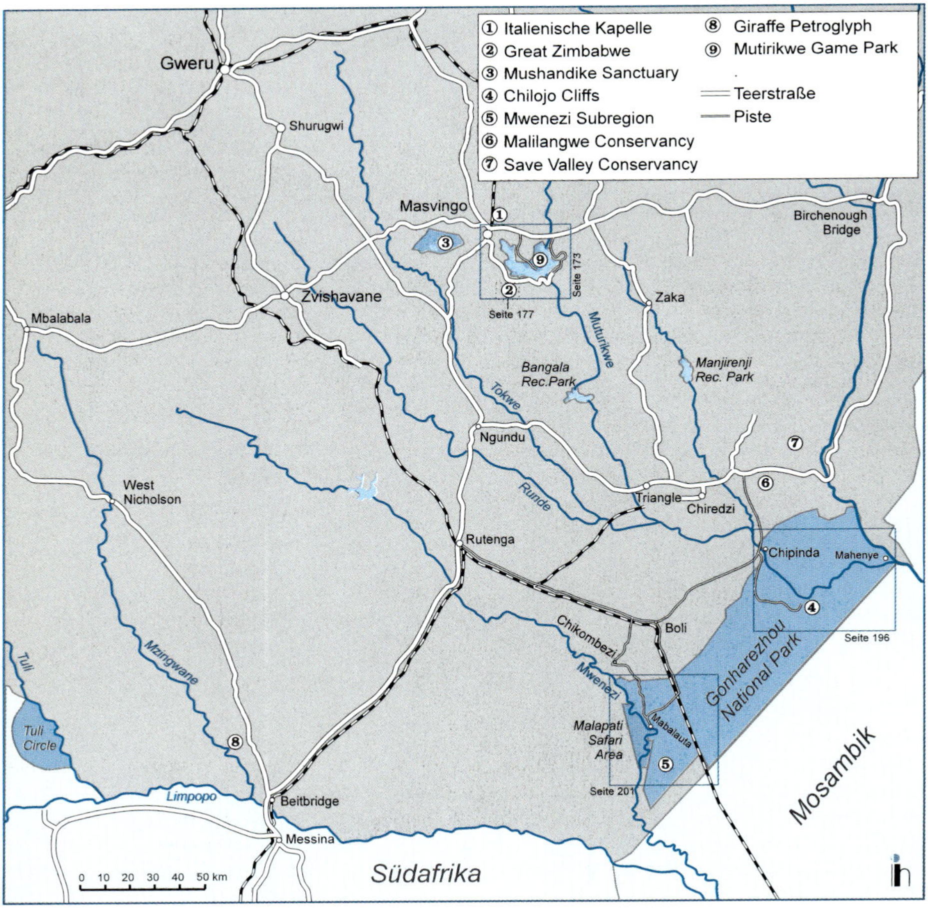

① Italienische Kapelle
② Great Zimbabwe
③ Mushandike Sanctuary
④ Chilojo Cliffs
⑤ Mwenezi Subregion
⑥ Malilangwe Conservancy
⑦ Save Valley Conservancy
⑧ Giraffe Petroglyph
⑨ Mutirikwe Game Park

═══ Teerstraße
──── Piste

Gweru

Shurugwi

Masvingo ①

Birchenough Bridge

③ ⑨ Seite 173

Zaka

② Seite 177

Mbalabala

Zvishavane

Manjirenji Rec. Park

Bangala Rec. Park

Mutirikwe

Tokwe

Ngundu

West Nicholson

Runde

Triangle
Chiredzi

⑦

⑥

Rutenga

Chipinda   Mahenye

④ Seite 196

Chikombezi   Boli

Mzingwane

Mwenezi

Gonarezhou National Park

Mosambik

Tuli

Tuli Circle

⑧

Malapati Safari Area

Malalaula

⑤ Seite 201

Limpopo   Beitbridge

Messina

0 10 20 30 40 50 km

Südafrika

Masvingo

Stolz nennt sich Masvingo die älteste dauerhafte Siedlung des Landes. Bereits einen Monat vor der Gründung der künftigen Hauptstadt hatte die Pionierkolonne 1890 diese Region durchquert und Fort Victoria gegründet. Nach zwei Jahren stellte sich allerdings heraus, daß die Lage eine ungünstige Wasserversorgung bot, daher zogen die Kolonisten 5 km nördlich an die Flüsse Shagashi und Mucheke. Die Siedlung galt als Tor zu den Minen, hier ließen sich bevorzugt Goldsucher und Händler nieder. Nachdem 1914 die Bahn von Bulawayo Fort Victoria erreichte, erhielt der Ort Anschluß an das Verkehrsnetz und wuchs in seiner Bedeutung. Ein noch deutlicherer Schritt in Richtung Verkehrsknotenpunkt war der Bau der Grenzbrücke über den Limpopo in Beitbridge 1929, wodurch Fort Victoria genau an der einzigen Straßenverbindung zwischen Südafrika und Salisbury lag.

Die Pionierkolonne legte den Grundstein für die spätere Stadt

Obwohl die Stadt selbst keine touristischen Attraktionen bietet, profitierte sie doch früh von den Besucherströmen zu den Ruinen von Great Zimbabwe, und ab den 60er Jahren setzte auch ein Erholungstourismus an den Lake Kyle ein. Nach der Unabhängigkeit ließ die neue Regierung den kolonialen Stadtnamen Fort Victoria im Hinblick auf die berühmte Ruinenstätte nach der Shona-Bezeichnung „rusvingo" (ummauertes Versteck) umbenennen.

Idealer Ausgangspunkt für Touren zu den Sehenswürdigkeiten im Süden

Heute zählt Masvingo etwa 55 000 Einwohner und ist Provinzhauptstadt. Die Stadt strahlt den spröden Charme eines biederen Mittelstandsvororts aus, und die meisten Besucher erleben sie ohnehin nur auf der Durchreise zu den nahegelegenen Sehenswürdigkeiten.

Masvingo liegt am Zusammenfluß von Mucheke River und Shagashi River. Der Stadtkern ist wie in den meisten planmäßigen Städten des Landes rechtwinklig angelegt worden, mit einer Reihe von *Avenues* und quer dazu verlaufenden *Streets*. Als Hauptverkehrsstraße verläuft die Robert Mugabe Road durch das Zentrum, hier liegen auch die meisten Geschäfte, Banken und das Postamt. Nach Süden geht die Robert Mugabe Street in die Beitbridge Road über, im Norden gabelt sie sich am Ortsausgang in die Fernstraßen nach Gweru und Mutare.

Orientierung

Sehenswertes in Masvingo

Von dem alten Verteidigungsfort, das die BSAC nach dem Standortwechsel 1892 errichten ließ, sind noch zwei Wachtürme erhalten. Einer davon steht neben dem Postamt in der Robert Mugabe Street, der andere neben dem Polizeigebäude in der Hughes Street. Entlang dieser breiten Straße stehen vereinzelt noch ansprechende Kolonialbauten. Ebenfalls in der Robert Mugabe Street wurden auf den Grünanlagen vor dem Civic Centre mehrere gut erhaltene koloniale Dampfmaschinen ausgestellt.

Im Zentrum

Shagashe Game Park

Rund 10 km nördlich von Masvingo an der Straße nach Harare liegt der Shagashe Game Park, ein kleiner Naturpark der Wildlife Society, in dem man reiten und Pirschfahrten unternehmen darf. Zu entdecken gibt es verschiedene Antilopen und Giraffen, nach denen man u. a. auch auf einer Plattform Ausschau halten kann. Er ist von Montag bis Freitag zwischen 16.00 und 18.00 h zugänglich sowie am Wochenende von 10.00–18.00 h, geringer Eintritt.

Kleiner Naturpark am Stadtrand

Italienische Kapelle

Masvingos interessante Sehenswürdigkeit verdankt die Stadt italienischen Kriegsgefangenen. 3 km östlich von Masvingo liegt links der Straße nach Mutare eine Franz von Assisi gewidmete Kapelle, die zwischen 1942 und 1944 von italienischen Kriegsgefangenen errichtet worden ist. Die kleine Kirche birgt in ihrem Innern bemerkenswerte, effektreiche Malereien. Auf dem ersten Blick erscheinen die religiösen Motive in der Apsis aus Mosaiken gefertigt zu sein, wie man dies aus mediterranen Kirchen kennt. Erst beim Näherkommen wird deutlich, daß der Künstler, ein italienischer Kriegsgefangener, von Beruf eigentlich Ingenieur, diesen Effekt durch seinen gepunkteten Malstil bewußt erzeugte. Eine Gedenktafel erinnert an 71 in Kriegsgefangenschaft Gestorbene. Die Seitenwände der Kirche wurden später von einheimischen Künstlern ausgekleidet.

Touristeninformation
P. O. Box 340, Robert Mugabe Street, an der Bahnlinie gegenüber dem Chevron Hotel gelegen. Tel. 139-62643. Montags bis freitags von 08.00–13.00 h und 14.00–16.30 h geöffnet. Hier sind Informationsbroschüren und vielseitige Auskünfte erhältlich, außerdem liegt im Büro das monatlich erscheinende 'Masvingo Diary' aus. Direkt neben dem Informationsbüro ist ein Craft Centre mit einheimischem Kunsthandwerk.

Einkaufen
Der Tsungai Supermarket in der Hofmeyer Street, zwischen Josiah Tongogara Ave. und Leopold Takawira Ave., hat täglich von 07.00–20.00 h geöffnet. Ebenfalls täglich ganztags geöffnet hat der Quick-Spar an der Straße zu den Great Zimbabwe Ruinen (5 km von der Beitbridge Road entfernt), hier gibt es auch eine eigene Bäckerei.

Reiseanbieter
Ein breit gefächertes Angebot mit Ausflügen zu den Ruinen von Great Zimbabwe sowie dem Erholungsgelände und Game Park am Lake Mutirikwe bieten z. B. Zimtours (Tel. 139-62643 und 793666) und Sunbird Safaris (Tel. 139-65793) an. Die Tour zu den Ruinen wird ab ca. 20 US$ angeboten, Tagesausflüge rund um den See ab 60 US$, in Kombination mit einer Bootsfahrt etwas teurer.

Mietwagen
Hertz: 43 Hughes Street, Tel. 139-62131, Fax 139-64205.

AA
Eine Zweigstelle der Automobil Association befindet sich zentral in der Robert Mugabe Street (Tel. 139-625363).

Busse
Der städtische Busbahnhof liegt im Vorort Mucheke, rund 2 km vom Stadtzentrum entfernt. Von hier aus fahren mehrmals täglich Busse nach Harare, Bulawayo und Mutare. Mindestens einmal täglich besteht eine Busverbindung nach Beitbridge. Auch die Busse zur Morgenster Mission, wo man unterwegs an der Abzweigung zu den Ruinen aussteigen kann, starten hier. Zwischen Masvingos Zentrum und dem Mucheke Terminus verkehren laufend Busse und Sammeltaxis. Die modernen Fernstreckenbussen von Blue Arrow halten allerdings vor dem Chevron Hotel.

Mushandike Sanctuary

Das 133 km² große, wenig bekannte Wildschutzgebiet wurde nach der Stauung des Lake Mushandike eingerichtet, der in einer von Granitbergen umgebenen Senke eingebettet liegt. Landschaftlich dominieren dichter Buschwald und Miombo-Waldlandschaften. Direkt am Stausee wurde ein kleiner, ruhiger Campingplatz mit sauberen Sanitäranlagen eingerichtet, der bei einheimischen Hobbyfischern besonders beliebt ist. Es verirren sich nur wenige Überseetouristen hierher, denn sehr spektakulär sind weder seine Landschaft noch die Pirschfahrten. Zwar leben im Park Giraffen, Elen- und Schirrantilopen, Kudus, Zebras, Klippspringer, Wasserböcke, Warzenschweine, Paviane und Leoparden, doch bekommt man sie wegen der dichten Vegetation nur schwer zu sehen. Auch die Hippos und Krokodile im 417 ha kleinen See halten sich merklich zurück.

Nahe dem Stausee liegt beim Abdim Block eine Ausbildungsstätte für junge Nationalparkscouts. Hier befindet sich außerdem eine Forschungsstation, in der einerseits Domestizierungsversuche bei Elenantilopen unternommen werden und andererseits Büffel gezüchtet werden sollen, die gegen die Maul- und Klauenseuche resistent sind.

oben:
Eingang zum
Schutzgebiet

Der Eintritt
wird nicht
verdoppelt,
wenn man hier
übernachtet

Anreise: 26 km westlich von Masvingo in Richtung Bulawayo zweigt die Zufahrt ab. Nach 1,5 km erreicht man das Eingangstor, 10 km weiter liegt das Camp am Stausee. Bis zum Camp sind die Wege auch mit gängigen Pkws befahrbar, die kleineren Pirschwege und Scenic Drives werden allerdings kaum noch befahren, sind daher überwiegend in schlechtem Zustand und erfordern streckenweise Allrad. Es gibt auch nur noch einen Zugang in den Park. Öffnungszeiten: April bis September von 06.30–18.00 h, Oktober bis März von 05.30–18.45 h. Gebühren für Eintritt und Camping wie in Nationalparks, Infos & Reservierung: The Warden, Tel. 139-24412.

Hotels / Unterkünfte in Masvingo

- **Protea Flamboyant Hotel:** P. O. Box 225, Tel. 139-53085, Fax 139-62899. Großes, nüchternes Hotel und Motel am Ortsausgang Richtung Beitbridge (ca. 1,5 km außerhalb der Stadt), Restaurant, Pool. Preise: B&B ca. 60 US$ pro DZ und 40 US$/EZ.
- **Chevron Hotel:** P. O. Box 245, Robert Mugabe Way, Masvingo. Tel. 139-62054, Fax 139-65961. Einfaches Mittelklassehotel im afrikanischen Stil mit belebtem Gartenlokal. Preise: B&B ca. 60 US$ pro DZ und 40 US$/EZ.
- **Pa-Nyanda Lodge:** P. O. Box 199, Masvingo. Tel. 139-63412, Fax 139-62000. Ansprechende Bungalows auf dem Gelände einer Straußen- und Wildfarm. Hübsche Unterkünfte mit Pool und einer Wasserstelle für die Wildtiere. Bungalows entweder mit Küche zur Selbstversorgung (ca. 70 US$/ Chalet) oder mit Halbpension inkl. Tischwein für 55 US$ p. P. Es werden Pirschwanderungen im eigenen Wildgehege und die Besichtigung der Straußenfarm angeboten.
- **Clovelly Lodge:** P. O. Box 818, Glyn Tor Road, Clovelly. Tel./Fax 139-64751. Ca. 6 km außerhalb von Masvingo in Richtung Bulawayo gelegene, einfache Unterkunft. Pool, Reitgelegenheit. Beliebt bei jungen Reisenden. Preise: ca. 15 US$ p. P., auch Mahlzeiten erhältlich.
- **Backpackers' Rest:** Tel. 139-63960 und 63282, Joshia Tongogara Road. Einfache Backpackerunterkunft 2 km vom Ortszentrum für ca. 5 US$ p. P.
- **Breeze Brae Bed & Breakfast:** Tel. 139-64650. Sechs km außerhalb der Stadt in Richtung Bulawayo gelegene Unterkünfte für Backpacker. Preise: B&B ca. 15 US$ p. P., auch Mahlzeiten erhältlich.
- **Caravan Park:** Tel. 139-62431. Städtischer Campingplatz an der Straße nach Birchenough Bridge. Große schattige Wiese voller Jacarandabäume, allerdings etwas laut. Ca. 2 US$ p. P.

Lake Mutirikwi – Rundfahrt um den See

Urlaubsziel
vieler
Einheimischer

1960 staute man den Mutirikwi River zum Lake Kyle (der Name wurde nach der Unabhängigkeit geändert), einem See mit über 90 km² Wasseroberfläche, und schuf damit ein riesiges Wasserreservoir für die aufstrebende Landwirtschaft im Lowveld, eine Lebensgrundlage für die Tiere im Wildpark und ein Ferienparadies für die Bevölkerung. Der gesamte Uferbereich wurde als ein großflächiges Erholungsgebiet ausgewiesen, das sich vor allem bei einheimischen Urlaubern beständiger Beliebtheit erfreut. Bootsfahrten und Fischen – wegen der vielen Barsche – sind besonders beliebt. Baden ist wegen Bilharziosegefahr und einigen Krokodilen jedoch nicht ratsam.

Game Park

13 km östlich
von Masvingo
liegt der
Eingang zum
Mutirikwi
Game Park

Eingebettet zwischen der Beza Range und den Nyuni Mountains liegt der Wildpark in einer sanfthügeligen Landschaft mit einzelnen Granitfelsen, Akazien, Brachystegia-Waldlandschaften und weiten Grasebenen. Ein 64 km langes Wegenetz ermöglicht auf reizvollen Pirschfahrten Giraffen, Büffel und Zebras zu beobachten. Verbreitet sind außerdem Kudus, Impala, Elenantilopen, Oribi, Gnus und Warzenschweine. Am Seeufer entdeckt man neben zahlreichen Wasservögeln Flußpferde und Krokodile. Der Wildpark bietet eine der besten Gelegenheiten, Breitmaulnashörner zu beobachten. Elefanten und Löwen beherbergt der Park allerdings nicht. Die meisten der hier lebenden Wildtiere mußten erst wieder angesiedelt werden, als das Reservat 1961 eingerichtet wurde.

Gute Chancen,
Breitmaul-
nashörner zu
beobachten

Eine besonders auffällige Tierpräsenz zeigt sich am *Gnu Bend*, den man erreicht, wenn man am Eingang gleich nach links biegt, anstelle geradeaus zur Parkverwaltung zu fahren. Hier bietet ein kleiner Damm frische Weidegründe, die besonders bei Nashörnern beliebt sind. Am *Nyala Drive* kann man übrigens einige alte Basuto-Gräber entdecken. Cecil Rhodes hatte die Männer um die Jahrhundertwende als Ochsenkarrenfahrer ins Land geholt, wo sie sich schließlich niederließen. Ein großer Teil der Basuto starb bei der Grippeepidemie von 1919.

Auch möglich:
Safaris zu Fuß
und auf dem
Rücken der
Pferde

Bei der Parkverwaltung werden täglich um 07.45 h Reitsafaris angeboten (ca. 20 US$, Vorausbuchung dringend zu empfehlen), eine sehr beliebte Gelegenheit, sich den Wildtieren in Begleitung eines erfahrenen Wildhüters zu nähern. Wer lieber zu Fuß geht, kann sich einer Wandersafari anschließen (ca. 8 US$ pro Stunde, Termine nach Vereinbarung). Beim Campingplatz und den Ferienhäusern sind drei kleinere Wanderwege ausgeschildert, die man auch allein begehen darf, hier führt z. B. der Arboretum-Waldlehrpfad durch einen dichten Buschwald mit 150 verschiedenen Baumarten. Ansonsten darf man nur an den beiden Picknickplätzen Popoteke und Mtilikwe sein Fahrzeug verlassen.

Info

Anreise: 13 km östlich von Masvingo entlang der Straße nach Mutare zweigt rechts eine beschilderte, einspurig geteerte Zufahrt in den Wildpark ab (14 km). Es werden die für Nationalparks üblichen Eintrittspreise berechnet. Öffnungszeiten: ganzjährig von 06.00–18.00 h. Als beste Saison für Wildbeobachtungen gelten die Monate von Juni bis Dezember. Im Park stehen ein sehr schönes Rest Camp mit voll ausgestatteten Ferienhäusern und ein einsam am See gelegener Campingplatz zur Verfügung (Infos & Reservierung: Tel. 139-62913), weitere Infos siehe auch unsere Nationalpark-Informationen auf S. 364.

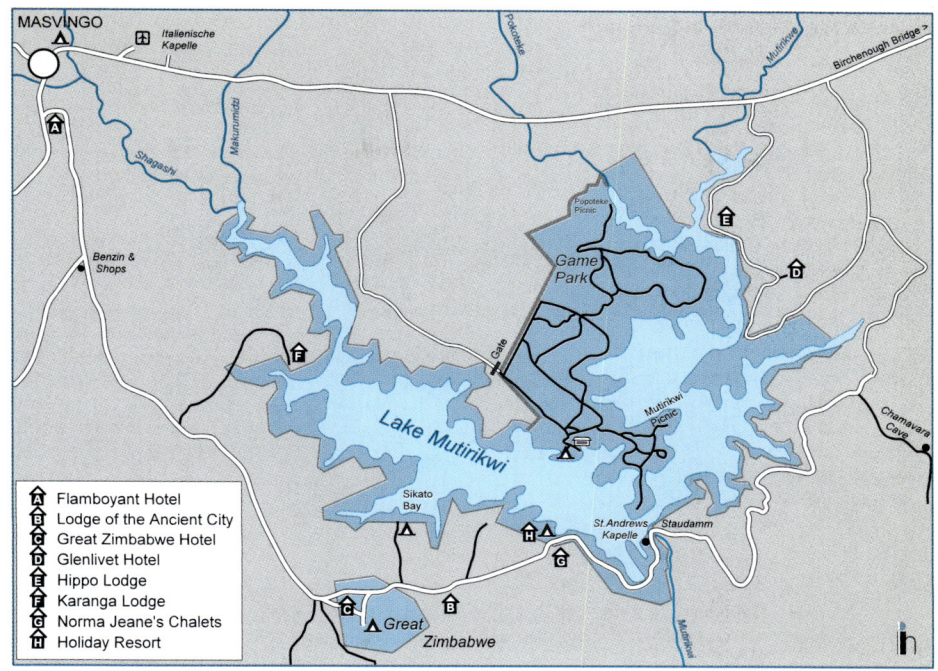

MASVINGO

Italienische Kapelle

Popoteke

Mutirikwe

Birchenough Bridge >

Shagashi

Makurumidzi

Benzin & Shops

Popoteke Picnic

Game Park

Main Gate

Lake Mutirikwi

Mutirikwi Picnic

Chamavara Cave

Sikato Bay

St Andrews Kapelle

Staudamm

Mutirikwi

A Flamboyant Hotel
B Lodge of the Ancient City
C Great Zimbabwe Hotel
D Glenlivet Hotel
E Hippo Lodge
F Karanga Lodge
G Norma Jeane's Chalets
H Holiday Resort

Great Zimbabwe

Etwa 20 km östlich von Masvingo weist ein Weg zur 3 km entfernten *Popoteke Gap*, einem Aussichtspunkt nahe der steilen, fjordähnlichen Mündung des Popoteke in den Stausee. 8 km weiter zweigt der *Circular Drive* rechts in die Glenlivet Road. Die gut ausgebaute Straße führt hier durch den landschaftlich schönsten Teil der Rundfahrt, denn die Strecke ist überwiegend bewaldet, bergig und bietet immer wieder erfrischende Ausblicke auf den See. Über einen kleinen Abstecher kann man im ehrwürdigen Glenlivet Hotel einkehren, bevor man schließlich über den einspurig asphaltierten *Murray Mac Dougall Drive* an die Südseite des Sees gelangt. Hier bietet sich ein Besuch der Chamavara Felszeichnungen an (die Abzweigung ist ausgeschildert).

Rundfahrt um den See im Uhrzeigersinn

Chamavara Paintings

Fahren Sie zunächst 4,3 km auf einer recht unbequemen Piste, dann geht es nach links auf einem kleinen Weg über mehrere Felder. Nach 700 m erreicht man einen Felshügel. Hier führt ein dünner Pfad zum Felsüberhang mit den stark verwitterten und teilweise auch beschädigten Zeichnungen, die wegen ihrer großen Menschendarstellung aus dem Rahmen fallen. Tip: Wenn man auf der Zufahrt bis an eine Gabelung gelangt, wo es nach links zu einem verlassenen weißen Haus geht, ist man schon zu weit gefahren.

Abstecher zu den Felszeichnungen

Die Weiterfahrt verläuft nun durch ausgelaugtes, überbeanspruchtes Communal Land. Kleine bunte Felder und unzählige Wohnhütten bilden einen Kontrast zu den deutlichen Erosionsschäden des Bodens. Wenig später erreicht man die Staumauer.

Staumauer und St. Andrews Chapel

Zum Bau der imposanten, 305 m breiten und 63 m hohen Staumauer wurden damals 55 000 cbm Beton verarbeitet. Die Passage über die schmale Mauer gehört sicherlich zu den beeindruckendsten Momenten dieser Rundfahrt. Auf beiden Seiten des Damms sind Parkplätze, damit man das Bauwerk und die Aussicht in Ruhe genießen kann.

Oberhalb der Staumauer steht auf der westlichen Uferseite leicht erhöht eine kleine, fast unscheinbare Kapelle mit trauriger Geschichte. Ende der 60er Jahre wünschte sich die 18jährige Marie van Graan eine Hochzeitskapelle von ihren Eltern für ihre bevorstehende Trauung. Sie zeichnete ein paar Skizzen, nach denen der Vater die winzige, nur 5,5 mal 3 m große Kapelle erbaute. Doch noch vor ihrer Fertigstellung und drei Monate vor der Hochzeit verunglückte Marie bei einem Autounfall tödlich. Der Vater ließ die St. Andrews Chapel zur Erinnerung an seine einzige Tochter dennoch fertigstellen. Dadurch ist die unglückliche Geschichte bekannt geworden und viele Brautpaare haben sich anschließend hier trauen lassen. Dabei bietet das Kirchlein mit der romantischen Sternenhimmel-Deckenbemalung nur Platz für 12 Personen.

Die weitere Strecke verläuft nun nicht mehr durch Communal Land sondern führt zu den Ferienanlagen und Touristenunterkünften. 3 km nach der kleinen Kapelle befinden sich neben dem Boat Club nahe der Straße kleinere, unbenannte Felszeichnungen. Kurz danach kommt man an den „Lakeshore Lodges" mit Bungalows und Campingplatz vorbei, anschließend an Norma Jeane's Lake View Chalets und dem großen Holiday Resort Lake View. Ein paar Kilometer weiter folgt nach links die Abzweigung zur größten Sehenswürdigkeit der Region, den Great Zimbabwe Ruinen. Wer geradeaus weiterfährt, passiert die Abzweigung zum einsamen Sikato Bay Campsite und gelangt schließlich zurück nach Masvingo.

Bilder von oben:
Staumauer, Ferienhaus im Mutirikwi Game Park,
Eingang zur Great Enclosure, Great Zimbabwe

Great Zimbabwe Ruinen

Die größte Ruinenstätte im südlichen Afrika gilt heute – nach generationen-langen, erbitterten Kontroversen – als bedeutendstes kulturelles Erbe des Landes. Lange Zeit rankten sich hartnäckig romantische Legenden um diese mächtigen Steinruinen und ihre geheimnisvollen Erbauer. Mythos und Ausstrahlung des Mauerwerks ziehen seit Generationen die Besucher in ihren Bann, und sie scheinen der Grund zu sein, warum die Auseinander-setzungen um Great Zimbabwe fast immer emotionsgeladen sind.

Die UNESCO würdigt Great Zimbabwe mit der Einstufung als Weltkulturerbe

Die Ruinen liegen 27 km südöstlich von Masvingo. Der Eingang ist täg-lich von 08.00–18.00 h geöffnet, über den Campingplatz sind die Ruinen aber schon ab 06.00 h zugänglich. Der Eintritt beträgt 5 US$. Per Bus: In regelmäßigen Abständen verkehrt ein Bus zwischen dem Mucheke Bus Ter-minal in Masvingo und Morgenster Mission. Man verläßt den Bus an der Abzweigung zum Great Zimbabwe Hotel und geht die letzten 1,5 km zu Fuß. Sightseeing-Touren bieten Reiseagenturen in Masvingo ab 20 US$ an.

Anreise und allgemeine Infos

Die gesamte Ruinenstätte verteilt sich über 7,5 km² und ist in drei Berei-che unterteilt. Auf einem Hügel thronen als ältester Teil der Anlage die Berg-ruinen, die vermutlich einst Königssitz und geistiges Zentrum darstellten. Zu ihren Füßen wurde etwas später die *Great Enclosure*, die kreisförmige, große Einfriedung erbaut. Auch dieser Bau ist keine Verteidigungsanlage oder Festung, sondern löste vermutlich die Bergruinen als Königssitz ab oder diente doch zumindest den vielen königlichen Frauen als Wohnstätte. An diesen Ringbau schließen sich die weit verteilten Talruinen an, in denen die Privilegierten lebten. Das einfache Volk siedelte jenseits dieser Talruinen in einfachen, längst verfallenen Wohnhütten. Zur Veranschaulichung hat man hier ein Karangadorf des 19. Jh. nachgestellt.

Erster Überblick

Oben: der rätselhafte konische Turm

Geschichtliche Entwicklung Great Zimbabwes

Den Anfang macht die Wandlung von der Lehm- zur Steinbauweise

Wann die ersten Wohnsiedlungen entstanden, darüber kursieren noch unterschiedliche Ansichten. Der Radiocarbontest führte zu Tage, daß die ältesten Stützpfeiler eines Kanals bereits um 600 n. Chr. erbaut wurden. Dennoch hat man erste Wohnsiedlungen in Verbindung mit Steinbauten erst im 11. Jh. nachgewiesen. Damals entstanden die sog. „Dzimba Dza Mabwe„ (Häuser aus Stein). Während sich hier eine zentral organisierte Gesellschaft etablierte, die allmählich ihren Einfluß wie ein weit gestrecktes Netz ausbreitete, entstanden in ihrem Umkreis unzählige kleinere ‘Zimbabwes’, in denen untergeordnete Herrscher und Vasallen residierten. Heute sind über 150 solcher Zimbabwes bekannt. Mit straffer Ordnung bündelten die Herrscher dieser Region die Interessen der unterschiedlichen Karanga-Shona-Volksgruppen. Die geographische Lage und das gesunde Klima begünstigten ihren Aufstieg und animierten sie zu größerer Bautätigkeit.

Zuerst wird der Hügel bewohnt

Der Hügelkomplex wurde zuerst errichtet und spätestens ab 1150 n. Chr. dauerhaft bewohnt. Hier dürften die Königsfamilie und das geistige Medium vor dem Bau der Großen Einfriedung (Great Enclosure) gelebt haben. Von hier aus dehnten die Herrscher ihre Macht kontinuierlich aus. Wie stark dabei der religiöse Einfluß mitgewirkt hat, inwieweit also die spirituellen Medien beteiligt waren, läßt sich nicht mehr feststellen. Sicher scheint jedoch, daß der Mythologie in Great Zimbabwe große Bedeutung beigemessen wurde. Unter enormem Kräfteaufwand begannen die Menschen im 14. Jh. unterhalb des Hügelkomplexes einen riesigen Ringbau anzulegen. Dieser soll angeblich so viele Arbeitskräfte wie der Bau einer ägyptischen Pyramide erfordert haben und war seinerzeit das größte afrikanische Bauwerk südlich der Sahara. Vermutlich lag den Baumeistern kein Plan vor, die Anlage scheint eher spontan gewachsen zu sein. Die Herrscher von Great Zimbabwe befanden sich zu dieser Zeit auf dem Höhepunkt ihrer Macht. Die Kontrolle über den Gold- und Elfenbeinhandel zwischen dem Hinterland und der Küste hatte dem Staat eine Schlüsselrolle eingebracht, intensive Rinderzucht sowie hohe Zölle und Tributeinnahmen von untergebenen Volksstämmen sicherten seinen Wohlstand. Great Zimbabwe herrschte unangefochten über ein Gebiet, das bis ins heutige Botswana und nach Mosambik reichte. Möglicherweise zur Demonstration ihrer Stärke ließ sich die Aristokratie ein steinernes Monument bauen, das kaum zur Verteidigung nutzte, sondern selbstbewußt ihre Macht und Größe ausstrahlen sollte. Auf alle Fälle war Great Zimbabwe eine reiche, blühende Stadt. Sie genoß das Monopol über den gesamten Handel, und trotz all der Plünderungen nach der Wiederentdeckung der Ruinen fand man hier immer noch sehr viel mehr Handels- und Luxuswaren, als in allen übrigen Ausgrabungsstätten des Landes.

...später der Ringkreis errichtet

Wie viele Leute in jenen machtvollen Jahren hier gelebt haben, ist noch immer umstritten. Manche Quellen gehen von bis zu 17 000 Menschen aus, andere halten diese Zahl für deutlich überzogen und nennen nur rund 2000 Einwohner. Nur wenig ist über das damalige Leben bekannt. Die Menschen waren berühmt für ihre kunstvollen Webereien und das metallverarbeitende Gewerbe. Sie waren geschickte Händler und Viehzüchter, auf kriegerische Auseinandersetzungen ließen sie sich offensichtlich nicht ein. Es gilt als gesichert, daß ihre Hauptnahrung aus Rindfleisch bestand.

unten: Am Hill Komplex warnen Schilder vor Steinschlag

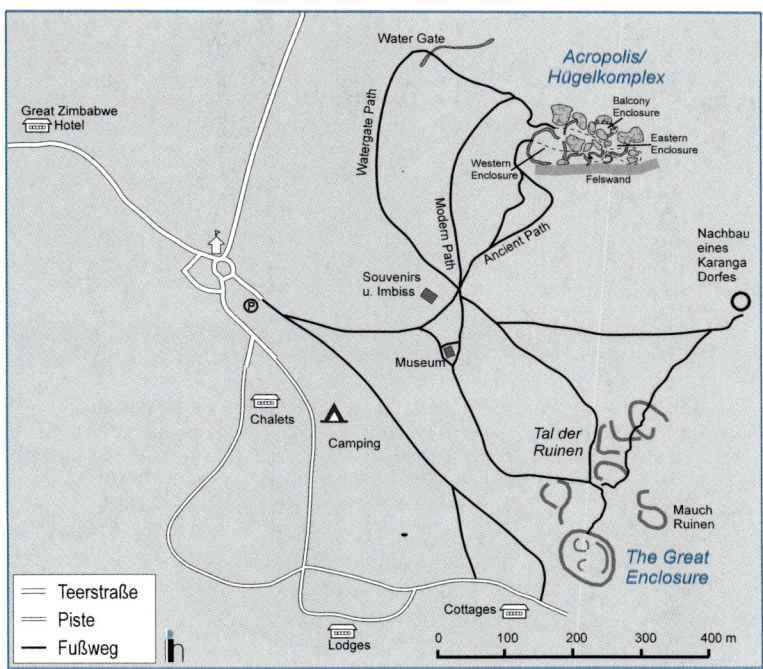

Im Zentrum stehen das Museum und ein Kiosk mit Tea Garden. Von hier aus führen verschiedene, gut beschilderte Fußwege zu den Ruinen

Im 15. Jh. hatte Great Zimbabwe seine natürlichen Ressourcen wohl aufgebraucht. Das Weideland war ausgelaugt, die Wälder abgeholzt, vielleicht sogar das Wasser knapp geworden. Das Reich zerfiel. Die Elite spaltete sich und wich in andere Regionen aus. Ein Teil wanderte nach Norden, ließ sich am Mount Fura nieder und gründete den Mutapa-Staat. Andere zogen nach Westen und schufen in Khami das Torwa-Reich. Great Zimbabwe geriet bald vollkommen in Vergessenheit und zerfiel unbemerkt zu Ruinen. Später siedelten in ihrer Nachbarschaft Shonavolksgruppen, die die Geschichte dieser Ruinen nicht mehr kannten, sie aber ehrten und gelegentlich für Zeremonien und Opferrituale aufsuchten. Als im 16. Jh. zum ersten Mal Portugiesen das ehemalige Einflußgebiet jenes verschwundenen Staates besuchten, war Great Zimbabwe längst verfallen und seine Geschichte zur Legende verblaßt.

Der Mantel der Geschichte legt sich über die verlassene Stadt

Hartnäckig versuchten die Eindringlinge aus Portugal, England, Deutschland etc. in den nächsten Jahrhunderten der mysteriösen Stadt aus Steinen auf die Spur zu kommen. Die Afrikaner hielten sich merkwürdig bedeckt und konnten bis 1872 verhindern, daß die Ruinen wiederentdeckt und bekanntgemacht wurden. Dann aber brachen sie über die ehrwürdigen Mauern herein – die ruhmsüchtigen Abenteurer, gierigen Schatzsucher, Möchtegern-Archäologen. Wie kaum eine andere Ruinenstätte wurde Great Zimbabwe Opfer voreingenommener, dilettantischer Archäologie und zügelloser, zerstörerischer Plünderungen. Vieles seiner geheimnisvollen Geschichte entzieht sich der Nachwelt für immer, weil es durch inkompetente Ausgräber vernichtet wurde. Politisch gefärbte Untersuchungen und die

Great Zimbabwe mutiert zum Sandkasten selbsternannter Forscher

weitverbreitete Mißachtung der Europäer gegenüber der afrikanischen Kultur erweckten romantische Vorstellungen von König Salomons Goldminen in Ophir und der Königin von Saba. Wahrheit und Dichtung verschwammen, und vermeintliche wissenschaftliche Entdeckungen sollten das kolonial geprägte Weltbild stützen. Erkenntnisse, die auf eine afrikanische Herkunft deuteten, wurden ignoriert und sogar bekämpft. So lange wie möglich, verleugnete die Kolonialregierung alle unbequemen Forschungsergebnisse. Wissenschaftler, die nicht die 'politisch korrekte' Anschauung vertraten, wurden diskreditiert und sogar des Landes verwiesen. So sind die Ruinen heute auch ein Symbol für die Bevormundung der Afrikaner durch die Weißen, für die Arroganz der Europäer und die Mißachtung afrikanischer Leistungen. Neue wissenschaftliche Erkenntnisse sind in Great Zimbabwe leider kaum noch zu erwarten, weil die Anlage dafür bereits zu stark beschädigt worden ist und vor allem auch wegen der besorgniserregenden Situation der heimischen Archäologie. Das Land hat nur 10 Archäologen und zwei Konservatoren, die sich die Arbeit an den 35 000 registrierten archäologischen Fundstellen teilen sollen.

Die Architektur

Nach heutigem Wissensstand sind vier verschiedene Siedlungs- und Bauphasen auszumachen. Phase 1 begann schon 100 n. Chr. und währte einige Jahrhunderte. Die Menschen, die hier erste kleine Siedlungen errichteten, verstanden bereits, Eisen zu verarbeiten. Ab 350 n. Chr. setzte Phase 2 mit stärkerer Besiedlung ein. Aus dieser Zeit sind vor allem zahlreiche Tonfiguren und -gefäße erhalten geblieben. Die Blütezeit und damit stärkste Bautätigkeit setzte in Great Zimbabwe um 1150 n. Chr. ein. Während der folgenden 3 Jahrhunderte entstanden die kunstvollen, mächtigen Steinanlagen, welche uns heute als Ruinen erhalten blieben. Im 15. Jh. setzte der Verfall des Reiches ein, die Ruinen wurden verlassen und die Bautätigkeit reduziert sich auf das Errichten kurzlebiger Wohnhütten.

Parallel zu diesen Bauphasen demonstrieren auch die Mauern selbst den Wandel ihrer Geschichte. Während der ersten Bauperiode der Ruinenanlage, die von 1150 bis in das 13. Jh. reichte, wurden die Mauern unregelmäßig ohne Mörtel übereinander geschichtet. Die mittlere Periode kennzeichnet die machtvollen Jahre im 14. und frühen 15. Jh., in der die Steinbaukunst zu voller Blüte reifte. Dies zeigt sich an den in gleichmäßigen Lagen geschichteten Mauern. Die einzelnen Steinblöcke wurden in gleich große Stücke behauen und fügten sich exakt in das Mauerwerk. Nach oben wurden die Steinmauern sogar mit kunstvollen, äußerst arbeitsintensiven Mustern abgeschlossen. Vier Musterarten kristallisierten sich schließlich heraus, das häufige Zickzack- oder Chevron-Muster, das Schachbrettmuster, das Fischgrät- und das seltenere Kordelmuster. In diese Zeit fallen auch die bautechnischen Höchstleistungen beim Abrunden der Kanten, Ecken und Stufen. Die Eingänge wurden mit hölzernen Querbalken überdacht, Entwässerungslöcher sorgten für den Abfluß des Regenwassers, hohe Mauern wurden zur Stabilisierung nach oben hin verjüngt. Auch in dieser Periode wurde auf Mörtel verzichtet, allenfalls *Daga* schmierte man in die Zwischenräume. Mit dem Niedergang der Reiches ließen auch die Sorgfalt und die spielerische Auseinandersetzung in der Bautätigkeit nach. Eingestürzte Wände wurden nur mehr schlampig ausgebessert, und die unbehandelten Steinblöcke für Mauern, die jetzt noch entstanden, nur noch lose miteinander verkeilt.

In Zusammenhang mit den Ruinen stößt man immer wieder auf den Begriff '*Daga*'. So wird ein Gemisch aus getrockneter Erde, Lehm und Kies bezeichnet, das bei entsprechenden Mischungsverhältnissen zementähnliche Eigenschaften annimmt. Die meisten Wohnhäuser von Great Zimbabwe wurden auf solchen Daga-Plattformen errichtet.

Übernachtungsmöglichkeiten
an den Ruinen und rund um den See

Bei den Ruinen:

- **National Museums & Monuments Campground:** Tel. 139-7052. Der ruhige staatliche Campingplatz liegt direkt neben den (nicht umzäunten) Ruinen, bietet ausreichend Schatten und einfache Sanitäreinrichtungen. Viele Paviane. Die Nähe zu den Ruinen macht den Campingplatz zur idealen Ausgangsposition für frühmorgendliche Erkundungen. Über das nahegelegene Great Zimbabwe Hotel kann man rund um die Uhr den Campingplatz erreichen. Preise: ca. 3 US$ p. P.

- **Great Zimbabwe Hotel:** Zimbabwe-Sun-Gruppe, Tel. 139-64173/62449/62274, Fax 139-64884. Große, etwas abgewohnte Hotelanlage mit Zimmern bzw. Ferienhäusern 1 km neben den Ruinen. Viele Reisegruppen, hohes Preisniveau. Preise: B&B ca. 130 US$ p. P.
- **Lodge of the Ancient City:** Touch The Wild, Tel. 19-74589, Fax 19-229088, Bulawayo. Geschmackvoll und aufwendig im Stil der Great Zimbabwe Ruinen konstruierte Luxuslodge. Tip für Leute mit Sinn für ausgefallene Architektur (siehe Bilder rechts). All-Inclusive-Preise: ca. 280 US$ p. P., Dinner, B&B ca. 140 US$ p. P.

Am See:

- **Norma Jeane's Lake View Chalets:** P. O. Box 196, Masvingo. Tel./Fax 139-64879 und 65083. Sehr beliebte Mittelklassechalets am Hang gelegen mit schönem Seeblick. Preise: ca. 25 US$ p. P.
- **Holiday Resort Lake View:** Tel. 139-67202. (früher Kyle View Chalets). Einfache Chalets zur Selbstversorgung, mit kleinem Restaurant, Bootsverleih, Pool und schöner Campingwiese. Ca. 8 km von den Ruinen entfernt. Beliebt bei den Einheimischen. Preise: Chalets ca. 17 US$ p. P., Camping ca. 3 US$.
- **Lakeshore Lodges & Camping:** P. O. Box 518, Masvingo. Tel./Fax 139-64878. Ansprechende zweistöckige Rondavel mit Pool, Kiosk, Bootsverleih und einfachem Campinggelände direkt am Seeufer. Selbstversorgung. An Wochenenden und zu Ferienzeiten sehr gut besucht. Preise: Chalets ca. 17 US$ p. P., Camping ca. 2 US$.
- **Karanga Lodge:** Sunbird Safaris, Masvingo. Tel./Fax 139-65793. Gediegen eingerichtete und einsame Lodge am westlichen Uferbereich (ehemaliges Farmhaus).
- **Hippo Lodge:** P. O. Box 1421, Masvingo. Tel. 139-66041, Fax 139-63659. Ferienanlage unter Management des Glenlivet Hotels mit ansprechenden Sebstversorgungs-Chalets (ca. 30 US$), sehr einfachen Zimmern (6 US$ p. P.) und schattiger Campingwiese (ca. 2 US$).
- **Glenlivet Hotel:** Tel. 139-7611, Fax 139-63659. Traditionsreiches Hotel aus den 40er Jahren. Im dichten Waldgelände leicht erhöht mit schönem Blick auf den See gelegen. Netter Abstecher für einen Drink auf der Terrasse, ansonsten schon ein wenig abgewohnt. Preise: B&B ca. 35 US$/DZ und 45 US$/EZ.
- **Sikato Bay Campsite:** Sehr einsam und idyllisch am See gelegener Campingplatz (nahe der Ruinen), der der Nationalparkbehörde untersteht. Beliebt bei einheimischen Anglern. Ca. 3 US$ p. P.

Im Game Park:

- **National Parks Campsite:** Im Game Park direkt am Wasser gelegen, ruhig und stimmungsvoll. Mit großen Schutzdächern gegen Regen. Besonders idyllisch liegt Stellplatz Nr. 15. Preise: Nationalparkeintritt plus übliche Gebühren.
- **National Parks Lodges:** Tel. 139-62913. Sehr gut geführte und reizvoll gelegene Ferienhäuser des Nationalparks. Lodges, Cottages und Chalets im üblichen NP-Stil, preiswert, sauber und sehr zu empfehlen. Das Camp wurde schon mehrfach zum „Camp des Jahres" gekürt. Tolle Lage mit weitem Blick über den See. Vorausbuchung über Harare empfehlenswert.

Irrungen und Spekulationen um die sagenhafte Ruinenstadt

Die früheste Kunde von einem sagenhaften, mächtigen Goldreich im Inneren Afrikas bringen die Portugiesen im 16. Jh. von ihren Reisen mit, sie sind es auch, die als erste eine mögliche Verbindung zu biblischen Staaten erwähnen. Sie erzählen von einer riesigen Stadt, die in Trümmern läge und verfallen sei. Diese zu entdecken wird im 19. Jh. das Ziel so mancher Abenteurer und Jagdreisender. Den Ruhm des „Entdeckers" holt sich schließlich ein Schwabe, Carl Mauch, der eigens zu diesem Zweck eine Expeditionsreise durchführt. Der Hilfslehrer aus Isny hatte 1865 seine Heimat verlassen, getrieben von unstillbarem Durst nach einem abenteuerlichen Leben und ruhmreichen Entdeckungen. Mit bescheidenen Mitteln führt er mehrere Forschungsreisen im südlichen Afrika durch, die ihm neben wertvollen Naturbeschreibungen auch die ersehnten Abenteuer ermöglichen. Seine letzte Reise von 1871 bis 1872 führt schließlich mit der „Entdeckung" der Ruinen zum persönlichen Triumph. Mauch fertigt während seines siebenmonatigen Aufenthalts detailgetreue Zeichnungen der Steinruinen an. Die ansässigen Shona verehren die verlassene Stätte zwar, können aber keine Informationen zu ihrer Geschichte geben. Dann entdeckt Mauch Holzsplitter, deren Geruch ihn an libanesische Zedern erinnern. Dies überzeugt ihn davon, daß er die geheimnisvolle Stadt einer fremden Kultur, ja möglicherweise das Land Ophir, entdeckt hat. Er glaubt schließlich sogar, eine Analogie zwischen den Begriffen „Zimbabwe" und „Saba" erkennen zu können. Mauch kehrt als berühmter, aber gesundheitlich schwer angeschlagener Mann nach Deutschland zurück, veröffentlicht seine Entdeckungen und stirbt schon im darauffolgenden Jahr an den Folgen eines Fenstersturzes. Seine Reiseberichte locken 1888 die Brüder Posselt, zwei Missionarssöhne, auf die Suche nach den Ruinen. Nach abenteuerlicher Anreise gelangt schließlich Willy Posselt nach Great Zimbabwe, wo er beim Durchstöbern der Anlage vier rätselhafte Vogelplastiken entdeckt. Eine davon nimmt er mit, während er die anderen Figuren für einen späteren Besuch versteckt. Die Entdeckung des geheimnisvollen steinernen Vogels schürt rasch die Legendenbildung. Fachwelt und Öffentlichkeit sind sich schon einig, bevor irgend jemand die Ruinen genauer untersucht – hier muße es sich um eine höher entwickelte Kultur gehandelt haben, als man sie den Schwarzafrikanern zutraute.

1891 führt Theodore Bent mit seiner Frau erste Ausgrabungen an den Ruinen durch. Der Amateur hält sich für einen kompetenten Archäologen. Rund um den konischen Turm gräbt er den Boden auf und zerstört dabei die chronologische Schichtenfolge, die eine genaue Datierung der Bauphase ermöglicht hätte. Nach reichlich stümperhaften Ausgrabungen fällt Bent ein schnelles Urteil – seiner Ansicht nach sind die Ruinen phönikischen Ursprungs. Die europäischen Siedler, die gerade das ganze Land erobern, sind zufrieden, schließlich rechtfertigen diese Anschauungen geradezu das Vordringen der Weißen (britischer Zeitungskommentar zum Eroberungsmarsch der Pionierkolonne: „Heute ist also der Brite im Land von Ophir...''). Mit der Kolonisierung beginnt eine fürchterliche Plünderungswelle. Alle bekannten Ruinenstätten des Landes werden von Glücksrittern und Schatzsuchern heimgesucht, achtlos wird zerstört oder fortgeworfen, was nicht aus Gold ist. Die Ancient Ruins Company wird gegründet, welche die Plünderungen fortan organisiert. In dieser Zeit werden verheerende Schäden angerichtet und unzählige Zeugnisse jener unbekannten Kultur vernichtet. Zwischen 1899 und 1901 reist der deutsche Kolonialstratege Carl Peters auf Mauchs Spuren und setzt sich mit den Ruinen auseinander. Er wird später behaupten, die Stadt aus Stein sei im Altertum, etwa 1100 v. Chr., von einem semitischen Volk erbaut worden. Zur selben Zeit setzt der Journalist Richard N. Hall die Tradition schlampiger Ausgrabungen an den Ruinen fort, ja wütet sogar noch schlimmer. Sein abschließender Bericht legt die Entstehung Great Zimbabwes sogar gleich mehrere Tausend Jahre zurück und unterstreicht ansonsten Bents Ausführungen. Doch dann führt der öffentliche Widerspruch eines jungen Briten 1906 zum Eklat: David Randall-McIver ist der erste Archäologe, der sich von voreingenommen Spekulationen löst und streng wissenschaftlich arbeitet. Er rückt die Altersfrage in den Mittelpunkt seiner Nachforschungen und orientiert sich dafür an den vielfältigen Fundstücken im Ruinengelände. Seine Untersuchungsergebnisse sind letztlich Indizien, weichen aber deutlich von allen bisherigen Anschauungen ab: Er findet keinen Gegenstand, der vor dem 14. Jh. entstanden war und keinerlei

Inschriften, wie sie ein eurasisches Volk wohl hinterlassen hätte. Er kann am Baustil keine Ähnlichkeiten zur europäischen oder orientalischen Architektur erkennen, stellt im Gegenzug dafür einen afrikanischen Charakter bei den freigelegten Wohnanlagen fest. In der Konsequenz datiert er die Erbauung der Ruinenstätte ins Spätmittelalter um das 14. und 15. Jh. und erklärt sie zu einem afrikanischen Bauwerk. Seine These löst einen jahrzehntelangen Streit der Gelehrten und bei den Siedlern öffentliche Empörung aus. Für Jahre ruhen die Untersuchungen. Erst Ende der 20er Jahre scheinen die emotionalen Wogen soweit geglättet, daß die Kolonialregierung wieder einen Forschungsauftrag vergibt. Gertrude Caton-Thompson soll die Frage um die geheimnisvollen Erbauer von Great Zimbabwe endgültig klären. Auch sie richtet ihr Augenmerk sofort auf eine exakte Datierung des Alters. Sie stellt sich der Herausforderung, jegliche Hypothesen und Phantasien, alle bisherigen Schlußfolgerungen und Beweisführungen, streng wissenschaftlich zu hinterfragen. Die Forschungen werden durch die angerichteten Schäden der Vergangenheit erschwert. Schließlich konzentriert sich die Wissenschaftlerin auf die Talruinen und untersucht vor allem die bislang vernachlässigte Maund-Ruine. Ihre Untersuchungsergebnisse basieren auf sorgfältiger Stratigraphie und bestätigen Randall-McIvers These im großen und ganzen, allerdings betont sie, daß die erste Bauphase bereits im 9. Jh. begonnen habe. Die Befürworter der afrikanischen Theorie bekommen damit einen besseren Stand, doch stehen ihnen noch immer viele dickköpfige Gegner gegenüber. Der Radiocarbontest von 1950 erscheint wie eine salomonische Lösung, denn er beweist, daß die ältesten Stützpfeiler schon um 600 n. Chr. errichtet wurden, die Anfänge der unbekannten Kultur also viele Hundert Jahre weiter als das Spätmittelalter zurückliegen. Ebenso macht er deutlich, daß weder Phöniker noch Semiten die geheimnisvollen Erbauer waren. Doch trotz dieser wissenschaftlich fundierten Erkenntnisse beharrt die Kolonialregierung darauf, daß nie und nimmer Afrikaner die Bauherren von Great Zimbabwe gewesen seien. Während des Befreiungskrieges in den 60er und 70er Jahren werden die Ruinen zum Symbol der afrikanischen Identität, zum Zeichen europäischer Geringschätzung gegenüber afrikanischer Kultur und Geschichte. Der Umgang mit diesem Thema wird derart emotional und radikal, daß die Kolonialregierung Peter Garlake, einen angesehenen Archäologen, der 1973 wertvolle, jedoch höchst unpopuläre Analysen veröffentlicht, des Landes verweist. Erst mit der Unabhängigkeit Zimbabwes – der Name des neuen Staates impliziert die Bedeutung der Ruinen – scheint der jahrzehntelange Kampf endlich ausgefochten.

Einen Zusammenhang mit nichtafrikanischen Völkern, die diese Stadt erbaut haben sollen, sieht die moderne Wissenschaft nicht mehr. Man ist sich endlich darüber einig, daß Great Zimbabwe einen afrikanischen Ursprung hat, daß der dunkle Kontinent nicht, wie so oft unterstellt, geschichtslos war. Sicherlich, von Zeit zu Zeit tauchen phantastische Ideen auf, wie die Geschichte vom Sirius-Modell des Erich von Däniken oder Gayre von Gayres Behauptung, Araber hätten die Ruinen erbaut. Doch gibt es heute endlich eine klare Trennung zwischen Wissenschaft und Spekulation, und die aufsehenerregenden Behauptungen gehören endgültig ins Reich der Phantasie.

Rundgang

Den Rundgang legt man am besten in die Morgenstunden

In dreierlei Hinsicht empfiehlt es sich, den mehrstündigen Rundgang in die frühen Morgenstunden zu legen: Es ist noch nicht so heiß, es bietet sich das schönste Licht und die Ruinenanlage ist noch nicht überfüllt. Am besten beginnt man mit dem anstrengendsten Teil, dem Aufstieg auf den 80 m hohen Hügel mit den Bergruinen. Übrigens – halten Sie hier Ausschau nach den munteren Klippschliefern!

Die Bergruinen (Hill Enclosure)

Aufstieg auf den Hügelkomplex

Vier verschiedene Wege, die alle beim Kiosk beginnen und ausgeschildert sind, führen zur 'Akropolis' hinauf, wie die Europäer die Bergruinen früher nannten. Wir empfehlen, über den *Ancient Path* oder *Terrace Path* (steil, ca. 15 Min. lang) hinauf zu steigen und für den Abstieg den flacheren *Modern Path* (ca. 20 Minuten) zu wählen. Ancient Path und Terrace Path führen nach teilweise parallelem Verlauf kurz vor dem Eingang zur Western Enclosure wieder zusammen.

Die Western Enclosure

Die imposante Steinwand ist mit 8 m Höhe und 5 m Stärke die mächtigste Mauer der Bergruinen. Sie soll ursprünglich eng mit Türmchen und Steinpfeilern besetzt gewesen sein, von denen vier Türme und zwei Säulen erhalten sind. Wie die meisten Mauern der Bergruinen stammt auch diese aus einer frühen Bauphase. Sie wurde leider etwas unfachmännisch restauriert, nachdem einige Bereiche eingestürzt waren. Durch den Eingang gelangt man ins Innere der Western Enclosure, dem wichtigsten Aufenthaltsraum auf dem Hügel, der mindestens dreihundert Jahre lang durchgehend bewohnt war. Im Laufe der Zeit waren an den Ruinen und Mauern immer wieder Veränderungen vorgenommen worden, Zugänge durchbrochen und Daga-Lehmschichten aufgetragen worden. Allein in der Western Enclosure lagerten sich bis zu 8 dicke Dagaschichten ab, die 1915 abgetragen wurden, um die Südmauer vor dem drohenden Einsturz zu bewahren. Leider hat man damit wertvolle Schichtenfolgen zerstört. Stellen Sie sich vor, daß der Boden bis 1915 noch mehrere Meter höher lag als heute. Eine Rekonstruktion frühester Wohnhütten steht mitten in der Einfriedung unter einem schützenden Dach. Die Südmauer sichert den Platz zum 30 m steil abfallenden Felsen hin ab. Sie war einmal mit vielen Holzpfeilern besetzt, ist aber heute in weiten Teilen eingestürzt. Die Nord- und Ostwand schmiegen sich sanft gebogen an den mächtigen Fels. Dort befindet sich eine 10 m hoch gelegene Plattform, eine Art Balkon, der bei seiner Entdeckung mit hohen Granitsäulen besetzt war. Hier wurde einer der mysteriösen Specksteinvögel aufgefunden. Rechts daneben führt ein schmaler Gang durch den überdachten Eingang mit dem einzigen im Originalzustand erhaltenen Türsturz durch die Zentralpassage. Beachten Sie, bevor Sie durch den Eingang treten, einmal die herrlich abgerundeten Formen, die meisterhafte Bearbeitung des Steins. Nichts weist hier scharfe Kanten auf, die Mauern bilden regelrecht eine Einheit mit dem sie umgebenden Granitgestein.

Bilder rechts: Euphorbien an den Talruinen, und die Parallel Passage in der Great Enclosure

Gleich nachdem Sie in die Passage eintreten, zweigt nach links ein Aufstieg zum 'Balkon' ab. Nach rechts existiert nur noch ein kurzes Stück einer ehemaligen, leider eingestürzten Passage zum ursprünglichen Westeingang in die Western Enclosure. Geradeaus gelangt man zu einer Wegkreuzung, die rechts in die Southern Enclosure führt.

Hier bietet sich eine grandiose Aussicht: Links die Talruinen, daneben der große Ringkreis mit dem konischen Turm, der bis heute nichts als Rätsel aufgibt. Unweigerlich drängen sich dem Betrachter hier Fragen auf, die sich schon Generationen von Forschern gestellt haben. Was war wohl der Zweck dieser Anlage? Wozu mag der konische Turm gedient haben? Was hatte die Menschen dazu bewogen, zu Tausenden Steine heran zu schleppen und eine mächtige Anlage zu erbauen, die militärisch unsinnig schien, und die zu klein war, um gemeinsam darin zu leben?

Östlich der Southern Enclosure liegt die kleine Recess Enclosure. In ihrer Südwand sind mehrere Nischen erkennbar, in denen offensichtlich die Stützpfeiler eines Daches befestigt waren. Hier soll das geistige Medium gelebt haben. Der Raum wird durch einen direkten Zugang mit der Eastern Enclosure verbunden, der wiederum eine Besonderheit aufweist: eine Reihe abgerundeter Stufen, die scheinbar nutzlos in die linke Wandseite eingebracht worden sind.

Das Herzstück und spirituelle Zentrum der Bergruine findet sich in der Eastern Enclosure. Mehr als 30 schlanke Monolithe aus Granit und Speckstein standen einst auf künstlich geschaffenen und reich verzierten Plattformen, die terrassenförmig angelegt waren und teilweise über Stufen betreten werden konnten. Die räumliche Gestaltung muß phantastisch gewesen sein vor dem Hintergrund sanft geschwungener, abgerundeter Mauern, die mit den markanten Felsen eine kunstvolle Symbiose eingehen. Hier in diesem magischen Raum fand der Jäger Willy Posselt 1888 vier der berühmten Vogelplastiken, sie mögen einst auf den Plattformen gethront haben. Bei den Ausgrabungen von 1902 haben die Amateurarchäologen die meisten Plattformen und Stelen vernichtet, was blieb, sind nur die Überlieferungen der ersten Besucher. Demnach handelte es sich bei diesem Raum um ein sehr bedeutendes religiöses Zentrum. Auch hier wurde ein Mauervorsprung wie ein Balkon angebracht, der eine gute Aussicht auf die Ruinen und die weitläufige Umgebung erlaubt.

Für den Rückweg bietet sich der schmale Weg zur Cleft Rock Enclosure und weiter über den Modern Path zurück zum Haupteingang an. Durch den Besuch der Bergruinen wird deutlich, wie verschlungen die Wegpassagen und Plätze in den Naturfels eingebettet wurden. Fast wie ein Labyrinth wirken die schmalen Pfade und geschwungenen Steinmauern, die scheinbar planlos die 100 x 45 m große Fläche des Ruinenhügels durchziehen.

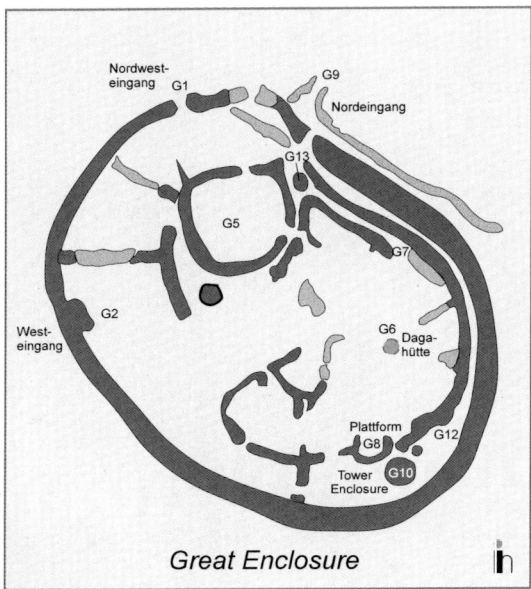

Nordwesteingang G1

G9

Nordeingang

G13

G5

G7

G2

West-eingang

G6 Daga-hütte

Plattform
G8   G12

Tower   G10
Enclosure

Great Enclosure   ℎ

Große Einfriedung (Great Enclosure)

Wenden wir uns nun der Great Enclosure (Große Einfriedung) zu, zweifellos dem imposantesten Teil der Anlage. Bei den ansässigen Shona ist dieser Mammutbau mit dem elliptischen Grundriß als „Imba Huru" (großes Haus) überliefert. Der äußere Mauerring gilt mit seinen 255 m Umfang und bis zu 11 m Höhe als größtes mittelalterliches Bauwerk Afrikas südlich der Sahara. Zur Stabilisierung der Konstruktion verjüngt sich die Mauer von ihrer zwischen 5 und 6 m breiten Basis nach oben auf nur mehr 3 bis 4 m Dicke. 15 000 Tonnen Stein wurden für seine Errichtung benötigt, und man schätzt, daß mehr als 1 Mio. Steinblöcke verarbeitet worden sind. Diese enorme körperliche Leistung muß in jahrelanger Schwerstarbeit

Die Great Enclosure wurde mit Nummern ausgeschildert

vollbracht worden sein. Man rätselt noch immer, welche Beweggründe die Menschen dafür gehabt haben mögen. Der kreisförmige Außenring mit etwa 100 m Durchmesser wurde offensichtlich entgegen dem Uhrzeigersinn erbaut. Baubeginn war wohl am Nordwesteingang, von wo aus sich die stilistische Weiterentwicklung der Baukunst direkt nachvollziehen läßt. Je weiter die Mauer fortgeführt wurde, um so höher und akkurater fiel sie aus. Auch dieser Umstand deutet darauf hin, daß die Gesamtanlage nicht nach einem vorgefertigten Plan entstand.

Westeingang mit rekonstruierten Holzkeilen

Drei ursprünglich überdachte Eingänge führen durch den Außenring ins Innere. Wir beginnen beim Westeingang, der 1995 wegen akuter Einsturzgefahr mühevoll nach Carl Mauchs Überlieferungen rekonstruiert wurde. Eine Ausstellungshütte nahe dem Westeingang zeigt interessante Fotos und informiert über die Geschichte der Rekonstruktion des Eingangs, der mit Tamboti-Holzkeilen überdacht worden ist.

Im Zentralbereich

Wenn man durch diesen niederen Eingang tritt (G2), steht man vier langen, schmalen Granitmonolithen gegenüber, rechts davon sind die Reste einiger Daga-Wohnhütten auszumachen. Gehen wir ein paar Schritte weiter und drehen uns dann nochmals um. Von hier aus gewinnt man einen guten Eindruck über die mächtige Steinmauer des Außenrings und kann auch recht deutlich die handwerklichen Verbesserungen während des Mauerbaus erkennen.

Über den Zentralbereich mit seinen vielen umgestürzten Mauerblöcken und kreisförmigen Plattformen, auf denen einst Rundhütten standen, nähern wir uns der Kleinen Einfriedung (G5), einem Wohnbezirk, in dem mindestens 5 Hütten untergebracht waren. Diese kleine Steinumfriedung gilt als ältester Teil der Great Enclosure und wurde vermutlich im 13. Jh. errichtet.

Sie hat zwei Zugänge, den östlichen, durch den wir eintreten, und einen Ausgang nach Norden, durch den wir den Ringkreis wieder verlassen. Biegen Sie nun nach rechts, wo man sehr bald an eine Art Kreuzung gelangt. Hier treffen verschiedene schmale Pfade und der Nordzugang aufeinander. Auf der rechten Seite fällt eine flache, steinerne, nahezu runde Plattform ins Auge (G13). Bei ihrer Freilegung im Jahre 1902 war sie von einer Dagaschicht überzogen und mit Hunderten Kilo Rinderknochen überhäuft. Der Schluß liegt nahe, daß sie über Jahrhunderte als Opferplatz gedient haben möge. Von hier aus folgen wir der inneren Passage (G7) in den offenen Zentralbereich. Rechts sieht man die Reste von Wohnhütten, geradeaus blickt man direkt auf den konischen Turm, das Wahrzeichen Great Zimbabwes.

Die Posselt-Brüder und der Vogel von Great Zimbabwe

Hermann und Willy Posselt, Söhne eines deutschen Missionars aus Natal, machten sich 1888, inspiriert von Carl Mauchs Reiseberichten, auf den Weg zu den geheimnisvollen Ruinen. Am Runde River gerieten sie in die Hände einer Ndebele-Patrouille, und konnten sich erst durch zähe Verhandlungen und etliche Decken und Stoffe "freikaufen". Hermann blieb dann mit dem wertvollen Gepäck zurück, Willy zog mit einem einheimischen Führer weiter zu den geheimen Ruinen. Die ansässigen Shona waren mißtrauisch, Willy blieb nicht viel Zeit für seine Untersuchungen. Bei seinen planlosen Grabungen wurde er tatsächlich bald fündig – vier Vogelplastiken aus Speckstein legte er in der Bergruine frei. Den schönsten Vogel schlug Willy von seinem Steinsockel ab und verstaute ihn in der Satteltasche, die anderen vergrub er. Diese berühmte, gestohlene Steinskulptur verkauften die Brüder nach ihrer Rückkehr Cecil Rhodes für ein kleines Vermögen. Der behielt den Steinvogel zunächst als Maskottchen, später stand er jahrzehntelang im Kapstädter Museum. Erst 1981, nach der Unabhängigkeit Zimbabwes, kehrte der Vogel im Austausch gegen eine wertvolle Insektensammlung mit 30 000 Objekten in seine Heimat zurück.

Der Weg dorthin führt an der überdachten Ausgrabung einer Dagahütte (G6) und einer geheimnisvollen, vielleicht für Initiationsriten verwendeten Plattform (G8) vorbei zu einem schmalen Durchgang der inneren Ringmauer. Diese Ringmauer, die innerhalb der Einfriedung parallel zur Außenmauer verläuft, geht auf eine sehr frühe Bauphase zurück. Die Wissenschaft spekuliert, daß die Bauherren der äußeren Mauer ursprünglich geplant hätten, den Halbbogen der inneren Ringmauer in den Kreis zu integrieren. Als von Nordwesten her die äußere Mauer diesen alten Mauerbogen erreichte, sei deren zunehmender Verfall ausschlaggebend dafür gewesen, daß man den viel imposanteren, höheren Ringkreis ohne die innere Mauer vervollständigte.

Die innere Ringmauer

Nach rechts wenden wir uns nun direkt der Tower Enclosure mit dem konischen Turm zu (G10). Dieser ungewöhnliche, 10 m hohe Bau weist an der Basis 5 m Durchmesser auf, die sich nach oben auf ca. 2 m Durchmesser verjüngen. Seine Spitze war einst mit drei Reihen Zickzackmuster geschmückt, die nicht mehr erhalten sind. Der Turm gehört zu den letzten Bauwerken, die in der Great Enclosure entstanden sind. Gemeinsam mit den in Great Zimbabwe aufgefundenen Vogelfiguren gilt der Turm als größtes Rätsel der Anlage, seine Bedeutung ist noch immer vollkommen ungeklärt. Bis heute stützen sich die etwas hilflosen Annahmen der Archäologen auf vage Spekulationen. Immerhin ist geklärt, daß es sich nicht um eine königliche Schatzkammer handelte oder als Verteidigungs- bzw. Aussichtsturm diente, denn der Turm wurde von allen Schatzsuchern und Forschern durch und durch untersucht. Das ernüchternde Ergebnis: Er ist massiv gebaut, aufgefüllt mit Steinen und Kiesgemisch, nirgends ist ein leerer Raum für Goldschätze zu finden. Weil man keinen 'vernünftigen', wirtschaftlichen Zweck für den Turm finden konnte, kam die Möglichkeit einer symbolischen

Der geheimnisvolle konische Turm

*Die Symbol-
kraft des
Turmes*

Bedeutung ins Spiel. Aber auch hier streiten sich die Gelehrten. Deutet die eigenwillige Form des Turms auf ein Phallussymbol, sollte damit die Potenz des Herrschers, die Fruchtbarkeit der Mächtigen, die männliche Vorherrschaft demonstriert werden? Oder symbolisierte er wirtschaftlichen Wohlstand, weil die Form einem Getreidelager ähnelte? Handelt es sich gar nur um eine überdimensionale Darstellung eines Behältnisses? Gerade wegen seiner so unverständlichen Bedeutung hat sich der konische Turm wohl zum Wahrzeichen der ganzen Ruinenstätte entwickelt. So hat er heute auch Symbolkraft gewonnen für unser schmales Wissen von der afrikanischen Geschichte.

*Die Parallel
Passage*

Wir verlassen nun den Tower Enclosure durch den schmalen Eingang zur Parallel Passage (G12). Hier betreten wir den vermutlich beeindruckendsten Teil, erleben wir doch hier die meisterhafte Baukunst am deutlichsten. Wie ein schmaler Tunnel führt diese 70 m lange Passage im Halbbogen zum Nordeingang. Man stelle sich vor, daß die Wände der niedrigeren inneren Steinmauer rund 100 Jahre vor dem Außenring errichtet wurden. Folglich ist der beeindruckende Tunnelgang wohl eher zufällig entstanden. Andererseits könnte aber auch bewußt der Zweck erzielt worden sein, eine Art Sichtschutz für die Privatgemächer der Königsfamilie zu errichten, die ja hinter der Mauer im Zentralbereich gelegen haben soll. So konnten nicht einmal die auserwählten Volksvertreter, die zu Zeremonien am konischen Turm zugelassen wurden, Einblick in den königlichen Wohnbereich erhalten. Aber damit sind wir auch schon wieder im Reich der Spekulationen. Als die Parallelpassage 1891 entdeckt wurde, waren ihre Zugänge aus unbekannten Gründen ordentlich zugemauert gewesen. Entlang der Passage sind immer wieder kleine Plattformen angebracht worden. Sehen Sie sich einmal die Entwässerungslöcher an der Außenwand an. Sie befinden sich heute ein gutes Stück über dem Boden, weil bei den archäologischen Untersuchungen die frühere Dagaschicht freigelegt wurde und damit der Boden jetzt tiefer liegt. Knien Sie zu einem der Löcher nieder, um einen Eindruck von der Dicke dieser Mauern zu erhalten! Am Ende des Ganges gelangt man

*Der
Nordeingang*

schließlich zum Nordeingang, der vermutlich einmal als Haupteingang gedient haben mag. Seine sechs weich geschwungenen Außentreppen sind die besterhaltenen dieser Art in Zimbabwe und mit verblüffender Perfektion gefertigt worden. Von hier führt ein tiefer gelegter, von Steinen umfriedeter Pfad, der sog. „Sunken Passageway" zu den Talruinen. Vorher sollten Sie

*Ein Beispiel
der
verschiedenen
Muster
sehen Sie auf
Seite 221!*

jedoch unbedingt zuerst entlang der Außenmauer nach Osten laufen. Hier sind die handwerklich gelungensten Mauerkonstruktionen zu bewundern, die oben in einem doppelten Zickzackband, dem Chevron-Muster, ihre Perfektion finden. Dahinter überragt der konische Turm um etwa einen Meter die prächtige Außenmauer.

Talruinen (Valley Ruins)

Die weit versprengten Talruinen sind für den Laien weniger aussagekräftig, haben allerdings ganz entscheidend zu den Erkenntnissen bezüglich des Alters der Gesamtanlage beigetragen. Auf dem Gelände sollen mindestens 42 Haushalte gelebt haben, überwiegend hochrangige Persönlichkeiten mit ihren Familien. Die meisten dieser Wohneinheiten sind im 13. Jh. errichtet worden. Zwischen den Daga-Plattformen und Mauerresten findet sich auch ein kleiner konischer Turm. Die meisten der vielen Fundstücke und Relikte wurden in den Talruinen entdeckt, darunter aufschlußreiche

*Bilder rechts:
Konischer
Turm und
Westeingang
mit Holzbalken*

Handelswaren aus Asien und dem vorderen Orient. Neben Porzellanscherben, Glas und Tonwaren wurden fast 100 kg Eisenwerkzeuge freigelegt. Aber auch den kunstvollsten aller Specksteinvögel, der heute als Staatssymbol Wappen und Flagge Zimbabwes schmückt, grub Hall 1903 in den Talruinen aus.

Es ist schwierig, einen Rundgang durch die Talruinen zu beschreiben, weil sie sich so stark ähneln. Ein Fußweg, der beim Chevron-Muster an der Außenwand der Great Enclosure beginnt, führt direkt zur Eastern Ridge Terrace. Der „Sunken Passageway" (G9) führt dagegen als Hauptverbindung vom Nordeingang der Great Enclosure zu den zentralen Talruinen. Wo sich der Weg gabelt, liegt rechts vor uns die archäologisch wertvollste Entdeckung der Ruinen, die sog. „Königliche Schatzkammer", in der 1902 große Mengen früherer Handelswaren und Tributleistungen freigelegt – und entwendet – worden sind. Einige der verbliebenen Gegenstände sind nun im Museum ausgestellt.

Die Talruinen liegen reizvoll in einem Aloenwald eingebettet, der von Ende Juni bis Mitte August blüht. Manche der Ausgrabungsstätten werden durch Überdachung vor Wind und Wetter geschützt. Hinter den Ruinen schließt sich auf nacktem, schattenlosem Fels ein nachgestelltes Karangadorf des 19. Jh. an. Zahlungswilligen Touristen verrät der Wahrsager und Heiler in traditionellem Outfit hier die Zukunft.

Museum

In Schaukästen liegt ein interessanter Querschnitt der vielen Fundstücke aus, wie Korallenstücke, Bronzekelche, Eisenteile, Tonscherben, Glassplitter aus Syrien und Porzellan aus der chinesischen Ming-Dynastie. Anschließend gelangt man in einen abgedunkelten Raum, in dem stimmungsvoll beleuchtet die Nachbauten der geheimnisvollen sieben Vogelplastiken stehen. Alle Vögel sind unterschiedlich bearbeitet worden, zwischen 35 und 40 cm groß und sitzen auf bis zu 1,5 m langen Stelen. Sie ähneln keiner bekannten Vogelart, und nirgendwo sonst im Land wurden solche Specksteinvögel gefertigt. Ihre Bedeutung und ihre Verwendung blieb bis heute vollkommen im Dunkeln. Es könnte sich vielleicht um ein Ahnensymbol gehandelt haben oder um das Totem einer Herrscherdynastie. Öffnungszeiten: täglich von 08.00–17.00 h.

Neben dem Museum lädt ein Kiosk mit Gartentischen zum Erholen und Ausruhen ein, hier werden auch gleich die passenden Andenken verkauft.

In das Lowveld: Von Masvingo nach Chiredzi

Masvingo – Chiredzi via Zaka (195 km)

Verlassen Sie Masvingo auf der Straße nach Birchenough Bridge und Mutare. Nach 43 km zweigt die Straße nach Triangle und Chiredzi ab. Die Fahrt verläuft zunächst noch durch eine abwechslungsreiche, hügelige Landschaft im Masvingo Communal Land, fällt aber bis Zaka, einem landwirtschaftlichen Zentrum auf 770 m Höhe, merklich ab. Nun geht es direkt in das weite, trockene Lowveld hinab. Auf der Höhe der kleinen Ortschaft Chivamba führt die Straße zwischen zwei Erholungsgebieten und Stauseen hindurch.

Beide Stauseen wurden auf der Übergangsstufe zwischen Middle- und Lowveld zur Bewässerung der landwirtschaftlichen Anbauflächen im Lowveld angelegt. Der westliche Bangala-Stausee wird durch den Mutirikwi, der ja schon zum Lake Mutirikwi gestaut wurde, gespeist. Im Osten wurde in den 60er Jahren der Chiredzi River zum Lake Mac Dougall aufgestaut und nach der Unabhängigkeit in Lake Manjirenji umbenannt. Beide Seen sind beliebte Ausflugsziele einheimischer Angler. Man darf hier auch campen, allerdings stehen keinerlei Einrichtungen zur Verfügung.

Die letzten Kilometer führen entlang der *Chiredzi River Conservancy*, einem Zusammenschluß mehrerer Farmen zum Wildschutzgebiet, das nach der verheerender Dürre der frühen 90er Jahre zum Refugium vieler umgesiedelter Tiere aus dem Gonarezhou Nationalpark wurde.

In diesem Privatschutzgebiet liegt die Makwekwete Lodge (ein einzelnes, voll ausgestattetes Ferienhaus) am Ufer des Mungwezi River. Für den Zeitvertreib stehen Reiten, Fischen und markierte Wanderpfade in den Makwekwete Hills zur Verfügung. Ca. 60 US$ für bis zu 5 Personen. Info & Reservierung: Fam. Ballance, P. O. Box 297, Chiredzi. Tel. 131-2865, Fax 131-3026.

Nach insgesamt 180 km Fahrt seit Masvingo trifft man in Buffalo Range auf die Straße zwischen Triangle (11 km) und Chiredzi (17 km).

Masvingo – Chiredzi via Ngundu (204 km)

Die ersten 96 km folgen der vielbefahrenen Straße nach Beitbridge. Die Vegetation wird allmählich trockener, zugleich aber auch abwechslungsreicher und reizvoll. Zwischen den einzelnen Gehöften und kleinen Dörfern wachsen Kandelabereuphorbien und Aloen. Immer wieder kommt man an Straßenhändlern vorbei, die Specksteinvögel, Shonafiguren, Tonwaren und Holzschnitzereien anbieten – ein deutliches Zeichen, daß man sich auf einer stark befahrenen Touristenstrecke befindet. In Ngundu zweigt die Straße nach Triangle und Chiredzi ab. Zunächst führt sie kurvenreich durch eine malerische, felsige Landschaft, die schließlich in das flache Lowveld ausläuft. 80 km nach der Abzweigung erreicht man Triangle.

Triangle

Triangle aus der Luft zu sehen ist wie ein grüner Garten Eden inmitten einer Halbwüste. Anstelle einer gewachsenen Ortschaft empfängt den Besucher hier eine Retortensiedlung mit riesigen Zuckerrohrplantagen. Erstaunlich, daß dieses florierende Unternehmen die Leistung eines einzelnen, ungewöhnlich hartnäckigen Mannes war.

Murray Mac Dougalls wahrgewordene Zuckerträume

1902 kam der schottische Farmersohn auf dem Umweg über Südamerika nach Südafrika, wo sich der 22jährige als Transportfahrer von Ochsen- und Mulikarren durchschlug. Vier Jahre später reiste der Abenteuerlustige erstmals in das Lowveld, hielt sich dort wochenlang auf und verliebte sich in die einsame, herbe Landschaft und seine gastfreundliche Bevölkerung. 1912 wurde er Zeuge einer fürchterlichen Dürre, die Tausenden Menschen und Tieren im Lowveld das Leben kostete. Mac Dougall war zutiefst betroffen, fühlte sich dem Lowveld verpflichtet und bot der BSAC seine Unterstützung bei der Erschließung der Region an. Im Gegenzug spekulierte er auf die Zusage, dort Ländereien erwerben zu dürfen. Doch bevor er sich niederlassen konnte, brach der Erste Weltkrieg aus und Mac Dougall diente in Europa seinem Vaterland. 1919 war er zurück in Rhodesien und erwarb endlich das ersehnte Land im südöstlichen Lowveld. Auf seiner Farm, die er Triangle nannte, versuchte er es zunächst mit Rinderzucht. Doch die Farm wollte einfach nicht auf die Beine kommen. Zuerst rissen die vielen Löwen seine Rinder, bis er Jagd auf die Raubkatzen machte und in nur vier Monaten 157 Löwen schoß. Dann setzte 1922 eine neue Dürreperiode ein, die ihn wirtschaftlich ruinierte. Mac Dougall war schon nach drei Jahren bankrott, wollte aber nicht aufgeben. Nun erinnerte er sich an seine Jugend in Südamerika, als er auf Zuckerrohrplantagen tätig war, und bald kam ihm eine Idee, für die er lange Zeit belächelt werden sollte – er wollte mitten im ausgedörrten Lowveld mit künstlicher Bewässerung Zuckerrohr anbauen. Zuversichtlich bemühte sich Mac Dougall um einen Bankkredit, um die geplanten Investitionen zu tätigen. Doch wo immer er auftauchte, betrachtete man seine Ideen als Spinnerei. Immer bekam er dieselben Antworten zu hören: „Zucker kann nicht im wasserlosen Busch wachsen". Immerhin erreichte er, daß die Kolonialverwaltung eine Untersuchung durchführte, ob die geplante Umleitung des Mutirikwi River überhaupt durchführbar sei. Doch das Ergebnis versperrte ihm endgültig jede finanzielle Unterstützung, stellte man doch fest, daß für die geplante Flußumleitung ein Untertunneln durch einen fast 500 m dicken Granitfelsen erforderlich sei – was die Fachleute damals für schlicht unmöglich hielten.

Für jeden vernünftig denkenden Menschen wäre die Episode hiermit wohl beendet gewesen, doch nicht so für den Schotten Murray Mac Dougall. Nachdem ihm die Unterstützung von außen versagt blieb, machte er sich allein mit seinen Farmarbeitern an die Arbeit. Sieben Jahre lang schuftete er wie ein Besessener, legte ein Stauwehr am Mutirikwi River an (Jatala Weir), grub Tunnel durch die Felsen auf fast 500 m Länge und baute einen 13 km langen Bewässerungskanal. Mißtrauisch beobachtete die Kolonialregierung sein Treiben, ließ ihn aber gewähren. 1931 konnte Mac Dougall seine Weizen-, Tabak- und Baumwollfelder zum ersten Mal künstlich bewässern und sah sich fast am Ziel seiner Träume. Nun benötigte er nur noch eine staatliche Genehmigung zur Einfuhr von Zuckerrohr-Saatgut. Doch bevor es dazu kommen sollte, mußte Murray Mac Dougall nochmals Rückschläge überwinden, denn eine unvorhergesehene Heuschreckenplage vernichtete seine Ernte und damit seine bescheidenen finanziellen Mittel. Der eiserne Schotte ließ sich auch jetzt nicht unterkriegen. Er stand die Zeit durch und erhielt 1934 endlich die Erlaubnis, eine kleine Menge Zuckerrohr aus Natal zu importieren. Im Gepäck hatte Mac Dougall dann einige Stecklinge mehr, als genehmigt waren, und schon kurz nach der Saat bestätigte sich seine Überzeugung, daß das Lowveld-Klima bestens geeignet war für die Zuckerproduktion, wenn man nur ausreichend Wasser heranschaffte. Bis zur ersten Zuckerernte vergingen dennoch weitere fünf Jahre. Während dieser Zeit besorgte sich Mac Dougall die Verarbeitungsmaschinen in Natal. Sein ständiger Liquiditätsmangel machte es ihm unmöglich, die teuren Maschinen zu bezahlen, er überschrieb den Verkäufern daher eine Firmenbeteiligung. Als Murray Mac Dougall 1939 stolz die ersten knapp 100 t Rohzucker präsentieren konnte, hatte er seinen Lebenstraum verwirklicht..Er leitete die Zuckerplantage und -fabrik noch einige Jahre, zog sich aber schon 1945 zurück und verbrachte seinen wohlverdienten Lebensabend auf einer Farm nahe Masvingo.

Triangle Ltd. entwickelte sich zunächst als Staatsunternehmen und seit 1957 in Privatbesitz weiter zu einem der bedeutendsten Wirtschaftsunternehmen der Kolonie. In den 60er Jahren wurde die Stauung des Lake Kyle/Lake Mutirikwi hauptsächlich zur Sicherung und Steigerung der Bewässerung von Triangles Plantagen durchgeführt. Heute halten über 300 km lange Wasserkanäle die Zuckerproduktion aufrecht, finden mehrere Tausend Menschen Arbeit auf den Plantagen und werden jährlich etwa 2 Mio. Tonnen Zuckerrohr geerntet. Einträgliche Nebenprodukte bei der Zuckerherstellung sind zudem Äthanol und Kohlendioxid.

Oben:
Traumkulisse
mit knorrigen
Baobabs

Empfehlenswert ist ein Besuch des Mac Dougall Museums, das im ehemaligen, zum National Monument erklärten Wohnhaus von Murray Mac Dougall untergebracht ist. Öffnungszeiten: Dienstags bis sonntags von 08.30-12.00 h und 14.00-16.30 h. Danach kann man einen gemütlichen Drink beim Country Club, dem gesellschaftlichen Treffpunkt nahe dem Golfplatz, einnehmen.

- **Country Club:** P. O. Box 97, Chiredzi, Tel. 131-6492. Preiswerte Unterkunft im traditionsreichen Country Club bei Selbstversorgung.
- **Mteri Lodges:** Hippo Valley Safaris, P. O. Box 1, Chiredzi. Tel. 131-3360, Fax 131-3363. Rondavel am kleinen Lake Mteri. All-Inclusive für ca. 120 US$ p. P.

Chiredzi

Gute
Versorgungs-
station vor der
Fahrt in den
Gonarezhou
Nationalpark

Erst in den 60er Jahren entstand Chiredzi als Zentrum einer sich durch die neuen Bewässerungsmaßnahmen entwickelnden Landwirtschaft. Der ruhige Ort auf 430 m Höhe bietet sehr gute Versorgungsmöglichkeiten (Banken, Supermärkte, Post, Tankstellen), ist durch den Bahnanschluß und den Flughafen bei Buffalo Range verkehrstechnisch gut erschlossen, hat aber ansonsten kaum etwas für Touristen zu bieten. Südlich des Ortes liegt Hippo Valley Estates, die größte Zuckerrohrplantage des Landes. In seiner Umgebung befinden sich außerdem mehrere Baumwoll-, Wild- und Straußenfarmen.

- **Planter's Inn:** P. O. Box 94, Chiredzi, Tel. 131-2281, Fax 131-2345. Mittelklassehotel mit Zimmern und Chalets, ordentliches Restaurant. Preise: ca. 30 US$/DZ und 40 US$/EZ.

Safari Lodges in der Umgebung des Gonarezhou Nationalparks

- **Nduna Safari Camp:** Time For Africa Safaris, P. O. Box HG 940, Highlands, Harare. Tel. 14-703633, Fax 14-703634. Malilangwe Estate. 6 riedgedeckte, edle Steinchalets an imposanten Sandsteinfelsen. Grandioser Ausblick, Kanufahrten auf dem Stausee und Tagesbesuche im Nationalpark möglich. All-Inclusive-Preise: ca. 220 US$/DZ und 320 US$/EZ, (inkl. Getränke).
- **Pamushana Safari Camp:** Time For Africa Safaris, P. O. Box HG 940, Highlands, Harare. Tel. 14-703633, Fax 14-703634. Malilangwe Estate. Die neue Luxuslodge auf einem Hügel oberhalb des Malilangwe Damms wird als absolute Krönung einer Exklusivsafari dargestellt, was sich auch deutlich im Preis niederschlägt. Für max. 12 betuchte Gäste stehen elegante Ziegelchalets mit Panoramablick, ein Pool mit Unterwasserbeleuchtung und ein Teleskop zur Verfügung (falls es das ist, was ein perfektes Afrikaerlebnis ausmacht). Tagesbesuche im Nationalpark möglich. All-Inclusive-Preise: ca. 520 US$/DZ und 700 US$/EZ, (inklusive Getränke).

- **Senuko Safari Lodge:** Zimbabwe Sun Gruppe, Zentrale Reservierung unter Tel. 14-736644, Fax 14-705133. Lodge direkt Tel. 131-2698, Fax 131-2617. Save Valley Conservancy. Max. 16 Gäste, schöne Bar mit Rundumblick, Pool. Tagesbesuche im Nationalpark möglich. All-Inclusive-Preise: ca. 230 US$/DZ und 350 US$/EZ.

- **Turkwe River Camp:** Bushveld Safaris, 12 Derby Road, Avondale West, Harare. Tel. 14-307945, Fax 14-307921. Safaricamp mit vier riedgedeckten Chalets in abwechslungsreicher Umgebung in der Save Valley Conservancy (am Turkwi River, näher an Birchenough Bridge als an Chiredzi). All-Inclusive-Preise: ca. 120 US$ p. P., auch nur mit B&B buchbar für ca. 50 US$ p. P.
- **Savuli Safaris:** P/Bag 7011, Chiredzi, Tel. 131-256923, Fax. 131-2653. Idyllisches, familiäres Camp in der Save Valley Conservancy (am Gwezi River, näher an Birchenough Bridge als an Chiredzi). Chalets für Selbstversorger, Camping sowie All-Inclusive möglich. Preise: Selbstversorgung ca. 20 US$ p. P., Camping ca. 5 US$, All-Inclusive auf Anfrage.
- **Tambuti Lodge:** P. O. Box 22, Chiredzi, Tel. 131-2575, Fax 131-3187. Ca. 12 km östlich von Chiredzi am Chiredzi River gelegene Mittelklasseanlage mit Restaurant, Pool, Tennisplatz und viel Wild in der Umgebung. Tagesbesuche im Nationalpark möglich. Preise: B&B ca. 25 US$/DZ und 35 US$/EZ.
- **Chilo Gorge Safari Lodge:** Zimbabwe Sun Hotelgruppe, Zentrale Reservierung Tel. 14-736644, Fax 14-705133. Lodge direkt Tel. 131-3159, Fax 131-3179. Moderne Luxusanlage für höchste Ansprüche mit beeindruckendem Ausblick über die felsige Chilo-Schlucht. Max. 28 Gäste, alle Annehmlichkeiten, wie Pool, Stromanschluß, Lounge. All-Inclusive-Preise: ca. 230 US$/DZ und 360 US$/EZ.
- **Mahenye Safari Lodge:** Zimbabwe Sun Hotelgruppe, Zentrale Reservierung unter Tel. 14-736644, Fax 14-705133. Lodge direkt Tel. 131-3139, Fax 131-3179. Äußerst idyllisches, naturnahes Buschcamp auf einer kleinen Insel direkt am Zusammenfluß von Save und Runde River (am südöstlichen Rand des Nationalparks). Exzellente Vogelbeobachtungen, lockere Atmosphäre, max. 16 Gäste, für Naturfreunde ohne Luxusansprüche. All-Inclusive-Preise: ca. 220 US$/DZ und 350 US$/EZ.

Oben: Ländlicher Supermarkt im Lowveld, in der Chilo Gorge Safari Lodge

Game Ranching und Wildlife Conservation als Zukunft für das Lowveld?

Das Lowveld kennzeichnet Zimbabwes trockenen, heißen Süden, eine tiefliegende Region mit höchst empfindlichem Ökosystem. Charakteristisch für die Region sind geringe jährliche Niederschläge mit Neigung zu Dürren und Trockenphasen, schlechte Böden und eine dünne Vegetationsdecke. Keinesfalls eine Wüste – im Gegenteil! Im Lowveld sind Savannen- und Strauchgewächse, Akazien, Mopane und Baobabs heimisch, außerdem seltene Baumarten, wie Eisenholz und Fieberbäume. Doch für die Rinderzucht ist die Vegetation wenig geeignet, und für eine erfolgreiche Landwirtschaft fehlte es an Wasser. Deshalb war das Lowveld immer nur sehr dünn besiedelt. Die wenigen Menschen, die sich früher hier niederließen, führten eine nomadische Lebensweise und folgten dem Wild auf seinen saisonalen Wanderungen. Als sich das Interesse der Europäer im letzten Jahrhundert auf die unbekannte Region nördlich des Limpopo ausdehnte, entdeckten sie eine einsame Wildnis mit großem Wildreichtum, ausgewaschenen Flußbetten und weiten Savannenebenen. Buren und Engländer gingen bald alljährlich während der Trockenzeit auf ausgedehnte Jagdreisen in den Norden. Sie trafen vereinzelt auf Shangaan-Völker (ehemals Tsonga und Hlengwestämme), die in losen Gemeinschaften ohne festes Territorium lebten.

Die Kolonialisierung des Landes konzentrierte sich zunächst auf fruchtbare Regionen im Hochland, das trockene Lowveld blieb als ungesundes Jagdgebiet lange vom Zuzug europäischer Siedler verschont. Die Gegend schien unattraktiv, voller Tsetsefliegen, malariaverseucht, dürregefährdet. Ein paar Farmer versuchten es mit der Rinderzucht und erlitten meist große Verluste. Die klimatischen Bedingungen waren zu labil, es genügten nur ein paar Jahre Dürre, und die Tiere verhungerten und verdursteten, wenn sie sich nicht vorher schon mit der gefürchteten Maul- und Klauenseuche infiziert hatten. Viele Farmer resignierten und verließen das Lowveld. Manche aber blieben, und diese Menschen waren mit besonderer Intuition und Ausdauer gesegnet, wie z. B. Murray Mac Dougall, der entgegen aller Voraussagen im Lowveld Zuckerrohr anbaute, nachdem er mühselig Flüsse untertunnelt und umgeleitet hatte (siehe Essay S. 189).

Künstliche Bewässerung war das erste Zauberwort für das Lowveld, das zweite ist „Game Ranching". 1961 stellte in Buffalo Range die erste Farm ihre Rinderzucht auf eine Kombination mit Wildtieren um. Das Projekt wurde mit großem Interesse verfolgt. Die Farmer lieferten sich heftige Kontroversen, viele glaubten, daß sich Wildtiere nicht mit Rindern kombinieren lassen würden, daß sie gefährliche Krankheiten auf die Rinder übertragen könnten und nicht zuletzt, daß die erforderlichen, hohen Wildzäune alle zu erwartenden Einnahmen schlucken würden. Doch die Zeit bewies das Gegenteil. Die Wildtiere zeigten sich hitze- und dürreresistenter, und die ausgelaugten Böden erholten sich sogar wieder, als man statt der Rinder Wild weiden ließ. Während die Rinderzüchter meist von Jahr zu Jahr schmälere Profite erwirtschafteten, wurden die Wildfarmen immer profitabler. 1984 zeigte eine großflächige Untersuchung, daß nur noch 16 % der Farmen ausschließlich Rinderzucht betrieben, dagegen 43 % Wildtier- und Rinderzucht kombinierten, und knapp 25 % vollständig auf Game Ranching umgestiegen waren. In wenigen Jahren war hier ein erfolgreicher Wirtschaftszweig entstanden, der auch aus ökologischer Sicht begrüßt werden mußte. Die neue Erfahrung, daß das Wild plötzlich einen hohen Wert darstellte, gab auch so manchen Denkanstoß bei vielen Farmern, die bisher die Wildtiere als Störfaktoren angesehen hatten. So kam es sogar zu einer erstaunlichen Entwicklung, als der Gonarezhou N. P. mit einem sicheren Büffelzaun umschlossen werden mußte (diese Bedingung stellte die EU, bevor sie Rindfleischimporte in die EU-Staaten genehmigte). Die Farmer entlang der Nationalparkgrenze mußten sich nun entscheiden, ob sie ihre Büffel und anderes Großwild weggaben und künftig Rindfleisch exportieren wollten, oder ob sie ihre Farm mit einzäunen lassen wollten, wodurch sie ihre Büffel etc. behalten konnten, dem EU-Geschäft aber fernbleiben mußten. Es gab tatsächlich mehrere Farmen, die sich für ihre Wildtiere entschieden und zusammen mit dem Nationalpark eingezäunt wurden.

Bis heute sind die Zahlen noch aussagekräftiger geworden. Wildhaltung und -nutzung ist im Lowveld zweifellos profitabler, einfacher und ökologisch harmonischer als Rinderzucht. Wildfarmen genießen sogar mehrere Einnahmequellen. Die höchsten Einnahmen bescheren ausländische Hobbyjäger, die für ‚Safari Hunting' immense Summen ausgeben. Nur wenige Jagdkunden pro Wildfarm bringen bereits 70% der jährlichen Einnahmen ein. Die übrigen 30 % werden durch den Verkauf der Tierprodukte, wie Fleisch, Haut und Hörner, erwirtschaftet. In den letzten Jahren entwickelte sich zusätzlich der sog. 'Ökotourismus'. Dahinter steht die Idee, durch sensiblen Tourismus den Besuchern die einzigartige Flora und Fauna des Lowveld nahezubringen, kulturelle Begegnungen zu ermöglichen, und gleichzeitig die Einnahmen in die beteiligten Gemeinden zurückfließen zu lassen. Die Organisatoren demonstrierten tatsächlich Verantwortungsbewußtsein und Ernsthaftigkeit: Während der fürchterlichen Dürren in den 80er und frühen 90er Jahren konnten durch das Engagement dieser Organisationen viele Hundert Tiere aus dem Gonarezhou N. P. umgesiedelt und gerettet werden.

Elefanten zu zähmen, wird gerade in den Conservancies immer populärer

Als erstes größeres, privates Schutzreservat etablierte sich das ca. 300 km² große Lonestar Reserve, das zwischen den Flüssen Runde und Save liegt und an den Gonarezhou Nationalpark angrenzt. Es wurde vor einigen Jahren vom **Malilangwe Conservation Trust** übernommen, der fast 5 Mio. US$ für den Aufbau von Safarilodges und die Wiedereinführung von Wildtieren investierte. Malilangwe steht nicht nur für Exklusivtourismus, obwohl die beiden Lodges Nduna und Pamushana intensiv vermarktet werden, sondern versteht sich auch als Forschungsgelände für Biologen und Tierschützer.

1991 – auf dem Höhepunkt der Dürre – schlossen sich 23 Großgrundbesitzer im Savetal zum seinerzeit größten privaten Schutzgebiet der Welt, der **Save Valley Conservancy**, zusammen. Sie ließen ihre Rinderzäune entfernen und sicherten das rund 4000 km² große Schutzgebiet nach außen mit elektrischen Wildzäunen ab. Dann begann die Umsiedlung der im Nationalpark vom Massensterben bedrohten Wildtiere, eine Aktion, die sich nachträglich wie eine Erfolgsgeschichte liest. Zum ersten Mal in der Geschichte hatte man geschlossene Elefantenherden umgesiedelt, die sich bestens in der neuen Umgebung einlebten. Innerhalb von dreieinhalb Jahren vermehrten sich die rund 600 Dickhäuter auf 700 Tiere. Spektakuläre Zuwachsraten von jährlich um die 10 % konnten auch bei den wieder eingeführten Spitzmaulnashörnern erreicht werden. Besonders stolz ist man allerdings auf die fast 100 Wild Dogs, vermutlich der gesündeste Bestand dieser Rudeltiere innerhalb Zimbabwes. Außerdem beherbergt das Schutzgebiet u. a. 40 000 Impala, 11 000 Kudus, 5000 Ducker, 2000 Elenantilopen, 1500 Zebras und 1300 Gnus. Verschiedene Safarilodges, wie das Turkwe River Camp und die Senuko Safari Lodge, ermöglichen Touristen einen exklusiven Aufenthalt im Schutzgebiet. Wie in Malilangwe Estate werden auch hier Pirschfahrten, Wanderungen und Vogelbeobachtungen unternommen, weitere Highlights sind Reiten und Nachtpirschfahrten. Die Investoren der verschiedenen Schutzgebiete versprechen sich von diesem Modell auch eine Steigerung des Lebensstandards der ansässigen afrikanischen Bevölkerung und argumentieren, daß der Tourismus viel mehr Arbeitsplätze schafft als die herkömmliche Landwirtschaft.

Die Idee der privaten Conservancies ist in Mode geraten, und im Nu sprießen immer neue Farmzusammenschlüsse im Lowveld aus dem Boden. Längst gibt es z. B. eine Chiredzi River Conservancy nördlich von Chiredzi, die Bubi Valley Conservancy nördlich von Beitbridge und die Bubiana Conservancy in der Nähe von West Nicholson.

Gonarezhou National Park

Mit 4964 km² ist Gonarezhou der zweitgrößte Nationalpark des Landes und eine seiner wildesten Regionen. Der Park wird nach wie vor nur wenig besucht, ist äußerst weitläufig und weist viele sandige Pisten auf, die man nur mit Allrad befahren sollte. Dazu zählen vor allem die Strecken entlang des Runde River (Chilojo Cliffs und weiter nach Osten), wogegen die Zufahrtsstraßen zu den Camps Chipinda Pools, Mabalauta und Swimuwini auch für Pkws befahrbar sind. Der Nationalpark ist ganzjährig von 06.00–18.00 h geöffnet, zwischen November und April sind allerdings nur die Camps Chipinda Pools, Mabalauta und Swimuwini zugänglich.

Im Nationalpark gibt es weder Tankstellen noch Einkaufsgelegenheiten oder Restaurants. Die nähesten Versorgungsstationen sind Chiredzi und Rutenga.

Verwaltungstechnisch ist der Park in zwei eigenständige Bereiche geteilt. Die Save-Runde-Subregion wird von der Parkbehörde an den Chipinda Pools verwaltet (P/Bag 7003, Chiredzi. Tel. 131-397). Für die Mwenezi-Subregion ist die Parkverwaltung neben dem Mabalauta Campingplatz zuständig. Innerhalb des Parks besteht zwischen den beiden Subregionen keine für Besucher zugelassene Straßenverbindung. Der Eintrittspreis ist jedoch für beide Bereiche gültig.

Anreise

Anreise von Chiredzi (beide Regionen)
21 km östlich von Chiredzi zweigt die ausgeschilderte Schotterstraße zum Nationalpark ab. Nach 34 km gelangt man zunächst zum Parkeingang beim Hauptquartier und Campingplatz in Chipinda Pools. Die breite Schotterstraße führt gleich danach über den Runde River, etwa 1 km weiter liegt der Parkeingang zum Chinguli Camp und den Chilojo Cliffs. Die Schotterstraße wendet sich nun wieder leicht vom Nationalpark ab und führt durch eine einsame Buschlandschaft mit wenigen, einfachen Dörfern und vielen Eselkarren nach Boli (52 km). Hier treffen von rechts die Bahnlinie und die Schotterstraße von Rutenga auf unsere Straße. Von jetzt an verläuft die Straße immer entlang der Bahnlinie nach Süden und erreicht nach 25 km die Mwenezi-Subregion des Nationalparks. Nur ein Schild markiert bei Kilometerstein 110 den Beginn des Nationalparks. Schlagartig verändert sich die Vegetation, sind die Böden mit gelbem Gras bewachsen und die Bäume höher, als zuvor in dem überweideten Siedlungsgebiet. Nach weiteren 8 km macht die Piste eine deutliche Rechtskurve und führt nun an verschiedenen Abzweigungen zu Wasserstellen und Pirschwegen vorbei nach 20 km zur Parkverwaltung in Mabalauta. (Chiredzi–Mabalauta ca. 163 km)

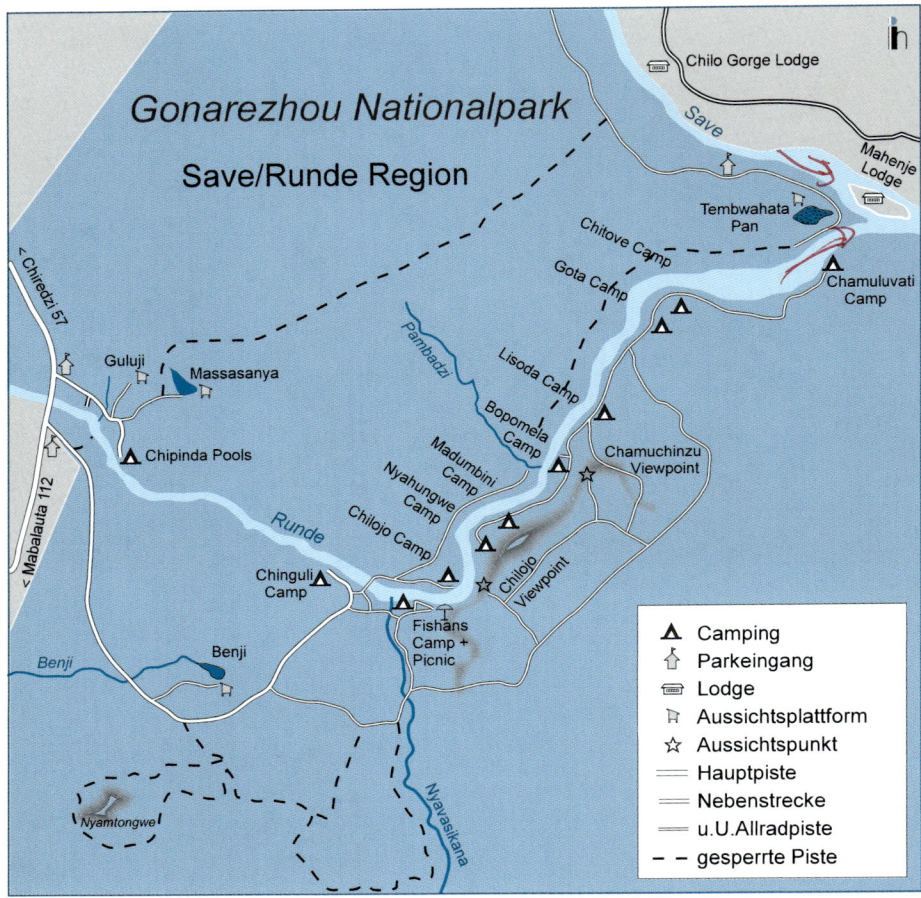

Anreise zum Mahenye-Parkeingang (Save-Runde-Subregion)

Vor Benützung dieser Zufahrt sollte man sich vor Ort nach dem Straßenzustand erkundigen

Außerdem existiert eine Zufahrt in die Save-Runde-Subregion über den Parkeingang am Zusammenfluß von Runde und Save. Diese Strecke ist aber nur erfahrenen Reisenden mit Allradfahrzeugen zu empfehlen. Sie beginnt 55 km östlich von Chiredzi in der kleinen Ortschaft Rupangwana, direkt vor der Jack Quinton Brücke über den Save River. Die Zufahrt ist stark ausgewaschen, scharfkantige Steine erschweren das Vorankommen. Nach knapp 50 km erreicht man nahe der Tembwahata Pan (mit Aussichtsplattform) das einsame, selten besuchte Parkbüro. Für die Weiterfahrt zu den Chilojo Cliffs muß wenig später auch noch das tiefsandige, sehr breite Flußbett des Runde bewältigt werden. Es gibt keine beschilderte Furt, man muß mit der Beschreibung der Wildhüter zurechtkommen. Auf der gegenüberliegenden Fußseite erreicht man dann wieder eine beschilderte Piste. Durch eine herrliche

Save River: sprich "Sawe River"

Landschaft voller Baobabs geht es nun entlang des Runde River zu den Chilojo Cliffs und weiter zum Chinguli Camp, jedoch auch hier ist Allrad erforderlich, um die vielen kleinen Flußbette zu durchqueren.

Zufahrten zur Save-Runde Subregion

Alternativ führt eine gute Piste direkt nach der Jack Quinton Brücke am Ostufer des Save River zur Chilo Gorge Safari Lodge (43 km). Etwa 10 km weiter gibt es nahe der Mahenye Safari Lodge eine Furt durch den Save, über die man ebenfalls zum Parkbüro gelangt. Diese Zufahrt darf offiziell jedoch nur von den beiden Lodges benutzt werden.

Anreise von Rutenga in die Mwenezi-Subregion (Buffalo Bend)
Die Strecke folgt von Rutenga der Bahnlinie nach Südosten. Nach 34 km durchquert man die Ortschaft Mbizi. 41 km weiter kommt man an eine Gabelung, von hier aus bestehen zweierlei Zufahrten in den Park.

Zufahrten zur Mwenezi-Subregion

• Variante 1 via Boli: Fahren Sie 11 km geradeaus weiter entlang der Bahnlinie bis Boli. Ab hier knüpft die Strecke an die oben beschriebene Zufahrt an. (Rutenga–Mabalauta insgesamt 139 km).

• Variante 2 via Chikombedzi: Biegen Sie an der Gabelung rechts ab. Die Piste überquert die Eisenbahnschienen und führt nach 20 km in das landwirtschaftliche Zentrum Chikombedzi. Wie eine kleine Oase ragt die Siedlung mit ihren auffälligen gelben Fieberbäumen aus der staubigen Landschaft. Verlassen Sie den Ort auf der Piste in südöstlicher Richtung. Nach knapp 11 km markiert ein Schild den Beginn des Nationalparks. 23 km weiter hat man die Parkverwaltung von Mabalauta erreicht (ins. ca. 129 km ab Rutenga).

Geschichte

Die Geschichte des Nationalparks ließt sich eigentlich wie ein Horrorszenario. Seit dem Auftauchen der Europäer wurde in dieser wildreichen Gegend ausgiebig gejagt und gewildert. Die hiesigen Elefanten standen in dem Ruf, die größten Stoßzähne des Landes zu tragen und waren eine geschätzte Beute. Nachdem sich keine Farmer in dieser tiefliegenden, tsetseverseuchten und heißen Region niederlassen wollten, konnten die Wilderer ungestört ihr Unwesen treiben. Um der Tsetsefliegenplage Herr zu werden, wußten sich die Behörden in den ersten Jahrzehnten des Jahrhunderts keinen besseren Rat, als riesige Urwälder großflächig abzuholzen – eine Tragödie aus heutiger Sicht, gingen dabei doch riesige Edelholzwälder mit seltenen Baumarten zugrunde. Nachdem die Abholzung erfolglos blieb, galt das Abschießen von Wild, insbesondere Büffeln, Elefanten und verschiedenen Antilopen, als geeignetes Mittel zur Vernichtung der Tsetsefliegen. Bis in die 60er Jahre wurde das sog. *Tsetse Hunting* durchgeführt, mit dem traurigen Ergebnis, daß 55 000 Wildtiere auf dem Gebiet des heutigen Nationalparks niedergeschossen wurden, ehe man erkannte, daß den Tsetsefliegen auch damit nicht beizukommen war. 1126 Kuhantilopen waren dem Programm zum Opfer gefallen, und ihre Art war damit im Lowveld ausgerottet. Der Abschuß von 450 Pferdeantilopen dezimierte den Bestand derart, daß er sich noch immer nicht wieder stabilisiert hat. Noch krasser klingen die Zahlen bei den 12 000 abgeschossenen Kudus und 15 000 Duckern. Doch aller Abschußaktionen zum Trotz konnte man die Tsetsefliegen nicht eindämmen, um eine Grundlage für die Ansiedlung von Menschen zu schaffen. Der in dieser Region von 1958 bis 1968

Die Geschichte des Nationalparks ist ein bitteres Kapitel

Massentöten der Wildtiere

Bilder vorige Seiten: Mwenezi River, Chilojo Cliffs und typische Vegetation

zuständige District Commissioner Allan Wright überzeugte die Regierung schließlich von seiner Idee, eine Art Korridor für Wildtiere zu schaffen. Als eine Verlängerung des Krügerparks und Pufferzone nach Mosambik wurde 1968 das Gonarezhou-Wildreservat eingerichtet, welches man 7 Jahre später zum Nationalpark erklärte. Sein Name bedeutet „Refugium der Elefanten", eine schöne Bezeichnung für ein Gebiet, das den verfolgten Dickhäutern künftig Zuflucht gewähren sollte. Ein Hauptproblem des riesigen, unzugänglichen Schutzgebietes war von Anfang an die extreme Wilderei, der die Wildhüter einfach nicht beikommen konnten. Die geographische Lage begünstigte die grenzüberschreitende Wilderei aus Mosambik. Als dort der Bürgerkrieg ausbrach, verschlimmerte sich die Lage zusehends, der Nationalpark wurde vollkommen unkontrollierbar, Begegnungen mit Wilderern verliefen für die Scouts immer gefährlicher, führten schließlich sogar zum Tod zweier Wildhüter. Ende der 60er Jahre hatte man Spitzmaulnashörner wieder angesiedelt, doch keines der Tiere überlebte die Wilderei der 80er Jahre. Tausende Wildtiere verloren ihr Leben – als Fleischlieferant für die

Hungernden im kriegserschütterten Mosambik, wegen ihres Elfenbeins oder durch die Tretminen der Rebellen. Irgendwann war die Situation so prekär, daß sich die Nationalparkbehörde aus Sicherheitsgründen entschloß, den Park für die Öffentlichkeit zu sperren. Erst nachdem sich die politische Lage zu Anfang der 90er Jahre in Mosambik wieder beruhigte, wurde der Park zunächst nur für einheimische Touristen wieder geöffnet. Zum gleichen Zeitpunkt aber führte eine anhaltende Dürre zu einer neuen, diesmal ökologischen Katastrophe. Nachdem eine Regenzeit praktisch komplett ausgefallen war, schrumpften die Flüsse zu kleinen Tümpeln, die schließlich auch vertrockneten. Viele Pflanzen verdorrten und starben ab. Die Tiere saßen zu Tausenden in der Falle, verhungerten und verdursteten. Am schlimmsten traf es die Flußpferde. Als ihre Wassertümpel vertrockneten, gingen sie elend zugrunde. Nur eine Handvoll soll das Unglück überlebt haben. Von ca. 7000 Elefanten,

Bilder links: Gelbschnabeltoko,
Swimuwini Restcamp
Bilder rechts: Giraffen, Runde River
nach der Regenzeit, Schirrantilope

die den Park vor der Dürre bevölkert haben sollen, sind nur etwa 4000 geblieben. 750 Elefanten waren erfolgreich in umliegende Privatschutzzonen umgesiedelt worden, der Rest an Schwäche und Hunger gestorben. Es heißt, auf dem Höhepunkt der Dürre seien täglich 3 Elefanten verendet. Eine erkennbare Besserung setzte erst 1994 ein, als erstmals wieder ausreichend Regen fiel und auch die Wilderei eingedämmt werden konnte. Seither dürfen auch wieder ausländische Touristen den Park besuchen. Die Schönheit seiner Natur und die spektakuläre Wildheit haben den Gonarezhou Nationalpark rasch zu einem Juwel für Naturfreunde und Afrikafans gemacht. Eine Fülle an Wildtieren, die Menschen gewöhnt sind und denen man sich leicht nähern kann, sollte man hier nicht erwarten. Not und Verfolgung sind an vielen Tieren nicht spurlos vorübergegangen. Die Elefanten gelten als unberechenbar, menschenscheu und aggressiv. Daher hat Gonarezhou kein zooähnliches Ambiente, sondern ist eben noch ein richtig 'wildes' Stück Afrika.

Vegetation & Tierwelt

Die Vegetation der klassischen Lowveldflora, ein überwiegend niederer, dürreresistenter Bewuchs, wird durch breite, sandige Flüsse mit abwechslungsreichen, frischen Uferwäldern aufgelockert. Daher findet man hier sowohl Sukkulenten, Palmen und Baobabs, als auch Brachystegia-Wälder, Mopane und Combretumgesträuch. Zu den Bäumen, die sonst in Zimbabwe kaum vorkommen, zählen Nyalabaum, Wilde Mango, Fieberbaum und Eisenholz.

Der Gonarezhou Nationalpark gilt als ebenso artenreich wie der südafrikanische Krügerpark. Alle Großkatzen sind vertreten, auch Hyänen, Erdwölfe und Afrikanische Wildhunde, die im Januar und Februar sogar bis in die Camps kommen. Zwischen 4000 und 5000 Elefanten, mehrere Tausend Büffel, Kudus, Impala, Wasserböcke und Zebras sind hier vertreten. Neben dem Mana Pools Nationalpark ist dieser Park der einzige Zimbabwes, in dem Nyalaantilopen und Suni (Moschusböckchen) leben. Dagegen haben sich andere Tierarten, vor allem Flußpferde, aber auch Riedböcke, Elen- und Rappenantilopen, noch immer nicht von der großen Dürre erholt. Auffallend ist vor allem die Vielfalt kleinerer Antilopen und Böcke im Nationalpark. Ducker, Steinböcke, Klippspringer, Oribi, Moschus- und Greisböckchen kommen sonst nirgendwo im Land gemeinsam vor.

Über 400 Vogelarten sind im Gonarezhou Nationalpark heimisch, und eine Vielzahl davon kann man bei einer mehrtägigen Safari mühelos entdecken. Der trockene Buschwald ist das bevorzugte Habitat der Tokos, Gackeltrappen, Reb- und Perlhühner. Vereinzelt kommt hier sogar der Erzkuckuck vor, den man sonst nirgends in Zimbabwe antrifft. An den Wassertümpeln halten sich Hagedasch-Ibis, Sattelstorch, Hammerkopf und Reiher auf, während man Baumläufer, Maskenweber und Bienenfresser in den hohen Bäumen an den Ufern erspäht. In den Camps kann man häufig Paradiesschnäpper, Rotschnabeldrosseln, Afrikanische Wiedehupfe, Halsbandbartvögel, Gelbbauchammern entdecken, wie natürlich auch die zutraulichen Graubülbül, Meves-Glanzstare und Angola-Schmetterlingsfinken.

Entlang des Runde wächst ein herrlicher, vielfältiger Uferwald. Hier stehen prächtige Exemplare der eigenwilligen Leberwurstbäume, schattenspendende Nyalabäume (deren Beeren nachts vom Baum fallen, daher sollte man nicht direkt unter den Bäumen campieren), Wilde Mangos,

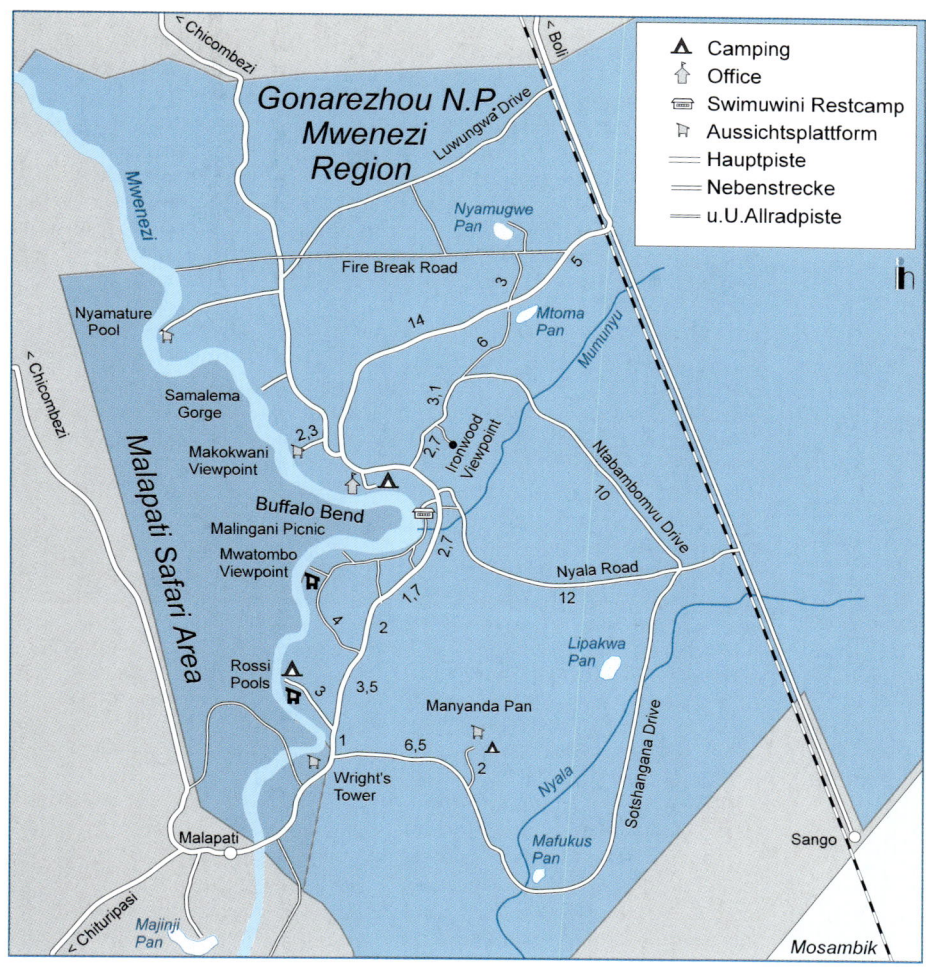

Gonarezhou N.P.
Mwenezi
Region

Camping
Office
Swimuwini Restcamp
Aussichtsplattform
Hauptpiste
Nebenstrecke
u.U.Allradpiste

< Chicombezi
< Boli
Luwungwa Drive
Nyamugwe Pan
Fire Break Road
3
5
Mtoma Pan
14
6
Mumunyu
Nyamature Pool
< Chicombezi
Mwenezi
3,1
Samalema Gorge
2,3
2,7
Ironwood Viewpoint
Njabambomvu Drive
Makokwani Viewpoint
Buffalo Bend
10
Malingani Picnic
Mwatombo Viewpoint
2,7
Nyala Road
12
Malapati Safari Area
1,7
4
2
Lipakwa Pan
Rossi Pools
3
3,5
Manyanda Pan
Sotshangana Drive
1
6,5
2
Nyala
Wright's Tower
Malapati
Mafukus Pan
Sango
< Chituripasi
Majinji Pan
Mosambik

Ebenholz- und Mahagonibäume. Jenseits der Uferzone verändert sich die Vegetation schlagartig, jetzt dominieren Mopane- und Dorngestrüpp, das mit knorrigen Baobabs und vielen Sukkulenten durchsetzt ist. Der überragende landschaftliche Höhepunkt sind sicherlich die Chilojo Cliffs, die man mit einem Allradfahrzeug erklimmen kann. Der Aussichtspunkt liegt direkt an der 170 m hohen Steilkante dieser erodierten Sandsteinfelsen und ist wahrhaft spektakulär. Wie ein dünnes Band windet sich der Runde zu Füßen des Betrachters durch eine scheinbar vollkommen unberührte Urlandschaft. Noch in weiter Ferne sind von hier oben Elefantenherden auszumachen. In der Trockenzeit finden sich in den Ebenen Büffelherden von mehr als 1000 Tieren zusammen. Giraffen wurden bisher übrigens nur südlich des Runde gesichtet.

Chilojo Cliffs, siehe Bild auf S. 195

In dieser Region dominiert ein weicher Sandsteinboden. Das Plateau östlich des Mwenezitals wird vor allem von einem Mischwald mit Tambuti, Mahagoni und Falschem Mopane bewachsen. Zum Fluß hin fällt das Plateau in eine tiefergelegene Ebene ab, die von Combretum- und Mopanebusch und einzelnen Baobabs geprägt wird. Eine Besonderheit der Flora in der Mwenezi-Subregion sind die ungewöhnlichen Eisenholzbäume (*Androstachys johnsonii*, siehe Bild S. 68). In der Trockenzeit erkennt man diese Bäume leicht an ihren seitlich eingerollten Blättern. Auf Felsenklippen entlang des Flußbetts wachsen vereinzelt auch die sehr seltenen Aloen *Aloe Lutescens*. Entlang des Flußufers findet man die typischen Uferbäume niedriger Zonen, wie Leberwurst-, Fieber- und Nyalabäume.

Pirschfahrten

Save-Runde-
Subregion
Rund um den Campingplatz Chipinda Pools existiert nur ein sehr eingeschränktes, steiniges Wegenetz. Über einen Höhenzug kann man vom Campingplatz aus zum 6,5 km entfernten Massasanya Damm und seiner kleinen hölzernen Plattform fahren. Hier kann man vor allem Wasservögel, wie Reiher, Störche und Eisvögel beobachten. Ansonsten sind die ehemaligen Wege und Camps in der sog. Pambadzi Wilderness Area nicht mehr erhalten.

Vom Parkeingang südlich des Runde River gelangt man zuerst zu den Benji View-Abzweigung. In diesem trockenen Granitsteingelände wurde der Benji River zu einem kleinen See aufgestaut. Die Region gilt als bevorzugtes Löwengebiet. Etwa auf der Höhe des Chinguli Camps erreicht man den Fluß und seine bemerkenswerte Uferlandschaft wieder. Im Hintergrund kann man hier schon die Chilojo Cliffs erkennen. Mit einem Allradfahrzeug lohnt sich ein Abstecher zum Nordufer des Runde. Man durchquert den Fluß über eine steinige Furt und gelangt anschließend in eine regelrechte Bilderbuchlandschaft. Nach 3 km gabelt sich die Sandpiste. Biegen Sie hier rechts ein, um nach weiteren 4 km zum Chilojo Camp zu gelangen. Das verfallene Camp liegt unter schattigen Nyala- und Wilden Mangobäumen direkt am Runde, zu Füßen der mächtigen Chilojo Cliffs. Ein grandioses Fleckchen Natur, besonders bei Sonnenuntergang, wenn die rötlichen Sandsteinfelsen von der tief stehenden Sonne angestrahlt werden.

Ein fast ebenso phantastischer Platz ist *Fishans Picnic Site Nr. 2*, das direkt vor einem steilen, sandigen Flußbett mit einer lebhaften Scharlachspintkolonie liegt. Im Hintergrund thronen die Chilojo Cliffs. Kurz danach erklimmt die Piste den steinigen Höhenzug und führt schließlich bis an den Chilojo View Point. Hier genießt man einen phantastischen Weitblick über das Rundetal. Etwa 10 km weiter führt der Weg wieder an das Ufer des Runde und seine herrlichen Flußauen.

Mwenezi-
Subregion
(Buffalo Bend)
In dieser Region, die deutlich bessere Straßen aufweist als die Save-Runde-Subregion, gibt es eine ganze Reihe anzusteuernder Aussichtspunkte. Am schönsten sind auch hier wieder die Wege entlang des Flusses, wie z. B. die wildromantische Strecke zwischen Swimuwini und Rossi Pool. Am Samalenga Gorge rauscht der Mwenezi durch enge, zerklüftete Felsen, die durch den reißenden Fluß immer weiter ausgewaschen werden. Hier darf man das Auto verlassen und zum Flußbett marschieren, allerdings ist die Zufahrt sehr ruppig. Lohnenswert ist dagegen ein Abstecher zum Makokwani View Point, wo ein überdachter Picknickplatz oberhalb eines

Wassertümpels angelegt wurde. An der künstlich bewässerten Nyamugwe Pan befindet sich ein verwegener Ausguck in den Bäumen, der vermutlich nicht jedermanns Sache ist. Auf dem Rückweg zum Fluß sollte man unbedingt den Ironwood Overlook besuchen. Hier genießt man von der geologischen Abbruchkante einen sagenhaften Weitblick über das trockene, fast eintönige Land bis an die grüne Schlangenlinie des Mwenezi und seines grünen Uferwaldes. An klaren Tagen kann man hier bis nach Mosambik und zum legendären Crook's Corner, dem Dreiländereck zwischen Zimbabwe, Mosambik und Südafrika blicken. An dieser Aussichtsstelle, die am schönsten bei Sonnenuntergang ist, wachsen einige der seltenen Eisenholzbäume. Frühmorgens empfiehlt sich dagegen ein Besuch des Wright Tower, wenn die Sonne von hinten auf die Flußauen scheint. Dieser ungewöhnliche Aussichtsturm diente Allan Wright bei seinen langjährigen Observationen. Obwohl die Wasserpumpe der abseits gelegenen Manyanda Pan schon längst nicht mehr arbeitet, kommen hier viele Wildtiere vorbei.

Außerhalb des Parks liegt an einem ehemaligen Flußarm des Mwenezi ein kleines Vogelschutzgebiet an der Majinji Pan (ca. 25 km von Mabalauta). Leider verschlammt die Pan zunehmend durch die starken Wasserumleitungen und -entnahmen am Mwenezi, wodurch auch die Vogelwelt in Mitleidenschaft gezogen wird.

- **Klima & Reisezeit:** Der Nationalpark liegt nur rund 150 bis 400 m über dem Meeresspiegel und wird durch ein heißes, semi-arides Klima geprägt (sehr heiße Sommer, kurze kalte Winter, kaum Niederschläge, extreme Temperaturunterschiede). Beliebteste Reisezeit sind die kühlen Monate von Juni bis Anfang August, wenn die Tage etwa 20 °C warm werden und es nachts auf 7°C abkühlt. Ab Oktober wird es im Lowveld fast unerträglich heiß, teilweise auch recht stürmisch. Meist fallen während der Regenzeit nur wenig Niederschläge und bis in den April bleibt es heiß. Im Lowveld empfiehlt sich ganzjährig Malariaschutz, insbesondere zwischen Dezember und Mai. Beste Bedingungen für Tierbeobachtungen bieten die Monate Juni bis Oktober, wenn sich viele Tiere an den großen Flüssen, wie Mwenezi und Runde, aufhalten. Am Buffalo Bend konzentrieren sich dann besonders große Herden.
- **Tips & Infos:** Wer Lust hat, den weitläufigen Park zu erwandern, kann sich entweder einer der von National Parks angebotenen Wilderness Trails anschließen (siehe Seite 365) oder wende sich an Khangela Safaris (siehe Reiseagenturen, Seite 366).
- **Walking Safaris:** Mehrstündige Walking Safaris kann man beim Mabalauta Parkbüro buchen (ca. 5 US$ p. P., Termine nach Vereinbarung).

Bilder oben:
Beschilderung im Park, Samalenga
Gorge, Manyanda Pan Plattform

203

Camps und Ferienhäuser im Gonarezhou Nationalpark

Auch für diesen Nationalpark sollte man vorab eine Reservierung in Harare oder Bulawayo tätigen. Doch die Parkverwaltungen in beiden Subregionen stellen auch Reservierungen ohne Voranmeldung aus. In Mabalauta ist es recht unkompliziert, da befindet sich der Campingplatz gleich neben dem Büro und so ist augenscheinlich, ob Platz verfügbar ist (was meistens der Fall ist). In Chipinda Pools läuft die Sache etwas kurioser ab. Hier prüft der Parkverwalter im Office, das zwischen dem Eingang und dem Campingplatz liegt, umständlich alle Camps nach etwaigen Reservierungen, obwohl sich in der Regel herausstellt, daß keines oder nur ein kleiner Teil der Camps dieser Subregion belegt sind (rechnen Sie daher einen halbstündigen Aufenthalt ein). Auf alle Fälle hat man bis auf ganz wenige Tage im Jahr keine Schwierigkeiten, vor Ort auf einem Campingplatz unterzukommen. Dagegen kommt es leicht vor, daß die beliebten Swimuwini-Ferienhäuser belegt sind, besonders zu Ferienzeiten und an Wochenenden in der kühlen Jahreszeit.

Save-Runde-Subregion:

- **Chipinda Pools Campsite:** Ganzjährig auch für Pkws zugänglicher Campingplatz nur 7 km vom Parkeingang entfernt, direkt am Runde River gelegen. Erfrischende Ufervegetation, sehr viele Vögel, Hippos und Krokodile. Sehr saubere Sanitäreinrichtungen, 9 schattige, gemütliche Stellplätze. Einziger Nachteil: für Pirschfahrten in den Park muß man erst zum Parkeingang westlich der Rundebrücke fahren, da auf dieser Flußuferseite keine Wege angelegt wurden.
- **Chinguli Campsite:** Campingplatz mit 5 überdachten Stellplätzen auf einem steinigen Gelände am Runde, der sich hier durch eine zerklüftete Landschaft zwängt und mehrere Pools bildet. Früher lebten hier viele Flußpferde, die jedoch während der großen Dürre 1991/92 verendeten, als die Tümpel vollkommen austrockneten. Dafür bekommt das Camp häufig Elefantenbesuch. Vom Camp kann man bis zu den Chilojo Cliffs blicken, am schönsten liegen die Platznummern 1 und 3. Gute Sanitäreinrichtungen.

Entlang des südlichen Rundeufers liegen zwischen dem Chinguli Camp und dem Parkende am Zusammenfluß von Runde und Save acht Buschcamps (Exclusive Campsites), die meist in traumhafter Lage angelegt wurden, jedoch nur minimale Einrichtungen vorweisen (kein Wasser, keine Sanitäreinrichtungen). Diese Camps können immer nur von einer Einheit reserviert werden. Von Westen nach Osten lauten sie Fishans Camp Site, Nyahungwe Camp, Madumbini Camp, Bopomela Camp, Lisoda Camp, Gota Camp, Chitove Camp und Chamuluvati Camp. Diese Camps werden auch Lower Lundi Camps genannt. Gebühren für Campsites, Buschcamps und Ferienhäuser siehe Seite 364.

Als einziges Camp am Nordufer liegt in phantastischer Lage zu Füßen der Chilojo Cliffs das verfallene Chilojo Camp. Hier haben einmal Ferienhäuser und Sanitäreinrichtungen gestanden, die schon lange nicht mehr einsatzfähig sind. Bis ein Investor für die geplante Privatisierung des Camps gefunden ist, wird es für Campingfreunde wie die Buschcamps angeboten.

Mwenezi-Subregion (Buffalo Bend):

- **Swimuwini Rest Camp:** Diese Bungalowanlage dürfte vermutlich die originellste ganz Zimbabwes sein, denn hier hat jeder Rondavel seinen eigenen riesigen, skurrilen Baobab! 'Place of the Baobabs' lautet denn auch die passende Übersetzung seines Namens. Alle 5 Häuser genießen durch die erhöhte Lage einen weiten Ausblick auf den Buffalo Bend. Das Restcamp erhält regelmäßig Besuch von Löwen, Büffeln und Elefanten. Alle Rondavel sind komplett mit bis zu 5 Betten, Gaskocher, Kühlschrank etc. ausgestattet, in der Mitte des Camps befinden sich gemeinsame Sanitäranlagen. Das schönste Haus mit Namen „Trichelia" steht unmittelbar an der steilen Abbruchkante zum Fluß.
- **Mabalauta Camping & Caravan Site:** 5 weitläufige, schattige Stellplätze am sandigen Uferbereich des Mwenezi River (der hier nur etwa von März bis Mai Wasser führt), nahe der Parkverwaltung gelegen. Gepflegte Sanitäreinrichtungen, auffallend viele Vögel, auch Buschhörnchen und Paviane. Auf der gegenüberliegenden Uferseite liegt die Malapati Safari Area, in der gelegentlich gejagt wird.
- **Rossi Pools:** Buschcamp am Mwenezi River, erhöht gelegen, leider ziemlich schattenlos.
- **Manyanda Plattform:** Buschcamp an der Manyande Pan mit Plattform, Toilette. Recht trockene Buschlandschaft.

Von Masvingo nach Beitbridge   (A4, 290 km)

Die Gesamtstrecke ist bis auf wenige Abschnitte relativ eintönig. Sie erreicht wie vorab beschrieben nach 96 km den kleinen Ort Ngundu und überquert wenige Kilometer später bei Lundi den Runde River. Der breite Fluß durchfließt hier eine reizvolle Hügellandschaft mit dichter, frischer Vegetation. An der Brücke über den Runde River haben Straßenverkäufer ihre Schnitzereien, Tonwaren und Shona-Skulpturen aufgebaut. In den ersten Jahrzehnten der Kolonie war es übrigens manchmal tagelang nicht möglich, den Runde zu überqueren, wenn er Hochwasser führte. Jeglicher Verkehr kam dann zum Erliegen. Schon damals konnte sich hier deshalb ein einfaches Hotel etablieren. Heute steht Durchreisenden der Nachfolger des ehemaligen Rhino Hotels zur Verfügung.

- **Rhino Chalets & Camping (Lundi Lodge):** P. O. Box 66, Triangle. Tel. 136-238, Fax 136-298. Chalets und Campinggelegenheit am Runde River. Frisch renoviert. Preise: ca. 25 US$/Chalet, 3 US$/Camping. *Unterkunft*

Die Straße führt nun durch das flache Lowveld, überquert 20 km hinter der Ortschaft Rutenga den Mwenezi River, der die Mabalauta-Subregion des Gonarezhou Nationalparks bewässert, und nähert sich nach eintöniger Fahrt durch Farmland dem Bubi River, an dessen bewachsenen Ufern verschiedene private Wildschutzgebiete und Übernachtsplätze eingerichtet wurden. **Rutenga**

- **Samanyanga Lodge:** 95 km vor Beitbridge zweigt rechts die Alko Towla Road ab. Entlang dieser Schotterstraße gelangt man nach 43 km zum Eingangstor der Bubi Valley Conservancy. 15 km weiter liegt am Ufer des Bubi River die exklusive Lodge. In sechs Luxuszelten und einem geschmackvoll eingerichteten Haupthaus werden bis zu 12 Gäste verwöhnt. Ein schöner Pool ergänzt das gehobene Ambiente. Es werden Pirschfahrten im eigenen Wildreservat (auch nachts) sowie Touren in den Gonarezhou N. P. unternommen. Kontakt Tel. 111-601818, in Südafrika Tel./Fax 0026-39-79488. All-Inclusive-Preise: ca. 360 US$/DZ und 540 US$/EZ. *Unterkunft* *Bubi Valley Conservancy*

Direkt an der Straße am Bubi River bestehen folgende Übernachtungsgelegenheiten:

- **Bubi Village:** P/Bag 5747, Beitbridge, Tel. 114-339, Fax 114-373. Einfache, saubere Chalets für ca. 25 US$, Restaurant, Souvenirläden und Metzgerei. *Unterkunft*
- **Threeways Safaris:** P. O. Box 110, Beitbridge. Tel. 114-359. Einige Kilometer abseits der Straße werden auf einer Farm riedgedeckte Rondavel angeboten.
- **Lion & Elephant Motel:** P. O. Box 148, Beitbridge, Tel. 70-1502. Motel mit Campinggelegenheit.

75 km weiter liegt Beitbridge, Zimbabwes einziger Grenzübergang nach Südafrika. Der staubige, 490 m hoch gelegene Ort entstand erst durch die Brücke über den Limpopo, die 1927–29 erbaut und vom Beit Trust finanziert wurde. Außer mehreren Tankstellen, Banken, einigen Läden und einfachen Unterkünften hat Beitbridge eigentlich nichts zu bieten und ist daher ein typisches, sehr belebtes Durchreisenest. **Beitbridge**

- **Holiday Inn Express:** Tel. 14-736644, Fax 14-736646. Mittelklassehotel für ca. 50 US$ p. P. *Unterkunft*
- **Peter's Hotel:** Tel. 114-309. Einfacheres Hotel für ca. 30 US$ p. P:

Ausreise nach Südafrika: Die Grenze ist täglich von 05.30–22.30 h geöffnet. Für die Überfahrt wird ein Brückenzoll berechnet (ca. 5 US$), den man am besten in südafrikanischer Währung bezahlt. *Ausreise nach Südafrika*

Von Beitbridge nach Bulawayo (A6, 322 km)

Nur wenige Kilometer nördlich von Beitbridge zweigt von der Bulawayo Road eine alte Schotterstraße nach Westen ab, die nach 140 km zum Tuli Circle führt.

Tuli Circle

Tulis Geschichte ist eng mit der Pionierkolonne verbunden. Hier hatten die Männer am 01.07.1890 das Einflußgebiet des Matabelestaates betreten und das erste Fort der künftigen Kolonie an der Stelle errichtet, wo F. C. Selous zuvor ein Jagdcamp stationiert hatte. Später ließen sich ein paar Siedler bei der kleinen Garnison am Limpopo nieder und zunächst schien sich Tuli als wichtigster Zugang nach Rhodesien zu entwickeln. Die Siedlung erhielt ein Hotel und eine Poststation, Nonnen gründeten hier sogar das erste Hospital der Kolonie. Doch dann geriet Tuli durch den Bahnbau, der 1897 Mafikeng mit Bulawayo verband, ins Abseits. Innerhalb weniger Jahre verließen die meisten Siedler die klimatisch ungünstige Region um Tuli. Als später auch das Fort stillgelegt wurde, blieb Tuli ziemlich verlassen zurück. Heute erinnern nur noch eine Flagge und ein Gedenkstein an das alte Pionierfort, und auf dem verlassenen Friedhof zeugen windige Kreuze von früheren Siedlertagen. Der eigentümliche Grenzverlauf, der halbkreisförmig um das alte Fort verläuft und Ursache für die Bezeichnung Tuli Circle ist, entstand übrigens 1891, als die BSAC Tuli einen Gerichtsbezirk mit Radius von 16 km rund um das Fort zusprach.

1963 erklärte die Kolonialregierung Tuli zum Jagdgebiet und wies darin gleichzeitig drei Pflanzenschutzzonen aus. Tolo River, Pioneer und South Camp Botanical Reserve sind kleine Schutzgebiete für die heimische Flora, z. B. für Ilalapalmwälder, Nyala- und Fuchsienbäume. Die reizvolle Uferlandschaft entlang des Limpopo dürfte heute die größte Sehenswürdigkeit der Region ausmachen. Die Wildlife Society of Zimbabwe unterhält ein kleines, sehr einfaches Camp am Shashi River.

Von Beitbridge nach Bulawayo

Auf der Fahrt nach Bulawayo entlang der Hauptstraße liegt nach gut 25 km links der Straße eine bedeutende kulturhistorische Sehenswürdigkeit. An einem kleinen Flußbett liegen unter freiem Himmel die auf flachem Sandgestein gravierten Zeichnungen der **Giraffe Petroglyphs**. Die 3 m große Gravur einer Giraffe nebst weiteren kleineren Giraffenumrissen ist in Zimbabwe einzigartig. Gravurtechniken wie diese sind sonst nicht in Zimbabwe verbreitet, wohl aber in Südafrika, Namibia und Botswana zu finden.

Bubi Valley Conservancy, siehe auch vorige Seite

Die Straße führt nun durch einsames Farmland und streckenweise entlang dem privaten Wildschutzgebiet Bubi Valley Conservancy. Bei der Abzweigung nach Towla, rund 90 km nach Beitbridge, liegt Pioneer Crossing, das an den Siedlertrek von 1890 erinnert, der auf seinem Weg von Fort Tuli hier entlang durch das Lowveld zog. 29 km weiter in Tamba bietet sich im **Tod's Guest House** ein angenehmer Einkehrpunkt mit Übernachtungsgelegenheit an (Tel. 116-5403, Zimmer mit Frühstück ca. 30 US$, Camping ca. 3 US$). Zum Gästehaus und Gartenlokal gehört auch eine zahme Giraffe.

Übernachtungsmöglichkeit bietet auch die **Tamba Lodge** der Fam. Darlow, Tel. 116-5405. Das familiäre Gästehaus bietet Reitgelegenheiten und einen Swimmingpool.

Östlich von West Nicholson, in der Bubiana Conservancy, einem privaten Wildschutzgebiet, werden folgende Safarilodges angeboten:
• **Barberton Lodges:** P. O. Box FM 444, Famona, Bulawayo. Tel. 19-79829, Fax 19-64638. Exklusive Bungalowanlage mit vier gemauerten Chalets, Felsenpool und einer weiten Aussicht über die bergige Landschaft. Hierzu gehört auch das Kandahar Buschcamp. All-Inclusive-Preise: ca. 160 US$/Lodge und 140 US$/Buschcamp.
• **Sondelani Game Lodge:** P. O. Box 1472, Bulawayo. Tel. 19-68739, Fax 19-64997. All-Inclusive-Preise: ca. 200 US$ p. P.

Wenig später durchquert man West Nicholson und anschließend Colleen Bawn, dessen eigentümlicher Name auf den Goldsucher Sam Daly zurückgeht. Der hatte seine Grube 1895 nach seiner in Irland zurückgebliebenen Liebsten benannt, und dieser Name hat sich schließlich eingebürgert. Der größte Ort der gesamten Strecke ist Gwanda, heute ein bedeutendes Rinderzuchtzentrum, das 1899 als Bahnstation gegründet wurde. Allmählich verändert sich auch die Landschaft, unmerklich steigt die Straße in die höher gelegenen Regionen des Middleveld an.

Es geht nun direkt nach Norden weiter bis Mbalabala. Die Region war um die Jahrhundertwende Ziel unzähliger Abenteurer und Goldsucher, die von einem Goldrausch wie in Alaska träumten. Die meisten wurden bitter enttäuscht, denn selbst wenn sie ein wenig Gold entdeckten, war der Abbau selten rentabel. Mancherorts stehen noch die stillgelegten, alten Minen.

Auf den letzten 66 km bis Bulawayo führt die Straße direkt am Mzingwane Recreational Park vorbei, einem kleinen Erholungsgelände am gleichnamigen Stausee, der bei einheimischen Fischern beliebt ist, sonst aber keine touristische Infrastruktur bietet. In Esigodeni begegnen wir wieder einmal dem legendären Jäger Frederic Courteney Selous. Der hatte sich 1895 hier niedergelassen um seßhaft zu werden und sein Glück als Eukalyptuspflanzer zu versuchen. Doch schon im nächsten Jahr wurde seine Plantage während des Matabeleaufstands zerstört. Selous verließ daraufhin die Kolonie.

Als letzte Sehenswürdigkeit liegt 24 km vor Bulawayo links der Straße das Chipangali Wildlife Orphanage (siehe Bulawayo, S. 237).

Oben: Gegen einen riesigen Baobab fällt selbst ein Lkw klein aus; auch Chibuku-(Maisbier)flaschen werden auf dem Kopf getragen

DAS ZENTRUM

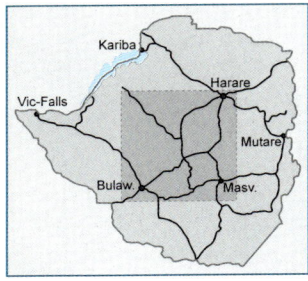

Unterwegs im Dreieck Harare–Masvingo–Bulawayo

Das Zentrum des Landes ist als ertragreiche Kornkammer und gesundes, fruchtbares Hochland mit reichen Boden-schätzen fest in 'weißer' Hand. Eine sanfthügelige Kultur- und Buschlandschaft und lebhafte Ortschaften prägen diese Region, die von Touristen meist nur auf der Durchreise besucht wird. Doch auch hier gibt es interessante Sehens-würdigkeiten: Verfallene Ruinenstätten, urwüchsige Bergbaustädtchen, Museen, Wildparks und moderne, dem Tourismus aufgeschlossene Farmbetriebe.

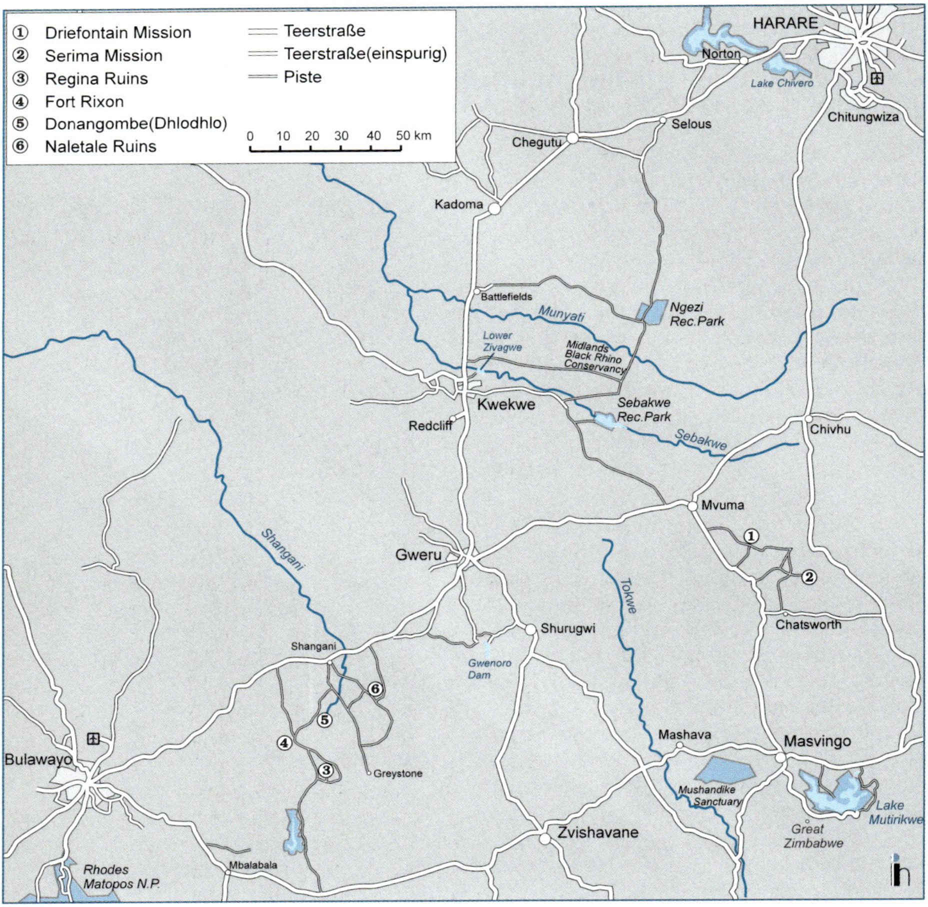

① Driefontain Mission
② Serima Mission
③ Regina Ruins
④ Fort Rixon
⑤ Donangombe(Dhlodhlo)
⑥ Naletale Ruins

Teerstraße
Teerstraße(einspurig)
Piste

0 10 20 30 40 50 km

HARARE
Norton
Lake Chivero
Chitungwiza
Selous
Chegutu
Kadoma
Battlefields
Munyati
Ngezi
Rec.Park
Lower
Zivagwe
Midlands
Black Rhino
Conservancy
Kwekwe
Redcliff
Sebakwe
Rec.Park
Sebakwe
Chivhu
Mvuma
①
Shangani
Gweru
Tokwe
②
Shurugwi
Chatsworth
Shangani
Gwenoro
Dam
⑥
⑤
④
③
Greystone
Mashava
Masvingo
Bulawayo
Mushandike
Sanctuary
Great
Zimbabwe
Lake
Mutirikwe
Zvishavane
Rhodes
Matopos N.P.
Mbalabala

Von Harare nach Masvingo (A4, 293 km)

Die Masvingo Road verläßt die Hauptstadt nach Süden, führt durch das Industrieviertel Willowvale an Chitungwiza vorbei in eine landwirtschaftlich geprägte Region und erreicht nach 56 km **Beatrice**. Die kleine Ortschaft am Mupfure River lebte bis in die 40er Jahre vom Goldabbau. Nachdem die Goldvorkommen weitgehend ausgeschöpft waren, gerieten Rinderzucht und Milchwirtschaft in den Vordergrund.

141 km südlich von Harare liegt **Chivhu**, eine urige Kleinstadt, die sich noch ein wenig von ihrem kolonialen Ambiente erhalten hat. Buren aus dem Oranje Freistaat hatten die Siedlung 1896 unter dem Namen Enkeldoorn gegründet und wurden zum Teil sehr erfolgreiche Landwirte. Einige der hiesigen Farmen haben Flächen von weit über 1000 km². Im gemütlichen Ortskern von Chivhu sind noch mehrere koloniale Gebäude erhalten, vor allem sticht das liebevoll restaurierte Hotel und Restaurant Vic's Tavern hervor (B&B ca. 20 US$/DZ und 30 US$/EZ). 13 km nach Chivhu liegt direkt an der Straße ein angenehmer Zwischenstopp.

Chivhu

Die Buren prägten die Siedlung entscheidend

• **Denise's Kitchen & Tangenhama Safaris**: P. O. Box 216, Chivhu. Tel. 156-25309. Großes, begrüntes Gartenlokal mit zahmen, freilaufenden Zebras und Steinböcken sowie einigen Tiergehegen, in denen Geparde und Krokodile gehalten werden. Auf der gegenüberliegenden Straßenseite liegt ein privates Wildschutzgebiet. Hier kann man täglich von 16.30–17.00 h auf Elefanten reiten (ca. 20 US$), Pirschfahrten im offenen Geländewagen unternehmen (täglich 06.00 h und 16.00 h) und in der Safari Lodge übernachten (Dinner, B&B ca. 40 US$/DZ).

Die Straße führt durch einsames Farmland weiter nach **Mvuma** (194 km von Harare). Gold- und Kupferfunde hatten das Städtchen zu Beginn des Jahrhunderts aufblühen lassen, doch schon Mitte der 20er Jahre folgte der wirtschaftliche Rückgang, als die Vorkommen erschöpft waren. Seither hat man sich auf den großflächigen Anbau von Weizen und Tabak verlegt. In Mvuma gabelt sich die Straße. Hier besteht die Möglichkeit, entlang der Wasserscheide im zentralen Hochland weiter über Lalapanzi nach Gweru und Bulawayo zu fahren. Wir bleiben jedoch auf der A4 in Richtung Masvingo und durchqueren nach wenigen Kilometern das Mtao Forstreservat, dessen Mischwald seit 1925 unter staatlichem Schutz steht. Bei Kilometerstein 219 zweigt nach links die Makanya Road ab, über die man zwei künstlerisch interessante Missionsstationen erreicht:

Mvuma

Abstecher zu den Driefontein und Serima Missionen

Driefontein Mission liegt 13 km entfernt und ist die ältere der beiden Missionen. 1910 gründete der Jesuitenpater Emil Schnitz die Station, auf der sich heute neben dem betagten Pfarrhaus, der roten Backsteinkirche mit ihren bunten Glasfenstern und einem großen Hospital auch die ehemals in Serima entwickelte Ausbildungsstätte für Holzschnitzer befindet (der angeschlossene Verkaufsraum wird nur auf Wunsch geöffnet). Über das weitläufige Farmland geht es von hier aus weiter zur beeindruckenderen Serima Mission (ca. 30 km). Fahren Sie zunächst in Richtung Felixburg bis zur Abzweigung nach rechts (Serima, Chatsworth). Nach 8 km gabelt sich der Weg, hier geht es links immer der Hauptpiste nach bis zur Missionsstation. Auf dieser Strecke kann man zwischen den wohlgenährten Rindern manchmal Kudu- und Impalaherden entdecken, die Rinderzäune mühelos überspringen und sich der Nutzlandschaft hervorragend angepaßt haben.

Abstecher zu den Kunstwerkstätten und Missionen Driefontein und Serima

Die Gründung von Serima Mission geht auf den katholischen Priester Hans Groeber zurück, den die Schweizer Missionsgesellschaft 1948 hierher schickte. Der kunstinteressierte Kirchenmann regte seine Schützlinge, die in Serima Schulunterricht genossen, zum Zeichnen, Schnitzen und Modellieren an. Die Motive waren immer religiöser Art, bei der Gestaltung ließ Groeber den Jugendlichen jedoch völlige Freiheit. Die künstlerische Ausdrucksstärke der Shona begeisterte ihn. Als Groeber in den 50er Jahren nach eigenen Entwürfen die Kirche erbauen ließ, deren eigenwilliger Grundriß mit keilförmigem Zugang und zwei Flügeln Groebers gestalterisches Geschick verriet, erlaubte er den Schülern, die Innenausstattung zu gestalten. Das Ergebnis ist beachtenswert: Die Wände zieren harmonische Malereien, in denen eine elegante Mischung aus afrikanischem und Kirchenstil gelungen ist. Noch stärker hat jedoch die Schnitzkunst als Ausdrucksmittel Verwendung gefunden. Schon von außen beeindruckt das zweigeteilte, hölzerne Portal, innen nicht weniger die verzierten Säulen, das edle Chorgestühl und eine Altarstatue mit der Darstellung von Maria mit dem Kind. Am großartigsten ist das fein verzierte Taufbecken ausgefallen. Die Kirche hat landesweit Beachtung gefunden, und einige der beteiligten Künstler haben anschließend eine Karriere als Kunstschnitzer gemacht. Als sich Groeber 1968 in Driefontein zur Ruhe setzte, wurde auch die Kunstausbildung dorthin verlagert.

Zufahrt zur Serima Mission von Masvingo: 53 km nördlich von Masvingo zweigt die einspurige Teerstraße nach Chatsworth ab. Nach 8 km geht es links weiter auf eine Piste (ausgeschildert), die nach weiteren 18 km die Mission erreicht.

Weiterfahrt Strecke Mvuma–Masvingo: Bei Kilometerstein 222 lädt neben der Straße das 'Golden Spiderweb' mit großem Restaurant und Andenkenläden zu einer kleinen Pause ein. Ansonsten bleibt die Strecke einsam und führt durch Buschwald. Gelegentlich kann man am Straßenrand Hornraben, Silberreiher und Meerkatzen entdecken. Am kleinen Shagashe Game Park vorbei gelangt man schließlich nach Masvingo (S. 169).

Bilder links: Taufbecken in Serima Mission,
Paper House in Kwekwe,
Lokal in Chivhu, Elefantenreitplatz

Von Masvingo nach Bulawayo (A9, 280 km)

Die überwiegend eintönige, gut ausgebaute Strecke führt entlang des Middlevelds. Die meiste Zeit fährt man durch flaches Farmland, unterbrochen von wenig attraktiven Bergbaustädten. Mashava, 40 km von Masvingo und kurz nach der Abzweigung zum Mushandike Game Sanctuary, ist das erste Bergbauzentrum entlang der Straße nach Bulawayo. Danach folgt eine einsame, trockene Landschaft bis **Zvishavane**, 97 km westlich von Masvingo gelegen, und ein vielversprechender Anwärter auf den Titel 'Häßlichste Stadt Zimbabwes'. Riesige Abraumhalden deuten schon vor der Stadt auf umfangreichen Bergbau, und vor allem seine Asbestwerke haben der Industriestadt zu nationaler Bedeutung verholfen. Aus touristischer Sicht gibt es kaum einen Grund, in Zvishavane zu verweilen. Dennoch stehen für Übernachtungsgäste das koloniale Nilton Hotel an der Hauptstraße und ein einfacher städtischer Campingplatz zur Verfügung (den Schlüssel zum meist verschlossenen Campingplatz verwahrt der Wachposten an der rechts des Weges liegenden Werkstatt). Der Ort bietet sehr gute Versorgungsmöglichkeiten. Von hier aus bietet sich außerdem ein Abstecher nach Shurugwi über die Panoramabergstraße und den Wolfshall Pass an (84 km, siehe S. 217).

Zvishavane

Abstecher nach Shurugwi

Auf der Weiterfahrt nach Bulawayo wird es wieder sehr einsam und die Vegetation zunehmend trockener. Gelegentliche 'LAY-BY' (Rastplätze) lockern die langweilige Strecke kaum auf.

Abstecher zu den Regina Ruins (52 km): Zwischen Kilometerstein 179,5 und 180 zweigt eine unbeschilderte Piste nach Norden ab. Nach 1,5 km geht es an der Gabelung nach links in Richtung Fort Rixon weiter. Nach insgesamt 29 km Fahrt durch einsame Strauchsavanne überquert man den Lusita River, gut 7 km weiter gelangt man an eine Wegkreuzung. Bleiben Sie auf der Lancaster Road (geradeaus). 9 km weiter biegen Sie rechts in die Vishia Road. Sie verläuft durch eine wildreiche, bergige Landschaft ohne Weidezäune und gelangt nach 3 km an eine Gabelung. Der linke Weg, die Regina Road, endet nach 2,5 km an den Regina Ruins (S. 221).

Querverbindung zu den Ruinen und Fort Rixon

In Mbalabala, 66 km vor Bulawayo trifft man auf die von Beitbridge kommende Fernverbindungsstraße A6.

Von Harare nach Gweru und Bulawayo (A5, 439 km)

Reger Verkehr herrscht auf der Ausfallstraße von Harare nach Gweru und Bulawayo. Vorbei an Hero's Acre und den Abzweigungen zum Lake Chivero und der Ortschaft Norton durchquert man nach 74 km Selous, eine unbedeutende Siedlung, die 1935 nach dem legendären Jäger F. C. Selous benannt wurde. Direkt anschließend folgen die Abzweigungen zum Mwena Game Park & Lodge und der Pamuzinda Safari Lodge (siehe Harare, Unterkünfte außerhalb der Stadt). Die erste Stadt auf dieser Strecke ist **Chegutu** (früher Hartley nach dem Großwildjäger Henry Hartley). Zunächst drehte sich auch hier alles um den Abbau von Gold und Nickel, heute ist Chegutu aber auch ein bedeutendes Zentrum der Weizen-, Mais- und Baumwollproduktion. Die schmucklose Stadt bietet wenig Interessantes. An der Ortseinfahrt liegt das neue Dodhill Garden Centre mit Antiquitätenläden und Restaurant, ansonsten gibt es hier nur ein einfaches Hotel und ein Motel. Das 'Flying Pot Restaurant', originell in zwei ausrangierten Flugzeugen nahe der Ortsausfahrt eingerichtet, hat auch schon wieder geschlossen.

Am Lake Chivero vorbei nach Chegutu

Kadoma

Kadoma ragt sympathisch unter den Midlands-Städtchen heraus

35 km von Chegutu liegt **Kadoma** inmitten einer ungewöhnlich goldreichen Gegend. Seine Gründung geht auf einen Kaufmann zurück, der hier 1906 zur Versorgung der Goldgräber einen Laden mit Kantine eröffnete. 6 Jahre später war die Bergarbeitersiedlung schon zur drittgrößten Stadt der Kolonie angewachsen. Es entwickelte sich ein kleinstädtisches Leben, das noch heute im kolonial geprägten Zentrum spürbar ist. Die bedeutende Industriestadt mit über 70 000 Einwohnern hat immer noch eine gemütliche Innenstadt, die aussieht, als hätte sie den Anschluß an das moderne Leben verpaßt. Für Übernachtungsgäste empfiehlt sich das Kadoma Ranch Motel nahe dem Ortseingang mit großem Garten, Pool und Restaurant (Tel. 168-2321, Fax 168-2325, ca. 50 US$ p. P.). Vor seinem Eingang wurden als Blickfang drei alte Dampfloks aufgestellt.

Im Norden von Kadoma liegt das Golden Valley, der Goldgürtel des Landes, in dem es zu Kolonialzeiten fast 20 verschiedene Goldminen gab. Eine davon, Chakari, die ehemalige Turkois Mine, zählt noch immer zu Zimbabwes größten Goldminen. 16 km nördlich von Chakari liegt am Mupfure River der unerschlossene, aber landschaftliche schöne Umfuli Recreational Park.

Kwekwe

Auf der Weiterfahrt nähert man sich bald der Industriestadt **Kwekwe**, die zusammen mit ihrer Schwesterstadt Redcliff Zimbabwes Stahl- und Eisenzentrum darstellt. Kwekwes Geschichte ist eng mit der Globe & Phönix Mine verbunden, die bereits 1894 ihre Arbeit aufnahm und sich rasch zum größten Goldproduzenten des Landes entwickelte. Heute spielt der Goldabbau nicht mehr die zentrale Rolle. Eisenwerke zur Stahlherstellung und der Ausbau der Landwirtschaft ergänzen den Bergbau und bieten Arbeitsplätze für die rund 100 000 Einwohner der Stadt. Eine prächtige Moschee im Stadtkern demonstriert, daß Kwekwe Zentrum des islamischen Glaubens ist.

- **Golden Mile Motel:** P. O. Box 238, Tel. 155-3711, Fax 155-3120. Ordentliches Motel am Stadtrand in Richtung Gweru. Preise: ca. 50 US$ pro DZ und 40 US$/EZ.
- **Shamwari Hotel:** P. O. Box 659, Tel. 155-2387. Robert Mugabe Way. Im Ortszentrum mit gutem Restaurant. Preise: B&B ca. 70 US$ pro DZ und 65 US$/EZ.
- **Camping:** Der städtische Campingplatz am Ely Drive ist reichlich vernachlässigt und nur für Notübernachtungen zu empfehlen. Schöner und sauberer sind die Campingplätze am Lower Zivagwe Damm.

Sehenswert!

National Museum of Gold Mining

Das Museum ist täglich von 09.00–17.00 h geöffnet, der Eintritt beträgt 2 US$

Das Goldminen-Museum, eines der interessantesten Museen des Landes, lohnt unbedingt einen Besuch. Schmuckstück der Ausstellung ist das berühmte *Paper House*, ein 1894 aus Großbritannien importiertes Häuschen aus Pappmaché, das mit einem Maschendrahtgeflecht verstärkt wurde. Die Innenwände sind aus Pappkarton gefertigt, insgesamt erhält das kleine Haus durch einen Holzrahmen festen Stand. Drei solcher Fertighäuser wurden 1894 in zusammensetzbaren Einzelteilen aus England eingeführt, doch nur dieses Haus, in dem für einige Jahre der Minenverwalter residierte, ist erhalten geblieben. Verschiedene Alltagsgegenstände aus der Jahrhundertwende sind darin verwahrt. Im Museumsgarten tut sich eine wahre Schatzgrube für Technikfreaks auf. Fahrbare Kompressoren, Bohrgeräte, Winden und allerlei kaum definierbare, unhandliche Maschinen entführen den Betrachter in die ersten Jahrzehnte des 20. Jahrhunderts. Interessierten Besuchern demonstriert der Museumswärter gerne das eine oder andere technische Gerät. Gesteinsproben und eine Ausstellung zur Geschichte der Globe & Phönix Mine runden den Museumsbesuch ab.

Game Ranching und
privater Wildschutz in den Midlands

Die knapp 10 km² große Iwaba Ranch (siehe S. 214) zählte 1978 zu den ersten Farmen, die in den Midlands von der Rinderzucht auf Wildtiere umstellten. Auslöser war die vergleichsweise schlechte Bodenbeschaffenheit der Iwaba-Farm. Schon nach 6 Jahren hatte sich die Situation umgekehrt. Iwaba war seit 1984 finanziell besser gestellt als seine Nachbarfarmen, und seine Landfläche wurde nun als gesünder und wertvoller eingeschätzt als die Böden der umliegenden Rinderfarmen. Das deutliche Ergebnis machte bald Schule, und so stellten auch hier, wie im südlichen Lowveld, zahlreiche Farmbetriebe auf Game Ranching um. Viele Farmen halten neben den Wildtieren zusätzlich Rinder. Logistisch ist das unproblematisch, denn Antilopen und Nashörner können die ca. 1 m hohen Rinderzäune mühelos überwinden. Elefanten und Büffel werden meist aus solchen Projekten ausgeklammert. Elefanten, weil sie zu enormen Wanderungen neigen, dabei Wildzäune zerstören und landwirtschaftliche Felder plündern; Büffel aus Sorge um die Übertragung von Krankheiten auf Rinder (Maul- und Klauenseuche etc.).

Mitte der 80er Jahre schlossen sich 16 Großfarmen in den Midlands zu einem Wildtier-Großprojekt zusammen, entfernten nach und nach die meisten ihrer alten Weidezäune und sicherten das etwa 1000 km² große Privatschutzgebiet nach außen mit einem elektrischen Wildzaun ab. 1995 gründeten sie auf diesem Gelände die Black Rhino Conservancy. Zunächst fanden hier 35 Nashörner Zuflucht, deren Sicherheit 16 eigens engagierte Wildhüter garantieren. Bis heute ist keines der gefährdeten Tiere gewildert worden. Als problematisch stellte sich jedoch die Vermehrung des Bestands heraus, weil sich zeigte, daß fast alle Tiere männlichen Geschlechts waren. Dennoch ist die Conservancy inzwischen stolzer Besitzer von über 50 Spitzmaulnashörnern. Als gewünschter Nebeneffekt soll der aktive Tierschutz Touristen in die bisher wenig beachteten Midlands locken. Dabei wird recht innovativ vorgegangen. Die meisten Farmen bieten sowohl einzelne Jagdsafaris als auch Pirschfahrten und Wandersafaris für Touristen an. Den Farmern ist bewußt, wie schwierig es ist, Hobbyjäger und „normale Touristen" miteinander in Einklang zu bringen. Daher achten sie darauf, immer nur eine Gruppe zu beherbergen, entweder Jäger oder Touristen. Pro Jahr bieten die Farmen 2 bis 4 Jagdsafaris (Safari Hunting) an. Es heißt, daß der zahlende Jagdreisende aus Europa oder den USA letztlich nur die notwendige und kontrollierte Arbeit eines Berufsjägers, nämlich die Bestandsregulierung, ausführt – mit dem Unterschied, daß dafür kräftig abkassiert wird. Diese Einnahmen ermöglichen z. B. die Bereitstellung von selbstfinanzierten Wildhütern. Der Verbindung von Safari Hunting und Walking Safaris (Fußsafaris für Touristen) wird außerdem eine Anti-Poaching-Wirkung (Abschreckung von Wilderei) nachgesagt. Nur bestimmte Tierarten werden zum Abschuß freigegeben, vor allem Büffel, Tsessebe, Impala, Warzenschweine und Rappenantilopen. Ein Professional Hunter begleitet den Hobbyjäger und verhindert, daß sich der Jäger ein zu junges oder trächtiges Tier auswählt. Vor allem die hohen Tarife von 500 US$ und mehr pro Tag, die ein Jagdreisender zahlen muß (ohne die Gebühr für erlegtes Wild), sichern das Auskommen der Wildfarmen. Das Fleisch und die Haut der geschossenen Tiere behält der Farmer, so kann er durch den Verkauf nochmals Geld verdienen. Die Einnahmen aus dem Photosafari-Tourismus auf Privatfarmen nehmen sich dagegen vergleichsweise schmal aus.

Lower Zivagwe Damm

Nach der Stauung des Sebakwe River im Jahr 1954 zu einem 280 ha großen See, entwickelte sich aus diesem Gebiet (früher Dutchman's Pool genannt) ein Naherholungsziel für Kwekwes Einwohner. Ein kleines Wildschutzgebiet, das *Sable Game Sanctuary*, beherbergt allerlei Antilopenarten, Böcke und Wasservögel. An seinem Eingang befindet sich außerdem ein Schlangenpark (Montags bis freitags von 07.00–16.00 h geöffnet, an Wochenenden und Feiertagen von 06.00–18.00 h, geringer Eintritt). Gleich daneben schließen sich verschiedene Ferienanlagen am Seeufer an; zunächst der Sebakwe Caravan Park (Camping ca. 3 US$, sehr sauber, keine Zelte gestattet, viele Dauercamper), die Campingwiese der Angling Society (Camping ca. 2 US$, einfach) und schließlich der Echo Park mit Camping (2US$) und Ferienhäusern, die allerdings bei der Wildlife Society vorgebucht werden müssen.

Wildfarmen bei der Midlands Black Rhino Conservancy

13 km nördlich von Kwekwe zweigt nach Osten die Shamvari Road ab. Die Piste führt durch einen dichten Buschwald. Nach 33 km erreicht man das **Iwaba Wildlife Estate**, eine private Wildfarm, die Jagd- und Photosafaris anbietet (siehe Essay S. 213). Auf dem großflächigen Gelände leben Elefanten, Spitz- und Breitmaulnashörner, Leoparden, Geparde und allerlei Antilopen. Zwei Camps stehen zur Verfügung, ein kleines, einfaches für Jagdkunden sowie ein größeres Buschcamp für Safarigruppen ohne Jagdambitionen. Gästen werden Pirschfahrten und Walking Safaris angeboten. (Infos & Reservierung: Iwaba Safaris Ltd., P. O. Box 5, Kwekwe. Tel. 155-247723, Fax 155-3207.) Weiter entlang der Shamvari Road erreicht man

nach 1 km die Abzweigung zur **Mopani Park Farm** (3 km). Auf dieser Reiterfarm stehen einfache Unterkünfte und ein Campingplatz am kleinen Stausee zur Verfügung. Empfehlenswert vor allem für Reitfreunde (Anfänger und Fortgeschrittene). Adresse: Mopani Park Farm & Guest Lodge**,** P. O. Box 163, Kwekwe. Tel. 155-247822, Fax 155-24039. Nicht motorisierte Gäste werden bei Wimpy in Kwekwe abgeholt. Unterkunft mit Halbpension ca. 20 US$ p. P., Reiten ca. 10 US$/Std., Camping ca. 3 US$.

Ob man nun auf der Shamvari Road oder entlang der Piste zur Mopani Park Farm fährt, beide Wege treffen schließlich nach einigen Kilometern auf die Ngezi Dam Road, eine Querverbindung zwischen Ngezi und Sebakwe Damm. Fahren Sie nun links in Richtung Windsor Mine. Die große Game Ranch von **Chinyika Safaris** kündigt den Beginn der "Midlands Black Rhino Conservancy" an. Die ansprechende, mit Stromversorgung ausgestattete Bungalowanlage Dingaani Kraal wird abwechselnd als Jagd- und Photosafaricamp benutzt. Sie steht Selbstversorgern zur Verfügung, bietet aber auch Vollpension an. Wie in Iwaba kann das Camp immer nur von einer zusammengehörenden Gruppe reserviert werden. (Info & Reservierung: Fam. King, P. O. Box 232, Kwekwe, Tel. 155-4250, Fax 155-4039.)

Kurz nach der Abzweigung zur Chinyika Farm ist links des Weges das Basiscamp der 16 Wildhüter dieser Conservancy untergebracht. Auf der Fahrt durch die Conservancy lohnt es sich, nach Wildtieren, vor allem den ca. 50 Nashörner Ausschau zu halten. Inmitten der Conservancy liegt die **Mazuri Game Ranch**. Das ca. 56 km² Farmgelände ist ein Paradebeispiel für die in Mode gekommene Kombination traditioneller Landwirtschaft mit Wildtieren unter Einbeziehung aller touristischen Möglichkeiten. Im Farmhaus bietet die Familie Lowe Gästezimmer an (Vollpension ca. 55 US$), am Stausee haben sie einen Campingplatz (ca. 3 US$) mit hübschen Wohnhütten (ca. 5 US$) angelegt. Neben einigen Elefanten, deren Reitkoppel neben dem Campingplatz liegt, werden Spitzmaulnashörner, Büffel, Giraffen, Zebras etc. auf dem Farmgelände gehalten. Von Zeit zu Zeit werden Jagdreisende aufgenommen, ansonsten versuchen die Besitzer mit einem vielseitigen und preiswerten Angebot Touristen anzuwerben. So werden z. B. Elefantenritte (ca. 20 US$), Pirschfahrten bei Tag und Nacht (ca. 8 US$), Rhino Walks und Reitausflüge angeboten. Für Überseetouristen lassen sich dabei das Naturerlebnis und die Tierbegegnungen mit interessanten Einblicken in den modernen Farmbetrieb Zimbabwes verbinden. Die Farmer unternehmen außerdem Fishing- und Wandersafaris im Zambezi-Valley. Info & Reservierung: Fam. Lowe, P. O. Box 154, Kwekwe. Tel. 155-27815/27423, Fax 155-26355/23027.

Ngezi Recreation Park

Eingebettet in die Mashaba Mountains, Felshügeln die dem Great Dyke zugeordnet werden, liegt der 1945 aufgestaute Ngezi Stausee. Der 573 ha große See und sein Uferbereich sind später zum 63 km² großen Ngezi Erholungsgebiet ausgebaut worden. Die Nationalparkbehörde unterhält hier einen Campingplatz und Ferienhäuser (Lodges, Chalets, Cottages). Der Park ist ein beliebtes Naherholungsziel der Einheimischen und wird vor allem von Hobbyfischern besucht; ausländische Touristen kommen nur selten vorbei. Die Wildtiere beschränken sich auf dem Menschen ungefährliche Tierarten, vor allem Antilopen und Böcke.

Erholungsgelände am Ngezi Dam

Info & Reservierung: Nationalparkbehörde in Harare oder beim Senior Ranger, P/Bag 8046, Kwekwe, Tel. Munyati 2405. Der Park ist täglich von 06.30–18.30 h geöffnet, es werden die üblichen Nationalparkeintritte berechnet. Die kürzeste Zufahrt besteht von Battlefields (ca. 67 km). Es stehen keine Einkaufsmöglichkeiten zur Verfügung.

Sebakwe Recreation Park

Zwischen Kwekwe und Mvuma liegt das Sebakwe Erholungsgebiet. Hier sind nur Tagesbesucher von 06.00–18.00 h zugelassen, die Nationalparkbehörde errichtet derzeit allerdings einige Ferienhäuser für Übernachtungsgäste. 1957 wurde der Sebakwe River gestaut, 2 Jahre später das 26 km² Gebiet zum Nationalpark erklärt, 1975 allerdings wieder zum Erholungsgebiet degradiert. Auch hier dreht sich im Grunde alles um das Angeln, folglich finden sich kaum Überseetouristen ein. Dabei weist der kleine Park landschaftliche Besonderheiten auf. Die geographische Lage am Great Dyke Höhenzug führt zu ungewöhnlich metallhaltigen Böden, wodurch hier nur solche Pflanzen wachsen, die diesen hohen Metallanteil vertragen. Vor allem Bergakazien (*Brachystegia glaucensens*) sind heimisch und um ihren Bestand zu sichern, wurden drei kleine botanische Schutzgebiete innerhalb des Sebakwe Recreational Park ausgewiesen. Wegen der abwechslungsreichen Flora und seiner großen Vogelvielfalt bietet sich das Sebakwe Erholungsgebiet auch zu ausgedehnten Wanderungen an.

Botanische Besonderheit am Great Dyke

Info & Reservierung: Nationalparkbehörde in Harare oder in Kwekwe, P. O. Box 636, Tel. 155-247615 und 3918. Anreise: Von Kwekwe ca. 40 km entlang der Teerstraße nach Mvuma bis zur beschilderten Abzweigung (noch ca. 10 km auf Schotterstraße).

Weiter entlang der A 5 in Richtung Bulawayo

Nach Kwekwe führt die Strecke wieder durch eine gleichförmige Buschland-schaft. Unterwegs kreuzt man die Bahnlinie in Hunters Road, wo die alte Route der Jäger und Händler durch Mashonaland überschnitten wird.

Gweru

Trotz seiner Einwohnerzahl hat Gweru einen kleinstädtischen Charakter

Um 1890 von Dr. Leander Starr Jameson als Kutschenstation namens Gwelo eingerichtet, entwickelte sich hier rasch das koloniale Siedlerleben. Schon vor dem Bahnanschluß von 1902 war Gwelo zu einer wichtigen Kleinstadt mit Hotels, Post- und Bankfilialen sowie einer eigenen Tageszeitung ange-wachsen. Hervorragende Bedingungen für die Landwirtschaft und umfangrei-che Bodenschätze begünstigten den Aufschwung der 1420 m hoch gelege-nen Ortschaft. Lange Zeit war sie die drittgrößte Stadt der Kolonie, wurde aber vor einigen Jahren von Chitungwiza bei Harare überholt. Nach der Unabhängigkeit erfolgte die Umbenennung des Stadtnamens in Gweru. Heute werden im Großraum Gweru die Bodenschätze Chrom, Quarz, Kalk, Eisenerz, Asbest, Baryt und Silizium abgebaut, daneben bildet die Landwirt-schaft einen wichtigen Pfeiler der heimischen Wirtschaft. Die Schuhfabrik Bata produziert hier schon seit 1939 Schuhe für den lokalen und Exportmarkt.

Trotz seiner rund 150 000 Einwohner macht Gweru einen eher verschlafe-nen, unauffälligen Eindruck. Die breiten, rechtwinklig angelegten Straßen werden von zumeist gesichtslosen Gebäuden gesäumt, nur ab und zu sticht ein alter Kolonialbau aus dem monotonen Stadtbild hervor. Einige dieser prächtigen Gebäude kann man in der Main Street entdecken. Hier steht inmitten der Kreuzung Main Street/Robert Mugabe Way das Wahrzeichen Gwerus, der **Boggie Memorial Clock Tower** von 1937. Einige Jahre nach dem Tod des schottischen Major W. J. Boggie ließ seine Witwe den schlan-ken Uhrturm errichten. Die Uhr steht schon seit Jahren still. Eine Legende besagt, sie habe genau zu dem Zeitpunkt aufgehört zu schlagen, als man die Gebeine des Majors 1981 aus dem Uhrturm entfernt und auf einem Friedhof bestattet habe. Schräg gegenüber steht noch die alte Börse aus den Gründerjahren. Dieses 1898 erbaute **Stock Exchange Building** ist heute das älteste Gebäude der Stadt. In der anderen Richtung schließt sich neben dem Uhrturm das ehrwürdige Midlands Hotel an, ebenfalls ein sehenswerter, mit Arkaden geschmückter Prachtbau. Beachtenswert ist auch der Rathaus-komplex (Municipal Offices), ein halbrunder Kolonialbau mit Rosengarten.

Praktische Informationen für Gweru

- **Midlands Hotel:** P. O. Box 276, Tel. 154-2581. Das ehemalige, große Zimbabwe-Sun-Hotel wur-de inzwischen privatisiert und liegt in einem prächtigen Kolonialbau im Stadtzentrum. Preise: B&B ca. 70 US$ im DZ und 50 US$/EZ.
- **Fairmile Motel:** P. O. Box 1232, Bulawayo Road. Tel. 154-4144, Fax 154-3189. Freundliche, gut besuchte Mittelklasseanlage am Ortsausgang Richtung Bulawayo. Preise: B&B ca. 50 US$ im DZ und 40 US$/EZ.
- **Caravan & Camping Site:** P. O. Box 599, Robert Mugabe Way. Tel. 154-2929.
- **Mietwagen:** Eine Zweigstelle von Europcar findet man in Fairmile Motel. Tel. 154-4144.
- **AA:** Die Automobil Association findet man im Fanum House, Lobengula Avenue/Ecke 6th Street.
- **Bus:** Überlandbusse fahren am Kudzanai Bus Terminus am Robert Mugabe Way/Ecke 3rd Street ab. Fernstreckenbusse von Ajay Motorways, Express Motorways und Blue Arrow halten vor dem Fairmile Motel. Ajay Motorways unterhält ein kleines Büro im Electric House, 6th Street, Tel. 154-3316.
- **Bahn:** Tägliche Bahnverbindungen nach Bulawayo und Harare (Tel. 154-3711, siehe auch S. 362).

Sehenswertes in Gweru und Umgebung

Militärmuseum (Midlands Museum)

Eine umfangreiche Ausstellung rund um die Polizei-
und Militärgeschichte des Landes, mit Informationen
zur Buschkriegsführung, alten Uniformen, Waffen
und einer Freiluftausstellung früherer Militärflug-
zeuge und Kleinpanzer. Öffnungszeiten: täglich von
09.00–17.00 h, Eintritt 2 US$.

Antelope Game Park

Auf dem knapp 11 km² großen Gelände eines Jagd-
und Safarireiseveranstalters befindet sich ein Game
Park mit 25 verschiedenen Säugetieren, wie Giraf-
fen, Warzenschweinen, Straußen, Duckern, Kudus,
Impala u. a. Antilopen. Hier kann man auf eigene
Faust Pirschfahrten unternehmen. An einem Bach in
ruhiger, hübscher Lage wird Camping angeboten.
Haupteinnahmequelle der Farm ist wohl die kom-
merzielle Löwenzucht. Die Großkatzen werden
weltweit an Zoos und Privatabnehmer verkauft.
Neben meist etwa 50 Löwen unterschiedlicher
Altersklassen werden auch einige Leoparden und
Hyänen in den Gehegen gehalten.

Anreise: Entweder über die Bristol Road via Mkoba
Township (9 km) oder über die Zambezi Road (7 km),
die außerhalb Gwerus (Richtung Bulawayo) direkt nach
der Eisenbahnlinie abzweigt. Beide Stecken sind beschildert. Der Wildpark ist täglich von 10.00–18.00 h geöffnet.
Geringer Eintritt, Camping kostet ca. 5 US$ p. P.

Shurugwi

Nur 36 km südlich von Gweru liegt in grandioser
Umgebung ein vergessenes Kleinod, das andern-
orts sicher längst von Touristen entdeckt und überlaufen wäre, hier jedoch einen Dornröschenschlaf
schlummert. Die Rede ist von Shurugwi, dem idyl-
lischsten kolonialen Bergbaustädchen der
Midlands. Die Siedlung auf 1400 m Höhe wurde
1896 mit dem Namen Selukwe an der südlichen
Randstufe des Highveld gegründet. Goldminen
und Bergwerke für den Abbau von Chromerz entstanden, ein Grand Hotel eröffnete, 1905 wurde
die Kirche St. Athanasius erbaut, und die Siedler
gründeten mehrere Sportclubs. Doch seither
scheint die Zeit irgendwie stillzustehen. Noch immer fördern zwei Minengesellschaften Chromerz,

Links: Boggies Clock Tower
Bilder rechts: Schmalspurbahn,
koloniales Gebäude und Schild in Shurugwi,
Rathaus von Gweru

doch trotzdem ist keine moderne Entwicklung erkennbar. Die Atmosphäre ist ruhig, beschaulich, museumshaft. Die kolonialen Gebäude vergammeln, keine Neubauten stören das Stadtbild. Das ehrwürdige Grand Hotel ist schon seit Jahren geschlossen, auch das Freizeitgelände *Ferny Creek* dümpelt vor sich hin.

Beim ZIMASCO Fabrikgebäude am Ortseingang gegenüber dem Hospital führt eine **Schmalspurbahn** zur Peak Mine, mit der die Minenarbeiter zu ihren Arbeitsplätzen befördert werden. Hier können Besucher gratis mitfahren (Abfahrt derzeit täglich um 13.30 h). Das ZIMASCO-Gelände ist zugleich der Bahnhof für die ankommenden Gesteinsbrocken und die sog. 'Crushing Plant', die Zerkleinerungsanlage, die man besichtigen darf. Nach kurzer Absprache können sogar die Minenschächte und -tunnel besichtigt werden. Über die Schmalspureisenbahn wird das zerkleinerte Chromerz schließlich nach Gweru befördert.

Versäumen Sie auf keinen Fall eine Fahrt zum **Shurugwi Peak** (ca. 1530 m), den man über den 8 km langen Scenic Drive erreicht. Hier offenbart sich ein famoser Panoramablick ins Tiefland, auf Bergwälder, Bäche und Flüsse, gewundene Straßen. Über den legendären *Wolfshall Pass* führt eine Panoramastrecke durch diese grüne Berglandschaft hinab nach Zwishavane. Schon um die Jahrhundertwende haben sich Ochsenkarren über den steilen Paß an der Chironde Range gequält.

Wer in Shurugwi übernachten möchte, findet Unterkunft im mittelmäßigen Garden Motel (Tel. 152-6548, ruhig und abseits gelegen, an der Straße nach Gweru ausgeschildert) oder auf dem einsamen und verfallenen Campinggelände am Ferny Creek. Alternativ kann man zum beschaulichen Gwenoro Damm fahren, an dessen Ufer ein Country Club Campinggelegenheit und sehr einfache Blechhütten zum Übernachten anbietet. Eine Bar und ein großer Pool stehen zur Verfügung, die an Wochenenden gerne von den Einheimischen besucht werden. Zwei einsame Flußpferde sind die einzigen Wildtiere, die es hier noch gibt.

Zufahrt: 3 km vor Shurugwi geht es auf einer beschilderten, einspurigen Teerstraße 13 km bis zum Damm. Unterwegs sind die Bonsor Ruinen ausgeschildert, die Mauerreste sind jedoch nur schwer zu finden und schon sehr verfallen. Wer vom Country Club aus zu den Ruinen von Naletale und Danangombe weiterreisen möchte, braucht nicht wieder nach Gweru zurückzukehren, sondern kann die Direktverbindung nach Somabhula wählen. Dazu fährt man zunächst 4 km zurück in Richtung Shurugwi und biegt dann links in die Piste ein. Nach 7,5 km entlang der „T. R. D. C. Road 14" erreicht man eine einspurige Teerstraße. Biegen Sie hier links ab. An der nächsten Kreuzung nach 3 km müssen Sie rechts in die Piste nach Somabhula (Selukwe Road) einbiegen. Die nächsten 20 km führen durch abwechslungsreiches Viehzuchtgebiet entlang der Longwe Range. An der Figtree Ranch trifft man auf eine von links kommende Piste. 8 km weiter erreicht man in Somabhula, das nicht viel mehr als eine Bahnstation ist, die alte Teerstraße und trifft nach weiteren 10 km auf die A 5.

Die restlichen 164 km bis Bulawayo verlaufen nun durch Farmland, der Buschwald liegt endgültig zurück. Auffallend sind die vielen Süßdornakazien (*Acacia karoo*), die während der Regenzeit mit gelben Blüten und einem herrlich süßen Duft bezaubern. Bei Kilometerstein 58, an der Brücke über den Shangani, erinnert neben der Straße das *Pongo Memorial* mit einem Obelisk an Siedler, die während des Matabeleaufstands von 1896 getötet wurden. Die kleine Siedlung Shangani, an der die Straße wenig später vorbei führt, war 1893 Schauplatz der ungleichen Schlacht zwischen den BSAC-Streitkräften und König Lobengulas Ndebelearmee.

Naletale Ruinen, Danangombe Ruinen, Regina Ruinen und Fort Rixon

Dieser historische Ausflug führt zu einigen der bedeutendsten Steinruinen- **Naletale**
stätten des Landes. 47,5 km südwestlich von Gweru an der Straße nach **Ruins**
Bulawayo zweigt die Zufahrt zu den **Naletale Ruins** ab (21 km Schotterpiste, beschildert). Vom Parkplatz aus muß man erst über einen ca. 850 m
langen, markierten Pfad den Granitfelsrücken erklimmen, auf dessen Kuppe
die Ruinenstätte thront. Nach dem steilen Anstieg wird man mit einer herrli- *Über die*
chen Aussicht belohnt. Die Ruinenanlage ist nicht sonderlich groß, die äußere *Bedeutung*
Ringmauer hat kaum 60 m Durchmesser. Sie besticht jedoch durch ihre *der Stadt ist*
exponierte Lage auf dem Bergrücken und durch die Feinheit ihres Mauer- *nicht viel*
werks. In keiner anderen Ruinenstätte Zimbabwes sind derart ausgefeilte *bekannt,*
Muster wie an der Außenmauer von Naletale erhalten. Hier kann man sogar *vermutlich*
die vier bekannten Muster – Chevron-, Kordel-, Fischgrät- und Schachbrett- *diente sie als*
muster – übereinander gefügt bewundern. Unterschiedlich getöntes Gestein, *Herrschersitz*
das geschickt in die Musterreihen eingefügt wurde, unterstreicht das deko-
rative Element. Vermutlich wurde Naletale im späten 17. Jh. von der Rozwi-
Dynastie errichtet und bis ins 19. Jh. bewohnt. 1905 führt der Archäologe
Randall-MacIver Ausgrabungen durch, wobei er vor einer freigelegten
Wohnhütte die Reste zweier Stoßzähne fand, die aller Wahrscheinlichkeit
nach einmal den Eingang der Hütte zierten. Leider sind die Ruinen trotz
ihrer architektonisch herausragenden Bedeutung dem Verfall preisgegeben.
Wind und Wetter setzen dem alten Mauerwerk zu, das allmählich an vielen
Stellen bröckelt und einstürzt.

Eintritt 2 US$ (es gibt auch ein sog. Package Ticket für 5 US$, das alle Ruinenstätten
des Distrikts einschließt). Am Parkplatz kann man auch campen, man sollte den
Parkwächter aber erst um Erlaubnis bitten. Tip: Besuchen Sie Naletale entweder
frühmorgens oder am späten Nachmittag, um die schönste Stimmung einzufangen.

Um von Naletale direkt zu den Danangombe Ruinen zu gelangen, fährt *Von Naletale*
man zunächst geradeaus weiter und trifft nach 2 km auf einen Weg zwischen *nach*
Shangani und Greystone. Biegen Sie rechts ein in Richtung Shangani. Nach *Danangombe*
6 km (18 km vor Shangani) folgen Sie nach links der Abzweigung zu Jabulani
Safaris, einem privaten Wildreservat, dessen Eingang man nach 6 km erreicht.

• **Jabulani Safaris:** Auf dem ehemaligen Gelände der Bon Accord Farm, die aus *Unterkunft*
BSAC-Beständen hervorgegangen war, hat sich ein Familienunternehmen niedergelassen und ein rustikales, gemütliches Buschcamp errichtet. Max. 16 Personen
können in den Holzchalets untergebracht werden. Den Gästen werden Pirschfahrten (auch nachts), Wandersafaris, Farmbesuche und ein Besuch der am eigenen
Grundstück gelegenen Bila Ruins angeboten; für das leibliche Wohl und die Entspannung am Pool wird ebenso gesorgt, wie die beiden zahmen Warzenschweine
zur Unterhaltung beitragen. Info & Reservierung: Jabulani Safaris, Fam. Broomberg,
P. O. Box 30, Shangani. Tel. 150-3303, Fax 150-248. All-Inclusive ca. 110 US$ p. P.,
B&B ca. 60 US$, Transfers möglich.

Bleiben Sie auf dieser Piste. Nach 6 km treffen Sie auf eine andere Straße
zwischen Shangani und Greystone. Jetzt geht es 9,5 km in Richtung
Shangani weiter bis ein Schild nach links zu den 12 km entfernten
Danangombe Ruinen weist. Die gesamte Strecke führt durch eine lieb-
reizende Landschaft, in der neben den weitläufigen Großfarmen auch
Wildtiere, wie Mangusten, Warzenschweine, Impala, Steinböcken und
Meerkatzen heimisch sind.

Danangombe Ruins

Hier lag das Zentrum des Rozwi-Reiches

Plünderer verwüsteten die Ruinen nach ihrer Entdeckung

Field Museum

Info

Den **Danangombe Ruinen** (auch Danan´ombe Ruins oder Dhlo Dhlo Ruins) kommt als Königssitz der Torwa-Dynastie eine große historische Bedeutung zu. Als Khami zu Anfang des 17. Jh. möglicherweise durch den Überfall von Portugiesen zerstört und verlassen wurde, ließ sich die Adelsschicht von Khami in der Sommerresidenz Danangombe nieder. Von hier aus hielten sie ihre Macht aufrecht, bis um 1684 die Changamire unter der Führung von König Dombo den Torwa-Staat annektierten. Aus der friedlichen Integration beider Dynastien entstand das Rozwi-Großreich, welches bis zum Einfall der Zulu-Ngonistämme und der Ndebele (1830) über das westliche Hochland herrschte. Zu dieser Zeit mögen bis zu 10 000 Menschen in Danangombe gelebt haben. Die Blütezeit der Rozwi und ihre Vorherrschaft fanden durch das Auftauchen der Ndebele ein jähes Ende, der Königssitz Danangombe wurde daraufhin verlassen und vergessen. Die wertvollen Kenntnisse, welche die Ruinen über die vergangenen Kulturen preisgeben könnten, wurden durch die unsachgemäßen Untersuchungen und habgierigen Plünderungen nach der Wiederentdeckung Danangombes stark geschmälert. Als der Amerikaner F. R. Burnham 1893 als erster Europäer zu den Ruinen gelangte, entwendete er sozusagen als Finderlohn gleich einmal 19 kg Goldschmuck! Seine sagenhaften Goldfunde riefen natürlich auch die Ancient Ruins Company auf den Plan, die Danangombe regelrecht verwüstete. 1929 hatten die Archäologen schon Mühe, in den zurückgebliebenen Trümmern wenigstens die Datierung der Bauten wissenschaftlich zu klären. Immerhin konnten noch verschiedene Fundstücke, wie eine bronzene Öllampe, Kerzenhalter, Porzellan und etwas Goldschmuck gerettet werden. Außerdem erbrachten die Ausgrabungen den eindeutigen Beweis dafür, daß die Bautätigkeit der Zimbabwe-Kultur bis ca. 1700 kontinuierlich fortgeführt wurde, demnach also über viele Jahrhunderte existierte.

Die Residenz von Danangombe war einst sanft in die umgebende Hügellandschaft eingebettet. Die Wohnhütten standen auf terrassierten Plattformen, an oberster Stelle lebte der König. Küchenbereiche und ehemalige Viehkraale konnten rekonstruiert werden, auch der Platz, an dem der König Volksvertreter empfangen haben soll. Noch immer kommen neue Fundstücke zutage, nicht nur durch gelegentliche Ausgrabungen, sondern auch durch die Erdferkel der Umgebung, die sich über die riesigen historischen „Abfallhaufen" hermachen und beim Wühlen immer wieder Relikte, Scherben und Knochen freilegen.

Ein kleines, doch recht interessantes Museum veranschaulicht die historischen Zusammenhänge und viele der mysteriösen Forschungsergebnisse. So wurden in den Ruinen diverse Gegenstände eines portugiesischen Jesuitenpaters gefunden, der möglicherweise in Gefangenschaft gehalten worden war. Die Skelette dreier Frauen tragen Goldreifen, die miteinander verschmolzen sind – scheinbar hat sich hier ein Drama zugetragen, bei dem die Frauen gleichzeitig verbrannten.

Der Eintritt zu den Ruinen beträgt 2 US$ (das sog. Package Ticket für 5 US$ beinhaltet alle Ruinenstätten des Distrikts). Der sehr versierte Wärter führt Besucher gerne über die Ruinenstätte. Auf dem Parkplatz vor den Ruinen darf man campen, es stehen aber keinerlei Einrichtungen zur Verfügung.

Die Ruinenstätten dieser Region sind dem Regionalbüro von National Monuments in Gweru unterstellt (im Militärmuseum, Tel. 154-2816).

Bauernopfer

6/00

s ist schon merkwürdig: Als in Südafrika und Rhosien die weißen Herren das nd und die Schwarzen ausuteten, liefen die Menhenrechtler Sturm. Nur nige Regierungen – und se aus wirtschaftlichen ünden oder selbst totalitär prägt – hielten kritische merkungen zurück.

Das Blatt hat sich gewent. Jetzt haben die Schwarn das Sagen: Südafrika oht in einem Sumpf aus rror und Anarchie zu verken und in Simbabwe, m ehemaligen Rhodesien, urde unter der Schirmherrhaft von Präsident Robert ugabe eine blutige Treibgd auf weiße Farmer erfnet. Die Welt schaut zu, ereinte Nationen und Menhenrechtler schweigen.

Und Simbabwe ist dabei, ch selbst zu erwürgen: Es nd die weißen Farmer, die das wirtschaftliche Überleben des finanziell vor einem Kollaps stehenden Landes sichern. Mugabe will sie enteignen und opfern, um seine politische Zukunft zu sichern, sein von Korruption und Großmannssucht geprägtes Regime zu retten.

Der Stern des Robert Mugabe ist am Sinken; Ende Juni finden Parlamentswahlen statt und die Opposition wird täglich stärker. Das Bauernopfer und die Landverteilung sollen Mugabes Partei den Sieg sichern – auch wenn das Land vor die Hunde geht.

Wie die Wahl auch enden mag: Mugabe will Präsident bleiben. Ein Mittel, um Gegner in Schach zu halten, hat er bereits gefunden: Simbabwe bestellte dieser Tage in China trotz leerer Kassen Waffen, Panzer und Granaten für rund 72 Millionen Dollar. **Werner Menner**

Jeder 5. Student soll künftig an Auslandsuni

Berlin (dpa) – Der Deutsche Akademische Austauschdienst (DAAD) will künftig mindestens jeden fünften deutschen Studenten für einige Monate an eine ausländische Hochschule schicken. Dieses Ziel nannte DAAD-Präsident Theodor Berchem am Freitag anlässlich des 75-jährigen Bestehens seiner Organisation in Berlin. Bisher absolviert erst jeder zehnte deutsche Student einen Teil seines Studiums im Ausland. Mit mehr als 60 000 deutschen und ausländischen Stipendiaten hat der DAAD im vergangenen Jahr einen neuen Rekord aufgestellt. Eine ganze Reihe neuer Programme konnte gestartet werden, wobei Mittel- und Osteuropa, Asien und Lateinamerika dominierten.

Studie: Schön Zähne sind vielen wichti

Marburg (gms) – Sch Zähne sind mehr als 92 zent der Deutschen wic Das ist das Ergebnis eine präsentativen Emnid-frage im Auftrag des Kur riums perfekter Zahner in Marburg unter 2000 tienten und 150 Zahnärz Dabei waren neun von z Befragten auch der Mein ihre Zähne ausreichend pflegen. Außerdem wur nach Angaben des Kurat ums Fragen zum Gebiss stand gestellt. So gaben Prozent an, Zahnfüllun zu haben. Mit Zahnkro sind 56,4 Prozent verso 41,3 Prozent haben einen ten Zahnersatz, rund Fünftel verfügt über ei herausnehmbaren Ers und 12,4 Prozent tragen Vollprothese.

Für die Weiterfahrt zu den Regina Ruins (Zinjanja Ruins) folgen Sie der Schotterstraße nach **Fort Rixon** (ca. 13 km). Hier erinnert ein altes Fort an den Matabeleaufstand von 1896. Damals ließ ein Siedler namens Rixon auf seiner Farm das steinerne Verteidigungsfort errichten. Nahebei ruhen unter schweren Eisenkreuzen einige Siedler jener Zeit. Vom Fort sind nur noch Mauerreste erhalten. Zufahrt: In Fort Rixon Richtung Bulawayo fahren, 300 m hinter der Abzweigung nach Nsiza geht es links zum Aerodrome. Auf diesem Weg gelangt man nach 600 m zu den Gräbern und kurz danach zum alten Fort.

Um zu den Regina Ruins zu gelangen, zweigt man in der Siedlung Fort Rixon in Richtung Süden auf die Mchingwe Road. Nach 5 km muß man rechts abbiegen. Ca. 10 km weiter erreicht man eine Wegkreuzung. Biegen Sie hier links in die Vishia Road, nach 3 km zweigt die Stichstraße zu den Ruinen nach links ab (2,5 km).

Die **Regina Ruins** (Zinjanja Ruins) liegen auf drei großen Terrassen am Hang eines Hügels. Unzählige Euphorbien überragen die Steinruinen und geben den Mauern ein idyllisches, verträumtes Ambiente. Vermutlich haben in dieser nur wenig erforschten Anlage untergeordnete Herrscher residiert. Neben den Musterreihen an den Außenwänden der Ringmauer sind hier vor allem mehrere künstliche Bodenvertiefungen beachtenswert. Flaschenförmig, also mit breitem Hohlkörper und schmalerem Hals, wurden in die Böden bis zu 2,5 m tiefe Kavernen eingelassen. Diese mysteriösen Vertiefungen haben an der Öffnung nur rund 20 cm Durchmesser und konnten mit flachen Steinen verschlossen werden. Es ist unklar, wofür die Löcher dienten. Manchmal heißt es, sie hätten als Getreidespeicher Verwendung gefunden, anderen Archäologen zufolge dienten sie dagegen der Luftzirkulation unterirdischer Wohnräume.

Nahe der Regina Ruinen sind die kleinen Altyre Ruins ausgeschildert. Die eher unbedeutenden Mauerreste auf einem nackten Granitfelsen im Gebüsch neben der Altyre Road sind allerdings schwer zu finden.

Bilder von oben:
Nachbildung von Danangombe im Field Museum,
idyllische Regina Ruins zwischen Euphorbien,
kunstvolle Außenmauer der Naletale Ruins gesamt und
im Detail, mit Verwendung aller vier Muster
(von oben nach unten: Zickzack bzw. Chevronmuster,
Fischgräten-, Schachbrett- und Kordelmuster)

BULAWAYO UND UMGEBUNG

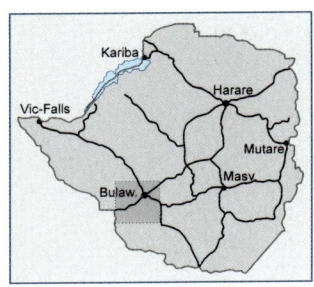

Bulawayo, die zweitgrößte Stadt des Landes und wirtschaftliches und kulturelles Zentrum des Matabelelands, liegt klimatisch günstig auf 1356 m. Die Stadt wirkt im Vergleich zu Harare noch sehr gemütlich und beschaulich, immer wieder stößt man hier auf Zeugnisse seiner bewegten Vergangenheit. Eine Reihe kultureller und landschaftlicher Sehenswürdigkeiten liegen in ihrer direkten Umgebung, von denen der Matobo Nationalpark mit seinen bemerkenswerten Felsbildern, dem Nashorn-Refugium im Whovi Wildpark und der bizarren Berglandschaften die mit Abstand berühmteste ist.

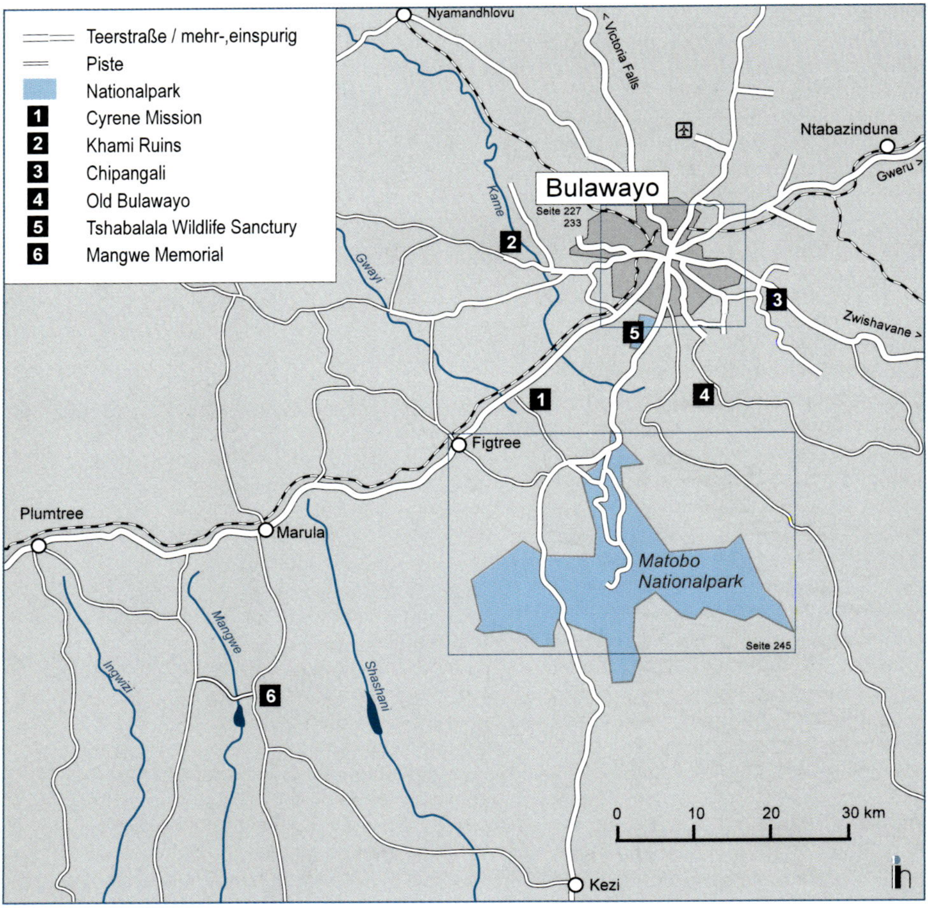

═══	Teerstraße / mehr-,einspurig
═	Piste
▨	Nationalpark
1	Cyrene Mission
2	Khami Ruins
3	Chipangali
4	Old Bulawayo
5	Tshabalala Wildlife Sanctury
6	Mangwe Memorial

Nyamandhlovu

< Victoria Falls

Ntabazinduna

Gweru >

Bulawayo

Seite 227
233

Kami

Gwayi

2

3

Zwishavane >

5

1

4

Figtree

Plumtree

Marula

Matobo
Nationalpark

Seite 245

Mangwe

Inqwazi

Shashani

6

0   10   20   30 km

Kezi

Stadtgeschichte

Im Jahre 1870 gründete der soeben zum Nachfolger des zwei Jahre zuvor verstorbenen Mzilikazi gekrönte Ndebelekönig Lobengula seinen Herrschersitz Gubulawayo. Dieser Name wird allgemein vom Ndebele-Wort *bulala* abgeleitet und als "Ort des Tötens" übersetzt. Man vermutet, Lobengula habe damit auf die kämpferische und siegreiche Vergangenheit der Ndebele angespielt. 11 Jahre später verlegte der König seinen Regierungssitz einige Kilometer nach Norden. Hier residierte er mit rund 20 000 Ndebeleangehörigen bis zum gewaltsamen Angriff der BSAC-Armee. Als die Briten im Oktober 1893 ins Matabeleland einmarschierten, zog Lobengula mit 6000 Kriegern den Soldaten entgegen. Vor der militärischen Übermacht der Europäer mußten die Ndebele schon bald zurückweichen. Lobengula kehrte noch einmal in seine Stadt zurück, ließ sie niederbrennen und flüchtete mit seinem Volk und allem Hab und Gut nach Norden. Am 3. November, kaum drei Wochen nach Kriegsbeginn, 'eroberte' Captain Borrow mit 20 Soldaten das verlassene, in Schutt und Asche liegende Gubulawayo.

König Lobengula gründete die Stadt

Während seine Armee noch die flüchtenden Ndebele verfolgte, gab Leander Starr Jameson Anweisungen, ein paar Meilen südlich die künftige Siedlung nach strengen geometrischen Vorgaben zu vermessen. Am 4. Dezember besuchte Cecil Rhodes persönlich die ehemalige Hauptstadt Lobengulas. Nachdem die neue Siedlung nicht mehr auf dem Gelände Gubulawayos liegen sollte, ließ sich Rhodes ein Haus direkt auf den Überresten von Lobengulas Kraal errichten. (Dieses Gebäude, *Rhodes' Rondavel* genannt, wie auch der große *Indaba Tree*, der Lobengula als Versammlungsplatz gedient hatte und der wie durch ein Wunder das große Feuer unbeschadet überstand, existieren noch heute. Sie befinden sich auf dem Gelände des Präsidentensitzes im State House und sind nicht zugänglich.)

In kürzester Zeit wurden erste Hütten und Gebäude errichtet

Nicht einmal sieben Monate nach der Besetzung Gubulawayos vollzog Jameson am 1. Juni 1894 die offizielle Gründung von Bulawayo. Sie bestand damals aus den quer verlaufenden Avenuen von Nr. 1 bis 14, und längs verlaufenden Straßen von der Fort Street bis zur Borrow Street, der heutigen Samuel Parirenyatwa Street. Östlich davon schlossen sich die Wohngebiete der Weißen an. Alle Straßen hatte man sehr breit angelegt und seitlich mit schnell wachsenden Bäumen bepflanzt. Im Nu öffneten die ersten Hotels mit stolzen Namen, wie Imperial, Maxim's oder Palace, sowie Bars und Clubs zur Unterhaltung der Pioniere. Kirchen wurden gebaut, ab Oktober 1894 die Zeitung *The Chronicle* gedruckt und eine erste Filiale der Standard Chartered Bank eröffnet. Der Aufschwung erfolgte rasch. Händler und Glücksritter wurden magisch von der jungen Siedlung angezogen, die ein Jahr nach ihrer Gründung schon 1500 Einwohner zählte. Allein 400 Goldsucher hatten Lizenzen erworben. Doch als die erhofften Goldfunde ausblieben, mußten sich die Siedler der beschwerlicheren Landwirtschaft zuwenden. Sie rekrutierten die Ndebele zur Zwangsarbeit und unterdrückten die schwarze Bevölkerung rücksichtslos bis zum Ausbruch des ersten Chimurenga, bewaffneten Befreiungskrieges, im März 1896. Die etwa 2000 Siedler der Region flüchteten nach Bulawayo, wo eilig am Market Square eine Wagenburg, das sog. *Laager*, errichtet wurde. Hier harrten die Belagerten aus, bis im Mai 3000 britische Soldaten aus der Kapprovinz vorrückten (der alte Brunnen, die einzige Wasserversorgung innerhalb der Wagenburg, ist heute eine Sehenswürdigkeit an der City Hall).

Rascher Aufschwung der jungen Stadt

Wochenlange Belagerung beim ersten Chimurenga

*Bis in die
40er Jahre ist
Bulawayo
die größte
Ansiedlung
der Kolonie*

Nach dem Friedensschluß mit den Ndebele im Oktober 1896 nahm das Leben in Bulawayo wieder seinen gewohnten Lauf. Mit der Ankunft der Bahn 1897 erhielt die Ortschaft direkten Anschluß an den Süden und entwickelte sich zu einem wichtigen Handelsstützpunkt und Verkehrsknoten. Postsendungen, die zuvor von Mafikeng nach Bulawayo bis zu 10 Tage unterwegs waren, konnten nun innerhalb weniger Tage transferiert werden. Für die nächsten Jahrzehnte blieb Bulawayo die bedeutendste Ansiedlung der Kolonie, erst in den 40er Jahren mußte es diese Stellung an Salisbury abtreten. Am 4. November 1943, genau 50 Jahre nachdem die britische Flagge über den Resten von Lobengulas Hauptstadt gehißt wurde, erklärte die Kolonialmacht Bulawayo zur City. Wenngleich die weitere Entwicklung Bulawayos deutlich hinter der Salisburys/Harares zurückblieb, so ist die Bevölkerung inzwischen doch auf eine Million Einwohner angewachsen. Heute ist die zweitgrößte Stadt des Landes Verwaltungssitz der Matabele-Provinzen, ein bedeutsames Verkehrs-, Industrie- und landwirtschaftliches Zentrum, beherbergt eine Universität und gilt als wichtige Messestadt im südlichen Afrika.

Der vertriebene König Lobengula erfuhr eine späte Ehrung: Im Stadtwappen wird seiner mit drei Schliefern, den Totemtieren der Ndebele-Königsfamilie sowie einem Elefanten, dem Symbol Lobengulas, gedacht. Das Motto der Stadt „si yi pambili" („Wir schreiten vorwärts") ist in der Sprache der Ndebele verfaßt. Heute trägt Bulawayo übrigens den Beinamen „City of the Kings".

Erste Orientierung

Überblick

Das Zentrum Bulawayos wird umrahmt von einer ganzen Reihe schnell wachsender Vororte, sog. Suburbs. Im Norden und Westen liegen die Wohnbezirke der einfachen schwarzen Bevölkerung, die von den Einheimischen auch 'Locations' genannt werden. Hier, zwischen Khami Road und Plumtree Road, schließt sich die Industrial Area an, mit großen Fabrikgebäuden und viel LKW-Verkehr. Die bevorzugten Wohnviertel der Weißen liegen im Süden, entlang der Matopos Road, Hillside Road und Esigodeni Road. Die Landschaft ist hier hügelig und wird immer wieder durch Grünanlagen aufgelockert.

**Stadt-
zentrum**

*Breite Straßen,
geometrisch
angeordnet*

Wendet man sich dem eigentlichen Stadtzentrum zu, so stellt man schnell fest, daß es sich nicht um einen gewachsenen Kern, sondern um eine nach ordentlichem Plan errichtete Stadt handelt. Die Straßenführung erfolgte schachbrettartig, wobei die Avenuen in ost-westlicher Richtung numeriert wurden (mit Ausnahme der 7. Avenue, die den Eigennamen Leopold Takawira Avenue erhielt). Zusammen mit dem strengen Grundriß Bulawayos überrascht vor allen Dingen die erstaunliche Breite der Straßen. Die BSAC ließ die Straßen so breit anlegen, damit die damals üblichen 24-Ochsen-Gespanne bequem wenden konnten. Diesem Umstand verdankt Bulawayo heute seinen großzügigen und weitläufigen Eindruck. Bemerkenswert erscheint auch, daß die Stadt, die ja noch bis in die 40er Jahre größer war als Harare war, so viel kleinstädtischer und kolonialer anmutet als die Hauptstadt. Hier prägen neben unscheinbaren modernen Häusern noch prächtige Einzelgebäude mit viktorianischen Fassaden und verspielten Veranden das Straßenbild (zwei besonders schöne Beispiele sind das Douslin House, welches die Art Gallery beherbergt, und das rosafarbene Gebäude der Standard Chartered Bank, beide in der L. Takawira Avenue). Wo in Harare moderne Hochhäuser mit Glasfassaden aus dem Boden gestampft werden, dämmern hier die alten Gebäude vor sich hin. Dies gibt Bulawayo die Kulisse eines sympathischen verschlafenen Provinznestes. Seine Anziehungskraft liegt in diesem kolonialen Flair und scheinbar zeitlosen Treiben.

Das Herz der Stadt bilden das Rathaus und die kleine Grünanlage im City Hall Komplex. Straßenhändler mit Blumen und allerlei Kunsthandwerk haben sich hier ausgebreitet. Auf dem Gelände wurde 1951 der alte, verschüttete Brunnen, der während der Belagerung Bulawayos beim ersten Chimurenga die einzige Wasserversorgung der eingekesselten Siedler darstellte, wieder entdeckt. Man hat den 'Old Well' anschließend freigelegt. Nebenan befindet sich auch gleich die Touristeninformation. Von hier nach Süden bis etwa zur 12. Avenue verläuft der lebendigste Teil Bulawayos, wo man die meisten Geschäfte, Schnellrestaurants, Banken und Lokale findet. Eine Fußgängerzone gibt es nicht. Als Spaziergang durch die weitläufige Innenstadt empfehlen sich die belebte Leopold Takawira Avenue und die Main Street, Jason Moyo Street und Fife Street zwischen 6. und 11. Avenue, wo noch mehrere sehenswerte Kolonialgebäude stehen. Weiter nach Westen in der Fort und Herbert Chitepo Street sind viele Läden in die Hände der geschäftstüchtigen Inder übergegangen. Dahinter, in der Lobengula Street, werden die Straßenzüge 'afrikanisch'. Kleine Geschäfte mit vielfältigem Warenangebot, Straßenhändler mit Lebensmitteln oder Second-Hand-Kleidung und Minibusse voller Passagiere bestimmen hier das Bild.

Nach Osten schließen sich an die Innenstadt große Parkanlagen an. Auf dem Gelände des nördlichen Centenary Parks befinden sich der Bowling Club, das Theater, der an den im Ersten Chimurenga gefallenen BSAC-Offizier Charles Lendy erinnernden *Lendy-Obelisk* und das hochinteressante Naturhistorische Museum. Ein Tea Garden, Kinderspielplatz und mehrere Tier- und Vogelgehege machen den Park zum beliebten Naherholungsziel der Städter. Südlich der Leopold Takawira Ave. schließt sich direkt der Central Park an, mit dem städtischen Schwimmbad und Campingplatz sowie dem nachts beleuchteten Springbrunnen *Anniversary Fountain* (er wurde 1968 zum 75. Geburtstag der Stadt errichtet). Beide Parkanlagen laden tagsüber zum erholsamen Schlendern ein, insbesondere Naturfreunde kommen bei der Vielfalt der Bäume auf ihre Kosten. Noch weiter südlich, jenseits des South Parks und vorbei an einigen Schulen, erreicht man das Messegelände 'Trade Fair and Agricultural Showgrounds'.

Oben: "Weather Reporter", Holzfigur aus der Tshuma-Schnitzwerkstatt in Bulawayo

Sehenswertes in Bulawayo

Museum of Natural History

Das mit großem Engagement zusammengetragene, in einem Rundbau im Centenary Park untergebrachte Museum kann man als das Beste seiner Art im Lande bezeichnen. Umfangreiche Abteilungen informieren eingehend über die Natur und Tierwelt des Landes, ein nachgebauter Bergwerkstollen veranschaulicht das Minenwesen und dokumentiert Gesteinsarten, andere Abteilungen gehen Fragen zur Umwelt und Ethnographie nach und zeigen einen interessanten Querschnitt zur Kolonial- und jüngeren Landesgeschichte. Beachtenswert ist außerdem die ornithologische Ausstellung. Mit Cafeteria. Öffnungszeiten: Täglich von 09.00–17.00 h, der Eintritt beträgt 2 US$.

Railway Museum

Eine nicht nur für Eisenbahnfans sehenswerte Ausstellung alter Dampflokomotiven, Waggons & Utensilien vergangener Tage. U. a. steht hier noch Cecil Rhodes' luxuriöser Salonwaggon, mit dem sein Leichnam 1902 von Kapstadt nach Bulawayo transportiert wurde. Das Museum liegt etwas versteckt an der Prospect Avenue, die man über die Burnley Road erreicht. Öffnungszeiten: Dienstags, mittwochs und freitags von 08.30–12.00 h und 14.00–16.00 h, samstags und sonntags von 12.00–17.00 h. Montags und donnerstags geschlossen.

National Art Gallery

Zeitgenössische Kunst wird im Douslin House, einem der prächtigsten kolonialen Gebäude von Bulawayo, an der Main Street/Ecke Leopold Takawira Ave. ausgestellt. Im Innenhof verkaufen einige Artisten direkt von der Werkbank ihre Exponate. Anbei sind auch eine ansprechende Cafeteria und ein Kunstladen, im Obergeschoß befindet sich die 'Beit Library'. Geöffnet dienstags bis sonntags zwischen 09.00 und 17.00 h, montags und feiertags geschlossen. Der Eintritt beträgt lediglich 5 Z$. Für Autofahrer: Im Innenhof besteht sichere Parkmöglichkeit.

Mzilikazi Art & Craft Centre

Eine Ausbildungsstätte für junge Künstler und Handwerker, die insbesondere durch die getöpferten Produkte der *Mzilikazi Pottery* landesweiten Ruf erlangte. Das einst staatlich geförderte Unternehmen trägt sich heute selbst. Die Werkstätten kann man wochentags besichtigen und im Verkaufsraum Töpferwaren, Gemälde oder Schmuckartikel erwerben. Gleich nebenan bei *Bulawayo Home Industries* steht das Verarbeiten von Stoffen, das Flechten, Weben und Batiken im Mittelpunkt der Ausbildung. Auch hier sind Besucher willkommen, und die Erzeugnisse können dort zu deutlich günstigeren Preisen als in den Souvenirläden erstanden werden. Während im *Mzilikazi Centre* überwiegend junge Männer ausgebildet werden, sind die *Bulawayo Home Industries* eine Domäne für Mädchen. Das Craft Centre liegt im nördlichen Stadtteil Mzilikazi, am gleichnamigen Platz in der Taylor Avenue. Die beschilderte, etwa 4 km lange Zufahrt erfolgt über die Old Falls Road. Mit öffentlichen Verkehrsmitteln erreicht man das Craft Centre, wenn man beim Lobengula Bus Terminus einen Bus zum Mpilo Hospital nimmt. Besucherstunden: Montags bis freitags von 08.30–12.30 h und 14.00–16.00 h. Tel. 67245.

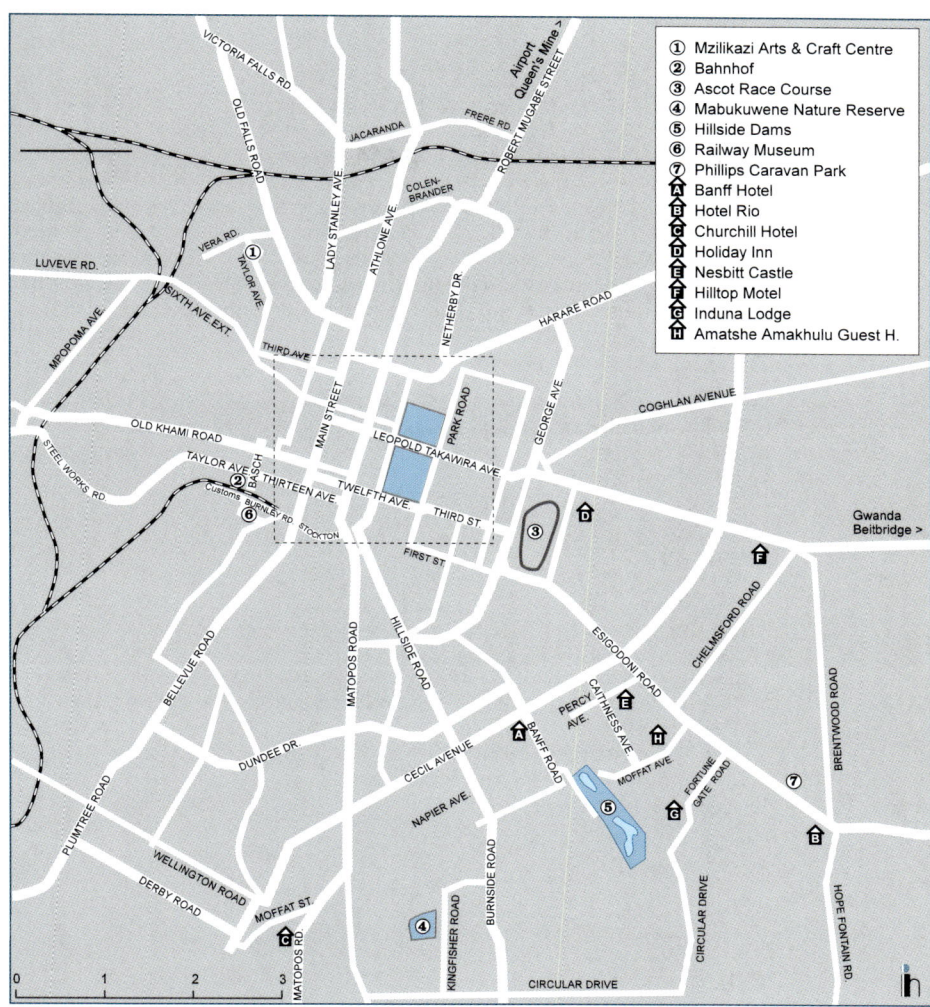

① Mzilikazi Arts & Craft Centre
② Bahnhof
③ Ascot Race Course
④ Mabukuwene Nature Reserve
⑤ Hillside Dams
⑥ Railway Museum
⑦ Phillips Caravan Park
Ⓐ Banff Hotel
Ⓑ Hotel Rio
Ⓒ Churchill Hotel
Ⓓ Holiday Inn
Ⓔ Nesbitt Castle
Ⓕ Hilltop Motel
Ⓖ Induna Lodge
Ⓗ Amatshe Amakhulu Guest H.

Bus Terminals und Busverbindungen

In Bulawayo gibt es verschiedene Busstationen, die jeweils bestimmte Regionen bedienen. Den Nahbereich decken folgende Stationen ab:

- **City Hall Terminus** (Regionaler Busbahnhof): Liegt an der 8th Ave. zwischen Fife Street und R. Mugabe Way. Hier fahren die Busse in die nördlichen, südlichen und östlichen Vororte ab. Info-Tel. 67172 und 67292. Unregelmäßige Abfahrtszeiten, sehr preiswert, meist überfüllt.
- **Lobengula Street Terminus** (Regionaler Busbahnhof): In der Lobengula Street, zwischen Leopold Takawira und 6th Ave., starten die Busse in die westlichen Vororte. Info-Tel. 74059. Unregelmäßige Abfahrtszeiten, sehr preiswert, meist überfüllt.

Verkehrs-mittel

Regionaler Verkehr

Verkehrs-
mittel

Fernstrecken-
busse

• **Renkini Bus Terminus** (Fernstrecken): An der 6th Ave-Extension gegenüber der Mzilikazi Polizeistation. Hier starten die Fernbusse nach Harare, Mutare, Masvingo und Beitbridge (Busse nach Masvingo: Täglich außer samstags fahren regionale Busunternehmen um 06.00 h und 07.00 h morgens sowie freitags um 17.00 h. Fahrzeit je nach Zwischenstops ca. 5 bis 8 Stunden. Preise ca. 2–4 US\$).

Es bestehen regelmäßige Fernverbindungen nach Johannesburg, Kapstadt, Harare und Victoria Falls. Je nach Company gelten unterschiedliche Abfahrtspunkte. Die Überlandbusse von *Greyhound* (Johannesburg bis Victoria Falls) und die Fernstreckenbusse von *Blue Arrow*, die regelmäßig nach Victoria Falls, Harare, Masvingo und Johannesburg fahren, starten in der Fife Street gegenüber der Polizeistation (Tel. 65548). *Express Motorways* läßt seine Busse mit Zielen innerhalb Zimbabwes sowie nach Botswana und Südafrika am City Hall Car Park abfahren (Tel. 61402) und *Ajay Motorways* startet beim Rainbow Hotel (Tel. 62521). Aktuelle Informationen zu Preisen und Fahrzeiten erteilt das Touristenbüro.

Restaurants, Bars & Cafes

Kleine
Auswahl der
Lokale in
Bulawayo

• **Bon Journee Restaurant:** Steakhouse, R. Mugabe Way/10th Ave. Tel. 64839.
• **Cattleman Steakhouse:** Steaks, Fisch, Salate. 12th Ave./J. Tongogara St., Tel. 76086.
• **Arizona Spur:** Steakhouse im Holiday Inn Hotel, Tel. 70318.
• **Granada:** Spanische Küche im Parkade Centre, 9. Ave./Ecke Fife Street, Tel. 70716.
• **La Gondola:** Italiener. R. Mugabe Way zwischen 10th und 11th Ave. Tel. 62986.
• **The Coach House Restaurant:** Romantisches Kerzenlicht-Dinner im Nesbitt Castle Hotel (Fünf-Gänge-Menü). Unbedingt Vorreservieren! Tel. 42735.
• **New Orleans :** Beliebtes koloniales Restaurant im Banff Hotel. Tel. 43176.
• **Olav's Bistro:** Erstklassige Küche im Selborne Hotel. Tel. 65741.
• **Peking Restaurant:** Chinesische Küche, Jason Moyo St./Ecke 11th Ave. Tel. 60646.
• **Morgans Restaurant:** Seafood & Steaks, Ramji's Centre in der 11th Ave., Tel. 79404.
• **Cape To Cairo:** R. Mugabe Way/Ecke L. Takawira Ave., Tel. 72387.
• **Himalaya Restaurant:** Indische Küche. 9th Ave./J. Tongogara St., Tel. 67068.
• **Haefeli's:** Beliebte schweizerische Konditorei/Cafeteria, Fife Street, Tel. 64731.
• **Schnellrestaurants:** Große Auswahl an Lokalen, wie z. B. Pizza Inn, Nandos, Mighty Pies, Wimpy und Kentucky Fried Chicken im Innenstadtbereich (z. B. Fort Street./Ecke 11th Ave. bzw. entlang der Jason Moyo Street).

Tip für
Camper am
Phillips
Caravan Park:
abends im
nahegelege-
nen Hotel Rio
dinieren

• **Exchange Bar:** Leopold Takawira Ave./Ecke Jason Moyo Street. Das rustikale Lokal rühmt sich, ältestes Pub des Landes zu sein und hat zweifellos eine sehr lange Tradition. Heute ist es fest in Hand der Schwarzen.
• **Nachtclub/Disko:** Silver Fox Nite Club & Restaurant: 101 Robert Mugabe Way/Ecke 10th Ave., Tel. 77097. Täglich bis spät nachts geöffnet.
• **Internet Café:** The Secretary Bird, Grand Hotel Bldg., im Bulawayo Centre an der Main Street. Tel. 68230, Fax 67559, E-mail: secbird@harare.iafrica.com.

Einkaufen

Souvenirs

• **Mthwakazi Crafts:** 81 Parirenyatwa Street/Leopold Takawira Ave. Tel. 72729. Community-Projekt, um einheimisches Kunsthandwerk zu fördern und die Einnahmen den Erzeugern zukommen zu lassen (siehe auch Mzilikazi Pottery).
• **Jairos Jiri Craft Shop:** Kunsthandwerk, das zum großen Teil von Behinderten produziert wurde und dessen Erlös teilweise der Behindertenorganisation zufließt. Der große Laden befindet sich neben der Touristeninformation an der Leopold Takawira Street.
• **Induna Arts:** 121 Josiah Tongogara St., Tel. 69175. Trad. Kunsthandwerk, zeitgenössische Kunstartikel.
• **Tshuma-Schnitzereien:** Originelle, moderne Ndebele-Schnitzereien aus Weichholz fertigt die Familie Tshuma in einem unauffälligen Werkraum, der sich gleich links des Touristenbüros, direkt hinter der Bushaltestelle befindet. Die Figuren, die ihre Farbe durch Schuhcreme erhalten, wurden schon in der Nationalgalerie ausgestellt.

Lebensmittel

- **City Market:** Ein offener Straßenmarkt befindet sich in der 5th Ave. zwischen Jason Moyo und J. Tongogara Street.
- **Haddon & Sly Supermarket:** Fife Street/Ecke L. Takawira Ave. Das sehr zentrale Traditionsunternehmen wurde bereits 1894 gegründet.
- **TM Hypermarket:** Der große Supermarkt an der Fort Street/Ecke 11th Ave. hat auch sonntagvormittags geöffnet.
- **Ascot Centre:** Shopping Centre neben dem Pferderennplatz an Leopold Takawira Avenue. Allerdings stehen viele Läden leer.
- **Backwaren:** Haefeli's Swiss Bakery, Dely and Café in der Fife Street zwischen 10th und 11th Avenue. Beste Backwaren der Stadt!
- In der **Hillside Road** entsteht in Kürze ein neuer großer Shopping-Komplex mit umfangreichem Supermarkt.

Verschiedenes

- **Bulawayo Centre:** Moderne Shopping-Arkaden mit Modeläden, Reisebüro, Wechselstube, Apotheke etc. in der Main Street zwischen 9th und 10th Ave. im ehemaligen Grand Hotel Komplex.
- **Hillside Shopping Centre:** Matopos Road stadtauswärts rechts an einer Tankstelle.
- **Makro:** Metro-Einkaufsladen für Großkunden am Südende der Herbert Chitepo Street.
- **Flea Market:** Der städtische Flohmarkt befindet sich in der 11th Ave./Ecke Fort Street, schräg gegenüber des TM-Hypermarktes.
- **Campingbedarf:** Ezee Kamping Shop in der G. Silundika Street zwischen 9th und 10th Ave.

Bücher und Landkarten

- In der 8. Avenue/ Ecke Jason Moyo Street befindet sich das Book Centre, ein kleinerer Buchladen liegt etwas versteckt im Bulawayo Centre in der Main Street.
- Das staatliche Büro des Surveyor General verkauft detailliertes Kartenmaterial im 3. Stock des Tredgold Buildings/Gerichtsgebäude in der L. Takawira Ave./Ecke Fort Street.

Kfz-Bedarf

- Reparaturwerkstätten, Autoersatzteile, Reifen und sonst. Zubehör findet man im Industriegebiet am Stadtrand von Bulawayo in Richtung Plumtree.

Bilder von oben: Douslin House,
Blick von der Ballustrade des Douslin House,
typische, breite Straße im Zentrum,
Ecklokal Cape To Cairo

Hotels / Unterkünfte in Bulawayo

(siehe auch Seite 356)

Obere Preisklasse

- **Churchill Hotel:** Matopos Rd./Moffat Ave. P. O. Box 9140, Hillside. Tel.19- 44243, Fax 19-46551. Das am Stadtrand in Richtung Matobo gelegene, sehr gediegene Hotel im Kolonialstil gehört zur Best Western Gruppe, mit beliebtem Restaurant. Preise: ca. 95 US$/EZ, 110 US$ pro DZ.
- **Rainbow Hotel:** 10th Ave./Josiah Tongogara Street, Tel. 19-540273, Fax 19-61739. Das ehemalige Bulawayo Sun Hotel wurde 1997 von der Rainbow-Gruppe übernommen. Unattraktives Gebäude, aber sehr zentral gelegen. Preise: B&B ca. 75US$/EZ und 100 US$ pro DZ.
- **Holiday Inn:** Milnerton Ave., Ascot. Tel. 19-72464, Fax 19-76227. Großes Hotel mit typischem, leicht sterilem Holiday Inn-Ambiente. Zimmer ohne Frühstück: ca. 60 US$/DZ und 110 US$/EZ.
- **Nesbitt Castle:** 6 Percy Ave., Hillside. Tel. 19-42726, Fax 19-41864. Sicherlich das ungewöhnlichste Hotel der Stadt: eine Mischung aus düsterer Burgruine und schottischem Landhaus, voller mittelalterlichem, schwerem Mobiliar. Beliebt bei Amerikanern, Japanern und einheimischen Geschäftsleuten. 9 unterschiedlich eingerichtete Zimmer, mehrere Lounges, Bibliothek, gediegenes Restaurant. Preise: B&B ca. 185 US$/EZ und 122 US$ p. P. im DZ.

Mittlere Preisklasse

- **Selborne Hotel:** Leopold Takawira Ave./G. Silundika St., Tel. 19-65741, Fax 19-76335. Sehr zentrales alteingesessenes Hotel im Kolonialstil mit ausgezeichnetem Restaurant. Preise: B&B ca. 50 US$/DZ und 60 US$/EZ.
- **Hilltop Motel:** 6 km außerhalb entlang Gwanda Road. Einfaches, größeres Motel direkt am Highway in Richtung Beitbridge. Tel. 19-72493. Ca. 25 US$/DZ und 40 US$/EZ, Chalets ab 60 US$.
- **Hotel Rio:** 11 km außerhalb entlang Old Esigodeni Rd. (ruhig, aber nicht sehr praktisch für Leute ohne Fahrzeug), Tel. 19-41384, Fax 19-49407. Großer Garten mit Pool, Restaurant. Lockere Atmosphäre. Preise: B&B ca. 35 US$/EZ und 45 US$ pro DZ.
- **Eland Grey's Inn:** Robert Mugabe Way/Leopold Takawira Ave. Tel. 19-540318. Zentrales Hotel mit Restaurants. B&B ca. 40 US$/EZ und 50 US$ pro DZ.
- **Zak's Place:** 129 Robert Mugabe Way/14th Ave. Tel. 19-540129,540330, Fax 19-540190. Zentrales neues Frühstückshotel, sehr beliebt bei Geschäftsreisenden. B&B ca. 25 US$/DZ und 35 US$/EZ.
- **Banff Lodge Hotel:** Banff Rd./Leander Ave., Hillside. Tel. 19-43176, Fax 19-44402. Familiär geführtes, stilvolles Mittelklassehotel mit 10 Zimmern in altem Kolonialgebäude. Gediegene Einrichtung. Anbei das beliebte New Orleans Restaurant. B&B ca. 20 US$/DZ und 30 US$/EZ.
- **Chief's Lodge:** P. O. Box 7, Bulawayo. Tel. 19-79563, Fax 19-76658. Die Zufahrt zweigt etwa 15 km außerhalb der Stadt in Richtung Harare nach Norden ab (nochmals 7 km entlang N'tabazinduna Rd.). Safari Lodge in Wildschutzgebiet für max. 14 Gäste. Ca. 90 US$ p. P. inklusive Vollpension.
- **City Lodge:** 14th Ave./Fife St., Tel. 19-67824, Fax 19-60191. Ordentliches Stadthotel mit Restaurant. Preise: B&B ca. 25 US$/DZ und 40 US$/EZ.

Preiswerte Hotels / Unterkünfte

- **Cecil Hotel:** 3rd Ave./Fife St., Tel. 19-540539. Einfaches Stadthotel mit lauter Diskothek. B&B ab 20 US$/EZ und 30 US$ pro DZ.
- **Palace Hotel:** Jason Moyo St./10th Ave. Tel. 19-64294. Einfache Zimmer ohne Frühstück ab 17 US$.
- **Plaza Hotel:** 14th Ave./Jason Moyo Street. Tel. 19-64280. B&B ab 20 US$/DZ und 30 US$/EZ.
- **Waverley Hotel:** Lobengula St./12th Ave. Tel. 19-60033. Sehr einfach, preisgünstige Zimmer ohne Bad/WC. Für alleinreisende Frauen jedoch nicht geeignet.
- **Manor Hotel:** Lobengula St./8th Ave., Tel. 19-61001. Einfaches Stadthotel. Zimmerpreise ab 20 US$
- **Africa Sun Backpackers Lodge:** 398 Thurso Road, Killarney. Tel. 19-31528/76523. Typische Backpacker-Lodge mit gemeinsamer Küche und Pool. Ca. 5 US$ p. P.
- **Hitch-Haven:** Hillside Rd. zwischen Leander und Percy Ave. Tel. 19-46274. Typische, sehr preiswerte Backpacker-Lodge. Ca. 5 US$ p. P.
- **Western Backpackers Lodge:** 5 Nottingham Road, Hillcrest. Tel. 19-44100. Typische Backpacker-Lodge mit Pool. Ca. 5 US$ p. P.

Gästehäuser / Frühstückspensionen
- **Induna Lodge:** 16 Fortunes Gate Road, Matsheumhlope, Tel. 19-45684, Fax 19-45627. Familiäre, ruhige Mittelklasseanlage für bis zu 10 Pers., etwas abgelegen. Pool. Halbpension ca. 125 US$/ EZ, 100 US$/DZ. Ohne Abendessen p. P. 30 US$ weniger.
- **Amatshe Amakhulu Guest House:** 14 Aberdeen Road, Matsheumhlope. Tel. 19-45731, Fax 19-229721. Stilvolle, kleinere Anlage für Anspruchsvolle mit Chalets und Zimmern im Hauptgebäude. Pool. Preise: Übernachtung 75 US$ p. P., B&B 90 US$, inkl. Abendessen ca. 100 US$ p. P.
- **Southern Comfort Lodge:** 22 Jaywick Road. Matsheumhlope. Tel. 19-41340, Fax 19-76425. Sehr ruhig auf großem Grundstück und an einem kleinen Damm gelegene Chalets südlich von Bulawayo, Halbpension ca. 70 US$/EZ und 60 US$/DZ, B&B etwas preisgünstiger.
- **Mc Allister's Lodge:** 57 Southway Drive, Burnside. Tel. 19-4446/78525/72726. Vier sehr große Riedchalets für bis zu 12 Personen, mit schönem Poolbereich. Preise: ca. 100 US$/Tag.
- **McNamara Guest Homes:** 11-13 Chopin Road, Richtung Matobo gelegene Anlage mit Zimmervermietung und Vermietung von Privathäusern. Etwa 30 US$ für B&B p. P.
- **Falcons Rest:** 17 Greendale Rd., Fortunes Gate. Tel. 19-45859. B&B ab 40 US$ p. P.
- **Khaya-Elihle Guest Lodge:** Tongogara St. zwischen 3rd und 4th Ave. Tel. 19-60680. Preise: B&B ca. 20 US$ p. P., Cottages zur Selbstversorgung ca. 60 US$
- **Berkeley Place:** J. Tongogara/Ecke 6th Ave. Tel. 19-67701. Freundlicher Service. 10–25 US$/Zimmer
- **Travellers Guest House:** Banff Road, Hillside, Bulawayo. Privathaus mit großem Garten und Pool. Tel. 19-46059. B&B für ca. 30 US$ p. P.
- **Quail Lodge:** Quail Road; 8 km vom Zentrum im südl. Vorort Burnside. Tel. 19-45087. Familiäre Pension, B&B ca.37 US$/EZ und 33 US$/DZ, Selbstversorgung im Cottage etwas preisgünstiger.
- **Khame Lodges:** Unterkunft im Farmhausstil bzw. in großen Luxuszelten auf einer Farm nahe der Khami Ruinen. Londa Mela Safaris, Hillside, Tel. 19-46430, Fax 19-46436. Etwa 50 US$ p. P.:/Tag.
- **Meggie's Place:** Douglasdale Road, Tel. 19-42979. Recht einsam entlang der Straße nach Old Bulawayo gelegenes Privathaus mit Zimmervermietung für ca. 20 US$ p. P.

Unterkünfte zur Selbstversorgung
- **Africa In Mind:** 17 Limerick Rd., Hillside. Tel. 19-43130/46225. Preise: ca. 25 US$/DZ, 30 US$/EZ.
- **Carnarvon Cottage:** Carnarvon Rd., Hillside. Tel. 19-41209. Preise: B&B ab 40US$ p. P.
- **Marula Lodges:** 17th Ave., Famona. Tel. 19-60029. Apartments für bis zu 4 Personen ab 50US$.
- **Nira Holiday Flats:** G. Silundika St. zwischen 2nd und 3rd Ave. Tel. 19-79961, Fax 19-69354. Apartmentkomplex im Zentrum. Ca. 20 US$ p. P.
- **Municipal Caravan Park:** Chalets für etwa 10 US$ p. P. auf dem Gelände des städtischen Campingplatzes (siehe Camping).
- **Country Rest Camp:** 19 km nördlich der Stadt an der Straße nach Vic Falls, Chalets mit Küche, Kühlschrank und Bad für 30 bis 40 US$, je nach Größe (siehe Camping).

Camping
- **Municipal Caravan Park of Bulawayo:** Im Centenary Park gelegener großer städtischer Campingplatz. Meist viel Betrieb. Tel. 19-63851. Ca. 3 US$ pro Person.
- **Phillips Caravan Park:** 82 Esigodeni Road, Matsheumhlope. Tel. 19-45364. Am südlichen Stadtrand gelegener, sehr sauberer Campingplatz. Grüne Wiese, relativ ruhig. Camping ca. 6 US$ p. P.
- **Country Rest Camp:** 19 km nördlich der Stadt an der Straße nach Vic Falls. Sehr ruhiges Farmgelände mit mehreren voll ausgestatteten Chalets, Garten mit Pool, Campingwiese mit viel Schatten und überdachtem Aufenthaltsraum sowie kleinem Kiosk. Camping ca. 2 US$ p. P.
- **The Coach House:** Fam. McKinney, Tel. 19-226009. Campinggelegenheit auf einem Farmgelände 27 km nordöstlich von Bulawayo in Richtung Inyati. Mietcaravans für 10 US$ p. P., Camping ca. 9 US$ pro Stellplatz. Auf dem Gelände stapeln sich neben einer sehenswerten Sammlung alter Kutschen allerlei Antiquitäten. Einfach, aber ruhig und mit Aufenthaltsraum (bei Regen).

Jugendherberge
Das Youth Hostel befindet sich in der Townsend Road/Ecke 3rd Street, der östlichen Verlängerung der 12th Ave.. Tel. 76488. Tagsüber geschlossen (von 10.00–17.00 h). Ca. 3 US$ p. P.

Wichtige Adressen

AA
Büro der Automobil Association: Leopold Takawira Ave./Ecke Josiah Tongogara Street im Fanum House. Tel. 70063. ADAC-Mitglieder erhalten gratis diverse Reiseinformationen und Karten der Region.

Airlines
- **Air Zimbabwe:** Treger House, Jason Moyo St./11th und 12th Ave., Tel. 72051.
- **South African Airways:** Africa House, Fife St./10th Ave., Tel. 71337.
- **Zimbabwe Express Airlines:** Fidelity Life Bldg., Fife St./11th Ave., Tel. 229797.
- **British Airways:** Old Mutual Centre, Jason Moyo Street, Tel. 66596.

Mietwagen-agenturen
- **AVIS:** 10th Ave./Ecke R. Mugabe Street, neben dem Rainbow Hotel. Tel. 68571. Sowie am Flughafen, Tel. 26657.
- **Elite Car Rental:** Bulawayo Airport, Tel. 26642.
- **Compass Car Hire:** Parkade Centre, 9th Ave./Fife St., Tel. 78576, Fax 61430.
- **Europcar Interrent:** Africa House, Fife St./Ecke 10th Ave., Tel. 67925, Fax 77392, auch am Flughafen vertreten.
- **HERTZ:** G. Silundika Street/Ecke 14th Ave., Tel. 74701. Am Flughafen Tel. 27177.
- **Transit Car & Truck Hire Ltd.:** 86 R. Mugabe Way, zwischen 8th und 9th Ave., Tel. 76495, Fax 76394, auch in Victoria Falls und Harare vertreten. Auch Fahrradverleih.

Bahnhof
Tägliche Verbindungen nach Victoria Falls, Francistown/Botswana, Harare und Johannesburg. Auskunft Tel. 322411, Reservierung Tel. 322310. In Bulawayo ist außerdem der nostalgische Luxuszug 'Train de Luxe' stationiert (Infos siehe Reiseagenturen).

Fahrrad-verleih
Fahrräder und Mountain Bikes verleiht *Transit Car & Truck Hire Ltd.,* 86 R. Mugabe Way, zwischen 8th und 9th Ave., Tel. 76495. Fahrradsafaris unternimmt Edelweiss Bike Travel, Fountain Safaris, Bulawayo, Tel. 62553/64880.

Flughafen
20 km entlang der Turk Mine Rd., (Tel. 26423). Air Zimbabwe-Transferbusse fahren zwischen dem Stadtbüro, Rainbow Hotel und dem Airport (ca. 2 US$, Tel. 72051). *Hotelink* (Tel. 63683) bietet Transfers ab 5 US$.

Hospital
Central Hospital, Stadtteil Kumalo, St. Luke's Way, Tel. 72111. Notruf: 71717.

Immigration
Herbert Chitepo St./11th Ave., Tel. 65621. Im 1. Stock des CABS-Gebäude.

Polizei
Fife Street/Ecke Leopold Takawira , Tel. 72515/6.

Post
Bulawayos Hauptpostamt an der Main Street/Ecke 8th Ave. Montags bis freitags von 08.30-17.00 h, samstags von 08.00–11.30 h geöffnet. Tel. 62535.

Reise-agenturen
Tip: Bei Buchung eines Tagesausflugs in die Matoboberge bieten einige Backpacker-Lodges eine Gratis-Übernachtung

Stadtrundfahrten und Ausflüge in die Umgebung, Mietwagen, Safari-Rundreisen, Reservierung von Fähren, Bussen, Flügen etc. arrangieren z. B.:
- **Adventure Travel:** 9th Ave. zwischen R. Mugabe Way und G. Silundika Street. Tel. 41550, Fax 43104.
- **Sunshine Tours & Travel:** 12th Ave./Fife St., Basnic House. Tel. 67791, Fax 74832.
- **Gemsbok Safaris:** Old Mutual Centre, Jason Moyo St./8th Ave. Tel. 63906, Fax 70009.
- **Rail Safaris Ltd.:** (Train De Luxe) Mr. & Mrs. Cooke, P. O. Box 2536, Bulawayo. Tel. 75575, Fax 42217. E-mail railsaf@acacia.samara.co.zw (Luxus-Dampfzug zwischen Harare, Bulawayo und Victoria Falls)
- **Black Rhino Safaris:** Mr. & Mrs. Pumfrey, P. O. Box FM89, Tel./Fax 41662.
- **UTC:** G. Silundika St./Ecke 14th Ave., P. O. Box 118, Tel. 61402.
- **Eco Logical Safaris:** Bulawayo Centre, Main Street. Tel. 61189, Fax 540590.
- **Matobo Game Tours & Travel:** P. O. Box 2405, Tel. 19-72748, Fax 19-72749.

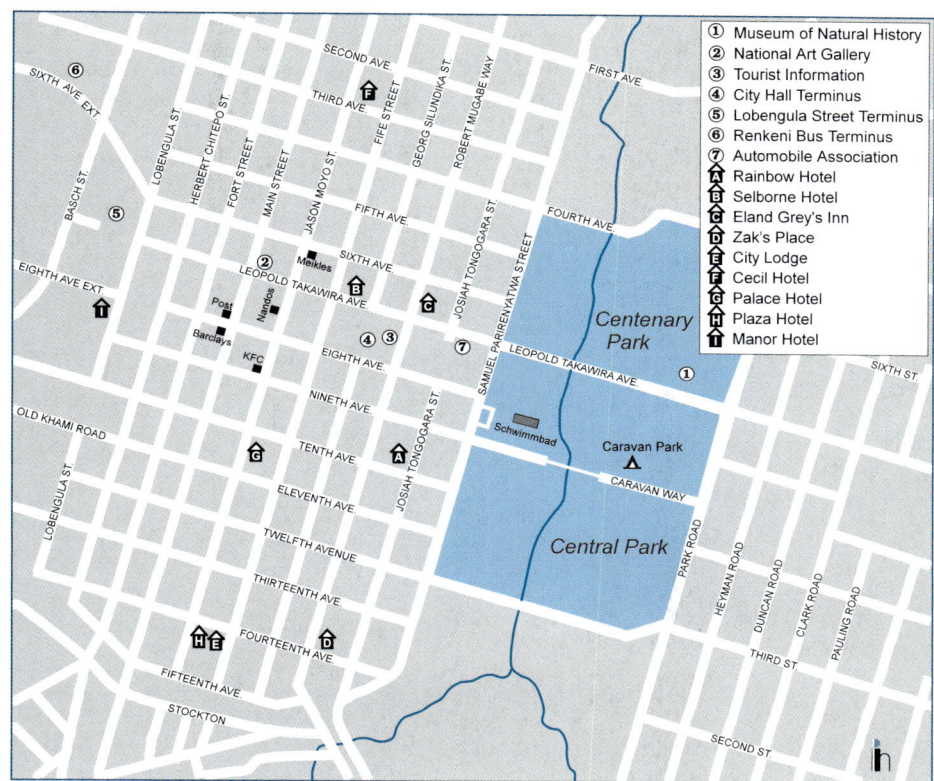

Rixi-Taxi: Tel. 60666, Skyline Taxi: Tel. 72454, Trixi Taxi Tel. 60154. **Taxis**

Die sehr hilfreiche Bulawayo Publicity Association liegt zentral an der City Hall und hält neben den Monatsheften „Bulawayo This Month"allerlei Informationen bereit. Öffnungszeiten: Mo.–Fr. 08.30–16.45 h, Sa. von 08.30–12.00 h. E-mail: bulawayo@telconet.co.zw. Tel. 72969/60867, Fax 60868. **Touristeninformation**

Wechselstuben befinden sich z. B. im Jairos Jiri Laden und in großen Shopping-Komplexen, wie dem Bulawayo Centre in der Main Street. **Wechselstube**

Nationalpark-Reservierungen:10th Ave./Herbert Chitepo St., P. O. Box 2283, Tel. 63646. Öffnungszeiten: Montags bis freitags von 07.45–16.15 h. **Wildlife Office**

Generell erhöhte Vorsicht im Innenstadtbereich um die Touristeninformation sowie um Centenary & Central Park; dort nicht nachts herumlaufen, auch nicht zum Campingplatz. In ganz Bulawayo ist das unbeaufsichtigte Parken vollbepackter Autos mit ausländischem Kennzeichen problematisch. Den Einheimischen bzw. Watchmen ist das Problem meist bekannt, und oftmals organisieren sie bereitwillig einen sicheren Stellplatz für die Besucher (z. B. in Innenhöfen). Auch auf den einsamen Parkplätzen an den Felszeichnungen im Matobo-Gebiet ist es wiederholt zu Autoeinbrüchen gekommen. **Warnung**

Autoeinbrüche bei Touristenfahrzeugen

233

Ausflug 1: Die Ruinen von Khami

Die Trümmer waren einst die Hauptstadt des Torwa-Reiches

Der zweitgrößten Ruinenstätte des Landes kommt eine immense geschichtliche Bedeutung als ehemalige Hauptstadt der Torwa-Dynastie zu. Einst war sie das Zentrum eines Staates, dessen Macht und Einfluß bis weit über die heutigen Landesgrenzen reichte, und selbst Jahrhunderte nach seinem Niedergang, als die Ndebele herrschten, wurde Khami als magische Stätte verehrt. Noch heute spürt man diesen Zauber. Eingebettet in eine reizvolle, einsame Hügellandschaft wirken die Ruinen so dicht neben einer Millionenstadt doch seltsam entrückt und vergessen. Die Ruhe über den stillen Pfaden wird nur durch wenige Besucher gestört.

Anreise

Kurze Fahrt von Bulawayo

Man verläßt Bulawayo entlang der 11th Avenue, welche in die Khami Road mündet. Nach 19 km zweigt nach rechts die 2 km lange Zufahrt ab. Die ganze Strecke ist gut ausgeschildert. Öffentliche Busverbindungen existieren nicht. Bei den Tagestouren der örtlichen Reiseanbieter werden die Ruinen fast immer besucht.

Neben dem großen, schattigen Parkplatz, der mit Grillplätzen ausgestattet ist und zum Picknicken einlädt, ist in einem kleinen Gebäude das Museum untergebracht. Bis zu 100 000 Jahre alte Artefakte werden darin ausgestellt. Man erhält hier auch das Ticket und kann eine kleine Broschüre erstehen. Der Eintritt beträgt 2 US$. Geöffnet täglich bis 17.00 Uhr.

Geschichte

Früheste Handelsbeziehungen

Schon in der Steinzeit lebten Menschen in dieser Region, und um 1000 n. Chr. war sie Teil der *Leopard's Kopje Kultur*, deren Siedlungen meist auf Hügeln errichtet waren. Schon damals bestanden nachweislich Handelskontakte zur Küste des Indischen Ozeans. Im späten 15. Jh., gleichzeitig mit dem Niedergang Great Zimbabwes, gelangte im westlichen Hochland die Torwa-Dynastie zu großer Macht. Vermutlich war diese Herrscherdynastie aus einem Teil der Oberschicht von Great Zimbabwe hervorgegangen. Die Torwa gründeten ein mächtiges Großreich, dessen königliches Zentrum in Khami lag. Chinesische Porzellanscherben, Glasperlen und andere Fundstücke bekunden einen regen Handel Khamis mit Ostasien und Indien

Im 17. Jh. wurde Khami plötzlich verlassen

während des 16. und 17. Jh. Innenpolitische Krisen mit bürgerkriegsähnlichen Auseinandersetzungen sollen im frühen 17. Jh. die Adelsschicht veranlaßt haben, Khami zu verlassen und sich in Danangombe niederzulassen. Um 1684 wurde das geschwächte Torwa-Großreich von den Changamire unter Dombos Führung annektiert. Aus den Torwa und den Changamire entwickelte sich nun das Rozwi-Reich, welches für die nächsten 150 Jahre im westlichen Zimbabwe herrschte. Um 1830 wurde die gesamte Region von heftigen Zulu-Ngoni-Einfällen erschüttert. Khami wurde dabei völlig zerstört. Mzilikazi, der König der Ndebele, unterjochte wenige Jahre später

Kultstätte auch unter Ndebele-Herrschaft

die Rozwi und festigte seine Macht. Khami, das in Trümmern lag, verlor aber auch unter den Ndebele nicht seine spirituelle Bedeutung. Überraschenderweise übernahmen die Ndebele die Zeremonie des Regenmachens und suchten hierfür die Ruinen von Khami auf. Vor den neugierigen Europäern, die als Großwildjäger, Händler, Missionare und Forscher ins Land strömten, hielten sie die Ruinen verborgen.

Erst 1893, als die Briten König Lobengula vertrieben hatten, wurde Khami 'entdeckt'. Leider wütete anschließend die *Rhodesia Ancient Ruins Company* auf der achtlosen Suche nach Wertgegenständen in der Ruinenstätte. Erst 1947 begann eine ernsthafte, 10jährige Ausgrabungsarbeit unter Leitung des Chefinspektors von *Historical Monuments*, K. R. Robinson. Inzwischen wurden die Khami-Ruinen von der UNESCO als Weltkulturerbe eingestuft.

Oben: Blick auf den Hill Komplex

Architektonische Besonderheiten

Die Verwandtschaft zwischen Khami und der viel größeren Anlage von Great Zimbabwe ist nicht zu übersehen. Dennoch bewiesen die Erbauer von Khami eine deutliche Weiterentwicklung ihrer Fertigkeiten. Dazu zwang sie schon das anspruchsvollere, hügelige Gelände. Um flache Ebenen für die Wohnhütten zu schaffen, mußten sie das steile Gelände ausgleichen. Riesige Mengen an Steinen und Erde wurden dafür herangeschafft. Damit errichteten die Konstrukteure kreisförmige, terrassenartige Plattformen, die von Stützmauern getragen und teilweise überdacht wurden. Diese Plattformen haben bis zu 20 m Durchmesser. Die bis zu 7 m hohen Steinmauern wurden ohne Mörtel errichtet und mit ausdrucksstarken Ornamenten verziert, wobei das Schachbrettmuster am häufigsten gewählt wurde. Auch diese Verzierungen sind Zeichen der stilistischen Weiterentwicklung in der Baukunst seit Great Zimbabwe. Der Zentralkomplex der Anlage nimmt etwa 1,5 km² ein. Weitere kleinere Ruinen und Mauerreste findet man noch bis zu 8 km entfernt.

Die Architektur war seit Great Zimbabwe sichtlich gereift

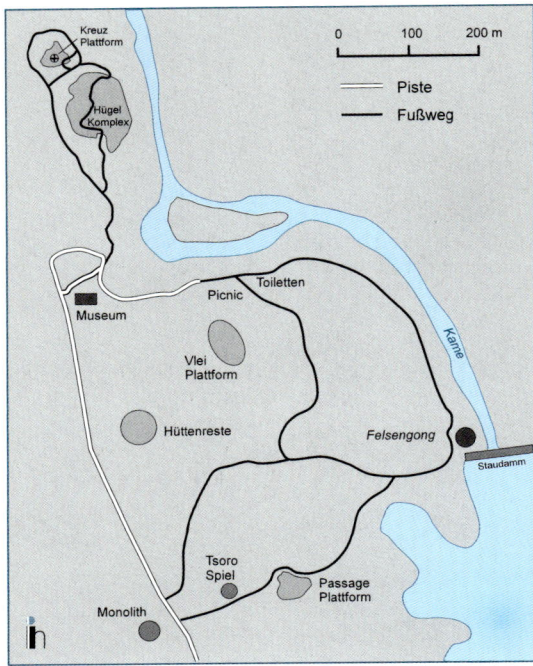

Rundgang

Nach dem Besuch des kleinen Museums wendet man sich zunächst dem Hügelkomplex zu. Ein Fußweg führt dort recht steil durch die sog. *Passage* zur Mittleren Plattform hinauf. Entlang des schmalen Pfades zeugen immer wieder Vertiefungen davon, daß einst Holzpfosten ein längst zusammengestürztes Holz- oder Erddach getragen haben. Die Passage führt zu einer halbrunden Hütte, die ebenfalls überdacht war. Man erkennt drei Stufen, die auf das Dach der Hütte geführt haben könnten. Auf diesen Stufen wurden Eisen- und Bronzewaffen gefunden, die heute im Naturhistorischen Museum von Bulawayo ausgestellt sind sowie verschiedene Artefakte aus Elfenbein. Die Funde lassen darauf schließen, daß die Hütte rituellen Zwecken diente. Links davon sieht man die freigelegten und zum Schutz gegen Regen überdachten Reste einer der größten Rundhütten von Khami.

Auf der oberen Plattform

Geht man weiter zum höchstgelegenen Teil auf der Oberen Plattform, gelangt man in den Bereich, wo vermutlich der König, Mambo genannt, lebte. Mehrere Rundhütten wurden von den Forschern freigelegt und untersucht. In den großen Hütten soll der König gewohnt haben, während eine weiter rechts liegende, unscheinbare, kleine Hütte der wichtigen Zeremonie des Regenmachens gedient haben könnte. Der Weg führt weiter über die östlichen Begrenzungsmauern der Oberen Plattform und verläuft anschließend entlang der sog. *Megalithischen Wand*, so benannt wegen der mächtigen, unbehauenen Granitblöcke. Ab hier bietet sich dem Betrachter eine herrliche Aussicht über die hügelige Landschaft bis hinab zum Khami River. Wenig später erreicht man die fast runde Kreuzplattform. Mindestens drei Hütten haben hier gestanden und waren über zwei Eingänge zugänglich. Den Namen erhielt diese Plattform von einem (Malteser-) Kreuz, das als ein Mosaik aus kleinen Steinen auf dem Boden errichtet worden war (es wurde Ende der 30er Jahre aus Restaurationszwecken einbetoniert).

Kreuzplattform mit rätselhaftem Malteserkreuz

Es ist noch immer ein ungelöstes Rätsel, wer dieses Kreuz mit rund 2 m Durchmesser erbaut hat. Der gängigen Ansicht nach ist es auf portugiesische Mönche, die ja bereits seit dem 16. Jh. in dieser Gegend auftauchten, zurückzuführen. Da es andererseits unwahrscheinlich erscheint, daß die Herrscher von Khami in ihrer unmittelbaren Nähe ein Relikt fremden Glaubens zugelassen hätten, besteht auch die These, die Portugiesen hätten Khami Anfang des 17. Jh. überfallen, zerstört und anschließend zum Zeichen ihres Sieges dieses Kreuz errichtet.

Vor der Kreuzplattform gabelt sich der Weg unauffällig. Nach links gelangt man wieder zum Ausgangspunkt zurück, während der rechte Weg in einem Bogen die Kreuzplattform umkreist und dabei die besonders reich verzierte Wand der Nördlichen Plattform freigibt. Der gesamte Rundweg ist je nach Umkehrpunkt in 30 bis 45 Minuten zu bewältigen. *Rückweg zum Parkplatz*

Der Rundweg durch den etwas längeren südlichen Teil Khamis führt durch die einsame Buschlandschaft zur Staumauer und von dort entlang des Khami River zurück. Bei dieser Strecke entdeckt man immer wieder Plattformen mit Resten einzelner Hütten, Mauern mit Ornamenten und gelegentlich die Vertiefungen des Tsoro-Spiels, welches heute noch als Brettspiel in ganz Zentral- und Südafrika verbreitet ist. Man vermutet, daß in diesem südlichen Bereich das Volk siedelte, während der Hügelkomplex dem König und Angehörigen der Adelsschicht vorbehalten blieb. *Rundweg zur Staumauer*

Der Weg führt zunächst vom Parkplatz entlang der Zufahrtsstraße bis zur Monolith-Plattform (benannt nach dem großen Granitblock). Nun zweigt der Pfad zur Passage-Plattform und der anschließenden Precipice-Plattform ab. Eine über 60 m lange Steinmauer zeigt hier ein sehr schönes Schachbrettmuster. Vorbei an der Staumauer gelangt man zum sog. *Rock Gong*, einem Granitfelsen, der beim Anschlagen einen glockenähnlichen Klang erzeugt. Zwischen den Toiletten und dem Museumsgebäude zweigt auf dem Rückweg noch ein kurzer Abstecher zur Vlei-Plattform ab. Hier wurde eine menschliche Figur aus Elfenbein gefunden, die heute ebenfalls im Naturhistorischen Museum von Bulawayo ausgestellt ist. Die Wissenschaftler vermuten, diese Plattform sei einmal ein Rinderkraal gewesen. *Monolith-Plattform* *Felsen-Gong*

Ausflug 2: Chipangali Wildlife Orphanage

Es ist das Anliegen dieses 1973 gegründeten "Waisenhauses für Wildtiere", ausgesetzten, kranken, verwundeten oder verwaisten Tieren ein neues Zuhause zu geben und sie, wenn möglich, später wieder in die Freiheit zu entlassen. Im Laufe der Jahre wurde Chipangali so zur Heimat vieler Säugetiere, Reptilien und Vögel. Bei bedrohten Tierarten, wie Hyänen, Wildhunden, Nashörnern und einigen Vogelarten, wurden Zuchtversuche unternommen und außerdem ein sehr erfolgreiches Ducker-Forschungsprojekt gestartet. Dennoch hat sich die Einrichtung deutlich verändert, seit sie von der Familie Wilson ins Leben gerufen

worden ist. Heute erinnert Chipangali eher an einen lebhaften Zoo mit Tea Garden und Andenkenladen, was wiederum nachvollziehbar wird, wenn man bedenkt, daß das Waisenhaus von Spenden, Eintrittsgeldern und Patenschaftsgebühren abhängig ist. Dienstags bis sonntags können Besucher zwischen 10.00 h und 17.00 h die vielen Tiere in ihren Freiluftgehegen besichtigen. Tierfütterungen (auch Raubtiere) finden täglich um 10.15 h, 13.30 h und 15.15 h statt. Der Eintritt beträgt etwa 2 US$. Außerdem werden geführte Wanderungen im angeschlossenen Wildpark angeboten. Anreise: 24 km stadtauswärts von Bulawayo entlang der Hauptstraße nach Beitbridge/Johannesburg liegt Chipangali rechts neben der Straße. *Oben: Pinselohr-schweine sieht man kaum noch in freier Natur*

Ausflug 3: Tshabalala Game Sanctuary

Kleines Wild-schutzgebiet zwischen Bulawayo und den Matobobergen

Dieser 11 ha große Tierpark, 9 km südlich von Bulawayo an der Straße nach Matobo gelegen, untersteht der Nationalparkbehörde. Ursprünglich war das Gelände in Besitz von Fairburn Usher, der eine Tochter Lobengulas geheiratet hatte und es deshalb als Geschenk erhielt. Das Farmland ging 1978 in staatlichen Besitz über und wurde gleichzeitig zum Wild-schutzgebiet erklärt. Das umzäunte Gelände beherbergt eine reiche Vogel-welt sowie Giraffen, Zebras, Warzenschweine, Gnus, Tsessebeantilopen etc., jedoch keine gefährlichen Wildtiere. Man kann den Park zu Fuß oder reitend erkunden. Einige Wasserstellen und Picknickplätze wurden angelegt. Der Eintritt beträgt 5 US$. Wer ein Eintrittsticket des Matobo N. P. vorweisen kann, bezahlt keinen Eintritt mehr, weil das Wildschutzgebiet darin inbe-griffen ist. Besuchszeiten: Täglich von 06.00–18.00 h.

Ausflug 4: Old Bulawayo, Jesuitenmission und Mzilikazi Memorial

Eindrucksvolle Rekonstruktion von Ndebele-Rundhütten

Wer sich für die Landesgeschichte interessiert, sollte einen Besuch **Old Bulawayos** einplanen. Die etwa 20 km lange Zufahrt ist ab der Hillside Road, die in die Burnside Road übergeht, beschildert. Immer geradeaus entlang dieser Straße verläßt man die letzten Vororte. Wenige Kilometer vor Errei-chen der Hope Fountain Mission zweigt nach rechts eine beschilderte Piste ab. Nach weiteren 6,5 km erreicht man die Stelle, an der 1870 Lobengula die Hauptstadt der Ndebele gegründet hatte. Der König residierte hier bis 1881, angeblich in einem im flämischen Stil gemauerten Haus, umgeben von den Rundhütten seines Volkes. Nur wenig ist erhalten geblieben: Reste der Steineinfriedung seines Ochsenkarrens, Grundmauern einiger Hütten und ein mächtiger Baum, der Lobengula als Indaba Tree gedient haben könnte. Äußerst beeindruckend sind allerdings die vier rekonstruierten Ndebele-Rundhütten. Die 3,50 m hohen, phantastischen Graskuppeln sind in erstaunlich stabiler und attraktiver Technik gefertigt worden. Treten Sie durch den niedrigen Eingang in eine dieser Hütten ein und stellen Sie sich vor, wie vor 120 Jahren rund 20 000 Menschen hier gelebt haben...

Reste frühester Missionierungs-versuche

Etwa 500 m weiter befinden sich auf der gegenüberliegenden Seite der Straße die Reste der **Jesuitenmission**. Nachdem Lobengula sein Einver-ständnis erklärt hatte, kauften die Jesuiten 1879 einen verlassenen Handels-posten und gründeten eine Missionsstation bei den Ndebele. Doch zwei Jahre später verlegte der König seine Hauptstadt dorthin, wo heute das State House von Bulawayo steht. Nachdem es danach keine Ungläubigen mehr zu missionieren gab, verließen auch die Jesuiten 1887 ihre Missions-station. Lobengula hatte ihnen übrigens nicht gestattet, in die neue Haupt-stadt nachzufolgen. Erhalten geblieben sind nur einige Mauerreste und eine Gedenktafel, die an die 8jährige Missionsarbeit erinnert.

Eine Gedenkplatte erinnert an den mächtigen König

Um zum **Mzilikazi Memorial** zu gelangen, muß man zuerst wieder in Richtung Bulawayo zurückfahren. Am Circular Drive biegt man links ab und zweigt anschließend in die Old Gwanda Road (von der Innenstadt kommend, zweigt die Old Gwanda Road von der Matopos Road ab). 22 km südlich von Bulawayo wurde mit Spendengeldern eine steinerne Gedenk-platte an der Stelle errichtet, wo ab 1861 König Mzilikazis Wohnsitz Mhlandhlandela lag. Die Höhle, wo er 1868 seine letzte Ruhe fand, ist von hier nur wenige Kilometer entfernt.

Von Bulawayo nach Plumtree

Diese Strecke führt durch klassisches 'Cattle Country'. Ein Abstecher nach Mangwe führt hier durch reizvolle Landschaft zum Schauplatz frühester Kolonialgeschichte. Zunächst empfiehlt sich jedoch ein Besuch der künstlerisch bedeutsamen Kapelle von Cyrene.

Cyrene Mission

27,5 km westlich von Bulawayo zweigt die Cyrene Road ab zur 2 km entfernten anglikanischen Cyrene Mission (die Piste verläuft weiter bis Kezi-Bulawayo-Straße und von dort in die Matobo Berge). Cyrene Mission ist keine Missionsstation im herkömmlichen Sinne, sondern vielmehr ein Ausbildungszentrum mit handwerklichen, künstlerischen und landwirtschaftlichen Schwerpunkten. Im Grunde ist Cyrene das Werk eines einzelnen Mannes. Der 1895 in Schottland geborene Edward Paterson kam schon als Kind nach Südafrika, wo er ein Kunst- und Theologiestudium absolvierte und seit 1928 als Diakon wirkte. 1939 gelangte er nach Bulawayo, um ein Wiedereingliederungsprojekt für verwahrloste Jugendliche zu leiten. Reverend Paterson gestaltete dieses Amt sehr bald nach seinen eigenen Vorstellungen um. So errichtete er z. B. einen neuen Altar mit einem Bild, welches Christus als schwarzen Priester darstellt. Paterson versuchte, die christliche Lehre in einem afrikanischen Umfeld umzusetzen, und animierte seine Zöglinge, ihrem Glauben freien künstlerischen Ausdruck zu verleihen. Mit viel Begeisterungsfähigkeit führte er die Schüler in die Techniken des Malens und Schnitzens ein. Als ihre Fertigkeiten sicherer wurden, ließ er sie die Kapelle innen und außen bemalen. Entstanden sind dabei religiöse Gemälde, die eine interessante Verschmelzung traditioneller sakraler Gestaltung mit afrikanischen Elementen zeigen. Alle biblischen Gestalten haben schwarze Hautfarbe und die Szenen spielen sich in afrikanischer Umgebung ab.

Kleinere Naturparks der Umgebung Bulawayos

Etwa 6 km südlich des Stadtzentrums bilden die **Hillside Dams** ein Naherholungsgebiet mit Spazierwegen entlang der beiden kleinen Stauseen. Ein kleiner Tea Garden und mehrere Vogel- und Tiergehege laden zum Verweilen ein. Zufahrt über die Hillside Road, dann links in die Cecil Avenue und der Beschilderung folgen. Nicht weit entfernt im Vorort Burnside befindet sich das **Mabukuweni Naturreservat** (10 ha großes Gelände mit vielen einheimischen Baumarten, beeindruckendem Aloenwald und herrlicher Aussicht auf die Stadt). Die Zufahrt erfolgt von der Burnside Road (Verlängerung der Hillside Rd.) über den Chipping Way.

Nördlich des Stadtzentrums wurde am Lower Mguza Damm ein 6,5 km² großer Naturpark eröffnet. Viele Wasservögel, verschiedene Antilopen und einige Warzenschweine leben heute im naturbelassenen **Mguza Nature Reserves.** Am Ufer gibt es Picknickplätze, und seit Jahren bestehen Pläne, mit einfachen Chalets und Campingplätzen Übernachtungsmöglichkeiten zu schaffen. Anreise: 15 km entlang der Vic Falls Road, dann der Beschilderung folgen.

Das **Mazwi Nature Reserve** liegt 28 km nördlich von Bulawayo und ist über die Khami Rd. und die nach 15 km rechts abzweigende Khami Prison Rd. zu erreichen. In diesem Schutzgebiet für Elenantilopen, Giraffen und Säbelantilopen mit Wasserstellen und Picknickplätzen kann man auch reiten.

Oben: Altar der Kapelle mit Wandbemalung in Cyrene Mission

Cyrene Mission   Bei manchen seiner Schüler weckte Paterson große Talente. Er gestattete ihnen freies Arbeiten und ließ sie einen unabhängigen Kunst- und Ausdrucksstil prägen, der allmählich in künstlerischen Kreisen bekannt wurde. *Cyrene-Art* bzw. die *Cyrene-Schule* gelten heute als eigene Kunstform. Eine internationale Würdigung erfuhren die Künstler von Cyrene, als ihre Arbeiten 1949 und 1954 in London ausgestellt wurden. Manche der ehemaligen Schüler sind dadurch berühmt geworden.

Weiterfahrt nach Westen   Auf der Weiterfahrt in Richtung Plumtree durchquert man 38 km südwestlich von Bulawayo die kleine Ortschaft und Bahnstation **Figtree**. Nur der Name erinnert noch an den riesigen Feigenbaum, der im letzten Jahrhundert die Stelle markierte, wo Reisende auf die Erlaubnis des Ndebelekönigs warteten, ehe sie sich seinem Zentrum nähern durften. 21 km weiter erreicht man die Abzweigung zur Shashani Valley Lodge mit Camping. 10 km weiter liegt Marula, ebenfalls eine kleine Bahnstation, die nach einer typischen Baumart benannt wurde. Hier zweigt eine Erdstraße nach Mangwe ab – in eine vergessene Region, obwohl sich in dieser liebreizenden Landschaft die Anfänge der Kolonialgeschichte abspielten. Entlang dieser Piste liegen weitere Touristenunterkünfte.

Lodges in dieser Region

• **Shashani Valley Lodge & The Rock Campsite:** Der Besitzer, Max Rosenfels, zählt zu jener weitverzweigten Familiendynastie, deren Vorfahren mit den allerersten Siedlern ins Land kamen und die noch heute in der Region um Mangwe große Ländereien und Farmen besitzen. Als wohlhabender Geschäftsmann verwirklichte er sich mit dieser neuen Lodge einen Jugendtraum. Sechs Chalets, einen kleinen Pool und ein elegantes Hauptgebäude hat er direkt an eine felsige Steilkante bauen lassen. Der Ausblick in die endlose Weite unberührter Natur ist spektakulär und kann sich ohne Zweifel mit 'World's View' in Matobo messen. Soweit man blickt, ragen als Ausläufer der Matobo Hills bizarre Felskuppen aus der einsamen Savanne. Rund um die elitäre Lodge werden Wildtiere wieder angesiedelt. Game Drives stehen auf dem Programm und man kann sogar auf jungen, zahmen Elefanten reiten. Etwa 1 km weiter entstand das ansprechende The Rock Campsite mit festen Zelten und Campinggelegenheit (allerdings für Autocamper weniger geeignet). Transfers, Game Drives und Verpflegung werden zusätzlich angeboten. Reservierung: P. O. Box 19, Figtree, Tel. 183-398 oder im Bulawayo-Office: Treger House, J. Moyo St., Tel. 19-68672/64144, Fax 19-63680. Preise: Shashani Lodge 130 US$ p. P. für All-Inclusive, Campsite: Mietzelt ca. 20 US$, eigenes Zelt ca. 5 US$, Mahlzeiten und Game Drives ebenso ca. 5 US$ p. P.

• **Malalangwe Wilderness Lodge:** 3,3 km südlich von Marula befindet sich ein großes privates Wildschutzgebiet in grandioser Landschaft: Sanfte, weite Grasebenen, die von Granitfelsen und Bergkuppen, der typischen Matobo-Landschaft, durchzogen sind. Eingebettet in hohe Felsen und sehr einsam liegen die sieben gemütlichen Steinbungalows der Lodge. Der Ausblick ist phantastisch, die Wildtiere kommen so nah heran, daß man z. B. vom Pool aus Elenantilopen beobachten kann. Zum Ausflugsprogramm zählen Game Drives und der Besuch von Felsmalereien, Ausflüge zum Mangwe Paß und Touren in den Matobo N. P. All-Inclusive-Preise: ca. 120 US$ im DZ, 150 US$ im EZ und 90 US$ für Dinner/B&B. Reservierungen über Run Wild, P. O. Box 6485, Harare. Tel. 14-795841/4, Fax 14-795845/6.

• **Lebonka Resort:** 16,5 km von Marula liegt John Rosenfels' Farm. Auf dem großen Gelände werden Wildtiere, wie Elenantilopen, Giraffen und Zebras gehalten. In diesem Bereich befinden sich zwei Selbstversorger-Camps: *Lebonka* ist eine den Einrichtungen der Nationalparks ähnelnde Steinrondavel-Anlage am Damm mit schönem Pool. *Gagu Tented Camp* liegt im Wald und ist deutlich rustikaler. Beide Camps können jeweils nur von einer Gruppe gebucht werden (je max. 12 Personen) und sind voll ausgestattet, Mahlzeiten können trotzdem arrangiert werden. Die Camps werden häufig von Einheimischen und Schulklassen besucht. Preise: Pro Camp etwa 140 US$/Tag. Western Safaris, P. O. Box 8488, Belmont, Bulawayo, Tel./Fax 19-79232.

Mangwe Paß Memorial, Fort Mangwe und Lee's House

Auf der weiteren Strecke windet sich die Piste durch hügeliges, felsiges Gelände. 21,5 km südlich von Marula erinnert direkt neben der Straße das **Mangwe Paß Memorial** an die Strapazen der ersten Europäer, die auf dieser Route Matabeleland erreichten. Unter ihnen waren berühmte Persönlichkeiten, wie Hendrik Potgieter, Thomas Baines, Henry Hartley und Frederik Selous. Der erste, der die Route über den Paß nahm, war der britische Missionar Robert Moffat, ein hartnäckiger Pionier in der einsamen Missionstätigkeit und später Schwiegervater von David Livingstone. Moffat war der erste Europäer, der in den 1850ern den mühsamen und gefährlichen Weg zum Ndebelekönig Mzilikazi auf sich nahm. Dreimal reiste er in diesen Jahren, in denen er mit dem Despoten Freundschaft schloß und schließlich die Erlaubnis zur Gründung einer ersten Mission im Matabeleland erhielt, über den Mangwe Paß. Jäger und Händler folgten ihm später, und so entwickelte sich die Route zum Eingangstor ins Matabelereich.

Der weitere Verlauf der Geschichte dieser Region ist eng verbunden mit dem Schicksal von **John Lee**. Als 35jähriger reiste er 1862 erstmals ins Matabeleland um Elefanten zu schießen. Mehrmals wiederholte der erfolgreiche Jäger diese ausgedehnten Reisen und freundete sich dabei mit Mzilikazi an. Er verliebte sich in die grandiose Landschaft und bat 1866 um Erlaubnis, sich hier niederzulassen. Mzilikazi schenkte ihm daraufhin soviel Land, wie er in einer Stunde in jeder Himmelsrichtung würde reiten können. John Lee gab seinem besten Gaul die Sporen – und war kurz danach Besitzer von 500 km² Land. Dort baute er seiner Familie ein einfaches Häuschen und versuchte sich in allerlei Dingen, der Großwildjagd, Rinderzucht und gleichzeitig als Berater und Agent der Ndebele. Lee's Haus gewann als zweite europäische Ansiedlung im Matabeleland nach Moffats Mission in Inyati eine große Bedeutung für Reisende und Händler. Als letzter „Außenposten der Zivilisation" vor dem legendären Matabelereich wurde sein Haus ein vielbesuchter Treffpunkt und Rastplatz. Der erfahrene Ndebelekenner wurde vor Konzessionsverhandlungen um Rat ersucht bzw. um entsprechenden Einfluß gebeten. Seine Rinderzucht bescherte ihm ein gutes Einkommen, weil die ankommenden Trecks gerne ihre geschwächten Ochsen gegen

Bilder von oben:
Cyrene Mission Außenansicht,
Piste zum Mangwe Paß,
Mangwe Pass Memorial

Auch der
Maler
Thomas Baines
war bei John
Lee zu Gast

Lee's gesunde Tiere austauschten. Oftmals lagerten im Umkreis seines Hauses mehrere Reisegruppen gleichzeitig, die mit ihren Ochsengespannen große Wagenburgen bildeten und zum Teil wochenlang rasteten. 1870, dem Krönungsjahr von Lobengula, starb Lees erste Frau bei der Geburt ihres 9. Kindes. Ihr Grab war das erste von 20, die heute noch auf dem verwitterten Friedhof zu sehen sind. John Lee freundete sich auch mit dem neuen König Lobengula an. Seine glücklichen, freien Jahre nahmen jedoch ein jähes Ende, als Cecil Rhodes' Pioniere das Land erschlossen. Während der gewaltsamen Eroberung des Matabelelandes forderte Rhodes seinen Landsmann zur Unterstützung auf. Lee weigerte sich, gegen die Ndebele, mit denen ihn eine 30jährige Freundschaft verband, zu kämpfen. Rhodes zahlte ihm dies bitter heim: Die BSAC annektierte Lees gesamten Besitz, er mußte das Land verlassen und starb 1915 verarmt in Südafrika.

Zur Verteidigung britischer Interessen wurde 1893 das kleine, kreisförmige Steingebäude **Fort Mangwe** errichtet. Als 1896 der bewaffnete Aufstand ausbrach, flüchteten mehr als 150 Menschen in das Fort und errichteten Wagenburgen, wurden allerdings nie von den Ndebele attackiert. Nach dem Ende des Ersten Chimurenga und dem Bahnbau entlang der Strecke Mafeking–Plumtree–Bulawayo wurden die historische Mangwe-Route und das Fort bedeutungslos und gerieten in Vergessenheit. Die Ruinen des alten Forts und von Lees zweitem Wohnhaus sowie der Friedhof sind inzwischen zum National Monument erklärt worden. Sie liegen verstreut auf Farmgelände südlich des Memorials und können nach Absprache mit den Farmern besucht werden. Auf der Glenmore Farm von Ernest Rosenfels steht noch ein restaurierter Ochsenwagen aus der Gründerzeit, der manchmal für Besucher angespannt wird.

Die alten
Gbäude und
der Friedhof
stehen unter
Denkmal-
schutz

Gründerfamilie
Rosenfels

Wieder an der Hauptstraße zwischen Bulawayo und Plumtree führt eine Piste über die Bahnlinie zum Mananda Damm und der Spatalala Lodge von Peter Rosenfels, die dem Lebonka Resort ähnelt (ca. 34 km). In dieser Region stößt man immer wieder auf den Namen Rosenfels. Der Urahn, der Ende letzten Jahrhunderts zu den Gründern der Kolonie zählte, soll übrigens ein Jude mit Münchener Herkunft gewesen sein.

Plumtree

Die letzte Ortschaft vor der Grenze zu Botswana verdankt ihre Gründung dem Bahnbau von 1897. Der Name steht für die Früchte des Marulabaumes, die an Pflaumen erinnern. Obwohl Plumtree an sich eher unbedeutend ist, genoß die Siedlung doch früh einen weit über die Landesgrenzen bekannten Ruf durch ihr großes, 1902 gegründetes Internat. Im Ortskern, der rechts der Bahnlinie liegt, befinden sich ein einfaches Stadthotel, eine Post, eine Tankstelle, einige Läden und eine Bank (Mo/Di/Do/Fr 08.00–15.00 h, Mi/Sa nur vormittags; An- und Verkauf von Pula möglich). Unterkunft bieten ein einfacher Campingplatz und die Omadu Lodge.

Die Internats-
schule
unterrichtet
noch immer

Unterkunft

• **Omadu Lodge:** P. O. Box 359, Tel. 19-2256. Saubere Mittelklasse-Lodge 4 km vor der Grenze nach Botswana mit Bar, Kasino, Restaurant, Doppelzimmern und Rondaveln. Fr/Sa mit Barbecue an der Poolbar. B&B ca. 15 US$/DZ und 20 US$/EZ.

Ausreise
nach
Bostwana

11 km nach Plumtree erreicht man die Grenze. Sie ist täglich von 06.00–20.00 h geöffnet. Die Formalitäten verlaufen wegen des hohen Grenzverkehrs routiniert. Für aus Botswana einreisende Autofahrer: Die Autoversicherung für Zimbabwe kann hier nur in Rand oder Pula bezahlt werden (1 Monat kostet ca. 6 US$).

Matobo Nationalpark

Vor ungefähr 30 Mio. Jahren, als Lava bis zu 9 km dick die Oberfläche des südlichen Afrikas bedeckte, formten massive tektonische Aktivitäten gigantische Falten, Gebirgszüge und Spalten. Später folgten Dürreperioden und vor etwa 3 Mio. Jahren setzten erneut mit immensem Druck gewaltige Erdverschiebungen im südlichen Afrika ein. Dadurch wurden die Höhenzüge und Felsformationen Westzimbabwes freigelegt. Bizarre Linien und Kurven, die vor Jahrmillionen in Abkühlungsprozessen entstanden waren und die dabei die alten Granitfelsen durchbrochen hatten, kamen zum Vorschein. Anschließend trug die Erosion obere Sand- und Steinschichten ab. Zurück blieben harte, zu sog. *'Balancing Rocks'* geformte Felsblöcke, die aussehen, als seien sie von einem Riesen spielerisch übereinander gelegt worden und könnten jeden Augenblick umfallen. Sehr typisch sind außerdem 'Walrücken'-Formationen, sog. *Dwalas* – das sind riesige nackte, blankgeschliffene Granitfelsrücken. Manche der Felsblöcke sind gespalten und in geraden Linien zerbrochen. König Mzilikazi mag wohl an diese Formationen gedacht haben, als er das Land *Amatobo* – die Kahl- oder Glatzköpfigen – nannte.

Die Matoboregion umfaßt rund 3160 km² überwiegend mit Quarzadern durchsetztes Granitgestein. 425 km² im Zentrum der Region wurden als Nationalpark ausgewiesen. Er befindet sich auf einer Höhe zwischen 1200 und 1500m. Die höchsten Gipfel heißen Malindidzimu, Inungu und Pomongwe. Die reizvolle Berglandschaft wird von kleinen Bächen und mehreren Stauseen durchsetzt. Eine reichhaltige Vegetation konnte sich

Geologische Entstehung

Bild Oben: Aussichtspunkt World's View mit Grab von Cecil Rhodes

Natur und Tierwelt

*Die landschaft-
lichen Reize
bilden
einen der
Höhepunkte
im National-
park*

hier entwickeln. Über 100 verschiedene Gräser und 200 unterschiedliche Baumarten, wie Msasa, Brachystegia, Wilde Feigen, Mopane und Aloen sind heimisch. Ähnlich artenreich ist die Tierwelt, wobei die meisten der 88 vorkommenden Säugetierarten in den letzten Jahrzehnten wieder angesiedelt wurden, nachdem sie zuvor ausgerottet worden waren. Zu den wenigen Arten, die sich in Matobo immer behaupten konnten, zählen Klippspringer, Schirrantilopen und Leoparden, weil die zerklüftete, an Verstecken reiche Landschaft ihnen einen idealen Lebensraum bot. Deshalb beherbergt der Nationalpark auch die größte Dichte an Leoparden innerhalb Zimbabwes. Zur Wiedereinführung ausgerotteter Tierarten haben übrigens die vielen Tiermotive der Felszeichnungen inspiriert. Sehr erfolgreich wurden in den 60er Jahren Breitmaulnashörner angesiedelt, die heute frei im Nationalpark und vor allem dem Whovi Game Park umherstreifen und sich auf rund 40 Tiere vermehrt haben. Seit den frühen 80er Jahren leben auch einige Spitzmaulnashörner im Park.

341 Vogelarten sind bisher im Matobo Nationalpark registriert worden, davon allein 40 Raubvogelarten. Etwa 60 Paare der seltenen Felsenadler (Aquila verauxii) brüten in dieser Region (die weltweit größte Konzentration).

Anreise

Rund 36 km südlich von Bulawayo entlang der Matopos Road befindet sich beim Sandy Spruits Damm der Haupteingang des Parks (die Teerstraße endet nach 19 km am Maleme Rest Camp). Ein zweiter Zugang befindet sich südöstlich vom Rhodes Rail Terminus. Die geteerte Straße trifft nahe dem Arboretum Campsite auf den Circular Drive. Entlang der Kezi Road gelangt man 52 km von Bulawayo zum Eingang des Whovi Game Parks. Auf der gegenüberliegenden Seite ist ein Gate, durch welches man auf einer Schotterstraße zur Central Wilderness Area und zum Maleme Rest Camp gelangt. Neben diesen Hauptzugängen existiert eine Vielzahl kleinerer Wege und Pisten zwischen dem Park und den umliegenden Communal Lands oder Farmen. Die Teerstraßen sind in sehr gutem Zustand, die meisten der Schotterstraßen (z. B. vom Whovi Game Park nach Maleme, die Scenic Route und die Straße zur Silozwane Cave) sind gut befahrbar. Allerdings muß man nach heftigen Regenfällen mit Einschränkungen rechnen, außerdem gilt es zuweilen kurze Steilpassagen zu bewältigen.

*Per Bus ab
Bulawayo*

Mit öffentlichen Verkehrsmitteln: Vom Renkini Bus Terminus startet der Bus nach Kezi, den man an einer der drei Abzweigungen in den Nationalpark verlassen muß (ab hier gibt es keine öffentlichen Verkehrsmittel mehr). Wer auf einen 'Lift' spekuliert, hat an der vielbefahrenen Strecke via Sandy Spruit die besten Chancen. Alternativ kann man den Park mit einem in Bulawayo gemieteten Fahrrad/Mountainbike erkunden, welches man auch im Kezi-Bus mitnehmen kann.

*Organisierte
Rundfahrten
von Bulawayo*

Organisierte Touren: Tagestouren in den Matobo N. P. beinhalten in der Regel den Besuch des Whovi Game Parks und einiger Felszeichnungen, ein Picknick am Damm, evtl. eine kleine Wanderung und einen Besuch im Emadwaleni Traditional Village. Sie werden von einer ganzen Reihe örtlicher Anbieter offeriert (siehe Bulawayo, Reiseagenturen). Einen besonders guten Ruf hat sich dabei *Black Rhino Safaris* erworben. Tip: Wer den Park intensiver kennenlernen möchte, kann sich nach einer Tagestour im Maleme Restcamp absetzen lassen, anstelle nach Bulawayo zurückzufahren.

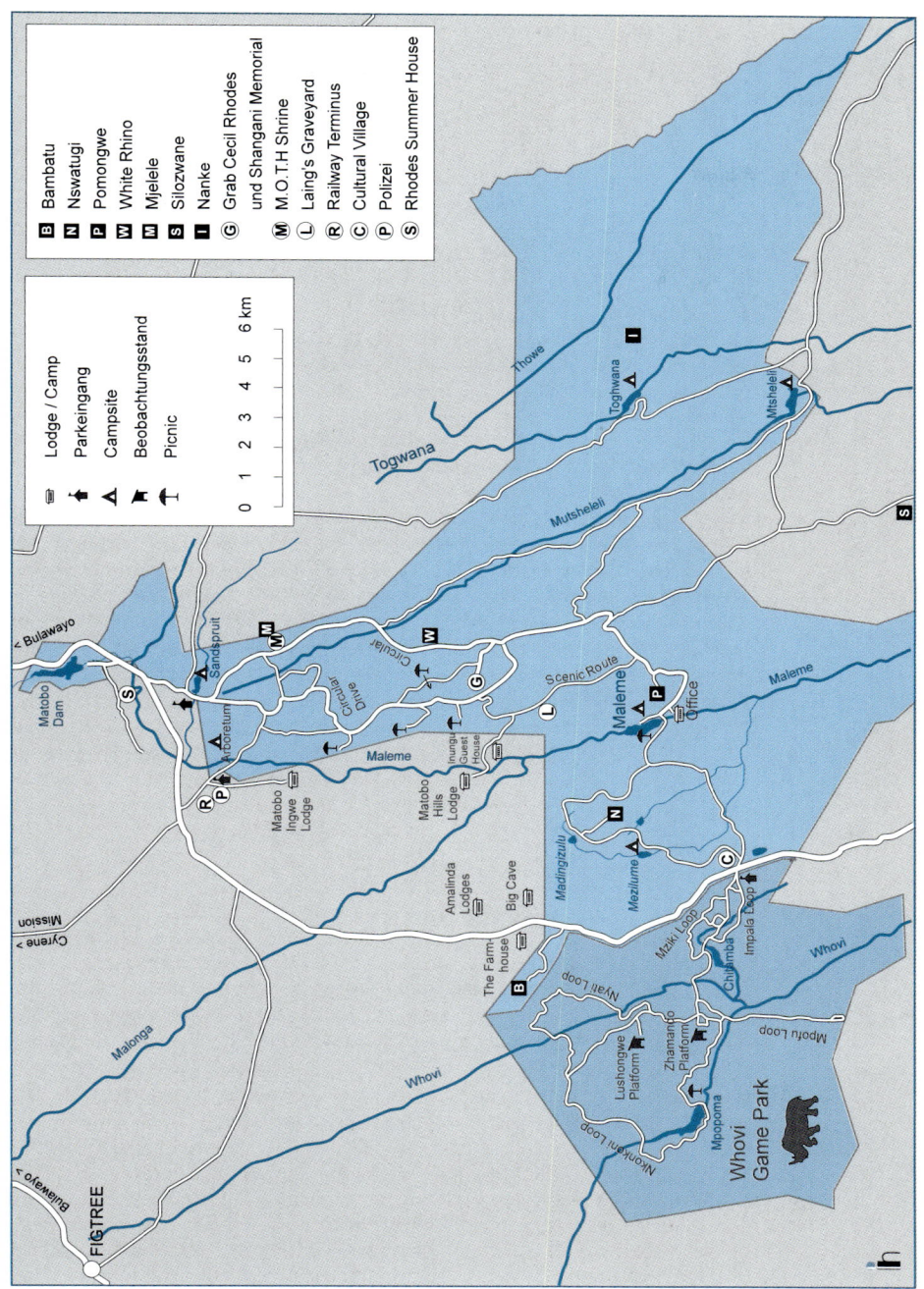

Legend / Symbols:

- 🏠 Lodge / Camp
- 🅿 Parkeingang
- △ Campsite
- ♟ Beobachtungsstand
- ⛩ Picnic

0 1 2 3 4 5 6 km

- **B** Bambatu
- **N** Nswatugi
- **P** Pomongwe
- **W** White Rhino
- **M** Mjelele
- **S** Silozwane
- **I** Nanke
- **G** Grab Cecil Rhodes und Shangani Memorial
- **M** M.O.T.H Shrine
- **L** Laing's Graveyard
- **R** Railway Terminus
- **C** Cultural Village
- **P** Polizei
- **S** Rhodes Summer House

< Bulawayo

Matobo Dam

Togwana

Togwana

Thowe

Mutsheleli

Toghwana

Mtsheleli

Sandspruit

Arboretum

Circular Drive

Scenic Route

Maleme

Office

Maleme

Inungu Guest House

Matobo Ingwe Lodge

Matobo Hills Lodge

Amalinda Lodges

Big Cave

The Farmhouse

Madingizulu

Mezilume

Mziki Loop

Chilambo

Impala Loop

Whovi

Nyali Loop

Nkonkani Loop

Lushongwe Platform

Zhamanzo Platform

Mpopoma

Mpotu Loop

Whovi Game Park

Malonga

Whovi

< Bulawayo

FIGTREE

Cyrene >

Mission

245

Die Felszeichnungen von Matobo

Größte Felsbild-Galerie der Welt

Die über 3000 bekannten Fundstellen in den Matobobergen gelten als weltweit größte Felskunstgalerie. Bitte berühren Sie die Felsmalereien nicht und verzichten Sie auf das Fotografieren mit Blitzlicht, denn die Zeichnungen sind extrem empfindlich. Alle Bilder, die der Öffentlichkeit zugänglich sind, leiden unter deutlichem Zerfall. Die Felsmalereien stehen unter staatlichem Schutz, und die Behörden behalten sich das Recht vor, Felsmalereien ggf. abzusperren. Auch das Aufwirbeln von Bodenstaub in den Höhlen sollten Sie dringend vermeiden. Was das Fotografieren angeht, erreicht man die besten Resultate im natürlichen Mittagslicht (am besten mit Stativ).

Bambata Cave

Manche Zeichnung scheinen mehr als 9000 Jahre alt zu sein

Die meisten Felsmalereien der Bambatahöhle sind zwischen 9000 und 2000 Jahre alt. Hier wurden immer wieder Jagdszenen dargestellt, viele Menschen und sehr unterschiedliche Tierarten. In der Bildmitte kann man riesige blasse Elefanten, umringt von Löwen, Nashörnern, Wildschweinen, Elenantilopen, Impala und Kudus erkennen. Eine Zeichnung stellt ein merkwürdiges Wesen – halb Gepard und halb Zebra – dar. Zu den ältesten Zeichnungen zählt die eines Riesenpferdes, das in dieser Region nachweislich schon vor 9000 Jahren ausgestorben war.

1918 begann in dieser Höhle die erste wissenschaftliche Steinzeitforschung im südlichen Afrika. Dabei legte man zunächst Relikte der späten Steinzeit, aus der sog. *Wilton-Kultur*, frei. Später entdeckte man Keramikstücke in eigenwilliger Form aus der frühen Steinzeit, der man daraufhin den Namen *Bambata Industry* zuwies. Weitere Forschungstätigkeiten drangen anschließend sogar bis in Schichten aus der noch älteren *Charama Industry* vor.

Zufahrt: 50 km von Bulawayo an der Straße nach Kezi zweigt die 3 km lange Erdstraße zum Parkplatz ab. Von dort sind noch knapp 2 km Fußweg über die Granitfelsen zu bewältigen, man wird für die Anstrengung mit einer traumhaften Aussicht belohnt. Kleine Eintrittsgebühr (siehe auch S. 251).

Nswatugi Cave

Felsbilder von herausragender Schönheit

Die Zeichnungen der Nswatugihöhle zählen mit ihren wunderschönen, lebensechten Darstellungen von galoppierenden Giraffen und Zebras, von acht scheinbar schlafenden Menschen, von Kudubullen und Jägern zu den besten und ansprechendsten Afrikas. Am deutlichsten sticht das Fries mit den drei hervorragend gezeichneten, gescheckten Giraffen und dem Zebra hervor, darunter befinden sich viele verschiedene Tierdarstellungen. Die meisten Zeichnungen wurden auf 10 000 bis 6000 Jahre in die späte Steinzeit zurückdatiert. Es ist überaus beeindruckend, mit welcher Perfektion die Maler die Bewegungen der Tiere eingefangen haben.

Bilder rechts: Felszeichnung in der Nswatugi Cave, markante Felsformation im Whovi Game Park

Bei Ausgrabungen wurde hier ein 14 000 Jahre altes Skelett freigelegt. In der Höhle wurden noch vor wenigen Jahrzehnten Regenzeremonien abgehalten.

Zufahrt: Etwa auf halbem Wege zwischen Maleme und dem Gate an der Kezi Road gelegen, erreicht man die Höhle über eine Piste, die wegen ihrer steilen Abschnitte und schmalen Kurven nicht für Fahrzeuge mit Anhänger geeignet ist und nach Regenfällen mitunter Allrad erfordert. Beim Parkplatz informieren Lehrtafeln und ein kleines *Site Museum* über die Fundstücke und Malereien der Höhle. Der kurze Fußweg vom Parkplatz zur Höhle ist recht steil. Kleine Eintrittsgebühr (siehe auch S. 251).

Pomongwe Cave

Bei dieser reichlich bebilderten, etwa 10 m hohen Höhle muß es sich einmal um eine meisterhafte Galerie gehandelt haben, weshalb in den 20er Jahren ein übereifriger Kunstfreund die Malereien mittels einer Mischung aus Glyzerin und Öl konservieren wollte – ein Bärendienst, denn die scharfe Substanz zerstörte die Kunstwerke vollständig, wo immer sie aufgetragen worden war. Nur wenige Motive sind der Vernichtung entgangen. Man erkennt z. B. auf der linken Seite die schwachen Umrisse zweier Elefanten und darunter einzelne Giraffen. So enttäuschend die Bilder heute sind, um so wertvoller sind die Ergebnisse der Ausgrabungen, die hier vor allem 1960/61 stattfanden. Eine unglaubliche Ausbeute mit 17 756 Knochensplittern, 1357 Schildkrötenpanzerstücken, 336 Straußeneiersplittern, 136 Muschelstücken und 39 000 Steinartefakten wurden zusammengetragen. Im *Site Museum* sind verschiedene dieser Relikte ausgestellt.

Zufahrt: 2,5 km vor dem Maleme Rest Camp neben der Teerstraße gelegen. Sehr kurzer Fußweg, kleine Eintrittsgebühr (siehe auch S. 251).

Silozwane Cave

Die Silozwanehöhle zeichnet sich vor allem durch äußerst vielfältige Bilder aus. Ungewöhnlich große Menschenbilder (bis zu 1,5 m hoch) und Giraffendarstellungen findet man neben winzigen, detaillierten Zeichnungen. Immer wieder wurden Szenen des Alltags festgehalten, auch Landschaften und Tiere bis hin zu Insektenmotiven, die bei Felszeichnungen sonst selten sind. Man kann sich kaum satt sehen an dieser Vielfalt. Da gibt es Schlangen mit Tierköpfen und sogar eine winzige Termite im Flug (Andeutungen einer Regenzeremonie?). Sicher ist, daß in der Silozwanehöhle während der letzten Jahrhunderte Regenzeremonien durchgeführt wurden.

Zufahrt: Südlich des Nationalparks im Communal Land gelegen. Die Schotterstraße zweigt 4 km vor Maleme von der Teerstraße ab. Nach 7 km an der Gabelung rechts für 4 km, dort erneut rechts zur 1 km entfernten Höhle am Ende des Weges. Der etwa 900 m lange Aufstieg zur Höhle wird am Ende recht steil, bietet aber im Ausgleich eine grandiose Aussicht über die weite Landschaft. Da die Höhle außerhalb des Parks liegt, wird sie relativ wenig besucht, obwohl sie sicher zu den beeindruckendsten zählt.

Nanke Cave (auch Inange Cave)

Für die schwierige Anreise wird man in der Nanke Cave mit der vermutlich besten Tierzeichnung Zimbabwes belohnt: eine galoppierende Giraffe von perfekter Schönheit. Auch die vielen anderen Bilder der großen Höhle sind bestechend schön und realistisch gezeichnet. Fische, Termiten auf ihrem Hochzeitsflug, Zebras, Giraffen, Antilopen und Menschen bilden eine lebendige Vielfalt. Die Zeichnung von einem blutenden Hund muß offensichtlich zu den jüngsten zählen, weil domestizierte Hunde erst kurz vor unserer Zeitrechnung im südlichen Afrika auftauchten.

Zufahrt: Diese Höhle ist mit Abstand am schwierigsten zugänglich und erfordert nach einer langen Anreise zum Toghwana Damm noch eine halbtägige Wanderung (7 km einfach) entlang eines nur teilweise durch Pfeile markierten Pfades (besser mit Führer gehen).

White Rhino Shelter

Die fünf Breitmaulnashorn-Zeichnungen dieses Felsüberhangs inspirierten die Nationalparkbehörde einst, in den Matobobergen Rhinos wieder anzusiedeln. Besser zu erkennen ist hier allerdings eine Jagdszene mit Gnus, acht Jägern und einem Löwen. Die Figuren sind nur in Umrissen und Linien gezeichnet.

Zufahrt: 13 km vom Haupteingang in Richtung Maleme Rest Camp befindet sich links der Teerstraße ein Parkplatz. Von hier führt der Fußweg zunächst über einen kleinen Bach und anschließend in einem kurzen, steilen Bogen hinauf zum bemalten Felsüberhang.

Mjelele Cave

Mjelele Cave, ebenfalls an der Teerstraße südlich von Sandy Spruits gelegen, ist nicht sonderlich bedeutend. Eine eigenwillige Mensch-Krokodil-Figur ist erwähnenswert, ansonsten sind die Bilder leider arg verwittert und obendrein von unbekannten Banausen übermalt worden. Man erreicht die Höhle über einen steilen Anstieg. Es heißt, die Höhle würde noch immer für Zeremonien des Mwali-Kultes besucht.

Die vielleicht spektakulärste Felszeichnung der Region befindet sich in der **Gulubahwe Cave**, außerhalb des Nationalparks an der Old Gwanda Road, 65 km von Bulawayo/rund 15 km südlich der Matopos Mission. Im Hauptbild dominiert eine 5 m lange Riesenschlange mit Löwenkopf vor verschiedenen Pavianen, einem Schakal und 25 menschlichen Darstellungen. Niemand weiß, ob die Schlangenlegenden von Matobo der Auslöser für diese Zeichnung waren oder umgekehrt.

Info: Der Kiosk im Maleme Rest Camp verkauft ein aufschlußreiches Buch über die Felsmalereien von Matobo: *The Painted Hills*, von Nick Walker, erschienen bei Mambo Press, Gweru. Nähere Auskünfte über die Felsmalereien der Region erteilt auch die *Matobo Conservation Society*, P. O. Box FM 648, Famona, Bulawayo.

World's View und Rhodes's Grave

Das berühmte Felsenplateau liegt recht zentral im Herzen des National-
parks und ist über den asphaltierten Circular Drive zu erreichen. Eine kleine
Eintrittsgebühr wird berechnet (bitte beachten Sie unseren Hinweis zu den
Eintrittsgebühren von Matobo). Neben dem Parkplatz befinden sich einige
Picknickplätze und biographische Informationstafeln über Cecil Rhodes.
Ein kurzer, steiler Anstieg führt hier direkt über die nackten Felsen zum
Aussichtspunkt hinauf. Oben zeigt sich ein grandioser 360°-Rundblick auf
das weite Labyrinth aus Felsen und Steinen. Auf dem nackten Felsrücken
liegen wie achtlos verstreut riesige, nahezu runde Granitblöcke. Besonders
schön werden die Felsen von der Abendsonne bestrahlt, sie leuchten dann
in rötlichen und goldenen Farbtönen. In der Mitte der Felskugeln ruht unter
einer schlichten Bronzeplatte Cecil Rhodes. Auch nüchterne Gemüter
vermögen hier oben nachzuvollziehen, warum die Ndebele diesen Platz
"Malindidzimu" (Sitz der Ahnen) nannten und Cecil Rhodes ihn als "View
of the World" bezeichnete.

Info!

*Der imposante
Aussichtspunkt
in den Bergen
genießt große
Symbolkraft*

Nicht weit von Rhodes' Grave entfernt sind die Grabplatten seiner engen
Vertrauten Dr. Leander Starr Jameson und von Charles Patrick John Coghlan,
dem ersten Premierminister Südrhodesiens, der 1930 verstarb. Die Leiche
von Dr. Jameson konnte wegen des ersten Weltkrieges erst 1920, drei
Jahre nach seinem Tod, aus England überführt werden. Ein wenig versetzt
davon erinnert das Shangani River Memorial an den Tod von Allan Wilson
und seinen Soldaten während des Matabele-Feldzuges 1893. Cecil Rhodes
hatte die Toten umbetten lassen, weil auf diesem Plateau Männer ruhen
sollten, die "heldenhaft dem Land gedient" hatten.

*Siehe Bild
Seite 243!*

Whovi Game Park

Der Whovi Wildpark (sprich "huhwie") ist täglich von 06.00–18.00 h geöffnet. Ein großzügiges Wegenetz ermöglicht ausgedehnte Pirschfahrten, nach
Regenfällen erfordert die Erdstraße jedoch an einigen Stellen Allradantrieb.
Am Mpopoma Damm lädt ein hübscher Picknickplatz zur Rast ein, außerdem ermöglichen zwei Ausgucke gute Tierbeobachtungen. Besonders
empfehlenswert ist die *Lushongwe Game Viewing Plattform*, bei der man
auch seltene Kleintiere, wie die scheue Rüsselmaus und Rock Lizards entdecken kann. Landschaftlich wirkt der Park wildromantisch, viele der Stein-
formationen und Balancing Rocks sind klassische Postkartenmotive. Im
teilweise dichten Buschwald leben Klippspringer, Leoparden und Rappenantilopen, auf den Felsen kann man Schliefer entdecken und in den offenen
Abschnitten weiden Zebras, Gnus, Giraffen und Warzenschweine. Die
meisten Besucher kommen jedoch gezielt wegen der Nashörner. Die
erfolgreiche Wiederansiedlung der stark gefährdeten Tiere führte in Matobo
inzwischen zu einer recht gesunden Population von annähernd 40 Breitmaulnashörner (White Rhinos). In Zimbabwe hat man sonst nur im Lake
Mutirikwi Nationalpark ähnlich gute Chancen, Nashörner zu beobachten.
In den 80er Jahren wurden im Whovi Game Park auch einige Exemplare
der kleineren Spitzmaulnashörner (Black Rhinos) angesiedelt.

*Wildpark in
reizvoller
Berglandschaft*

*Berühmt für
seine
Breitmaul-
nashörner*

---

*Bilder linke Seite:
Ferienhaus im Maleme Rest Camp,
zutrauliche Warzenschweine auf dem Campingplatz am Maleme Damm*

Unterkünfte im Matobo Nationalpark

• **Maleme Rest Camp Lodges:** 54 km von Bulawayo befindet sich beim Maleme Wildlife Office das zentrale Touristencamp mit typischen Nationalpark-Unterkünften (Lodges mit ein oder zwei getrennten Schlafzimmern und vollständiger Küchenausstattung und einfacher ausgestatteten Chalets, ebenfalls mit ein oder zwei Schlafzimmern). Die Unterkünfte sind in bemerkenswert gutem, sauberem Zustand und liegen erhöht über dem Maleme Damm (das Camp wurde schon mehrmals zum schönsten Camp des Jahres gewählt). Das Wasser hat Trinkqualität und es besteht Stromversorgung. An Wochenenden und zu Ferienzeiten herrscht mitunter viel Betrieb, die übrige Zeit sind Vorreservierungen nicht unbedingt erforderlich. Auch hier gilt: Reservierte Unterkünfte, die bis 18.00 Uhr nicht bezogen wurden, werden bei Bedarf an Interessierte abgegeben. Es lohnt sich also, abends nachzufragen, wenn man keine Reservierung hat.

Campingplätze im Nationalpark

Der größte und meistbesuchte Campingplatz liegt am Ostufer des **Maleme Damm**. Hier verteilen sich die ausgewiesenen Plätze entlang der steilen Felsen bzw. liegen direkt am Wasser. Heiße Duschen und Feuerstellen sind vorhanden. Auf dem Wiesengelände halten sich viele Paviane und nahezu zahme Warzenschweine auf.

Weitere einfachere Campingplätze:

• **Sandy Spruit:** Direkt neben dem nördlichen Haupteingang gelegen hat er zwar keine besonders attraktive Lage, bekommt dafür recht häufig Besuch von Gnus, Zebras und sogar Nashörnern. Fischen im Damm möglich. Kein Stromanschluß. Sanitäreinrichtungen vorhanden.

• **Arboretum:** Ruhiger Wiesencampingplatz mit Stromanschluß. Sanitäreinrichtungen vorhanden. Der einzige Platz, der nicht an einem Damm liegt.

• **Toghwana Damm:** Sehr einsamer Campingplatz am gleichnamigen Damm in der Togwe Wilderness Area. Einfache Einrichtungen. Kein Stromanschluß.

• **Mjelele Damm:** Ebenfalls ein sehr einsam gelegener Platz am Damm. Hier sind die Sanitäranlagen verbessert worden. Kein Stromanschluß.

• **Mesilume Damm:** Romantischer Campingplatz in der Central Wilderness Area. Während der Trockenzeit kommen oftmals Leoparden ans Wasser heran. In der Umgebung besteht großer Wildreichtum. Sanitäreinrichtungen vorhanden. Kein Stromanschluß.

Lodges/Unterkünfte in der Umgebung des Parks

• **Camp Amalinda:** Londa Mela Safaris, P. O. Box 130, Queens Park, Bulawayo. Tel. 19-46443, Fax 19-46436. Sehr exklusive Anlage für max. 18 Personen, liegt 44,5 km von Bulawayo entlang der Matopos/Kezi Road. Architektonisch herausragend; die Bar ist in einem Felsen untergebracht, die Tische aus ehemaligen Railway-Sleepern gefertigt. Als Besonderheit werden morgendliche Elefantenritte angeboten. VP 110/170 US$, All-Inclusive 180–230 US$/DZ, 270–320 US$/EZ.

• **Shumba Shaba Lodge:** Zindele Safaris, P. O. Box 1744, Bulawayo, Tel. 19-64128, Fax 19-71964. Insgesamt 57 km von Bulawayo, an der Old Gwanda Road kurz nach der Matopos Mission links, beschildert. Max. 8 Gäste in 4 Chalets. Vollpension ca. 60 US$, All-Inclusive-Preise ca. 170 US$.

• **Matobo Hills Lodge:** Touch The Wild, P. Bag 6, Hillside, Bulawayo. Tel. 19-74589, Fax 19-229088. Exklusive Lodge mit 17 Bungalows am Rande des Nationalparks entlang der Scenic Route. Pool in natürlichen Granitfelsen, weiter Ausblick ins Malemetal. All-Inclusive-Preise ca. 270 US$.

• **Matobo Ingwe Lodge:** P. O. Box 8279, Belmont, Bulawayo. Tel. 183-8233/ Fax 083-8217. 40 km von Bulawayo auf einem Walrückenfelsen auf der Gladstone Farm gelegene Mittelklasse-Rondavel. Preise: ca. 45 US$/EZ und 40 US$/DZ. Camping ca. 5 US$.

• **Big Cave Camp:** P. O. Box 88, Bulawayo, Tel./Fax 19-77176. 46 km von Bulawayo entlang der Kezi Road. Riedgedeckte A-Frame-Chalets für max. 18 Personen. Exponierte Lage zwischen riesigen Granitblöcken. Viele Wildtiere in der Umgebung, hervorragend auch für Vogelbeobachtungen. All-Inclusive-Preise ca. 170 US$ p. P.

• **The Farmhouse:** P. O. Box 9111, Hillside, Bulawayo. Tel./Fax 19-65499. Zehn voll ausgestattete Selbstversorger-Chalets mit Restaurant und Pool am Rande des Nationalparks (entlang der Kezi Road; 48 km von Bulawayo). Ansprechende, stilvolle Anlage. Reiten möglich. B&B ca. 60 US$ p. P.

• **Inungu Guesthouse:** Tel. 19-66791, Einfaches, älteres Farmhaus für höchstens 6 Personen, liegt an der Scenic Route am Rande des Nationalparks. Etwa 40 US$ pro Nacht für das ganze Haus.

Weitere Sehenswürdigkeiten

- **Emadwaleni Traditional Village:** Gegenüber des Eingangs zum Whovi Game Park wurde ein traditionelles Ndebeledorf nachgestellt. Besucher können einen *Witch Doctor* konsultieren, einheimische Speisen kosten und sich traditionelle Tänze vorführen lassen. Auch handwerkliche Tätigkeiten, wie Stampfen von Getreide, Töpfern und Eisenschmelzen werden dargestellt.
- **Laing's Field Memorial:** Am Scenic Drive erinnert eine Gedenktafel an den Ndebeleüberfall vom 20.07.1896 auf Captain Tyrie Laings Lager. Die 170 Europäer und 300 Afrikaner waren während des Frühstücks überrascht worden. Der Ndebele-Chief Mabiza wurde nach diesem Kampf 'Maciti Blekifasti' genannt ("er störte ihr Frühstück").
- **MOTH-Shrine:** Zur Erinnerung an die Gefallenen der beiden Weltkriege wurde diese Gedenkstätte mit einem „Garden of Remebrance" neben dem Circular Drive errichtet.
- **Rhodes Rail Terminus:** Cecil Rhodes' testamentarischer Wunsch, nach seinem Tode solle die Matoboregion zur Erholung der Siedler erschlossen werden, sah auch einen Bahnzubringer von Bulawayo vor. Zwischen 1903 und 1948 verkehrte ein Wochenendzug auf der 15 km langen Strecke von Westacre Junction zur sog. Matopos Station. Dann wurde die Strecke stillgelegt, weil sie unrentabel geworden war. Wenig später trug man auch die Gleise ab, und so erinnert heute kaum noch etwas an die kleine Bahnstation (siehe auch Geschichte des Nationalparks, S. 252).
- **Rhodes Summer House & Stables:** Hier war 1897 ein Farmhaus mit Reitställen für Cecil Rhodes errichtet worden, das er nach seinem Tod den Bürgern des Landes vermachte. Heute ist auf dem Gelände das landwirtschaftliche Forschungsinstitut Matobo Research Station untergebracht.

Tips & Infos

- **Eintrittsgebühren:** Für den Besuch des Matobo N. P. gelten die staatlichen Nationalparkgebühren. Mit diesem Eintritt werden auch der Besuch des Whovi Game Park und des Tshabalala Game Sanctuaries abgedeckt. Weil aber die Felszeichnungen und World's View der National-Monuments-Behörde unterstehen, werden an der Bambata, Nswatugi und Pomongwe Cave sowie an Rhodes' Grave zusätzlich 2 US$ Eintritt berechnet. Was vielen dabei nicht bekannt ist: Pro Tag muß nur einmal ein Billet gekauft werden, welches für alle vier Sehenswürdigkeiten gleichzeitig gültig ist.
- **Picknickplätze:** Picknickplätze mit Wasseranschluß, Feuerstellen, Toiletten und Abfalleimer befinden sich an allen Campingplätzen sowie am Westufer des Maleme Damm, am Mpopoma Damm im Whovi Game Park, am World's View, in Hazelside und an den Felshöhlen Pomongwe und Nswatugi. Theoretisch kostet der Aufenthalt an einem Picknickplatz eine Gebühr von 25 Z$ pro Person, die allerdings nur erhoben wird, wenn auch ein Aufseher da ist.
- **Aktivitäten:** Beliebt sind Wanderungen zu Felshöhlen mit Malereien und auf Berggipfel (z. B. zum Gipfelkreuz des Inungu, der markierte Pfad beginnt beim Maleme Campsite) sowie Pirschfahrten zur Wild- und Vogelbeobachtung. Außer im Whovi Game Park darf man sich überall im Nationalpark frei bewegen. Die Einheimischen kommen besonders gerne zum Fischen in den Park. Im Maleme Rest Camp kann man Reiten. Auch Fahrradfreunde und Kletterfreaks können hier auf ihre Kosten kommen. Leider besteht in allen Gewässern des Nationalparks Bilharziosegefahr, daher ist Schwimmen nicht erlaubt. Der Matobo Nationalpark läßt sich als einer der wenigen Parks in Zimbabwe auch ohne fahrbarem Untersatz recht schön bereisen.
- **Versorgung:** Im Matobo N. P. besteht ausschließlich Selbstversorgung. Ein kleiner Kiosk im Maleme Rest Camp verkauft neben kalten Getränken verschiedene Lebensmittel und gefrorenes Fleisch. An der Scenic Road nahe dem Inungu Guesthouse befindet sich ein kleiner Gemischtwarenladen. Treibstoff ist im Nationalpark nicht erhältlich. Bitte beachten Sie, daß außer im Maleme Rest Camp Trinkwasser unbedingt abgekocht werden sollte.
- **Reisezeit:** Der Matobo Nationalpark kann ganzjährig bereist werden. Die touristische Hochsaison sind die kühlen Monate von Mai bis November. Während der übrigen Zeit kann sich das Wetter unbeständig zeigen, wobei die Wolken- und Regenstimmungen mitunter zu einer dramatischen Untermalung der eigenwilligen Landschaft führen.

Info & Reservierung: P/Bag K5142, Bulawayo. Tel. 19-2504.

Geschichte des Matobo Nationalparks

Idealer
Lebensraum
für Jäger und
Sammler

In allen Epochen der menschlichen Entwicklungsgeschichte scheint die bizarre Landschaft die Menschen beeinflußt zu haben. Die Besiedlung der Matoboregion reicht nachweislich mindestens 40 000 Jahre zurück. Vor ungefähr 20 000 Jahren begannen die Jäger und Sammler, die in den Höhlen von Matobo lebten, Szenen ihrer Umgebung an Wände zu malen. Mehr als 3000 Plätze haben sie in den folgenden Jahrtausenden bemalt und ein gigantisches Freiluftmuseum geschaffen. Nirgendwo sonst auf der Welt sind auf einem begrenzten Gebiet so viele Felszeichnungen zu finden. Es scheint, als haben die majestätischen Granitblöcke und Felsen die unbekannten Künstler geradezu angespornt. Daß ihr Leben reich war an Mythen, Riten und religiösen Zeremonien, veranschaulichen viele der schemenhaften Darstellungen.

Dunkles
Zeitalter zu
beginn unserer
Zeitreichnung

Etwa 2000 v. Chr. verschwand allmählich die Tradition des Felszeichnens. Über die Folgezeit ist noch wenig bekannt. Spätestens aber seit dem Torwa-Großreich im 15. Jh. n. Chr. wurde Matobo wieder als religiöses Zentrum verehrt. Mit der Rozwi-Dynastie entwickelte sich im frühen 18. Jh. der Mwali-Kult, der auf dem Glauben an den Gottessohn Mwali basiert. Zentrum des Kultes und Schauplatz der Zeremonien waren die Matoboberge. Hier lebten die Priester und Priesterinnen, die in spirituellen Kontakt zu Mwali traten, ihm die Opfergaben des Volkes überreichten und ihn um seine Gunst, um Regen oder das Abwenden eines Unheils baten. Ihre Macht war groß, kein Herrscher konnte sich erlauben, auf den Rat und die Unterstützung der Mwali-Priester zu verzichten. Viele dieser Regenzeremonien und andere mythische Feste wurden an geheimen Plätzen und Felsenhöhlen praktiziert.

Ndebele und
Mwali-Kult

Die gewaltsame Invasion der Ndebele, die mit militärischer Übermacht und vollkommen anderem kulturellen Hintergrund um 1830 die Shona-Völker überrannten, erschütterte alle bisherigen Strukturen. Die Ndebele kannten weder Regenzeremonien noch den Mwali-Kult. Dennoch übernahmen sie den mythischen Rahmen. Während König Mzilikazis Herrschaft blieben die Mwali-Priester in Matobo aktiv und praktizierten weiterhin Regenzeremonien. Mzilikazi errichtete seine spätere Hauptstadt nahe der Matoboberge und ließ sich nach seinem Tod im Jahr 1868 in einer Höhle in den Matobobergen bestatten. Auch sein Sohn Lobengula regierte zeitlebens in dieser Region.

Guerillakrieg
während des
ersten
Chimurenga

Ab der Mitte des 19. Jh. zogen als Vorboten einer neuen, umwälzenden Zeitepoche die ersten Europäer durch die Matoboberge. Die spirituelle Bergwelt sollte schon bald zum Zentrum kriegerischer Auseinandersetzung werden, als sich die Ndebele 1896 gegen die rücksichtslose Kolonialpolitik der Briten auflehnten und den ersten bewaffneten Befreiungskampf ausriefen. Die Aufständischen zogen sich zu einem klassischen Guerillakrieg in den Schutz der Berge zurück, wodurch sie die Briten trotz deren deutlicher Übermacht zu Friedensverhandlungen zwangen. An den östlichen Ausläufern der Matoboberge, einer Stelle, die heute als *Rhodes' Indaba* bekannt ist, traf sich Cecil Rhodes persönlich viermal zwischen August und Oktober mit den bedeutendsten Ndebele-Chiefs. Rhodes ritt damals vollkommen schutzlos und unbewaffnet in das von Ndebele besetzte Gebiet, begleitet von einem Übersetzer, einem Reporter und einem Freund. Viele der Siedler befürchteten einen Hinterhalt, doch führten die Gespräche tatsächlich zu einem endgültigen Friedensschluß am 21. Oktober 1896.

Cecil Rhodes
handelt einen
Friedensvertrag
mit den
Ndebele aus

Die Bergwelt von Matobo, die Cecil Rhodes während der Friedensverhandlungen kennengelernt hatte, faszinierte den weitgereisten Mann. Er ließ sich schon im nächsten Jahr an ihren nördlichen Ausläufern eine Farm mit Reitställen bauen und liebte es, allein oder mit engen Vertrauten durch die zerklüftete Berglandschaft zu reiten. Bei einer dieser Gelegenheiten entdeckte er ein Felsenplateau, das bei den Ndebele den Namen 'Malindidzimu' (Hill of the Spirits, Sitz der Ahnen) trug. Rhodes war tief beeindruckt, erklärte die Bergkuppe zu seiner künftigen Begräbnisstätte und nannte sie „View of the World". Als Cecil Rhodes am 2. März 1902 in Kapstadt starb, wurde sein Leichnam weisungsgemäß in Rhodes' luxuriösem Pullmannwaggon

nach Bulawayo überführt und am 10. April 1902 an der von ihm gewählten Stelle beigesetzt. Neben den europäischen Trauergästen waren auch die Ndebele-Chiefs anwesend, die ihn mit ihrem königlichen Bayete-Salut eine Ehre erwiesen, die zuvor noch keinem Weißen erteilt worden war. Cecil Rhodes vermachte seine Ländereien und Farmen bei Matobo der Nachwelt, damit sie sich an der herrlichen Natur erfreuen möge. Damit legte er den Grundstein zur Gründung des Nationalparks. 1904 umzäunte man am Maleme Damm ein kleines Wildgehege für verschiedene Antilopen, doch 1918 wurde dieser Zaun fortgeschwemmt und alle Wildtiere flüchteten.

Bestattung
Cecil Rhodes'
in den
Matobobergen

1926 wurde das Gebiet offiziell zum Nationalpark erklärt. Die afrikanische Bevölkerung verehrte Matobo weiterhin als religiöse Stätte und suchte die Berge zu geheimen Zeremonien auf. Bei den europäischen Siedlern entwickelte sich die Region dagegen zum beliebten Erholungsgebiet (Matobos spiritueller Ausstrahlung unterlagen manchmal aber auch die Kolonisten, von denen z. B. erzählt wird, daß sie während der Dürrezeiten der 40er Jahre an Regenzeremonien teilnahmen). In der unterschiedlichen Bedeutung von Matobo lag viel Zündstoff, der für Jahrzehnte einen Konflikt zwischen Schwarzen und Weißen erzeugte. Beide Gruppen hatten einen ihrer ganz großen Männer hier beerdigt, und während sich die Afrikaner am Freizeitrummel der Europäer störten, forderten die Siedler eine Zwangsumsiedlung der ansässigen Kleinbauern, weil sie Erosionsschäden befürchteten. Die Siedler setzten ihre Forderungen zunächst durch – alle afrikanischen Kleinbauern mußten das Gebiet in der 60er Jahren verlassen – und starteten gleichzeitig mit der Wiederansiedlung von ausgerotteten Wildtierarten. 1965 wurden die 43 000 ha großen Gebiete von World's View und Hazelside dem Nationalpark angegliedert. Doch zu diesem Zeitpunkt tobte der Unabhängigkeitskrieg und wieder war Matobo Schauplatz kriegerischer Gewalt. Selbst nach der Unabhängigkeit Zimbabwes, nachdem auch die afrikanischen Kleinbauern in die Region zurückgekehrt waren, spielten sich in den 80er Jahren in Matobo noch grausame Szenen ab, als die Regierungsarmee gegen vermeintliche Ndebele-Dissidenten vorging (siehe Geschichte). Erst nach der Beilegung des Konflikts 1987 kam die Region endgültig zur Ruhe. Heute beherbergt das Matobo-Gebiet einen angenehmen, vielseitigen Naturpark mit landschaftlichen Genüssen und faszinierenden Felszeichnungen. Die Atmosphäre ist friedvoll und beschaulich, und die bizarre Kulisse voller visueller Reize.

Landstreitig-
keiten,
geheime
Zeremonien
und erste
Schritte in
Richtung
Nationalpark

DER WESTEN

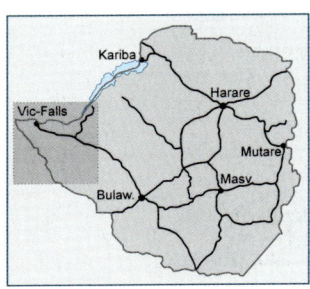

Der Westen Zimbabwes, das Matabeleland, ist nur dünn besiedelt und weist eine trockene, meist buschige Landschaft ohne große Höhenunterschiede auf. Hier befindet man sich in Safari-Gebiet, denn neben zahlreichen Rinderzuchtfarmen gibt es mehrere Wildgebiete und die Nationalparks Hwange N. P. und Kazuma Pan N. P. Als ein noch stärkerer Anziehungspunkt wirken jedoch die Viktoriafälle des Sambesi an der nördlichen Landesgrenze. Das einmalige Naturschauspiel hat sich längst zur wichtigsten und meistbesuchten Sehenswürdigkeit des Landes entwickelt.

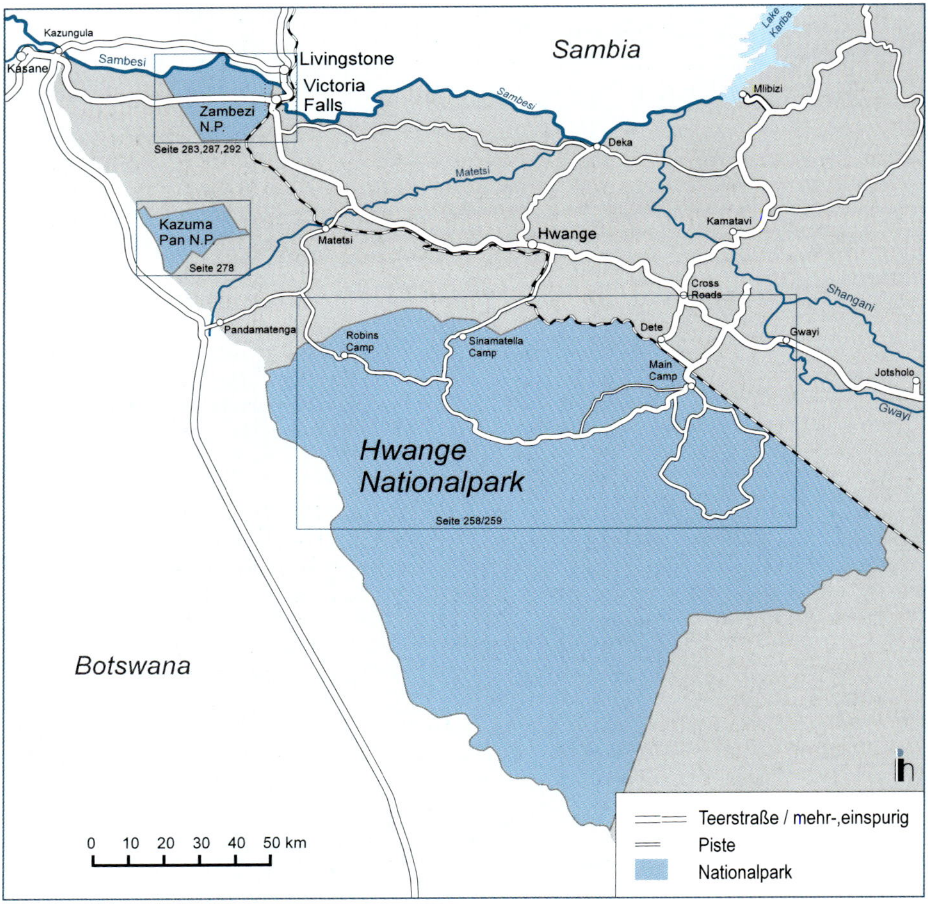

Kazungula
Kasane
Sambesi
Livingstone
Victoria Falls
Zambezi N.P.
Seite 283,287,292
Sambia
Mlibizi
Lake Kariba
Sambesi
Matetsi
Deka
Kazuma Pan N.P.
Seite 278
Matetsi
Hwange
Kamatavi
Cross Roads
Shangani
Pandamatenga
Robins Camp
Sinamatella Camp
Dete
Gwayi
Jotsholo
Main Camp
Gwayi

Hwange Nationalpark
Seite 258/259

Botswana

	Teerstraße / mehr-,einspurig
	Piste
	Nationalpark

0 10 20 30 40 50 km

Von Bulawayo nach Victoria Falls

Die 440 km lange Teerstraße nach Victoria Falls ist problemlos an einem Tag zu bewältigen. Sie führt zunächst durch klassisches Rinderzuchtgebiet mit typischer Buschlandschaft.

Die trockenen Kalaharisandböden erlauben keine ertragreiche Landwirtschaft, sind jedoch für Rinderhaltung geeignet. In **Tsholotsho**, einem abgelegenen Marktflecken 114 km nordwestlich von Bulawayo, befindet sich eine Rinderzucht-Forschungsstation. Auf dem Weg dorthin durchquert man die Ortschaft und Bahnstation **Nyamandhlovu** („Elefantenkopf"). Der Ndebele-Name erinnert an die großen Elefantenherden dieser Region, die jedoch schon vor Generationen ausgerottet oder vertrieben wurden. Die Wildnis wurde frühzeitig in großflächige Farmen unterteilt, und wo einst Elefanten umherzogen, weiden heute Rinder. Auf einer dieser Farmen hat der Besitzer D. Greaves mehrere Touristenchalets mit Pool und Restaurant errichtet. Unter dem Namen *Fountain Safaris* bietet er neben der Unterkunft (rund 70 US$/Halbpension) auch Touren und Safaris an (P. O. Box 3796, Bulawayo. Tel. 19-62553, Fax 19-64880).

Die einsame Region westlich der Teerstraße

Erst ca. 80 km nördlich von Bulawayo beginnen verschiedene Forstgebiete, von denen das *Gwaai Forest Land* das größte ist. In den zum Teil uralten Teakholz- und Mischwäldern wird viel Holzwirtschaft betrieben. An der Abzweigung nach Lupane, 170 km von Bulawayo, befindet sich die erste Tankstelle auf dieser Strecke. Bei Km 218 beginnt die *Gwayi Valley Conservancy*, ein noch recht junger Zusammenschluß verschiedener privater Ländereien zum Wildschutzgebiet. Diese Wildschutzzone verläuft parallel zum Nationalpark und den angrenzenden Forstgebieten entlang des Gwayi River, die Einrichtung soll als Pufferzone für Wildtiere dienen und gleichzeitig das touristische Potential der Region verstärken. Die alten Rinderzäune werden nach und nach entfernt. Bereits bei Km 220 beginnen mit der Abzweigung zu den *Kingdom Cottages* die ersten Buschcamps und Safarilodges (Infos siehe S. 266).

Gwayi Valley Conservancy und erste Safarilodges

Als markanter Zwischenstop liegt genau auf halber Strecke nach Victoria Falls bei Km 222 das **Halfway House** mit Tankstelle (P. O. Box 6, Gwayi. Tel./Fax 189-281). Ein Restaurant mit Gartenbereich lädt die Reisenden zu einer Erfrischungspause ein, daneben befinden sich saubere Chalets und ein großer Pool (Rondavel ca. 25 US$/EZ und 35 US$/DZ, Dinner etwa 7 US$, Frühstück 5 US$). Das Halfway House dient als Haltestelle für die großen Überlandbusse. Die Piste gegenüber führt nach 1 km zu einer 150 m langen, den Gwayi River überspannenden Stahlhängebrücke.

Einkehr im Halfway House

Bei Km 245 erreicht man die abseits der Straße liegende Ortschaft **Gwayi River**, die manchmal auch „Dahlia" genannt wird. Mittelpunkt dieser verschlafenen Siedlung ist das etwas vernachlässigte, im britischen Kolonialstil erbaute *Gwayi River Hotel*. Der schöne Garten- und Poolbereich sowie ein Teil der Innenausstattung erinnern noch an die Zeiten, als dieses Hotel wegen seines liebenswürdigen Charmes im ganzen Land bekannt war (P. O. Box 9, Gwayi. Tel. 355, Fax 18-268/514, Preise: Dinner, B&B ca. 70 US$, B&B ca. 60 US$).

Gleich neben dem Hoteleingang, im Gebäude der Tankstelle, ist ein sehenswerter Ausstellungs- und Verkaufsraum der einheimischen Töpferei (Gwayi Pottery) untergebracht. In freundlicher Atmosphäre kann man hier zu fairen Preisen einkaufen. Dieser Platz ist auch Haltestelle der Blue Arrow Expressbusse. „Gwayi" ist übrigens ein Ndebele-Begriff und bedeutet übersetzt Tabak.

Sehenswert!

Nach Süden verläuft von Gwayi River eine Schotterstraße am Camp Selous und der Kumana Lodge vorbei zum **Kennedy Gate** des Hwange Nationalparks. Durch dieses Gate können die Fahrzeuge der ansässigen Lodges für Pirschfahrten in den Park gelangen, Privatfahrzeugen ist die Durchfahrt jedoch untersagt.

Nach Norden führt eine Piste an der Nyati Lodge (6 km) vorbei zum Mzola Forest Land und weiter nach Lusulu. Kurz vor Lusulu zweigt eine Allradpiste zum Chizarira Nationalpark ab, diese Zufahrt wurde jedoch vor einigen Jahren offiziell stillgelegt. Im Mzola Waldreservat veranstaltet *Nemba Safaris* mehrtägige Fußsafaris und Reitsafaris mit Übernachtungen in drei verschiedenen Buschcamps (Fam. Van Wyk, P. O. Box 4, Gwayi, Tel. 189-271, Fax 118-375).

In der gesamten Region entlang des Nationalparks kann man ab und zu noch Reste der **Old Bulawayo Road** entdecken. Zwei schmale Teer- oder Betonstreifen in der Spurbreite eines Fahrzeugs kennzeichnen die koloniale Fernverbindung aus vergangenen Zeiten. 1968 ersetzte die moderne Asphaltstraße diese alte Strecke. Die alten Spuren verlaufen häufig parallel zur Hauptstraße und werden manchmal auch noch als Zufahrt zu Lodges oder Farmhäusern genützt.

Auf der Weiterfahrt nach Victoria Falls gelangt man nach 19 km zur Abzweigung zum Main Camp des Hwange Nationalparks. Bleibt man jedoch auf der Hauptstraße, zweigt nach 16 km bei *Cross Roads* die Straße nach **Dete** ab. Der durch die Bahnlinie zweigeteilte Ort mit dem angestaubten kolonialen Ambiente bietet für seine Anwohner, von denen die meisten bei der Bahn beschäftigt sind, einen *Recreation Club*, einfache Versorgungsmöglichkeiten, eine Schule und ein kleines Post Office. Die Bahnlinie, wo täglich Züge zwischen Bulawayo und Victoria Falls verkehren, verläuft mitten durch den kleinen Ort. Das alte, traditionelle Game Reserve Hotel wurde kürzlich abgerissen und unter dem Namen *New Game Reserve Hotel* neu errichtet. (P.O.Box 2, Dete, Tel. 18-546, Fax 18-564. Europäische Gäste zahlen für B&B 80 US$ p. P.). Ansonsten findet man in Dete (früher: Dett) einen Andenkenladen mit Reisebüro, eine Tankstelle und in einem Backsteingebäude neben der Bahnstation die Backpacker-Unterkunft *Wildside Hostel* (Übernachtungen für ca. 5 US$).

*Oben:
Hinweisschild
bei Dete zum
Schutz der
Wild Dogs*

50 km von Cross Roads entfernt liegt die moderne Industriestadt **Hwange**, deren Entstehung auf den immensen Kohlevorkommen basiert, die der Deutsche Albert Giese 1894 erstmals abzubauen begann. Mit der Bahnlinie setzte 1904 der Boom für das damalige *Wankie* ein. Bis heute vergrößerte sich die Bergbaustadt mit dem eher langweiligen Flair einer Arbeitersiedlung auf über 42 000 Einwohner. Die Straßenzüge sind gepflegt, die Versorgung ist sehr gut. Förderbänder, Kühltürme und Kohlegruben prägen die visuellen Eindrücke. Am besten fängt man die Atmosphäre im Garten des ruhigen *Baobab Hotels* (Tel. 181-2323, Fax 3481) ein. Hier ist man zwar eher Geschäftsreisende oder Inspektoren gewöhnt, doch bietet das Hotel auch Touristen auf der Durchreise eine anständige Mahlzeit und Unterkunft (gut als Ausweichquartier geeignet, falls man im Sinamatella Camp/Hwange N. P. keine Unterkunft finden sollte). Der Kohleabbau erfolgt durch die *Wankie Colliery Company*. 1972 geriet die Minengesellschaft in die Schlagzeilen, als sich hier eines der schwersten Minenunglücke der Welt ereignete, bei dem 427 Arbeiter durch eine Explosion unter Tage ums Leben kamen.

3 km südlich von Hwange führt eine ruppige Wellblechpiste zum 40 km entfernten Sinamatella Camp im Hwange Nationalpark. Unterwegs durchquert man dabei das 510 km² große Jagdgebiet Deka Safari Area.

Die restlichen 104 km bis Victoria Falls führen entlang der Jagdgebiete *Deka Safari Area*, und *Matetsi Safari Area*. 48 km vor Victoria Falls zweigt links die Piste zum Kazuma Pan N. P. und dem Robins Camp im Hwange N. N. ab (siehe S. 276). Auf den letzten Kilometern mehren sich die Verkaufsstände für Kunsthandwerk entlang der Straße.

Hwange Nationalpark

Der mit 14 651 km² größte Park Zimbabwes – er ist halb so groß wie Belgien – zählt zu den bedeutendsten touristischen Anziehungspunkten und ist ganzjährig geöffnet. Er grenzt im Westen an Botswana, wohin die Wildtiere frei wandern können, im Osten an die Bahnlinie, im Süden an dünn besiedeltes Farmland und im Norden an Jagdgebiete. Weite Teile des Parks sind für die Öffentlichkeit unzugänglich, nur der nördliche Teil ist touristisch erschlossen. Hier wurden drei Camps und rund 480 km Wege angelegt.

Allgemeines

Wegen seiner trockenen Sandböden und des Wassermangels war die Region nie sehr dicht besiedelt. Um 1834 ließen sich nördlich vom heutigen Sinamatella Camp, wo kleine Flüsse dauerhafte Siedlungen ermöglichten, Angehörige der Nambya unter Chief Wange nieder. Sie gründeten die Hauptstadt Bumbusi, deren Ruinen heute noch in der Nähe des Bumbusi Camps stehen (man kann neben den überwucherten Mauerresten noch einen großen Eisenschmelzofen sehen, allerdings gelangt man zu den vernachlässigten Ruinen nur über eine steinige Allradpiste). Die Ndebele unter König Mzilikazi vertrieben die Nambya wenige Jahre später und erklärten weite Teile des heutigen Nationalparks zum königlichen Jagdgebiet. Nach dem Fall des Matabelereichs drangen immer mehr europäische Jäger und Siedler in die Region und dezimierten den einst dichten Tierbestand. Zwischen 1904 und 1910 wurde das ehemalige Nambya-Land an weiße Farmer verteilt, die allerdings mit dem Land nicht sehr glücklich wurden. Als man 1928 das Wankie Game Reserve einrichtete, geschah

Geschichte

Oben:
Elefanten-
treffen an der
Wasserstelle

*Bild oben: typische Dieselpumpe
an einem künstlichen Wasserloch
im Hwange Nationalpark*

dies weniger zum Schutz der Tiere, denn als Notlösung für eine Region, die wegen ihres latenten Wassermangels zur landwirtschaftlichen Nutzung ungeeignet war. Ted Davison, erster Game Warden im Wildreservat, durchwanderte das noch weitgehend unbekannte Gebiet und deckte durch seine Erhebungen das wahre Ausmaß der ungezügelten Jagd auf. Kaum noch 1000 Elefanten zählte die Region, Nashörner waren vollkommen ausgerottet, viele andere Tierarten in ihrem Bestand bedroht. Mit großem Engagement förderte Davison die touristische Entwicklung, ging vehement gegen Wilderer vor und errichtete über 60 Bohrlöcher an trockenen Pfannen, um die Tiere ganzjährig mit Wasser zu versorgen und so auch während der Trockenzeit im Reservat zu halten. Dies war der

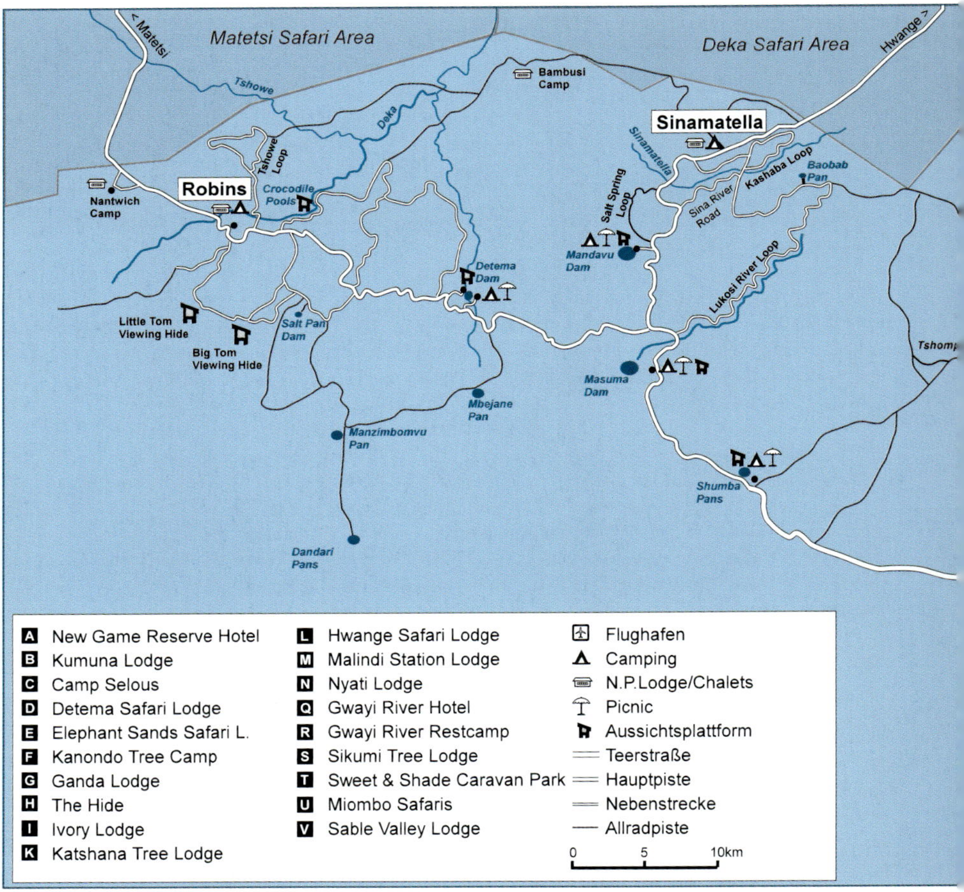

A New Game Reserve Hotel	**L** Hwange Safari Lodge
B Kumuna Lodge	**M** Malindi Station Lodge
C Camp Selous	**N** Nyati Lodge
D Detema Safari Lodge	**Q** Gwayi River Hotel
E Elephant Sands Safari L.	**R** Gwayi River Restcamp
F Kanondo Tree Camp	**S** Sikumi Tree Lodge
G Ganda Lodge	**T** Sweet & Shade Caravan Park
H The Hide	**U** Miombo Safaris
I Ivory Lodge	**V** Sable Valley Lodge
K Katshana Tree Lodge	

Flughafen
Camping
N.P.Lodge/Chalets
Picnic
Aussichtsplattform
Teerstraße
Hauptpiste
Nebenstrecke
Allradpiste

Map labels: Matetsi Safari Area · Deka Safari Area · Matetsi · Tshowe · Deka · Bambusi Camp · Sinamatella · Tshowe Loop · Salt Spring Loop · Sinamatella · Kashaba Loop · Baobab Pan · Nantwich Camp · Robins · Crocodile Pools · Sina River Road · Lukosi River Loop · Detema Dam · Mandavu Dam · Little Tom Viewing Hide · Salt Pan Dam · Big Tom Viewing Hide · Masuma Dam · Tshompi · Manzimbomvu Pan · Mbejane Pan · Shumba Pans · Dandari Pans · Hwange

0   5   10km

entscheidende Schritt für die 'Genesung' des Tierbestands. 1949 fügte man das Wildreservat mit Robins Game Sanctuary zum Wankie Nationalpark zusammen. Während der folgenden Jahrzehnte entwickelte sich der Nationalpark zu einem beliebten Reiseziel, Touristencamps wurden errichtet und Wege für Pirschfahrten angelegt. Mitte der 70er Jahre wanderten wieder 20 000 Elefanten durch den Park. Seit den 80er Jahren leidet die Nationalparkbehörde allerdings unter zunehmendem Geldmangel, Korruption läßt die hohen Einnahmen aus dem Jagdtourismus in unbekannte Kanäle fließen, während die Parks vernachlässigt werden. Die Wege werden nur noch unregelmäßig gewartet, Wilderei nimmt wieder zu, und viele Bohrlöcher trocknen aus, weil die Pumpen kaputt gehen und nicht ersetzt oder repariert werden. In manchen Regionen, wie an der Dete Vlei, einem von Touch the Wild gepachteten Landstreifen im Sikumi Forest Land, übernehmen mittlerweile Privatpersonen und -firmen die Instandhaltung von Wegen und künstlichen Wasserstellen sowie die Pflege der Vegetation.

Der Name geht auf Chief Wange zurück und wurde nach der Unabhängigkeit in Hwange umbenannt

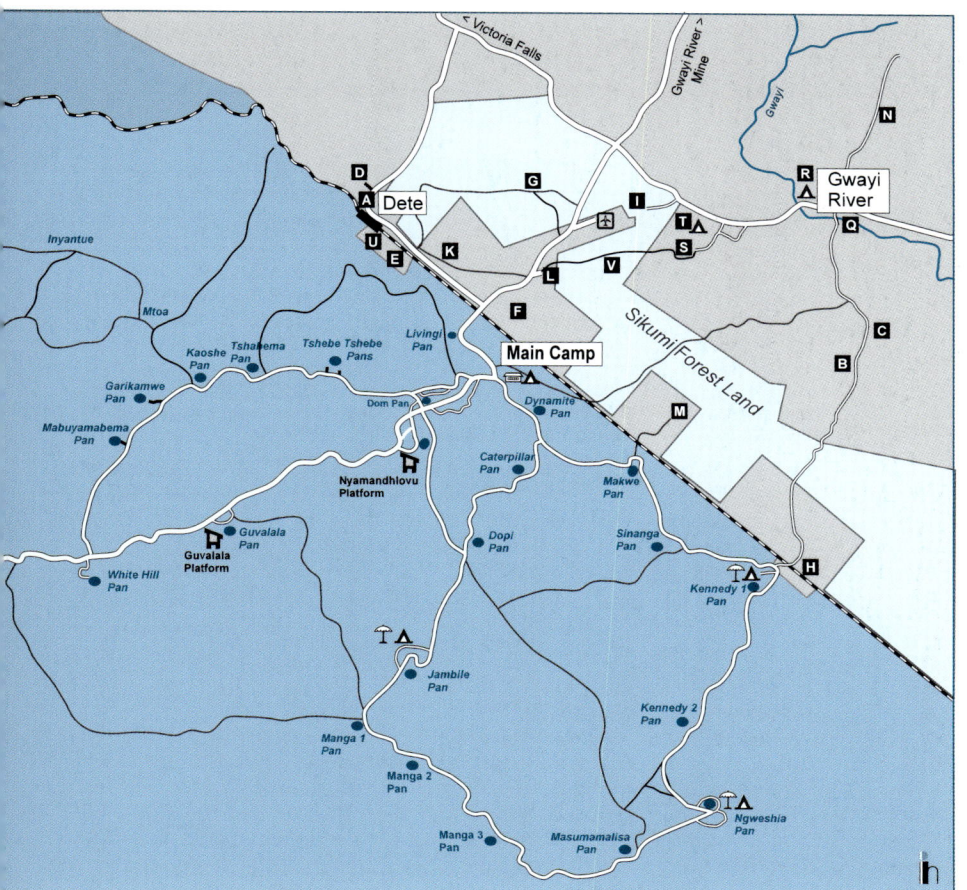

Anreise

Zwischen Bulawayo und Victoria Falls verkehren täglich Züge, die zwar in
Dete halten, jedoch um Mitternacht, was diese Reisevariante wenig attrak-
tiv erscheinen läßt. Flugverbindungen zum Hwange Airport bestehen ab
Bulawayo, Victoria Falls, Kariba und Harare. Das überzeugendste Verkehrsmittel dürften die zuverlässigen Fernstreckenbusse sein.

Tip Blue Arrow Busse fahren täglich zwischen Victoria Falls und Bulawayo mit Haltestops
in Hwange, Dete, an der Hwange Safari Lodge, am Gwayi River Hotel und am Halfway
House. Abfahrt von Montag bis Samstag morgens (beide Richtungen). Die rund
zweieinhalbstündige Fahrt von Victoria Falls zur Hwange Safari Lodge kostet derzeit
etwa 12 US$, die Strecke von dort bis Bulawayo rund 25 US$ (3,5 Std.). Wenn man
eine Lodge reserviert hat, wird man von der Bushaltestelle abgeholt. Tip: Vom Halfway
House zu den Kingdom Cottages kann man auch zu Fuß gehen (2–3 km).

Bis zum Main Camp kann man wegen des starken Verkehrs recht gut trampen
(im Park ist es verboten). Dort kann man sich einer Walking Safari mit Game
Scout anschließen bzw. an Game Drives, die z. B. an der Hwange Safari
Lodge und in Dete angeboten werden, teilnehmen. An der Hwange Safari
Lodge ist eine Zweigstelle der HERTZ-Autovermietung (Tel. 118-393).

**Anreise mit
eigenem
Fahrzeug**

Die 22 km lange Zufahrt zum Main Camp zweigt bei Km 264 von der
Bulawayo-Victoria-Falls-Straße ab (etwa 175 km von Victoria Falls). Die
gesamte Strecke ist geteert. Sinamatella Camp ist über eine 40 km lange,
sehr ruppige Wellblechpiste von Hwange aus zu erreichen (ab Victoria
Falls insgesamt 108 km Teer plus 40 km Rüttelpiste).

Robins Camp ab Victoria Falls: 48 km entlang der Teerstraße nach
Bulawayo, dann zweigt eine gut beschilderte Allwetterpiste zur Matetsi
Safari Area und dem Nationalpark ab. Nach 37 km, die größtenteils durch
ansprechende Buschlandschaft führen, trifft man an eine Gabelung. Hier
geht es links 16 km zum Parkeingang. 12 km dahinter liegt Robins Camp.
Kein Allrad erforderlich, ganzjährig befahrbar (siehe auch Anreise nach
Pandamatenga und in den Kazuma Pan N.P., S. 276).

*Bild oben:
Leopard auf
der Lauer*

Die staatlichen Camps im Nationalpark

Alle drei Camps verfügen über Ferienhäuser (näheres siehe Seite 364), haben Campingplätze, bieten einfache Versorgungsmöglichkeiten, eine Tankstelle und ein Restaurant. Die Atmosphäre der Camps ist sehr unterschiedlich, was dazu führt, daß jedes Camp seine Anhänger findet.

Alle Unterkünfte sollten vorab in Harare oder Bulawayo reserviert werden. Wer seine Reise nicht so exakt vorausplanen möchte oder kann, erhält bei freier Kapazität im Camp auch ohne Reservierung eine Bleibe. Leider werden die Unterkünfte oft vorab reserviert, ohne daß sie wirklich bezogen werden. In diesen Fällen muß man bis 17.30 h warten, erst dann vergibt der Parkangestellte die noch freien Chalets/Lodges.

Die staatlichen Ferienhäuser als preiswerte Alternative zu den Safarilodges

Main Camp (P/Bag DT 5776, Dete. Tel. 118-371)

Ein wenig unpersönlich wirkt es schon, dieses große Camp, das von fast allen Touristen besucht wird. Main Camp verfügt über insgesamt 118 Betten in den verschiedenen Kategorien Chalet, Cottage und Lodge. Außerdem gibt es einen großen Campingplatz.

Zwischen dem Information Office und dem kleinen Museum, das auf Nachfrage im Office geöffnet wird, liegt der Lebensmittelladen *Superette* (täglich von 08.00–19.00 h geöffnet). Hier werden Obst, Gemüse, Milchprodukte, Fleischwaren und Brot angeboten. Ein Andenkenladen, der neben Souvenirs auch Bücher, Zeitungen und Telefonkarten (nebenan ist ein öffentliches Kartentelefon) verkauft, hat täglich von 10.00–14.30 h und 15.30–19.00 h geöffnet. Daneben befindet sich das Restaurant mit großer Terrasse und einer Bar. Die Nächte werden im Main Camp übrigens meist kühler als in den beiden anderen Camps.

Chalets etc. ohne Reservierung: Wer im Main Camp auch nach 17.30 h nicht unterkommt, weil tatsächlich (zu Ferienzeiten) alle Unterkünfte belegt sind, kann alternativ preiswerte Übernachtungsmöglichkeiten beim Gwayi River Restcamp, dem Sweat&Shade Caravan Park, dem Gwayi River Hotel und der Nyati Lodge finden. Mittelklasse bietet Miombo Safaris.
Tip: Das Main Camp ist rund um die Uhr zugänglich, und man kann das Camp abends problemlos verlassen, um z. B. im Garten der Hwange Safari Lodge direkt vor der beleuchteten Wasserstelle zu dinieren.

Dreimal täglich (05.30 h, 10.00 h und 16.00 h) werden in Begleitung eines bewaffneten Game Scouts Fußwanderungen im Park unternommen. Eine Stunde kostet je nach Gruppengröße (max. 6 Personen) 15–20 US$/pro Gruppe. Man wird sich bei einer Fußsafari in der Regel Wildtieren nicht so weit nähern können wie in einem Fahrzeug, aber dafür stehen ganz andere Eindrücke im Vordergrund. Der Scout kann dem Busch viele seiner Geheimnisse entlocken: er erklärt Tierspuren, zeigt die Plätze, wo ein Tier ein Staubbad genossen hat, kennt Pflanzen und Vögel etc.

Info

Sinamatella Camp (P/Bag WK 5941, Hwange, Tel. 119-244522)

Zweifellos die schönste Lage genießt das 1966 eröffnete Sinamatella Camp. Es liegt auf einem knapp 60 m hohen Felsplateau und bietet einen atemberaubenden Ausblick in die weite Ebene zu seinen Füßen. 20 Chalets, Cottages und Lodges stehen den Besuchern zur Verfügung, die teilweise, wie auch der Campingplatz, direkt an der Steilkante liegen.

Auf keinen Fall sollte man sich einen Besuch des unter europäischer Leitung stehenden *Elephant & Dassie* Restaurants entgehen lassen, wo man bequem von den robusten Granittischen auf der Terrasse die in der Ebene vorbeiziehenden Elefanten und Giraffen beobachten kann (Fernglas mitbringen). Direkt zu Füßen der Gäste tummeln sich Mangusten, Buschhörnchen

Tip!

Chalets/Lodges ohne Reservierung**:** Wer abwarten muß, ob um 17.30 h eine Unterkunft frei wird, der kann im schlechtesten Falle abends noch nach Hwange zum Baobab Hotel fahren bzw. schon am Nachmittag ins Robins Camp, das nur sehr selten voll belegt ist. Außerhalb der Ferien und an Wochentagen stehen die Chancen aber gut, ein freies Chalet beziehen zu können.

Tip für Camper: Die Sanitäranlagen im hinteren Teil des Campingplatzes sind deutlich sauberer, da sie seltener benutzt werden.

Oben: In Sinamatella, darunter kleiner Ausguck am Wasserloch im Robins Camp

Info

und Baumschliefer im Gestrüpp und an der kleinen Vogeltränke. So mancher Reisende, der hier zum Frühstück kam, sah sich auch am Nachmittag noch dort sitzen und auf den Sonnenuntergang warten... Wer ein Abendessen im Restaurant einnehmen möchte, wird gebeten, bis 18.30 h zu reservieren. Selbstversorger können hier sog. *Braaipacks* (Grillfleisch und Burenwurst) und gefrorenes Huhn kaufen, allerdings kein frisches Gemüse oder Brot.

Im Büro kann man zweistündige Walking Safaris buchen. Die Tankstelle hat mittags zwischen 11.30 und 15.00 h geschlossen.

Robins Camp

(P/Bag WK 5936, Hwange, Tel. 119-270220)
Robins Camp strömt noch am stärksten eine koloniale Atmosphäre aus, und wenn man von den beiden anderen Camps kommt, scheint die Zeit hier irgendwie still zu stehen. Es ist das kleinste der Camps und hat vollkommen unbegründet die wenigsten Besucher. Zum Übernachten stehen 22 Chalets für je 2 Personen und 3 Lodges für bis zu 6 Personen sowie ein großer Campingplatz zur Verfügung. Die Unterkünfte sind fast nie vollständig belegt, so daß man im Robins Camp ziemlich sicher auch ohne Reservierung in einem Chalet übernachten kann. Im Garten des *Hyena Bar & Restaurant* werden auf Steintischen Erfrischungen und Snacks angeboten. Nebenan verkauft ein Laden haltbare Lebensmittel (kein Brot, Fleisch oder Frischwaren). Die Zapfsäule für Benzin ist täglich von 07.00–10.00 h, 12.00–15.00 h und 17.00–19.00 h in Betrieb. Im Office, das nur zwischen 06.00 und 18.00 h geöffnet ist, kann man auch Walking Safaris buchen.

Versäumen Sie nicht einen Besuch des Turms, dessen Plattform nicht nur eine hübsche Aussicht auf die flache Landschaft gewährt, sondern der außerdem als Museum eingerichtet wurde. Name und Geschichte dieses Camps gehen nämlich auf Herbert George Robins (1867–1939) zurück, der sich 1914 hier niederließ. Er kaufte vier Farmen auf, begann mit Rinderzucht und endete schließlich als überzeugter Natur- und Tierschützer. Die Farm und den Turm, die er 1934 baute, bilden noch heute das Zentrum des Camps. Robins vermachte seine Ländereien der Regierung, stellte aber die Bedingung, daß darauf für immer ein Wildschutzgebiet ausgewiesen werden müsse. Dieses *Robins Game Sanctuary* schloß man schließlich 1949 mit dem Wankie Game Reserve zum Nationalpark zusammen. Das Grab von H. G. Robins befindet sich nur wenige Meter neben der Zufahrtsschranke zum Camp.

Robins Camp ist feuchter und hat mehr Moskitos als die anderen Camps.

Private Campsites & Exclusive Camps

Es besteht die Möglichkeit, im Nationalpark in sog. *Private Campsites* zu campieren (näheres siehe S. 364). Wer nicht vorab in Harare oder Bulawayo gebucht hat, sollte beachten, daß die Plätze von unterschiedlichen Camps verwaltet werden: Main Camp ist für die Camps Kennedy I, Ngweshla und Jambile zuständig. Hier telefoniert man regelmäßig mit dem Reservierungsbüro in Harare, um zu erfahren, welche Camps in den nächsten Tagen belegt sind. Was frei ist, kann dann direkt im Main Camp reserviert werden. Ähnlich verfahren auch die anderen Camps. Wer in Shumba, Mandavu Dam und Masuma Dam übernachten möchte, muß sich an das Sinamatella Camp wenden. Deteema Dam wird dagegen von Robins Camp verwaltet. Da die Campsites besonders bei Einheimischen und Safarigruppen beliebt sind, empfiehlt sich eine Vorreservierung in Harare oder Bulawayo.

Bei allen Camps ist ein Attendant anwesend, der die Anlage säubert, sich um Wasser und Feuerholz kümmert, die Dieselpumpe der Wasserstelle in Ordnung hält und ansonsten eher unauffällig im Hintergrund bleibt. Diese Männer verbringen meist 11 Monate ohne Unterbrechung im Camp und erhalten nur einmal monatlich Lebensmittel geliefert (einen großen Sack Millie Meal). Ihre einzige Unterhaltung sind die wechselnden Besucher. Attendants werden sehr schlecht bezahlt (etwa 600 Z$/Monat). Sie können Ihrem Attendant eine große Freude machen, indem Sie ihm z. B. eine Tageszeitung oder Zigaretten mitbringen, noch sinnvoller ist eine kleine Ernährungsaufbesserung in Form von frischen Lebensmitteln. Die verschiedenen Camps:

- **Kennedy I:** Schöner, sauberer Platz mit Dusche, Toilette, Grillplätzen. Reichlich Schatten, kein direkter Blick zur Pan, aber in einer reizvollen Landschaft gelegen (viele Giraffen, Büffel und Elefanten). Man hört hier allerdings den vorbeifahrenden Zug.
- **Ngweshla:** Sauberes, hübsches Camp mit Grillplätzen und Sanitäranlagen. Sehr einsam gelegen, in der wildreichen Umgebung sind kleine Rundfahrten möglich. Sehr beliebt.
- **Jambile:** Ebenfalls mit Dusche, Toilette und Küche (mit nostalgischem Ofen) ausgestattet. Eher trockene Landschaft, oft Hyänen in der Nacht. Ansonsten wenig Wildtiere, weil das Wasser von Jambile kaum Mineralstoffe enthält. (siehe Bild ganz oben rechts)
- **Shumba:** Einsam, viele Löwen und Hyänen in der Gegend, nahebei ein Hide, den man nachts allerdings nicht besuchen kann. Wasser, Küche und Toilette vorhanden, aber keine Dusche. Schattig.
- **Masuma Dam:** Sehr beliebt, da wildreich und direkt an der Wasserstelle. Man kann nachts an der Plattform sitzen (ideal bei Mondschein). Nachteil: Viel Durchgangsverkehr, weil die Straße direkt durch das Camp führt.
- **Mandavu Dam:** Schönes Camp mit großer Plattform und weitem Ausblick, vorübergehend allerdings ein Baucamp, weil die Staumauer erneuert wird. Erkundigen Sie sich nach dem aktuellen Zustand!
- **Deteema Pan:** Liegt in einer leichten Senke in einer trockenen, steinigen Gegend. Viele Elefanten.

Für Gäste, die die Abgeschiedenheit lieber ohne Camping erleben möchten, stehen sog. *Exclusive Camps* zur Verfügung. Hier findet man vollständig ausgestattete, saubere Ferienhäuser (Schlafzimmer, Küche, Kühlschrank, Gartengrill etc.). Ein Attendant steht zur Verfügung. Die Reservierungen für *Exclusive Camps* können ausschließlich vorab in Harare getätigt werden. Nördlich von Sinamatella liegt das *Bumbusi Camp,* das nur auf einer schlechten Allradpiste erreichbar ist (in der Nähe befinden sich die Ruinen der Nambya-Stadt Bumbusi). In der Deka Safari Area, die nordöstlich von Sinamatella an den Nationalpark angrenzt, liegt das *Lukosi Camp.* Nahe dem Robins Camp befinden sich die *Deka Lodge* (2 Häuser, kein Damm oder Wasserloch, Allradzufahrt) und das *Nantwich Camp* (siehe Bild oben), welches mit drei Häusern oberhalb eines Damms nahe der Nationalparkgrenze liegt und vermutlich das schönste der *Exclusive Camps* ist (ohne Allrad erreichbar). Diese Camps sind nicht umzäunt. Nantwich Camp kann unter Umständen auch vor Ort im Robins Camp reserviert werden.

Private Lodges und Buschcamps

Lodges, deren Zufahrt auch für Mietwagen ohne Allrad ganzjährig unproblematisch ist, sind mit 🚗 *gekennzeichnet*

Lodges in der Region Dete

• **Detema Safari Lodge:** P. O. Box 69, Dete. Tel. 118-256 und 2308, Fax 118-269. Zählt zu den schönsten Lodges mit exklusivem Mobilar (massive Holzbalkenkonstruktion, liebevolle Details, gemütlicher Kamin) und weitem Blick zum (beleuchteten) Wasserloch von beiden Pools. Für anspruchsvolle Gäste zu empfehlen; wird gerne von Gruppen gebucht. Mit 48 Betten in verschiedenen Baumhäusern und Rundchalets relativ groß. Nachteil: Weite Anfahrt zum Parkeingang. All-Inclusive-Preise: 310–380 US$/DZ, 350–430 US$/EZ. B&B 110–160 US$/DZ und 150–190 US$/EZ. 🚗

• **Chokamella Lodge:** Landela Safaris, P. O. Box 61, Dete, Tel./Fax 118-398, Exklusive Lodge für max. 20 Personen mit riedgedecktem Haupthaus, großzügigen Bungalows, Wasserstelle und Pool. All-Inclusive-Preise ca. 280 US$/DZ und 470 US$/EZ (inklusive aller Getränke).

• **Miombo Safari Lodge:** P. O. Box 90, Dete. Tel./Fax 18-446. Einfache Zimmer und ansprechende Baumhäuser in dichtem Busch, nicht eingezäunt. Freundliche Mittelklasseanlage, großer Garten und Pool. Die Besitzer bieten Pirschfahrten und mehrtägige Fußsafaris an. Preise je nach Unterkunft: B&B 62–72 US$, Dinner, B&B 72–82 US$, Vollpension 87–97 US$, All-Inclusive 177–189 US$. 🚗

• **Elephant Sands Safari Lodge:** P. O. Box 52, Dete. Tel. 118-326 und 247, Fax 118-383. Luxuriöse Rondavel nahe der Bahnlinie bei Dete. All-Inclusive-Preise ca. 200 US$ p. P.

Lodges entlang der Zufahrt zum Main Camp

• **Hwange Safari Lodge:** Zimbabwe Sun, P. O. Box 5792, Dete. Tel. 118-331, Fax 118-337. Reservierung über Bulawayo Tel. 19-60101, Fax 19-61739. Große Anlage mit typischem Hotelcharakter (200 Betten, Klimaanlage, Stromversorgung) und weitem Gartenbereich mit (beleuchteter) Wasserstelle. Restaurant, Gartenbuffet, Pool, Tenniscourt, Tankstelle, Bar und Babysitter. Eher unpersönliches Ambiente, aber eine Preisalternative zu den meisten anderen Unterkünften. Preise: p. P. ca. 120 US$/DZ und 190 US$/EZ. Tip: Einzige Lodge, die auch Besucher, die nicht in der Lodge wohnen, willkommen heißt (Mittagsbuffet für 10 US$, Abendbuffet für 13 US$). 🚗

• **Ivory Lodge:** Block Hotels Zimbabwe, Harare, P. O. Box 2914, Tel. 14-796981, Fax 14-796989. Zehn Baumhäuser mit Blick auf ein künstliches, nachts angestrahltes Wasserloch (mit Aussichtsplattform). Einheimische Leitung, Elektro-Schutzzaun, Pool, schöner Barbereich, der ist allerdings ohne Blick zur Wasserstelle. Nachteil: Relativ lange Anfahrt zum Nationalpark. Keine Kinder unter 12 Jahren erlaubt. All-Inclusive-Preise ca. 250 US$/DZ und 280 US$/EZ. 🚗

• **Ganda Lodge:** Ngamo Safaris, P. O. Box 25, Dete. Tel. 118-413, Fax 19-74825. Safarilodge der Forestry Commission (einheimische Leitung). Schöne geräumige, zweistöckige Chalets (warm in den kalten Monaten, da mit Kamin), großer Pool, einsam gelegen an der Ganda Pan (nachts beleuchtet). All-Inclusive-Preise ca. 240 US$/DZ, Vollpension ca. 135 US$/DZ, EZ-Zuschlag 60 US$.

• **Sable Valley Lodge:** Touch the Wild, P/Bag 6, Hillside, Bulawayo. Tel. 19-74589, Fax 19-229088. Ca. 6 km von der Hwange Safari Lodge entfernt in der exklusiven Dete Vlei gelegen, einem von Touch the Wild gepachteten Gebiet, in dem hervorragende Pirschfahrten unternommen werden können. 11 elegante Bungalows, in denen auch schon Queen Elizabeth und Prince Philip genächtigt haben, verteilen sich um den gepflegten Garten und runden Pool. Extravagante Dachkonstruktion des Haupthauses mit Aussichtsplattform. Nachteil: Wenig Ausblick, kein nachts beleuchtetes Wasserloch. Empfehlenswert für gehobene Ansprüche an Komfort und Service. All-Inclusive-Preise ca. 275 US$/DZ, Vollpension ca. 170 US$/DZ, EZ-Zuschlag 62 US$. Nicht mit eigenem Fahrzeug zugänglich (Fahrzeuge können an der Hwange Safari Lodge abgestellt werden).

• **Sikumi Tree Lodge:** Touch the Wild, P/Bag 6, Hillside, Bulawayo. Tel. 19-74589, Fax 19-229088. Die bekannte Lodge liegt 5,5 km von der Teerstraße entfernt an der phantastischen Dete Vlei (siehe Sable Valley Lodge). Wurde 1986 erbaut; zählte damals zu den ersten Privatlodges der Region und hat einen landesweiten guten Ruf erlangt. Der liegt weniger in der Ausstattung der älteren Stelzenchalets (mit Stromanschluß, aber ohne Klimaanlage) begründet, als in seiner spektakulären Lage. Direkt vor dem halboffenen Eßbereich weiden die Wildtiere an der nachts angestrahlten Wasserstelle. Schirrantilopen grasen auch innerhalb des mit Elektrozaun geschützten Camps. Sikumi ist kinderfreundlich (wird gerne von Familien besucht), ein rollstuhlgerechtes Chalet steht zur Verfügung. Max. 37 Gäste, lockere Freizeitatmosphäre, Pool. All-Inclusive-Preise ca. 320 US$/DZ, Vollpension ca. 190 US$/DZ, EZ-Zuschlag 70 US$. 🚗 (bitte weiterblättern)

• **Katshana Tree Lodge:** Touch the Wild. Gelungene Mischung aus exklusivem Standard und naturnahem Buschcamp. 6 Holzchalets auf Stelzen mit Veranda und Blick auf die nachts beleuchtete Wasserstelle. Pool. Viele Elefanten (Presidential Herd), persönliche Atmosphäre. All-Inclusive-Preise ca. 300 US$/DZ, EZ-Zuschlag 66 US$. Nicht mit eigenem Fahrzeug zugänglich (Fahrzeuge können an der Hwange Safari Lodge abgestellt werden), keine Kinder unter 13 gestattet.

• **Kanondo Tree Camp:** Touch the Wild. Rustikales, kleines Buschcamp ohne Schutzzaun im Wald gelegen. Baumhäuser ohne Strom/Generator oder Pool, abends nur Petroleumlampen und Lagerfeuer. Nicht für komfortbedürftige oder furchtsame Reisende zu empfehlen, hier steht das Naturschauspiel im Vordergrund. All-Inclusive-Preise ca. 220 US$/DZ, EZ-Zuschlag 62 US$. Nicht mit eigenem Fahrzeug zugänglich, keine Kinder unter 13 gestattet.

Lodges zwischen Gwayi River und Kennedy Gate

• **Camp Selous:** Lion's Den Safaris, P. O. Box 20, Gwayi. Tel. 118-2306, Fax 118-295. Die ehemalige Jabulisa Lodge liegt 12 km von Gwayi entlang der Piste zum Kennedy Gate. Sieben Chalets mit grandiosem Blick über die Sikumi Vlei. Pool vorhanden. All-Inclusive ca. 250 US$ p. P. 🚙

• **Kumuna Lodge:** Lion's Den Safaris, P. O. Box 19, Gwayi. Tel. 118-541/218, Fax 118-541/295. Liegt 14 km von Gwayi an der Piste zum Kennedy Gate. Familiäre Mittelklasseanlage für bis zu 44 Personen in Steinchalets und Rondavel. Haupthaus mit riesigem Rieddach, großer Pool, Jacuzzi, Minigolf, Stromanschluß. All-Inclusive-Preise: 200 US$ p. P., Vollpension 110 US$ p. P. 🚙

• **The Hide:** Harare: P. O. Box ST 274, Tel. 14-660554, Fax 14-621216. 300 US$. Zeltcamp für max. 16 Gäste. Stilvolle Einrichtung in herrlicher Lage – Hemingway-Style pur! Kein Wildzaun. Besonderheit: Aussichtsversteck mit unterirdischem Zugang. Für leidenschaftliche Afrikareisende, die die Nähe zur Tierwelt genießen! All-Inclusive ca. 300 US$ p. P. Nicht mit eigenem Fahrzeug zugänglich.

• **Malindi Station Lodge:** P. O. Box 2728, Tel. 14-705551, Fax 14-705554. Tel. Lodge: 118-2607. Originelle Luxuslodge mit Unterkunft in alten Bahnwaggons auf Konzessionsgebiet in herrlicher Landschaft. Max. 12 Pers., All-Inclusive ca. 320 US$ p. P. Nicht mit eigenem Fahrzeug zugänglich.

Lodges in der Gwayi River Region

• **Nyati Lodge:** Gwaai Valley Safaris, Mr. Bennie, P. O. Box 17, Gwayi, Tel./Fax 118-515. Gemauerte Chalets mit Blick ins Shangani River Valley, auf einer Farm gelegen. Transfers und Game Drives werden angeboten. Ein Campingplatz soll am Ufer des Damms errichtet werden. Preise pro Person: Selbstversorgung 35 US$, B&B 43 US$, Dinner, B&B 53 US$, Vollpension 60 US$. 🚙

• **Kalambeza Lodge:** Kalambeza Safaris, P. O. Box 217, V/Falls. Tel. 113-4480 und 118-2107, Fax 113-4293/4644. Sieben gemauerte Chalets mit Rieddächern am Steilufer in einer Biegung des Gwayi River. Solide Ausstattung mit reizvollem Ausblick über den Fluß und seine mit Akazien, Msasa und Mopane bewachsenen Ufer. Viele Vögel und reichlich Wild in der Region. Preise: Dinner, Bed & Breakfast ca. 110 US$ bzw. All-Inclusive ca. 200 US$ p. P.

• **Kingdom Cottages:** Kingdom Safaris, P. O. Box 10, Gwayi, Tel./Fax 189-281 und 226. Ansprechende Anlage auf dem Gelände der ehemaligen Umkombo Safari Lodge. Preiswerte Stelzenchalets (etwa 25 US$) mit Restaurant, Boma und Campingplatz, 1 km neben der Teerstraße direkt am idyllischen Ufer des Gwayi River. Es werden Touren in den Nationalpark (via Kennedy Gate) sowie Walking Safaris angeboten. Die Besitzer, Rob und Dee Shattock, wollen durch ein gutes Preisleistungsverhältnis eine Alternative zu den hochpreisigen Lodges bieten. 🚙

• **Jijima Lodge:** Wild Horizons, P. O. Box 15, Gwayi, Tel. 113-4219, Fax 113-4349. Zelt- und Chaletcamp an der Jijima Vlei am Rande des Nationalparks. Viele ornithologische Safaris. Ca. 250 US$ p. P.

• **Linkwasha Wilderness Camp:** Nemba Safaris, Tel. 14-775943, Fax 14-775945. Luxus-Safari-Zelte nahe der Linkwasha Pan. All-Inclusive-Preise ca. 280–350 US$/DZ und 340–440 US$/EZ.

• **Simba Lodge:** 167 Enterprise Rd., Harare. Tel. 2634-495057, Fax 2634-481794. Im Gwayi Forest Land gelegenes, Buschcamp mit riedgedeckten Chalets. All-Inclusive-Preise ca. 200-260 US$ p. P.

• **Duma Safari Lodge:** Duma Safaris, Dete. Tel. 118-455. Außerhalb des Parks am Gwayi River gelegenes Buschcamp mit Steinchalets für max. 12 Pers., Preise ab 250 US$.

• **Makalolo Plains Lodge:** Wilderness Safaris, P. O. Box 288, Victoria Falls, Tel. 113-3371, Fax 113-2020. Einzige im Süden des Nationalparks gelegene Lodge. Hervorragende Wildbeobachtungen auf den einsamen, weiten Grasebenen, berühmt für seine Büffel- und Elefantenherden. Anreise in der Regel per Kleinflugzeug. Max. 16 Gäste in Luxuszelten. All-Inclusive-Preise je Saison ca. 240–300 US$/DZ und 340–440 US$/EZ. Zuzüglich Transfer für ca. 60 US$ p. P.

Die Vegetation im Hwange Nationalpark

Da der Park nur geringe Höhenunterschiede aufweist (er liegt zwischen 940 und 1155 m), sind die verschiedenen Vegetationsformen meist Folge unterschiedlicher Bodenarten. Den größten Teil des Parks, vor allem im Süden und Zentrum, bedecken lockere Kalaharisandböden. Sie waren vor Jahrmillionen zu bis zu 80 m hohen Dünenzügen aufgeworfen worden, welche inzwischen jedoch durch Erosion auf maximal 10 m Höhe abgetragen wurden (die Wellenstruktur kann man beim Überfliegen des Gebietes noch erkennen). Die Kalaharisande bedecken den Boden an manchen Stellen noch immer bis zu 150 m dick. Wie in Botswana findet man hier noch Zeugen alter Flußläufe, die vor langer Zeit einmal dem Makgadikgadibecken der Zentralkalahari entgegenströmten. Diese fossilen Flußbette, heute *Vleis* genannt, sind Sumpfsenken, die während der Regenzeit teilweise bewässert werden. Die frischen Grasdecken, die sich dort bilden können, sind beliebter Weidegrund für Gnus, Zebras, Büffel, Rappenantilopen und Impala.

Mehr als 1000 verschiedene Pflanzen, darunter 200 Gräser und 250 Bäume, sind im Hwange Nationalpark heimisch

Im sandigen Süden und Zentrum herrschen Mopanegestrüpp, Akazien-büsche und dünne Grasflächen vor. Die beiden *Kennedy Pans* und *Linkwasha Vlei* sind schöne Beispiele fossiler Flußbette, wie sie oben be-schrieben wurden. An den Rändern der Pfannen und Vleis wachsen blaß-grüne Silberterminalia (*Terminalia Seringa*) zwischen den Grasebenen und dem angrenzenden Wald. In der Nähe des Main Camps, das auf einem großen Kalaharisanddepot liegt, findet man lockeren Combretum-Busch.

Markant stechen im Süden einzelne Baobabs hervor

Bei den beiden anderen Camps, die sich nördlich einer kaum merklichen, auf Höhe der Shumba Pan verlaufenden Wasserscheide befinden, dominie-ren Mischwälder mit Mopane, Terminalia und Brachystegia-Hölzern. Die Sinamatella-Region liegt auf etwa 200 Millionen Jahren altem Gestein der Karroo-Periode, in der die immensen Kohlenvorkommen entstanden, die in Hwange abgebaut werden. Typisch sind Granitfelsen und steinige Höhenzü-ge, ähnlich denen in Matobo, auf denen bevorzugt Teakholzwälder wachsen.

Im Nordwesten, beim Robins Camp, begünstigen Basaltböden den dichten Mopanewald und die fast schwarze Lehmerde mit starkem Grasbewuchs. Entlang der vielen Flüsse und Bäche wachsen vereinzelt Akazien, Mukwa, Ebenholz und Leberwurstbäume.

Bilder S. 265: Tränke in Shumba, Bar der Ivory Lodge, Buffet in der Sikumi Tree Lodge, Katshana Tree Lodge und Kanondo Tree Camp

Die Tierwelt im Hwange Nationalpark

Vorweg ein paar Zahlen: 107 verschiedene Säugetiere, davon 27 Raubtierarten, leben im Nationalpark. Von den 33 Antilopenarten des südlichen Afrikas sind 18 vertreten. Zu den häufigsten zählen Impala, Ducker, Kudus, Gnus, Rappenantilopen und Wasserböcke. Seltener sind Pferde-, Leier- und Schirrantilopen, Klippspringer, Oribi, Riedböcke und Oryxantilopen. Auch die Reptilien sind zahlreich vertreten. So sind 30 verschiedene Lizards bekannt, 24 Frosch- und 45 Schlangenarten, von denen übrigens nur 6 Arten giftig sind. Ornithologen haben 420 Vogelarten im Nationalpark identifiziert.

Die **Elefanten**, deren Bestand sich in weniger als 50 Jahren von knapp 1000 Tieren (1930) auf 20 000 Elefanten erholt hat, gelten heute als Naturgefährdung. Manche Zahlen der frühen 90er Jahre nennen sogar 30 000 Elefanten im Hwange Nationalpark, was deutlich über der verträglichen Anzahl von 12 000 bis 15 000 Tieren liegt. Daher wird seit vielen Jahren *Culling* (gezieltes Abschießen von Elefantenherden) betrieben. Sieht man sich die zerstörte Landschaft um das Sinamatella Camp an, wo durchziehende

Elefantenherden praktisch keinen Baum über 2 m stehen ließen, kann man die Sorgen verstehen – hier sind offensichtlich zu viele Elefanten in einer Region.

Die vollständig ausgerotteten **Nashörner** wurden 1966 wieder angesiedelt, als man 35 Tiere aus Natal im Park aussetzte. Dennoch haben bis heute nur wenige Breitmaulnashörner überwiegend im südlichen Teil des Parks überlebt. Etwa 50 Spitzmaulnashörner sollen in den Wäldern bei Sinamatella leben. Sie werden alle von Game Scouts überwacht, und zum Schutz ihres gefährdeten Lebens hält sich die Nationalparksbehörde äußerst bedeckt mit Angaben über ihre Anzahl und ihren Lebensraum. Noch immer werden die Nashörner vehement gewildert, deshalb hat man vor einigen Jahren auch die Breitmaulnashorn-Familie, die in direkter Umgebung des Main Camps lebte, nach Matobo deportiert.

Bilder S. 268: Kudus, zutrauliches Buschhörnchen, Wildhüterbüro im Main Camp
Bilder S. 269: Aussicht vom Sinamatella Camp, farbenfrohe Agame und Afrikanischer Wildhund

Pirschfahrten in der Main Camp Area

Hier ist man mitten im Gewühl: Wo immer man in der Nähe des Main Camps auf Pirschfahrt geht, trifft man außer den Tieren auch jede Menge Toyotas und Landrover. Den Safarifahrzeugen entkommt man jedoch, sobald man sich auf eine größere Fahrt begibt.

• **Plattformen und Pans der Umgebung:** Die *Nyamandhlovu Plattform & Pan* eignet sich gut für ein ausgiebiges Picknick, während man Wildtiere und Vögel an die Wasserstelle beobachtet. Bei Vollmond kann man auch Nachtfahrten zur Plattform unternehmen (ca. 15 US$/ Fahrzeug, Anmeldung zum *Moonlight Viewing* im Main Camp). Folgt man der Teerstraße weiter, erreicht man nach 18 km die weniger stark frequentierte *Guvalala Plattform & Pan*. Noch 11 km weiter, an der Abzweigung zur trocken liegenden *White Hill Pan*, kann man auf einer einsamen, ruppigen Schotterpiste über die *Bembesi*, *Kaoshe* und *Tshebe Tshebe Pans* wieder zurückkehren. *Bembesi Pan*, eine natürliche Senke, füllt sich zur Regenzeit mit Wasser und liegt den Rest des Jahres als Grasebene brach. *Mabuya-mabema Pan* wird durch ein Bohrloch gespeist, *Kaoshe Pan* ist dagegen wieder ohne Wasserpumpe.

• **Große Rundfahrt durch den Süden (133 km):** Reizvoll ist die Strecke zur *Kennedy Pan I*, die an der *Makwa Pan* vorbei durch eine abwechslungsreiche Landschaft führt. Typisch sind hier Giraffen, Warzenschweine, Zebras und Tsessebe. Bei *Kennedy I* trifft man auf das *Ngweshla Vlei*, dem man bis zur *Kennedy II Pan* (mit Pumpe) und zum *Ngweshla Picnic Site* folgt. Die sanfte Graslandschaft des Vleis ist das bevorzugte Weidegebiet für viele Antilopen. Hier hat man auch Chancen, eine der scheuen Braunen Hyänen zu entdecken. Auf der Weiterfahrt über die mit Wasserpumpen ausgestatteten Pfannen *Manga 1–3* verändert sich die Vegetation; man fährt nun durch dichtes Terminalia- und Akaziengebüsch. Der *Jambile Picnic Site* in einer sehr trockenen Landschaft ist berühmt für Elefanten, Hyänen und Rappenantilopen. 9 km weiter trifft man an der ausgetrockneten *Dopi Pan* auf eine Gabelung, wo es links zur *Dom Pan* bzw. über die *Caterpillar Pan* zum Main Camp zurück geht.

• **Sikumi Forest Land und Dete Vlei:** Außerhalb des Parks (Sikumi Forest Land), an der Dete Vlei, sind die *Presidential Elephants* zuhause. Präsident Mugabe hat die große Herde 1991 unter Schutz gestellt und seit 1993 steht sie im Mittelpunkt eines Forschungsprojekts über Verhalten und Sozialstruktur der Elefanten. Safarifahrzeuge können sich den Tieren dieser Herde erstaunlich weit annähern. Auf dem gleichen Gelände erforscht Gregory Rasmussen die vom Aussterben bedrohten Wild Dogs (dem engagierten Forscher sind die Wild-Dog-Verkehrsschilder auf der Zufahrt zum Main Camp zu verdanken). Dete Vlei, die Sumpfsenke, die sich zwischen der Hwange Safari Lodge und der Sikumi Tree Lodge erstreckt, ist wegen seiner landschaftlichen Reize und des hohen Wildbestands ein bemerkenswert schönes Safarigebiet. Es bleibt allerdings Gästen von Touch the Wild vorbehalten. Individualreisende dürfen außerhalb des Parks eigenmächtig auf Game Drives gehen.

• **Vom Main Camp zum Sinamatella Camp:** (Siehe Info S. 274!). Anreise bis zur *White Hill Pan* wie vorab beschrieben. Bald danach ist die einspurige Teerstraße von Schlaglöchern übersät. Die Vegetation geht in Höhe der Mopane Pan allmählich in dichten Mopanebusch über. Nach insgesamt 80 km endet die an manchen Stellen nur mehr in unvollständigen Resten erkennbare Teerstraße am *Shumba Picnic Site* und der kleinen Plattform an der *Shumba Pan*. In dieser Region liegen eine Reihe kleinerer Pfannen, die eine Wasserscheide kennzeichnen. Die Region ist berühmt für viele Elefanten, Zebras und Löwen. Auf der Weiterfahrt auf breiter Piste verändert sich die Umgebung schlagartig. Der Boden wird felsig und steinig, die Landschaft hügelig, in der Ferne treten Berge und Felsplateaus hervor. Kurvig führt die Strecke durch dichten Mopanewald, dem Lebensraum für Kudus, Schirrantilopen, Mangusten und Buschhörnchen. Auch Leoparden bevorzugen diese trockenen Flußbette und Felsblöcke. Bald erreicht man den beliebten, leicht erhöhten *Masuma Dam Picnic Site*, wo eine große Plattform weiten Ausblick über die Wasserstelle gewährt. Auch hier sieht man vor allem Elefanten, oftmals auch Büffel, Löwen, Kudus und Pferdeantilopen. Entlang der Strecke zum *Mandavu Dam* wird die Vegetation wieder trockener und zeigt schwere Erosions- und Pflanzenschäden. Elefanten haben dem Wald derart zugesetzt, daß die meisten Bäume kaum höher als in Buschgröße wachsen. *Mandavu Dam Picnic Site* liegt abseits über einem großen Stausee, aus dem noch die abgestorbenen Zweige überfluteter Bäume ragen. Seit 1998 wird allerdings die poröse Dammauer erneuert, wodurch der Picnic Site vorübergehend zu einem überfüllten Baucamp umfunktioniert wurde. Die letzten 12 km schlängelt sich der Weg durch die hügelige Landschaft und führt schließlich in einem weiten Bogen zum knapp 60 m hohen Felsplateau und dem Sinamatella Camp hinauf.

Pirschfahrten in der Sinamatella Area

· **Tierbeobachtungen im Camp:** Morgens turnen auf den Bäumen, die an den Hängen des steil abfallenden Plateaus wachsen, muntere Baumschliefer. Zur gleichen Zeit sind am Boden Zwergmangusten und Buschhörnchen unterwegs auf Nahrungssuche. Auffallend zahlreich und zutraulich sind die Vögel. Meves-Glanzstare, Graulärmvögel (der sog. Go-away-Bird), Mahaliweber, Haubenbartvögel und Graubülbül sind regelmäßige, neugierige Campbesucher. In der Regenzeit kommen Schmarotzermilane hinzu, die mit elegantem Steilflug auf Essensreste hinabstürzen. Das ein oder andere Mal wandert ein Elefant durch das Camp, aber im allgemeinen kommt Großwild nicht so nahe heran. Man kann jedoch die Tiere in der Ebene, auch Geparde und Wild Dogs, sehr gut vom Camp aus beobachten. Nachts besuchen gelegentlich Hyänen und Schakale das Camp. Bis vor wenigen Jahren wurde Sinamatella allabendlich von hungrigen Honigdachsen heimgesucht. Weil sie im Restaurantbereich angefüttert wurden, waren die Tiere bald so aufdringlich, daß man sie schließlich erschießen mußte (Honigdachse sind äußerst aggressiv).

· **Die Umgebung:** In den teils dichten Mischwäldern dieser Region fühlen sich Spitzmaulnashörner wohl, während man dagegen kaum noch Pferde- oder Rappenantilopen findet. Zwei kleinere Wild Dog-Rudel haben hier ihr Revier, doch werden sie stark von den vielen Hyänen und Löwen bedrängt. Am *Kashawa Loop Drive* und dem *Lukosi River Drive*, wo man meist entlang der gewundenen Flußbette fährt, sollte man nach Leoparden Ausschau halten. Die Wege sind während der Trockenzeit in passablem Zustand, die Furten wurden meist betoniert. Der *Salt Spring Loop* sollte dagegen nur mit Allradfahrzeugen befahren werden.

· **Vom Sinamatella Camp zum Robins Camp:** Achtung: Diese Strecke darf in beiden Richtungen nicht mehr nach 15 Uhr angetreten werden! Etwa auf halber Strecke zwischen *Mandavu* und *Masuma Dam* zweigt die breite Schotterstraße nach Robins Camp ab. Sie führt bis zum *Deteema Dam & Picnic Site* durch Mopanewald. Auf der Zufahrt zur *Deteema Pan* (wo auch gecampt werden kann) liegen entlang des Weges versteinerte Hölzer. Wenn der Damm trocken liegt, kann man von hier direkt zum *Deteema Dam* Picknickplatz fahren, ansonsten muß man den 4 km langen Umweg nehmen. Der Picknickplatz ist leider schattenlos, bietet aber einen Hide mit Blick auf den Stausee. Je weiter man sich Robins Camp nähert, um so lehmhaltiger wird der Boden. Die Landschaft wirkt wieder freundlicher und die Vegetation weniger angegriffen als in Sinamatella. Schon von weitem sieht man den Turm von Robins Camp, der als einzige Erhöhung aus der flachen Landschaft ragt.

Man fragt sich vielleicht, wie die Wissenschaftler die Bestandszahlen der Tiere ermitteln, wo doch viele Tiere große Wanderungen im Park und bis nach Botswana unternehmen. Man spricht z. B. bei Elefanten von Abweichungen von bis zu 30 %, denn wer kann schon sagen, ob ein Elefant in Namibia, Botswana und Zimbabwe gezählt wurde oder vielleicht überhaupt nicht? Daher sind solche Zahlen immer mit einer gewissen Vorsicht zu betrachten. Leichter hat man es da mit seßhaften Tierarten, wie den Impala. Eine der Methoden, wie im Hwange N. P. Tierzählungen durchgeführt werden, ist das gleichzeitige Erfassen aller Tiere, die die Wasserstellen im Park innerhalb von 24 Stunden aufsuchen. Für Tiere, die einmal täglich trinken müssen, ergeben sich daraus verwendbare Zahlen. Eine solche Zählung von 1996 ergab 17 000 Büffel, 6000 Impala, je 3000 Giraffen und Zebras, je 5000 Kudus und Rappenantilopen. Der gesunde Büffel-Bestand ist besonders erfreulich, weil um 1930 kaum noch 100 Büffel gesichtet worden waren.

Falls Sie vormittags an der Shumba Pan vorbeikommen, halten Sie doch einmal Ausschau nach dem kuriosen „Up-Side-Down-Hippo" (siehe Bild), einem einsamen Einzelgänger, der seit Jahren in den Wasserlöchern dieser Gegend lebt und aus unerklärlichen Gründen die Marotte pflegt, auf dem Rücken liegend alle vier Füße in die Luft zu strecken. Weil er dabei seinen Kopf unter Wasser hält, muß er sich alle fünf Minuten zum Luftholen umdrehen. In dieser ungewöhnlichen Rückenlage döst das Hippo stundenlang, aber nur von morgens bis zur Mittagszeit!

Pirschfahrten in der Robins Camp Area

• **Tierbeobachtungen im Camp:** Außerhalb des umzäunten Camps ist eine kleine Wasserstelle, die gerne von Wasserböcken, Zebras und Büffeln besucht wird. In dem kleinen Hide direkt daneben haben ein bis zwei Personen Platz (Zugang über den Campingplatz). Untertags grasen Warzenschweine seelenruhig auf den Wiesen im Camp, und Mangusten durchforsten vormittags den Campingplatz nach Essensresten. Aus den gleichen Gründen sind nachts Hyänen unterwegs. Sie haben sich so an die Menschen gewöhnt, daß sie vor ihren Augen durch das Camp laufen und Abfalltonnen umschmeißen (die Furcht vieler Reisender vor den Hyänen im Robins Camp ist sicherlich übertrieben; nach Aussage der Nationalparkangestellten ist es hier noch nie zu einer Attacke auf Menschen gekommen).

• **Die Umgebung:** Die Region gilt als typisches Löwengebiet. Hier leben aber auch Tierarten, die anderswo im Nationalpark kaum vorkommen, wie z. B. Riesentrappen, die größten noch flugfähigen Vögel, die sonst eher in Botswana anzutreffen sind. Sehr beliebt sind die Pirschfahrten zu *Little Tom's* und *Big Tom's Viewing Hides,* deren Zufahrt durch locker mit Bäumen versetzte Grasebenen verläuft. *Little Tom* ist ein steinerner Ausguck auf ein Wasserloch mit Windradpumpe. Die hohe Plattform von *Big Tom* ist kleiner, gewährt aber einen weiten Blick auf verschiedene Wassertümpel im Flußbett des *Tom River.* Beachten Sie hier die großen Nester der Büffelweber in den Bäumen. Dieser Rundweg kann nach anhaltenden Regenfällen nicht befahren werden, weil der dunkle Lehmboden stark aufweicht. Ein weiterer Ausguck mit Wasserloch steht den Besuchern bei *Crocodile Pools* zur Verfügung. Von hier führt der Weg weiter zum einsamen *Chingahobe Dam,* der zeitweise jedoch trocken liegt. Der Abstecher über den wasserreichen *Salt Pans Dam* bietet gute Chancen für Tierbeobachtungen. Am *Tshowe Loop* im Norden werden häufig Löwen gesehen.

Tips für die Pirschfahrten (Game Drives)

· **Morning Drives:** Frühmorgens entdeckt man manchmal Raubkatzen, die nachts gejagt haben, weil sie sich noch bei ihrem Riß
(Kill) aufhalten. Eintrudelnde Geier, die jedoch erst mit einsetzen-
der Thermik fliegen können, oder Hyänen und Schakale können
auf einen frischen Riß in der Nähe hinweisen. Manchmal verra-
ten auch frische Tierspuren eine versteckt im Gebüsch liegende
Großkatze. Antilopen halten sich morgens eher versteckt, dafür
veranstalten die Vögel ein um so größeres Spektakel. Mangusten
und Löffelhunde genießen in den ersten Sonnenstrahlen gerne
ein wärmendes Morgenbad, selbst Pythonschlangen suchen die
Morgenwärme auf offener Straße nach einer kühlen, feuchten
Nacht. Halten Sie auch nach Leoparden Ausschau, die man meist
nur flüchtig sieht, ehe sie sogleich wieder verschwinden.

· **Tagsüber:** Während der Mittagszeit ruhen die meisten Tiere.
Zebras, Wasserböcke etc. kommen zum Trinken an die Wasserstellen, ansonsten halten die Tiere Siesta. Am besten macht man
es ihnen nach und verbringt die Zeit an einer Aussichtsplattform.

· **Afternoon Drives:** Die besten Lichtverhältnisse und schönste
Stimmung bringen oft die letzten beiden Stunden vor Sonnenuntergang, wenn die Schatten lang werden. Kurz vor Sonnenuntergang finden sich Paviane in der Nähe ihrer Schlafplätze
ein, kehren Warzenschweine zu ihren Erdbauten zurück und
schließen sich die Antilopen zu schützenden größeren Herden
zusammen. Gnus vollführen ulkige Sprünge auf den Weiden,
Kudus und Elenantilopen gehen auf Futtersuche. Keine andere
Tageszeit drückt das afrikanische Klischee besser aus!

*Bilder S. 272: Rotschnabeltokos, Big Tom's Plattform, Büffel
haben Vorfahrt!*
*Bilder S. 273: Impalaherde im frischen Laub zur Regenzeit,
Wegmarkierung im Park, Eule*

- **Night Drives:** Die Besonderheit von Nachtfahrten liegt darin, Raubkatzen und nachtaktive Tierarten zu entdecken, die man sonst nicht zu sehen bekommt. Meist wird fieberhaft nach Leoparden, Hyänen und Wildkatzen gesucht, viel schwieriger sind jedoch Stachelschweine, Erdferkel oder Schuppentiere zu entdecken. Recht häufig sind dagegen die lustigen Springhasen, die ein wenig an kleine Känguruhs erinnern. Auch Galagos, Eulen und Fledermäuse kann man nachts entdecken.

- **Generelle Tips:** Man sollte sich Tieren nie abrupt nähern, weil sie sonst schnell die Flucht ergreifen. Wenn man ihre Fluchtdistanz akzeptiert, kann es schon mal vorkommen, daß sich neugierige Tiere (Elefanten, Giraffen, Schirrantilopen) von sich aus nähern. Erkundigen Sie sich vor einer Fahrt im jeweiligen Information Office, welche Strecken befahrbar sind und wo man momentan die besten Tierbeobachtungen macht (sehen Sie sich dazu auch die Eintragungen im *Visitor Book* an). Es ist oft effektiver, nicht zuviel herumzufahren, sondern an Wasserstellen oder Aussichtspunkten abzuwarten. Auch wenn zuerst nichts zu sehen ist, kann sich die Situation innerhalb weniger Minuten dramatisch verändern. Interessante Zusammenhänge im Verhalten der Tiere untereinander kann man sowieso nur beobachten, wenn man sich viel Zeit an einer Stelle nimmt. Lohnenswert ist auch das Verweilen in den Camps, weil man hier vielen zutraulich gewordenen Tierarten weitaus näher kommt, als dies in der freien Wildnis möglich ist. Das gilt besonders für Vögel, Buschhörnchen, Schliefer und Mangusten, aber durchaus auch für Schirrantilopen, Warzenschweine und Hyänen. Auf diese Weise ergeben sich oft ausgezeichnete Fotochancen.

- **Safarianbieter vor Ort:** Alle Lodges organisieren die Pirschfahrten und Ausflüge für ihre Gäste selbst (bei All-Inclusive sind pro Tag 2 Aktivitäten vorgesehen). Individualreisende können in Dete bei Sabona Tours (P. O. Box 73, Tel. 118-263, Fax 118-255) und Singing Bird Tours (P. O. Box 84, Tel. 118-255, Fax 118-383) buchen. In der Hwange Safari Lodge haben UTC und Touch the Wild jeweils ein Büro, wo Game Drives angeboten werden. Für einen dreistündigen Game Drive muß man zwischen 20 und 65 US$ pro Person ansetzen, je nachdem ob man in kleinen Gruppen unterwegs ist oder zu zehnt in die Fahrzeuge gequetscht wird. Ganztägige Game Drives kosten rund 80–100 US$. Manchmal werden auch Game Walks (Wanderungen) für rund 30 US$ angeboten. Am preiswertesten sind die Walking Safaris, die in den drei Nationalpark-Büros organisiert werden.

- **Reisezeit und Klima:** Beste Saison für Tierbeobachtungen ist die trockene Jahreszeit zwischen Mai und Oktober. Ab Juni, wenn die Nächte bitterkalt und die Tage kühl sind, fallen die Blätter von den Bäumen, die Vegetation lichtet sich, und viele natürliche Wasserquellen versiegen. Früher mußten die Tiere dann lange Wanderungen in feuchtere Regionen unternehmen, doch seit künstliche Wasserstellen eingerichtet wurden, können sie ganzjährig im Park bleiben. Sie konzentrieren sich jetzt in größeren Herden auf die verbliebenen Wasserstellen, was die Pirschfahrten sehr erleichtert. Ab September wird es deutlich wärmer, die Nächte sind nicht mehr so kalt, dafür klettert das Thermometer tagsüber auf 30° C und mehr. Jetzt beginnen die heißen Wochen (der Oktober wird scherzhaft 'Suizid-Month' genannt), in denen kühle Morning Drives noch Spaß machen, man aber die Mittagszeit am liebsten im Schatten am Pool verbringt. Andererseits sind Sonnenuntergänge niemals schöner als in dieser heißen Jahreszeit. Während der Regenzeit, die im November oder Dezember einsetzt, muß man seine Erwartungen schon etwas zurückschrauben, denn die dichte Vegetation bietet den Tieren guten Sichtschutz. Die Herden können sich weit verteilen, da sie jetzt überall frisches Wasser finden. Dafür lockt die Vogelwelt um so stärker, weil viele Zugvögel zum Überwintern gekommen sind und Wasservögel in dieser Zeit brüten. Die Bedingungen zum Fotografieren sind sehr unterschiedlich, an regenverhangenen Tagen ungünstig, wenn die Sonne dagegen nach einem Schauer vor dunkelblauem Himmel strahlt, ganz besonders gut. Achten Sie nach Regenfällen auf Schildkröten und Chamäleons. Zu Tausenden verlassen fliegende Termiten nach einem Regen den Boden, und die lauten Frösche quaken scheinbar voller Lebensfreude um die Wette.

- **Parkregeln für Autofahrer:** Die Höchstgeschwindigkeit beträgt 40 km/h, Tiere haben Vorfahrt, Nacht- und Offroadfahrten sind verboten. Das Fahrzeug darf man nur an ausgewiesenen Plätzen verlassen. Zur Sicherheit der Besucher wird bei allen drei Camps notiert, wohin die Fahrzeuge aufbrechen. Sollte abends ein Fahrzeug fehlen, wird gegen spätere Rechnungsstellung ein Suchtrupp losgeschickt. Fahrten zwischen dem Main Camp und dem Sinamatella Camp nicht mehr nach 14 Uhr nicht mehr gestattet (weil die 125 km lange Strecke ca. 4 Std. dauert, und man vor Dunkelheit das Ziel erreichen muß); zwischen dem Main Camp und Robins Camp nicht mehr nach 12 Uhr mittags (rund 150 km), und zwischen Robins Camp und Sinamatella Camp nicht nach 15 Uhr (70 km).

Zu Gast in einer Safari Lodge

Wecken der Gäste gegen 5 Uhr morgens. 15 Minuten später heißt es *"Tea or Coffee?"* und Aufbruch zum *Morning Drive*. Nach der Rückkehr gegen 08.30 h das stärkende Frühstück: Corn Flakes, Toast, Eier, Speck, Obst und Marmelade. Gäste, Guides und Lodgemanager sitzen dabei leger beieinander, man spricht sich mit Vornamen an und unterhält sich über die Erlebnisse der Pirschfahrt. Anschließend folgt eine *Village Tour* oder man beobachtet im Camp Vögel und liest einschlägige Literatur (Tier- und Pflanzenbücher liegen aus). Das Mittagessen wird durch eine Trommel angekündigt, wieder sitzen Gäste und Personal zusammen. Meist werden eine Suppe und verschiedene Hauptspeisen und Desserts zum Buffet aufgebaut. Bis 15.30 h ist Freizeit am Pool angesagt. Dann trifft man sich erfrischt zum *Afternoon Tea* mit etwas Gebäck, und startet zum *Afternoon Drive*. Üblicherweise wird unterwegs zum Sonnenuntergang eine kleine Pause eingelegt und der Guide bietet aus der Kühlbox einen *Sundowner* an (Bier oder Soft Drinks). Auf der Rückfahrt zur Lodge strahlt der Fahrer mit einem Scheinwerfer in die Dunkelheit, um nachtaktive Tiere aufzustöbern. Kurze Zeit später rufen die Trommeln zum Abendbuffet. Anschließend genießt man vielleicht noch einen Drink an der Bar oder sitzt am großen Lagerfeuer. Spätestens gegen 22 Uhr sind alle im Bett.

Während der kalten Monate von Juni bis August werden meist keine Game Drives vor dem Frühstück unternommen, weil es dafür zu kalt ist. Sie werden als Vormittagsfahrten nachgeholt.

Auf den Safarilodges bemüht man sich um einen persönlichen Kontakt zu den Gästen und legt Wert auf gute Betreuung. Man versucht jedem Gast einen bestimmten Guide zuzuweisen, mit dem er alle Ausflüge unternimmt. Die Übernachtungspreise einer Lodge richten sich eher nach ihrer Lage, der maximalen Bettenanzahl und dem Image als nach der Ausstattung.

Vielen Reisenden ist der Tagesablauf auf Dauer zu anstrengend. In solchen Fällen empfiehlt es sich, nur Vollpension zu reservieren und die Game Drives gesondert dazu zu buchen.

Klimaanlagen bieten nur wenige Lodges, meist stehen nur Ventilatoren zu Verfügung, was aber durchaus ausreichend ist, weil es im Hwange N. P. kaum heiße, schwüle Nächte gibt. Die Moskitoplage ist auch nicht allzu dramatisch, man schläft in der Regel unter Moskitonetzen.

Wegen der wirklich kalten Nächte sollten Sie bei Reisen zwischen Juni und August warme Kleidung mitbringen, und sich nicht scheuen, auch eine Mütze und Handschuhe einzupacken. Während der Pirschfahrten im offenen Fahrzeug werden Sie diese Dinge brauchen können, die Mütze vielleicht sogar nachts zum Schlafen (schließlich sind viele der Chalets oder Baumhäuser luftig gebaut). Und selbst bei 20° C Außentemperatur wird es beim Morning Drive auf offenen Fahrzeugen durch den Fahrtwind lausig kalt. Zum Schutz liegen Wolldecken bereit, und in manchen Lodges werden die Gäste in den kalten Wochen sogar mit elektrischen Heizdecken versorgt. Sonnenbrille, Halstuch und Sonnenhut für die Game Drives, Sonnenschutzcreme, Taschenlampe, evtl. Badekleidung und ein gutes Fernglas sollten im Gepäck nicht fehlen.

*Bilder oben:
die Parköffnungszeiten werden
täglich angeschrieben,
Nyamandhlovu Plattform,
Parkschranke im Main Camp*

Pandamatenga & Kazuma Pan Nationalpark

48 km südlich von Victoria Falls an der Teerstraße nach Bulawayo zweigt die gut ausgeschilderte Schotterpiste zur Matetsi Safari Area ab, deren Beginn nach 20 km durch einen Wildzaun gekennzeichnet wird. 5 km weiter liegt das *Isidumuka Camp/Matetsi Wildlife Headquarters*.

Von hier aus werden der Kazuma Pan N. P. und das fast 3000 km² große Matetsi Jagdgebiet verwaltet. Als 1969 die Matetsi Safari Area eingerichtet wurde, vergab man sog. Hunting Concessions an verschiedene Jagdunternehmen. Die Einhaltung der strengen Jagdvorschriften und vor allem die Begleichung der Gebühren für den Abschuß des Wildes werden von hier aus überwacht. Wer den Kazuma N. P. besuchen möchte, muß seine Reservierung entweder in Harare vornehmen und hier bestätigen lassen oder gleich hier tätigen. Das Wildlife Office ist montags bis freitags von 07.00–12.30 h und 14.00–16.30 h sowie samstags und sonntags von 08.00–12.00 h und 14.00–16.00 h besetzt. Tel. Auskunft und Reservierung: Tel. 113-5994/433526.

Die weitere Strecke besticht durch ihre liebreizende Berg- und Buschlandschaft, in der Impala, Wasserböcke und Rappenantilopen weiden. Nach 37,5 km gabelt sich die Straße. Links führt sie zum Hwange N. P. und Robins Camp (12 km), geradeaus nach 27 km in den Grenzort **Pandamatenga**.

Die kleine Handelsniederlassung mit dem wohlklingenden Namen, die G. Westbeech 1871 gegründet hatte, war seinerzeit der nördlichste Ort, den Reisende, Missionare und Elfenbeinjäger mit ihren Ochsenkarren erreichen konnten, bevor sie in Tsetsefliegengebiete gerieten. Das Quartier erlangte dabei eine ähnliche Bedeutung wie Lee's House am Mangwe Paß (S. 241).

Für die Weiterfahrt in den Kazuma Pan Nationalpark muß man sich im zimbabwischen Grenzbuch eintragen lassen und direkt auf der schnurgeraden Grenzstraße zwischen Botswana und Zimbabwe nach Norden fahren. Diese als Old Hunter's Road bekannte Sandpiste erfordert ein Allradfahrzeug. Nach 25 km markiert auf Höhe der mit niederem Gras bewachsenen Kazuma Pan ein Schild den Beginn des Nationalparks. Wenig später führt eine Piste am nördlichen Rand der Pan zum Insiza Camp.

Der Reiz dieses weitgehend unbekannten Parks liegt in seiner stillen Abgeschiedenheit und unberührten Wildnis. Zwischen zwei Hochburgen des Tourismus in Zimbabwe – Victoria Falls und Hwange N. P. – liegt dieses Kleinod, und wird von den meisten Touristen nicht einmal bemerkt.

Der nur 313 km² große, von Jagdgebieten umschlossene Park war schon 1949 zum Nationalpark erklärt worden. Als jedoch in den folgenden Jahren keinerlei infrastrukturelle Entwicklung einsetzte, degradierte man ihn 1964 wieder. 1975 hat Kazuma Pan seinen Status als Nationalpark zurückerhalten, obwohl seine touristische Entwicklung noch immer nicht viel weiter vorangeschritten ist.

Zwei sehr einfache Camps, beide nur mit Allrad zu erreichen, stehen Besuchern zur Verfügung (es dürfen immer nur zwei Gruppen gleichzeitig den Park besuchen). Es gibt weder Sanitäranlagen noch eine zuverlässige Wasserversorgung. *Insiza Camp* liegt an der Kazuma-Senke, während *Kasetsheti Camp* im dichten Busch verborgen ist.

Bilder links:
weidende Gnus am Ende der Trockenzeit,
Verkehrsschild bei Hwange, kunstvoller Hocker
Bilder auf dieser Seite:
die Viktoriafälle im September,
geschnitze Giraffen begleiten Touristen
auf dem Weg nach Victoria Falls

Kazuma Pan: ein National- park mit viel Stimmung abseits der Touristen- ströme

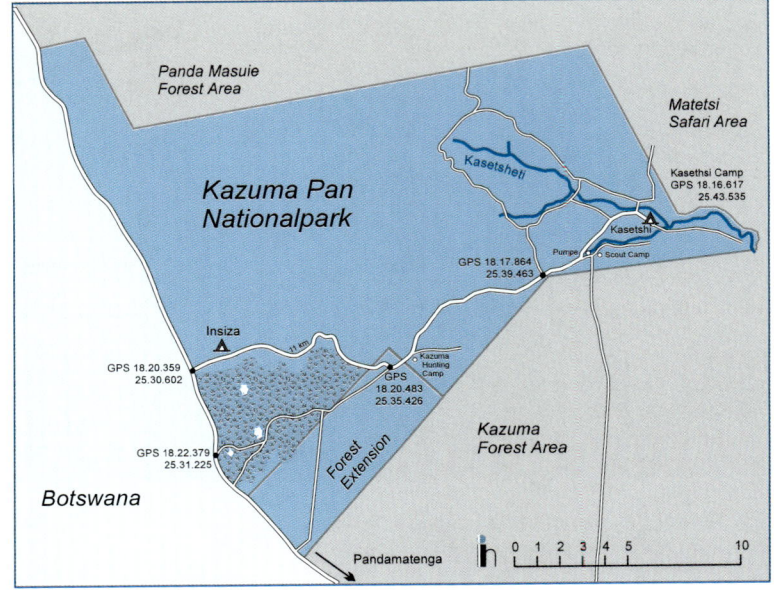

Landschaftlich wird der Park im Südwesten von flachen Graspfannen und Senken bestimmt, die stark an die Kalahari in Botswana erinnern. Während der Regenzeit sind viele der Pfannen mit Wasser gefüllt. Nach Osten geht die offene Landschaft in dichte Kalahari-Mischwälder über.

Oben: aufgesprun- gene Akazien- schote

Info

Die meisten Wildtiere, wie Oryxantilopen, Büffel und Wasserböcke besu- chen den Park nur während ihrer saisonalen Wanderungen. Seit einige der Pfannen mit Hilfe von Pumpen ganzjährig Wasser führen, zieht es Tausende Tiere besonders zum Ende der Trockenzeit, zwischen September und An- fang November, in den Park. Manchmal halten sich hier z. B. hunderte Elefanten auf, und plötzlich sind alle innerhalb weniger Tage verschwunden. Mit den ersten Regenfällen verstreuen sich die meisten Giraffen, Zebras, Riedböcke, Pferde- und Rappenantilopen. Löwen und Hyänen sind recht häufig, auch Wild Dogs und Geparde werden gelegentlich gesichtet. Die Wälder im östlichen Teil sind Heimat einiger Spitzmaulnashörner. Auffällig ist das Fluchtverhalten vieler Tiere, welches deutlich zeigt, daß sie von Jagd- gebieten umringt sind. Im Gegensatz zum Hwange Nationalpark haben sie hier gelernt, sich vor dem Menschen in Acht zu nehmen.

Die Eintrittspreise und Campinggebühren entsprechen den offiziellen Nationalparkgebühren für *Private Camps*. Der Park ist im Januar und Februar geschlossen. Nachtfahrten sind verboten, Fußmärsche auf eigene Gefahr jedoch erlaubt. Kazuma Pan Nationalpark ist *'Real Bush'*, Besucher müssen voll ausgestattet sein, dazu zählen ordentliche Sprit- und Wasser- vorräte, Lebensmittel, Werkzeug und Erste-Hilfe-Ausrüstung. Nach Verlas- sen des Parks soll man sich zur Sicherheit beim Matetsi Wildlife Office wieder abmelden.

Victoria Falls

David Livingstones Entdeckung der Viktoriafälle im November 1855 machte die unbekannte Region im Inneren des Kontinents in Windeseile weltberühmt. Schon 21 Jahre später setzte der Tourismus ein, als ein gewisser Harry Ware in einer Londoner Zeitung für Jagd- und Sightseeing-Touren zu den Fällen warb. Lange Zeit wurde die unwirtliche, malaria- und tsetseverseuchte Region nur zur Durchreise besucht. Oberhalb der Fälle an der Old Drift setzten die Jäger, Missionare und Händler über den Fluß, hier war es auch, wo sich 1898 am Nordufer die ersten Europäer niederließen. Mit dem Bahnbau von Bulawayo nach Norden wurde für die Bahnarbeiter am Südufer eine kleine Siedlung gegründet, die sich schnell vergrößerte, als im Juni 1904 die Schienenstrecke eröffnet wurde. Die Eisenbahnbrücke über den Sambesi folgte im nächsten Jahr und das erste Victoria Falls Hotel eröffnete 1906. Die kleine Ortschaft, noch immer kaum mehr als eine Bahnstation, wurde in den nächsten Jahrzehnten planmäßig erweitert.

Heute sind die Viktoriafälle nicht nur wichtigste Sehenswürdigkeit des Landes, sondern auch ein regelrechtes Nadelöhr des Tourismus, denn kein anderer Ort in Schwarzafrika wird so massiv von Touristen heimgesucht. Dieser Boom hat natürlich auch seine Kehrseite. Obwohl Victoria Falls für nur rund 8000 Menschen konzipiert war, leben hier inzwischen mehr als 25 000 Menschen, von denen die meisten im Tourismussektor beschäftigt sind. Dies führt zu massiver Umweltbelastung, die sich mit der zusammenbrechenden Müll- und Abwasserbeseitigung bereits ankündigt. Das Ungleichgewicht zwischen Armut und Reichtum ist nirgends deutlicher als hier, wo Einheimische auf Strom und Wasser verzichten müssen, weil die Versorgung der Hotels vorrangig ist, und wo Touristen für eine Übernachtung oder einen Wildwassertrip oft mehr ausgeben, als die Hotelangestellten im Monat verdienen.

Oben: Die Eisenbahnbrücke über dem tosenden Sambesi

Während der letzten 10 Jahre hat sich der Ort ganz dem Aktiv- und Unterhaltungstourismus zugewandt. Der durchschnittliche Aufenthalt der Touristen beträgt nur zwei Nächte, und während dieser Zeit erwartet den Besucher ein breites Angebot zum aktiven Zeitvertreib. Dabei ist Victoria Falls eine freundliches, kleines Städtchen geblieben. Ständig wird zwar irgendwo eine neue Ladenzeile oder Hotelanlage gebaut, um dem zunehmenden Heer von Touristen jeder Couleur gerecht zu werden; Hotels, Souvenirläden, Reisebüros, Imbißlokale und Banken prägen daher nun das Bild. Doch wer genauer hinsieht, entdeckt nicht nur koloniale Gebäude und romantische, einsame Aussichtsplätze am Sambesi, sondern auch eine vielfältige Tierwelt, die trotz all der Besucherströme in Victoria Falls ausharrt.

Die meisten Touristen werden nur für 2 Tage nach Victoria Falls eingeflogen

Als 'Mosi-Oa-Tunya' (donnernden Rauch) hatten die ansässigen Kololo diese gewaltigen Wasserfälle bezeichnet, die David Livingstone später zu Ehren seiner Königin umbenannte. Die Gelehrten streiten zwar darüber, welche die größten Wasserfälle der Welt sind, und je nach Kriterium – Wassermenge, Einzelfälle, Breite oder Tiefe – kommt man auch zu unterschiedlichen Ergebnissen. Die Viktoriafälle brechen in eine 1688 m breite Spalte mit einer maximalen Falltiefe von 108 m und gelten damit als größte einheitlich hinabstürzende Wassermasse der Welt (doppelt so hoch wie die Niagarafälle und eineinhalb mal so breit). Doch die Superlative ist nicht das Wesentliche. Das Einzigartige ist ihre Formation. Vor den Augen des Betrachters verschwinden die Wassermassen förmlich in der brodelnden Tiefe. Bei Hochwasser sind die Fälle ein tobender Hexenkessel, kaum zu erkennen in einem unglaublichen Spektakel aus Gischt, Getöse und ungebändigter Naturgewalt.

Die Viktoriafälle wurden von der UNESCO als Weltkulturerbe eingestuft

Sanft und gemächlich legt der Sambesi 1440 km von seiner Quelle im äußersten Norden Sambias bis zu den Viktoriafällen zurück. Auf seinem Weg durch das Bergland Angolas sammelt er Wasser, durchfließt später die Barotse-Flutebenen und Caprivi-Sümpfe, vereint sich dort mit dem Chobe und strömt bis drei Kilometer vor den Fällen ruhig in östlicher Richtung. Dann knickt er plötzlich nach Süden ab und gewinnt merklich an Geschwindigkeit. Ohne Vorankündigung und wie ein Vorhang stürzen die Wassermassen schließlich über 100 m senkrecht in die schmale Schlucht. Nun zwängt sich der Sambesi mit immenser Kraft im Zickzackkurs durch steile, schmale Schluchten, erhält durch den nördlichen Songwe-Zufluß neue Wassermengen und bricht im weiteren Verlauf durch die Batokaschlucht. Dabei verliert er 260 Höhenmeter, während die Felswände immer steiler und höher werden. Er überwindet 60 Stromschnellen bis er nach 100 km das Gwembe-Valley erreicht und nach dem Devil's Gorge in den aufgestauten Karibasee mündet.

Der Lauf des Sambesi

Die geologischen Voraussetzungen wurden vor etwa 150 Mio. Jahren geschaffen, als vulkanische Basaltlava die Oberfläche bedeckte. Mit dem Auskühlen und Erhärten der bis zu 300 m dicken Lava entstanden tiefe Risse in Ost-West-Richtung und kleinere Sprünge mit nord-südlichem Verlauf. Die Fugen vertieften sich im Laufe der Zeit und Ton-, Sand- und Kalkschichten lagerten sich als Kalkstein in den Spalten der Lava ab. Durch Erdstöße und extreme Witterungsunterschiede verstärkten sich die Risse. Als der Fluß seinen Lauf über diese Oberfläche führte, fraß sich das Wasser allmählich in die Vertiefungen. Vor ungefähr 2 Mio. Jahren bildete sich rund 8 km südlich der Viktoriafälle der erste, noch etwa 250 m hohe Wasserfall. Flußaufwärts, also als rückwirkender Prozeß, entstand dann ein Fall nach dem anderen. Jede der steilen Zickzack-Schluchten stellte einmal die Fallkante eines Wasserfalls dar. Und da die Erosion fortschreitet, werden auch die jetzigen Viktoriafälle irgendwann verschwinden und an einer neuen Kante ein neuer Wasserfall hinunter stürzen. Am Devils Cataract haben sich bereits erste Spalten gebildet und man vermutet hier den Beginn der nächsten Bruchkante. Diese wird sich entweder an den Inseln entlangziehen oder aber weniger schräg durch Livingstone Island verlaufen. Sicher ist aber, daß diese Entwicklung noch für weitere 3 km möglich und jeder neue Fall kleiner als der vorige sein wird. Danach kann es aufgrund der geologischen Bedingungen nur noch Stromschnellen geben, die Fälle werden also in fernen Zeiten ganz verschwinden sein.

Entstehung der Viktoriafälle

Die heute existierenden Viktoriafälle gelten als der achte Wasserfall

Bilder links: Am Devils's Cataract, Impressionen vom Elephant Hills Hotel und The Victoria Falls Hotel

Jahreszeitliche Schwankungen

Der Wasserstand des Sambesi weist extreme Unterschiede auf, was sich deutlich auf die Viktoriafälle auswirkt. Bei Niedrigstand (Nov./Dez.) stürzen pro Minute weniger als 20 Mio. Liter hinab; 30 mal soviel sind es bei Hochwasser. Wasserhöchststand ist allgemein von März bis Mai, danach fällt der

Im Rekordjahr 1958 wurden über 700 Mio. Liter gemessen

Wasserspiegel ab. So kann man im April die gegenüberliegende Fallkante vor aufwirbelndem Wasser kaum sehen (die Gischt steigt dann bis zu 500 m hoch und ist über 60 km weit sichtbar), wogegen im November die östlichen Fälle meist völlig trocken liegen. 1 Meter Höhenunterschied oberhalb der Fälle verursacht übrigens 5 Meter Unterschied unterhalb der Fälle.

Rundweg an den Viktoriafällen

Der Eingang zu den eingezäunten Fällen liegt etwa 500 m vor den Grenzgebäuden und ist täglich von 06.00–18.00 h geöffnet. Eintritt: 10 US$. Im Eingangsgebäude informiert eine kleine Ausstellung über die Wasserfälle.

Gehen Sie zunächst an der Gabelung links zum **Livingstone Memorial** und dem **Devils Cataract**, da Sie sich dort noch außerhalb der nassen Gischt befinden. Das bronzene Livingstone Memorial zeigt den Forscher in Überlebensgröße. Dahinter bietet sich am Devils Cataract ein Ausblick auf die ganze

Der kleine Urwald ist voller Palmen, Schlingpflanzen, Fackellilien, Würgerfeigen, Farne, seltener Vögel und Schmetterlinge

Länge der Fälle. Devils Cataract bezeichnet den kleinsten, nur 62 m hohen Fall, der durch Cataract Island von den restlichen Fällen getrennt ist, aber ganzjährig das meiste Wasser führt. Hier scheint die Fallkante des nächsten Wasserfalls zu entstehen. Einen direkten Blick in die tosende Tiefe kann man an einem nur ein paar Meter tiefer gelegenen zweiten Aussichtspunkt werfen. Der Weg verläuft dann durch den bemerkenswerten kleinen 'Regenwald' gegenüber der Fälle. Durch die Dauerberieselung mit Feuchtigkeit (pro Jahr über 30 m Niederschlag, im Ort Victoria Falls dagegen nur 715 mm) sich hier ein spezieller, immergrüner Uferwald gebildet. Nahe der Felskante wachsen allerdings nur Gräser und niedriges Gebüsch, die dem ständigen starken Wind aus der Schlucht standhalten können.

Der Fußweg führt zu allerlei Aussichtspunkten; zunächst entlang der 830 m breiten, ganzjährig wasserführenden **Main Falls**, wo Sonne und Gischt besonders herrliche Regenbögen zeichnen. Sie werden östlich von **Livingstone Island** begrenzt, wo David Livingstone im November 1855 eine beschwerte Schnur herunterhängen ließ, um die Höhe zu messen. Er versuchte außerdem, auf der Insel Kaffee zu pflanzen, scheiterte jedoch an der Freßsucht und Zerstörungswut der Flußpferde. Heute können Touristen in exklusiven Zelten auf der Insel übernachten (Tongabezi/Sambia) oder während des niedrigsten Wasserstands vom sambischen Ufer hierher wandern, um in den zurückgebliebenen Tümpeln ein Bad zu nehmen.

Jenseits der Insel schließen sich die kleinen **Horseshoe Falls** und die **Rainbow Falls** an, in deren Bereich der 108 m tiefe Greatest Fall und der Ablauf des Sambesi liegen. Der Rundweg endet am windumtosten **Danger Point**. Zwischen März und Mai ist man auf diesem glitschigen Felsen einer heftigen Dauerdusche ausgesetzt, bei Niedrigwasser bietet er sich dagegen als Picknickplatz an.

Rechnen Sie für den gesamten Rundweg mit ca. 2 Stunden

Eine Abzweigung führt weiter durch hohes Gras zu einem Aussichtspunkt mit freiem Blick auf die Brücke und die waghalsigen Bungee-Jumper. Der andere Pfad führt direkt zum Ausgang zurück. Er ist weniger stark frequentiert und bietet die Chance, Paviane, Ducker oder scheue Schirrantilopen zu entdecken. Eine Besonderheit unter den Vögeln ist die seltene Helmturako-Unterart *Tauraco livingstonii*, die regelmäßig im Wald an den Viktoriafällen gesichtet wird.

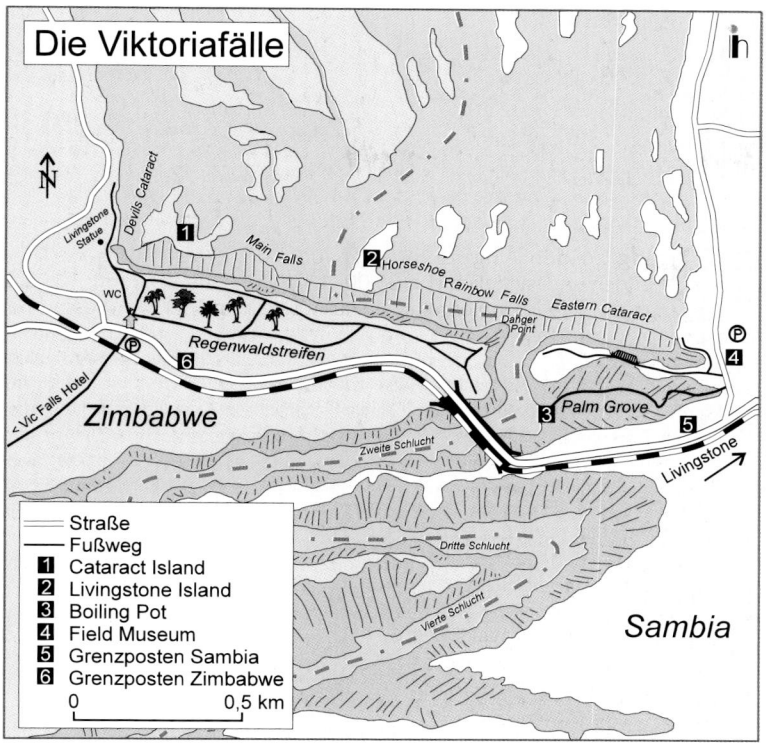

Die Viktoriafälle

Livingstone Statue · Devils Cataract · 1 · Main Falls · 2 Horseshoe · Rainbow Falls · Eastern Cataract · Danger Point · wc · Regenwaldstreifen · 6 · Vic Falls Hotel · **Zimbabwe** · Zweite Schlucht · 3 Palm Grove · 5 · 4 · Livingstone · Dritte Schlucht · Vierte Schlucht · **Sambia**

Straße
Fußweg
1 Cataract Island
2 Livingstone Island
3 Boiling Pot
4 Field Museum
5 Grenzposten Sambia
6 Grenzposten Zimbabwe
0   0,5 km

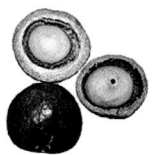

oben:
Fruchtkapseln
der 'Vegetable
Ivory-Palme'

Wer entdeckte die Viktoriafälle?

Es ist allgemein bekannt, daß der Forscher und Missionar David Livingstone am 16.11.1855 vom Kololo-Häuptling Sekeletu per Kanu zu dem geheimnisvollen 'Donnernden Rauch' gebracht wurde. Auf Livingstone Island schlug er sein Lager auf und wagte den ersten Blick in den Abgrund. Weit weniger bekannt ist aber, daß Livingstone vermutlich gar nicht der erste Weiße gewesen sein dürfte, der dieses Naturschauspiels ansichtig wurde. Bereits ab etwa 1840 hörten die Europäer im Süden Afrikas von der Existenz gewaltiger Wasserfälle. Es klingt paradox – doch die Afrikakarte von W. D. Cooley aus dem Jahre 1852 zeigt die Wasserfälle schon relativ genau plaziert. Neben Dr. Livingstone sind zwei weitere Kandidaten bekannt, die als erste Europäer die Wasserfälle gesehen haben könnten: Zum einen der portugiesische Sklaven- und Elfenbeinhändler Silva Antonio Francisco Porto, der 1848 von Bihe in Angola nach Osten zog. Und andererseits der Ungar Ladislaus Magyar, der 1851 aus dem heutigen Nordwest-Sambia nach Süden reiste und irgendwo in dieser Region den Sambesi überquerte. Beide Männer hinterließen der Nachwelt kaum Nieder-schriften, doch Nachforschungen geben zu der Vermutung Anlaß, David Livingstone könnte sich den Entdeckerruhm evtl. unberechtigt angeeignet haben. Dennoch: Dokumentarisch bewiesen ist als erster Besuch der des Dr. Livingstone.

Weitere Sehenswürdigkeiten

Bahnhof Der kleine Bahnhof von Victoria Falls wirkt wie ein Relikt aus einer vergangenen, besseren Zeit. Das koloniale Gebäude ist frisch angestrichen und der Vorplatz mit Palmen bepflanzt. Häufig stehen hier alte Dampfloks.

Eisenbahn-brücke Eisenbahnfreaks können von hier aus mit einer alten, 1924 erbauten Dampflok Nr. 197 der Zambian Railways eine Vormittagstour nach Livingstone/Sambia antreten. Der nostalgische Ausflug beinhaltet Snacks und Drinks während der Fahrt und den Besuch des Eisenbahnmuseums in Livingstone. Zu buchen beim *The Victoria Falls Safari Express Booking Office* am Bahnsteig. Abfahrt täglich um 09.00 h, Preis ca. 70 US$. Nachdem im Juni 1904 die Eisenbahnschienen die kleine Siedlung an den Viktoria-fällen erreicht hatten, begann eine 14monatige Schwerstarbeit, um die aus England angelieferten Fertigteile über der Sambesischlucht zu einer 152 m langen Brücke zusammenzusetzen. Cecil Rhodes hatte vor seinem Tod die Weisung gegeben, die Eisenbahnbrücke – übrigens zunächst für zwei Bahnlinien konzipiert – so nah wie möglich an die Viktoriafälle zu bauen, damit die Reisenden später einmal den guten Ausblick genießen könnten. Für die Brücke waren 1540 Tonnen Eisen und Stahl verarbeitet worden. Damit ersetzte die Brücke die gefährliche Überfahrt an der Old Drift; wer sie benutzen wollte, mußte damals 10 Cent Brückenzoll bezahlen.

Big Tree Der Rundweg *Zambezi Drive* führt knapp 2 km entlang des Sambesiufers, bis er kurz vor einem riesigen Baobab nach Süden abknickt. Unter diesem gigantischen Baobab sollen schon die ersten Händler und Reisenden ihr Lager aufgeschlagen haben, bevor sie an der Old Drift über den Fluß setzten. Man sagt, der Baum sei annähernd 1500 Jahre alt.

Krokodilfarm Zambezi Wildlife Sanctuary, Crocodile Ranch, P. O. Box 18, Victoria Falls, Tel. 113-4637. Freundliche Führungen durch eine Krokodilzuchtfarm. In Gehegen werden einige verwaiste Löwen und Leoparden gehalten. Täglich von 08.00–17.00 h geöffnet, um 11.15 h und 15.45 h werden die Krokodile gefüttert. Der Eintritt beträgt 2 US$. Sehenswert ist die kleine Museumsausstellung mit alten Fotos aus der Gründerzeit. Anbei sind auch ein kleines Gartenlokal und ein Souvenirladen.

Traditional Village Vor über dreißig Jahren zunächst als nachgestelltes Ndebeledorf errichtet, später mit Hütten anderer Volksstämme, wie der Buschleute, Tonga, Karanga etc. erweitert. Man kann sich hier verschiedene Handwerkstraditionen ansehen und einen *Nganga* (Wahrsager & Heiler) besuchen. Täglich von 08.30–13.00 h und 14.00–17.00 h geöffnet, sonntags nur von 09.00–12.00 h. Eintritt: 5 US$. Abends findet von 18.30–20.00 h *Traditional Dancing* statt (Eintritt 15 US$).

Ausflug zum Songwe Point Village Am Songwe Point in Sambia, der an der Steilkante oberhalb von Rapid 12 liegt, wurde eine Unterkunft im Stil eines traditionellen Dorfes erbaut. Den Gästen wird einerseits der Komfort einer Lodge geboten (Luxusbadewanne mit freiem Blick auf die Schluchten des Sambesi), andererseits erleben sie den engen Kontakt zur Bevölkerung, werden afrikanisch bekocht, lernen Tänze und Musikinstrumente kennen und werden im Ochsenkarren zum nahegelegenen *Site Museum* gebracht. Rundum eine gut durchdachte und überzeugend umgesetzte Idee. Pauschalarrangements ab/bis Victoria Falls mit Übernachtung und Vollpension werden an der Hwange Safari Lodge und The Boma Restaurant für ca. 60 US$ angeboten. Infos Tel. 113-3201-4, Fax 113-3205.

Rundflüge Den besten Eindruck von der geologischen Form des Geländes erhält man aus der Vogelperspektive. Die Piloten der kleinen Sportflugzeuge oder Helikopter drehen zuerst ein paar Kreise direkt über den Fällen und fliegen anschießend noch über den Zambezi Nationalpark hinweg. 25 Minuten-Flüge in einer einmotorigen Cessna kosten p. P. 35–45 US$, 45 Minuten 50–65 US$. Die ca. 15minütigen Helikopterflüge kosten zwischen 55 und 65 US$, 30 Minuten ca. 100–130 US$. Mit einem Ultralight-Flieger kostet der 35-Minuten-Rundflug 100 US$.

Elefantenritt Der neueste Schrei sind Reitausflüge auf dem Rücken trainierter Elefanten. Die 4,5 Std. Tour zum Woodlands Estate und Verpflegung kostet etwa 120 US$.

1980 begann auf sambischer Seite das Unternehmen SOBEK mit Wildwasserfahrten in den Sambesischluchten, und man war damals davon ausgegangen, daß es auf der Strecke keine Krokodile geben würde. Heute weiß man es besser, doch sind die Krokodile offensichtlich das geringere Übel, das den Raftern zu schaffen macht. Der Wildwassertrip am Sambesi zählt mit Schwierigkeitsgraden 3 bis 5 (auf der Skala von 1 bis 6) zu den schwierigsten auch für Amateure zugänglichen Touren. Das hochwertige Material der Schlauchboote und die erfahrenen Profis, die die Boote lenken, sorgen für ein hohes Maß an Sicherheit, dennoch erfordert es einiges an Mut und Selbstvertrauen, sich diesen Touren anzuschließen. Fast immer „flippen" einige Boote in den Rapids und über Bord Gegangene müssen anschließend wieder von nebenher fahrenden Kajaks eingesammelt werden (jeder Teilnehmer trägt eine Schwimmweste). Verletzungen sind dabei nicht selten. Die ganze Angelegenheit ist naß, anstrengend und ein andauernder Nervenkitzel, wird aber von den meisten als 'Great Adventure' genossen. Die Boote werden von Filmteams begleitet, die das Spektakel professionell zu einem Videofilm verarbeiten, welches die Teilnehmer anschließend erstehen können. Die Fahrten hängen vom Wasserstand ab. Ungefähr von Anfang Juli bis Mitte Februar findet das bei Rapid Nr. 4 beginnende *Low Water Rafting* statt. Die übrigen Monate kann beim *High Water Rafting* erst ab Rapid Nr. 11 gestartet werden. Buchen kann man die Trips mittlerweile überall in Victoria Falls, durchgeführt werden sie von verschiedenen Anbietern. Die Preise liegen überall ziemlich stabil bei 95 US$. Nun gibt es noch eine Steigerung des Wildwasserabenteuers: „Riverboarding". Hier liegen die Preise bei 95 US$ für einen halben und 135 US$ für einen ganzen Tag.

White Water Rafting

Nicht ganz so Mutige können oberhalb der Fälle auf dem breiten Strom harmloserem Wassersport frönen, bei den Kanufahrten, die im Zambezi N. P. beginnen. Ohne Anstrengung läßt man sich mit der Strömung treiben, sollte allerdings auf gelegentliche Stromschnellen und Flußpferde achten. Halbtagestouren gibt's für 65 US$ (inkl. Frühstück), ganztägige Kanufahrten kosten 85 US$.

Canoeing auf dem Sambesi

Genießer werden sich vermutlich von den Bootstouren auf dem Sambesi angesprochen fühlen. Die Kreuzfahrten werden täglich zu verschiedenen Tageszeiten angeboten. Besonders beliebt sind *Champagner Cruises* zum Sonnenuntergang mit freien Getränken und Snacks. Ca. 25 US$ (verhandlungsfähige Preise).

Bootsfahrten

Es gibt Leute, die haben Spaß daran, sich kopfüber in eine Schlucht zu stürzen – für die ist der Sprung an den Viktoriafällen wohl das Höchste. Hier kann man sich für ca. 90 US$ täglich von 09.00–17.00 Uhr von der 111 m hohen Eisenbahnbrücke in den Boiling Pot hinabstürzen (höchster kommerzieller Brückensprung der Welt). Nehmen Sie aber Ihren Paß mit, denn Ihr Sprungturm liegt im Niemandsland.

Bungee Jumping

Restaurants & Bars

Die großen Hotels bieten meist mittags und abends Buffets, Barbecue und/oder A-La-Carte-Restaurants zu vernünftigen Preisen an. Hotelfremde Gäste sind willkommen. Im Ortszentrum findet man auch einfache Lokale und Take-Aways. Eine Auswahl:
- **Victoria Falls Hotel:** Abendbuffet hinter dem Pool für ca. 16 US$. Hier findet außerdem vorab die Tanzveranstaltung *„African Spectakular"* statt (extra Eintritt).
- **Elephant Hills Hotel**: Dreierlei Restaurants (auch japanische Küche). Reichhaltige Frühstücks-, Mittags- und Abendbuffets. Tip fürs Frühstück: Auf der Terrasse leisten allerlei Vögel den Gästen Gesellschaft, die bei jeder Gelegenheit Milch, Brot und Butter klauen. Wer's nicht mag, frühstückt besser im Inneren des Gebäudes.
- **The Boma:** Beliebtes traditionelles Buffet mit afrikanischer Musik und Tanzeinlagen, allerdings etwas touristisch. Täglich von 19.00–22.00 h. Die Veranstaltung kostet ca. 15 US$.
- **Ilala Lodge:** Rustikales, mongolisches Abendbuffet für ca. 10 US$ (mit Krokodilfleisch).
- **The Cattleman:** Steakhouse mit Salatbar im Ortszentrum.
- **Bad Hogs Bar:** Kneipe oberhalb von Jay's Supermarket.
- **Explorers:** Pub und Restaurant im Soper's Centre. Treffpunkt für Junge und Junggebliebene!

Zambezi Nationalpark

Seit 1931 steht das Gebiet entlang der Viktoriafälle unter staatlichem Schutz. 1979 unterteilte man das Gelände in zwei einzelne Parks, den 23 km² kleinen *Victoria Falls Rainforest N. P.*, der sich von den Viktoriafällen bis fast zur Batokaschlucht zieht, und den 560 km² großen *Zambezi National Park* oberhalb der Wasserfälle. Wegen seiner traumhaft schönen, rund 40 km langen Uferkulisse am Sambesi zählt ein Ausflug in den Zambezi N. P. zu den reizvollsten Erlebnissen in Victoria Falls.

Der Park wird von der Straße nach Kazungula durchschnitten. Der nördliche Teil, zwischen der Teerstraße und dem Sambesi, ist der interessantere Bereich und bietet ein Wegenetz von über 100 km Länge. Nach dem Eingangstor führt die Straße zunächst durch ein abgesperrtes Minengebiet aus dem Unabhängigkeitskrieg (1998 wurde endlich damit begonnen, die Minen zu entfernen). Kurz danach zweigt nach links der *Liunga Loop* ab, während sich die Hauptpiste dem Sambesi zuwendet. Weil im Hinterland dichter Busch dominiert, empfehlen sich eher die Pirschfahrten in Ufernähe. Die Landschaft wirkt hier geradezu klischeehaft afrikanisch. Am Sambesiufer dösen Hippos und Krokodile, in den hohen Bäumen wachen stolze Schreiseeadler. Von Zeit zu Zeit kommen viele der 12 heimischen Antilopenarten sowie Zebras, Büffel und Elefanten zum Trinken an den Fluß. Auch Warzenschweine, Löffelhunde, Hyänen und Löwen sieht man gelegentlich, der Park ist jedoch besonders für seine großen Büffelherden berühmt. An der Uferstraße befinden sich neben 25 ausgewiesenen Picknickplätzen auch 5 idyllische Camps, in denen herrlich ruhig mit Blick auf den großen Fluß und seine vielen bewaldeten Inseln genächtigt werden kann (siehe Camping in Victoria Falls).

Chamabonda-Region: Nur eine Stichstraße führt in diesen Teil des Parks, der Zugang liegt 7 km südlich von Victoria Falls (der Eintritt muß beim Gate zum nördlichen Teil bezahlt werden und gilt für beide Bereiche des Parks). Entlang des Chamabonde Vlei führt der Weg zur Kaliankuo Pan und endet nach 25 km an der weiten Njako Pan. Hier steht eine Aussichtsplattform, die hervorragende Tierbeobachtungen ermöglicht. Landschaftlich überwiegen hier flache Grasebenen und trockene Pfannen.

Der Zambezi N. P. ist zwischen Mai und September täglich von 06.00–18.00 h geöffnet, die übrigen Monate wird der Park je nach Wetterlage geöffnet bzw. vorübergehend gesperrt. Die Wege sind auch für normale Pkw gut befahrbar. Üblicher N. P.-Eintritt, das Ticket gilt für beide Regionen. Info-Tel. 113-4352/4566/4222. Organisierte Pirschfahrten liegen bei 40 US$ für einen halben Tag.

Obere drei Bilder: Impressionen während der Pirschfahrt, darunter: eine Hyäne untersucht nachts das Camp

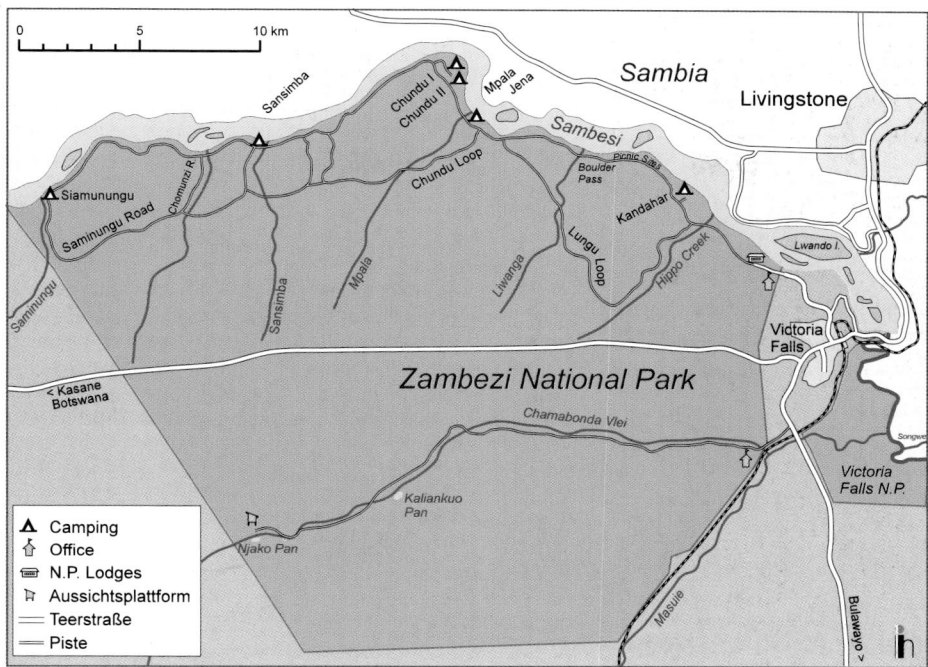

Die Tierwelt an den Viktoriafällen

Bis in die 70er Jahre konnte man noch mitten im Ort Elefanten, Leoparden, Erdferkel und Löwen antreffen, doch diese Begegnungen werden immer seltener. Besiedlung und Touristenströme drängten viele Tierarten zurück. Dennoch leben hier auch heute noch Buschböcke, Ducker und Wasserböcke. Nahe der Grenzgebäude weiden oftmals Büffel, und in der Trockenzeit wandern nachts Elefanten durchs Gebüsch. Auf den Campingplätzen durchwühlen Warzenschweine und Meerkatzen die Mülleimer, Pavianen und Mangusten begegnet man an Swimmingpools oder bei Uferspaziergängen. Der Golfplatz des Elephant Hills Hotels ist längst von der Tierwelt erobert worden: Warzenschweine, Wasserböcke und Impala grasen auf der frischen Wiese zwischen den Golfern (nachts weiden hier dafür die Hippos), und an den kleinen Teichen warnen Schilder vor dem achtlosen Näherkommen – es könnte sich ein Krokodil darin aufhalten. Auf der Restaurantterrasse des gleichen Hotels teilen freche Vögel das Frühstück mit den Gästen und bereichern ihre Ernährung mit frischer Milch und Butter. Am Pool lauern Paviane auf achtlos beiseite gestellte Lebensmittel.

Früher stürzten gelegentlich Flußpferde die Viktoriafälle hinab. Weil man an den Kadavern keine Krankheiten erkennen konnte, vermutete man, daß die Tiere zu dicht an die Fälle geschwommen und mitgerissen worden waren. Da sich die Hippos wegen der vielen Boote weiter flußaufwärts zurückgezogen haben, passieren solche Unglücke nur noch sehr selten. Mit etwas Glück kann man nachts Schakale, Hyänen oder Wildkatzen aufspüren. Am Oberlauf des Sambesi kann man neben Flußpferden und Krokodilen auch Elefanten am Ufer oder auf den Inseln beobachten. In den Schluchten südlich der Fälle leben Leoparden und Greifvögel, wie z. B. der äußerst seltene Kurzschwanzfalke (*Falco fasciinucha*). Im Bereich der Viktoriafälle sind 358 verschiedene Vogelarten bekannt.

Bemerkenswert sind auch die Fische im Sambesi. Die unüberwindliche Barriere durch die Fälle führte zu völlig unterschiedlichen Entwicklungen. Oberhalb der Fälle leben 80 Fischarten, unterhalb 64, doch nur 30 davon sind gemeinsame Arten.

oben: Rundflug über den Fällen

Tips und Tücken beim Fotografieren

Die beste Tageszeit für einen Besuch der Fälle ist frühmorgens, wenn die Luft noch kühl ist, oder spätnachmittags zum Sonnenuntergang (auf sambischer Seite lassen sich die Regenbögen zumeist besser fotografieren, hier kann man abends auch den Sonnenuntergang aufnehmen). Die aufsteigende Gischt nimmt während der wärmsten Tageszeit deutlich zu.

Vorsicht bei Hochwasserstand zwischen März und Mai! Sie werden unweigerlich in dichten Gischtregen geraten, der Sie bis auf die Haut durchnäßt, inklusive aller Utensilien, die nicht regensicher verpackt worden sind. Schützen Sie ihre Kamera so gut wie möglich vor der Nässe. Das imposante Schauspiel wird die meisten Bilder vermutlich hoffnungslos vernebeln, außerdem sind die Fälle so groß, daß man sie kaum auf ein Bild bannen kann. Die klarsten Aufnahmen lassen sich dann bei einem Rundflug aus der Vogelperspektive machen. Ungeachtet der schwierigeren Fotobedingungen sind die Viktoriafälle bei Hochwasser ein unvergleichlicher Ansturm auf Ihre Sinne!

Ausgezeichnete Fotochancen bieten die Monate Juni bis August, und hier vor allem morgens und abends. Die Fälle stürzen meist noch in ganzer Breite hinab, sind aber nicht mehr vernebelt. Der gegenüberliegende frische Tropenwald hebt sich von der braunen, trockenen Umgebung ab. Jetzt sind die Fälle eher lieblich als gewaltig.

Ab Oktober wird der Wasserstand so niedrig, daß nackte Felswände den Gesamteindruck schon trüben können. Die verbliebenen Rinnsale erinnern kaum an die Wassergewalten bei Hochwasser. Reizvoll sind jetzt dafür die Wanderungen entlang der Abbruchkante zur Livingstone Island (auf sambischer Seite).

Ein ganz besonderer Höhepunkt ist eine Vollmondnacht an den Fällen, wenn selbst der Mondschein einen Regenbogen (Luna Rainbow) zaubert. Auf beiden Seiten, in Zimbabwe und Sambia, werden zu dieser Zeit die Tore abends noch mal geöffnet (in Zimbabwe beträgt der Eintritt hierfür 20 US$).

Tips & Adressen

- **Klima:** Victoria Falls liegt auf nur 920 m Höhe, wodurch das Klima ganzjährig mild bis schwülwarm ist. In den heißen Monaten Oktober/November kühlt es auch nachts nur wenig ab.
- **Banken & Geldwechsel:** Geld zu wechseln ist in Victoria Falls keine Affäre, nahezu an jeder Ecke findet sich eine Bank oder Wechselstube. Die Banken haben hier eigene *Foreign-Exchange*-Schalter, die Mo.–Sa. von 08.00–18.00 h geöffnet sind. Hüten Sie sich bitte davor, auf der Straße Geld zu tauschen, was Ihnen ständig zu verlockenden Kursen angeboten wird. Es ist nicht nur illegal, sondern auch ziemlich wahrscheinlich, dabei Betrügern in die Hände zu fallen.
- **Touristeninformation:** Die Touristeninformation ist vor allem hilfreich, wenn man kurzfristig nach einer Bleibe sucht. Sie befindet sich sehr zentral am Parkway, neben dem städtischen Campingplatz. Tel. 113-4202. Hier liegen außerdem die monatlich erscheinenden „Vic-Falls News" aus.
- **Kunsthandwerk & Souvenirs:** Das Angebot an Kunsthandwerk und Andenken aller Art scheint in Victoria Falls mit jedem Jahr umfangreicher zu werden. Sie haben die volle Auswahl unter Holzgiraffen in allen Ausführungen und Größen, unter hunderten Shona-Skulpturen, weißen Häkeldecken, Stoffen, T-Shirts und Töpferwaren. Hölzerne Flußpferde sind offensichtlich der Dauerrenner unter den Souvenirs. An den kleinen Exemplaren wird etwa 3–5 Tage gearbeitet, an einem großen Hippo bis zu 2 Wochen. Mit Kunsthandwerk wird hier übrigens schon sehr lange gehandelt: Bereits 1905 erkannte der Lozi-König Lewanika die Einnahmequelle und öffnete den ersten Andenkenladen an den Viktoriafällen. Die 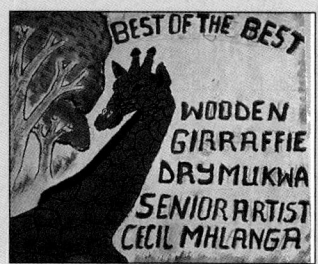 beste Auswahl findet man in den Läden hinter der Post und dem Falls Craft Village. Auf dem offenen Markt bieten die einheimischen Händler und Handwerker ihre Werke an. *Studio Africana* neben diesem Craft Market bietet relativ hochwertiges Kunsthandwerk. Neu ist das *Elephant's Walk Shopping Village*, das neben verschiedenen Souvenir-, Schmuck-, Möbel- und Modeläden auch einen Coffee Shop, einen Tierpräparator (Taxidermy), einen Laden für Campingbedarf und im Obergeschoß ein kleines Museum für Wanderausstellungen beherbergt.
- **Reisebüros:** Bald jeder zweite Laden im Zentrum ist ein Reiseanbieter; auch in allen Hotels werden Ausflüge, Sightseeingtrips und Safaris offeriert. Sportliche Aktivitäten, wie Wildwasserfahrten und Bungee-Jumping, scheinen überall zum Festpreis angeboten zu werden, während sich bei allen anderen Unternehmungen Preisvergleiche und Handeln lohnen.
- **Internet:** Im Obergeschoß des Sopers Centre bietet das Internet-Village Zugang zu Internet und Email-Dienst.
- **Fahrräder:** Fahrräder werden an mehreren Stellen im Ort vermietet, z. B. direkt neben der Touristeninformation. In der Regel muß eine Kaution hinterlegt werden. Victoria Falls eignet sich ausgezeichnet für Erkundungen per pedes. Lassen Sie sich möglichst ein Fahrradschloß mitgeben.
- **Lebensmittel:** In der Shopping Arcade des Soper's Centre gibt es einen Obst- und Gemüseladen. Einziger größerer Supermarkt ist "Jay's Supermarket" oberhalb des Soper's Centre.
- **Taxi:** Taxis warten vor allen Hotels sowie im Zentrum beim Craft Village und vor der Touristeninformation auf Gäste. Preise vor der Fahrt aushandeln. Taxibestellung Tel. 113-4290.
- **Mietwagen**
HERTZ: Bata Building sowie am Flughafen, Tel. 113-4267, Fax 113-2097
AVIS: Gegenüber der Tankstelle sowie am Flughafen, Tel./Fax 113-4532
Europcar: Sprayview Hotel, Tel./Fax 113-4598
Transit Car & Truck Hire: Sopers Centre, Tel./Fax 13-2109
Elite Car Rental: Livingstone Way/Ecke Clark Rd., Tel. 113-5934, Fax 113-5935
Singing Bird Car Hire: Sopers Centre, Tel. 113-5828
Victoria Falls Car Hire: Phumula Centre, Tel./Fax 113-4357/3341
- **Bahn:** Tägliche Verbindung zwischen Victoria Falls und Bulawayo. Abfahrten jeweils gegen 18.00 h (siehe auch S. 362). Infos über den Luxuszug „Train de Luxe" siehe Bulawayo, Bahnhof.

Hotels in Victoria Falls

- **The Victoria Falls Hotel:** Tel. 113-4203, Fax 113-4586, Victoria Falls. Elegante Luxusklasse. Das traditionsreiche Kolonialhotel wurde schon mehrfach umgestaltet und es versucht, mit der Einrichtung und dem gediegenen Ambiente an seine legendäre Vergangenheit anzuknüpfen. Schöne Terrasse mit Aussicht zur Eisenbahnbrücke (gönnen Sie sich hier eine Kaffeepause!). Preise: B&B ca. 200 US$/ DZ und 310 US$/EZ.
- **Elephant Hills Hotel:** Tel. 113-4793, Fax 113-4655, Victoria Falls. Luxusklasse, viele Gruppenreisende. Eines kann sich der riesige mausgraue Hotelkomplex nicht nehmen lassen: ob man ihn nun schön findet oder häßlich, jeder scheint über diese Frage zu diskutieren! Größtes Hotel am Ort, einladender Poolbereich, Golfplatz, Kasino und phantastische Aussicht zum Sambesi. Shuttle-Service. Preise: B&B ca. 160 US$/DZ und 280 US$/EZ.
- **A'Zambezi River Lodge:** Tel. 113-4561, Fax 113-4536, Victoria Falls. Rainbow-Hotelgruppe. 3 km oberhalb der Fälle direkt am Fluß gelegen, genießt das ruhige Mittelklassehotel die beste Lage (bietet Shuttle-Service). 83 klimatisierte Zimmer, Pool. Preise: B&B ca. 95 US$/DZ und 130 US$/EZ
- **Rainbow Hotel:** Tel. 113-4583, Fax 113-4654, Victoria Falls. Zentrales Mittelklassehotel, das ein wenig steril wirkt. Einheimische Leitung (Rainbow-Hotelgruppe), asiatisches Restaurant, 46 klimatisierte Zimmer. Preise: B&B ca. 95 US$/DZ und 130 US$/EZ
- **Victoria Falls Safari Lodge:** Tel. 113-3205, Fax 113-3209. P. O. Box 29, Victoria Falls. Luxusklasse im Stil einer Safarilodge mit beleuchtetem Wasserloch, das abends hervorragende Tierbeobachtungen ermöglicht. Große Bar, Restaurant, Bibliothek. Alle 72 Zimmer mit weitem Ausblick zum Wasserloch in der Ebene. Preise: B&B je Saison ca. 160-190 US$/DZ und 230-270 US$/EZ.
- **Lokuthula Lodges:** Tel. 113-4714/4728, Fax 113-4792, Victoria Falls. Exklusive Time-Sharing-Anlage mit ansprechenden Bungalows. Wenn diese nicht voll belegt sind, werden sie an Außenstehende vermietet. Auf dem Gelände befindet sich das Restaurant „The Boma". Bungalow-Preise je nach Saison und Größe 160–340 US$, bei kurzfristigen Buchungen bis zu 40 % Nachlaß.
- **Ilala Lodge:** Tel. 113-4737, Fax 113-4740. P. O. Box 18, Victoria Falls. Ansprechende, familiäre, zentrale Lodge der oberen Mittelklasse. 32 Zimmer. Preise: B&B im DZ ab 145 US$, im EZ ab 200 US$.
- **Sprayview Hotel:** Tel. 113-4337/Fax 113-4598, Victoria Falls. Etwas außerhalb vom Zentrum gelegenes Mittelklassehotel mit sehr gutem Preisleistungsverhältnis unter italienischer Leitung (preisgünstigstes Hotel in Victoria Falls). Tip: Lassen Sie sich ein Zimmer im neuen Flügel geben. Preise: B&B ca. 26 US$/DZ und 38 US$/EZ

Einfache Frühstückspensionen und Backpackerunterkünfte

- **Livingstone Lodge:** Tel. 113-5957, Fax 113-5903, P. O. Box 13, Victoria Falls. Privathaus mit Pool, Zimmer zur Selbstversorgung ab 20 US$.
- **Pamusha Guest House:** 583 Manyika Rd., Tel. 113-4367, Fax 113-5870. Victoria Falls. Privatunterkunft mit Pool. B&B für 25 US$/DZ und 30 US$/EZ.
- **Setabezi Lodge:** Tel./Fax 113-404300, Acacia Crescent, Victoria Falls. Haus am Ortsrand mit 5 Doppelzimmern zur Selbstversorgung. Auch B&B möglich. Übernachtung ca. 30 US$ p. P.
- **Villa Victoria:** Tel./Fax 113-4386, Courteney Selous Crescent, Victoria Falls. 5 Zimmer zur Selbstversorgung in Privathaus, mit Pool. Ca. 20 US$ p. P.

Camping & Selbstversorger-Chalets

- **Inyathi Valley:** Motel & Rest Camp am Parkway, Victoria Falls. Tel.113-4481. Saubere Anlage mit Wiese und Schattendächern, aber leider direkt an der Straße, daher etwas laut. Preise: Camping ca. 3 US$, Chalet mit Küche ca. 18 US$ p. P., Chalet ohne Küche 5 US$.
- **Town Council Rest Camp:** Tel. 113-4337/4210, Fax 113-4308, Victoria Falls. Zentral, vernachlässigt, laut und meist überfüllt. Es werden Chalets und Zelte vermietet. Camping ca. 3 US$, Chalets ab 8 US$.
- **Städtischer Caravan Park am Sambesiufer:** Sehr einfache, wenig gepflegte Sanitäranlagen, großer schattiger Platz, kein Straßenlärm, dafür morgens und abends Unruhe durch die nahen Bootsanlegestellen. Kleine Bar. Morgens Besuch von Warzenschweinen. Camping ca. 3 US$, Chalets ab 8 US$.
- **Camping & Lodges im Zambezi N. P.:** 20 preiswerte, voll ausgestattete **Nationalpark-Lodges** direkt am Sambesiufer neben dem Eingang in den Zambezi N. P. Die Lodges sind meist schon über Monate im Voraus ausgebucht und sollten daher rechtzeitig in Harare reserviert werden (ganzjährig möglich). Infos vor Ort am Eingang zum Park bzw. beim Warden (liegt im N. P.), Tel. 113-4352/4566. **Camping** wird im Nationalpark an traumhaft schönen Plätzen direkt am Sambesiufer angeboten. Es gibt drei *Bush Camps* mit Grillplatz und Buschtoilette (Chundu I/II und Siamunungu) und drei *Fishing Camps* mit Duschhaus, Toilette, Wasseranschluß und Grillplätzen (Mpalajena, Kandahar, Sansimba). Alle Plätze werden jeweils nur an eine Gruppe vergeben und kosten die üblichen Campinggebühren der Nationalparks zuzüglich des N.P.-Eintritts (hier macht der Park eine Ausnahme und verlangt trotz Übernachtung nur 5 US$ Eintritt). Die Camps sind nicht eingezäunt, Wildtierbesuche daher immer möglich. Für Leute, die einsamen Busch dem Rummel vorziehen, sehr zu empfehlen. Die Campingplätze können nur während der Saison von Mai bis September vorausgebucht werden, die übrigen Monate werden sie vor Ort vergeben, wenn der Park offen ist.

Hotels/ Lodges in der Umgebung von Victoria Falls

- **Jafuta Lodge:** Ngamo Safaris, Forestry Commission, Bulawayo, Tel. 19-61495, Fax 19-74825. Geräumige, luxuriöse Stelzenchalets, großer Pool, einheimische Leitung. Liegt ca. 13 km südlich von Victoria Falls. All-Inclusive-Preise: 250 US$/DZ, 300 US$/EZ. Dinner, B&B: 140 US$/DZ, 190 US$/EZ.
- **Masuwe Lodge:** Landela Safaris, Tel. 702634, Fax 702546, 29 Mazowe Street, Harare. Exklusives, leicht erhöht liegendes Zeltcamp auf wildreichem Privatland am Masuwe River ca. 11 km von Victoria Falls; nachts beleuchtetes Wasserloch und großer Pool. All-Inclusive-Preise: ca. 275 US$/DZ, 400 US$/EZ (inklusive aller Getränke).
- **Sekuti's Drift:** Landela Safaris, Tel. 702634, Fax 702546, 29 Mazowe Street, Harare. Kolonialer Landhausstil. Liegt rund 13 km von Victoria Falls leicht erhöht in einem privaten Wildschutzgebiet. All-Inclusive-Preise: ca. 275 US$/DZ, 425 US$/EZ (inklusive aller Getränke).
- **Gorges Lodge:** Tel. 14-700661, Fax 14-735080, Harare. Hoch oben auf der Steilkante zwischen Rapid 19 und 20 gelegene Lodge mit Steinchalets (ca. 23 km von Victoria Falls), Pool und grandioser Aussicht. All-Inclusive-Preise: 290 US$/DZ, 325 US$/EZ sowie für B&B 180 US$/DZ und 210 US$/EZ.
- **Westwood Game Lodge:** Tel./Fax 113-4614, P. O. Box 132, Victoria Falls. Steinchalets für max. 12 Gäste am Sambesi im Matetsi Game Reserve. All-Inclusive-Preise: 200 US$/DZ, 250 US$/EZ.
- **Sizinda Lodge:** Bushveld Safaris, Tel. 14-307945, Fax 14-307921, Avondale West, Harare. Vier riedgedeckte Chalets rund 44 km von Victoria Falls an der Straße nach Bulawayo. Game Drives in die umliegenden Nationalparks. All-Inclusive-Preise ca. 190 US$ p. P., Vollpension ca. 80 US$ p. P.
- **Matetsi Safari Camp & Water Lodge:** Tel. 113-4699, Fax 113-2128, Victoria Falls. Sehr luxuriöse Anlage mit Bungalows am Sambesi (mit Klimaanlage und eigenen Pools) und nahegelegenem Zeltcamp rund 45 km von Victoria Falls (Richtung Kasane). Im Programm Ausflüge nach Victoria Falls, Pirschfahrten und Wanderungen. All-Inclusive-Preise: 350 US$/DZ, 450 US$/EZ.
- **Imbabala Safari Camp:** Wild Horizons, Tel. 113-4219, Fax 113-4349. P.O.Box 159, Victoria Falls. Nahe der Grenze zu Botswana am Sambesi gelegenes Fishing-Camp mit riedgedeckten Chalets. Von hier werden Touren in den Kazuma Pan N. P. unternommen und Elefantenritte angeboten. All-Inclusive-Preise: 225 US$/DZ zuzüglich 80 US$ für Transfers.
- **The Elephant Camp:** Wild Horizons, Tel. 113-4219, Fax 113-4349. P. O. Box 159, Victoria Falls. Exklusive Lodge auf Woodlands Estate, deren Schwerpunkt die Nähe zu den zahmen Elefanten und Elefantensafaris sind. All-Inclusive-Preise ca. 300-340 US$ pro Person zuzüglich 55 US$ für Transfers. Auf Anfrage auch Unterkünfte zur Selbstversorgung erhältlich.

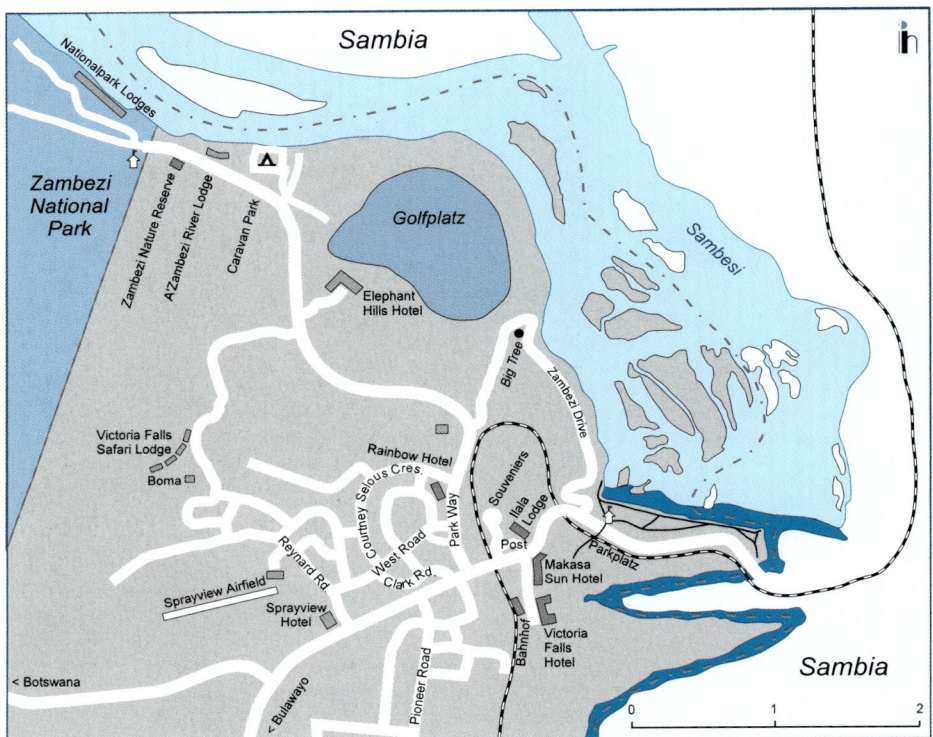

Weiterreise per Bus Tägliche Busverbindung von/nach Bulawayo bietet z. B. der *Blue Arrow Coach* (Abfahrt jeweils morgens vor dem Laden von Shearwaters). Daneben bestehen Fernstreckenverbindungen nach Johannesburg. Nähere Informationen siehe im Reiseteil, Seite 361. Minibusse von *UTC* fahren jeden vormittag von Victoria Falls nach Kazungula und Kasane in Botswana, Mitfahrgelegenheit pro Strecke für ca. 30 US$.

Flug und Flughafen Mehrmals täglich Flüge von Harare sowie täglich von Kariba und Hwange. Mehrmals wöchentlich von/nach Bulawayo, Johannesburg (Südafrika), Maun (Botswana) und Katima Mulilo (Namibia).

Der Internationale Flughafen liegt 21 km südlich von Victoria Falls. Zu allen Abflügen und Ankünften stehen Transferbusse von Air Zimbabwe bereit. Infos und Reservierung bei Air Zimbabwe, P. O. Box 60, Victoria Falls, Tel. 113-4316/4317, Fax 113-4318. Das Büro ist neben dem Post Office.

Ausreise nach Botswana Die 60 km lange, recht einsame Straße zur Grenze nach Botswana führt zunächst durch den Zambezi N. P. und anschließend durch das Matetsi Jagdgebiet, daher ist die gesamte Strecke sehr wildreich. Häufig, besonders wenn man morgens oder spätnachmittags unterwegs ist, sieht man Giraffen, Büffel, Kudus und Wasserböcke an Straßenrand. Die Grenze ist täglich von 06.00–18.00 h geöffnet, die Abwicklung verläuft unproblematisch. Deutsche, Österreicher und Schweizer benötigen kein Visum für Botswana.

Besuch der Fälle von Sambia aus

Um einen umfassenden Gesamteindruck über die Viktoriafälle zu erhalten, empfiehlt es sich, diese auch von Sambia aus zu besuchen. Der Grenzübertritt erfolgt rasch und unproblematisch, denn man ist die vielen mit Foto- und Videokamera bewaffneten Grenzgänger inzwischen gewöhnt. Die Grenze ist täglich von 06.00–20.00 h geöffnet. Zwischen den beiden Grenzstationen können Sie entweder laufen, ein Mietfahrrad benützen oder für ca. 2 US$ ein Taxi nehmen. Die Brücke ist einspurig, eine Ampel regelt den Autoverkehr. Für die Einreise nach Sambia besteht Visapflicht. Tagesbesuchern kommen die sambischen Behörden immerhin mit einem Tagesvisum in Höhe von 10 US$ entgegen (ein normales Einreisevisum kostet 25 US$). Wer ein Tagesvisum benützt, bekommt nur den Paß abgestempelt, muß nicht zum Zollschalter, darf aber auch nicht in Sambia übernachten.

Wie in Zimbabwe wurden die Viktoriafälle auch in Sambia inzwischen eingezäunt. Der Zugang liegt hinter dem Grenzgebäude an der Hauptstraße, der Eintritt beträgt 3 US$. Am Parkplatz befinden sich die Buden der Souvenirverkäufer und das **Field Museum**. Gegenüber beginnt der Fußweg zu den verschiedenen Aussichtspunkten. Über den schmalen Grat **Knife Edge** führt eine Fußgängerbrücke und endet am Abfluß des Sambesi. Von hier aus können Sie direkt in die tosenden Strudel blicken. Das Wasser sammelt sich an dieser Stelle in einer natürlichen, runden Vertiefung, die **Armchair** genannt wird. Es handelt sich um ein kleines Vulkanloch, das immer weiter ausgewaschen wird, wenn die Wassermassen aus dem Spalt treten und in die nächste Schlucht donnern. Ein anderer steiler Weg führt an den **Boiling Pot** hinunter. Hier starten bei niedrigem Wasserstand die Wildwasserfahrten.

Oben: Die Fälle im September

Der Aussichtspunkt, der dem Parkplatz am nächsten liegt, ist sehr beliebt für Sonnenuntergangsaufnahmen. Folgt man dem Ufer flußaufwärts, bieten sich immer wieder schöne Ausblicke auf den Sambesi und die Gischt. Für einen Ausflug zur Livingstone Island in der Trockenzeit sollten Sie pro Strecke mit 20–30 Minuten Fußweg rechnen.

Die sambische Währung heißt Kwacha. Für Tagesausflügler ist es nicht notwendig, Geld zu wechseln, da sich auf dem touristischen Sektor längst US$ eingebürgert haben. Halten Sie statt dessen kleinere Noten in US$ sowie Z$ bereit.

Ein Taxi von der Grenze nach Livingstone kostet etwa 5 US$, falls Sie sich die Stadt ansehen möchten

Pauschalarrangements: Tagesausflüge nach Sambia mit vollem Programm kosten in Victoria Falls rund 100 US$ (ohne Visakosten), Halbtagestouren ungefähr 65 US$. Backpacker-Angebot: Als eine Art Pauschalausflug für Backpacker werden in Victoria Falls Trips nach Sambia mit einer Übernachtung in Livingstone angeboten. Inklusive Transfers und Visakosten für nur ca. 10 US$.

KARIBASEE

Kariba
Harare
Vic-Falls
Mutare
Masv.
Bulaw.

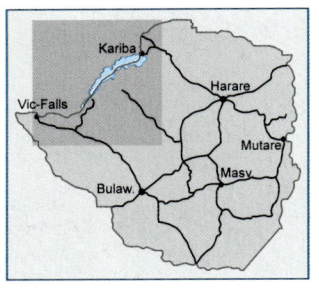

Der Karibastausee hat sich in den rund 40 Jahren seines Bestehens zu einem neuen, eigenwilligen Biotop und zum Magneten für Sportfischer und Urlauber entwickelt. Doch abgesehen vom Ferienort Kariba und den Safarilodges am See wird die Region noch wenig besucht, obwohl sie intensive Landschaftseindrücke und kaum erschlossene Nationalparks bietet. Die meisten Straßen sind noch nicht asphaltiert und viele Wege erfordern Allrad. Das abwechslungsreiche Gebiet mit imposanten, mächtigen Höhenzügen und Tafelbergen zählt zu Zimbabwes wildesten Regionen und größten Herausforderungen.

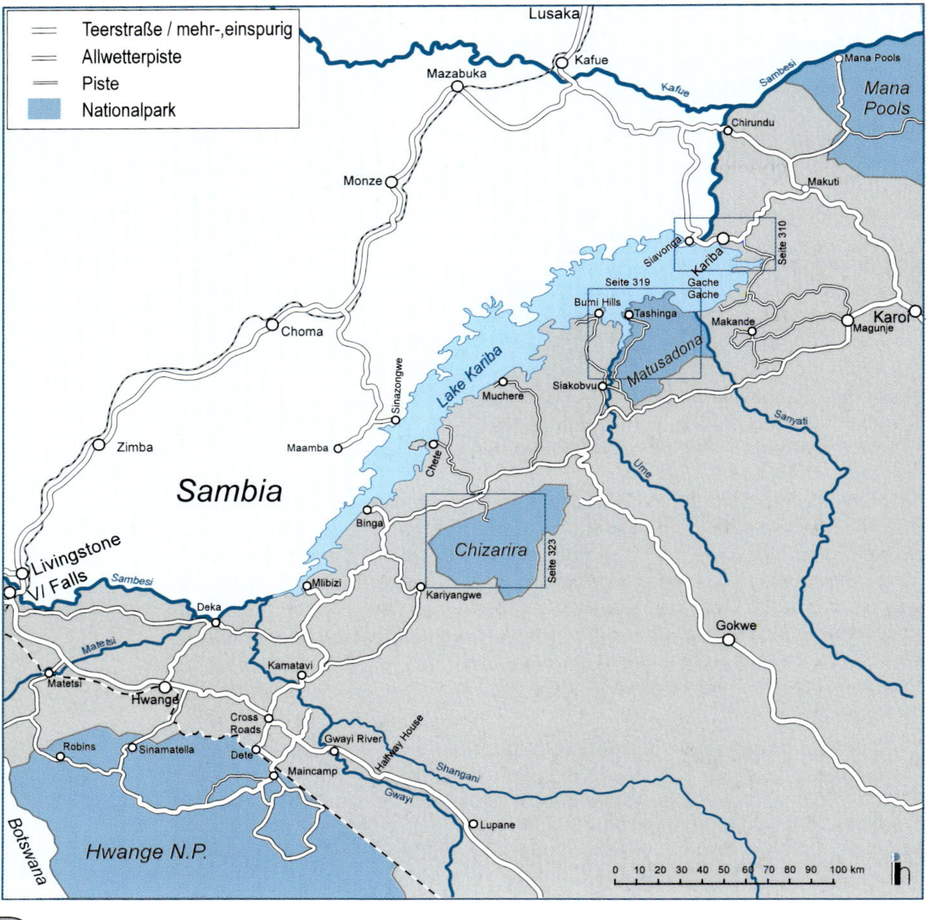

Teerstraße / mehr-,einspurig
Allwetterpiste
Piste
Nationalpark
Lusaka
Kafue
Mazabuka
Kafue
Sambesi
Mana Pools
Mana Pools
Chirundu
Monze
Makuti
Siavonga
Kariba
Seite 310
Seite 319
Gache Gache
Bumi Hills
Tashinga
Makande
Karoi
Magunje
Choma
Matusadona
Siakobvu
Lake Kariba
Muchere
Sinazongwe
Sanyati
Zimba
Maamba
Chete
Ume
Sambia
Binga
Chizarira
Seite 323
Livingstone
V/ Falls
Sambesi
Mlibizi
Kariyangwe
Deka
Gokwe
Matetsi
Kamatavi
Matetsi
Hwange
Cross Roads
Halfway House
Gwayi River
Robins
Sinamatella
Dete
Maincamp
Shangani
Gwayi
Lupane
Botswana
Hwange N.P.
0 10 20 30 40 50 60 70 80 90 100 km

Der Karibasee

Um 1912 war zum ersten Mal die Idee aufgetaucht, den starken jahreszeitlichen Schwankungen unterliegenden Sambesi zu stauen, um das trockene Land bewässern zu können. 1955 griff man diese Idee auf und nahm das ehrgeizigste Bauprojekt der Zentralafrikanischen Föderation in Angriff, um Nord- und Südrhodesien künftig mit Strom versorgen zu können. Die italienische Firma IMPRESIT erhielt den Auftrag, an der nur 100 m breiten Karibaschlucht eine Staumauer zu errichten. Das Gebiet war damals nur über uralte Elefantenpfade zugänglich, lag im ungesunden Tsetsefliegengürtel und bot auch klimatisch erschwerte Bedingungen. Baubeginn war der November 1956, und 10 000 Arbeiter wurden für das Projekt benötigt. Zunächst wurden am Nordufer riesige Silos für Zement gebaut und für die Turbinen Höhlen bis zu 150 m tief in die Felsen gesprengt. In den Folgejahren kam es immer wieder zu Unglücksfällen. So brach z. B. 1957 der Schutzdamm unter dem Druck des nach ungewöhnlich starken Regenfällen angeschwollenen Sambesi, und im Februar 1958 wurde eine Verbindungsbrücke weggeschwemmt. Oft kletterten die Mittagstemperaturen auf mehr als 50° C, und die glühend heißen Werkzeuge mußten an solchen Tagen in Wassereimern abgekühlt werden. Ab Dezember 1958 wurde der Sambesi gestaut. Schnell stieg das Wasser an, doch sollte es 5 Jahre dauern, bis der Karibasee mit 180 Mrd. cbm Wasser gefüllt war. 125 Millionen US$ und 86 Menschenleben hatte seine Verwirklichung gekostet. Der Bau des Dammes war damals gegen den Willen der ansässigen Tonga durchgeführt worden. Unter staatlichem Druck wurden 57 000 Menschen zwangsweise umgesiedelt. Bis heute sind die Tonga Opfer dieser Maßnahmen geblieben und noch immer von den damit verbundenen Errungenschaften, wie Stromversorgung und Einkünften aus dem Tourismus, weitgehend ausgeschlossen. (Siehe auch Kariba, Seite 307).

Mit einer Oberfläche von 5230 km² ist der Karibasee heute einer der größten Seen Afrikas und 10 mal größer als der süddeutsche Bodensee. Seine Uferlinie beträgt rund 2000 km. Der See ist 280 km lang, an seiner breitesten Stelle 32 km und im Durchschnitt 18 km breit. Die maximale Tiefe beträgt 120 m, die durchschnittliche Tiefe ungefähr 20 m.

Faszinierendes Ökosystem am Karibasee

Der gigantisch große See veränderte neben dem Landschaftsbild auch das Klima und die ökologischen Zusammenhänge der Region. In den mehr als 40 Jahren seines Bestehens wurde der See zum Lebensraum für viele Tier- und Pflanzenarten. Ein bekanntes Beispiel dieses Zusammenspiels unterschiedlicher Entwicklungen ist das sog. Kariba Weed (*Salvinia auriculata*). Dieser südamerikanische Schwimmfarn breitete sich auf der Oberfläche des Karibasees schon bald nach seiner Stauung in erschreckendem Maße aus. In den 60er Jahren, als Kariba Weed verschiedenen Angaben zufolge zwischen 15 und 25 % der Wasseroberfläche bedeckte, hielt man die Wucherpflanze für äußerst schädlich. Mit allerlei harmlosen und weniger harmlosen Mitteln versuchte man der Pflanze beizukommen. Man ging sogar soweit, südamerikanische Heuschrecken auszusetzen. Dabei zeigte sich bald, daß sich die Natur ganz von allein half. Immer häufiger konnten abgestorbene Pflanzenstränge entdeckt werden. Offensichtlich regulierte sich die Pflanze selbst, denn wenn sie sich zu weit ausbreitete, verringerte sich

Als das Wasser im Dez. 1958 allmählich anstieg, kam es zu einer Massenabwanderung der Ratten. Tausende Tiere zogen vom ansteigenden Ufer weg in die Höhlenlagen – ein schauerlicher Anblick

Kariba Weed

der Sauerstoffgehalt im Wasser, was wiederum zum Absterben des Kariba Weed führte. Heute gelten die verbliebenen grünen Flächen von Kariba Weed, die man z. B. bei Mlibizi sehen kann, nicht mehr als bedenklich, weil sie kaum mehr 2 % der Oberfläche bedecken. Das faszinierende an dieser Geschichte ist aber das Wechselspiel, das Kariba Weed auslöste. Abgestorbenes Kariba Weed trieb an teilweise unfruchtbare Uferbereiche, wo es die Grundlage zur Bildung von Torpedogras (*Panicum repens*) bildete. Dieses äußerst widerstandsfähige und schnellwachsende Sumpfgras, das nur im Zambezi Valley vorkommt, breitete sich nun rasch in der Uferzone aus. Torpedogras kann monatelang von Wasser überspült sein und dennoch überleben. Dieser Umstand macht es zu einer höchst wertvollen Futterquelle für Wildtiere während der Trockenzeit, wenn andere Grasarten längst abgefressen sind und der fallende Wasserspiegel das Torpedogras freigibt. Der auf Kariba Weed zurückzuführenden, ungewöhnlichen Ausbreitung des Torpedograses schreibt man die erfreuliche Bestandsentwicklung besonders der Büffel, Flußpferde und Krokodile zu. Diese Nahrungsbrücke erleichtert den Tieren das Überstehen der mageren Trockenzeit. Und letztlich kommt sogar dem Safaritourismus zugute, daß sich viele Wildtiere zum Weiden bevorzugt im offenen, seichten Uferbereich aufhalten.

Genauso wie der Karibasee neue Lebensräume geschaffen hat, so sind durch ihn auch neue Einnahmequellen entstanden. Die einst unwirtliche, kaum genutzte Region gilt heute als Ferienziel und Domäne des Firstclass-Safaritourismus.

Von Victoria Falls nach Binga

Die klassische Route führt von Victoria Falls über Hwange nach Cross Roads (158 km), und dort entlang der gut ausgebauten Teerstraße über Kamativi, einem Bergbaustädtchen mit noch tätiger Zinnmine, nach Binga (weitere 153 km). Für die gesamte Strecke benötigt man ca. 4 Stunden.

Sehr viel reizvoller ist allerdings die Panoramapiste über Deka. 11 km südlich von Victoria Falls zweigt die 105 km lange Schotterpiste von der Hauptstraße ab. Auf einem Höhenzug verläuft sie zunächst parallel zum Sambesi und gibt dabei immer wieder den Blick auf die hohe Gischt der Viktoriafälle frei. Nach 9 km befinden sich zwischen Rapid Nr. 18 und 23 mehrere Abzweigungen zu den verschiedenen Endpunkten der Wildwasserfahrten. In diesem Bereich liegt auch die exklusive Gorges Lodge.

Die jungen Männer aus den umliegenden Dörfern verdingen sich als Träger für die Wildwassertouren. Jeden Tag zur gleichen Zeit warten sie auf die ankommenden Schlauchboote. Während die erschöpften Touristen den Steilhang vom Sambesi zur Straße heraufsteigen, schleppen die Burschen die großen Schlauchboote hinauf. Pro Boot erhalten sie rund 6 US$ Lohn, den sich die Träger teilen müssen. In der Regel tragen fünf Männer gemeinsam ein Boot. Auf diese Weise schafft der Tourismus also Arbeitsplätze in diesen abgelegenen Dörfern. Dennoch ist es immer wieder frappierend, wie nah beieinander in Zimbabwe Vergnügungstourismus und täglicher Lebenskampf sind, wie oft sich scheinbar unbemerkt die Moderne und uralte Traditionen treffen. Diese Träger stehen heute genauso für ein paar Münzen auf Abruf bereit, wie sie ihre Dienste vor 120 Jahren den Forschungsreisenden und Händlern zur Verfügung stellten. Es hat sich (fast) nichts verändert – da der zahlungskräftige, gebildete Weiße, und dort der lohnabhängige Afrikaner. Welcher White Water Rafter macht sich schon Gedanken darüber, wie oft ein Träger Boote hinaufschleppen müßte, bis er die Kosten für eine Wildwasserfahrt verdient hätte?

Bilder rechts:
Piste nach
Deka,
Weißbürzel-
drossel, Tonga-
Trommeln und
Junge mit
Steinschleuder

Batoka Gorge

Die weitere Strecke führt durch hügeliges, nur dünn von freundlichen, kleinen Nambyadörfern besiedeltes Communal Land. Nach 40 km zweigt eine schlechte Zufahrt zur *Batoka Gorge* ab (rund 15 km sehr steinige Zufahrt, als „ZRA-Batoka" ausgeschildert, dort Ausblick in die Schlucht). Allmählich windet sich die malerische Piste kurvenreich in die Tiefebene hinab, überquert den breiten Matetsi River und trifft schließlich bei Deka auf den Sambesi.

Deka

Gemütliches Nest zum Ausspannen

Die kleine Ansiedlung liegt auf etwa 500 m Höhe nur noch 35 km vom Beginn des Karibastausees entfernt. Die Gegend ist sehr wildreich, doch die meisten Besucher kommen zum Angeln und Fischen. Dabei eignet sich dieses vergessene Plätzchen hervorragend zum Ausspannen, Kanufahren und zu Vogelbeobachtungen.

Von Deka nach Mlibizi

Deka ist mit Hwange durch eine schmale Teerstraße verbunden (45 km). In Richtung Binga endet der Teer nach wenigen Kilometern und geht in eine einsame Piste über, die streckenweise durch das Kavira Forest Land führt. 45 km hinter Deka trifft sie auf die gut ausgebaute Teerstraße nach Binga. Nach 18 km, bei Kilometerstein 79, zweigt die deutlich ausgeschilderte Zufahrt nach Mlibizi ab.

Unterkünfte in Deka

- **Deka Drum Fishing Resort:** P. O. Box 2, Hwange, Tel. 181-2602. Seit Jahrzehnten ein Begriff und beliebt ist diese preiswerte Ferienanlage, die vorübergehend unter dem Namen *Tiger Mile* lief. Große, saubere Chalets mit Küche und Kühlschrank sowie eine schattige Campingwiese direkt an der Mündung des Deka in den Sambesi. Pool. Legere Atmosphäre wie in den Nationalparkcamps. Bootsvermietung, Angeltrips. Preise: Chalets ca. 9 US$ p. P., Camping 3 US$.
- **Sundowner Adventures Lodge:** Kelvin, Südafrika, Tel. 2711-807-4690, Fax 807-4699. Typisches, südafrikanisches Fishing Camp für max. 20 Personen. Bootsvermietung. Preise: All-Inclusive ca. 90 US$ p. P., auch Selbstversorgung möglich.
- **Olive Beadle Fishing Camp:** Etwa 33 km flußabwärts, kurz bevor der Sambesi durch die schmale Devil's Gorge gepreßt wird, befindet sich bei Msuna ein Fishing Camp.

Unterkünfte in Mlibizi

- **Mlibizi Zambezi Resort:** P. O. Box 1511, Binga, Tel. 115-272. Große Ferienanlage direkt neben der Fähranlegestelle. Voll ausgestattete Chalets (Küche, Ventilatoren) und Campingwiese. Mit kleinem Laden (Verkauf von Fleisch), Tankstelle, Pool, Bootsverleih. Kein Restaurant. Preise: Chalets komplett ca. 40 US$, Camping ca. 5 US$.
- **Mlibizi Hotel:** P. O. Box 298, Hwange. Tel./Fax 115-271. Optisch sehr ansprechende, schattige Gartenanlage mit Steinchalets (mit Ventilator), großem Pool, rustikaler Bar und freundlichem Restaurant. Chalet p. P. zwischen 25 und 40 US$.

Mlibizi

In steilen, eindrucksvollen Kurven windet sich die 15 km lange Teerstraße nach Mlibizi, dem Fährhafen und westlichsten Ort am Karibasee hinab. Die Ortschaft besteht aus kaum mehr als ein paar Häusern und Hotels, und wirkt reichlich verschlafen. Die meisten Leute kommen wegen der Fähre nach Kariba oder der Leidenschaft des Sportfischens nach Mlibizi. Aus beiden Gründen sind hier ansprechende Ressorts entstanden. Da die Fähre morgens gegen 09.00 h ablegt, verbringen die meisten Fahrgäste zumindest eine Nacht in Mlibizi (Infos zur Fähre siehe Kariba). Zur Auflockerung der Fahrt nach Binga und zur Einkehr im Gartenlokal des Hotels ist ein Besuch empfehlenswert. Man sieht hier übrigens recht schön die großflächigen grünen Teppiche aus *Kariba Weed* im See.

Die weitere Strecke nach Binga (90 km) verläuft durch hügeligen Buschwald. Die von Erosion und Überweidung gezeichnete Region ist neue Heimat vieler durch die Stauung des Sambesi zwangsumgesiedelter Tonga. Die bescheidenen Dörfer bestehen aus runden, auf Stelzen gebauten Lehmhütten, die sich auf schattenloser Erde aneinanderreihen. Kinder hüten magere Rinderherden, während die Erwachsenen der beschwerlichen Landwirtschaft nachgehen.

Die Tonga – vergessenes Volk am Karibasee

Nicht allen hat der Karibasee Verbesserungen gebracht. Die Tonga zählen eindeutig zu den Verlierern des gigantischen Stauprojekts. Das kleine Volk siedelte seit Jahrhunderten im Zambezi-Valley, und verstand es in sehr naturverbundener Weise, in dieser trockenen, unwirtlichen Region zu überleben. Sie ernährten sich durch Fischfang und Jagd und betrieben in den Überschwemmungsgebieten des Sambesi Landwirtschaft. Ihre Kultur war voller geheimer Bräuche und Riten, weshalb sie bei anderen Völkern als rückständig angesehen wurden. Den großen Fluß mit seinen jahreszeitlichen Schwankungen verehrten sie als zentrale Lebensader. Als die Kolonialherren in den 50er Jahren das Stauung des Flusses ankündigten, reagierten die meisten Tonga zunächst mit Unglauben. Der Aufforderung zur Umsiedlung in das trockene Hinterland widersetzten sie sich vehement. Die Regierungen beider Kolonien versuchten die Tonga mit Versprechungen umzustimmen, indem ihnen Schulen, Krankenhäuser und Brunnen zugesagt wurden. Doch schon das Bewußtsein, durch den riesigen See für immer von den Freunden und Verwandten am gegenüberliegenden Ufer getrennt zu werden, paralysierte die Tonga. Schließlich wiesen die Kolonialherren den Dörfern neues Land zu und begannen mit der Zwangsumsiedlung von 57 000 Menschen. Die Umsiedlung verlief für die meisten Tonga traumatisch. Sie wurden mit ihrem Hab und Gut auf LKW verladen und in das karge Hinterland verfrachtet. Verzweifelt versuchten viele, die Verbindung zu den Ahnen, die nach ihrem Glauben in den alten Bäumen am Sambesi ruhten, dadurch aufrecht zu erhalten, daß sie große Zweige dieser Bäume abhackten und in die neue Heimat mitnahmen. Am Nordufer wurden 1958 bei der gewaltsamen Zwangsentfernung 8 Tonga erschossen.

In den Jahren danach zeigten sich die Folgen der erzwungenen Migration. Die Jagd war den Tonga verboten, Fischerei unmöglich, da die Dörfer nicht am See lagen, und das karge Land landwirtschaftlich zu bearbeiteten sahen sich die Tonga nicht in der Lage. Not und Hunger brachen aus und die Kindersterblichkeit nahm dramatisch zu. Die neuen Dörfer waren weit versprengt, der gemeinschaftliche Zusammenhalt wurde dadurch nachhaltig geschwächt. In den Jahren der Föderation waren regelmäßige Fährverbindungen über den See aufrechterhalten worden, wodurch die Tonga beider Kolonien in Kontakt bleiben konnten. Mit der Unabhängigkeit Sambias 1964 nahmen diese Fährverbindungen ein jähes Ende. Kaum ein Tonga konnte sich nun den weiten Umweg über Chirundu oder Victoria Falls leisten, und so nahmen die Kontakte untereinander deutlich ab.

Auch heute noch haben die Tonga keinen Anteil an den Segnungen des Karibasees. Wegen der mangelnden Schulbildung bleibt den meisten eine Arbeit in den eleganten Safarilodges verwehrt. Es fehlt an Arbeitsplätzen und Schulen, die Dörfer haben keinen Stromanschluß. Auch die straßenbauliche Erschließung kommt nur langsam voran. Als Minderheit im Staat haben die Tonga keine Lobby, und nur wenige Projekte sind bisher angelaufen, um ihre Situation zu verbessern. Es gibt einige Selbsthilfekooperativen, die Kunsthandwerk, wie Trommeln und Korbwaren, erzeugen und einige Campfire-Programme. In Eigeninitiative informieren die Tonga seit 1998 mit einer mehrjährigen Wanderausstellung, über ihre Geschichte und heutige Lebenssituation. Hauptanliegen ist, die Öffentlichkeit für ihre schwierige Lage zu sensibilisieren, und dabei den Kampf aufzuzeigen, in der modernen Gesellschaft Anschluß zu finden und trotzdem die tief verwurzelten Traditionen zu pflegen. Wie stark bei den Tonga Bräuche und Traditionen im Alltagsleben verankert sind, wird bei einem Besuch ihrer Dörfer augenscheinlich. Ihre runden Hütten sind auf Stelzen gebaut. Die Erwachsenen rauchen trotz mancher Regierungskampagne ein Marihuana ähnelndes Rauschmittel in großen Kalebassen, und viele Frauen feilen sich auch heute noch die vorderen Schneidezähne spitz zu.

Binga

Der weit verzweigte Ort ist das Verwaltungszentrum für die Tonga dieser Region und verfügt über ein großes Krankenhaus, mehrere Schulen, Tankstelle, Post, Polizei und einen Supermarkt (nur wochentags geöffnet). Mit der Teerstraße, die Binga seit 1982 mit Hwange verbindet, veränderte sich auch das einst so unscheinbare Nest. Immer mehr Villen mit prächtigen Gärten und weitem Ausblick über den See säumen den Uferhang, und wo früher fast ausschließlich Kapentafischerboote vor Anker lagen, mehren sich nun die schmucken Yachten. Fast scheint es, als entwickle sich Binga zu einem Kleinod für diejenigen, denen Kariba inzwischen schon zu überlaufen ist.

Die Ortschaft zieht sich unübersichtlich über mehrere Kilometer. Am Ortsrand befindet sich neben dem Supermarkt ein Craft Shop der Chilangililo Kooperative. Hier werden neben kunsthandwerklichen Erzeugnissen auch Dorfbesuche bei den Tonga angeboten. Am Ende der Straße gelangt man zur Krokodilfarm (Führung für ca. 1 US$ möglich), einigen Bungalowanlagen und den heißen Schwefelquellen, die sich jedoch als undefinierbare Brühe entpuppen. Binga ist Fährhafen der DDF-Fähre (Tel. 229, Infos siehe Kariba).

Die Nutzfischerei am Karibasee

Der Karibasee war zunächst sehr fischarm. 1966/67 wurden deshalb rund 23 000 Kapentafische (*Limnothrissa miodan*), eine im Tanganjikasee endemische, nur rund 4–5 cm große Süßwasser-Sardinenart, ausgesetzt. Sie vermehrten sich schneller als erwartet und bildeten rasch die Grundlage für einen neuen, florierenden Industriezweig (Kapenta sind äußerst proteinhaltig). Kapenta-Fischerboote fangen ihre Beute nachts mit flachen Rahmennetzen, die in etwa 20 m Tiefe ausgelegt werden. Mit starken Lampen werden die Fischschwärme angezogen und schließlich eingefangen. Das nächtliche Schauspiel der einsamen Lichter auf dem dunklen, stillen Wasser ist ein typisches, romantisches Bild am Karibasee. Dabei hat die zügellose Fischerei längst beängstigende Ausmaße angenommen. Unter Experten gilt der See als hoffnungslos überfischt.

Die abgestorbenen Bäume, die wie mahnende Skelette an den Ufern im See stehen, sind für die Fischerboote nicht ungefährlich. Baumstümpfe und Äste unter der Oberfläche können die Boote aufreißen. Außerdem kann der See sehr tückisch sein und in kürzester Zeit können gefährliche Stürme bis zu 4 m hohe Wellen aufwerfen.

*Bilder links: Düstere Stimmung am
Karibasee, Sattelstorch,
Bilder dieser Seite:
Nambya-Bauern mit Eselkarren, Musumu Lodge*

Unterkünfte in Binga

- **Binga Rest Camp:** Tel. 115-244. Älteste Anlage Bingas, die früher einen guten Ruf genoß, heute jedoch recht vernachlässigt wirkt. Einfache Zimmer für ca. 15 US$ p. P. und Campingwiese (ca. 2 US$) neben den beiden Pools, von denen einer kaltes Wasser hat und einer mit heißem, grünlichem Schwefelquellwasser gespeist wird. Mit einfachem Restaurant.
- **Kulizwe Lodge:** Tel. 19-67001. Gegenüber dem Rest Camp wurden am Seeufer großzügige neue Selbstversorger-Bungalows errichtet. Gepflegte, freundliche Anlage mit schönen Campingplätzen, allerdings ohne Bar & Restaurant. Preise: Bungalows ca. 15 US$ p. P., Camping ca. 2 US$.
- **Chilila Lodge:** P. O. Box FM 65, Bulawayo. Tel. 19-67821, Fax 19-60518. Einfache Unterkünfte zur Selbstversorgung für Familien oder kleine Gruppen, vorwiegend für Hobbyfischer. Die Zufahrt zweigt einige Km vor Binga von der Teerstraße ab.
- **Musumu Lodge:** P. O. Box 8247, Bulawayo. Tel. 19-64052. Der Tip für Binga! Neue Anlage in exponierter Lage auf einer erhöhten Landzunge, mit stilvollen Holzbungalows, einem gediegenen Bar- und Restaurantbereich und Campinggelegenheit am See. Sehr gutes Preisleistungsverhältnis. Zufahrt wie zur Chilila Lodge über eine 5 km lange, auch für Pkws befahrbare Piste. Bungalows ca. 55 US$ p. P., Camping ca. 3 US$. Es werden Bootsausflüge angeboten.
- **Sijarira Lodge:** Ngamo Safaris, P. O. Box 25, Dete. Tel. 118-413, Fax (Bulawayo)19-74825. Safarilodge der Forestry Commission (einheimische Leitung) in sehr einsamer Lage im Sijarira Forest, der zwischen Binga und der Chete Safari Area liegt. Die Anreise erfolgt per Kleinflugzeug ab Binga. All-Inclusive 240 US$/DZ und 300 US$/EZ, Vollpension 150 US$/DZ und 200 US$/EZ.

Von Binga nach Kariba

Von Binga bestehen regelmäßige Busverbindungen nach Hwange sowie nach Siabuwa und Karoi

Die Strecke zwischen Binga und Karoi bzw. Kariba wurde zwar in den letzten Jahren deutlich ausgebaut und verbreitert, ist aber noch immer eine ausgesprochen reizvolle Schotterstraße. Während der Regenzeit sollte sie besser nur mit Allradfahrzeugen befahren werden. Die Strecke zweigt 19 km vor Binga an einer mit 'Siabuwa' ausgeschilderten Gabelung ab. In der Ferne treten schon bald die eindrucksvollen Berge der *Chizarira Range* hervor, auf deren Hochebenen der Chizarira Nationalpark liegt. 48 km nach Verlassen der Teerstraße zweigt nach Süden die Zufahrt in den wenig bekannten Nationalpark ab (siehe Seite 322). 5 km weiter führt eine Piste nach Norden in die Chete Safari Area und zu verschiedenen Jagdcamps. Die Weiterfahrt bleibt einsam bis Siabuwa, einem ländlichen Zentrum mit Krankenstation und Schule, das 100 km von Binga entfernt liegt. Hier gibt es weder Einkaufsmöglichkeiten noch eine Tankstelle. 29 km weiter – man hat inzwischen den Sengwa River überquert und befindet sich in der Provinz Mashonaland West – trifft man auf eine Teerstraße, über die man auf abwechslungsreicher Strecke nach Gokwe und Kwekwe in den Midlands gelangt.

unten: typische Safarilodge-Zimmereinrichtung

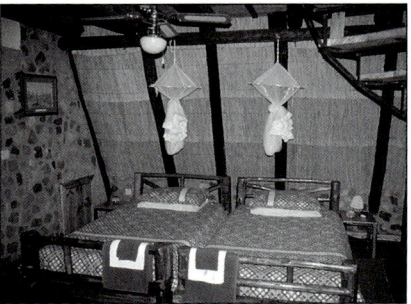

Teerstraße nach Gokwe (133 km)

Die Teerstraße ist gut ausgebaut und erlaubt zügiges Vorankommen. Zunächst führt sie durch ein einsames Gebiet und bietet gelegentlich weiten Ausblick in die bergige Wildnis. Etwa 85 km vor Gokwe markiert *Ben's View* den Aussichtspunkt auf das Sasame-Flußtal. Die Straße folgt diesem rund 800 m hoch gelegenen Flußtal, viele knorrige Baobabs prägen die Landschaft. Etwa 25 km vor Gokwe beginnt ein langsamer Anstieg auf das 1300 m hohe *Mafungabusi-Plateau*. Gokwe ist Verwaltungssitz des gleichnamigen Communal Lands und bietet neben Tankstellen und einem einfachen Hotel mehrere Läden.

Bleiben Sie jedoch auf der Piste nach Karoi, verändert sich die Landschaft allmählich. Die hohen Berge der fernen Chizarira Range, die parallel zur Straße eine spektakuläre Kulisse darstellten, weichen zurück. Dafür wird die Strecke hügelig und gibt nach jeder Kurve neue faszinierende Ausblicke in die sehr einsame Busch- und Waldlandschaft frei. Die Schotterstraße ist breit ausgebaut, sollte aber wegen der vielen Kurven mit Bedacht befahren werden. Vorsicht ist geboten an der Gabelung nach 23 km, wo die (Haupt-)Straße nach Karoi im 90°-Winkel abzweigt. Wer hier geradeaus fährt, landet nach 18 km in Siakobvu, das auf der Strecke nach Bumi Hills liegt.

Biegt man also in die nach Karoi (192 km) ausgeschilderte Piste ein, überquert man auf der Weiterfahrt auf gut ausgebauten Brücken die breiten Flußbette der meist trockenen Flüsse Ume und Wadze. Die ausgewaschenen Flußbette lassen deutlich erahnen, mit welcher Wucht das Wasser hier abfließen kann. Diese Gegend ist überaus wildreich, und man kann neben der Straße oftmals Elefantenspuren und Paviane entdecken. Die ansässigen Tonga müssen ihre kargen Felder gegen nächtliche Plünderungen durch Elefanten verteidigen und können auch so manches über regelmäßige Löwenbesuche berichten. Nach 21 km passiert man die gut beschilderte Abzweigung in den Matusadona N. P. (siehe Seite 318). Die Straße bleibt im weiteren Verlauf einsam, hügelig und abwechslungsreich. 17 km vor der Brücke über den mächtigen Sanyati River wird man an einer Tsetse-Kontrolle nach „Blinden Passagieren" untersucht (mit einem kleinen Fangnetz bewaffnet umrundet der Fliegenfänger jedes Fahrzeug). Der Sanyati River bildet übrigens die östliche Begrenzung des Matusadona Nationalparks und mündet später in einer eindrucksvollen Schlucht in den Karibasee. Direkt hinter der Sanyatibrücke führt ein kurzer Weg zum Sanyati Bridge Camp.

• **Sanyati Bridge Camp:** Einfaches, freundliches Touristencamp 1 km neben der Sanyatibrücke (113 km von Karoi). Gemauerte Bungalows stehen für rund 8 US$ p. P. zur Verfügung, Camping kostet ca. 1 US$. Duschen (kaltes Wasser) und Toiletten sind vorhanden. Das Camp ist ein Community Projekt. Von hier aus kann man einige Ausflüge unternehmen, z. B. eine 8 km lange Wanderung zum Mawindo Wasserfall, eine Fahrt zum Baboons Dam oder zu den Deep Tanks (tiefe Löcher). Alternativ empfiehlt sich eine kurze Morgenwanderung zum Sanyati River.

Abstecher nach Bumi Hills

Fahren Sie zunächst die 18 km nach Siakobvu. Hier gabelt sich die Straße. Rechts gelangt man nach der Durchquerung des Wadze-Flußbetts nach 11 km zur Abzweigung in den Matusadona N. P. Geradeaus führt die kurvenreiche Piste nach 6 km zu einer Tsetsefliegen-Kontrolle. Nach weiteren 20 km zweigt eine schmale Zufahrt zur Ume River Lodge von Bulembe Safaris ab (ca. 20 km). 13 km weiter geht es rechts zur Tiger Bay Lodge (19 km). Insgesamt 45 km nach Siakobvu gelangt man in die Bumi Hills Wildlife Area und erreicht 10 km danach die Luxushotels Bumi Hills und Katete Lodge. Nahebei ist ein kleines Fischerdorf namens Chalala, das einmal wöchentlich von der DDF-Fähre aus Kariba angelaufen wird.

Oben: Tsetse-Kontrolle bei Siakobvu

Die Strecke führt allmählich in dichter besiedelte Regionen, und anstelle der Tongahütten tauchen Shonadörfer auf. Rund 82 km vor Karoi bietet sich für Allradfahrzeuge eine interessante Direktverbindung nach Kariba an.

Direktverbindung nach Kariba (insg. 112 km)

Etwa bei Km-Stein 70 weist ein gemauertes Schild zur *Deva Primary School*. Kariba wird an dieser Stelle nicht ausgeschildert, wohl aber bei späteren Cabelungen. Nach ca. 15 km erreichen Sie Deva; fahren Sie hier rechts weiter nach Makande (erneut 15 km), einem kleinen Ort mit zwei Schulen. Sie geraten nun in eine Gegend mit großen Baumwoll-, Mais- und Erdnußfeldern. Nach insgesamt 50 km zweigt die Straße nach Kariba links ab (die Abzweigung ist ausgeschildert, geradeaus führt die Straße nach Magunje). Der Weg steigt leicht an, ein Wildzaun markiert den Beginn der Charara Safari Area. Bei Kilometerstein 50 erreicht man den 1050 m hohen Paß und erhascht den ersten Blick auf den Karibasee. Nun beginnt ein steiler Abstieg mit spektakulären Ausblicken in das Zambezi-Valley. Die Serpentinenstraße verliert auf den nächsten 7 km 420 Höhenmeter und trifft im flachen Uferbereich auf die Verbindungsstraße zwischen Kariba und Gache Gache. Man ist jetzt insgesamt genau 70 km gefahren. Fahren Sie nun rechts weiter (kein Schild) entlang der flachen, kerzengeraden Strecke. Es geht für gut 20 km durch dichten, sehr wildreichen Wald in nordöstliche Richtung bis zur betonierten Furt des Nyaodza River. Hier knickt die Straße nach Westen ab und verläuft entlang der Strommasten bis zur Teerstraße Kariba-Makuti. Von Kariba kommend findet man die Piste folgendermaßen: 26 km entlang der Teerstraße nach Makuti, dann rechts in Richtung Cerruti Lodges. Nach 2 km links in die Charara-Kanyati Rd. einbiegen (Power Line Road). Nach 15 km erreicht man den Nyaodza River.

Oben:
Dorf am
Wegesrand,
Hauben-
bartvogel,
Tonga-Pfeife

Bleibt man jedoch auf der Hauptstraße nach Karoi, geht die Piste nach 28 km in eine Teerstraße über. Sie führt durch das Industriestädtchen **Magunje** und trifft nach weiteren 21 km auf die Fernverbindungsstraße zwischen Chirundu und Harare. Biegt man hier in Richtung Chirundu ab, gelangt man nach 78 km Fahrt durch einsames Buschland nach Makuti.

Makuti

Die kleine Ortschaft, deren Name übersetzt 'Nieselregen' bedeutet, liegt am Rande des Zambezi-Escarpments. Sie liegt bereits in der Wildschutzzone, die sich entlang des Sambesi zieht. Hinweisschilder an der Straße machen Reisende darauf aufmerksam, daß sie sich nun in Elefantengebiet begeben. Direkt neben der Abzweigung nach Kariba befindet sich eine Tankstelle mit Kiosk, dahinter liegt das Hotel.

Für Überland-reisende ist Makuti ein wichtiger Zwischen-stopp

• **Clouds End Hotel:** Tel. 163-526, Fax 163-541. P. O. Box 112, Karoi. Erhöht gelegen mit Aussichtsterrasse (herrlicher Blick in das Sambesital), freundliches Mittelklasse-hotel mit kolonialem Ambiente. Preise: Ca. 15 US$/DZ und 20 US$/EZ. Mit ansprechender Bar, gutem Restaurant und Pool. Camping im Garten möglich.

Die 77 km lange, kurvenreiche Teerstraße nach Kariba führt durch die bergige Charara Safari Area. In den 50er Jahren wurde diese Straße wegen des geplanten Staudammes erbaut. Das unwegsame Gelände galt als extrem schwierig zu vermessen. Eine Baufirma kalkulierte damals mit immensen Baukosten und einer Bauzeit von 18 Monaten. Eine örtliche Baufirma machte ein Gegenangebot, welches nur ein Drittel der Kosten und Arbeitszeit veranschlagte. Die Konstrukteure hatten eine plausible Begründung: man würde anstelle aufwendiger Vermessungen den uralten Elefantenpfaden folgen, denn man ging davon aus, daß die Tiere seit Jahrhunderten dem einfachsten Weg ins Sambesital folgten. Die Herausforderer erhielten den Auftrag und bestätigten mit dem erfolgreichen Bau der Teerstraße entlang der Elefantenpfade ihre Vermutung. Die Panoramastrecke beeindruckt immer wieder durch grandiose Ausblicke und Landschaftseindrücke. Immer wieder kann man hier auch Elefanten und Büffel sehen. Während der Regenzeit wirken die herrlichen grünen Berghänge wie dichter Urwald.

Von Makuti nach Kariba

Oben: Ume-River zur Regenzeit

Ressorts am östlichen Karibasee

Mehrere Safari Lodges und Ferienressorts der Luxusklasse haben sich am östlichen Karibasee aus-gebreitet. Die Anreise zu diesen meist sehr abgelegenen, einsamen Camps erfolgt in der Regel per Kleinflugzeugen von Kariba (10–20 Min. Flugdauer, max. 15 kg Gepäck erlaubt) oder soweit mög-lich per Motorboot (45–90 Min.). Transferkosten werden häufig extra berechnet und belaufen sich je nach Entfernung zwischen 60 und 150 US$ p. P. Die Anreise auf dem Landweg erfordert meist weite Umwege und ist recht beschwerlich (Allrad und hohe Bodenfreiheit empfohlen, teilweise sogar notwendig). Schwerpunkte dieser Lodges sind Bootstouren (Wildbeobachtungen vom Boot aus), Walking Safaris und Sportfischen. Da sich die Lodges außerhalb der Nationalparks befinden, dürfen hier auch Nachtpirschfahrten unternommen werden. Bei den ausgewiesenen Preisen han-delt es sich um All-Inclusive-Preise, die neben der Verpflegung auch alle Aktivitäten beinhalten.

- **Elephants' Point Tented Camp:** Run Wild, P. O. Box 6485, Harare. Tel. 14-795841, Fax 14-795845. Luxuszelte in der Sibilobilo Lagune. Weniger wildreich, da in besiedelter Region gelegen, beliebt zum Fischen und Kanufahren. All-Inclusive 150-250 US$/DZ und 225-375 US$/EZ (je nach Saison).
- **Bumi Hills Safari Lodge:** Zimbabwe Sun, Tel. 161-2439, Fax 161-2354. Luxuriöse Anlage gegen-über von Starvation Island, erhöht gelegen auf einer steilen Bergkante mit grandiosem Blick zum Ufer hinab. Berühmt für große Büffel- und Elefantenherden, 20 klimatisierte Zimmer. Preise: 307 US$/DZ und 384 US$/EZ.
- **Katete Lodge:** Zimbabwe Sun, Tel. 161-2807, Fax 161-2892. Nur 3 km von der Bumi Hills Safari Lodge entfernte, kleinere und exklusivere Schwesterlodge. Stilvolle Architektur, 16 klimatisierte Zimmer, Pool mit freiem Blick zum Karibasee. Preise: 345 US$/DZ und 445 US$/EZ.
- **Water Wilderness Camp:** Zimbabwe Sun, Harare, Tel. 14-736644, Fax 14-736646. Zur Bumi Hills Safari Lodge gehörendes Camp am Ume River mit vier Hausbooten. Flugtransfer erfolgt von der Bumi Hills Safari Lodge. Ca. 300 US$/DZ und 440 US$/EZ (auch inklusive der Getränke).
- **Musango Lodge:** Tel. direkt 161-2866, Fax (Harare) 14-796822. Luxuszeltcamp zwischen Bumi Hills und dem Ume River. Preise: ab ca. 230 US$/DZ und 280 US$/EZ.
- **Kipling's Lodge:** Shearwater Adventures, P. O. Box 3961, Harare. Tel. 14-757831, Fax 14-757838. Relativ neue Luxuslodge mit imposantem Hauptgebäude an der Ume-Flußmündung für max. 20 Gäste. Preise: 260 US$/DZ und 380 US$/EZ.
- **Tiger Bay Resort:** Tel./Fax 161-2569, Kariba. Ruhige A-Frame-Chalets am Ume River, beliebt bei Sportfischern und Ornithologen. Preise: All-Inclusive ab 160 US$, Vollpension 90 US$ p. P.
- **Matusadona Water Lodge:** Wilderness Safaris, P. O. Box 288, Victoria Falls, Tel. 113-3371, Fax 113-2020. Schwimmende Lodge – jeder wohnt auf seinem Hausboot mit eigenem Kanu. Ein schaukelndes Vergnügen zwischen toten Bäumen und Flußpferden! Das Hauptboot beherbergt eine Lounge mit Minipool, Bar und Dining Room. 4 Hausboote für max. 8 Gäste. Sehr exklusiv, Preise je Saison 230-280 US$/DZ und 330-380 US$/EZ (auch inklusive der Getränke).
- **Lake Wilderness Floating Lodge:** Lake Wilderness Safaris, P. O. Box 113, Kariba. Tel. 161-2645 Das Unternehmen unterhält zwei Hausboote am Ufer des Matusadona Nationalparks, in dem Game Drives und Fußsafaris unternommen werden. All-Inclusive 160-200 US$/DZ und 180-240 US$/EZ, einfache Unterkunft mit Halbpension und Kanufahrten ca. 50 US$ p. P.
- **Fothergill Island:** Zimbabwe Sun, Tel. 161-2253, Fax 161-2240. Die Insel bzw. Halbinsel wurde nach Rupert Fothergill benannt und ist dem Matusadona N. P. vorgelagert (sehr wildreich). Ele-gante Anlage mit geräumigen, riedgedeckten Chalets in gediegener Atmosphäre. Das Camp ist mit Elektrozaun umgeben. Preise: 265 US$/DZ und 430 US$/EZ.
- **Spurwing Island:** P. O. Box 101, Kariba, Tel. 161-2466, Fax 161-2301. Auf Spurwing Island dem Nationalpark vorgelagert, sehr wildreiche Gegend, reizvolle Landschaft. Riedgedeckte Steinchalets und Safarizelte mit sympathischem Ambiente. 230 US$/DZ und 255 US$/EZ.
- **Sanyati Lodge:** International Travel Partners, Harare. Tel. 14-732541, Fax 14-732542. Kleine, gemütliche Anlage am Hang nahe der Sanyati Gorge, max. 8 Gäste, persönliche Atmosphäre, viele Vögel. Preise: 270 US$ p. P.
- **Gache Gache Lodge:** Landela Safaris, Tel. 702634, Fax 702546, 29 Mazowe Road, Harare. An der Mündung des Gache Gache River liegen die 10 riedgedeckten Chalets in sehr wildreicher Gegend. All-Inclusive-Preise: p. P. ca. 300 US$/DZ und 450 US$/EZ (inklusive aller Getränke).

Kariba

Allgemeines

Bei Kariba klingt schon der Name verheißungsvoll, und wer zum ersten Mal den spielerisch über den bewaldeten Berghügel verteilten Ort mit dem im stahlblauen Wasser glänzenden Yachthafen erblickt, mag dabei schon an das Mittelmeer erinnert werden. Nicht umsonst genießt Kariba einen Ruf als "Zimbabwes Riviera". Der beschauliche Ort wird ganzjährig von der Sonne verwöhnt. Das macht ihn zu einem prima Ferienziel für die kühle Jahreszeit, verwandelt ihn aber zwischen November und Februar regelrecht in einen Glutofen. Das bemerkenswerteste an Kariba sind jedoch nicht die Hausboote, Yachten, schönen Hotels oder der riesige See, sondern es ist das einzigartige Zusammenleben von über 20 000 Menschen und den sie umgebenden, frei lebenden Wildtieren. So wirbt Kariba stolz damit, einzige afrikanische Stadt zu sein, die gleichberechtigt mit (zum Teil gefährlichen) Wildtieren lebt. Den Tieren wird freier Zugang zum See gewährt, wo immer sie ihn begehren, auch innerhalb des Stadtbereichs und auf den Privatgrundstücken. "NO GAME – NO VISITOR – NO JOBS" heißt die einfache Devise, mit der die Einwohner für die Harmonie zwischen Mensch und Tier sensibilisiert werden sollen. Und so muß man hier tatsächlich praktisch zu jeder Tages- und Nachtzeit mit Elefanten und Büffeln rechnen, und genauso gehören Impala, Kudus, Paviane und Zebras zum alltäglichen Bild. Wer in Kuburi oder Nyanyana übernachtet, bekommt regelmäßig nächtlichen Besuch von Elefanten und kann tagsüber vom Camp aus Wasserböcke, Büffelherden sowie Zebras und Impala beobachten.

Oben: Staumauer des Karibasees

Kariba versucht die friedliche Koexistenz von Menschen und Wildtieren

Orientierung

Kariba ist sehr weitläufig angelegt und steigt vom 490 m tief gelegenen Ufer auf 835 m Höhe an. Die beachtlichen Klimaunterschiede, die diese 345 m Höhendifferenz bewirken, waren Auslöser der Städteplanung: Direkt am schwülen Seeufer wurde in den 50er Jahren für die schwarzen Arbeiter der Stadtteil Mahombekombe angelegt, während sich die Europäer in der deutlich kühleren und luftigeren Höhe von Kariba Heights niederließen. Demzufolge sind auch die städtischen Einrichtungen, wie Post, Bank, Hospital und Kirche in Kariba Heights zu finden. An dieser Situation hat sich nicht viel geändert. Noch heute zeigt sich an der Lage des Wohnsitzes die Einkommensstruktur der Bewohner. Erst der Tourismus förderte auch die Entwicklung der Uferzone.

Der kurvige *Lake Drive* verbindet Karibas Vorort Nyamahunga mit dem Ortszentrum und bietet herrliche Aussichten. In seiner Verlängerung gelangt man direkt zum Staudamm und der Grenze nach Sambia. Über den *Heights Drive* erreicht man das Wohngebiet der Weißen und den grandiosen Aussichtspunkt in Kariba Heights.

Die großen Entfernungen mit vielen Steigungen innerhalb Karibas lassen nichtmotorisierte Besucher schnell verzweifeln, denn zu Fuß läßt sich der Ort kaum besichtigen. Am bequemsten erkundet man die Region per Mietwagen, denn öffentliche Busse fahren unregelmäßig und Taxis findet man nur vor größeren Hotels.

Geschichte

Das blühende Ferienziel wurde erst in den 50er Jahren als Arbeitersiedlung für die beim Stauprojekt Beschäftigten angelegt. Die unwirtliche, schwer zugängliche Region war bis dahin kaum beachtet worden. An der Stelle, wo heute die Staumauer den Sambesi zurückstaut, befand sich eine nur ca. 90 m breite Schlucht, die Kariba Gorge, durch die sich der Sambesi mit immenser Wucht drängte. Seine erste schriftliche Erwähnung fand diese Schlucht 1667 durch den Portugiesen Baretto. Rund 200 Jahre später paddelte David Livingstone mit seinem Bruder hier den Sambesi entlang. Bis die schmale Stelle zu Beginn dieses Jahrhunderts als Basis für eine Staumauer anvisiert wurde, interessierte sich praktisch niemand für die einsame, tsetseverseuchte Region. Erster Schritt zu Beginn des Großprojekts war denn auch, eine Straße hierher zu verlegen. Die Konstrukteure ließen sich dabei von der Natur leiten und führten die Straße von Makuti nach Kariba entlang der uralten Elefantenpfade. 1956 standen erste Baracken, um die 10 000 Arbeiter unterzubringen. Als der Bau 1959 fertiggestellt war, blieben viele in der jungen Siedlung, denn auch für das Elektrizitätswerk wurden Arbeiter benötigt. In den 60er Jahren entwickelte

Bilder links: Elefanten an der Power Line Road, Aussichtspunkt in Kariba Heights, Warzenschweine
Bilder dieser Seite: der Jachthafen von Kariba, Andenkenladen und Carribea Bay Resort

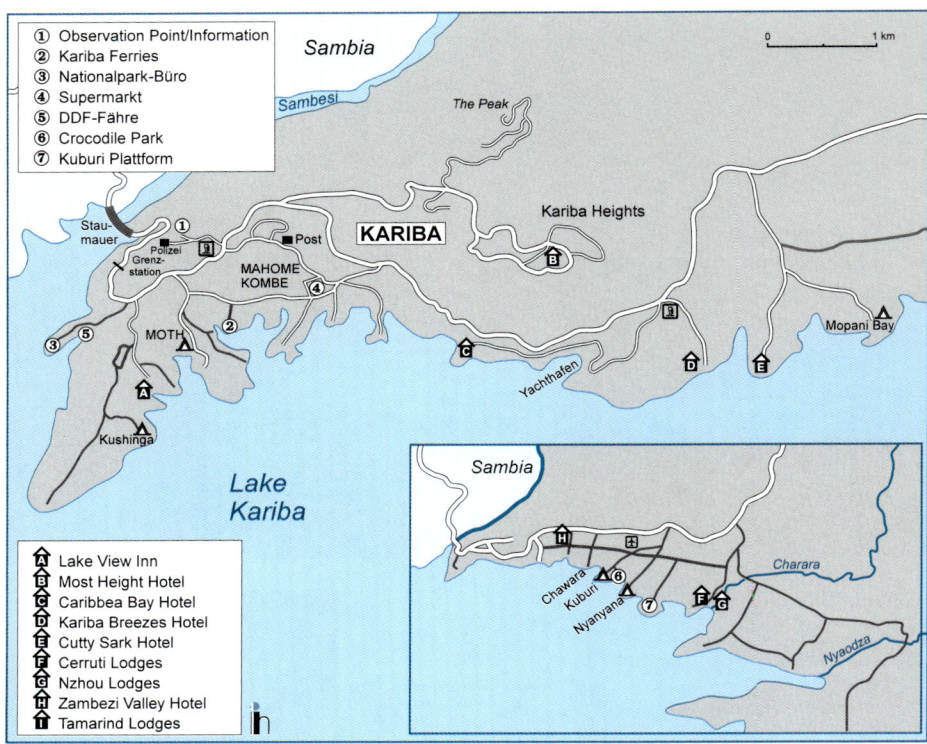

Der Flußgott Nyaminyami

Im Glauben der Tonga lebt der Geist des mächtigen Sambesi in Gestalt einer riesigen Wasserschlange namens Nyaminyami. Als die Stauung des Sambesi durchgesetzt wurde, prophezeiten die Tonga, dadurch den Unmut Nyaminyamis herauszufordern. Sie werteten die zahlreichen Unglücksfälle beim Dammbau als Rachezeichen ihres Flußgottes. So z. B. im Dezember 1955, als der Sambesi eine Behelfsbrücke fortspülte, und im Januar 1957, als eine riesige Flutwelle einen Schutzdamm einriß. Eine Jahrhundertflut im März 1958 zerstörte eine wichtige Hängebrücke und schließlich stürzten im Februar 1959 mehrere Gerüste ein und begruben 17 Arbeiter in frischen, noch feuchten Beton. Jahrelang beschworen die Tonga den Einsturz der Staumauer. Erst die Gebete ihrer Ältesten, so sagen sie, haben den erzürnten Flußgott schließlich besänftigt und überzeugt, daß es gut sei, den wilden Sambesi zu bändigen. So entstand die sog. 'Legende von Nyaminyami'.

sich durch das Aussetzen von Kapentafischen eine Fischindustrie, deren Zentrum Kariba wurde. Gleichzeitig zogen der riesige See und die Staumauer immer mehr Besucher an, und so wandelte sich die Arbeitersiedlung zum friedlichen Feriendomizil. Heute leben über 20 000 Menschen in Kariba, die meisten vom Tourismus oder sind beim Elektrizitätswerk beschäftigt.

Der Name geht auf die Tonga-Bezeichnung „Karihwa" (Brücke bzw. Falle) zurück. Der Legende nach waren einst zwei riesige Steinblöcke in die Schlucht gestürzt und hatten eine Art Brücke gebildet, unter der sich der Sambesi durchzwängen mußte. Hier soll der Flußgott Nyaminyami gelebt haben.

Sehenswertes in Kariba und Umgebung

Die Staumauer gilt als interessanteste Sehenswürdigkeit Karibas und beeindruckt sicherlich nicht nur technisch ambitionierte Besucher. Wenn Sie Ihren Paß (gegen Quittung) am Grenzgebäude abgeben, dürfen Sie zum Parkplatz an der Staumauer weiterfahren und die Staumauer betreten. Von hier aus kann man die gigantischen Ausmaße der Staumauer auf sich wirken lassen. Stellen Sie sich vor: Die Mauer ist 617 m breit, 128 m hoch, an der Basis 26 m und oben 13 m stark. 1 Million Kubikmeter Beton und 11 Tonnen Stahl wurden dafür verarbeitet. Baubeginn war 1956, und trotz erheblicher Schwierigkeiten und Rückschläge wurde das kolossale Bauwerk am 22. Juni 1959 fertiggestellt. 1960 ließ Queen Elizabeth II. feierlich die Generatoren starten. Fünf Jahre dauerte es insgesamt, bis der See seine jetzige Größe erreicht hatte. Mit einer beachtlichen technischen Meisterleistung hatte man den damals größten Stausee der Welt geschaffen. Durch den Damm wurde der Sambesi für 280 km zu einem See mit 5230 km² Wasseroberfläche zurückgestaut. Die beiden Kraftwerke versorgen noch heute beide Staaten mit ausreichend Elektrizität (jeder Staat unterhält sein eigenes Kraftwerk), allerdings haben die Dörfer dieser Region noch immer keinen Anteil am Strom (siehe auch die Situation der Tonga, Seite 299).

Nach Jahren besorgniserregend niedrigem Wasserstandes füllte sich der Karibasee 1997/98 wieder. Im September 1998 öffnete man zum ersten Mal seit vielen Jahren drei der sechs Schleusen für einige Stunden. Die frühzeitig angekündigte Aktion wurde zu einem gigantischen Medienspektakel. In Kariba und Siavonga (Sambia) waren alle Hotels ausgebucht; Tausende Besucher waren angereist, um das große Schauspiel zu erleben.

Die Staumauer

Ausflug ins Niemandsland

Von diesem erhöhten Aussichtspunkt erhält man einen guten Gesamteindruck von der Staumauer und den Kraftwerken auf beiden Uferseiten. Hier befindet sich auch die Touristeninformation, die allerdings nicht allzu hilfreich ist (Tel. 161-2328).

Observation Point
Info

Der höchste Gipfel Karibas läßt sich entlang einer steilen Straße erklimmen. Er gewährt einen herrlichen Ausblick auf die Staumauer und die Kariba Gorge.

The Peak

Zur Erinnerung an die zahlreichen Opfer, die das Stauprojekt gefordert hat, hatten die Arbeiter in Kariba Heights eine Kapelle errichtet. Im Innern der Saint Barbara Church steht eine Gedenktafel mit den eingravierten Namen der Getöteten. Auf keinen Fall versäumen sollten Sie die Aussicht vom View Point in Kariba Heights. Von dieser Stelle genießt man einen uneingeschränkten Blick über den See bis hin zu den rötlichen Bergen des Zambezi-Escarpments. Malerisch und exotisch wirkt die Aussicht im Zwielicht des Tages, bei Nacht scheinen romantisch die Lichter unzähliger Fischerboote herauf. Auf dem großen Parkplatz werden Kunsthandwerk und Souvenirs angeboten. Eine große Steintafel erinnert hier an die beispiellose Tierrettungsaktion Operation Noah (siehe S. 313).

Kariba Heights: Kirche und View Point

Rund 20 km außerhalb von Kariba kann man an Führungen durch die Krokodilzuchtstation teilnehmen. Öffnungszeiten: Dienstags bis sonntags von 08.00–13.00 h und 14.00–17.00 h, montags geschlossen. Eintritt ca. 1 US$. Info Tel./Fax 2822. Als Pauschalausflug wird die Krokodilfarm für ca. 12 US$ angeboten.

Lake Crocodile Park

Operation Noah

Die Stauung des Sambesi bedeutete eine Tragödie für die Wildtiere der gesamten Region. Als das Wasser anstieg, retteten sich viele Tiere auf höhergelegene Gebiete. Allmählich wurden diese Bergkuppen zu Inseln, die langsam im steigenden Wasser versanken. Die Tiere saßen in der Falle und ertranken zu Tausenden. Engagierte Tierfreunde um den Wildhüter Rupert Fothergill starteten deshalb 1959 eine beherzte Aktion, die unter dem Namen 'Operation Noah' als größte Tierrettungsaktion der Welt Geschichte machen sollte. Mit unermüdlichem Eifer trieben sie Tiere, die schwimmen konnten, an das rettende Ufer, und brachten viele andere auf Booten in die Sicherheit. Dabei kam es manches Mal zu gefährlichen Situationen, bei denen verstörte, aggressive Tiere getötet werden mußten. Deshalb versuchten die Wildhüter, Großwild zu betäuben und z. B. mit Flößen an Land zu ziehen. Immer wieder kam es zu traurigen Rückschlägen und Mißerfolgen. T. Edelmann, ein Helfer am Nordufer, erlebte eine unglückliche Elefantenrettung: Drei apathische Kühe und zwei Kälber waren auf einer Insel entdeckt worden. Nichts konnte sie dazu bewegen, die Insel selbständig zu verlassen, deshalb fingen die Männer die beiden Kälber ein und brachten sie zum Ufer. Doch die Elefantenkühe folgten ihnen nicht und die Kälber waren zu klein, um alleine zu überleben. Also wurden sie zur Insel zurückgebracht, wobei allerdings eine der drei Elefantenkühe in Notwehr erschossen wurde. Man entschied sich, die gestreßten Tiere zunächst in Ruhe zu lassen. Als Edelmann nach einer Woche zurückkehrte, hatte sich eine Tragödie zugetragen: die beiden Kälber waren nach schweren Verletzungen, die ihnen vermutlich die beiden Kühe zugefügt hatten, gestorben; und von diesen fehlte jede Spur. Doch es gab auch viele glückliche Momente und manche Rettung gelang förmlich in letzter Minute. So konnte Edelmann einmal auf zwei kleinen Inseln, die bereits vollkommen aufgeweicht waren und wenige Stunden später überspült wurden, dicht aneinander gedrängt fünf Erdferkel, vier Impala, zwei Schirrantilopen, zwei Mangusten, zwei Hasen und einige Perlhühner retten.

Das größte Problem, dem sich die Retter ausgesetzt sahen, war die psychische Verfassung der Wildtiere. Für die meisten Tiere waren das Eingefangenwerden und die unmittelbare Nähe zu den Menschen traumatische Streßsituationen. Sie reagierten darauf mit einem dramatischen Anstieg der Körpertemperatur und gerieten in einen schweren, insbesondere bei Impala und Schirrantilopen schnell tödlichen Schockzustand. Um den Tieren die Überwindung des Schocks zu erleichtern, ging man dazu über, sie bereits im Wasser in Ufernähe freizulassen. Die Tiere flüchteten schwimmend an das Ufer, wodurch sich ihre Körpertemperatur und der rasende Herzschlag schneller erholten, als wenn man sie an Land aussetzte.

Die meisten Tiere wurden ans Südufer des Sees gebracht, wo anschließend Wildschutzgebiete eingerichtet wurden, nur einen kleineren Teil setzte man am Nordufer aus. Die Aktion dauerte je nach Quelle von Dezember 1958 bis Juni 1961 bzw. Februar 1959 bis Juni 1963. Es besteht auch keine Einigkeit darüber, wie viele Tiere gerettet werden konnten. Die Gesamtzahl dürfte irgendwo zwischen 4500 und 6000 Tieren liegen. Die Aufstellung beim Denkmal in Kariba Heights umfaßt 4914 Tiere, darunter 23 Elefanten, 78 Büffel, 1866 Impala, 44 Nashörner, 10 Löwen, 585 Warzenschweine, 47 Stachelschweine und 3 Hyänen. Operation Noah brachte darüber hinaus faszinierende neue Kenntnisse für die Wissenschaft. So wurde hier z. B. entdeckt, daß Perlhühner schwimmen können.

Die selbstlose und erfolgreiche Rettungsaktion war dennoch nur ein Tropfen auf den heißen Stein. Sie vermag nicht darüber hinweg zu täuschen, daß durch die Stauung des Sambesi abertausende Tiere sterben mußten. Zusätzlich wurden in jenen Jahren in Südrhodesien viele Tausend Tiere wegen des Tsetse-Control-Hunting-Programms abgeschossen, die meisten im Sambesital. Allein 1958 wurden 14 911 Wildtiere getötet, viele davon in unmittelbarer Nähe des neuen Stausees. Daß unter ihnen vermutlich auch Tiere waren, die soeben erst glücklich gerettet worden waren, erscheint schon als makabere Ironie.

Kuburi Wilderness Area & Charara

Besonders reizvoll ist der Abstecher zur Kuburi Plattform und dem Picknickplatz

Kuburi Wilderness Area bezeichnet ein rund 370 km² großes Gebiet im Umkreis von Kariba, das von der *Wildlife Society* gepachtet wurde (es schließt direkt an den Karibasee und den Sambesi an und wird im Landesinneren durch die kleinen Flüsse Nyadadza und Muto River begrenzt). Die Wildlife Society hat sich zu einer nicht gewinnorientierten Nutzung verpflichtet und engagiert sich für die Aufklärung und Information der Bevölkerung. Auf dem Gelände stehen einfache Picknick- und Campingplätze zur Verfügung. Touristen bemerken die Grenzen zwischen der Kuburi Wilderness Area und der Charara Safari Area kaum, denn es sind weder Schilder aufgestellt noch Zäune errichtet worden. Eine Besonderheit ist die vielfältige Nutzung der Region. So gehen nicht nur die Kuburi W. A. und die Charara S. A. nahtlos ineinander über, sondern auch kommerzielle Projekte wie der Fischereihafen, die Krokodilfarm und eine große Bananenplantage, befinden sich auf dem Wildschutzgebiet. Zwischen Kuburi Headquarters und der Kuburi Plattform liegt der Nyanyana Campingplatz der Nationalparkbehörde, an dessen Schranke jeder, der hier eine Pirschfahrt unternimmt, Eintritt wie in einen Nationalpark bezahlen muß. Von hier aus gelangt man in eine wildreiche, abwechslungsreiche Uferlandschaft. Die Plattform überblickt das Seeufer und steht nahe einiger Hippotümpel. Hier besteht übrigens auch die Möglichkeit zu campieren, allerdings ohne Wasser und Sanitäreinrichtungen (zu reservieren beim Wildhüter im Nyanyana Campsite). UTC und andere Agenturen bieten Pirschfahrten in die Kuburi Wilderness Area für ca. 15 US$ an.

Bilder S. 312: Impressionen aus dem Matusadona N. P., Tongadorf

Bootsausflüge & Hausboote auf dem Karibasee

Boots-ausflüge

Zu den beliebtesten Ausflügen in Kariba zählen Bootsfahrten auf dem Karibasee. Das Angebot hierzu ist reichhaltig. Zur Auswahl stehen z. B. ganztägige Fahrten mit Verpflegung, wo man unter anderem auf Wildbeobachtung geht (Flußpferde, Krokodile, Elefanten, Wasservögel etc.). Preis: ca. 30 US$ p. P. Kürzere Bootsflüge gibt es als *Lunch Cruise* oder – besonders empfehlenswert, da sehr stimmungsvoll – als *Sunset Cruise* für je ca. 20 US$. Die Preise variieren allerdings sehr stark von Anbieter zu Anbieter. Kurztrips für 2–3 Std. werden schon ab 8 US$ angeboten. Bootsausflüge haben UTC (im Cutty Sark Hotel, Carribea Hotel, Lake View Hotel) und Shearwater (im Kariba Breezes Hotel) im Programm. Wer ein ganzes Boot chartern möchte, muß mit ca. 25 US$ plus Treibstoffkosten rechnen (z. B. bei Kariba Breezes).

Hausboote

Die klassische Ferienart der privilegierten Einheimischen und zunehmend beliebt bei Touristen sind mehrtägige Karibasee-Kreuzfahrten im Hausboot. Die meisten Hausboote liegen am Carribea Bay Harbour oder Andora Harbour und werden für 45–70 US$ pro Person und Tag angeboten. Hausboote mit Besatzung werden ab 180 US$ pro Tag vermietet. Das Essen muß man selbst mitbringen, ein Koch sowie ein erfahrener Kapitän sind an Bord. Bei großen Hausbooten, die bis zu 40 Gäste aufnehmen können, ist sogar ein Animateur dabei. Unterwegs besteht der Tagesablauf aus Ausruhen, Sonnenbaden, Fischen und Wildbeobachtungen, wenn man z. B. entlang des Matusadona Nationalparks fährt. Hausboot-Vermieter sind u. a. Kariba Cruises (Tel. 2839), Kariba Yacht Safaris (Tel. 2983), Kariba Breeze Marina (Tel. 2475), Mukurumanzi (Tel. 2237/2522) und Cruise Kariba (Tel. 2697).

Southern Belle

Das luxuriöse Ausflugsschiff im nostalgischen Stil eines Mississippi-Raddampfers ist pompös mit Mobilar des 19. Jh. eingerichtet und kann in seinen 20 Kabinen 44 Passagiere aufnehmen. Zwei Nächte an Bord des schwimmenden Hotels kosten rund 280 US$ p. P. Per Beiboot werden Ausflugsfahrten und Angeltrips unternommen. Info & Reservierung: Zambezi Paddle Steamer, Tel. 14-790333, Fax 14-791132 (Harare).

Kanutrips

In Kariba sind auch mehrtägige Kanufahrten nach Mana Pools buchbar, alternativ gibt es bei *Kingdom Safaris* eine eintägige Kanutour in der Kariba-Gorge.

Hotels, Bungalows & Camping

- **Carribea Bay Resort:** Tel. 161-2453, Fax 161-2765. Die Ferienanlage der Zimbabwe-Sun-Gruppe wurde direkt am Seeufer im maurischen Stil erbaut und in Terrakotta-Farben gehalten. Sie gilt als bestes Hotel Karibas. Zwei Pools, Kasino, großes Wassersportangebot, Bootsverleih, ausgezeichnete Küche. Preise: B&B für 75 US$/ DZ und 120 US$/EZ. Buffets werden für ca. 8 US$ angeboten.
- **Cutty Sark Hotel:** Tel. 161-2321, Fax 161-2575. Älteres Mittelklassehotel mit leicht verblichenem Charme. Schöne Aussicht von Pool und Terrasse (siehe Bild). Ca. 30 US$/DZ und 40 US$/EZ mit Frühstück.
- **Kariba Breezes:** Tel. 161-2433, Fax 161-2767. Ordentliche Mittelklasse, lebhafte Bar, beliebt bei jungen Leuten. Hier hat Shearwater ein Büro eingerichtet. Hausbootverleih zu vernünftigen Preisen. Ca. 45 US$/DZ und 50 US$/EZ.
- **Lake View Inn:** Tel. 161-2411, Fax 161-2329. Herrliche Lage auf einer Landzunge über dem See. Einfache Zimmer, Mittelklasse mit afrikanischem Flair, der Pool und die Gartenterrasse bieten eine phantastische Aussicht über den See. Bootsverleih. Preise: B&B für ca. 60 US$/DZ und 90 US$/EZ.
- **Most High Hotel:** Tel. 161-2964, Fax 161-2965. Christliches Gästehaus direkt am Aussichtspunkt in Kariba Heights (kein Alkoholausschank). Sehr freundlich, wenig Touristen. Hervorragende Aussicht und wegen der Höhenlage kühler als die anderen Hotels. Ca. 25 US$/DZ und 30 US$/EZ für B&B.
- **Zambezi Valley Hotel:** Tel./Fax 161-2926. Einfaches, unruhiges Hotel im lebhaften Vorort Nyamahunga. Preise: Doppelzimmer für 30 US$, Einzelzimmer für 20 US$.
- **Tamarind Lodges:** Tel./Fax 161-2697. Sehr ruhige, geräumige Selbstversorger-Chalets für 4 oder 6 Personen zwischen 40 und 60 US$ pro Chalet.
- **Cerruti Lodges:** Tel. 14-750665 (Harare). Stilvolle, attraktive Chalets zur Selbstversorgung in der Charara Safari Area in Ufernähe. Jedes Haus wird von einem Koch & Attendant betreut. Beliebt bei einheimischen Urlaubern und Hobbyanglern. Gepflegte Anlage. Preise: Komplettes Haus für max. 9 Personen für ca. 20 US$/Tag p. P.
- **Nzhou Lodges:** Tel. 161-2980. Große Chalets (etwas einfacher als Cerruti Lodges) zur Selbstversorgung mit Ausblick auf die wildreichen Ufergrasebenen. Komplettes Haus für ca. 40 US$/Tag.
- **Moth Campsite:** Tel. 161-2809. Ruhiger, schattiger, kleiner Campingplatz. Es werden auch einfache Ferienhäuser vermietet. Preise: Camping knapp 2 US$, Mietzelt ab 2 US$, Chalet 20 US$. Nahebei wird auch auf dem kleinen Gelände des *Lions Club* Camping angeboten.
- **Mopani Bay Campsite:** Tel. 161-2555. Großer Campingplatz, oftmals überlaufen und unruhig (viele Dauercamper). Direkt am Seeufer gelegen. Pool vorhanden. Es werden auch Zelte vermietet. Ca. 2 US$/Person.
- **Kushinga Bungalows & Campingplatz:** Grandiose Lage auf der Landzunge unterhalb des Lake View Inn Hotels, sehr neue Anlage, teilweise noch im Bau. Campingwiese in Terrassen angelegt, Pool. Lange, steile Zufahrt, aber kein Allrad notwendig. Nachts oft Büffel und Flußpferde in der Umgebung, daher sollte man den Fußpfad zum Lake View Hotel nur tagsüber benutzen. Camping kostet ca. 3 US$ p. P., einfache Hütten ca. 15 US$ pro Hütte, große Chalets mit eigener Küche komplett ca. 50 US$.
- **Kuburi Headquarters & Campsite:** Sauberer und ansprechender Campingplatz der Wildlife Society. Der Tip für Kariba, wenn man etwas außerhalb des Ortes in der Wildnis stehen möchte. Liegt am Seeufer, viel Wildbesuch (Elefanten, Büffel, Wasserböcke etc.). Abends mit Blick auf die Lichter von Kariba.
- **Nyanyana Campsite:** Tel. Warden 161-2898 und 2257. Sehr schöner, einsamer Campingplatz der Nationalparkbehörde direkt am Ufer, mit vielen Wildtieren in der direkten Umgebung. Gebühren wie in Nationalparks, der Eintritt wird jedoch nicht verdoppelt, wenn man hier übernachtet.

An- und Weiterreise

Straßen-
verbindungen

Eine gut ausgebaute, 77 km lange Teerstraße führt nach Makuti. Außerdem besteht eine reizvolle Allradverbindung zur Karoi-Binga-Straße, die eine deutliche Abkürzung auf der Strecke nach Victoria Falls darstellt (siehe S. 304).

Ausreise
nach Sambia

Die Grenze zwischen Kariba und Siavonga ist täglich von 06.00–18.00 h geöffnet. Das Touristenvisum für Sambia kostet 25 US$, ein Tagesvisum 10 US$.

Busse

Nach Harare fahren täglich mehrere lokale Busse. Viermal wöchentlich verbinden die Blue Arrow Busse Kariba mit Harare (siehe S. 362). Zu unregelmäßigen Zeiten fahren Busse nach Binga. Die Bushaltestelle befindet sich am Supermarkt im Mahombekombe Township.

Mietwagen

Europcar ist im Cutty Sark Hotel (Tel. 3318) und im Carribea Bay Resort (Tel. 2453) vertreten. Hertz hat Büros im Cutty Sark Hotel (Tel. 2321) und im Lake View Hotel (Tel. 2411).

Flug

Der Flughafen befindet sich 15 km außerhalb Karibas an der Straße nach Makuti. Es werden tägliche Verbindungen nach Harare, Victoria Falls und Hwange angeboten. Zusätzlich bestehen Charterverbindungen zu den Luxusressorts und Lodges am Karibasee. UTC und Air Zimbabwe arrangieren zu allen Linienflügen Transferbusse von und zu den Hotels (ca. 5 US$).

Kariba
Ferries

Kariba Ferries unterhält die vielgenützte Fährverbindung zwischen Kariba und Mlibizi. Die Anlegestelle befindet sich am Andora Harbour. Zweierlei Fährschiffe sind im Einsatz, die *Sea Horse* (älteres Schiff, auf dem bis zu 9 Fahrzeuge Platz finden) und die neuere *Sea Lion* (Platz für 15 Fahrzeuge). Die Fahrt nach Mlibizi dauert etwa 22 Stunden, Abfahrt ist jeweils um 09.00 h. Die Passagiere können in bequemen Schlafsesseln nächtigen, die Verpflegung an Bord gilt als ausgezeichnet. Die Fahrtermine variieren je nach Saison. Grobe Richtlinie: Mo/Do ab Kariba, Di/Fr ab Mlibizi. Sofern noch Platz ist, kann man Stand-By mitfahren. Wer mit einem Fahrzeug an Bord möchte, sollte aber möglichst im Voraus reservieren. Interessant ist die Fahrt von

Tip!

Kariba nach Mlibizi statt andersherum, weil man so tagsüber an den wildreichen Ufern der Safari Areas und dem Matusadona N. P. entlang fährt. Preise pro Strecke: Passagiere ca. 85 US$ mit Vollpension, Pkw ca. 60 US$, Allradfahrzeuge ca. 70 US$. Außerdem ca. 5 US$ Gebühr für National Parks (weil der Karibasee ein Schutzgebiet ist). Büro im Hafengelände: P. O. Box 158, Kariba. Tel. 161-2475/2532, Fax 161-2291. Büro in Harare: Kariba Ferries, P. O. Box 578, Masvingo Rd., Tel. 14-65476/67661, Fax 14-67660.

DDF-Fähre

Am DDF-Hafen (District Development Fund) legt derzeit jeden Dienstag zwischen 08.30 und 11.00 h die viel einfachere DDF-Fähre ab. Sie erreicht nach rund 4,5 Std. Tashinga im Matusadona N. P., und fährt anschließend weiter zum Fischerort Chalala. Dort wird Fisch aufgeladen, die Rückfahrt

In selteneren
Abständen
besteht
auch eine
zweitägige
Fährverbindung
nach Binga

am nächsten Morgen erfolgt wieder über Tashinga. Es besteht Mitfahrgelegenheit für Passagiere und max. vier Fahrzeuge. Preise: Passagiere ca. 8 US$, Allradfahrzeuge ca. 28 US$. Wegen der Fischladungen ist die Fähre auf der Rückfahrt oftmals schon voll, wogegen es meist nicht schwierig ist, für die Strecke Kariba-Tashinga eine Mitfahrgelegenheit für Fahrzeuge zu ergattern. Da die Fähre an vielen Wochentagen nicht im Einsatz ist, kann man auch das ganze Fährschiff chartern. Eine Fahrt nach Tashinga kostet dann etwa 250 US$. Infos & Reservierung: DDF, P. O. Box 195, Kariba, Tel. 2694 und 2349. Chalala Tel. 2940, Tashinga Tel. 2577.

Weitere Informationen

Geldwechsel
Entweder in einer der beiden Banken in Kariba Heights und neben der Total-Tankstelle bei der Abzweigung zum Yachthafen oder in den Hotels. Öffnungszeiten der Banken: Mittwoch und Samstag nur vormittags, restliche Tage ganztags bis 15.30 h, sonntags geschlossen.

Gesundheit
Bitte beachten Sie, daß Sie in Kariba jederzeit und überall mit Wildtieren (z. B. Elefanten) rechnen sollten. Also vorsichtig fahren und besonders acht geben, wenn man nachts zu Fuß unterwegs ist! So einladend der Karibasee auch aussieht – und bei den durchschnittlichen Tagestemperaturen werden auch Wasserscheue Lust auf ein Bad verspüren – denken Sie an die extrem hohe Krokodilpopulation im See (angeblich kommt ein Krokodil auf 200 m Uferzone). Der Bilharziosegefahr entgeht man zwar, wenn man etwas weiter vom Ufer entfernt vom Boot aus ins Wasser springt, doch kommt es gelegentlich vor, daß Krokodile auch weit im See herumschwimmen. Kariba und das Sambesital gelten ganzjährig als malariagefährdet.

Lebensmittel-versorgung
Supermärkte: Der größte Supermarkt (SPAR) befindet sich im Stadtteil Mahombekombe (tägl. von 08.00–20.00 h geöffnet). In Kariba Heights verkauft ein kleinerer Laden Lebensmittel und alkoholische Getränke, außerdem gibt es hier einen Metzger und eine Bäckerei. In Kariba Heights haben die Läden am Mittwochnachmittag geschlossen!

Frischer Fisch
Kariba Bream Fisheries: Fangfrische Brassen und andere Fische werden täglich an einem kleinen Kiosk verkauft, der sich an der Anlegestelle der Fischerboote befindet (zu erreichen über den Weg zu „Float Plane Service" und „Charara Houseboats").

Post
Die kleinen Post Offices in Kariba Heights und Mahombekombe haben wochentags von 08.00–15.30 h und samstags von 08.00–11.30 h geöffnet.

Restaurants
Man kann in allen Hotels zum Essen gehen, ansonsten ist in Kariba wenig geboten. Die beste Küche bietet das Carribea Bay Resort. Morgens und abends wird hier ein reichhaltiges, sehr schmackhaftes Buffet zu moderaten Preisen angeboten, tagsüber gibt es Snacks an der Poolbar. Empfehlenswert ist auch die Küche im Most High Hotel.

Tanken & Gas
An der Shell-Tankstelle neben der Abzweigung zum Observation Point kann man Gasflaschen auffüllen lassen. Diese Tankstelle bietet übrigens einen 24-Stunden-Service und akzeptiert auch Kreditkarten.

Telefon
Beim unteren SPAR-Supermarkt befindet sich ein öffentliches Telefon für Telefonkarten.

Wildlife Office (National Parks)
Am Ende einer kleinen Sackgasse nahe der Staumauer hat National Parks sein Büro. In erster Linie kontrollieren die Wildhüter die kommerzielle Fischerei am See, überprüfen Lizenzen und verwalten die Charara Safari Area. Bei Schwierigkeiten mit Reservierungen für Matusadona o. ä. sind die Wildhüter auch Touristen behilflich (Tel. 161-2898).

Wildlife Society Centre
Kurz vor dem Flughafen an der Straße nach Makuti befindet sich das Wildlife Society Centre, in dem ein Informationszentrum und ein kleines Museum untergebracht wurden. Außerdem befinden sich hier verschiedene Läden, die Souvenirs, einschlägige Literatur über Kariba und seine Umgebung, Snacks & Getränke sowie Ausflugsprogramme anbieten.

Matusadona Nationalpark

Anreise

Die Anreise auf dem Landweg ist beschwerlich und sollte nur mit Allradfahrzeugen erfolgen. Dafür entschädigt die lange Fahrt mit grandiosen Landschaften und steilen Wegpassagen, die passionierte Pistenfahrer begeistern. Von Karoi kommend, fährt man 165 km entlang der Straße nach Binga und zweigt dann in die beschilderte Zufahrt nach Tashinga ab. Auf dem 81 km langen Weg zum Seeufer müssen 33 Furten durchquert werden, für die Strecke sollte man 3 Stunden veranschlagen. Während der Regenzeit schwellen viele der kleinen Flüsse an und werden manchmal vorübergehend unpassierbar. Die ersten 14 km bis zur Gabelung nach Siakobvu (links nach 11 km) bleibt die Piste in gutem Zustand. Dann führt sie nach 27 einsamen Kilometern zum *Vulanduli Gate*, einem kleinen Scout Camp, das noch in den Bergen liegt. Erst danach windet sich die steinige und teilweise ausgewaschene Piste zum See hinab und erreicht nach weiteren 40 km Tashinga. Bitte beachten Sie bei Anreise mit eigenem Fahrzeug, daß zwischen Binga und Magunje/Karoi keinerlei Tankstellen sind und entsprechende Spritvorräte mitgeführt werden müssen.

Unzählige Furten auf dem Weg nach Tashinga

Die DDF-Fähre verkehrt wöchentlich zwischen Kariba, Tashinga und Chalala und bietet Mitfahrgelegenheit für Personen und max. 4 Fahrzeuge. Derzeit fährt sie jeden Dienstagvormittag von Kariba nach Tashinga und Chalala und am Mittwoch auf gleicher Strecke zurück (Änderungen vorbehalten). Da in der Regel in Chalala Fisch aufgeladen wird, ist die Fähre auf der Strecke Chalala–Tashinga–Kariba oft voll; dann haben Privatfahrzeuge das Nachsehen. Es besteht jedoch auch die Möglichkeit, die Fähre zu chartern. Weitere Infos siehe S. 316. Tashinga verfügt außerdem über eine kleine Landebahn für Sportflugzeuge.

Allgemeines

Der Matusadona Nationalpark verdankt seine Existenz dem Karibasee, an dessen Ufern nach der Stauung mehrere Wildgebiete ausgewiesen wurden. Ein großer Teil der während der Operation Noah geretteten Wildtiere ist damals hier ausgesetzt worden. 1975 erhob die Regierung das 1407 km² große Gebiet zwischen den Flüssen Ume und Sanyati zum Nationalpark. Der Park ist ganzjährig geöffnet. Tel. Parkverwaltung: 161-2577.

Natur & Tierwelt

Siehe Bilder auf S. 312

Die Uferkulisse des Matusadona N. P. ist unverwechselbar. Vor dem flachen Ufer ragen wie bizarre Gerippe die abgestorbenen Bäume hervor, an manchen Stellen ist dieser Gürtel aus "ertrunkenen Wäldern" bis zu einem Kilometer breit. Das feurige Abendrot, das hier besonders oft entsteht, verzaubert die skurrilen Baumstümpfe im sanften, blaßblauen Wasser zu einem romantisch-kitschigen Bild. Unglaubliche Farbenspiele können dabei entstehen, und manchmal wird die ganze Landschaft in ein violettes Licht getaucht.

Der flache Uferbereich ist Lebensraum für Flußpferde, (extrem viele) Krokodile und Wasservögel. Sehr typisch sind Kormorane, Schreiseeadler, Störche und Schlangenhalsvögel. Die abgestorbenen Baumstümpfe am Seeufer sind beliebte Nistplätze für einige der 240 im Park identifizierten Vogelarten. Die zumeist mit kurzem Gras bewachsene Uferlandschaft bietet saftigen Weidegrund für die Wildtiere. Hier halten sich Warzenschweine, Wasserböcke, Zebras und Impala auf. Wegen des verbreiteten Torpedograses haben sich die Büffel besonders stark vermehrt, und Herden von bis zu 1000 Tieren sind keine Seltenheit. An diese relativ offene Zone schließen sich dichte Mopanewaldlandschaften und Combretum-Wälder

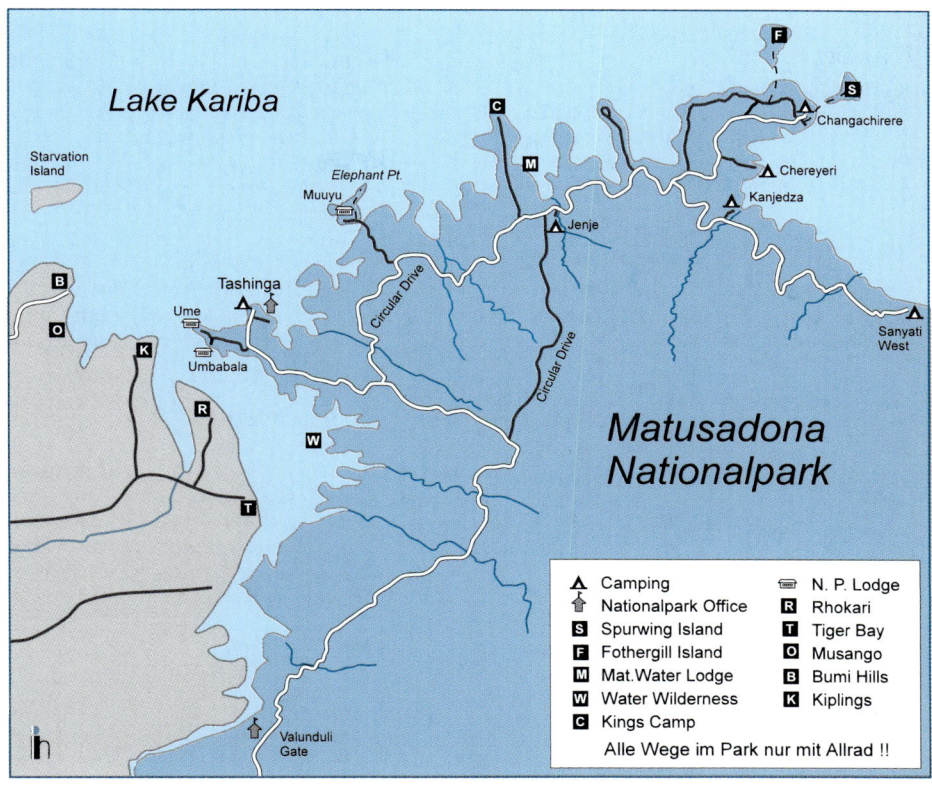

an, dazwischen sieht man Baobabs, Afrikanische Kastanien und Leberwurst-bäume. In den Mischwäldern kann man Kudus, Elefanten und Perlhühner entdecken. Elefanten schwimmen gelegentlich auch zu den vorgelagerten Inseln. Weiter im Süden steigen steil die unzugänglichen Berge der *Matuzviadonha Range* auf bis zu 1300 m Höhe an. Diese bewaldeten Berg-hänge stellen einen idealen Lebensraum für Breitmaulnashörner und Rappenantilopen dar. Unter den Raubtieren sind Löwen, Hyänen, Leopar-den und Geparde vertreten.

Sie sollten sich übrigens nicht wundern, wenn Ihnen in Tashinga plötzlich ein zahmes Nashorn über den Weg läuft, denn seit Anfang der 90er Jahre befindet sich hier eine erfolgreiche Aufzucht- und Auswilderungsstation für verwaiste Wildtiere. Insbesondere Nashörner, die in unterschiedlichen Re-gionen Zimbabwes aufgefunden wurden, finden hier in der sog. Nashorn-schutzzone ein neues, sichereres Zuhause. Berühmtester Sprößling von Tashinga ist *Chewore*, eine Spitzmaulnashorndame, die als Baby in der Chewore Safari Area gefunden und anschließend mit der Flasche in Tashinga großgezogen wurde. Als dreijährige junge Dame sollte sie schließlich in die Freiheit entlassen werden, doch kehrte das behäbige, anhängliche Tier bis-her immer wieder zu seiner Familie, den Menschen in Tashinga, zurück.

Die zahmen Nashörner von Tashinga

319

Camps im Nationalpark

Das weitläufige Hauptcamp **Tashinga** ist zugleich Sitz der Parkverwaltung. Hier stehen ordentliche Sanitäreinrichtungen und kleine, überdachte Betonflächen zur Verfügung (zum Schutz gegen Sonne und Regen). Die Campingplätze befinden sich direkt am flachen Seeufer, das von bizarren, toten Baumstümpfen umrahmt wird. Es gibt hier weder Einkaufsmöglichkeiten noch Restaurant oder Bar. Tashinga ist ein sehr naturverbundenes, nicht eingezäuntes Camp, das häufig von Wildtieren, wie Büffel, Elefanten und Flußpferden besucht wird. Beim Office kann man Kanus mieten (pro Tag ca. 10 US$) sowie Fußsafaris in Begleitung eines bewaffneten Scouts unternehmen (ca. 8 US$/Stunde).

60 km von Tashinga, nahe der Sanyati-Gorge, befindet sich das **Sanyati West Camp**. Auf der mühsamen, steinigen Zufahrt von Tashinga müssen 32 Furten durchquert werden. Der Campingplatz liegt am Hang und bietet wenig Schatten. Einfache Duschen, Toiletten und Wasser sind vorhanden.

Daneben besteht die Möglichkeit, sog. Exclusive Camps (Ferienhäuser mit Küche, Herd, Kühlschrank etc) oder Exclusive Campsites zu reservieren. Die Exklusive Campsites (Jenje Camp, Kanjedza Camp, Chereyeri Camp und Changachirere Camp) liegen alle am Seeufer. Besonders empfehlenswert ist das **Changachirere Camp**. Es liegt direkt gegenüber von Spurwing Island, bietet einen grandiosen Ausblick in die offene Uferlandschaft und oftmals spektakuläre Tiererlebnisse. Einfache Dusche, Toilette und Wasser sind vorhanden.

Die Ferienhäuser befinden sich beim Ume Camp und Mbabala Camp (beide nahe Tashinga) und dem Muuyu Camp am Elephant Point. Sie werden allerdings immer nur für eine Periode von mindestens 6 Nächten vermietet. Info & Reservierung beim National Park Office in Harare.

Im Park unterwegs

Oben: Frucht eines Baobabs

Nur rund ein Drittel des Parks wurde mit Wegen erschlossen, und auch diese Pisten lassen meist zu wünschen übrig. Die eindrucksvollsten Landschaften und zugleich besten Straßenabschnitte finden Sie entlang der flachen Uferzone (besuchen Sie z. B. Elephant Point). Nachdem sich die spektakulärsten Szenen am Seeuferbereich abspielen und hier auch die dichteste Konzentration an Wildtieren herrscht, kann man den Park auch sehr gut genießen, ohne allzuviel herumzufahren. Die schlechten Wege erfordern ohnehin viel Aufmerksamkeit beim Fahren. So ist der große Circular Drive nur zu empfehlen, wenn man viel Zeit für den Park hat. Auch für die Fahrt zum Sanyati West Camp und zurück sollte man wegen der Straßenverhältnisse mit einem Ganztagesausflug rechnen. Weniger anstrengend sind hier sicherlich die Pirschfahrten per Boot oder Kanu und die Fußsafaris.

Fothergill Island ist eine große, dem Ufer vorgelagerte Insel, die bei niederem Wasserstand als Halbinsel mit dem Festland verbunden ist. Die buschige Insel trägt den Namen von Rupert Fothergill, dem Initiator der Rettungsaktion *Operation Noah*. Hier befindet sich die umzäunte Luxusanlage Fothergill Island Lodge, in der die Gäste in eleganten Holzchalets mit Rieddächern und zum Himmel offenen Badezimmern verwöhnt werden. Auch *Spurwing Island* ist je nach Wasserstand manchmal jahrelang nur eine Halbinsel, die mit Fahrzeugen befahren werden kann. Kleine Steinbrücken führen über die seichten Stellen, die nur bei höherem Wasserstand vollkommen überspült werden. Auf der flachen Insel befindet sich die ansprechende Spurwing Island Lodge.

Folgt man der steinigen Piste zum Sanyati West Camp, gelangt man schließlich bis kurz vor die Mündung des Sanyati, der zugleich die Grenze des Nationalparks kennzeichnet. Wie ein riesiger Fjord bildet der Sanyati an seiner Mündung eine eindrucksvolle Schlucht, die man allerdings nur per Boot erreichen kann. Seine Wände sind so steil und unzugänglich, daß bisher keine Straße nach Kariba angelegt werden konnte, sondern der weite Umweg über das Hinterland erforderlich ist.

Reisezeit, Klima & Gesundheit

Kurz nach der Regenzeit, im April und Mai, lohnt sich ein Besuch des Parks vor allem wegen seiner tropischen Landschaft. Beste Reisezeit für Tierbeobachtungen sind die trockenen Monate von Juni bis Oktober. Ab September/Oktober wird es sehr heiß. Während der Regenzeit können nach anhaltenden Regenfällen viele Flüsse stark anschwellen und die Wege vorübergehend unpassierbar machen.

Oben: Begrüßung mit Chewore in Tashinga

Der Karibasee ist mit Bilharziose infiziert und die Heimat Tausender Krokodile. Baden Sie deshalb nicht im See und halten Sie sich nicht zu nah am Wasser auf. Trinkwasser sollte überall im Matusadona Nationalpark abgekocht werden. Malariaschutz wird ganzjährig empfohlen.

Schwimmende Elefanten

Ende der 70er Jahre spielte sich zwischen Spurwing Island und Kariba eine unglaubliche Geschichte ab. Eines Tages wurden drei junge Elefantenbullen beobachtet, die in direkter Linie von Spurwing Island nach Kariba schwammen. Die zurückzulegende Entfernung von mehr als 25 km schien nach menschlichem Ermessen unmöglich für Elefanten zu bewältigen. Die in Kariba stationierten Mitarbeiter des Nationalparks machten sich ungläubig per Boot auf den Weg zu den schwimmenden Elefanten. Diese hatten in der Zwischenzeit rund ein Drittel des Weges zurückgelegt. Unwillkürlich wollten die Männer die Tiere erschießen, um ihnen den qualvollen Tod durch Ertrinken zu ersparen, doch dann versuchte man, sie mit Schüssen zur Rückkehr ans Ufer zu bewegen. Dies gelang schließlich und die Parkwächter kehrten nach Kariba zurück. Doch am nächsten Tag wurden die Elefanten wieder entdeckt, diesmal nur zwei von ihnen, und sie hatten bereits zwei Drittel der Strecke zurückgelegt, als die Parkwächter sie erreichten. Die Männer hatten Seile mitgebracht, mit denen sie die Tiere abstützen wollten, doch schwammen die beiden ohne Anzeichen von Schwäche oder Ermüdung nach Kariba. Von Zeit zu Zeit erholte sich einer der beiden, indem er seine Vorderbeine auf dem Rücken des Kameraden auflegte. Auf diese Weise erreichten sie zügig und von den staunenden Parkangestellten eskortiert das Ufer bei Kariba, wo sie rasch entlang eines uralten Elefantenpfades in die Berge verschwanden. Nie zuvor haben Menschen Elefanten so weit schwimmen sehen. Mit der Natur vertraute Einheimische erinnerten sich, daß vor der Stauung des Karibasees ein alter Elefantenweg genau dort entlang führte, wo rund 20 Jahre später die Elefanten schwammen. Wie war es möglich, daß die Tiere davon Kenntnis hatten und sogar solch eine gewaltige Anstrengung auf sich nahmen, um diesem Pfad zu folgen?

Chizarira Nationalpark

Anreise

Die Zufahrt in den Nationalpark befindet sich 30 km westlich von Siabuwa (rund 285 km von Karoi) bzw. 66 km von Binga (341 km von Victoria Falls) und ist klar ausgeschildert. Sie führt zunächst noch durch eine flache Landschaft mit einzelnen Tongadörfern, steigt aber nach wenigen Kilometern deutlich an. Die Piste ist teilweise recht steinig und ausgewaschen, die steilsten Passagen sind jedoch betoniert worden. Nach 11 km erreicht man die neue Eingangsschranke, wo man sich im *Visitorbook* einträgt. Kurz danach zweigt der Weg zur Chizarira Wilderness Lodge ab (3 km). Nun beginnt der schönste Straßenabschnitt, denn die 5 km lange, kurvenreiche Strecke windet sich nun bis auf 1100 m hinauf. In diesem schattigen Taleinschnitt konnte sich ein bemerkenswert dichter, tropischer Urwald entfalten. Oben auf dem Chizarira-Plateau angekommen, folgen Sie an der Wegkreuzung zuerst den Schildern zur Parkverwaltung, um sich anzumelden.

Steinige, ausgewaschene Passagen

Zusätzlich existiert eine Allradzufahrt von Süden (von Gwayi River bis kurz vor Lusulu auf guter Piste, danach einsam und in sehr schlechtem Zustand). Die Strecke wird von organisierten Safariunternehmen regelmäßig benutzt, und bietet eine deutlich kürzere Anfahrt von Bulawayo. Weil aber kein Parkwächter im Südteil des Parks stationiert ist, darf diese Zufahrt nur mit Genehmigung im Office befahren werden.

Wichtig

Bitte beachten Sie, daß sich die nähesten Tankstellen in Binga bzw. Karoi befinden und decken Sie sich mit entsprechenden Benzinvorräten ein.

Eine kleine Landebahn ermöglicht die bequeme Anreise per Flug (wird insbesondere von der Chizarira Wilderness Lodge in Anspruch genommen).

Allgemeines

Zimbabwes viertgrößter Nationalpark (1920 km²) gilt wegen seiner isolierten Lage als wildester und einsamster Naturpark des Landes. Er wird im Norden durch die eindrucksvollen Chizarira-Mountains begrenzt und reicht im Süden an die Chirisa Safari Area. Nur wenige Besucher nehmen die weite Anreise und beschwerlichen Wege in Kauf, werden allerdings durch die stimmungsvolle Wildnis reich belohnt. Vor allem Naturfreunde, die den afrikanischen Busch gerne zu Fuß erkunden, kommen hier auf ihre Kosten.

Geschichte

Bereits 1939 wies man das Gebiet als jagdfreie Schutzzone aus, 25 Jahre später folgte die Ernennung zum Wildreservat. Der Status als Nationalpark wurde Chizarira 1975 zugesprochen. Sein Name geht auf die anschauliche Tonga-Bezeichnung "Chijalila" (Barriere) zurück, weil die schroffen Chizarira-Berge wie eine Wetterbarriere für das trockene Zambezi-Valley wirken.

Natur & Tierwelt

Der Park weist eine große landschaftliche Vielfalt auf mit Bergen, Schluchten, frischen Quellen, Hochplateaus und Flußauen. Die unwegsamen Höhenzüge und einsame Wildnis, die den Nationalpark umschließen, geben ihm den Charakter einer Insellage. In der Höhenlage fällt deutlich mehr Niederschlag als im trockenen Sambesital, und dies begünstigt die üppige Vegetation.

Den Norden prägt das majestätische Chizarira Escarpment mit seinen Steilhängen und Bergen. Hier wachsen relativ dichte Brachystegia-Wälder. Direkt an der Nordgrenze bricht der Chizarira-Höhenzug fast senkrecht 300 m hinab und läuft dann bis in das rund 600 m tiefer liegende Zambezi Valley aus. Die Flüsse Lwizikululu und Mucheni haben sich tief in das Escarpment eingegraben und bilden auf ihrem ungestümen Weg zum Karibasee tiefe Schluchten. Nach Nordosten wird der Park vom 1370 m hohen Tundaziberg begrenzt.

Bilder rechts: Aussichtsplattform und Parkeingang

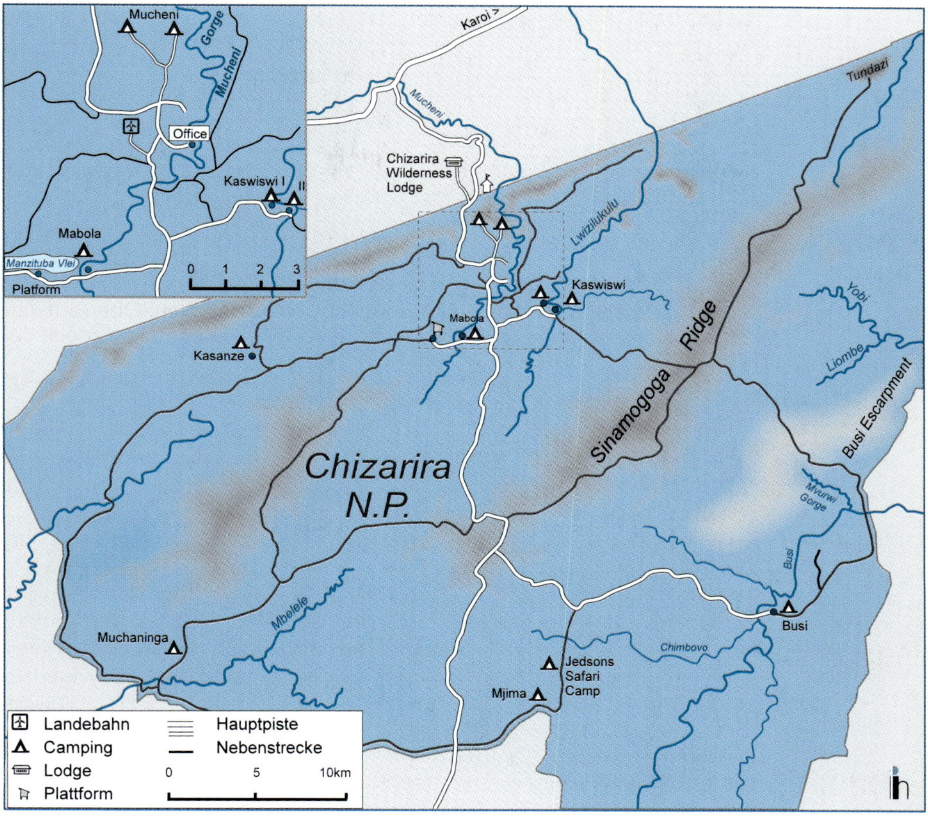

Much);eni

Gorge

Mucheni

Karoi >

Tundazi

Office

Mucheni

Chizarira
Wilderness
Lodge

Kaswiswi I   II

Lwizilukulu

Mabola

Kaswiswi

Manzituba Vlei

Mabola

Platform

0 1 2 3

Kasanze

Yobi

Sinamogoga Ridge

Liombe

Busi Escarpment

Chizarira N.P.

Mtumwi
Gorge

Busi

Mbelele

Busi

Muchaninga

Chimbovo

Jedsons
Safari
Camp

Mjima

✈ Landebahn   ═══ Hauptpiste
▲ Camping   ── Nebenstrecke
🛏 Lodge   0   5   10km
🏕 Plattform

Der zentrale Mittelteil des Nationalparks auf rund 900 bis 1000 m Höhe ist hügelig bis wellig und locker bewaldet. Im Hintergrund zeichnen sich höhere Berge ab. Nach Süden fällt das Plateau zum Busi River hin ab und geht in eine sanfte, mit Flutebenen durchsetzte Gras- und Buschlandschaft über, in denen überwiegend Mopane und Akazien wachsen.

Im Schutz dieses unwegsamen Geländes finden sehr viele Wildtiere einen sicheren Lebensraum, insbesondere da die vielen Quellen, die Flüsse Mucheni und Lwizilukulu sowie die Manzituba Vlei ganzjährig Wasser führen. Auf diese Weise haben sich die Elefanten so stark vermehren können, daß sie bereits vor Jahrzehnten schwere Vegetationsschäden angerichtet haben (während der Trockenzeit finden sich hier über 1000 Elefanten ein). Seit den 90er Jahren wird ihre Population daher durch regelmäßiges Culling (gezieltes Abschießen von Elefanten) kontrolliert.

Erfreulicherweise beherbergt der Nationalpark eine noch recht stabile Anzahl an Spitzmaulnashörnern und Elenantilopen, die hier teilweise sogar in großen Herden gesichtet werden können. Weit verbreitet sind Büffel, die sich während der Trockenzeit zu riesigen, bis zu 400 Tieren starken Herden sammeln. Außerdem gilt der Chizarira Nationalpark als typisches Weideland für Wasserböcke, Tsessebe, Kudus, Impala, Zebras, Schirrantilopen und Riedböcke. Mit etwas Glück entdeckt man auch kleinere Antilopen, wie Klippspringer, Ducker und Grysböckchen.

Wilderei, vornehmlich zur Aufbesserung der Fleischversorgung und wegen des Elfenbeins, ist noch immer ein großes Problem des schwer kontrollierbaren Parks. Die illegalen Jäger treiben meist im Süden und Osten ihr Unwesen, wo die Scouts seltener patrouillieren und viele Pfade von den angrenzenden Communal Lands in das unwegsame Gebiet führen. Eine erkennbare Reduzierung konnte dadurch erreicht werden, daß die angrenzenden Gemeinden mit dem Fleisch geschossener Elefanten versorgt werden (bei Culling-Aktionen) und Einnahmen aus dem Jagdtourismus erhalten.

Für Vogelliebhaber bietet der Nationalpark eine große Vielfalt an Wald- und Raubvögeln, hier kann man sogar die seltenen Kurzschwanzfalken (*Falco fasciinucha*) aufspüren.

Von der überdachten Plattform hat man einen schönen Ausblick auf die fruchtbare Grasebene und die kleine Quelle, die gerne von Wildtieren besucht wird. Außerdem sollte man keinesfalls den grandiosen Blick ins Tiefland – bei klarem Wetter sogar bis zum 40 km entfernten Karibasee – am Mucheni View versäumen. An diesem Aussichtspunkt fällt das 1100 m hohe Escarpment steil ab und läuft schließlich sanft in das auf 500 m gelegene Sambesital. Nur einen Kilometer weiter erreicht man die Mucheni Gorge. Die Zickzackwege an den gegenüberliegenden bewaldeten Steilhängen sind Elefantenpfade. Die Dickhäuter wandern frühmorgens manchmal entlang dieser Wege zum Trinken an den Mucheni River hinab. Wer ein geländetüchtiges Fahrzeug und ausreichend Zeit zur Verfügung hat, sollte einen Abstecher zum Busi River unternehmen. Die sanften Flußauen gelten bei vielen Kennern als schönste Region des Parks.

Beliebteste und sinnvollste Variante, den Park zu erleben, sind die geführten Wandersafaris. Für Wanderungen in Begleitung eines bewaffneten Wildhüters sind keine Reservierungen erforderlich, man meldet sich einfach bei der Parkverwaltung. Wer sich an den von Zeit zu Zeit von National Parks organisierten *Wilderness Trails* (S. 364) beteiligen möchte, wende sich vorab an die Nationalparkbehörde in Harare oder Bulawayo.

Man sollte im Chizarira Nationalpark nicht erwarten, Wildtieren so nahe zu kommen, wie z. B. im Hwange Nationalpark, denn durch die einsame Lage haben sich die Tiere hier kaum an Menschen gewöhnt und reagieren eher scheu. Der dichte Busch behindert Wildbeobachtungen, so daß der Besucher vielleicht gar nicht ahnt, wie nahe er vielen Tieren ist.

Der Chizarira Nationalpark ist ganzjährig geöffnet, während der Regenperiode können gelegentlich einzelne Strecken gesperrt werden. Die "grüne" Zeit zwischen Dezember und Mai eignet sich wegen des dichten Buschwerks weniger für Wildbeobachtungen, besticht jedoch mit einer grandiosen Vogelwelt. Hauptsaison sind die Monate von Juni bis November, die sich für Wandertouren und Pirschfahrten eignen.

Manzituba Headquarters ist Sitz der Parkverwaltung, wo sich alle ankommenden Besucher anmelden und registrieren lassen müssen (Tel. Binga. 115-333). Es bestehen im Park keinerlei Einkaufsmöglichkeiten für Lebensmittel, Benzin etc. Alle Nahrungsmittel müssen mitgebracht werden. Für den Nationalpark wird Malariaprophylaxe empfohlen; Trinkwasser sollte abgekocht werden.

Weitere Infos & Tips

Camps im Nationalpark

Den Besuchern stehen 6 einfache Campingplätze zur Verfügung, die jeweils nur an eine Reisegruppe (die auch aus 2 Personen bestehen kann) vergeben werden. Es gelten die staatlichen Eintrittspreise und die Campinggebühren für *Exclusive Campsites* (S. 364).

• **Mucheni Gorge Camp Site:** Liegt 3 km vom H.Q. direkt oberhalb der Mucheni Gorge. Das Camp ist sehr einfach ausgestattet (Schattendach, Grillstand und Buschtoilette, allerdings kein Wasser). Grandiose Aussicht in die wildromantische Schlucht. Halten Sie hier Ausschau nach Elefanten!

• **Mucheni View Camp Site:** 4 km vom H.Q., mit freiem Blick ins Zambezi-Valley, bietet dieses Camp die spektakulärste Aussicht, aber nur wenig Wildbeobachtungsmöglichkeiten. Sehr einfach – Schattendach, Grillstand und Buschtoilette vorhanden, allerdings kein Wasser.

• **Kaswiswi I Bush Camp:** Bestausgestattetes Camp, 6 km vom H.Q. in einer leichten Senke am Lwizilukulu River gelegen. Dusche, Toilette, überdachter Aufenthaltsraum, zwei Schlafhütten, steinerne Sitzgelegenheit und ein Grillplatz stehen zur Verfügung. Viele Vögel, aber auch Schirrantilopen und Elefanten. Abends Tausende Glühwürmchen am Fluß!

• **Kaswiswi II Camp Site:** Rund 500 m von Kaswiswi I entfernt wurde am Zusammenfluß von Kaswiswi und Lwizilukulu River dieses sehr einfache Camp errichtet. Imposante Lage vor der hohen Felswand am gegenüberliegenden Ufer, jedoch tagsüber ohne Schatten. Nur ein Abfalleimer, Grillplatz und eine Buschtoilette sind vorhanden.

• **Mobola Bush Camp:** 6 km vom H.Q. am Mucheni River unterhalb der Manzituba-Quelle. Das stimmungsvolle Camp liegt direkt am Bach und wurde mit einer steinernen Sitzgelegenheit, einem Heißwassertank, Schattendach, Grillplätzen, Toilette und Dusche ausgestattet. Viele Vögel.

• **Busi Bush Camp:** Idyllische, aber einfache Campinggelegenheit am Busi River, in einer phantastischen, wildreichen Auenlandschaft, die an Mana Pools erinnert (viele Löwen). Das Camp ist allerdings erst nach 35 beschwerlichen Kilometern zu erreichen (Allrad und hohe Bodenfreiheit erforderlich)!

Die Aussichtsplattform wurde ursprünglich nur als Picknickplatz konzipiert. Die Parkverwaltung gestattet interessierten Besuchern aber auch, hier zu übernachten. Der Ausblick in die grüne *Manzituba Vlei* ist sehr schön, doch stehen nur ein Grillplatz und eine Buschtoilette zur Verfügung (kaum Schatten, kein Wasser). Die auf manchen Karten ausgewiesenen Rastplätze *Kasanze, Machininga* und *Mjima* sind offiziell örtlichen Safarianbietern vorbehalten.

Daneben gibt es in der Region zwei privat geführte Lodges:

• **Chizarira Wilderness Lodge:** Run Wild, P. O. Box 6485, Harare. Tel. 14-795841, Fax 14-795845. Auf einem privaten Konzessionsgebiet auf 780 m am nördlichen Rand der Chizarira Mountains liegt diese einsame Lodge und bietet max. 18 Naturfreunden in komfortablen Chalets erholsamen Aufenthalt. Der weite Ausblick von dem Bergplateau, an dessen Kante die Lodge liegt, ist beeindruckend, insbesondere bei Nacht, wenn in der Tiefebene in den Tongadörfern getrommelt wird und der Lichtschein unzähliger Lagerfeuer zu sehen ist. Von hier aus werden Pirschfahrten und Fußwanderungen im Park unternommen sowie Dorfbesuche bei den Tonga. Die Anreise erfolgt meist per Kleinflugzeug von Harare oder Kariba. Sehr persönliche, rustikale Atmosphäre, Pool vorhanden. Zwischen Mai und September betreiben die Lodgebesitzer ein exklusives Dauerzeltcamp im Herzen der Chizarira Wilderness Area namens *Taita Wilderness Tented Camp*, das bei mehrtägigen Aufenthalten mit der Lodge kombiniert werden kann. All-Inclusive-Preise: 230 US$/DZ und 300 US$/EZ, ab der zweiten Nacht wird's um ein Drittel billiger, Transfers ca. 100 US$ p.P.

• **Jedsons Safari Camp:** Jed Robinson, P. O. Box NE 88, Bulawayo, Tel. 19-60490, Fax 19-967609. Im einsamen Südteil des Parks gelegenes Camp mit vier Chalets und einem großen Hauptgebäude. Von hier aus werden ganzjährig professionelle Wandertouren durch den Nationalpark geführt. Die Anreise zum Camp erfolgt von Süden (Lusulu).

DER NORDEN

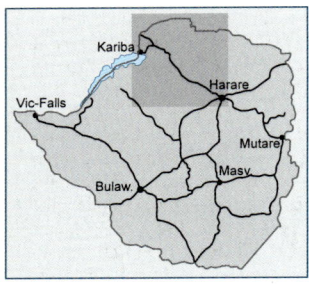

Der Norden des Landes wird vom Zambezi-Escarpment geprägt, einem tiefen Taleinschnitt, den der breite Sambesi mit seinen Sandbänken und Lagunen durchfließt. In der nahezu unerschlossenen Wildnis entlang des Sambesi liegen riesige Wildschutzgebiete und Mana Pools, ein Juwel unter den Nationalparks des Landes. Der Flußabschnitt zwischen Kariba und Kanyemba ist außerdem das klassische Land der Kanufahrten. Hier wird das faszinierende afrikanische Klischee von wildromantischen Flußläufen, friedlichen Elefanten im Abendrot und unberührter, grandioser Weite lebendig.

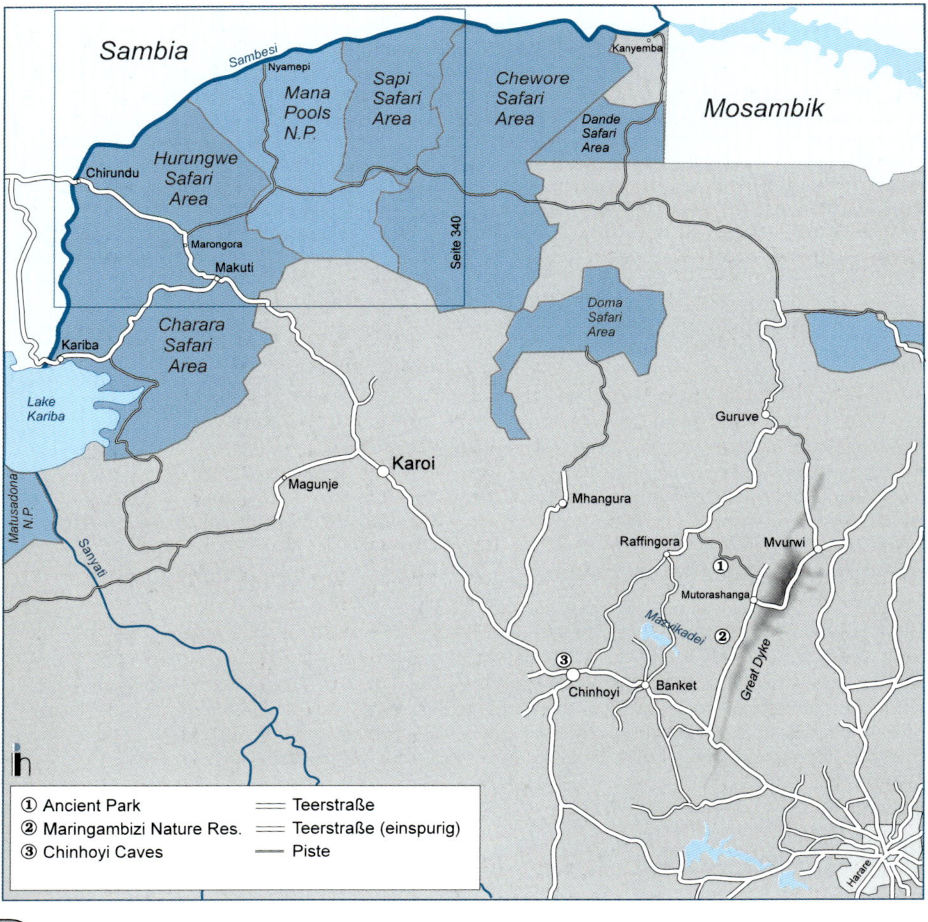

Sambia

Sambesi

Nyamepi

Mana Pools N.P.

Sapi Safari Area

Chewore Safari Area

Kanyemba

Mosambik

Dande Safari Area

Chirundu

Hurungwe Safari Area

Marongora

Makuti

Seite 340

Doma Safari Area

Charara Safari Area

Kariba

Lake Kariba

Guruve

Matusadona N.P.

Sanyati

Magunje

Karoi

Mhangura

Raffingora

Mvurwi

① Mutorashanga

② Mazvikadei

③ Chinhoyi

Banket

Great Dyke

Harare

① Ancient Park	Teerstraße
② Maringambizi Nature Res.	Teerstraße (einspurig)
③ Chinhoyi Caves	Piste

Von Harare nach Chirundu

Man verläßt die Hauptstadt entlang der Lomagundi Road (A1). Die vielbefahrene Straße führt durch Farm- und Weideland und erreicht nach 60 km den mineralreichen Höhenzug Great Dyke. An seiner höchsten Stelle, dem 1550 m hohen Great Dyke Paß bietet sich eine weite Aussicht über die leicht gewellte Landschaft.

Great Dyke bezeichnet eine 530 km lange und nur 1 bis 11 km breite, zusammenhängende Bodenerhebung, die sich im Norden von der Mvurwi Range bei Guruve nach Süden bis zur Chironde Range bei Shurugwi erstreckt. Die höchsten Aufwerfungen liegen mit Bergen bis 1800m Höhe im nördlichen Bereich. Bis kurz vor Darwendale bleibt der vulkanische Höhenzug mächtig und deutlich sichtbar, dann flacht er allmählich ab. Erst bei den Ngezi- und Sebakwe-Stauseen steigt der Felsrücken nochmals deutlich an. Insgesamt beträgt seine Fläche 3083 km². Zum überwiegenden Teil besteht der Great Dyke aus Serpentingestein. Außerdem lagern hier enorme Mengen an Platin, Chrom, Asbest und Nickel. Wegen seiner reichen Mineralvorkommen wurde der Gesteinsrücken an vielen Stellen häßlich aufgerissen, und Bergwerke, Fördertürme und Abraumhalden prägen das Bild. Übrigens war der erste Europäer, der diese geologische Besonderheit genauer beschrieben und untersucht hat, der Deutsche Carl Mauch in den Jahren 1867-1872.

Am Great Dyke bietet sich eine interessante Querverbindung nach Mvurwi und Tengenenge an. Die Teerstraße zweigt bei Mpinga (KM-Stein 69) in Richtung Muriel Mine ab und verläuft direkt neben dem langgezogenen Bergrücken des Great Dyke. Immer wieder kommt man an Chromminen und Abraumhalden vorbei. Nach 29 km erreicht man die Abzweigung zur umzäunten Goldmine Muriel Mine. Auf der Kenmore Farm, die 2 km westlich dieser Mine liegt, befindet sich die kleine *Maringambizi Nature Area*. Die Farmer haben das felsige, bewaldete Gebiet mit Wanderpfaden und einem einfachen, wenig besuchten Campingplatz ausgestattet (Tel. 166-82098). Hier kann man reiten, ein kleiner Kiosk verkauft landwirtschaftliche Produkte. Camping kostet ca. 5 US$. Die Weiterfahrt nach Mvurwi verläuft über Mutorashanga und die gleichnamige Paßstraße über den Great Dyke. 24 km westlich von Mutorashanga liegt der **Ancient Park**. Auf dem hügeligen, staatlich geschützten Gelände wurde neben einigen Felsmalereien auch Tonscherben und Werkzeuge aus der frühen Siedlungsgeschichte entdeckt (zu erreichen entlang der Piste zur Windsor Farm).

Erste größere Ortschaft ist nach 95 km **Banket**, das sich in den vergangenen Jahren zu einem landwirtschaftlichen Zentrum entwickelt hat. Nicht weit von hier wurde 1987 der Mazvikadei-Stausee errichtet. Er bildet ein beliebtes Wochenend-Ausflugsziel für die Städter (am Lions Club kann man campen).

Banket

4 km hinter Banket zweigt eine schmale Teerstraße nach Norden ab und führt über **Raffingora** nach Guruve. 11 km vor Raffingora liegt auf dem Gelände der SS. Ranch/ Glen Rosa Farms der Muzunga Stausee, an dessen Ufer sehr einfache, preiswerte Chalets zur Selbstversorgung errichtet wurden. Hier wird 'Urlaub auf der Farm' angeboten (Infos: This is Africa, P. O. Box 95, Raffingora, Tel. 166-7245, Fax 166-7233).

Abstecher nach Raffingora

Nach kurzer Fahrt erreicht man die Kleinstadt **Chinhoyi**. Mit fast 50 000 Einwohnern ist sie heute ein aufstrebendes Landwirtschaftszentrum, das neben sehr guten Versorgungsmöglichkeiten ein großes Krankenhaus, Schulen und ein Hotel aufweist. In der Umgebung werden überwiegend Tabak, Mais und Baumwolle angebaut sowie Rinderzucht betrieben. Chinhoyi ging durch die „Schlacht von Chinhoyi" in die Geschichte ein. Am 28.04.1966 lieferten sich hier ZANLA-Freiheitskämpfer und rhodesische Sicherheitskräfte ein 12stündiges Gefecht, das 7 Opfer bei den Guerilleros forderte und als Auslöser des 2. Chimurenga (bewaffneten Befreiungskriegs) angesehen wird. Zur Erinnerung wird der 28. April alljährlich als *Chimurenga Day* gefeiert.

Chinhoyi

Die Siedlung wurde um 1895 gegründet

• **Orange Grove Motel & Caravan Park:** Tel. 167-22785, Fax 167-23095. Gartenlokal, Pool, großer Garten. Der Campingplatz befindet sich unter hohen Schattenbäumen. Preise: Zimmer ca. 25 US$ p. P., Camping 2 US$.

Unterkunft

Chinhoyi Caves Nationalpark

Auf der Weiterfahrt bietet sich nach 8 km ein Besuch des Chinhoyi Caves N. P. an

siehe Bild S. 330

Der 148 ha kleine Nationalpark schützt ein Labyrinth aus Dolinen und Kalksteinhöhlen, die teilweise unterirdisch miteinander verbunden sind. Hauptsehenswürdigkeit ist der *Sleeping Pool*, eine nahezu kreisrunde Vertiefung in 46 m Tiefe mit steilen Felswänden und einer eingestürzten Decke. Dadurch fällt helles Tageslicht auf den unergründlich wirkenden Wassertümpel und läßt ihn in tiefblauer Farbe erscheinen. Wenn die Sonne am späten Vormittag genau in den ca. 91 m tiefen Pool strahlt, wirkt er fast wie die Blaue Grotte auf Capri. Man kann im Wasser Fische und Felsen erkennen, und natürlich ranken sich unheimliche Legenden um dieses tiefe Loch. Das Höhlensystem ist noch längst nicht vollständig erforscht. Es steht auch noch die Klärung aus, warum das Wasser des Sleeping Pools konstant 22°C aufweist. Vermutlich ist er mit einem riesigen unterirdischen Wasserreservoir verbunden.

Skelettfunde belegen, daß die Höhlen schon seit rund 2000 Jahren bewohnt sind. Bei den ansässigen Shona tragen sie den Namen „Chirorodziva" (Höhle der Gefallenen), weil um 1830 die eindringenden Ngoni besiegte Shona in den Sleeping Pool gestoßen haben sollen. Als erster Europäer besuchte der Großwildjäger F. C. Selous die Höhlen und glaubte, darin antike Minengruben zu erkennen. Während seines Besuchs lebte Chief Chinhoyi mit seinem Volk in den Höhlen. Zum Schutz gegen Überfälle der Ndebele lagerten sie ihr Getreide in unterirdischen Verstecken und verbarrikadierten sich hier bei Gefahr.

Der Zugang liegt direkt an der Teerstraße

Der Zugang zu den Höhlen ist ganzjährig von 06.00–18.00 h möglich, es werden die üblichen Nationalpark-Eintrittsgebühren berechnet. Die Fußwege sind oft recht steil, tragen Sie daher Schuhwerk mit trittsicherem Profil. Seit neuestem wird hier übrigens für Wagemutige Tauchen in den Höhlen angeboten (ca. 30 US$). Übernachtungsgelegenheit bieten der zum Nationalpark gehörende Campingplatz und das Caves Motel.

Unterkunft

- **Caves Motel:** Tel. 2340. Liegt direkt neben der vielbefahrenen Straße, und ist daher etwas unruhig. Ansprechender Dining Room, ordentliche Küche. Preise: Ca. 30 US$ pro Zimmer.
- **Campsite & Caravan Park:** Direkt neben dem Eingang zu den Caves bzw. dem Caves Motel gelegen. Große Wiese mit ordentlichen Einrichtungen, allerdings viel Verkehrslärm. Preise: Ca. 2 US$ p. P.

Weiterfahrt nach Norden

siehe Bild S. 331

Die Straße nach Norden wird nun deutlich einsamer, der starke Verkehr läßt nach. Am Straßenrand werden gelegentlich „Worms for Sale" angeboten, in Tüten verpackte Regenwürmer für die nach Kariba fahrenden Sportfischer. Diese Straßenverkäufe, die an Wochenenden und zu Ferienzeiten durchaus lukrativ sind, sichern vielen Einheimischen ein kleines Zubrot. Nach kurzer Fahrt gelangt man nach Lions Den, einer kleinen Bahnsiedlung mit riesigen Getreidesilos.

Auf den restlichen 59 km bis Karoi weichen die eingezäunten Farmen allmählich zurück. Nur selten sieht man in der Ferne von hohen Bäumen geschützte Farmhäuser, dafür kann man jetzt gelegentlich kleine Kuduherden entdecken, die sich dieser Kulturlandschaft hervorragend angepaßt haben. Unterwegs weist eine kleine Abzweigung in westliche Richtung zum *Mhondoro Game Park* (Tel. 167-269512, Chinhoyi. Ein privater Wildpark mit Löwenzucht, die frühere Lodge gibt es jedoch nicht mehr).

Karoi

Sinngemäß bedeutet dieser alte Shona-Name 'kleine Hexe', weshalb als Stadtwappen am Ortsein- und ausgang jeweils eine Betontafel aufgestellt wurde, das ganz nach europäischer Vorstellung eine auf ihrem Besen reitende Hexe darstellt (nach Shona-Überlieferung reiten Hexen jedoch auf Hyänen). Zur Kolonialzeit wurde der 1344 m hoch gelegene Ort Urungwe genannt. Er ist noch heute Verwaltungssitz des Hurungwe-Distrikts. Karoi weist eine recht junge Geschichte auf. Bis 1938 galt das Gebiet am Rande des Tsetsegürtels nämlich als landwirtschaftlich unattraktiv und wenig zur kommerziellen Nutzung geeignet. Dann ließ sich hier trotzdem ein Farmer nieder und pflanzte Tabak – mit dem Resultat, daß seine hervorragende Ernte im folgenden Jahr großes Aufsehen erregte und ein regelrechter Boom einsetzte. In Kürze entwickelte sich die Region zu einem der bedeutendsten Tabakanbaugebiete des Landes. Karoi zählt heute etwa 12 000 Einwohner. Neben einem Krankenhaus, Tankstellen, Werkstätten und großen Supermärkten bietet die Kleinstadt verschiedene Unterkünfte. Wegen seiner Höhenlage kann es in Karoi nachts übrigens recht kühl werden. Es bietet sich daher gerade bei Reisen während der heißesten Monate an, vor dem Abstieg in das heiße Zambezi-Valley in Karoi zu übernachten.

Rund 9 km nördlich von Karoi zweigt die reizvolle Straße nach Binga und zu den Matusadona und Chizarira Nationalparks ab (siehe Seite 304). Nun läßt man allmählich die Farmen, Felder und Weidezäune hinter sich und taucht in den wildreichen, dichten Buschwald ein. Je weiter man nach Norden kommt, um so größer werden die Chancen, in den dicht bewaldeten Berghängen Elefanten zu entdecken, und immer wieder sitzen Paviane auf der Straße. 86 km nördlich von Karoi liegt **Makuti**, das eigentlich nur aus einer Tankstelle an der Abzweigung nach Kariba und dem freundlichen Clouds End Hotel besteht (siehe Seite 305ff). Hier beginnt der wohl spektakulärste Teil der Strecke, der Abstieg in das Sambesital.

Nach 14 km erreicht man das Wildlife-Office von **Marongora**. Hier werden alle Besucher der Schutzgebiete im Zambezi-Valley registriert, denn ohne einen Passierschein dieses Büros wird der Zutritt zu den Safari Areas, in den Nationalpark oder nach Kanyemba verwehrt (siehe S. 343). Am kleinen Damm können hier Reisende, die am nächsten Tag in den Nationalpark fahren möchten, gratis campieren. Tel. 163-512 und 513.

In Lions Den zweigt eine Teerstraße zum Kupferminenort **Mhangura** ab (45 km) und führt als Piste weiter in die **Doma Safari Area**. In dieser abgelegenen Region haben sich zwei Lodges etabliert. Doma Safari Lodge bietet neben Selbstversorger-Chalets auch All-Inclusive mit Pirschfahrten und -wanderungen, Reiten und Fischen (Infos: Lisa Wood, P. O. Box 943, Tel./Fax 167-23853, Chinhoyi, Preise: P. P. 20 US$ bei Selbstversorgung und 150–200 US$ für All-Inclusive). Die Tchechenini Lodge von Bushveld Safaris liegt in einem privaten Wildschutzgebiet am Rande der Safari Area. Auch hier wurden riedgedeckte Chalets errichtet, außerdem stehen ein Aufenthaltsraum und ein Pool zur Verfügung (Bushveld Safaris, Avondale Harare. Tel. 4-307945, Fax 14-307921. All-Inclusive-Preise ab 100 US$).

Unterkünfte in Karoi

•**Karoi Hotel:** Tel. 6317, P. O. Box 51. Koloniales Stadthotel in Ortsmitte. Preise: B&B ca. 30 US$/DZ, 20 US$/EZ.
•**Twin River Inn:** Tel. 6464, P. O. Box 231. Einige km nördlich direkt an der Straße gelegen. Mit Restaurant. Preise: B&B ca. 37 US$/DZ, 25 US$/EZ.
•**Spring Fever Campsite:** Campingplatz neben dem Twin River Inn. Ordentliche Einrichtungen, aber etwas laut. Preise: ca. 1 US$ p. P.
•**Caravan Park:** Städtischer, einfacher und ruhiger Campingplatz am Damm (über das Industriegebiet erreichbar). Nur kaltes Wasser. Ca. 1 US$ p. P.

Die Hauptstraße windet sich nun in steilen, ausladenden Serpentinen das Escarpment, aus geologischer Sicht eine Verlängerung des großen ostafrikanischen Grabenbruchs, hinab. Der Ausblick auf die flache Tiefebene und den breiten Sambesi in der Ferne ist grandios. 11 875 km² Safari- und Wildschutzgebiete liegen dem Betrachter hier zu Füßen, eine nahezu unberührte, einsame Wildnis. Keinerlei Ortschaften oder Gebäude stören das Bild, nur das schmale Teerband der Straße nach Chirundu durchschneidet diese Urlandschaft und verliert sich irgendwo am Horizont.

6 km nach Marongora hat man bei der Abzweigung zum Mana Pools N. P. die Tiefebene erreicht. Die Außentemperatur ist deutlich wärmer, die Vegetation trockener und die Böden sind sandig. In rascher Fahrt durch das flache Sambesital gelangt man nun nach 39 km zum Grenzposten Chirundu.

Chirundu

Chirundu ist kaum mehr als ein stark frequentierter Grenzposten im ungesunden Klima des nördlichen Lowveld (nur 400 m Höhe). Der Sambesi ist an dieser Stelle nur 370 m breit. Jahrzehntelang mußten die Grenzgänger einen Ponton benützen, erst 1939 wurde die 415 m lange Stahlbrücke eingeweiht. Sie trägt zu Ehren ihres Finanziers den Namen Otto Beit Bridge (nicht zu verwechseln mit Beitbridge an der Grenze zu Südafrika). Die Grenze nach Sambia ist täglich zwischen 06.00 und 18.00 h geöffnet. Meist warten lange Lkw-Reihen vor dem Grenzgebäude, die Abwicklung für Privatpersonen und -fahrzeuge verläuft allerdings zügig. Es bestehen tägliche Busverbindungen nach Harare. Chirundu hat sich mittlerweile als wichtiger Anfangs- und Endpunkt von Kanufahrten etabliert. Die Gegend ist sehr wildreich, ähnlich wie in Kariba muß man auch hier mit unerwarteten Tierbegegnungen rechnen.

Unterkünfte in Chirundu:

- **Chirundu Valley Motel:** Tel. 618. An der Hauptstraße gelegene klimatisierte Zimmer im Hauptgebäude und einfache Rondavel im Garten. Mit Restaurant. Der Pool ist eine beliebte Elefantentränke! B&B für ca. 12 US$/ DZ und 16 US$/EZ.
- **Tiger Safaris:** P. O. Box 1, Tel./Fax 1637-633. Saubere Chalets zur Selbstversorgung für je bis zu 4 Personen, etwa 1 km flußabwärts am Sambesi. Ca. 70 US$ pro Chalet. Motorboote mieten pro Tag 65 US$.

Bilder links: Kanufahrten am Sambesi, Chinhoyi Cave, Marongora Wildlife Office
Bilder oben: Sonnenuntergang über dem Fluß, ländlicher Supermarkt, Würmerverkauf an der Straße nach Kariba

Unerwarteter Besuch

Bei einer Kanutour auf Höhe der Mana Pools erlebte eine afrika-erfahrene Freundin im Herbst 1993 ein höchst ungewöhnliches 'Mißge-schick': Sie und ihr Begleiter trieben im Kanu gerade nahe einer Sambesi-insel vorbei, um einer größeren Flußpferdgruppe in Flußmitte auszu-weichen. Dabei schreckten sie an-scheinend ein junges Krokodil auf, das sich auf der Insel gesonnt hatte. Mit einem beherzten Sprung wollte sich das Krokodil ins sichere Was-ser retten, doch der Pechvogel lan-dete prompt mitten im Kanu. Mit knapp einem Meter Körperlänge füllte es das Boot dabei ordentlich aus. Der Schreck muß allen Betei-ligten gleichermaßen in die Glieder gefahren sein, das Krokodil sprang jedenfalls im nächsten Augenblick panikartig über Bord und ward nie mehr gesehen!

Kanufahrten am Lower Zambezi

Kanutouren zwischen Kariba und Kanyemba gehö-ren mittlerweile zu den Highlights im Zambezi-Valley. Mit Recht, denn der Sambesi ist Weg und Ziel zugleich. Nirgends ist es hier schöner als direkt am Fluß. Die Uferzone eignet sich hervorragend zur Wildbeobachtung, vor allem während der Hoch-saison von Juni bis November, wenn die Tiere aus dem trockenen Hinterland an den Sambesi wan-dern, wo sie Nahrung und Wasser finden.

Vorkenntnisse oder sportliche Höchstleistungen sind nicht erforderlich, um an einer Kanufahrt teil-zunehmen. In 5,7 m langen Fieberglasbooten, die Platz für 2 bis 3 Passagiere bieten, läßt man sich sanft den Fluß hinabtreiben oder paddelt durch malerische Lagunen. Hier müssen keine Strom-schnellen bewältigt werden, statt dessen heißt es auf Hippos und Krokodile achtzugeben. Verärgerte Flußpferde, die ihr Revier verteidigen wollen, stel-len in der Tat die größte Gefahr dar. Man sollte deshalb immer den Anweisungen des erfahrenen Safarileiters folgen, generell defensiv fahren und frühzeitig Hippos ausweichen. Muß man an Fluß-pferden vorbeifahren, führt man sein Kanu lang-sam und nahe dem gegenüberliegenden Ufer an der Tieren vorbei. Wenn man an Land geht, sollte man immer auf möglicherweise im hohen Gras dösende Büffel achten, die sehr reizbar sind, wenn sie überrascht werden. Auf Sandbänken liegen untertags viele Krokodile, die beim Näherkommen schnell ins Wasser gleiten.

Diese eigenwillige Kombination aus Nervenkitzel, wenn man z. B. an einer aufmerksamen Hippogruppe vorbeigleitet, und absoluter Entspannung, die sich in der trägen Stille bald einstellt, ist wohl der besondere Reiz dieser Unternehmungen. Wer ein Faible für spektakuläre Stimmungen, abgeschiedene Wildnis und unerwartete Tiererlebnisse mitbringt, kommt hier voll auf seine Kosten. Wem es aber unheimlich ist, auf einem Kanu an Elefanten und dösenden Krokodilen vorbeizupaddeln, sollte motorisierte Pirschfahrten im Mana Pools Nationalpark vorziehen.

Insgesamt können zwischen Kariba und Kanyemba rund 260 Flußkilometer mit Kanus befahren werden. Die Gesamtstrecke wird in der Regel in drei Etappen geteilt, die einzeln gebucht werden können. Teil 1, von Kariba bis Chirundu, ist am kürzesten. Für die ca. 65 km lange Strecke werden 3 Tage/2 Nächte benötigt. Wenn man einmal die steile Kariba Gorge verlassen hat, wird der Sambesi breit und die Landschaft flach. Auf sambischer Uferseite sieht man immer wieder kleine Dörfer. Die Tierwelt ist noch nicht so spektakulär wie im späteren Verlauf. Die Kariba-Chirundu-Tour wird ab ca. 500 US$ angeboten (All-Inclusive).

Die weitaus populärste Strecke sind die 75 km zwischen Chirundu und Mana Pools (Nyamepi Camp). Landschaftlich wird dieser Flußabschnitt vom breiten, trägen Sambesi und seinen vielen Inseln geprägt. Während dieser 4 Tage/3 Nächte dauernden Kanufahrt bieten sich in der Regel die besten Chancen zur Tierbeobachtung. Sie wird für ca. 600 US$ angeboten (All-Inclusive).

Teil 3 führt von Mana Pools nach Kanyemba, dem Grenzort zu Mosambik. Man benötigt für die 120 km lange Fahrt 5 Tage/4 Nächte. Hier erlebt man den wildesten Abschnitt des Sambesitals, durchfährt die von 30 m hohen Felsen gesäumte Mupataschlucht und gelangt anschließend in eine flache, einsame Region. Am sambischen Ufer sind wenige kleine Dörfer, auf zimbabwischer Seite gehört die Wildnis bis kurz vor Kanyemba allein den Tieren. Diese Tour kostet etwa 800 US$ (All-Inclusive).

Empfehlenswert sind vier- bis fünftägige Kanutouren, um richtig abzuschalten und den Einklang mit der unverfälschten Natur zu erleben. Begeisterte Kanuten können natürlich auch zwei oder alle drei Strecken miteinander kombinieren, die Gesamtstrecke Kariba–Kanyemba dauert etwa 9 Tage.

Die Touren werden mittlerweile ganzjährig von sehr vielen örtlichen Reiseunternehmen angeboten. Transfers vom Hotel (in Kariba) zu den Ausgangs- und Endpunkten, Ausrüstung, Safarizelte und Verpflegung sind im Preis enthalten. Kanutouren stehen im Zeichen intensiven Naturerlebens, auf Komfort und Luxus muß weitgehend verzichtet werden. Mitarbeit beim Zubereiten des Essens (auf dem Lagerfeuer), Zeltaufbau und Abwasch wird vorausgesetzt. Mitzubringen sind Badesachen, Handtuch, Sonnenschutz (Hut/Kappe, Brille und Lotion), Insektenschutz und eine Taschenlampe. Von Mai bis August sollte man auch etwas Warmes zum Anziehen einpacken und von November bis März einen leichten Regenschutz. Das persönliche Gepäck ist auf 5 kg plus Fotoausrüstung begrenzt. Übernachtet wird in Zelten auf sehr einfachen, von der Nationalparkbehörde ausgewiesenen Camps am Sambesiufer. Hier gibt es weder Duschen noch Toiletten. Die Behörde erhebt hohe Auflagen, z. B. werden die Kanufahrten strikt limitiert, die Gruppen dürfen nur an den reservierten Plätzen nächtigen, Abfälle müssen mitgenommen werden und es darf kein Feuerholz geschlagen werden. Vor allem wegen der Zulassungsbegrenzung weichen viele Safariagenturen nun auf die unkontrollierte sambische Uferseite aus.

Eine Auswahl der Anbieter:
- Hungwe Tours: P. O. Box 5438, Harare. Tel. 14-733087, Fax 14-733009.
- Tsoro River Safaris: P. O. Box 161, Kariba. Tel. 161-2426.
- Buffalo Safaris: P. O. Box 113, Kariba. Tel. 161-2645.
- Shearwater Adventures: P. O. Box 3961, Harare. Tel. 14-757831, Fax 14-757838.
- River Horse Safaris: Kariba. Tel. 161-2447, Fax 161-2944.

Mana Pools Nationalpark

**Anreise &
Reservierung**

In Makuti (296 km von Harare, 77 km von Kariba) befindet sich die letzte Tankstelle. 16 km weiter nördlich passiert man das Wildlife Office in Marongora - hier müssen sich alle Besucher des Nationalparks ein Permit ausstellen lassen, auch wenn man schon eine Reservierung aus Harare hat. Nach 15.30 h darf man nicht mehr von Marongora nach Mana Pools weiterfahren, damit sichergestellt ist, daß alle Besucher noch vor Dunkelwerden das Camp erreichen. Wer zu spät dran ist, darf kostenlos am Damm hinter dem Büro von Marongora campieren.

*Achtung:
Fahrzeuge
über 3 Tonnen
Gewicht
dürfen nicht in
den Park
fahren*

Ausgestattet mit dem Permit für Mana Pools fährt man auf der Teerstraße in das Sambesital hinab. Unterhalb des Escarpments zweigt nach 6 km rechts die Schotterzufahrt in den Park ab. Nach 31 km auf waschbrettharter, gerader Strecke erreicht man den Rukomechi River und das dahinter liegende Scoutcamp am Nyakasikana Gate. Hier wird das Permit geprüft und abgestempelt. Folgen Sie nun der Piste nach links (rechts geht es zu den Chitake Spring Camps und weiter nach Kanyemba und Guruve). Nach 42 km erreicht man Mana Pools. (Insgesamt ist das Hauptcamp Nyamepi des Mana Pools Nationalparks 390 km von Harare entfernt). Tel. Mana Pools Office: 163-533.

*Bilder rechts:
Flußpferd an
der Mana-
Mündung;
Scharlachs-
pinte an der
Uferböschung;
Hippo, Löwe
und ein Elefant
im Camp*

Obwohl die Zufahrt in den Nationalpark keinen Allradantrieb erfordert und ganzjährig befahrbar ist, schließen manche Mietwagenagenturen den Park für Normalfahrzeuge aus. Das liegt an der hohen Unfall- und Verschleißgefahr der berüchtigten, harten Wellblechpiste. Die Zufahrt ist eine Tortour für Autos und Insassen, am schonendsten und sichersten fährt man die Strecke genüßlich langsam. Reifenpannen, abgeschlagene Stoßdämpfer und Schleuderunfälle sind typische Gefahren dieser Strecke.

Ein kleiner Airstrip nahe dem Hauptcamp ermöglicht auch die Anreise per Kleinflugzeug.

Reservierungspflicht

Leider ist es gerade für ausländische Besucher nicht immer ganz einfach, diesen herrlichen National-park zu besuchen. Offiziell sollen alle Unterkünfte vorab bei der Nationalparkbehörde in Harare reserviert werden. Wegen der großen Beliebtheit, die der Park genießt, und weil die Besucherzahlen auf 50 Fahrzeuge pro Tag beschränkt sind, heißt es für kurzfristig Buchende oft "Sorry - schon ausge-bucht". Dann bleiben folgende Möglichkeiten: Man fährt trotzdem zum Wildlife Office in Marongora. Es kommt immer wieder vor, daß Besucher trotz Reservierung nicht erscheinen und nach kurzer Funkrücksprache mit den Wildhütern in Nyamepi ein Campingplatz verfügbar ist. Wenn das auch nicht gelingt, kann man morgens als Tagesbesucher einreisen (nicht mehr nach 09.30 h erlaubt) und sein Glück vor Ort versuchen. Wie in vielen anderen Nationalparks des Landes werden auch hier abends gegen 17.00 h nicht in Anspruch genommene Plätze an Wartende vergeben. Dies ist natür-lich ein Glücksspiel, klappt aber sehr häufig (wer einige Tage in Mana Pools verbringt, kann meistens beobachten, daß ein, zwei Plätze leerstehen, obwohl der Park als ausgebucht gilt).

In den meisten Quellen heißt es immer noch, der Park sei nur von 01. Mai bis 31. Oktober geöffnet. Dies ist nicht richtig. Nyamepi Office ist ganzjährig besetzt, auch die NP-Lodges werden ganzjährig angeboten. Die Campingplätze werden zwischen November und April bei gutem, trok-kenem Wetter geöffnet, und nach anhaltenden Regenfällen vorübergehend wieder geschlossen. Deshalb sind sie in dieser Zeit nicht vorab reservierbar, Interessenten müssen kurzfristig im Marongora-Office buchen. Wenn man zur Regenzeit in den Mana Pools Nationalpark fährt, wird man zwar weniger spektakuläre Elefantenbesuche erleben, weil sich die meisten Tiere im Hinter-land verteilen, dafür genießt man den Park in herrlicher Ruhe mit nur wenigen anderen Gästen.

Allgemeines

Mana Pools ist mit 2196 km² der drittgrößte Nationalpark des Landes. Er liegt zwischen dem Zambezi-Escarpment und dem Sambesi (ca. 50 km Ufer-länge zwischen den beiden Flüssen Rukomechi und Sapi). Der Nationalpark befindet sich im nördlichen Lowveld auf einer durchschnittlichen Höhe von 400 bis 900 m. Der Name "Mana" bedeutet "Vier" und steht für die vier Altwassertümpel Main Pool, Chine Pool, Long Pool und Chisambik Pool.

Geschichte

Wegen des ungesunden Klimas, der Tsetsefliegen und der schlechten Bö-den war die Region auch in der Vergangenheit kaum besiedelt. Zwischen 1955 und 1975 war sie Teil der Hurungwe Safari Area, danach erklärte man Mana Pools zum Nationalpark. Zusammen mit der Chewore Safari Area wurde Mana Pools von der UNESCO zum Weltkulturerbe ernannt (wegen der landschaftlichen Besonderheit seiner Flußauen und als Refugi-um für die mittlerweile deportierten Spitzmaulnashörner).

Vegetation

*Apfelring-
akazien bilden
ein sehr
beliebtes Futter
für Elefanten*

Das Herzstück des Parks bildet die attraktive Auenlandschaft an den vier Mana Pools. Sie sind Relikte des ehemaligen Flußbetts des Sambesi, der vor langer Zeit einmal 3 km weiter südlich floß. Der Sambesi mäandert noch immer, bildet Altwasserlagunen, wird von Inseln und Sandbänken durchbro-chen und ist an manchen Stellen bis zu 5 km breit. Im Brackwasserbereich bilden saftiggrüne Kariba Weed-Teppiche und blühende Wasserhyazinthen einen reizvollen Kontrast zum dunklen Flußwasser. An den Ufern haben sich sandige Terrassen gebildet, die mit Grasflächen bewachsen sind. Daran reiht sich ein regelrechter Akaziengürtel mit riesigen Apfelringakazien (*Acacia albida*), auch Anabaum genannt. Auch andere, zum Teil uralte Bäume säu-men den schattenspendenden Uferwald. Die auffälligsten sind Leberwurst-bäume, Mahagoni, Ebenholz, Afrikanischer Regenbaum, Zambezi-Feigen und Tamarinden. Dazwischen stehen Ilalapalmen. Als Untermalung dieser Kulisse erheben sich fern im sambischen Hinterland die stimmungsvollen, faltigen Berge des nördlichen Zambezi-Escarpments.

Jenseits der Uferwaldzone am Sambesi schließt sich rasch ein dichter, trokkener Laubwald an, der überwiegend aus Mopane besteht. Er reicht nach Süden bis an das Escarpment. Hier findet man immer wieder knorrige Baobabs von kolossalem Umfang. Die meisten von ihnen wurden im Laufe der Jahrhunderte von Elefanten übel zugerichtet.

Einige markante Baobabs passiert man auf der Zufahrt zum Park

Früher kam es in dieser Region immer wieder zu großen Überschwemmungen, wenn der Sambesi Hochwasser führte. Die Stauung des Karibasees regulierte und zähmte den Fluß. Dies hat allerdings zur Folge, daß nun auch die bei Überschwemmungen angespülten mineralischen Sedimente dem Boden fehlen, was sich bereits mit einer zunehmenden Versandung der Uferzone andeutet.

Während der 70er Jahre wurde ein zusätzliches Stauprojekt an der Mupataschlucht, rund 90 km flußabwärts von Mana Pools propagiert. Der geplante 850 km² große Stausee hätte die Schlucht sowie die Uferzone von Mana Pools überspült. Massive Proteste von Natur- und Umweltschützern konnten das Projekt schließlich verhindern. Doch der Naturidylle droht neue Gefahr, denn seit einigen Jahren werden immense Ölvorkommen im Zambezi-Valley vermutet und mit Hochdruck nach ihnen geforscht.

Der Sambesi mit seinen vielen Lagunen und Seitenarmen ist das Reich der Flußpferde, Krokodile und Wasservögel. An seinen Ufern und auf den flachen Flußinseln weiden Büffel, Wasserböcke und Elefanten. In der abwechslungsreichen Auenlandschaft in Ufernähe halten sich bevorzugt Paviane, Warzenschweine, Zebras und Impala auf.

Tierwelt

Man schätzt den Bestand an Elefanten, die sich im Zambezi-Valley aufhalten, auf 12 000 bis 15 000 Tiere. Eigentlich pflegen Elefanten ein Verhaltensmuster, das in sehr ausgewogener Weise mit der natürlichen Umgebung umgeht. Sobald die alljährlichen Regenfälle einsetzen, ziehen sie sich weit ins Hinterland und in die Berge zurück und ernähren sich dort von frischen Trieben. Erst wenn zu Beginn der Trockenzeit das Nahrungsangebot immer magerer wird, wandern sie an den Sambesi, um sich dort von der Ufervegetation zu ernähren. Erst der Mensch hat dieses eingespielte System durcheinander gebracht. Zunehmender Bevölkerungsdruck und die Eindämmung der Tsetsefliegen haben zur Folge, daß die Besiedlung der Randgebiete um Nationalparks und Safarigebiete immer stärker wird. Die Ausweichmöglichkeiten für Elefanten, der Radius für ihre saisonalen Wanderungen, wird immer kleiner. Erleidet die Region dann noch ein paar Dürrejahre, kommt es ganz schnell zu schweren Schäden an der Vegetation.

In manchen Regionen richten Elefanten schwere Vegetationsschäden an

Auch Büffel, von denen es hier etwa 16 000 Exemplare gibt, unternehmen solche saisonalen Wanderungen. Kudus, Elenantilopen und Nyala (Mana Pools ist neben dem Gonarezhou N. P. die einzige Landesregion, in der diese anmutigen, scheuen Antilopen leben) bevorzugen den lichten Buschwald im Hinterland. Löwen und Hyänen sind zahlreich vertreten und halten sich meist in der Nähe großer Tierherden auf. Leoparden und Wildhunde werden regelmäßig gesichtet.

Giraffen, Gnus und Kuhantilopen kommen hier nicht vor

Auch für Ornithologen ist das Sambesital ein Juwel. Zahlreiche Wasser- und Watvögel, wie Kormorane, Reiher, Kiebitze und Störche finden hier einen geeigneten Lebensraum. Bei den Greifvögeln ist vor allem der markante Schreiseeadler typisch. Eine Besonderheit des Sambesitals ist die Tatsache, daß es für viele Vogelarten aus Zentralafrika die Südgrenze ihres Lebensraumes bildet (z. B. Füllebornpieper und Blaßschnabeltokos).

Mehr als 350 verschiedene Vogelarten sind hier heimisch

Wildbeobachtungen bei Pirschfahrten, Kanufahrten & Wanderungen

Mana Pools ist der einzige Nationalpark mit gefährlichem Großwild, wie Elefanten, Büffel und Löwen, wo man ohne Wildhüter frei herumlaufen darf; dabei ist Mana Pool auch ein Platz, an dem viele Tiere von sich aus das Camp besuchen.

Manche Szenen wirken geradezu inszeniert. Ein erholsamer Aufenthaltstag im Nyamepi Camp kann durchaus einiges an Erlebnissen beinhalten. Es beginnt schon morgens, wenn ein paar Büffel gemütlich im Busch hinter den Sanitäranlagen weiden. Zum Frühstück kommen die ersten beiden Elefanten neugierig durch das Camp geschlendert, zupfen hier einmal an einem Zweig und holen sich dort einige Samenkapseln geschickt von einem Baum. Die kleine, mit Fotoapparaten und Videokameras ausgerüstete Menschentraube, die sie dabei mit respektvollem Abstand begleitet, scheint sie nicht zu stören. Nach dem Elefantenbesuch finden sich Paviane und Meerkatzen ein, die sich behende über die Abfallbehälter hermachen. Nachdem sie das Camp mit seinen Besuchern eingehend inspiziert haben, trollen sie sich wieder davon. Die Mittagszeit bleibt ruhig, und nur wachsame Reisende bemerken die Schirrantilope im nahen Gebüsch. Am Nachmittag kehren die Elefanten zurück, während gleichzeitig vorne am Flußufer Hippos an Land grasen. Die Elefantenbullen bleiben im Camp, bis die Nacht hereinbricht. Während man abends am Lagerfeuer kocht oder grillt, legen sich Hyänen nur wenige Meter weiter im Gebüsch auf die Lauer. Hier harren sie aus, bis die Leute zu Bett gegangen sind. Sobald die Luft rein ist, machen sie sich an den verschiedenen Kochstellen und Abfalleimern auf die Suche nach Essensresten und Knochen (ganz wichtig: weder Lebensmittel noch die eigenen Schuhe nachts draußen lassen, Hyänen beißen erst einmal überall hinein, bevor sie feststellen, daß Plastiksandalen nicht besonders gut schmecken). Wer abends länger auf ist, kann vielleicht sogar flinke Honigdachse auf ihrer Wanderung durch das Camp beobachten. Auch nachts kehrt hier keine Ruhe ein. Auf der sandigen offenen Fläche zwischen dem Campingplatz und dem Sambesi legen sich gerne die Büffel zur Ruhe, in ihrer Umgebung grasen Flußpferde. Wenn es an den Bäumen raschelt und knackt, sind auch die Elefanten wieder zurückgekehrt (Vorsicht, wenn man nachts zur Toilette muß, nicht jeder dunkle Schatten ist ein Busch).

Für Pirschfahrten bieten sich die kleinen, sandigen Wege entlang der verschiedenen Pools und dem Sambesiufer an (nach sehr starken Regenfällen werden sie vorübergehend gesperrt). Man sollte auch zur Mündung des Mana River fahren, wo Flußpferde und Elefanten zwischen Hyazinthen und Wasserpflanzen ein ungewöhnliches Motiv darstellen, und wo man sehr viele Wasservögel beobachten kann. Im sandigen Steilufer direkt an der Mana-Mündung brüten große Scharlachspint-Kolonien. Der Platz ist sehr beliebt bei den Hobbyfischern. Außerdem lohnt es sich, ein wenig am Long Pool zu verweilen, den viele Krokodile und Flußpferde bewohnen. In seiner Nähe weiden gerne Zebras und Wasserböcke. Sehr stimmungsvoll ist hier auch der Sonnenuntergang.

Kanufahrten am Sambesi zählen zweifelsohne zum Besten, was diese Region zu bieten hat. Sie erfordern aber auch etwas Mut und Umsicht, wenn man allein mit einem gemieteten Kanu auf die Reise geht (beim Nyamepi Office kann man Kanus mieten, pro Tag ca. 10 US$, halber Tag 5 US$). Wer sich darauf einläßt, sollte berücksichtigen, daß die Strecke, die man sich flußabwärts treiben läßt, hinterher auch wieder zurück gepaddelt werden muß. Vorsicht ist geboten auf dem Weg zwischen dem Office und dem Ufer, weil hier gerne einzelne Büffel dösen, die man womöglich erst spät bemerkt und aufschreckt. Während des Paddelns sollte man Flußpferden immer weitläufig ausweichen, weil sie sich häufig durch Eindringlinge in ihr Revier belästigt fühlen. Mitunter greifen sie auch Kanus an, was für die Kanufahrer sehr gefährlich werden kann. Daher gilt es, ganz langsam und nahe dem Ufer vorbeizugleiten. Zeigt ein Flußpferd Aggression, empfiehlt es sich, während der Tauchphasen des Hippos nah am Festland zu warten und nur dann weiterzufahren, wenn es an der Oberfläche ist. Krokodile, die am Ufer oder auf Sandbänken liegen, gleiten meist schon beim Näherkommen ins Wasser und flüchten. Daß sich eine Kanufahrt nicht für ein Bad im Sambesi eignet, versteht sich von selbst. Übrigens ist die Flußmitte die Grenze zu Sambia und darf nicht überschritten werden.

Fußwanderungen auf eigene Faust: Auch wenn Spaziergänge hier erlaubt sind und sich niemand darum kümmert, was Sie zu Fuß unternehmen, bedeutet dies keinen Freibrief. Bedenken Sie, daß Sie sich auf eigene Gefahr in die Wildnis begeben, in einen Lebensraum, der Ihnen fremd ist. Potentiell können alle Tiere gefährlich sein. Seien Sie sich bewußt, daß sie Ihrer Umwelt unterlegen sind. Beim Nyamepi Office lassen sich auf Anfrage geführte Fußsafaris arrangieren, bei denen Sie von einem erfahrenen und bewaffneten Wildhüter begleitet werden. Sollten Sie sich lieber alleine auf den Weg machen, beachten Sie bitte einige Vorsichtsmaßnahmen.

- Gehen Sie nie allein in den Busch, und informieren Sie möglichst jemanden über Ihren geplanten Weg.
- Laufen Sie nur tagsüber, meiden Sie das Zwielicht.
- Bewegen Sie sich langsam, schärfen Sie Ihre Sinne, achten Sie auf Geräusche und auch auf das, was hinter Ihrem Rücken abläuft. Schauen Sie, wohin Sie treten!
- Meiden Sie Gebüsch und hohes Gras, wählen Sie offenes, weithin sichtbares Gelände. Laufen Sie niemals direkt am Ufer eines Gewässers, denn Krokodile greifen blitzschnell aus dem Wasser an.
- Unterschreiten Sie nie die Fluchtdistanz eines Tieres. Die meisten Wildtiere gehen dem Menschen lieber aus dem Weg, fühlen sie sich jedoch bedrängt, könnten sie sich zu einer Verteidigungsaktion entschließen.

Und wenn es tatsächlich zu einer brenzligen Situation kommen sollte, ist von entscheidender Bedeutung, daß Sie sich richtig verhalten. Bei allen Tieren gilt, daß man sie nicht fixieren oder anstarren darf und niemals panikartig davonrennen sollte, denn dies löst Aggression aus.

- **Elefanten:** Ist man einer Herde mit Kälbern zu nahe gekommen, ist sofortiger langsamer Rückzug angesagt, hier besteht höchste Gefahr! Bullen sind weniger aggressiv und selbstsicherer. Elefantenattacken passieren meist, weil der Mensch die Körpersprache des Elefanten nicht richtig eingeschätzt hat. Fächelnde Ohren und ein schwingender Rüssel sind noch keine Gefahr. Ein verärgerter Elefant legt die Ohren an und den Rüssel nach unten. Spätestens wenn dunkle Feuchtigkeit aus der Drüse zwischen Augen und Ohren tritt, wird es ernst und es ist mit einem Angriff zu rechnen. In Mana Pools passieren leider immer wieder schwere Unglücksfälle mit Elefanten. Fordern Sie nie ihre Geduld heraus, denn wütende Elefanten laufen deutlich schneller, als ein Mensch flüchten kann.

- **Büffel:** Die bulligen Tiere sind in Gemeinschaft sehr viel friedfertiger als alleine. Größere Herden flüchten meist vor Menschen, ein Einzelgänger zögert jedoch nicht, sofort in Angriff überzugehen. Bei unerwarteten Begegnungen sofort den Rückzug antreten, notfalls auf einen Baum flüchten!
- **Flußpferde:** Vor allem Kanuten müssen sich vor ihnen in acht nehmen. An Land grasende Hippos sind selten aggressiv, außer, wenn sie ihren Fluchtweg abgeschnitten wähnen. Daher gilt es, sich nie zwischen einem Hippo und seinem Wassertümpel aufzuhalten!

- **Löwen:** Für alle Großkatzen gilt, daß der natürliche Trieb, davonzurennen, die schlechteste Wahl in einer prekären Situation ist. Bleiben Sie bei Begegnungen sofort stehen und leiten Sie als Gruppe eng beisammen einen langsamen Rückzug ein. Zeigen Sie weder Angst noch Aggression. Sollte es zu einem Angriff kommen, versuchen Sie die Tiere mit Lärm und drohenden Bewegungen abzuschrecken.

Bilder von oben:
Kanufahrer in Mana Pools,
Hyäne mit Welpe,
Schirrantilope im Dickicht,
Pavian

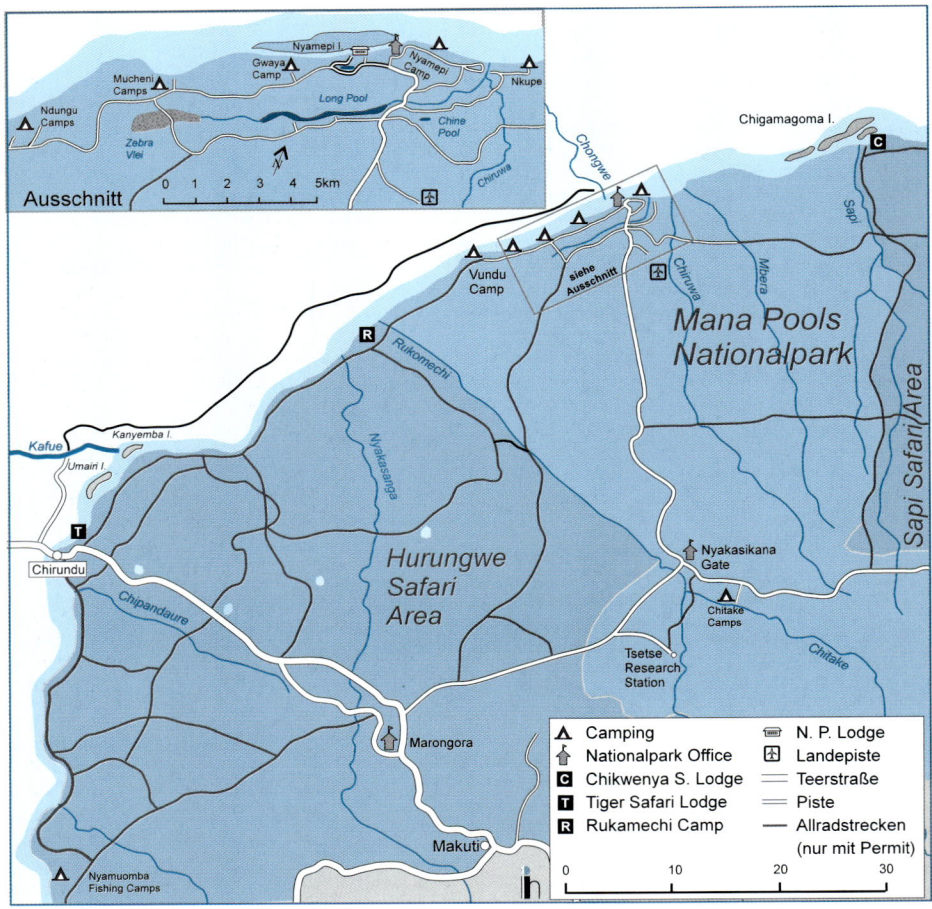

Klima &
Reisezeit

Wegen seiner niedrigen Höhenlage bietet der Nationalpark zwischen Ende April und August ein angenehm mildes Klima. Ab September wird es im Sambesital immer heißer, und die trockenen, oft windigen Monate bis zum Einsetzen der Regenzeit (meist Anfang Dezember) sind nicht unbedingt jedermanns Sache. Mittags klettern die Temperaturen in diesen Wochen oft bis auf 40° C. Die Regenzeit von Dezember bis März/April ist relativ schwül und warm.

Ganzjährig
lohnt sich ein
Besuch

Die spektakulären Erlebnisse mit Elefanten und Hyänen, die um die Zelte der Besucher schleichen, fallen in der Regel in die Trockenzeit zwischen Mai und Oktober. Während der Regenzeit verteilen sich viele Wildtiere, die man vorher konzentriert am Sambesi antreffen konnte. Dafür sind nun die üppige Natur und die Vogelwelt beeindruckend. Auf alle Fälle sollte man mindestens zwei, besser drei Nächte in Mana Pools verbringen, um die besondere Stimmung dieses Nationalparks aufzunehmen.

Camps & Unterkünfte im Nationalpark

Nahe dem **Nyamepi** Office befindet sich das gleichnamige große, schattige Hauptcamp mit 29 Campingplätzen. Es zieht sich über 4 ha am Ufer entlang und ist mit vier Sanitäranlagen ausgestattet (heiße Duschen, Toiletten, teilweise Badewannen). Alle Stellplätze verfügen über einen eigenen Grillstand. Pro Stellplatz wird nur ein Fahrzeug mit max. 6 Personen zugelassen. Die begehrtesten Stellplätze sind die in „erster Reihe" mit freiem Blick auf den Sambesi (Nr. 1,3,5,6,9,11,16,17, 20, 21 und 27). Besonders häufig werden die Camps Nr. 19 und 27 von Elefanten besucht, weil sie unter riesigen Albida-Akazien stehen, deren Samenkapseln für die Dickhäuter wahre Leckerbissen darstellen. Camp 1 und 2 sind sehr nahe dem Wildlife Office und daher etwas unruhig. Als besonders schöne Stellplätze gelten Nr. 5, 9, 16, 17, 20 und 21 (guter Ausblick und reichlich Schatten).

Zusätzlich gibt es einige sog. *Remote Campsites*, die nur mit Buschtoiletten, Grillplätzen und Steintischen ausgestattet sind. Das größte, *Mucheni Camp*, 9 km westlich von Nyamepi, bietet 4 verschiedene Stellplätze. *Ndungu Camp* liegt noch 5 km weiter im Westen und bietet zwei Stellplätze. An der Manamündung befindet sich das *Nkupe Camp*. Eine verbesserte Ausstattung bietet das zentral gelegene *Gwaya Camp* (auch Old Tree Lodge genannt); hier steht eine Kaltwasserdusche zur Verfügung. Noch komfortabler kampiert es sich im *Vundu Camp*, das neben zwei einfachen Schlafhütten eine Kochgelegenheit und Heißwasserduschen bietet. Das 17 km westlich von Nyamepi gelegene Camp wird allerdings immer nur für mindestens 6 Tage vermietet.

Eine Sonderstellung nehmen die *Chitake Spring Camps* ein. Diese äußerst einfachen Campingplätze ohne Wasserversorgung liegen nicht am Sambesi, sondern am Fuße des Zambezi-Escarpments am Chitake River. Sie sind nur per Allrad erreichbar und müssen wie alle anderen Camps vorab reserviert werden. Vom Nyakasikana-Gate folgt man der Guruve Road 9 km bis zur beschilderten Abzweigung zu den beiden Camps (3 bzw. 5 km Strecke). Camp I (Nzou) liegt unter schattigen Mahagonibäumen am Fluß, Camp II (Shumba) dagegen auf einem kleinen Hügel mit Baobabs und bietet weiten Ausblick in die einsame Landschaft. Die Camps sind nur für echte Naturfreaks zu empfehlen.

Musanga und *Muchichiri* heißen die beiden staatlichen Ferienhäuser (Lodges), die mit jeweils 8 Betten und kompletter Küche ausgestattet sind und von einem Attendant betreut werden. Sie sind bei Einheimischen sehr beliebt und daher oft schon über viele Monate im voraus ausgebucht. Im Gegensatz zu den Campingplätzen kann man die Lodges ganzjährig reservieren. Die Lodges sind am Anreisetag ab 14 Uhr verfügbar und müssen am Abreisetag bis 10 Uhr geräumt werden.

Private Lodges in der Umgebung

- **Rukomechi Camp:** Shearwater Adventures, P. O. Box 3961, Harare. Tel. 14-757831, Fax 14-757838. Ansprechendes Camp mit 10 Chalets an der Mündung des Rukomechi an der westlichen Parkgrenze. Von April bis November geöffnet, All-Inclusive-Preise ca. 260 US$/DZ und 390 US$/EZ.
- **Chikwenya Safari Lodge:** Zimbabwe Sun, Harare, Tel. 14-736644, Fax 14-736646. Acht riedgedeckte Bungalows an der Mündung des Sapi River an der östlichen Parkgrenze (25 km von Mana Pools). Die Lodge ist nur von April bis November geöffnet. All-Inclusive-Preise ca. 360 US$ p. P.

Tips & Infos

Bitte beachten Sie, daß es im Nationalpark weder Sprit noch Lebensmittel zu kaufen gibt, alle Besucher müssen vollständig zur Selbstversorgung ausgestattet sein. Mana Pools ist kein Ort, wo man im Freien schlafen sollte. Keines der Camps im Nationalpark ist umzäunt. Vorsicht vor Wildtieren ist daher immer geboten, besonders bei Nacht. Schlafen Sie nie im offenen Zelt! Wegen der nächtlichen Tierbesuche sollte man eine gute Taschenlampe dabei haben (Mana Pools hat keinen Strom oder Beleuchtung).

Kein Obst mitbringen!

Obwohl Mana Pools seinen Besuchern einige außergewöhnliche Freiheiten bietet, gibt es doch auch eine Reihe von Regeln und Verboten: Tiere zu füttern ist strengstens verboten, ebenso das Sammeln von Feuerholz (am Office wird Feuerholz bündelweise verkauft). Es ist nicht erlaubt, frisches Obst in den Park einzuführen, insbesondere Zitrusfrüchte locken Elefanten an. Wenn ein Dickhäuter erst einmal den Duft frischer Orangen im Rüssel hat, könnte dies zu ernsthaften Schwierigkeiten führen...

Wer Lust hat, nach Brassen, Tigerfischen und Buntbarschen zu fischen, benötigt eine Lizenz, die beim Office erhältlich ist (max. 6 Fische pro Person und Tag). Pirschfahrten und Fußwanderungen sind nur tagsüber erlaubt, Fahrzeuge dürfen die befestigten Wege dabei nicht verlassen.

Das in den Camps verfügbare Wasser kommt direkt aus dem Sambesi, es sollte vor dem Trinken unbedingt abgekocht werden. Baden Sie nicht im Sambesi oder anderen Flüssen wegen der vielen Krokodile. Schützen Sie sich gegen Malaria. Leider liegt der Nationalpark im Tsetsefliegengürtel. Die Peiniger sind jedoch durch die erfolgreichen Bekämpfungsmaßnahmen deutlich weniger geworden. Tsetsefliegen lieben dichten Busch, daher wird man von ihnen entlang des Sambesiufers meist in Ruhe gelassen.

Für Autofahrer: Am Nyamepi Office gibt es eine kleine Werkstatt, die bei Reifenproblemen hilft, Pumpe und Reifenflicken müssen aber selbst mitgebracht werden.

Bilder: Nyamepi Office, Baobab an der Zufahrt in den Park, Beschilderung innerhalb des Parks

Die angrenzenden Safarigebiete

Der Mana Pools Nationalpark wird von verschiedenen Safari Areas umgeben, in denen neben den Kanutouren zu bestimmten Zeiten im Jahr Jagdsafaris durchgeführt werden. Alle Gebiete werden vom Büro der Nationalparkbehörde in Marongora verwaltet. Zwischen Kariba und Mana Pools liegt die 2894 km² große **Hurungwe Safari Area**. Hier stehen Naturfreunden und Sportfischern die abgelegenen *Nyamuomba Fishing Camps* zur Verfügung. Sie befinden sich 53 km von Marongora entfernt nahe der Kariba Gorge am Sambesiufer und sind nur über eine Allradpiste (zwischen Mai und Oktober) oder per Boot zu erreichen (ca. 40 km flußaufwärts von Chirundu). Die fünf äußerst einsamen Camps wurden mit Grillplätzen und Buschtoiletten, jedoch ohne Wasserversorgung ausgestattet. Buchung und Informationen bei National Parks in Harare bzw. Marongora.

Östlich des Mana Pools Nationalparks schließen sich die kleinere **Sapi Safari Area**, in der die exklusive Chikwenya Lodge liegt, und die **Chewore Safari Area** an, mit 3390 km² die größte des Landes. In dieser abgeschiedenen Wildnis, die zusammen mit Mana Pools von der UNESCO zum Weltkulturerbe erklärt worden ist, wurden 32 etwa 150 Mio. Jahre alte und bis zu 40 cm große Dinosaurierabdrücke entdeckt. Hier liegt auch die eindrucksvolle *Mupata Gorge*, deren Zerstörung durch eine Stauung des Sambesi erst durch die unermüdlichen Proteste der Naturschützer und der Zambezi Society verhindert wurde.

Die Chewore Safari Area galt lange Zeit als sichere Heimat sehr vieler Spitzmaulnashörner. Die unkontrollierbare Wilderei, die im Zambezi-Valley in massivem Ausmaß ab 1985 einsetzte, dezimierte ihren Bestand jedoch beängstigend. Viele der Nashornwilderer kamen in Nacht-und-Nebel-Aktionen von Sambia über den Sambesi, wohin sie nach ihrer Bluttat sofort wieder verschwanden. Die Wildhüter sahen sich größten Schwierigkeiten ausgesetzt, um die bedrohten Tiere zu schützen. Selbst die Bereitstellung schwerbewaffneter Game Scouts, die den Auftrag hatten, bei Kontakt mit Wilderern sofort zu schießen, konnte das Überleben der Nashörner nicht sichern. Bald sprach man davon, im Zambezi-Valley täglich ein Nashorn durch Wilderei zu verlieren. Bis November 1989 waren mindestens 600 Rhinos getötet worden, diese Verbrechen hatten 78 Wilderer mit dem Leben bezahlt, 45 weitere waren gefangengenommen worden. Dennoch war kein Ende der Wilderei abzusehen, die exorbitanten Gewinne für Nashornpulver auf dem internationalen Markt waren den Wilderern alle Risiken wert. Auch die Versuche, Nashörner vor Verfolgung zu schützen, indem man sie enthornte, schlugen fehl. Meistens töteten die Wilderer die Tiere trotzdem, um sicherzustellen, daß sie nicht noch einmal der Spur eines 'wertlosen' Rhinos folgen würden. Um die verbliebenen Tiere zu retten, sah man sich Ende der 80er Jahre schließlich gezwungen, den größten Teil der Nashörner in sichere Schutzgebiete im Land umzusiedeln.

Östlich der Chewore Safari Area schließen sich bis zur nahen Grenze nach Mosambik die nur 523 km² große **Dande Safari Area** und entlang des Sambesiufers das Dande Communal Land an. Deren Verwaltungssitz ist **Kanyemba**, ein vergessenes Fischerdorf im äußersten Nordosten des Landes, am Dreiländereck mit Sambia und Mosambik. Kanyemba ist kein offizieller Grenzübergang, dennoch findet hier mit malerischen Einbäumen und kleinen Booten reger Grenzverkehr zwischen den drei Ländern statt. Der kleine, 340 m tief gelegene Handelsposten war im 17. Jh. von den Portugiesen gegründet worden. Es wäre heute ein vergessenes Nest, würden hier nicht die Kanutouren enden und somit immer wieder einmal Safarigruppen und Touristen vorbeikommen. Kanyemba ist mit dem Landesinneren durch eine Piste über Angwa Bridge, Mushumbi Pools und Kamuchikundu (147 km) verbunden, das 40 km nördlich von Guruve liegt (es besteht auch eine Busverbindung nach Guruve).

DER NORDOSTEN

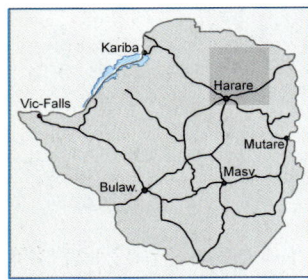

Im Nordosten des Landes liegt ein Hochland, dessen fruchtbare Böden, gesundes Klima und ausreichende Niederschläge hervorragendes Farmland darstellen. Hier sieht man riesige Tabakfarmen, Bergbaustädtchen und Minen, aber auch Communal Lands mit afrikanischen Dörfern und vielen kleinen Feldern. Es gibt verschiedene Felsmalereien, ein einzigartiges Künstlerdorf und zwei wenig bekannte Wildschutzgebiete zu besuchen. Aus touristischer Sicht ist der landschaftlich abwechslungsreiche Nordosten noch nahezu unentdeckt.

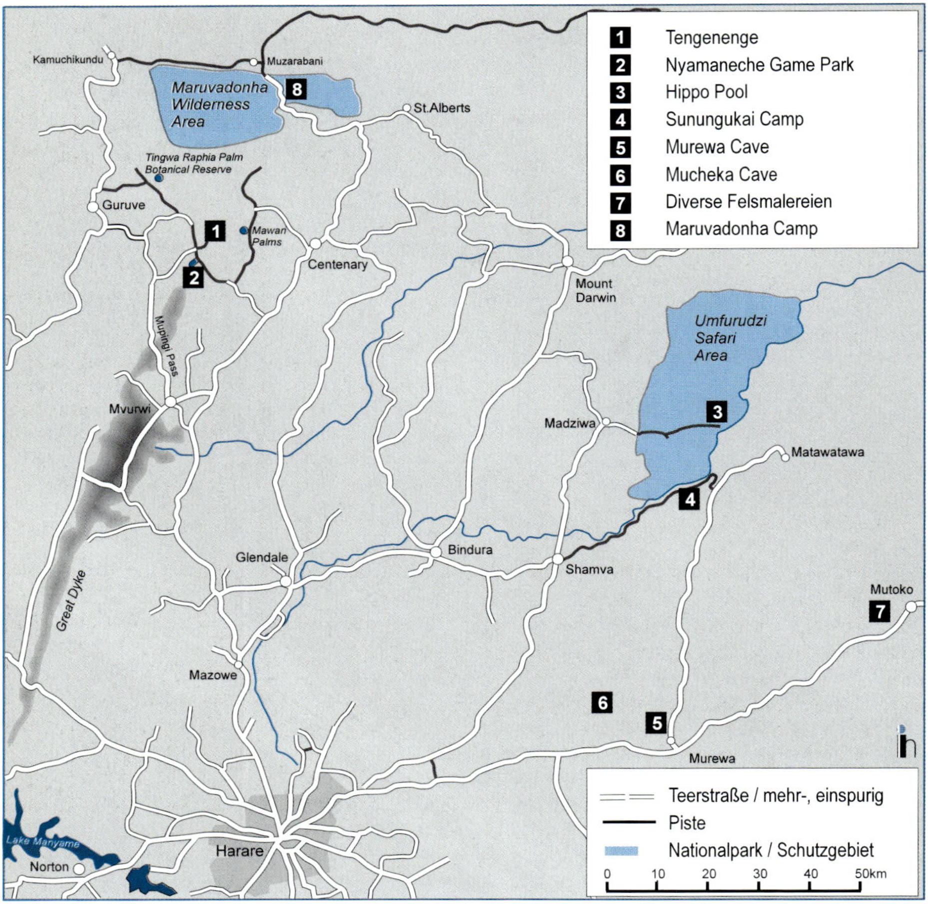

1 Tengenenge
2 Nyamaneche Game Park
3 Hippo Pool
4 Sunungukai Camp
5 Murewa Cave
6 Mucheka Cave
7 Diverse Felsmalereien
8 Maruvadonha Camp

Teerstraße / mehr-, einspurig
Piste
Nationalpark / Schutzgebiet
0 10 20 30 40 50km

Mazowe

40 km nördlich von Harare liegt das landwirtschaftliche Zentrum Mazowe am gleichnamigen Damm und Fluß. Die ersten Siedler kamen schon kurz nach der Ankunft der Pionierkolonne in das Flußtal. Als am Mazowe Gold gefunden wurde, zogen Tausende Goldwäscher an den Fluß. Die meisten von ihnen fristeten ein ärmliches, von unerfüllten Hoffnungen geprägtes Leben, und bis heute suchen illegale Goldwäscher am Flußufer nach dem begehrten Metall. Dabei hat eine ganz andere Entdeckung der kleinen Ortschaft zu wirtschaftlichem Erfolg verholfen: man fand am Mazowe wilde Indische Limonen, die vermutlich vor Jahrhunderten von portugiesischen Händlern eingeführt worden waren. Inspiriert durch diese Entdeckung, begann man bereits 1909 mit dem großflächigen Anbau von Zitrusfrüchten. Mittlerweile hat sich die anglo-amerikanischen Kooperative *Mazoe Citrus Estates* zum größten Zitrusfruchtlieferanten des Landes entwickelt, und auf 700 ha Fläche werden 200 000 Zitrusbäume (Limonen, Zitronen, Orangen) angebaut. Ein Produkt dieser Plantagen, der Mazoe-Orangensaft, wird im ganzen Land angeboten.

Die Weiterfahrt nach Norden entlang der A12 führt durch eine landwirtschaftlich geprägte Region, die vom Tabakanbau dominiert wird. 60 km nördlich von Mazowe erreicht man am Rande des Great Dyke die Kleinstadt **Mvurwi**. Fährt man weiter nach Guruve, überquert man am *Mupingi Paß* den Great Dyke. Nach rund 25 km Fahrt bietet sich ein Abstecher zur Zombepata Cave an.

3 km weiter nördlich zweigt die Straße zum Künstlerdorf Tengenenge und dem Nyamaneche Game Park rechts ab. Ab dieser Gabelung verlaufen die restlichen 18 km nach **Guruve** auf einer nur mehr einspurigen Teerstraße. Guruve hat außer dem 15 km nördlich gelegenen, 290 ha großen Schutzgebiet für seltene Raffiapalmen (Tingwa Raphia Palm Botanical Reserve) nur wenig zu bieten. Von Guruve aus führt die Teerstraße in das Zambezi-Valley hinab, wo nach 46 km an der Mahuwe Polizeistation und Tsetse-Kontrolle der Teer endet. Hier kann man entweder (mit einem Permitt des NP-Büros in Guruve) nach Mushumbi Pools, Angwa Bridge, Mana Pools und Kanyemba weiterfahren oder am Escarpment entlang nach Muzarabani, als eine abwechslungsreiche Anreisealternative zur Maruvadonha Wilderness Area.

Im Ortszentrum von Mazowe atmet das 1895 eröffnete Mazowe Hotel noch das Flair der „guten alten Pionierzeit" und zählt heute zu den ältesten Hotels des Landes. Zusätzlich stehen Bungalows an den Zitrusplantagen zur Verfügung.
- **Manzou Chalets:** c/o Mazoe Citrus Estates, P/Bag 2001, Mazowe. Tel. 175-2431, Fax 175-2435. Bungalows für Selbstversorger, in einem kleinen Wildpark gelegen. Reiten möglich. Preise: Je Bungalow zwischen 50 und 80 US$.

Besuch der Zombepata Cave

Bei Kilometerstein 31,5 zweigt nach rechts eine Schotterstraße zur Chikonyora Farm ab, auf deren Gelände sich die bemerkenswerten Felszeichnungen der *Zombepata Cave* befinden (melden Sie sich kurz bei den Farmern an und lassen Sie sich den Weg beschreiben, der steile Aufstieg zum Felsüberhang dauert rund 15 Min.). Auf einer Fläche von 14 x 2,3 m sind viele große, mehrfarbige, überwiegend gut erhaltene Tierzeichnungen und Muster zu erkennen.

Oben: Skulptur aus Tengenenge, Felsbild der Murewa Cave

Tengenenge Art Centre

Am Kilometerstein 34,5 an der Straße von Mvurwi nach Guruve zweigt die beschilderte einspurige Teerstraße (*Gurungwe Road*) rechts ab. Nach 11 km endet der Teer an einer Kreuzung. Es geht auf der Schotterstraße geradeaus weiter. Nach 1,9 km gabelt sich der Weg und führt nach links weiter zur 2,7 km entfernt gelegenen ehemaligen Farm von Tom Blomefield. Die letzten 2 km führen durch die großen Tabakfelder dieser Farm zum Künstlerdorf. Die gesamte Strecke ist gut ausgeschildert.

Kontaktadresse

Mit öffentlichen Verkehrsmitteln gelangt man nur bis Mvurwi oder Guruve, kann sich dort aber bei rechtzeitiger telefonischer Anmeldung abholen lassen. Tengenenge Art Community, P/Bag 169, Mvurwi. Tel. 158-418/5507, Fax 158-443. Pauschale Tagesausflüge von Harare bieten u. a. *Stonegate Safaris*, Tel. 14-883002 und *VFR Tours*, Tel. 14-780396 an (ca. 70 US$).

Gründung des Künstlerdorfs

1966, in Zeiten wirtschaftlicher Sanktionen, gab der hier ansässige Südafrikaner Tom Blomefield seine Tabakfarm und Chrommine auf, um sich seinem Lebensziel, der Bildhauerei und Kunst, zu widmen. Mitten im afrikanischen Busch gründete er daraufhin das Bildhauerzentrum. Die ersten Steinbildhauer, die mit ihm zusammen hier tätig wurden, waren seine ehemaligen Farmangestellten, die als Wanderarbeiter aus den Nachbarländern eingewandert waren. Blomefield ermutigte sie darin, ihre unterschiedlichen kulturellen Wurzeln zu suchen und in den künstlerischen Arbeiten auszudrücken. Dadurch wurde Tengenenge von Anfang an durch einen toleranten Geist geprägt und entwickelte nicht einen speziellen Kunststil, sondern förderte die individuelle Kreativität und Inspiration jedes einzelnen Künstlers. Im Laufe der Jahre wurde das Bildhauerdorf zu einem festen Begriff und die meisten der Skulpturenbildhauer, die später Karriere machten, haben ihre „Lehrjahre" in Tengenenge verbracht. Einige der Tengenenge-Künstler wurden durch verschiedene Ausstellungen international be- und anerkannt.

Zu den bekanntesten Künstlern zählen Henry Munyaradzi, Bernard Matemera, Alice Musarara und Josiah Manzi

Tengenenge versteht sich noch immer als Kunstzentrum und Begegnungsstätte ohne (kulturelle oder ethnische) Grenzen. Hier darf sich jeder, dem danach zumute ist, niederlassen und Steine bearbeiten. Das Resultat ist eine faszinierende Vielfalt an Stilrichtungen, Fertigkeiten und Ausdrucksformen. Jeder Künstler erhält eine Parzelle zugewiesen; hier stellt er seine Kunstwerke zum Verkauf aus. Es werden unterschiedliche Steine bearbeitet, am häufigsten findet jedoch schwarzer Serpentingestein Verwendung. Manche Bildhauer arbeiten sehr abstrakt, deuten Figuren nur zärtlich und schemenhaft an, behauen den Stein lediglich oberflächlich. Häufige Motive sind phantasievolle Kombinationen aus Köpfen, Augen und Menschen in merkwürdigen Körperstellungen, die zumeist eine hintergründige Bedeutung haben. Andere Bildhauer folgen traditionell europäischen Stilrichtungen und wählen einfache Tiermotive. Manche der Figuren sind mehrere Tonnen schwer, andere passen in jede Jackentasche – kurzum, es gibt eine unglaubliche Vielfalt zu entdecken, und nicht nur Kunstfreunde werden beim Spaziergang durch diese riesige Freiluftgalerie beeindruckt sein. Besucher sind willkommen und können sich auf dem großen Gelände frei bewegen. Alle Skulpturen sind im Freien ausgestellt, stehen in reizvollem Kontrast zu den einfachen Lehmhütten des Dorfes im lichten Laubwald. Allein für einen Rundgang durch den Skulpturengarten mit seinen geschätzten 20 000 Exponaten benötigt man zwei bis drei Stunden.

Bilder rechts: Impressionen aus Tengenenge

Der Verkauf von Kunstwerken gestaltet sich inzwischen sehr modern. Die Verkaufspreise sind bei den meisten Kunstwerken festgelegt und werden entweder ausgezeichnet oder können im Büro erfragt werden. Natürlich besteht hier noch Handelsspielraum, wenn man direkt mit dem Künstler spricht. Zahlen kann man bar oder per Kreditkarte; ist das ausgewählte Objekt zu schwer, wird es per Fracht versendet.

Wer in Tengenenge übernachten möchte, kann entweder am Dorfrand campen oder eines der Besucherchalets beziehen, einfache Lehmhütten ohne Strom, die für 30 US$ p. P. inklusive Vollpension angeboten werden. Weil Tengenenge keinen Stromanschluß genießt, sollte man für Übernachtungen eine Taschenlampe mitbringen.

Weiterfahrt nach Centenary

Für die Weiterfahrt nach Centenary gibt es eine reizvolle Abkürzung alternativ zur Rückfahrt über Mvurwi. Man kehrt zur Kreuzung zurück, wo der einspurige Teer endet und zweigt dort in die "Gurungwe Gap Road" zum 4 km entfernten **Nyamaneche Game Park** ab. (Ein Besuch dieses kleinen Wildparks wird nur mit Wildhüter gestattet. Das Eingangstor des Parks ist allerdings nur am Wochenende besetzt, unter der Woche muß man den Besuch bei der Parkverwaltung auf der gegenüberliegenden Straßenseite anmelden.)

Die Gurungwe Gap Rd. schlängelt sich durch einen Taleinschnitt des Great Dyke. Die Strecke ist kaum besiedelt und führt durch riesige Tabakfelder. 17 km nach dem Game Park trifft sie auf die Teerstraße Mvurwi – Centenary (21 km vor Centenary).

Centenary

Erst 1953 wurde dieses landwirtschaftliche Zentrum gegründet und zu Ehren von Cecil Rhodes' 100. Geburtstag Centenary (Hundertjähriges Jubiläum) benannt. Seine Umgebung prägen die schlanken, hohen Tabakspeicher und riesige Anbauflächen. Hier haben die europäischen Farmer das Land noch fest im Griff, Afrikaner sind nur als Lohnarbeiter vorgesehen und hausen meist in einfachen Holzbaracken am Rande der Tabakfelder. Am Wochenende trifft sich die weiße Bevölkerung im Country Club, ansonsten bietet die etwas biedere Ortschaft nur einen großen Supermarkt und eine Tankstelle. In der Nähe wurde ein kleiner Raffiapalmenwald unter Schutz gestellt (*Mawari Raphia Palm Reserve*).

Maruvadonha Wilderness Area

Anreise

Man folgt von Centenary der Straße nach Norden in Richtung St. Alberts Mission. Nach 28 km zweigt die Zufahrt ins Sambesital und zur Maruvadonha Wilderness Area ab. Ab hier verläßt man das Farmland mit seinen riesigen Feldern und gelangt in Communal Lands. Die Aussicht, die sich nun bietet, ist spektakulär. Das bergige Gelände ist mit malerischen Dörfern und kleinen Feldern, die wie Flickenteppiche aneinandergereiht liegen, übersät. Immer wieder erhascht man einen Blick auf die Berge des Great Dyke. Dann erreicht man die Abbruchkante des Zambezi-Escarpments mit weitem Blick in das dunstige Tiefland. Steil windet sich jetzt die Teerstraße vom 1300 m hoch gelegenen Escarpment in die Ebene hinab. Auf halber Strecke ins Tal (beim Kilometerstein 50,5) liegt rechts der Straße in hohen Bäumen eingebettet das Camp der Maruvadonha Wilderness Area.

Allgemeines

Das knapp 500 km² große Wildschutzgebiet wurde erst 1988 ausgewiesen. Es besteht größtenteils aus unzugänglichen und weitgehend unberührten Berglandschaften und weist keinerlei Straßennetz auf. Man kann das Gelände nur auf Wanderwegen erschließen. Die Südgrenze des Gebietes wird derzeit eingezäunt. Die Maruvadonha W. A. ist ganzjährig zugänglich.

Das Camp

Die einheimische Bevölkerung ist stolz auf den Erfolg ihres Projekts

Siehe Bild rechts!

Es liegt auf 1080 m Höhe am Hang des Escarpments direkt an der Straße. Das Campfire Projekt wurde mit Unterstützung der Wildlife Society von den Einheimischen dieser Region erbaut und kann als voller Erfolg bezeichnet werden (das Camp bietet ein paar Arbeitsplätze und die Einnahmen fließen bereits in den Muzarabani-Distrikt zurück). Die 8 Campingstellplätze und *Bashers* (einfache A-Frame-Schlafhütten für je 2 Personen, siehe Bild rechte Seite) sind an Wochenenden gut besucht. Das Camp wurde liebevoll in die dichte, tropische Vegetation eingebettet und bietet neben sauberen Toiletten und heißen Duschen auch Sitzgelegenheiten und Grillplätze. Wegen des nahegelegenen Baches bleibt das Camp auch zur der Trockenzeit immer noch grün und schattig. Es wird regelmäßig von Pavianen, Perlhühnern, Vögeln und von April bis August auch von Elefanten besucht. Preise: Bashers (ohne Bettzeug oder Einrichtung, Matratzen können gestellt werden) etwa 3 US$ p. P., Camping knapp 2 US$, Fahrzeuge und Feuerholz je 1 US$, kein Eintritt. Infos: Wildlife Society of Zimbabwe, Enviroment Centre, P. O. Box HG 996, Highlands, Harare. Tel. 14-747500, Fax 14-700451.

Natur & Tierwelt

Spektakuläre, schroffe Berglandschaften mit bewaldeten Steilhängen und einsamen Wasserfällen prägen die Natur in diesem Wildschutzgebiet. Wegen seiner Hanglage hat sich diese Wildnis wie eine Insel inmitten von Farm- und Communal Land erhalten können. Es bieten sich phantastische Ausblicke in das Zambezi-Valley, an klaren Tagen sogar bis zum Caborra Bassa Stausee in Mosambik. Während der Regenzeit von Dezember bis März verwandelt sich die Landschaft in einen üppigen Tropenwald und es blühen unzählige Wildblumen. Von Mai bis August ist die Blütezeit der Aloen.

Die heimische Tierwelt wurde während des Befreiungskrieges stark dezimiert, weil in dieser Region viele Untergrundkämpfer stationiert waren. Allmählich kehren jedoch viele Tierarten wieder zurück. Die schwer zugängliche Wildnis ist besonders beliebt bei Rappenantilopen, Kudus, Schirrantilopen und Leoparden. Auch Paviane und Impala sind häufig, seltener dafür Löwen und Hyänen. Elefanten besuchen das Gebiet saisonal. Sie halten sich meist im April/Mai und August/September in den Bergwäldern auf.

Wanderungen

Die Maruvadonha Wilderness Area ist ein Paradies für Wanderfreunde. Es wurden verschiedene Wanderpfade angelegt und ausgeschildert, die zwischen 3 und 7 km lang sind. Das Gelände ist überwiegend bergig, teils auch steil, die Wege sind nicht befestigt. Trotz der Markierungen kann man sich hier durchaus verlaufen, daher empfiehlt es sich, beim Camp einen Führer zu engagieren. Die Wasserfälle (*Kemawanga* und *Sohowe Falls*) sind am schönsten im Februar und März. Am *Musengezi Trail* entdeckt man zur richtigen Jahreszeit oft Elefanten, der *Banirembizi Trail* bietet dagegen Ausblicke bis zum Caborra Bassa Stausee in Mosambik. Im unerschlossenen Westteil des Parks liegt eine Fledermaushöhle. Man erreicht sie mit Führer in einer Zweitagestour.

Mount Darwin

Die Stadt an dem großem Berg, den die Einheimischen *Pfura* (Nashorn) nennen, ist von historischer Bedeutung. Hier lag im 15. Jh. "Mount Fura", die Hauptstadt des Mutapa-Reiches. 1560 erreichte der portugiesische Jesuitenpater Silveira als erster Europäer Mount Fura und wurde ein Jahr später ermordet. Von ihm ist überliefert, er habe den Namen Fura mit der Ophir-Legende von König Salomon in Verbindung gebracht, eine Mutmaßung, die sich für Jahrhunderte hartnäckig in den Köpfen vieler Forscher festsetzte. Der Großwildjäger F. C. Selous war es, der dieser Siedlung im letzten Jh. den Namen zu Ehren von Charles Darwin gab. Die Ortschaft bietet nur einfache Versorgungsmöglichkeiten und Unterkünfte. 18 km südlich von Mount Darwin zweigt von der Hauptstraße A11 die Teerstraße nach Shamva ab. Entlang dieser Straße erreicht man nach 30 km Madziwa Mine und die Zufahrt in die Umfurudzi Safari Area.

Ausflug ins Sambesital

Sehr zu empfehlen ist ein Ausflug nach Muzarabani im Sambesital. Innerhalb weniger Kilometer gerät man dabei in eine vollkommen veränderte Landschaft. Die Hitze, der Dunst, die Vegetation – alles steht im starken Kontrast zum Hochland. Knorrige Baobabs, trockene Sandböden und einfache, kleine Dörfer geben dieser Landschaft ein fast klischeehaft afrikanisches Ambiente. Nur das kleine Nest Muzarabani ist von riesigen, aufwendig bewässerten Baumwollplantagen umgeben. Auf einer 33 km langen Straße kann man am Fuße des Escarpments nach Mahuwe fahren, wo man auf die Teerstraße nach Guruve trifft (die Strecke bietet sich hervorragend für einen Rundweg mit dem Besuch von Tengenenge an). Die Region ist von historischer Bedeutung, es befinden sich hier noch viele Relikte aus dem Mutapa-Reich. Die schlecht erhaltenen Steinruinen sind allerdings ohne Führer kaum zu finden.

Umfurudzi Safari Area

Anreise

Von Madziwa Mine führt eine beschilderte Teerstraße zur Ammes Mine (8 km). Hier befindet sich das Wildhütercamp mit Eingangsschranke (üblicher Nationalparkeintritt). 5 km weiter gabelt sich die Piste. Nach rechts gelangt man nach 1,5 km zur Parkverwaltung, die linke Piste führt zum 12,5 km entfernten Hippo Pools Camp am Mazowe River. Die Strecke ist an manchen Stellen recht ausgewaschen, ein Fahrzeug mit hoher Bodenfreiheit ist zu empfehlen, insbesondere wenn man Pirschfahrten unternimmt.

Allgemeines

Am Beginn der Zufahrt sieht man noch einige der alten Minen

Erst in den 70er Jahren wurde das 760 km² große Wildschutzgebiet ausgewiesen, bis dahin waren in dieser Region Nickel, Gold und Granit abgebaut worden. Auch innerhalb des Parks finden sich viele Zeugnisse der bewegten Landesgeschichte. Neben verschiedenen Felsmalereien kann man hier auf alte Gräber und Relikte der Goldwäscher stoßen, die Ende letzten Jahrhunderts am Mazowe ihr Glück suchten, nachdem hier der Goldrausch ausgebrochen war. Ein verwitterter Grabstein und eine mit Blütenmuster verzierte Keramikschale erinnern z. B. an den 7jährigen Knaben Jan Dupreez, der im Juli 1923 an einer Flußniederung begraben wurde. Seine Geschichte ist längst vergessen – war der Bub an Malaria gestorben oder durch einen Unfall zu Tode gekommen, war er der Sohn eines Goldsuchers oder waren seine Eltern vielleicht nur auf der Durchreise gewesen?

Natur und Tierwelt

Nur selten wird in der Umfurudzi Safari Area gejagt

Das hügelige Gebiet wird von Brachystegiawäldern dominiert. Granitfelskuppen, Sumpfgrasebenen, Mopanebusch und einzelne Baobabs lockern diese Waldlandschaft auf. Entlang des ganzjährig fließenden Mazowe River, der für 60 km die östliche Grenze bildet, wachsen herrliche Uferwaldbäume. Vor allem Rappenantilopen, Kudus, Zebras, Impala und Gnus sind weit verbreitet, doch auch Warzenschweine, Paviane, Klippspringer, Ducker und Schirrantilopen werden immer wieder gesehen. Seltener sind Löwen, Hyänen und Leoparden. Elefanten kommen gelegentlich während ihrer saisonalen Wanderungen in die Safari Area. Am Mazowe River sind Flußpferde und Krokodile heimisch, an manchen Stellen auch Otter. Bemerkenswert ist die Artenvielfalt bei den annähernd 300 verschiedenen Vögeln.

Unterkünfte / Camps am Mazowe River

- **Hippo Pools Wilderness Camp:** Fam. Jarvis, P. O. Box 90, Shamva. oder Goliath Safaris, Bronte Hotel, Tel. 14-739836, Fax 14-708843. Ruhige Mittelklasseanlage in ansprechender, schattiger Lage direkt am Mazowe-Ufer. Mehrere voll ausgestattete Holzchalets (mit Kühlschrank) und ein tropisch begrünter Campingplatz. Gut markierte Wanderwege stehen zur Verfügung, auch werden Pirschfahrten, Fischen, Kanutouren und Verpflegung angeboten. An manchen Abenden kann man den Klängen der Trommeln aus dem nahegelegenen Dorf lauschen. Preise: Chalets 20 US$ p. P., Camping 7 US$ p. P. Mo. und Fr. besteht Transfergelegenheit von/nach Harare (ca. 15 US$ pro Strecke).
- **Sunungukai Camp:** Das Campfire Projekt liegt auf gegenüberliegender Uferseite des Mazowe im *Uzumba Maramba Pfungwe Communal Land* (detaillierte Anreise siehe Shamva, S. 351). Als Gemeindeprojekt entstanden vier Steinchalets und ein Campingplatz. Sunungukai versteht sich als kulturelle Begegnungsstätte; Besucher haben Gelegenheit, das Dorfleben kennenzulernen, können einen traditionellen Heiler aufsuchen und afrikanische Fertigkeiten, wie das Bierbrauen oder Erstellen von Honigkörben, beobachten. Außerdem werden Pirschwanderungen und Bootsfahrten unternommen. Man kann selbst kochen oder sich bekochen lassen (Lebensmittel müssen allerdings mitgebracht werden), ein Kühlschrank mit frischen Getränken steht zur Verfügung. Die Unterkünfte sind einfach, Luxus ist nicht geboten. Preise: Rondavel ca. 8 US$ p. P., Camping 3 US$. Infos: CAMPFIRE Association, Mukuvisi Woodlands, Eastlea, Harare. Tel. 14-731596.

Shamva

Die kleine Ortschaft liegt 30 km südlich von Madziwa Mine am Südufer des Mazowe River. Hier bietet sich eine herrliche Panoramafahrt entlang der *Uzumba Road* an. Die Piste zweigt südlich der Mazowe-Brücke in Richtung Nyangande ab, führt an *Shamva Breweries* vorbei und verläuft entlang des Mazowe. Die Strecke ist bergig, dichter Wald und malerische Dörfer wechseln sich ab, immer wieder bieten sich grandiose Ausblicke. Nach 38 km deutet ein verblichenes Schild nach links zum Sunungukai-Camp (1,5 km). 4 km weiter trifft man auf die Teerstraße nach Murewa.

Früher wurde hier viel Gold abgebaut, als die Fördermengen sanken, schwenkte man auf Nickel um

Von Harare nach Nyamapanda

Relativ viel Fernverkehr befährt die 245 km lange Strecke nach Nyamapanda, dem Grenzort nach Mosambik. Hauptsehenswürdigkeiten entlang dieser Straße sind verschiedene Felszeichnungen. Die Kleinstadt **Murewa** liegt abseits der Hauptstraße neben einer riesigen Granitfelskuppe. Für die Abstecher zur Murewa und Mucheka Cave verlassen Sie den Ort auf der Teerstraße in Richtung Matawatawa.

- **Murewa Cave**: Knapp 2 km nördlich von Murewa weist ein Schild nach links. Diese Spur stößt nach 350 m auf eine breitere Piste, in die man rechts abzweigt. 800 m weiter muß man links in die schmale Erdstraße einbiegen und ihr bis zu den Wohnhäusern unterhalb einer Felskuppe folgen. Hier läßt man das Fahrzeug zurück und steigt in 5 Min. zu den Felsbildern empor. Der Hauptfries ist 18 m mal 3,3 m groß und mit zahlreichen Felszeichnungen übersät. Daneben gibt es weitere bemalte Höhlen und Felsüberhänge.

- **Mucheka Cave**: Diese Felsbilder sind schwieriger zu erreichen, dafür aber sehr viel besser erhalten. Man verläßt Murewa auf der alten Straße nach Harare in Richtung Nyamutumbu (Old Strip Road). Nach 9 km zweigt eine Piste nach Rupangi Hill (Rupange School 6,5 km) und Njedza School (11,5 km) ab. Direkt vor der Njedza School führt ein Weg links zu den Berghügeln (4 km). Von hier aus erklimmt man den Berg in 10–15 min. Die Felshöhle ist nicht leicht zu finden, man läßt sich am besten von Kindern führen.

Die 1911 gegründete Ortschaft **Mutoko** wurde nach einem ansässigen Shona-Chief benannt. Für viele Jahre waren hier die Grenzformalitäten abgewickelt worden, bis man sie nach Nyamapanda verlegte. Heute ist Mutoko die letzte Stadt mit vernünftigen Versorgungsmöglichkeiten vor der Grenze.

Mutokos Umgebung ist reich an Felsmalereien

- **Mutoko-Ruinen:** 6 km von Mutoko an der Straße nach Nyamapanda zweigt rechts der kurze Weg zu den Ruinen einer Siedlung aus der Eisenzeit. Der *Caretaker* führt Besucher auch zu den Felsmalereien der Umgebung.
- **Ruchera Cave:** Der große Felsüberhang (30 mal 4 m) liegt nahe der Ruinen. Man zweigt 8 km östlich von Mutoko rechts ab (beschildert, 2 km). Von hier ca. 10 min. Weg bis zur Höhle mit sehr schönen weißen Elefantenbildern.
- **Manemba Cave:** Zufahrt ab Mutoko über die Heppell Rd. (Old Strip Rd.). Nach 15,6 km rechts zur Manemba School abzweigen, dort nach knapp 4 km das Fahrzeug abstellen. Nun folgt ein 2 km langer, zum Schluß steiler Fußweg zur Höhle (am besten zeigen lassen).

- **Gambarimwe Cave:** Erneut Heppell Rd., nach 7 km zur Katsekunya School abzweigen. Nach 13,5 km an der Kreuzung (links geht es zur Chirinde School) zu Fuß weiter zu den beiden Hügeln südwestlich der Wegkreuzung. Die Höhle mit gut erhaltenen Bildern ist kaum ohne ortskundigen Führer zu finden.
- **Charewa Cave:** Von der oben gen. Kreuzung (Gambarimwe) in Richtung Gurure School bis zur Kagande Secondary School weiterfahren. 7 km weiter in Richtung Nyarukokora School erreicht man den Charewa Hill. Unmittelbar vor Überqueren eines Baches anhalten, hier ist die Höhle auf halber Höhe des Berges zu erkennen. Folgen Sie den Pfaden (ca. 20 Min.). Bemerkenswerte Elefantenjagdszene.

Nyamapanda

Der Grenzposten Nyamapanda besteht lediglich aus den Grenzgebäuden, einer Tankstelle, einfachen Läden, Straßenlokalen und einigen Wohnhäusern (keine Bank zum Geldwechseln). Die Atmosphäre wird von Lkws und Fernfahrern geprägt.

Von Nyamapanda in die Eastern Highlands

Von Nyamapanda besteht eine einsame, äußerst reizvolle Direktverbindung in die Eastern Highlands. Die Piste zweigt zwischen dem Nyamapanda River und den Grenzgebäuden nach Süden ab und verläuft zunächst direkt entlang der Grenze. Man fährt durch einsamen, dichten Wald. Grenzsteine und Minenhinweisschilder, die vor dem Überschreiten der Staatsgrenze warnen, wechseln sich ab. Nach 25 km erreicht man eine Gabelung, an der es geradeaus weiter geht (die rechte Piste führt nach Mutoko). Nach 16 km, an der nächsten Gabelung (bei Kilometerstein 139), bleibt man wieder auf der linken Spur. Kurz danach erreicht man das erste Dorf, Rwenya River. Die Piste wird nun breiter und führt bald danach über den Ruenya River. Die anschließend folgende, 50 km lange Wegstrecke kann man zu den landschaftlich spektakulärsten Strecken des Landes zählen. In der Ferne tauchen die Eastern Highlands auf, und man nähert sich Kilometer um Kilometer dieser mächtigen, majestätischen Gebirgskette. Aber auch die direkte Umgebung ist reizvoll. Nur wenige Dörfer verteilen sich in der hügeligen Landschaft, die Bevölkerung ist ausgesprochen freundlich. Tsetsefliegen werden hier erfolgreich mit Tsetse-Fallen bekämpft (siehe S. 62). Vereinzelte Honigkörbe in den Baumkronen sind ein Anzeichen dafür, daß man sich in einer sehr ländlichen, afrikanischen Region befindet.

Nach insgesamt 93 km Fahrt seit Nyamapanda erreicht man bei Ruwangwe wieder die Zivilisation (mit Tankstelle, einfacher Versorgung und einem nahegelegenen Krankenhaus). Nun hat man die Wahl zwischen der Panoramapiste nach Nyanga (87 km) oder der gut ausgebauten Teerstraße über Regina Coeli nach Troutbeck (80 km). Auf der Strecke nach Troutbeck bieten die immer näher rückenden Eastern Highlands eine imposante Kulisse. Kurvenreich nähert sich die verkehrsarme Straße den Bergen, führt zunächst noch durch ländlich geprägtes Communal Land, wo die Bauern im Terrassenbau Felder anlegen, und windet sich schließlich steil in die kühlen, einsamen Bergwälder auf 2000 m Höhe nach Troutbeck hinauf (Anschlußstrecke S. 129).

Die Gegend um Elim Mission, Ruwangwe und den Ruenje River hatte im letzten Jahrhundert lange vor den Briten der schwäbische Forschungsreisende Carl Mauch bereist und wissenschaftlich beschrieben. Er nannte die Region damals Kaiser-Wilhelm-Land, gab sogar einem Berg den Namen Moltkeberg. Carl Paters reiste 1900 auf Mauchs Spuren. Doch mit der britischen Okkupation wurden die deutschen Bezeichnungen bedeutungslos und gerieten in Vergessenheit.

Bilder oben:
Malerische Piste von
Nyamapanda nach Troutbeck,
Minenwarnschilder entlang der
mosambikanischen Grenze

REISETIPS & INFOS

Zimbabwe im Überblick

Grunddaten

Staatsname:	Republik Zimbabwe
Staatsform:	Präsidiale Republik
Staatsoberhaupt:	Präsident Robert Gabriel Mugabe
Gesamtfläche:	390757 km²
Nachbarländer:	Botswana, Südafrika, Mosambik, Sambia
Hauptstadt:	Harare
Bevölkerung:	ca. 13 Mio. Einwohner
Bev.-wachstum:	ca. 3,3 %
Bev.-dichte:	durchschnittlich 30 Einwohner pro km²
Landessprache:	Amtssprache: Englisch, Umgangssprache: Chi-Shona, Si-Ndebele

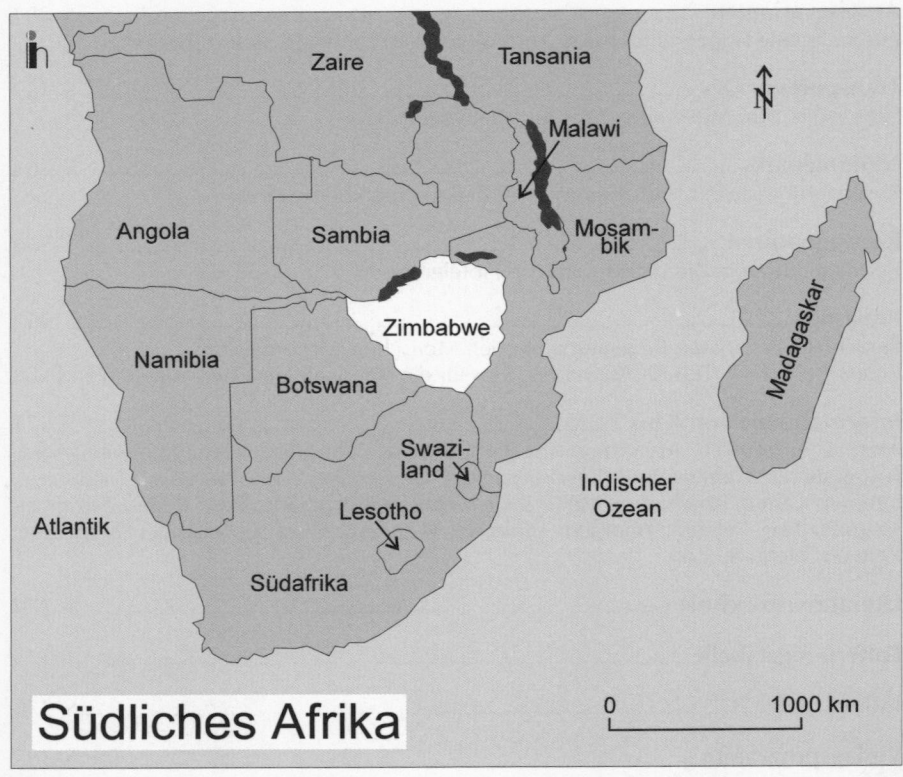

Lage und Größe

Das Binnenland Zimbabwe erstreckt sich zwischen 15° und 22° südlicher Breite sowie zwischen 25° und 33° östlicher Länge. Mit 390 757 km² ist das Land rund 10% größer als Deutschland. Die Nord-Süd-Ausdehnung beträgt etwa 720 km, von Osten nach Westen rund 830 km. Im Norden und Süden bilden die Flüsse Sambesi und Limpopo die Landesgrenzen, im Westen grenzt Zimbabwe für etwa 800 km an Botswana, im Osten bilden die Eastern Highlands eine natürliche Grenze zu Mosambik.

Oberflächengestalt

Das Land gliedert sich in drei hauptsächliche Naturräume: im Norden und Süden die Flußniederungen des Sambesi und Limpopo (Lowveld) auf 250–600 m Höhe; im Zentrum ein fruchtbares Hochland (zwischen 900 und 1700 m), und im Osten schließlich die Bergzüge der Eastern Highlands mit Höhen bis zu 2595m (Mount Inyangani). Eine geologische Besonderheit ist der 530 km lange, nur 1 bis 11 km breite Great Dyke, der als längste lineare Gesteinsmasse der Welt gilt.

Klima

Zimbabwes wechselfeuchtes, subtropisches Kontinentalklima gilt als angenehm und gesund. Zwischen April und September herrscht eine nahezu regenlose Trockenperiode, der südliche Winter, dem ab Oktober/November die sommerliche Regenzeit folgt. Den Hauptregen erhält das Land vom Südostpassat. Die Jahresniederschläge nehmen von durchschnittlich 700 mm im Norden auf unter 250 mm im Südwesten des Landes deutlich ab. Zimbabwe gilt als relativ dürreanfällig.

Man unterschiedet vier Jahreszeiten: Der trockene Winter herrscht von Ende Mai bis August. Die Tagestemperaturen erreichen angenehme 15–25°C, die Tage sind sonnig, der Himmel strahlend blau. Nachts kühlt es vor allem im Hochland merklich ab, in den kältesten Monaten Juni und Juli besteht sogar Frostgefahr. Daran schließt sich die trockene, warme Jahreszeit zwischen September und November mit steigenden Tagestemperaturen von bis zu 30–40°C an. Ab November beginnt die sommerliche Regenzeit mit länger anhaltenden Regenfällen. Klimatisch ist diese Jahreszeit starken Schwankungen und Temperaturunterschieden ausgesetzt, so regnet es manchmal tagelang, und bleibt anschließend auch wieder eine längere Zeit sonnig und freundlich. Die Monate April und Mai entsprechen einem kurzen Herbst, mit wenig Regen und absinkenden Temperaturen.

Klimatabelle   (alle Angaben jeweils durchschnittliche Mittelwerte)

Ort	Chirundu	Harare	Hwange	Bulawayo	Beitbridge	Chipinge
Höhenmeter	400m	1473m	782m	1343m	306m	1126m
Tagestemperatur						
Januar	27,3°	20,8°	26,4°	21,7°	27,4°	21,2°
Juli „	20,4°	13,9°	19,0°	14,1°	16,5°	14,6°
Höchsttemperaturen						
Januar	32,4°	25,7°	32,1°	27,1°	33,0°	25,7°
Juli „	28,9°	21,0°	27,3°	21,0°	24,9°	19,8°
Niederschläge/Jahr	606 mm	863 mm	591 mm	589 mm	298 mm	1116 mm
Regentage	57 / Jahr	92 / Jahr	68 / Jahr	63 / Jahr	36/ Jahr	111/ Jahr

Planung vor der Reise

Reisezeit

Die trockenen Monate direkt nach der Regenzeit (April/Mai bis August) eignen sich wegen der angenehmen Tagestemperaturen hervorragend für Rundreisen und Wanderungen. Die Viktoriafälle sind im April und Mai am gewaltigsten.

Für Safaris eignen sich die trockenen und heißen Monate (oft über 32° C) von Ende August bis Oktober/November am besten, wenn die Wildtiere mitunter nahe an die Camps heran kommen. Der Oktober gilt in tiefliegenden, heißen Regionen, wie dem Lowveld und Zambezi-Valley, als „Suizid-Month"; hitzeempfindliche Besucher sollten in dieser Zeit hochgelegene Übernachtungsplätze wählen. Ab November treiben die Bäume wieder und geben der ausgedörrten Landschaft frische Farbe. Die Viktoriafälle haben jetzt allerdings nur wenig Wasser. Die Regenzeit zwischen Dezember und März schränkt das Reisen in manchen Regionen ein, so schließen z. B. einige Nationalparks in dieser Zeit je nach Straßenzustand ihre Pforten. Andererseits sind Februar, März und April Monate mit geradezu atemberaubender tropischer Fülle und Pracht. Zu Ostern und Weihnachten herrscht wegen der regionalen Ferien Hochsaison.

Reiseart

• Mietwagen bzw. eigenes Auto

Zimbabwe ist ein ideales Auto-Reiseland. Die Hauptverkehrsstraßen sind gut ausgebaut und beschildert, und es herrscht wenig Verkehr. Viele touristische Highlights, wie Pirschfahrten in Wildgebieten, sind ohne eigenem Fahrzeug nur schwer möglich. Nur wenige Strecken Zimbabwes erfordern Allrad, auf diese Routen wird im Buch entsprechend hingewiesen.

• Busse/Bahn

Das Verkehrsnetz ist gut ausgebaut und relativ stark frequentiert, die öffentlichen Verkehrsmittel sind darüber hinaus sehr günstig. Die hohe Anzahl an Rucksackreisenden in Zimbabwe spricht für diese Reiseart, allerdings sind viele Nationalparks öffentlich nur schwer zu erreichen, und ein ausgedehnter Besuch mit Pirschfahrten bleibt motorisierten Besuchern vorbehalten.

• Reiseagentur

Wer nicht schon vor Reisebeginn bucht, kann sich seine Reise problemlos in Zimbabwe zusammenstellen. Hier wird vom einfachen Truck für Budget-Traveller bis zur Luxussafari a la Hemingway praktisch alles angeboten. Außer den persönlichen Gegenständen, einer Taschenlampe und evtl. einem Schlafsack werden alle Notwenigkeiten von der Reiseagentur gestellt. Begleitet werden die Safaris in der Regel von ausgebildeten und kompetenten Safari-Guides. Die meisten Touren finden in englischer Sprache statt.

• Hotel, Lodge oder Camping?

Die Hotellerie im Land ist sehr gut entwickelt, vor allem auf dem Luxus-Sektor kommen ständig neue Lodges hinzu. Alternativ besteht im ganzen Land ein recht dichtes Netz an gutbürgerlichen, preiswerten und häufig stimmungsreichen Unterkünften, die vor allem von einheimischen Touristen besucht werden. Am günstigsten ist Camping, das hierzulande eine lange Tradition hat. Auch die voll ausgestatteten und äußerst günstigen Ferienhäuser in den Nationalparks sind sehr empfehlenswert.

Reisekosten

• Anreise

Die Flugpreise nach Zimbabwe variieren je nach Saison und Fluggesellschaft enorm, hier lohnt es sich, in Reisebüros nach Sondertarifen zu fragen. Im Durchschnitt kostet ein Flug in der Touristenklasse zwischen 900,00 und 1700,00 DM. Pauschalreisen werden im deutschsprachigen Raum ab rund 3500,00 DM angeboten, nach oben sind keine Grenzen gesetzt.

• Hotels/Unterkunft

Leider ist in Zimbabwe das **3-Preise-System** stark verbreitet. Besonders in Touristenzentren verlangen Mittel- und Oberklassehotels von Ausländern (*Foreigners*) zum Teil gesalzene US$-Preise, während die gleichen Leistungen Einheimische (*Local Residents*) nur einen Bruchteil dessen, zahlbar in Z$, kosten. Für Besucher aus den Nachbarstaaten (*Regional Residents*) hat man eine Mischkalkulation eingeführt. Dieses diskriminierende Preismodell wird damit begründet, daß Europäer mehr verdienen als die Bürger im südlichen Afrika.

Es besteht keine generelle Verpflichtung mehr für Ausländer, Übernachtungskosten in harter Währung zu bezahlen, obwohl zahlreiche Luxushotels an dieser ehemaligen Regelung festhalten wollen. Wer die Staffelpreispolitik nicht unterstützen möchte, findet meist alternative Hotels und Lodges im Mittelklassebereich, die ordentlichen, oftmals sehr persönlichen Service zu gleichen Preisen für alle Gäste anbieten. Einfachere Hotels, Campingplätze und die meisten Ferienhäuser haben einheitliche Preise. In Nebensaisonzeiten kommt es vor, daß die 3-Preise-Hotels Europäern eine *Resident*-Rate anbieten.

Aus mehreren Gründen gestaltet sich die **Angabe von Hotelpreisen** für Zimbabwe sehr schwierig: Das Land unterliegt derzeit einer hohen Inflationsrate, und die Wechselkursveränderungen werden von den Hotels sehr unterschiedlich abgefangen. Teilweise werden die Preise kurzfristig z. T. drastisch angehoben, immer häufiger gleich in US$ ausgewiesen. Auch Managementwechsel und neue staatliche Abgaben können zu unerwarteten Preisänderungen führen. Daher sollten die Preisangaben als Richtwerte angesehen werden, die im Hochpreissektor relativ genau, in der mittleren oder preiswerten Hotellerie derzeit eher hoch angesetzt sind.

Alle genannten Preise (Stand 1999) wurden von der Redaktion zur Vereinheitlichung in US$ umgerechnet, und bei Hotels mit 3-Preise-System die Europa-Preise angegeben. Alle Unterkünfte werden jeweils mit Adresse und Preisinformation im Reiseteil genannt. Zum Verständnis unserer Preisangaben: 100 US$/DZ bedeutet Preis pro Person im Doppelzimmer; 100 US$ pro DZ ist dagegen ein Zimmerpreis.

Ein Wort zu den sog. **All-Inclusive-Preisen** der exklusiven Safarilodges: Diese beinhalten Vollpension, oftmals inklusive aller (auch alkoholischer) Getränke, Pirschfahrten und Ausflüge nach freier Wahl (in der Regel zwei 'Activities' pro Tag), teilweise auch der Transfers. Im Vergleich zu den Vollpensionspreisen erscheint der Zuschlag für die Activities in manchen Fällen recht hoch; ein Vergleich lohnt sich.

• Sonstiges/Verpflegung
Verpflegungskosten (Restaurants, Bars, Lebensmittel) sind nicht zuletzt wegen des hohen Kursverfalls für europäische Verhältnisse ausgesprochen günstig. Verkehrsmittel siehe S. 362f.

Ausrüstung

Geld und Dokumente

Von allen Dokumenten (Reisepaß, Internationalem Impfpaß, ggf. Internationalem Führerschein) sollte man möglichst Kopien dabei haben. Empfehlenswerte Zahlungsmittel sind Reiseschecks in DM, US$, Brit. Pfund oder SFr. Kreditkarten sind inzwischen weitverbreitet, vor allem Diners Club, Visa, Mastercard und American Express. Banken in kleinen Ortschaften wechseln manchmal nur US$ oder SAR ein. 100-US$-Noten werden aufgrund der vielen Fälschungen zunehmend unbeliebter und von Hotels und Banken nur selten akzeptiert.

Geld und Dokumente sollten allzeit sicher versteckt sein (Brustbeutel, Bauchgurte, Gürteltaschen, Geldgürtel). Es empfiehlt sich, nur Teilbeträge in Bargeld mitzunehmen, weil Reiseschecks bei Verlust ersetzt werden (dazu aber unbedingt die Seriennummern-Belege an getrennten Plätzen verwahren).

Reiseapotheke

Fieberthermometer, Pinzette, Pflaster, Verband, Desinfektionsmittel, Schmerzmittel (Aspirin), Fiebersenkendes Medikament (Parazetamol), Durchfallmittel (Imodium) und Elektrolyte, Antibiotikum, Malariamedikament, Mücken- und Sonnenschutz, Augentropfen, Hals-, Kreislauf-, Allergie- und Magentabletten, sicherheitshalber Einwegspritzen.

Kleidung

Leichte Sommerkleidung und für kalte Nächte einen dicken, wärmenden Pulli oder eine warme Jacke. Für Safaris Kleidung in gedeckten Naturfarben, knöchelhohe, bequeme Wanderschuhe, Sonnenhut, evtl. Badekleidung und Regenschutz. In den Lodges trägt man legere Kleidung, Abendgarderobe ist dort unpassend. In den Hotels und Restaurants der großen Städte wird nach Sonnenuntergang der sog. *Formal Dress* erwartet, d. h. lange Hose und möglichst Jackett und Krawatte für Herren, keine Jeans oder Shorts.

Sonstiges

Photoausrüstung mit Ersatzbatterien und genügend Filmen, Ladegerät für Kameraakkus, Fernglas, Sonnenbrille, Kopfbedeckung, Taschenlampe, Feuerzeug, Taschenmesser, Flaschenöffner, Wasserflasche, Nähzeug, Adapter für Steckdosen, Wörterbuch, Landkarten, Reiseführer, Lesestoff, Reiseapotheke, ggf. Mikropur (Tabletten oder Pulver) zur Entkeimung des Trinkwassers, ggf. Zelt, Schlafsack und Moskitonetz.

Gesundheitsvorsorge

Zu einer rundum gesunden Afrikareise gehört zunächst auch eine gesunde Einstellung. Medien und umsatzorientierte Apotheker zeichnen gelegentlich ein überzogenes Bild von den Gefahren Afrikas. Ein gesunder Mensch mit intaktem Immunsystem wird auch in Afrika mit allerlei Bakterien und Viren fertig, bzw. kommt auf einer durchschnittlichen Reise mit vielem gar nicht in Berührung. Auch die psychische Einstellung und das Vertrauen in den eigenen Körper sind von Bedeutung. Schon durch vernünftiges Verhalten lassen sich eine Menge Krankheiten vermeiden. Dazu zählen: sich vor zu starker Sonneneinstrahlung schützen, täglich auf genügend Flüssigkeitszufuhr achten, auf Nahrungsmittel von zweifelhafter Herkunft verzichten, kein ungefiltertes Wasser zu sich nehmen (auch nicht zum Zähneputzen), auch kleine Wunden ernst nehmen, für ausreichend Schlaf sorgen, bei Unpäßlichkeit (z. B. Magenproblemen) Ruhepausen einlegen, krassen Temperaturunterschieden mit angemessener Kleidung begegnen und nur gut durchgebratenes Fleisch zu sich nehmen. Zusätzlich sollte man sich über einige typische Krankheiten informieren:

Malaria

Malaria ist eine Blutinfektion, die durch den Stich der infizierten, weiblichen Anopheles-Mücke übertragen wird. Während die Mücke Ihr Blut abzapft, dringen die Malariaparasiten in die Blutbahn und wandern in die Leber. Dort vermehren sie sich, werden von Zeit zu Zeit ausgeschüttet (Fieberattacke) und zerstören die roten Blutkörperchen. Es gibt vier Malariaarten: Malaria Tertiana, Malaria Quartana, Malaria Ovale und Malaria Tropica. Die drei ersten Arten verbleiben in der Leber und können bei Nichtbehandlung zur chronischen Erkrankung führen. Lebensgefährlich, und leider auch die häufigste Erkrankung in Afrika, ist die Malaria Tropica. In Zimbabwe ist Malaria ganzjährig in den tiefer gelegenen Zonen im Süden und Norden verbreitet, während das zentrale Hochland und die Eastern Highlands als nahezu malariafrei gelten. Während und nach der Regenzeit ist das Risiko erhöht. Der beste Schutz vor Malaria ist die Vorbeugung: Mückenstiche vermeiden, mit Insektenschutzmitteln einreiben, Moskitospiralen verwenden, abends lange

Hinweisschild im Matobo N. P.

Kleidung tragen, unter einem Moskitonetz schlafen. Zur medikamentösen Vorbeugung (Prophylaxe) wird von deutschen Ärzten die Einnahme von Mefloquin (Lariam) empfohlen (hoher Schutz vor Malaria Tropica, aber nur bis 3 Monate anwendbar, da starke Nebenwirkungen und evtl. auch Unverträglichkeit), die WHO empfiehlt eine Kombination aus Chloroquin (Resochin) und Paludrine. Viele Reisende bevorzugen aber, auf medikamentöse Vorbeugung zu verzichten, und dafür ein Stand-By-Präparat mitzunehmen. Dazu eignen sich Medikamente wie Halfan und Lariam. Die Entscheidung darüber sollte vor allem von der Jahreszeit und den besuchten Regionen abhängen (das größte Malariarisiko besteht zwischen Februar und April, das geringste zwischen Juli und Oktober). Kommt es zu einer Malariainfektion, treten die ersten Symptome 8 bis 20 Tage nach dem Mückenstich auf. Typisch sind vor allem hohe Fieberanfälle, die nach einigen Stunden wieder abklingen. Weitere Symptome sind Kopf-, Glieder-, Rücken und/oder Brustschmerzen sowie Schüttelfrost-Schwitzanfälle. Die örtlichen Krankenhäuser sind alle in der Lage, eine Malariainfektion zu diagnostizieren. Es wird dort in der Regel mit Chinin oder Fansidar behandelt. Da eine Prophylaxe das Ausbrechen der Malaria unter Umständen nur verzögert, kann es auch noch Wochen nach der Rückkehr aus Zimbabwe zur Erkrankung kommen. Wenden Sie sich deshalb bei fiebrigen Krankheitsanzeichen gleich an einen Tropenfacharzt, um eine mögliche Fehldiagnose zu vermeiden. Sicherheitshalber sollten Sie bei Krankheitsfällen Ihren Arzt auch noch nach Monaten auf die zurückliegende Urlaubsreise aufmerksam machen.

Bilharziose

Bilharziose ist eine chronische Infektionskrankheit, die man sich in stehendem oder leichtfließendem Süßwasser mit Uferbewuchs einhandeln kann. In dieser Umgebung lebt eine spezielle Wasserschnecke, die als Zwischenwirt der Erreger fungiert. Als winzige Larven lösen sie sich von der Schnecke, um im Wasser menschliche Haut aufzuspüren und unbemerkt zu durchbohren. Über die Venen nisten sie sich im Darm oder der Blase ein. Die Symptome sind Fieber, Schwäche und erst sehr spät blutiger Urin. Bei Touristen wird eine Erkrankung meistens erst bemerkt, wenn routinemäßig nach einer Fernreise eine Untersuchung gemacht wird. Die Behandlung besteht heute aus einer Einmaldosierung mit dem Medikament Biltricide. Um eine Schistosomiasis-Infektion zu vermeiden, sollten Sie nicht in stehenden oder nur schwach fließenden Gewässern des Landes baden.

Gelbsucht / Leberentzündung

Hepatitis A wird durch mangelnde Hygiene und infizierte Nahrungsmittel (Wasser, Salate, Obst) übertragen. Die Leberinfektion ist nicht lebensbedrohlich, aber sehr langwierig in der Ausheilung. Neben den allgemeingültigen Vorsorgemaßnahmen gibt es folgende Medikamente: Passive Immunisierung für einige Monate durch Injektion von Immunglobulinen (Stärkung des Immunsystems), oder die Mehrfachinjektion mit dem Impfstoff Havrix, die zwar teuer ist, aber 100 %igen Schutz für bis zu 10 Jahren gewährt.

Gelbfieber

Die schwere Leberinfektion wird durch die Aedes-Stechmücke übertragen. Die Inkubationszeit beträgt 3 bis 6 Tage, die Symptome sind Erbrechen, Kopf- und Gliederschmerzen. Durch die sehr empfohlene Schutzimpfung kann man sich für 10 Jahre vor der Krankheit schützen. Zimbabwe ist kein Gelbfiebergebiet, doch bei Einreise aus einem Infektionsgebiet (z. B. Ostafrika) ist die Schutzimpfung vorgeschrieben.

Cholera

Die Bazillus-Infektion wird durch unzureichende Hygieneverhältnisse und unsauberes Wasser übertragen. In sehr unterentwickelten Lebensbereichen (Slums) breitet sie sich schnell als Epidemie aus, in hygienisch einwandfreier Umgebung kommt sie praktisch nicht vor. Die Symptome sind starker Durchfall mit Erbrechen und Bauchkrämpfen, die Behandlung erfolgt mittels Antibiotika. Die Schutzimpfung gilt als umstritten, wenig wirksam und hat unangenehme Nebenwirkungen.

Weitere Krankheiten

Tollwut ist eine lebensgefährliche Infektion, die durch den Biß eines infizierten Tieres auf den Menschen übertragen wird. Der beste Schutz ist Vorbeugung. Tollwutbefallene Tiere verhalten sich auffällig: Zahme Haustiere werden aggressiv und scheu, Wildtiere wirken ungewöhnlich zahm.

Typhus ist eine Infektionskrankheit, die auf ähnliche Weise wie die Cholera ausgelöst werden kann. Es gibt eine Schluckimpfung mit Impfschutz von ca. einem halben Jahr.

Vor **Polio** und **Tetanus**, gefährlichen Krankheiten, die in Europa ebenso vorkommen, sollte man sich auch ohne Afrikareise alle 10 Jahre schützen.

Die **Schlafkrankheit** wird durch die Tsetsefliege übertragen, allerdings bricht sie bei Menschen nur sehr selten aus. Gegen die schmerzhaften Stiche der aggressiven Tsetsefliege, die innerhalb Zimbabwes praktisch nur noch im Zambezi-Valley auftritt, schützt man sich am Besten durch helle Kleidung, möglichst wenig Bewegung und Rauch (Rauchen oder Moskitospiralen aufstellen).

Viele Menschen fürchten sich sehr vor **Schlangenbissen**. In der Regel wird man kaum einer Schlange begegnen, da sie rechtzeitig die Flucht ergreift. Sollte es dennoch zu einem Schlangenbiß kommen, ist es sehr hilfreich, die Schlange zu identifizieren. Nur wenige Schlangen Zimbabwes sind für den Menschen gefährlich, und ihr Gift wirkt auf unterschiedliche Weise. Ein Großteil aller tödlichen Unfälle passiert durch die Puffotter, deren Gift eine zellenzerstörende Wirkung hat. Kobras und die Schwarze Mamba dagegen haben ein fatales Nervengift, und das Gift von Boomslang und Vipern wirkt hemotoxisch (es wird die Blutgerinnung zerstört). Falsche Behandlungsmethoden können ein Schlangenbißopfer mehr gefährden als der eigentliche Biß: Man wird allgemein empfohlen, das Opfer ruhig zu stellen, eine Stauung anzulegen (frisches Blut kann in den gebissenen Körperteil fließen, infiziertes Blut aber nicht zum Herzen zurück) und schnellstmöglich – am besten mit der getöteten Schlange – zu einer Klinik zu bringen.

Da sich die empfohlenen Vorsorgemaßnahmen jederzeit ändern können, empfehlen wir, etwa 6–8 Wochen vor Reiseantritt bei einem Tropenfacharzt bzw. den Tropeninstituten in Berlin, München, Heidelberg oder Hamburg nach aktuellen Informationen zu fragen.

Wichtige Adressen und Hinweise

Diplomatische Vertretungen

in Europa:

Botschaft der Republik Zimbabwe
Villichgasse 7 (Arkadia Zentrum)
D–53177 Bonn
Tel. 0228-356071/72, Fax: 0228-356309
(mo–fr 09.00–13.00 h und 14.00–16.30 h)

Permanent Mission of the Rep. of Zimbabwe
27, chemin William Barbey
CH–1292 Chambesy (Genf), Schweiz
Tel. 0041-22-7583011, Fax 0041-22-7583044
(mo–fr 09.00–13.00 h und 14.00–17.00 h)

Botschaft der Republik Zimbabwe
Strozzigasse 10/15
A–1080 Wien / Österreich
Tel. 0043-222-4079236,
Fax: 0043-222-4079238
(mo–fr 09.00–12.00 h und 13.00–17.00 h)

in Zimbabwe:

Botschaft der Bundesrepublik Deutschland
14, Samora Machel Avenue, P. O. Box 2168
Harare/Zimbabwe
Tel. 00263-4-731955/58
Fax 00263-4-790680

Botschaft der Schweiz
9 Lanark Road, Belgravia, P. O. Box 3440
Harare/Zimbabwe
Tel. 00263-4-703997
Fax 00263-4-794925

Botschaft von Österreich
New Shell House, Zimmer 216
30 Samora Machel Ave./ P. O. Box 4120
Harare/Zimbabwe
Tel. 00263-4-702921/22
Fax 00263-4-705877

Einreisebestimmungen

Neu: Seit 1999 verlangt Zimbabwe von deutschen, österreichischen und schweizerischen Staatsbürgern ein Visum. Dieses Visum für einen max. Aufenthalt von bis zu 3 Monaten wird bei Vorlage des noch mind. 6 Monate gültigen Reisepasses bei der Einreise erteilt. Die Gebühr für eine einmalige Einreise beträgt 30 US$ oder 50 DM, für die zweimalige Einreise 45 US$ oder 70 DM. Besucher müssen auf Verlangen Weiter- oder Rückreisetickets vorzeigen bzw. ausreichend finanzielle Mittel vorweisen können. Bei Einreise aus einem Gelbfieber-Infektionsgebiet (z. B. Ost- und Zentralafrika) wird ein Gelbfieber-Impfnachweis verlangt.

Währung und Devisen

Die einheimische Währung ist der Zimbabwe Dollar, der seit 1994 frei konvertibel ist. 1 Zimbabwe Dollar (Z$) entspricht 100 Cent. Es gibt Noten zu 2, 5, 10, 20, 50 und 100 Z$ sowie Münzen zu 1, 5, 10, 20 und 50 Cent und 1 Z$.

Der Wechselkurs unterliegt großen Schwankungen. Von Juni 1993 sank der Kurs von 1 DM = 3,90 Z$ auf 1 DM = 15 Z$ im November 1997. Der Kursverfall ging weiter, und seit 11/1998 bis Stand 06/1999 liegt der Wechselkurs bei etwa 1 DM = 22 Z$; 1 US$ = 38 Z$.

Die Einfuhr von Fremdwährung ist unbegrenzt möglich, es dürfen aber nur bis zu 500 Z$ ein- oder ausgeführt werden. Eine Deklaration ist nicht mehr notwendig, dennoch sollte man die Umtauschquittungen bis zur Ausreise aufbewahren.

Weitere hilfreiche Adressen

Auswärtiges Amt
Adenauer Allee 99-103
D–53113 Bonn
Tel. 0228-170, Fax 0228-173402

Zimbabwe Tourist Office
An der Hauptwache 7,
D–60313 Frankfurt/Main,
Tel. 069-9207490/9207730,
Fax 069-287703/92077315,
email: zim.tourist.office@t-online.de

Zimbabwe Tourism Authority (ZTA)
Kopje Plaza, 1 Jason Moyo Ave.,
Causeway, Harare., Zimbabwe
Tel. 00263-4-758730
Fax 00263-14-758828

Anreisevarianten

Internationale Flugverbindungen

Rund 20 verschiedene Fluggesellschaften fliegen Harare an. Von Europa bestehen tägliche Direktverbindungen nach Harare, das bis zum Ende der südafrikanischen Isolation durch die Apartheid als Drehkreuz im südlichen Afrika galt. Air Zimbabwe, die nationale Fluggesellschaft, bedient die Strecken Harare–Frankfurt und Harare–London. Dreimal wöchentlich fliegt Lufthansa ab Frankfurt nach Harare, viermal pro Woche fliegt British Airways ab London, daneben bestehen etliche weitere Flugverbindungen.

Regional bestehen nach Harare von Lusaka, Dar Es Salaam, Durban, Johannesburg, Kapstadt, Lilongwe, Mauritius, Nairobi und Windhoek regelmäßige, teilweise sogar tägliche Flugverbindungen. Direktflüge ab Johannesburg gibt es auch zu den beiden anderen Internationalen Flughäfen in Bulawayo und Victoria Falls; sowie von Maun und Windhoek nach Victoria Falls.

Anreise auf dem Landweg

• Bahnanreise:

Die Züge von National Railways of Zimbabwe bedienen täglich die Auslandsstrecke Bulawayo–Lobatse/Botswana (mit dreierlei Beförderungsklassen) sowie als *Bulawayo Express* die Fernstrecke Bulawayo–Gaborone–Johannesburg.

Bulawayo Express:

Johannesburg	ab 10.32 h	(dienstags)
Gaborone	ab 21.18 h	
Bulawayo	an 11.00 h	

Bulawayo	ab 09.00 h	(donnerstags)
Gaborone	ab 23.45 h	
Johannesburg	an 12.15 h	

Preise pro Strecke: Schlafwagen ca. 50 US$, 1. Klasse ca. 40 US$, 2. Kl. ca. 30 US$.

• Busanreise:

Von Johannesburg fahren täglich außer samstags Blue Arrow Reisebusse nach Harare (Abfahrt jeweils 22.30 h, Fahrtdauer ca. 16 Stunden, Preis pro Strecke ca. 90 US$). Von Johannesburg nach Bulawayo fahren die Busse dienstags, donnerstags, samstags und sonntags (Abfahrten abwechselnd morgens und nachmittags, 13 Stunden, ca. 70 US$). Haltestelle in Johannesburg: Park City Transit Centre, Tel. 00267-11-8301301.

Translux-Reisebusse bedienen die Strecke Johannesburg–Bulawayo–Victoria Falls–Livingstone (täglich um 17.30 h ab dem Johannesburger Bahnhof, Info-Telefon in Johannesburg Tel. 00267-11-7743333).

Auch mit den Greyhound-Bussen kann man von Johannesburg nach Harare (täglich außer samstags um 22.30 h) oder Bulawayo und Victoria Falls (täglich außer montags) fahren. Abfahrten in Johannesburg beim Rotunda Luxery Coach Terminal, Info-Tel. 00267-11-8393037.

Daneben bestehen tägliche Busverbindungen zwischen Lusaka und Harare sowie Francistown und Bulawayo.

• Einreise mit Mietwagen oder dem eigenen Fahrzeug:

Bei Privatfahrzeugen sind der Internationale Führerschein, das Zolldokument *Carnet de Passages* (stellt der ADAC, Am Westpark 8, 81373 München, aus) und die Internationale Zulassung mitzuführen. Wer ohne Carnet einreist, läßt sich ein *Temporary Import Permit* ausstellen. Eine Kfz-Versicherung ist Pflicht und wird an der Grenze beim Zoll abgeschlossen (der geringe Betrag ist häufig in SAR zu bezahlen).

Mietwagenfahrer sollten dringend vorab mit dem Vermieter abklären, ob die Einreise nach Zimbabwe gestattet und versicherungstechnisch abgedeckt ist. Der Vermieter muß die Zollpapiere, eine Einverständniserklärung, die Internationale Zulassung und ggf. die Versicherungsunterlagen dem Fahrer aushändigen. Der zimbabwische Zoll stellt dann problemlos ein *Temporary Import Permit* aus.

Grenzübergänge		Zeiten
Südafrika:	Beitbridge	05.30–22.30 h
Botswana:	Kazungula	06.00–20.00 h
	Plumtree	06.00–20.00 h
	Pandamatenga	06.00–18.00 h
Sambia:	Chirundu	06.00–20.00 h
	Kariba	06.00–18.00 h
	Victoria Falls	06.00–20.00 h
Mosambik:	Mutare/Forbes	06.00–18.00 h
	Nyamapanda	06.00–18.00 h

Transport vor Ort

Flug

Zwischen Harare, Bulawayo, Kariba und Victoria Falls unterhällt Air Zimbabwe ein dichtes Linienflugnetz. Zimbabwe Express Airlines verbindet nahezu täglich die Stationen Bulawayo, Harare, Hwange, Victoria Falls und Johannesburg. Außerdem bedienen zahlreiche Charterfluggesellschaften, wie United Air Services und Falcon Air, Inlandstrecken, wie z. B. nach Masvingo und Buffalo Range sowie die touristisch relevanten Verbindungen in Nationalparks und zu Safarilodges. Die Adressen der Fluggesellschaften sind im Reiseteil bei den jeweiligen Orten aufgelistet.

Bahn

Die Bahn innerhalb Zimbabwes ist zuverlässig und sehr preiswert. Täglich bestehen als Nachtfahrten in jeweils beiden Richtungen folgende Hauptverbindungen (Preise in Klammern: (Schlafwagen/1. Klasse/2. Klasse in US$):

Harare–Mutare (10/6/5)
Harare–Bulawayo (15/10/7)
Bulawayo–Chiredzi (15/10/7)
Bulawayo–Victoria Falls (15/10/7)

Es empfiehlt sich, frühzeitig zu reservieren, und die Abfahrtszeiten kurz vorher nochmal zu überprüfen. Info & Reservierung:
Harare: Tel. 14-786052, Fax 14-78603403
Bulawayo: Tel. 19-363111, Fax 19-363502
Gweru: Tel. 154-23711, Fax 154-22441
Victoria Falls: Tel. 113-4391

Bus

Das nationale Busnetz ist sehr gut ausgebaut. Lokale, sehr preiswerte Busse fahren zu unregelmäßigen Zeiten in praktisch alle Winkel des Landes. Zusätzlich zu diesen meist überfüllten und oftmals schlecht gewarteten Bussen stehen auf den Überlandstrecken moderne Expressreisebusse zur Verfügung, die mit Klimaanlage, Toilette, Videoanlage und Bordbar ausgestattet sind (z. B. Blue Arrow, Ajay Motorways). Die Adressen der Busgesellschaften sind im Reiseteil bei den jeweiligen Orten aufgelistet.

Beispiel: Das Blue Arrow Busnetz
• Harare–Kariba (via Chinhoyi, Karoi, Makuti): Abfahrt So/Mo/Mi/Fr um 08.00 h, an 13.00 h, Rückfahrt an den gleichen Tagen um 14.00 h, an Harare 19.00 h. Preis pro Strecke ca. 20 US$.

Dampflok in Victoria Falls

• Harare–Bulawayo (via Chivhu, Mvuma, Gweru): Abfahrt Mo-Sa um 07.30 h, Fr um 17.00 h, So um 15.00 h, Fahrtzeit 6 Stunden, Rückfahrt an den gleichen Tagen zu denselben Uhrzeiten. Preis pro Strecke ca. 36 US$.
• Harare–Bulawayo (via Chegutu, Kadoma, Kwekwe, Gweru): Abfahrt Mo/ Di/Fr um 08.00 h, Fr um 16.00 h, So um 14.00 h, Fahrtzeit gute 6 Stunden, Rückfahrt Mo/Sa um 08.00 h, Fr um 16.00 h, So um 14.00 h. Preis pro Strecke ca. 36 US$.
• Harare–Mutare (via Marondera, Macheke, Headlands, Rusape, Nyazura): Abfahrt Mi, Fr um 07.30 h, Sa um 12.00 h, Fahrtzeit gute 4 Stunden, Rückfahrt Mi/Fr um 13.00 h, So um 17.00 h. Preis pro Strecke ca. 25 US$.
• Victoria Falls–Bulawayo (via Hwange, Dete, Gwaai River, Halfway House): Abfahrt Mo/Mi/Do/Fr/sa um 07.30 h, Di um 09.30 h, So um 14.30 h, Fahrtzeit 6 Stunden, Rückfahrt Mo–Sa um 07.30 h, So um 14.30 h. Preis pro Strecke ca. 40 US$.

Man kann auch Teilstrecken buchen bzw. unterwegs zusteigen. Für die Blue Arrow Busse gibt es auch einen sog. Blue Sky Travel Pass (7 bis 30 Tage Gültigkeit für 90,00–240,00 US$).

Mietwagen

In Zimbabwe sind einige internationale Auto-
vermieter und zahlreiche lokale Agenturen vertreten. Die Adressen findet man im Reiseteil bei
den jeweiligen Standorten (Harare, Bulawayo,
Victoria Falls etc.) aufgelistet.

Die in der Tabelle genannten Preise gelten mit
unbegrenzten Freikilometern und beinhalten
eine Insassen- (PAI), Teilkasko- (CDW) und Dieb-
stahlversicherung (TLW).

Preisbeispiele in DM:

Autotyp	1–6 Tage	7–13 Tage	ab 14 Tage
Mazda 323	125	115	105
Toyota Corolla	140	125	115
Mazda Sedan	170	150	140
Toyota Venture 4 x 4	240	210	200
Mzada 4 x 4	300	280	260
Wohnmobile & Geländefahrzeuge mit Dachzelt und Campingausstattung:			
Explorer Cub III	160	150	140
Toyota Hi Lux	190	180	170

Tips und Infos für Mietwagenfahrer

- Voraussetzung ist der Internationale Führerschein.
- Je nach Gesellschaft liegt das Mindestalter zwischen 21 und 25 Jahren.
- Einige Verträge beinhalten die Einschränkung, daß Fahrten auf Schotterstraßen auf eigenes Risiko erfolgen, manche Unternehmen klammern gezielte Strecken, wie Mana Pools, Matusadona N. P. und das Robins Camp, explizit aus. Hier sollte man vor Vertragsabschluß genau prüfen, welche Strecken womöglich nicht abgesichert sind.
- Wer in die Nachbarländer mit dem Mietwagen reisen möchte, muß die Route bei Vertragsab-schluß bekanntgeben und benötigt ggf. spezielle Autopapiere (schriftliches Permit Ihres Ver-mieters). Nicht alle Agenturen genehmigen die Ausfuhr ihrer Fahrzeuge in Nachbarstaaten; schwierig – aber nicht unmöglich – ist es vor allem, eine Ausreisegenehmigung für Sambia und Malawi zu erhalten.
- Bei Mietdauer unter 10 Tagen berechnen die meisten Gesellschaften für Einwegmieten Rückführungsgebühren, z. B. Harare–Bulawayo oder Bulawayo–Victoria Falls 60 US$, Victoria Falls–Harare 100 US$.
- Wegen der großen Entfernungen empfehlen sich Verträge mit unbegrenzten Freikilometern.
- Mietwägen können mit allen gängigen Kreditkarten bezahlt werden. Auch für die Kaution, die bei Fahrzeugübernahme in Höhe der Selbstbeteiligung fällig wird, empfiehlt sich eine Kreditkarte.
- Der Mietwagen sollte unbedingt mit mindestens einem Ersatzreifen, Wagenheber und Rad-mutternschlüssel ausgestattet sein. Prüfen Sie die Bereifung des Fahrzeugs!
- Komplett ausgestattete Allrad-Camper sind leichter in Südafrika und Namibia erhältlich, des-halb mieten viele Reisende ihr Fahrzeug für eine Zimbabwereise in Johannesburg oder Windhoek, und nehmen die längere Anreise in Kauf.
- Auf Anfrage vermieten einige Gesellschaften Campingausrüstung.
- Bitte beachten Sie auch die Tips für Autofahrer, S. 370
- Einreise aus Nachbarländern mit Mietwagen siehe S. 361

Nationalparks

Die Unterkünfte in den Nationalparks sollten möglichst vorab reserviert werden. Dies gilt vor allem für die begehrten Ferienhäuser, Exclusive Camps und Exclusive Campsites sowie für Camping in Mana Pools. Reservierungen können schriftlich (per Fax) bis zu 6 Monate vorher oder persönlich vor Ort getätigt werden. Bei Reservierung aus Europa muß keine Vorkasse geleistet werden. Meist gelingt es allerdings nicht, von Europa aus eine Reservierungsbestätigung zu erhalten, und man muß sich in Harare oder Bulawayo direkt darum bemühen.

Viele Reisende verzichten auf diese Vorausbuchungen und sind sozusagen *standby* unterwegs. Camping sollte dabei nicht zum Problem werden (außer in Exclusive Campsites und in Mana Pools), denn die Plätze sind selten ausgebucht. Ferienhäuser werden dagegen oft vorreserviert (vor allem im Matobo N. P. und Hwange N. P.), wobei allerdings viele Reservierungen nicht in Anspruch genommen werden. Deshalb vergeben die Wildhüter mehr oder weniger bereitwillig alle Unterkünfte, die bis gegen 17.30 Uhr nicht bezogen wurden, an Standby-Interessenten. So hat man auch ohne Reservierung gute Chancen, abends unterzukommen. Für den Fall, daß es nicht klappt, sollte man sich eine Alternative überlegt haben (auf eine Unterkunft außerhalb des Parks ausweichen oder Camping). Leider gibt es unzählige Beispiele, wo ahnungslose Touristen unnötig Nationalparks verlassen, weil man ihnen sagt, alle Unterkünfte seien belegt oder sie nicht daran glauben mögen, daß abends freie Ferienhäuser vergeben werden. Doch es lohnt sich, hier hartnäckig zu bleiben. Sehen Sie im *Registration Book* nach, wie viele Leute bislang eingecheckt haben und wie die letzten Tage verliefen. Dies ermöglicht eine gute Einschätzung der Lage. Lassen Sie sich nicht zu schnell abschütteln! Einzige wirklich stark gebuchte Zeiten sind zu Ostern und zu Weihnachten.

Die verschiedenen Einrichtungen

Lodges heißen die komplett zur Selbstversorgung ausgestatteten Ferienhäuser mit ein bis zwei Schlafzimmern, Küche mit Herd/Ofen, Kühlschrank, Kochgeschirr, Besteck, Badezimmern mit Toilette und Bad/Dusche, Stromanschluß. Die sog. **Cottages** sind ebenfalls komplett ausgestattete Häuser, allerdings ohne Geschirr und Besteck. **Chalets** bieten Schlafgelegenheit mit externen Kochgelegenheiten und Sanitäranlagen. Alle Lodges, Cottages und Chalets werden jeweils morgens und nachmittags für ein paar Stunden von einem Attendant betreut, der die Unterkunft sauber hält, bei Bedarf Geschirr spült, Betten bezieht, das Feuer schürt. Die Ferienhäuser sind in der Regel sehr ordentlich, sauber, hübsch gelegen und nicht zuletzt wegen der niedrigen Preise überaus beliebt.

Exclusive Camps: Große, vollständig ausgestattete Ferienhäuser, die jeweils nur für eine Gruppe/Einheit von mindestens 1 und max. 12 Personen vergeben werden. Auch in diesen oft herrlich und einsam gelegenen Anlagen stehen Attendants zur Verfügung.

Exclusive Campsite: (auch Special Camps, Fishing Camps, Private Camps, Bush Camps genannt) In der Regel nur minimal ausgestattete Campingplätze in einsamer, idyllischer Lage. Auch diese Camps werden immer nur an eine Einheit vergeben.

Die Nationalparkunterkünfte und Campingplätze sind in der Regel mit Grillstellen für offenes Feuer ausgestattet. Feuerholz wird daher in den meisten Nationalparks angeboten.

Park	Lodges	Cottages	Chalets	Camping	Excl. Camp	Excl. Campsite
Hwange N. P.	X	X	X	X	X	X
Matobo N. P.	X		X	X		
Zambezi N. P.	X					X
Mushandike				X		
Lake Mutirikwi	X			X		
Lake Chivero	X		X	X		
Gonarezhou			X	X		X
Matusadona				X	X	X
Chizarira N. P.						X
Mana Pools	X			X		X
Nyanga N. P.	X			X		

Reservierungsstellen

The Central Booking Office
P. O. Box CY 826, Harare
Corner Borrowdale Rd. & Sandringham Dr.
Tel 14-706077/9 und 792786/7/8/9
Fax 14-724914 und 724914
Bürozeiten: Mo. bis Fr. von 07.45–16.15 h

Bulawayo Booking Agency
P. O. Box 2283, Bulawayo
Corner Herbert Chitepo St./10th Avenue
Tel. 19-63646

Unterkunftspreise 1999:   (in Z$)

Lodges:	150,00 bis 400,00	(je nach Größe mit 2 bis 8 Betten)
Cottages:	100,00 bis 200,00	(je nach Größe mit 2 bis 4 Betten)
Chalets:	50,00 bis 125,00	(je nach Größe mit 2 bis 5 Betten)
Exclusive Camp:	900,00	(12 Betten)
Exclusive Campsite:	50,00 p. P.	
Campingplatz	30,00 p. P.	
Lodges mit 8 Betten in Mana Pools und Lake Kyle:	600,00	
Chimanimani N. P., Mountain Hut	100,00 p. P.	

Ermäßigungen: In den Monaten Februar, März, Juni, Oktober und November wird für Lodges, Cottages, Chalets und Campingplätze ein Nebensaison-Nachlaß von 50 % für die vier Nächte von Montag bis Freitag gewährt.

Eintrittsgebühren:

Tageseintritt:	5 US$ p. P.	(wird in Z$ zum aktuellen Kurs umgerechnet)
Ab 2 bis 7 Tage:	10 US$	(wird in Z$ zum aktuellen Kurs umgerechnet)
Viktoriafälle:	10 US$	pro Besuch
Pkw:	10 Z$	
Geländefahrzeug:	20 Z$	
Minibus:	30 Z$	

Wer nur für eine Übernachtung in einen Nationalpark reist, muß also 10 US$ Eintritt bezahlen. Eine Ausnahme von dieser Regel machen das Mushandike Sanctuary und der Zambezi Nationalpark, wo für einmalige Übernachtungsgäste nur der Tagessatz berechnet wird.

Tabelle links: Vorhandene Einrichtungen zum Übernachten in den verschiedenen Parks
Bild oben: Gemütliche Nationalpark-Lodge im Matobo N. P.

National Parks Wilderness Trails

Mehrtägige geführte Wandersafaris veranstaltet die Nationalparkbehörde einmal monatlich zwischen Mai und Oktober in folgenden Nationalparks: Mana Pools, Hwange, Gonarezhou, Kazuma Pan, Matobo, Chizarira. Für jede Gruppe mit max. 6 Personen werden Pauschalbeträge berechnet (800 Z$ am ersten Tag und 400 Z$ für jeden weiteren Tag). Ausrüstung und Verpflegung müssen selbst mitgebracht und getragen werden. Info & Reservierung beim Central Booking Office in Harare oder Bulawayo.

Reiseagenturen

Europäische Reiseanbieter

Sehr breites Angebot auf dem deutschsprachigen Reisemarkt, sowohl Pauschal-Gruppenreisen, als auch maßgeschneiderte Safaris und Mietwagen-Rundreisen.

Agenturen in Zimbabwe

(Auswahl, weitere Infos siehe im Reiseteil)

- **Khangela Safaris:** P. O. Box FM 296, Famona, Bulawayo. Tel. 19-49733, Fax 19-68259, e-mail: secbird@harare.iafrica.com (Mehrtägige Wandersafaris in den Nationalparks).
- **Shearwater Adventures:** P. O. Box 3961, Harare. Tel. 14-757831, Fax 14-757838/6. e-mail: shearwat@harare.iafrica.com (Canoeing, Rafting, Bungi Jumping)
- **United Touring Company:** 4 Park Street, P. O. Box 2914, Harare. Tel. 14-770623, Fax 14-770641. (Safaris, Tagestouren) E-mail: mainbox.utczim@commsol.sprint.com
- **Graceland Safaris:** P. O. Box 6470, Samora Machel Ave., Harare. Tel. 14-735279, Fax 14-730176, (Safaris, Rundreisen)
- **Connemara Tours:** 103 Nelson Mandela Ave., P. O. Box CY 2825, Harare. Tel. 14-704866, e-mail: conemara@harare.iafrica.com (deutschsprachige Kulturreisen).
- **Adventure Travel:** P/Bag 9, Hillside, Bulawayo. Tel./Fax 19-66525. (Rhino Walks, Matobo Tours)
- **Afro Ventures:** P. O. Box 1200, Paulshof, 2056 Südafrika. Tel. 0027-11-8073720, Fax 0027-11-8073480. E-mail: reservations@afro.co.za (Rundreisen und Camps im südlichen Afrika)
- **ChiVuNya:** P. O. Box 534, Mutare. Tel. 120-67915, Fax 120-65165, E-mail: holiday@syscom.co.zw (unterschiedliche Touren in den Eastern Highlands)
- **Hungwe Tours an Safaris:** P. O. Box 5438, Harare. Tel. 14-733087, Fax 14-4733009, e-mail: hungwe@samara.co.zw (maßgeschneiderte Touren und Safaris)
- **Karibean Cruises and Tours:** P. O. Box 2920, Harare. Tel. 14-702523, Fax 14-702524, e-mail: karibean@mail.pci.co.zw (Hausboote am Karibasee)
- **Livingstone Tours:** P. O. Box CY 1709, Harare. Tel. 14-75992, Fax 14-795301, e-mail: livsaf@samara.co.zw (Safaris)
- **Peter Ginn Birding Safaris:** P. O. Box 44, Marondera. Tel./Fax 179-23411, (spezialisiert auf Birding Safaris)

- **Safari Incorporated Ltd.:** P. O. Box BE 65, Harare. Tel. 14-728255, Fax 14-792932. (u. a. Hausboote und Karibafähre).
- **Safari Par Excellence:** P. O. Box 5920, Harare. Tel. 14-720527, Fax 14-722872, e-mail: safpar@global.co.za (Rafting, Canoeing)
- **Sky Safaris:** P. O. Box CY 2632, Harare. Tel. 14-728493, Fax 14-728492, e-mail: sprint@harare.iafrica.com
- **S.A.T.S.:** P. O. Box 601, Harare. Tel. 14-753535, Fax 14-773908, e-mail: sats@samara.co.zw
- **Wilderness Safaris Zimbabwe:** P. O. Box 288, Victoria Falls, Tel. 113-3371, Fax 113-4224, e-mail: wildness@zol.co.zw (Rundreisen und Camps im südlichen Afrika)
- **Zimfari Travel and Tours:** P. O. Box 4344, Harare. Tel. 14-870495, Fax 14-883539, e-mail: zimfari@harare.iafrica.com (Reisen mit speziellen Schwerpunkten)
- **Londa Mela Safaris:** P. O. Box 130, Queens Park, Bulawayo. Tel. 19-46430, Fax 19-46436, e-mail: londa@acacia.samara.co.zw

Hotelgruppen

- **Zimbabwe Sun:** Head Office, 99 Jason Moyo Ave., P. O. Box CY 1211, Causeway, Harare. Tel. 14-737944-9, Fax 14-734739, E-mail: zimsun@zimsun.gaia.co.zw
- **Rainbow Tourism Group:** Central Reservations, Harare. Tel. 14-733781, Fax 14-708125, E-mail: reservations@rainbowtgrp.co.zw
- **Touch The Wild:** P/Bag 6, Hillside, Bulawayo. Tel. 19-74589, Fax 19-229088. E-mail: touchwld@harare.iafrica.com
- **Bushveld Safaris:** 12 Derby Road, Harare. Tel. 14-307945, Fax 14-4307921, E-mail: bushveld@mail.pci.co.zw (verschiedene Buschcamps)
- **Landela Safaris:** P. O. Box 66293, Kopje, 29 Mazowe Road, Harare. Tel. 14-702634, Fax 14-702546, e-mail: landela@samara.co.zw. Vertretung in der BRD: SATC, Gistlstr. 76, 82049 Pullach, Tel. 089-7932615, Fax 089-7934225.
- **Cresta Hospitality:** (Best Western Gruppe) Central Reservations, Harare. Tel. 14-703131, Fax 14-794655.
- **Block Hotels Zimbabwe:** P. O. Box 2914, 100 Nelson Mandela Ave., Harare. Tel. 14-769981, Fax 14-796989, E-mail: blockzim@harare.iafrica.com

Sprachhilfe

Zwar kommt man mit Englischkenntnisse gut in Zimbabwe zurecht, doch ist es immer ein Zeichen von Respekt und Höflichkeit, wenn man wenigstens ein paar Grußformeln und typische Ausdrücke in der Sprache seiner Gastgeber kennt.

	Chi-Shona	Si-Ndebele	
Hallo	mhoro (mhoroi)	sawabona (salibonani)	
Wie geht's?	makadii?	Linjani?	
Danke, gut	ndiripo (makadiiwo)	sikona	
danke	ndatenda	siyabonga kakulu	
bitte	ndapota	ngixolela	
Willkommen!	titambire!	Siyalemukela!	
Wie heißt Du?	munonziani?	ibizo lakho ngubani?	
Ich heiße...	ndinonzi...	elami igama ngingu...	
ja	eehe	yebo	
nein	aiwa	hayi	
Wo?	kupi?	ngaphi?	
Wann?	rini?	nini?	
Wie, warum?	sei?	njani?	
Auf Wiedersehen	fambai zvakanaka	uhambe kuhle	(Weggehender)
	chisarai zvakanaka	lisale kuhle	(Bleibender)

Auch im Zimbabwe-Englischen gibt es besondere Ausdrücke

Ablution Block	Sanitäreinrichtung (auf einem Campingplatz)	Gorge	Schlucht
A-Frame Chalet	Chalet mit dem langgezogenen Spitzdach, wie ein "A"	Guide	Reiseleiter, Safari-Leiter
		Hide	Beobachtungsstand
Attendant	Hauspersonal, Platzwart	just now	jetzt bestimmt dann bald...
B&B	Bed & Breakfast, Frühstückspension	Kaffir	abfälliger Kolonialbegriff für Afrikaner
Biltong	Trockenfleisch in Streifen, Spezialität aus Südafrika	Kill	Riß eines Raubtieres
		Kopje	kleiner Hügel, sprich "koppi"
Boerewors	"Burenwurst", eine fettreiche, gerollte Grillwurst	Kraal	traditionelle Wohneinheit
		Lift	Mitfahrgelegenheit
Boma	Haupthaus, zentraler Mittelplatz, regionales Stadtzentrum	Mealie-Meal	Maismehl
		peri peri	sehr scharf (Pepperoni)
Braai	Grillen, Barbecue	Permit	Erlaubnis-, Passierschein
Bush	Wildnis	Rhodies	ehemalige Kolonialherren
Bushveld	Dornstrauchsavanne	Robot	Ampel
Campsite	Camping- oder Zeltplatz	Rondavel	runde Hütte/Ferienhaus
Caretaker	Aufseher	Samoosa	indische, dreieckige Teigtasche mit Füllung
Dam	Stausee, Wasserreservoir	Sirloin	Lendensteak
Drift	trockene Furt	Tea Garden	Kiosk mit Sitzplätzen, einfaches Gartenlokal
Escarpment	Steilabbruch eines Höhenzugs		
Fullboard	Vollpension	Township	schwarzes Wohnviertel
full full	"sehr voll", Steigerungsform	Tsotsi	Dieb, Räuber
Game Drive	Pirschfahrt	Veld	Grasebene, Savanne
Game Park	Wildpark	Vlei	Sumpfebene
Gate	Eingangstor	Warden	oberster Parkwächter

Begegnung mit den Menschen

Natürlich können Sie in Zimbabwe auf Safari gehen und Ihre zwischenmenschlichen Kontakte zur einheimischen Bevölkerung auf das Bezahlen von Rechnungen beschränken. Sie reisen unbeschwert und behalten Ihre vorgefertigte Meinung vom schwarzen Menschen. Aber es wäre wirklich schade, machen die Herzlichkeit und Spontaneität der Bevölkerung doch einen Höhepunkt jeder Reise aus. Daß gerade Europäer oftmals großes Interesse für die Lebensumstände der Afrikaner zeigen, wird von den Einheimischen meist sehr positiv gewertet.

Je weiter entfernt von Touristenzentren und Städten man unterwegs ist, um so beeindruckender und ehrlicher werden die Begegnungen. Zimbabwer haben ein sehr feines Empfinden für gegenseitigen Respekt und Wertschätzung. Die rigide Kolonialpolitik der Rhodesier, die sie erst nach vielen Bürgerkriegsjahren abschüttelten, ist den meisten Afrikanern noch geläufig. Nicht zuletzt deshalb wird in Zimbabwe immer wieder spürbar, daß die Menschen den Dialog suchen. Altkluge Besserwisserei kommt dabei natürlich nicht besonders gut an. Doch wer ehrliches Interesse zeigt, zuhören kann und auch noch etwas Humor mitbringt, wird rasch mit herzlicher Gastfreundschaft belohnt.

Bitte berücksichtigen Sie, daß Afrikaner ein anderes, in mancher Hinsicht freieres Verhältnis zur Zeit haben als wir Mitteleuropäer. Vermeiden Sie politische Diskussionen, und versuchen Sie lieber, durch Fragen und Zuhören neue Dinge zu erfahren.

Sicherheitstips

Zimbabwe, generell ein sicheres Reiseland, verzeichnet in den letzten Jahren leider eine deutliche Zunahme der Kriminalität vor allem in Harare, aber auch in Bulawayo, den Eastern Highlands und Victoria Falls. Autoeinbrüche, Taschen- und Trickdiebstähle richten sich dabei verstärkt gegen Touristen.

Besonders gefährdet sind Touristen in der Innenstadt von Harare, an der Straße zum Flughafen von Harare sowie im Zentrum Bulawayos. Hier sollte man während der Fahrt die Fahrzeugtüren verriegeln, bei plötzlichen Reifenpannen sofort stutzig werden und die Fahrzeuge nicht unbewacht parken (siehe auch Harare, S. 114). Trickdiebstahl versuchen viele Spendensammler, die einerseits mit gefälschten Papieren um Spenden bitten, dabei aber auch gerne unauffällig in die Taschen der Ahnungslosen greifen.

Unten: Souvenirmarkt in Victoria Falls

Typische Speisekarte im Nationalpark
(Robins Camp):

Breakfast (Eier, Speck, Toast)	60 Z$
Hamburger	30 Z$
Tomato & Cheese Sandwich	30 Z$
Steak Roll	35 Z$
Samoosa (indische Snacks)	10 Z$
Filetsteak, Vegetable, Chips	100 Z$
Curry & Rice	70 Z$
Chicken, Vegetable, Chips	80 Z$
Plain Omelette & Chips	50 Z$

Frühstück im Safaricamp

Kulinarische Tips

Die Küche ist reichhaltig und gut, aber keine ausgefeilte Spezialitätenküche. Gern wird gegrillt, was man im südlichen Afrika 'Braai' nennt. Das Fleisch ist meist von sehr guter Qualität. Kartoffeln und Reis werden viel gegessen, Nudeln sind seltener. Das Frühstück fällt mit Ei, Speck, Bohnen und Toast recht üppig aus. Die Mittagsmahlzeit ist etwas kleiner, und abends wird meist mit mehreren Gängen oder Buffet diniert. Als Dessert werden tropische Früchte, süße, englische Cakes und Puddings gereicht.

Die traditionellen afrikanischen Gerichte Sadza (Maisbrei), getrocknete Kapentafische aus dem Karibasee und geröstete Mopanewürmer werden manchmal als Spezialitäten in Touristenhotels und Lodges angeboten. Biltong ist ein getrocknetes Wild- oder Rindfleisch, das als Zwischenmahlzeit beliebt ist. Manchmal wird Krokodilfleisch angeboten, das besser schmeckt als man vermutet, und Wildgerichte, wie Impala Stew, Büffelbraten, Elen- und Zebrasteak.

Getränke: Tagsüber haben sich Softdrinks, wie Sprite und Coke, durchgesetzt. Ein beliebtes alkoholfreies Getränk ist der Rock Shandy, der zu gleichen Teilen aus Sodawasser und Schweppes Limonade besteht. Ansonsten trinkt man Bier in verschiedenen, schmackhaften Sorten, und Weine aus eigener Produktion, Portugal oder Südafrika. Beim lokalen, sehr preiswerten Wein kann man den Dry Red Symphony und die weißen Bin 16 und Pinot Blanc von Mukuyu empfehlen, aber auch die Weine von The Meadows Estate. An der Bar trinkt man Bier (Lager und Pilsener), Whiskey oder Liköre, wie z. B. Amarula. Von guter Qualität sind die einheimischen Mineralwassermarken *Border Stream* und *Glendale* (beide in Plastikflaschen abgefüllt, in Supermärkten erhältlich). Kohlensäurehaltiges Wasser heißt Soda Water, unter Mineral Water versteht man ein stilles Wasser.

Buffets werden zum Festpreis angeboten, Kaffee oder Tee am Ende der Mahlzeit sind darin eingeschlossen. In Restaurants hat der Kellner üblicherweise kein Wechselgeld bei sich. Statt dessen geht er mit dem Geld zur Kasse und bringt wenig später das Wechselgeld zurück. Nicht alle Restaurants sind lizensiert, Alkohol auszuschenken (mit „L" gekennzeichnet). Nicht lizensierte Lokale („U") gestatten den Gästen in der Regel, selbst Bier und Wein mitzubringen.

Wer selbst kocht, sollte nicht versäumen, einige Spezialitäten auszuprobieren. *Butternut* heißt eine beliebte Kürbisart, die nach ca. 20 Min. Kochzeit zubereitet ist. Auf die gleiche Weise werden *Germsquashes* zubereitet. Leicht gesalzen sind die saftigen Kürbisse besonders schmackhaft zu Kartoffelgerichten und Grillfleisch. Fleisch wird in Zimbabwe teilweise anders zugeschnitten als bei uns. Empfehlenswert sind T-Bone Steaks, Porterhouse Steaks (T-Bone-Steak ohne Filet), Sirloin (Lende) und Pork Chops (Schweinekottlets).

Feuerholz erhält man in den Nationalparks, Grillkohle kauft man an Tankstellen. Für das Kochen am offenen Feuer sollte man sich vor Ort mit einer preiswerten und praktischen Emaillepfanne und einem kleinen Topf eindecken (z. B. von der Fa. Kango, erhältlich in großen Supermärkten).

Die einheimische Küche sieht freilich anders aus: In vielen Familien gibt es morgens, mittags und abends *Sadza*, ein Maisbrei, auch Mealie Meal genannt. Abwechslung bringt oft nur die Beilage (Fleisch, Soße, Gemüse oder Fisch). Diese Beilagen heißen zusammengefaßt *Relish*. Kohl, Tomaten, Zwiebeln, Bananen und Mangos ergänzen die Küche. Das Lieblingsgetränk der Afrikaner ist Bier. *Chibuku*, ein einfaches Maisbier, wird in Papptüten verkauft, die aussehen, wie unsere europäischen Milchtüten.

Tips für Autofahrer

- Es besteht Anschnallpflicht und herrscht Linksverkehr. Ausländische Fahrer benötigen einen Internationalen Führerschein.
- In Afrika ist es üblich, statt Warndreiecken Zweige an den Straßenrand zu legen. Diese bleiben oft auch dann noch liegen, wenn das hängengebliebene Fahrzeug schon fort ist. Große Steine, die zum Unterlegen verwendet wurden, bleiben manchmal auf der Fahrbahn liegen.
- Wellblech-Rüttelpisten sind am sichersten ganz langsam zu fahren. Bei schlechten Stoßdämpfern besteht die Gefahr des Abdriftens.
- Höchstgeschwindigkeit in Ortschaften: 60 km/h
- Höchstgeschwindigkeit auf Hauptstraßen: 120 km/h, auf schmalen Straßen oft nur 80 km/h.
- Die Spritversorgung ist im ganzen Land recht gut. Längere Strecken ohne Tankstelle gibt es nur entlang des Karibasees und im Lowveld. Manche Tankstellen haben am Wochenende geschlossen.
- Benzin und Diesel sind für europäische Verhältnisse sehr günstig.
- Vermeiden Sie Nachtfahrten wegen des hohen Unfallrisikos.
- Verkehrskontrollen kommen vor, auf Hauptstraßen muß man mit Radarkontrollen rechnen (hohe Bußgelder).
- Fahren auf einspurigen Teerstraßen: Bei Gegenverkehr weicht jeder Fahrer mit dem linken Reifen auf die linke Schotterspur aus.
- Trotz Linksverkehr gilt auch hier die Rechts-vor-Links-Regel bei unmarkierten Kreuzungen.
- Wenn sich der Konvoi des Präsidenten ankündigt, müssen alle Autos am Straßenrand anhalten.

Tips für die Nationalparks

- Verhalten Sie sich möglichst leise. Auch wenn Sie keine Tiere sehen, heißt das nicht, daß Sie nicht genau beobachtet werden.
- Vogelfreunde kommen oft direkt in den Camps auf ihre Kosten, weil viele Vögel nahe herankommen (ebenso Buschhörnchen, Mangusten, Meerkatzen, Warzenschweine etc.
- In den meisten Nationalparks darf man nach Sonnenuntergang nicht mehr unterwegs sein und auch nicht allein zu Fuß laufen.
- In Nationalparks möglichst mind. zwei Nächte bleiben, um die Atmosphäre aufzunehmen.
- Campinggäste: Lassen Sie über Nacht keine Nahrungsmittel draußen liegen, es könnte Hyänen oder andere Tiere anlocken.
- An Flußufern ist wegen der Krokodile immer Vorsicht geboten (außer i. d. Eastern Highlands).
- Schlangen: Fest auftreten läßt die Erde vibrieren, so daß sich Schlangen meist rechtzeitig zurückziehen (außer der Puffotter). Im Busch feste, knöchelhohe Schuhen tragen, niemals barfuß laufen.
- Buschbrände können im trockenen Gestrüpp durch kleinste Funken ausgelöst werden. Vorsicht mit Zigarettenkippen!
- Begegnungen mit Wildtieren: siehe S. 338.

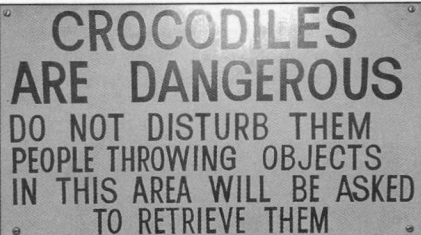

Verhalten von Tieren auf der Fahrbahn

Auf Überlandfahrten in Zimbabwe muß man immer mit Tieren auf den Straßen rechnen.

- Esel werden ihrem Ruf gerecht und bleiben teilweise stoisch mitten im Weg stehen.
- Rinder entfernen sich nur langsam. Als Herdentiere folgen sie einander, meist ist ein Abbremsen notwendig.
- Ziegen entfernen sich in der Regel rechtzeitig zum nächstgelegenen Straßenrand. Vorsicht jedoch bei jungen Ziegen.
- Hunde können Autos schlecht einschätzen und entfernen sich häufig zu spät von der Fahrbahn.
- Hühner rennen panisch davon, drehen aber gerne während der Flucht wieder um, um zurück auf die Straße zu rennen.
- Affen rennen schon in weiter Entfernung davon.

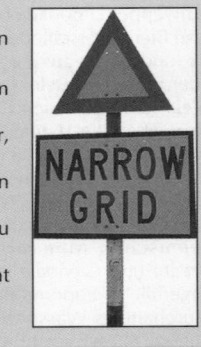

Weitere Informationen von A bis Z

Ärzte & Apotheken

Es besteht eine relativ gute Versorgung durch Krankenhäuser, Ärzte und Apotheken. In ländlichen Regionen findet man in Health Centres und an Missionen ärztliche Hilfe (siehe *Gesundheitswesen*). Zu Beginn der Telefonbücher sind die Nummern der Ärzte aufgelistet. Behandlung und Medikamente werden direkt abgerechnet. Gut ausgestattete Apotheken (Chemist, Pharmacy) gibt es nur in Städten. Es empfiehlt sich, vor Reiseantritt eine Reisekrankenversicherung abzuschließen.

Airporttax

Bei der Ausreise werden pro Fluggast 20 US$ Fluggastgebühr erhoben. Die Gebührenmarken können schon vorab bei Banken erworben werden. Rückflüge müssen ca. 3 Tage vor Abflug rückbestätigt werden.

Angeln

In den meisten Nationalparks darf man mit Lizenz angeln.

Camping

Campingurlaub stellt eine beliebte Urlaubsart dar. Die vielen Campingplätze sind allgemein gut ausgebaut, preiswert und sauber.

Fahrräder

In den größeren Städten und an den Viktoriafällen können Fahrräder (teilweise auch Mountain Bikes) gemietet werden. Nationalparks dürfen nicht per Fahrrad besucht werden (außer Nyanga und Matobo).

Feiertage

1. Januar	Neujahr
März/April	Karfreitag und Samstag, Ostermontag
18./19. April	Unabhängigkeitstag
1. Mai	Tag der Arbeit
25. Mai	Afrika-Tag
2. August	Tag der Streitkräfte
11./12. August	Heldengedenktage
22. Dezember	National Unity Day
25./26. Dezember	Weihnachten

Ferienzeiten

Als Richtlinie für die drei Schulferienzeiten gelten: Erster Donnerstag im April bis ersten Dienstag im Mai; erster Donnerstag im August bis ersten Dienstag im September und erster Donnerstag im Dezember bis ersten Dienstag im Januar.

Fotografieren

Nehmen Sie ausreichend Filmmaterial und Ersatzbatterien mit, denn vor Ort sind diese Dinge kaum und nur sehr teuer, evtl. sogar überaltet, zu bekommen. Menschenaufnahmen gelingen am besten mit Blitzlicht (auch bei Tage). Militäranlagen, Soldaten und sicherheitsrelevante öffentliche Gebäude dürfen nicht fotografiert werden. Sehr gut kommen Sofortbildkameras an, weil man dann ein paar Aufnahmen verschenken kann.

Geldwechsel

Die Banken verlangen sehr unterschiedliche Wechselgebühren. Grobe Richtlinie:

- Standard Chartered: 1 % Kommission, aber mind. 75 Z$ / teilweise 2 % Kommission auf Bargeld
- Zimbank: 1 % Kommission auf Reiseschecks, 2% auf Bargeld, meist schlechter Kurs
- Barclays Bank: 1 % Kommission, aber mind. 50 Z$
- Wechselstuben: meist ohne Kommission, dafür mit schlechterem Kurs
- Geldbeschaffung per Kreditkarte erfolgt allgemein ohne Kommission

Öffnungszeiten der Banken: Montags, dienstags, donnerstags, freitags von 08.00–15.00 h, mittwochs von 08.00–13.00 h, samstags von 08.00–11.30 h. Wechselstuben haben meist ganztägig geöffnet.

Geschäftszeiten

Geschäfte: montags bis freitags von 08.00–17.00 h, samstags von 08.00–12.00 h.

Geschenke

Als Geschenke eignen sich Kugelschreiber, Malstifte, Schreibblöcke, Nähzeug, Schuhe und (Kinder-)Kleidung. Falls Sie Bekanntschaften schließen, wäre es nett, ein paar Fotos von Zuhause vorzeigen zu können. Am Ende der Reise kann man Kochutensilien und Ausrüstungsgegenstände verschenken.

Golf

Die Qualität der hiesigen Golfplätze ist unbestritten. Mehr als 40 international anerkannte Golfplätze stehen zur Verfügung, und Gäste können hier sogar zwischen Warzenschweinen und Kudus ihrem Hobby nachgehen. Gäste sind willkommen, die Gebühren gering, und Schläger können gemietet werden.

Haustiere

Die Einfuhr von Haustieren muß ca. 3 Monate vorab beim Director of Veterinary Services, P. O. Box 8012 Causeway, Harare angemeldet werden. Haustiere werden nicht in Nationalparks zugelassen.

Hotelpreise

Die Preispolitik der Hotels ist oft atemberaubend. Preissprünge von bis zu 60 % auch während des Jahres sind durchaus möglich. Allgemein orientiert man sich hier am US$. Daher werden viele Preise, vor allem in den Hotels mit „EuropaZuschlag" (siehe S. 356), in der amerikanischen Währung ausgezeichnet. Die Zahlung kann in der Regel auch in anderen harten Währungen und teilweise auch in Z$ erfolgen.

Internet

Ständig aktualisierte Informationen zu Zimbabwe und anderen afrikanischen Reisezielen finden Sie auf unserer Homepage: www.hupeverlag.de

Kasinos

Kasinohotels gibt es in Victoria Falls, Kariba, Bvumba und Juliasdale.

Landkarten

In den staatlichen Büros des Surveyor General (Map Sales Offices) kann man gutes, detailliertes Kartenmaterial erwerben. Besonders empfehlenswert ist die aktuelle Gesamtkarte ZIMAP 1:1 000 000. Adressen siehe Harare und Bulawayo. Auch in Buchläden und beim AA sind Landkarten erhältlich. Wer vor der Reise gute Landkarten besorgen möchte, wendet sich am besten an Geo-Spezialbuchläden.

Maße und Gewichte

In den letzten Jahren setzen sich zunehmend die metrischen Maße und Gewichte durch. Ältere Landkarten oder Bücher verwenden aber noch die englischen Maßeinheiten.

1 mile	=	1,609 km
1 foot	=	30,48 cm
1 square mile	=	2,59 km²
1 gallon (brit.)	=	4,546 l
1 acre	=	40,47 a

Die Formel zur Umrechnung von Fahrenheit in Grad Celsius lautet:

Fahrenheit minus 32, multipliziert mit 5, dividiert durch 9 ergibt den Wert in Grad Celsius.

F	32	41	50	59	68	77	86	95
C	0	5	10	15	20	25	30	35

Nationalparks

Zimbabwe hat 11 Nationalparks ausgewiesen: Chimanimani, Chizarira, Gonarezhou, Hwange, Kazuma Pan, Mana Pools, Matobo, Matusadona, Nyanga, Victoria Falls und Zambezi N. P. Siehe auch S. 364.

Post

Öffnungszeiten: Montags bis freitags von 08.30–16.00 h, samstags von 08.30–11.00 h.

Briefe und Postkarten nach Europa sind sehr günstig, der Service ist zuverlässig. Luftpostbriefe nach Europa sind etwa eine Woche unterwegs, wenn man sie in größeren Städten zur Post bringt. An abgelegeneren Orten kann es deutlich länger dauern.

Reiten

Reiten ist ein beliebter Freizeitsport und daher weit verbreitet, z. B. im Matobo N. P., den Eastern Highlands, Mukuvisi Woodlands, Malwatte Farmhouse, Lake Chivero, Lake Mutirikwi.

Stromversorgung

220/240 Volt Wechselstrom (englische 3-Pol-Stecker werden benötigt; Adapter möglichst mitbringen). In vielen Safarilodges besteht kein Stromanschluß. Häufig wird ein Generator eingesetzt, manchmal nur für die Abendstunden. Daher gehört eine Taschenlampe ins Gepäck. Zum Aufladen von Videoakkus ist u. U. ein Ladegerät für den Anschluß ans Auto-Bordnetz vorteilhaft.

Taxi

In großen Städten fahren die Taxis meist mit Taxameter, dennoch empfiehlt es sich, den Fahrpreis vorher auszuhandeln. 10 % Trinkgeld sind üblich.

Telefon

Telefonieren von Zimbabwe nach Europa: Die deutsche Vorwahl ist 11049, von Österreich 11043, von der Schweiz 11041.

Vorwahl nach Zimbabwe: 00263/Ortsnetz/Teilnehmer. Wichtig: Die Ortsvorwahl beginnt in Zimbabwe mit einer 1, die nicht gewählt werden darf, wenn man aus dem Ausland anruft (z. B. Harare 00263-4-Rufnummer).

Mit einer Telefonkarte, die bei der Post erhältlich ist, kann man Überseegespräche an öffentlichen Card Phones tätigen (pro Minute ca. 2 US$). Durch den Ausbau des Telefonnetzes kommt es immer wieder zu Nummernänderungen, z. B. den Zusatz einer Ziffer beim Ortsnetz.

Telefon-Vorwahlnummern in Zimbabwe

Beitbridge	186	Harare	14	Mutare	120
Bindura	171	Hwange	181	Mutoko	172
Binga	115	Juliasdale	129	Nyanga	129
Bulawayo	19	Kadoma	168	Norton/	162
Chegutu	153	Kariba	161	Odzi	130
Chimanimani	126	Kwekwe	155	Penhalonga	1205
Chinhoyi	167	Makuti	163	Plumtree	180
Chipinge	127	Marondera	122	Rusape	125
Chiredzi	131	Mashava	135	Ruwa	173
Chirundu	1637	Masvingo	139	Shangani	150
Dete	118	Mazowe	175	Shurugwi	152
Gweru	154	Mlibizi	115	Triangle	133
Gwaai River	118	Murewa	178	Victoria Falls	113

Trampen

Trampen ist eine recht populäre Reiseart in Zimbabwe und meist unproblematisch. Teilweise wird eine Fahrtkostenbeteiligung erwartet (afrikanische Fahrer).

Trinkgeld

Trinkgeld ist gelegentlich als *Service Charge* in Rechnungen enthalten, ansonsten sind ca. 10 % üblich, häufig werden die Münzen bei der Geldrückgabe am Tisch liegengelassen. Gepäckträger erwarten ein kleines Trinkgeld von ca. 10 Z\$ pro Gepäckstück, Taxifahrer erhalten etwa 10 %. Trinkgelder für Safariguides sind freiwillig und werden nicht vorausgesetzt.

Wandern

Sowohl klassisches Wandern und Bergsteigen (Eastern Highlands, Matoboberge) als auch geführte Wandersafaris im Busch werden in Zimbabwe angeboten.

Wasser

In den Städten ist das Leitungswasser gechlort und trinkbar, auf dem Lande sollte es sicherheitshalber abgekocht oder gefiltert werden. Sehr nützlich sind Mikropurtabletten/-pulver, die das Wasser entkeimen. In Supermärkten wird ausgezeichnetes Mineralwasser in handlichen Plastikflaschen verkauft.

Zeitungen / Medien

Neben den Tageszeitungen *Herald* in Harare und *Chronicle* in Bulawayo erscheinen mehrere Wochenzeitungen. Englischsprachige Zeitungen aus Südafrika und Großbritannien sind in den Städten zu bekommen, deutschsprachige Zeitungen kaum. Monatlich erscheint das informative Touristenmagazin *Travellers Times*.

Zeitverschiebung

In Zimbabwe gilt MEZ + 1 Stunde. Während der mitteleuropäischen Sommerzeit besteht also kein Zeitunterschied, im Winterhalbjahr ist uns Zimbabwe um eine Stunde voraus.

Zoll

Alle Gegenstände des persönlichen Bedarfs können zollfrei eingeführt werden. Dazu zählen, neben Kleidung und Toilettenartikeln, auch die Photoausrüstung mit Filmen, Videokamera, Fernglas, Reiseschreibmaschine, Kofferradio, Kinderwagen, Sport- und Campingausrüstung. Außerdem dürfen zollfrei mitgeführt werden: 5 l alkoholische Getränke (inklusive max. 2 l Spirituosen), Geschenke im Gesamtwert von 2000 Z\$ und Tabakwaren in geöffneten Packungen für den persönlichen Gebrauch.

Jagdwaffen müssen deklariert werden, der Besitzer muß sich mit einem Waffenschein ausweisen.

Für die Heimreise: Bei der Einreise nach Deutschland dürfen pro Person 200 Zigaretten, 2 l Wein, 1 l Spirituosen, 50 g Parfüm, 500 g Kaffee und 100 g Tee zollfrei eingeführt werden. Wichtig: Es besteht ein generelles Einfuhrverbot für alle Fleischprodukte aus afrikanischen Ländern.

Achtung bei der Ausfuhr von Trophäen: Vor Ort (Zimbabwe) ist eine Ausfuhrgenehmigung erforderlich, doch wegen des Artenschutzgesetzes machen Sie sich trotzdem sehr schnell bei der Einfuhr solcher Produkte in die EU strafbar. Dies gilt für alle lebenden oder toten Teile von geschützten Tieren und Pflanzen (z. B. Elfanten, Pythonschlangen, Nashörner).

Literaturverzeichnis

Geschichte

- Hole, Hughes M.: The Passing of the Black Kings, 1994, Africana Book Society, Bulawayo
- Thomas, Anthony: Rhodes – The Race For Africa. African Publishing Group, 1996, Harare
- Mc Laughin, J.: On the Frontline, 1996, Baobab Books, Harare
- Beach, D. N.: War and Politics in Zimbabwe 1840-1900. 1994, Mambo Press, Gweru
- Pleticha, H.: Simbabwe, Entdeckungsreisen in die Vergangenheit. 1985, Edition Erdmann
- Wotte, Herbert (1973): David Livingstone, Brockhaus, Leipzig
- Ki-Zerbo, Joseph (1981): Die Geschichte Schwarz-Afrikas, Fischer Verlag, Frankfurt
- Pakenham, Thomas: The Scramble for Africa. (1991). Avon Books, New York
- Ansprenger, Franz: Politische Geschichte Afrikas im 20. Jh., 1992, Beck'sche Reihe

Reiseführer

- Loerzer, Sven: Zimbabwe, 1993, Graphium press, Wuppertal
- Spectrum Guide to Zimbabwe, 1993, Tutorial Press Ltd., Harare, Zimbabwe
- Bornemann, R.: Zimbabwe, 1998, ReiseKnowHow
- Swaney, D.: Zimbabwe, Botswana & Namibia, 1995, Lonely Planet
- Beth, M.: Zimbabwe. 1995, Goldstadt

Natur & Tierwelt

- Main, Michael: Zambezi - Journey of a river. 1990, Southern Book Publishers, South Africa
- Child, Graham: Wildlife and People. 1995, Wisdom Foundation, Harare
- Chirinda Forest Visitor Guide, 1994, Forestry Commission, Harare
- Phillipson, D. W.: A Handbook to the Victoria Falls Region. 1975, Longman Group, Harare
- Palgrave, Keith Coates (1993): Trees of Southern Africa, Struik-Verlag, Cape Town
- Sinclair, Ian (1987): Field Guide to the Birds of Southern Africa, Struik-Verlag, Cape Town
- Säugetiere Afrikas (1977), BLV, München.
- Pflanzenreich der Tropen (1981): Schröder Verlag, Leichlingen.
- Lindsay, Gordon: Roberts' Birds of Southern Africa (1996), CTP Book Printers, Cape Town.
- Field Guide to the Larger Mammals of Africa, 1997, Struik-Verlag, Cape Town.
- Field Guide: Snakes and other Reptiles, 1996, Struik-Verlag, Cape Town.
- Frandsen, Robin: Säugetiere des südlichen Afrika (1993): Sandton, Soputh Africa.
- Smithers, Reay: Land Mammals of Southern Africa (1996): Southern Book Publ., SA.
- Field Guide to Roberts' Birds of Southern Africa (1996), CTP Book Printers, Cape Town.
- Newman, Kennth: Birds of Southern Africa (1994): Macmillan, UK
- Sycholt, A.: BLV-Reiseführer Natur, Südl. Afrika

Kultur

- Ndebele Religion and Customs, 1998, Mambo Press, Gweru
- Shona Customs, 1997, Mambo Press, Gweru
- The People Of The Great River, Fr. Michael Tremmel, 1994, Mambo Press, Gweru
- Frauen in Afrika, explizit-Serie, 1992, Horlemann Verlag, Bad Honnef
- Gronemeyer, R.: Der faule Neger, 1991, RoRoRo Verlag, Reinbek
- Heritage of Zimbabwe Publications, History Society of Zimbabwe, Harare
- Tremmel, M.: The People of the Great River (Tonga). 1994, Mambo Press, Gweru
- Weiss, Ruth: Die Frauen von Zimbabwe, München 1983
- Frese-Weghöft, G.: Frauen tragen schwer. Vom Alltag der Frauen in Zimbabwe. Reinbek, 1991
- Brief Guide to the Archaeological Heritage of Zimbabwe, Webber Ndoro, National Museums 1994
- Explizit: Frauen in Afrika (1993): Horlemann Verlag, Bad Honnef

Literatur

- Afrikanissimo – Ein Lesebuch, Piper Verlag München, 1994
- Lessing, Doris: Rückkehr nach Afrika. 1992. Hoffmann und Campe
- Lamb, David: Afrika, Afrika. 1991, Kyrill und Method Verlag, München
- Hove, Chenjerai: Knochen, München, 1991
- Hove, Chenjerai: Stadtgeflüster, Frankfurt, 1994
- Lessing, Doris: Eine afrikanische Tragödie, Frankfurt 1980

Kunst

- Schaedler, Karl-Ferdinand: Afrikanische Kunst. 1997, Heyne Verlag, München
- Trovell/Nevermann: Kunst im Bild, Afrika und Ozeanien. Naturalis Verlag, München
- Schaedler, Karl-Ferdinand: Africana. 1988, Battenberg Verlag, München
- Förster, Till: Kunst in Afrika. 1988, DuMont Buchverlag
- Walker, Nick: The Painted Hills, 1996, Mambo Press, Gweru, Zimbabwe

Wirtschaft

- Länderbericht Simbabwe, Statistisches Bundesamt, 1995, Metzler-Poeschel Verlag, Stuttgart

Verschiedenes

- Simbabwe Verstehen, Sympathie Magazin Nr. 36, Studienkreis für Tourismus, 1996, Starnberg
- Encyclopedia Zimbabwe, 1989, Quest Publishing, Harare
- Paterson of Cyrene, 1985, Mambo Press, Gweru.
- The Nature of Zimbabwe, 1988, IUCN, Harare, Zimbabwe
- Rhodesien, Die Karawane Vierteljahresheft, 1976, Karawane-Verlag, Ludwigsburg
- Historical Buildings of Harare, Peter Jackson, Quest Publishing, Harare, 1986

Entfernungstabelle

Anreise nach Victoria Falls oder Kariba jeweils via Teerstraße

Alle Angaben in KM

	Beitbr.	Bindura	Birchenough	Bulawayo	Chimanimani	Chinhoyi	Chiredzi	Gweru	Harare	Kadoma	Kariba	Karoi	Kwekwe	Marondera	Masvingo	Mount Darwin	Mutare	Nyanga	Plumtree	Rusape	Vic-Falls
Beitbridge	–																				
Bindura	670	–																			
Birchenough	460	478	–																		
Bulawayo	321	527	452	–																	
Chimanimani	566	504	106	562	–																
Chinhoyi	698	204	506	555	560	–															
Chiredzi	301	583	199	483	652	611	–														
Gweru	471	363	355	164	461	391	385	–													
Harare	580	88	388	439	413	115	495	275	–												
Kadoma	606	229	490	298	554	257	521	134	141	–											
Kariba	947	453	754	806	779	249	862	642	366	507	–										
Karoi	786	292	594	643	620	88	699	479	204	345	161	–									
Kwekwe	534	301	417	226	523	299	447	62	213	72	578	417	–								
Marondera	656	162	507	513	342	191	523	349	74	215	439	278	287	–							
Masvingo	288	381	172	280	278	409	203	183	292	318	659	497	245	488	–						
Mount Darwin	739	69	547	596	573	273	652	432	156	298	522	361	370	231	450	–					
Mutare	585	353	125	577	150	381	319	480	263	404	629	469	478	191	297	422	–				
Nyanga	690	360	230	682	255	388	424	544	268	409	635	476	485	198	402	429	105	–			
Plumtree	421	556	609	100	662	657	586	266	541	400	906	745	328	615	384	698	681	813	–		
Rusape	677	258	218	242	286	416	445	170	311	536	374	383	96	389	327	93	98		711	–	
Victoria Falls	758	964	891	439	997	992	922	603	878	737	1124	1080	663	950	719	1123	539	1016	1033	1048	–
Zvishavane	372	478	269	184	374	506	119	253	389	253	755	594	183	464	97	547	394	499	286	486	622

Chitungwiza

(handschriftlich) „Lower Zambezi" N P

Landkarten & Pläne

Umschlagfotos und Grafiken

Vorderseite: Neugieriger Elefantenbulle
Rückseite: Die Autoren, Haubenperlhühner
Seite 2/3:   Wachsame Eule, angriffslustiger Büffel

Weitere Afrika-Führer aus dem Ilona Hupe Verlag

Afrika-Führer für Selbstfahrer und neugierige Gruppenreisende

Reisen in Sambia und Malawi

ISBN 3-932084-17-9
368 Seiten   DM 42,00
57 Karten/Pläne, 251 Fotos

Individualreiseführer
für Sambia und Malawi
mit detailgenauer Beschreibung aller
Landesteile

Reisen in Botswana

ISBN 3-932084-18-7
304 Seiten   DM 42,80
33 Karten/Pläne, 236 Fotos

Vielseitiger Reiseführer für
Natur und Abenteuer
Ausführliche Streckenbeschreibungen
für die Kalahari und das
Okavangodelta

Für Individualreisende und
interessierte Gruppenreisende

Gambia –
Kleines Urlaubsparadies
in Westafrika

ISBN 3-932084-19-5
216 Seiten   DM 29,80
17 Landkarten, 10 Essays, 148 Fotos

Aktueller Reiseführer für neugierige
Pauschalreisende

Mt vielen Tips und Informationen,
um Ausflüge auf eigene Faust zu
unternehmen

"Hochwertige Reiseliteratur für anspruchsvolle Pauschal- und Individualreisende erscheint im Ilona Hupe Verlag.

Die neuen Reiseführer überzeugen durch Aktualität, Fachkenntnis und gelungene Aufmachung. Der lockere Reportagestil, ergänzt durch zahlreiche Landkarten und Stadtpläne, weckt die Reiselust. Angereichert durch interessante Essays stellen diese informativen Führer **ideale Reisebegleiter** dar."

abenteuer & reisen special

Wir freuen uns, daß Sie unseren Reiseführer ausgewählt haben, und wünschen Ihnen einen unvergeßlichen Aufenthalt in Zimbabwe!